清史列传

简体字本

王钟翰 点校

清史列傳

卷五二～卷六〇

中 华 书 局

清史列传卷五十二

大臣画一传档后编八

赛尚阿

赛尚阿,阿鲁特氏,蒙古正蓝旗人。嘉庆二十一年,翻译举人。道光三年,由理藩院学习笔帖式充军机章京。五年,补官。七年,升主事。八年,上命军机大臣将满、汉章京编列等第,赛尚阿名列一等,得旨照军功例优叙。九年,擢员外郎。十年,迁郎中。十一年二月,京察一等,记名以道府用。三月,升内阁侍读学士。七月,吉林将军福克精阿以克扣兵饷,私役官兵,为佐领永奎所控,齐齐哈尔副都统硕德疏劾,上命赛尚阿偕盛京将军富俊前往查办。[一]寻查明福克精阿被控各款属实,奏请革职,从之。十月,赏头等侍卫,充哈密办事大臣。十一月,擢内阁学士,兼礼部侍郎衔。十二年五月,丁父忧,命回旗守制,旋留京当差。闰五月,充国史馆蒙古总校。十二月,充右翼税务监督。[二]

　　十三年四月,迁理藩院右侍郎。五月,授镶白旗蒙古副都统。十月,署镶红旗蒙古副都统。十一月,署刑部左侍郎。十二月,山海关协领六十一等捏词呈控副都统孟魁信任防御德庆各款,命偕盛京将军宝兴驰往查办。寻鞫实,六十一等坐诬告,夺职遣戍。十四年正月,调工部右侍郎,兼管钱法堂事务,仍兼署刑部左侍郎。二月,充国史馆副总裁。六月,御史曾望颜奏参署广州府知府金兰原办灾虚饰,命偕都察院左都御史升寅前往查办。寻查明金兰原听信绅士之言,派捐铺租,虽无抑勒,而省城铺户非比佛山殷实,一律照派,以致不洽舆情,应请严议。并密访雷州府知府王玉璋暨湖南攸县知县叶起鹏等劣迹,分别疏劾。俱如所请行。十五年三月,察哈尔总管倭什洪额以副都统苏勒通阿拣选不公,胪款呈控,上命偕都察院左都御史恩铭覆查得实,论如律。四月,充翻译会试蒙古考官。六月,充稽察京、通十七仓大臣。七月,命在军机大臣上学习行走。九月,以骁骑校海灵阿箭不中的,赛尚阿原保堪充守备,部议降二级调用,恩予留任。十六年七月,署稽察会同四译馆大臣。十一月,调户部右侍郎,兼管钱法堂事务。寻以查办广东案内干粮差诈赃未能审实,下部议夺俸。

　　十七年七月,授察哈尔都统。十八年二月,疏陈官马出青章程七条,下部议行。八月,署理藩院尚书,兼正白旗汉军都统。十月,充稽察内七仓大臣。十一月,赐紫禁城骑马。署镶黄旗蒙古都统,充崇文门副监督,调镶黄旗汉军都统。十二月,充经筵讲官,补理藩院尚书。十九年二月,充左翼查城大臣。四月,署刑部尚书。十一月,兼署镶蓝旗汉军都统。二十年,以裁撤哲布

尊丹巴呼图克图旗伞未经奏明,降二品顶戴;又以失察司员惠麟
得赃,降三品顶戴。四月,充翻译会试正考官。五月,调镶蓝旗
汉军都统,赏还二品顶戴。六月,署镶红旗汉军都统。八月,署
兵部尚书。十月,兼署刑部尚书。十二月,充国史馆副总裁,命
监修东陵。二十一年正月,命在军机大臣上行走。

　　时英夷入寇,诏赴天津及山海关一带查办炮台。二月,疏
言:"查阅宁河、北塘及丰润、滦州、乐亭、昌黎、抚宁、临榆各州县
海口形势,或增筑炮台,或添设土垒,或停办砖石,或拆去旧台,
经督同文武各员相度机宜,虚衷商定。至安设沙墩土垒,于炮台
前筑坝挖濠,既足御炮拦潮,兼可伏兵陷贼。惟各兵枪炮技未精
熟,尚宜勤加训练。"又言:"秦皇岛各口地势险要,须相度地势
办理。澄海楼等处应设台安炮,现在满洲、绿营炮位不敷分布,
请酌拨运送,以资防守。"均如所议行。四月,军机大臣、内务府
会奏筹议生息银两,于圆明园添设兵额四百名,命赛尚阿偕都察
院左都御史恩桂督率训练。寻调工部尚书,管理理藩院事务。
十月,命偕御前大臣僧格林沁等赴天津一带查阅海口,谕曰:"现
在天津各海口所铸大炮,讷尔经额谅早演试。所奏设立标杆开
炮取准,是否确有把握,着僧格林沁等于查阅海口之便,就近将
新铸大炮抽查,于空旷处所试演。能击远近若干里,并用废船装
载柴苇各件,其高低仿照夷船尺寸,从上流放下,引至标杆之处,
我兵觑准用炮轰击,果否发无不中,抑或微有参差,如能演试纯
熟,实有把握,军心自固。着该大臣等即与讷尔经额会商妥办。"

　　又以山东巡抚托浑布奏言海丰县大沽河一道,近口海滩十
馀里,有拦沙横阻,谕赛尚阿等履勘具奏。寻奏言:"大沽海口天

险可恃,业于横沙内布置各炮台,声势联络,兵丁技艺纯熟。惟防兵稍单,拟将西沽新城驻扎兵勇,调归大队,以厚兵力。至施放大炮,尤须运用灵捷,方能致远摧坚。已于兵中择技艺最精者,分拨炮台,施放大炮。其次分拨土埝,施放小炮,按期演习。”疏入,得旨嘉奖,赏皮马褂。寻谕曰:“前据哈郎阿、富僧德先后具奏山海关防堵情形,现在僧格林沁等计已到关,着详细履勘,所办是否周妥。”十一月,偕僧格林沁覆奏:“请于祁口河等处分设重兵,并以直、东接壤之通海河一道,河口较宽,难保夷船不从此窜入。且恐饰作商船,混迹窥伺,仅驻兵数百,安炮数尊,未能得力。请募练乡勇于沿河添设马拨。”如所议行。

　　旋事竣回京,命管理户部三库事务。二十二年,英人扰江苏海口,特颁钦差大臣关防,命赛尚阿赴天津防堵。寻钦差大臣耆英奏英夷有约地会商之语,上以夷情叵测,全不可恃,戒耆英等不可前往会晤,并谕赛尚阿傥夷船北驶,即相机剿办,慎勿稍存游移之见。又以江苏巡抚牛鉴奏有夷船四十馀只北驶,命赛尚阿、讷尔经额加意慎防,无稍疏懈。谕曰:“天津为畿辅重地,关系紧要。赛尚阿到津后,自能与讷尔经额和衷商搉,期于共济,惟讲求固须尽善,而责成不可不专。所有军营一切调度,讷尔经额应与赛尚阿公同商酌,而责成则专在讷尔经额;马队一切布置,赛尚阿亦应与讷尔经额公同商酌,而责成则专在赛尚阿,不可推诿,亦不可将就。”上复以英军登岸,必用车载炮,天津海口一带泥淖不能行车,其海岸可以行车之处,应如何防范堵截,命赛尚阿、讷尔经额会同察看妥办。六月,扬威将军奕经奏英船北驶,英人到处暗遣汉奸,布谣探信,导引接济。谕赛尚阿等设法严查,以杜汉奸溷迹。[三]旋奏沿海泥淖无可行车,其大沽迤南、迤北,并北塘北岸等处,与丰润之李八厂,各拨兵分驻有差。谕曰:"自海丰至山海关,道里绵长,岂处处尽属泥淖?倘英人用小船装载炮车,从偏僻地面陆续上岸亦未可定,断不可以泥淖难行,炮车笨重,遽信为无从登陆,稍涉大意。"又谕曰:"昨因耆英等奏英人出有揭示,[四]有直达京师讲话之谣。因思天津沿海均有拦江沙,大船不能驶进。其兵轮舢板等船,乘潮皆可拢岸。设使英人主使汉奸假扮商渔,混入探道,或邀截商渔船只,胁诱使用,必应严行防范。着赛尚阿、讷尔经额设法筹防,会商议奏。"寻奏言:"察哈尔官兵已扫数到齐,拟拨大沽、北塘五百名,其一千五百名仍在新城一带游牧,以资休养。该处距各海口不远,一经调遣,呼吸相通。令巴清德移扎新城,安设马拨五十馀处,昼夜传签,足资守望。又添马队会哨,稽察益密。至沿海实皆泥淖,如果乘间上岸,有传签会哨兵丁,可期兜剿夹攻。其吉林、黑龙江兵前奏分驻李八厂等处,尚未周密,拟酌拨二百名,在适中之洋河地方屯扎。牛鉴所奏英人欲用马车运炮,肆扰天津,早经讷尔经额挖掘陷坑,不至任其驰驱。并沿海十处及北塘迤南盐沟等处,均设法埋伏矣。"时御史苏廷魁等奏请严禁天津货船出入,以免漏泄军情;兼以英军惯用炸炮,宜以散队进攻。下赛尚阿等议,如所请行。谕曰:"陆路与彼军接仗,当以大小炮位为先,继以抬炮抬枪,又继以鸟枪。至短兵相接,必先能御其火枪为要。欲御其火枪,我兵各执两层藤夹以牛皮之牌,[五]用水浸透。一手执钩连枪,蜂拥前进,有藤牌以敌其枪箭,复以钩连钩取敌人足胫,令其颠仆;继以刀矛手奋勇砍扎,似能得力。着仿照前说,认真演试练习。"七月,英夷就抚,赛尚阿撤防回京,充崇文门正监督。

十月,上阅武,枪队整齐,以赛尚阿督率有方,赏戴花翎。寻调正黄旗满洲都统。十二月,奏整饬税务,严禁绕越,并请于顺义县扼要地方设立税局,下部议行。二十四年,会同刑部覆按通州民妇康王氏勒毙亲姑狱,知为坊官逼供诬认,鞫实,疏再上,卒白其冤。并请将指挥袁继厚等解任,[六]讯办如律。寻调户部尚书,偕刑部左侍郎周祖培,诣江南查看江防善后事宜。七月,授阅兵大臣。二十六年九月,署吏部尚书。十一月,管理户部三库事务。二十八年正月,充经筵讲官,署步军统领。十一月,署镶蓝旗满洲都统。三十年二月,署镶白旗汉军都统,充实录馆总裁,兼充蒙古副总裁。七月,授步军统领。十月,以户部尚书协办大学士。

咸丰元年正月,擢大学士,管理户部事务。二月,授文华殿大学士。三月,粤匪肆扰,命赛尚阿为钦差大臣,驰赴湖南防堵,并敕户部暨广储司各拨银一百万两充军需。五月,奏调湖南在籍知县江忠源、把总董荆山赴营差委,允之。广西钦差大臣李星沅因病回籍,上命赛尚阿驰赴接办。寻疏言:"象州之匪,甲于各股。数虽巨万,而裹胁之良民、乌合之游手居半。象州得力,则各股自成破竹之势。现在兵力不为不厚,粮饷不为不充,而尤以绅勇团练为要务。已酌拟激励乡团、解散胁从十二条,商之新任抚臣邹鸣鹤斟酌办理。至坚壁清野,于今日实为切中,业经遵旨寄知该督抚认真照办;并刊布告示,所有胁从之人,均予网开一面。傥有杀贼来降者,仍加优赏。"六月,授内大臣。寻陈汰兵勇、明纪律、购间谍、散胁从、断接济各条。奏入,赐黄马褂、荷包、燧囊。谕曰:"该大臣等到粤之始,即能通筹全局,条理秩然,深慰朕念。"赛尚阿旋檄提督向荣等攻贼于中坪村,败之。

七月,疏陈粤匪实在情形,略曰:"粤西股匪甚多,冯云山、洪秀全、凌十八等俱天主教,凶狠尤甚。冯云山由金田而东乡,由东乡而庙旺,由庙旺而中坪,屡次奏牍,但言众蹙思窜,其实从容来去,官兵壁上环观,有无可如何之势。现拟先用全力攻剿冯云山等最悍大股,一经得力,则分兵剿辨,方免顾此失彼之虞。省垣存兵无多,奸匪遍地通信,四门戒严,计惟暂驻省城,居中调遣。分派巴清德、达洪阿带兵进剿,呼应较为灵便。"上嘉其调度合宜。时逆匪窜桂平之新圩,向荣督兵屡破之。赛尚阿复饬副将乌兰泰潜渡江设伏,毙贼无算。得旨嘉奖。八月,赛尚阿以贼踞紫荆山,以新墟、双髻隘为门户,檄达洪阿、乌兰泰等攻双髻,拔之,毁其巢。捷闻,赐御用荷包、搬指、小刀、燧囊。闰八月,乌兰泰、向荣等叠破贼于莫村、古林社等处。赛尚阿疏言:"新墟一带地势,竹木茂密,沟塍极多,一时未能攻入。现闻该匪拆屋造船,冀由石嘴渡江南窜,饬乌兰泰严为堵截。石嘴、大黄江一带,处处设伏,该匪断难飞越。现在日日进攻,若能直捣巢穴,固可指日荡平;否则逼使窜出,官军前伏后追,尤易为力。并以军需浩繁,请饬部速筹接济。"允之。旋官兵进剿,贼由新墟焚巢而逸,官军遇雨失利。时乌兰泰一军尾贼后,鹏化团练扼之于平南,巴清德等复遏其浮江东下之路,贼不得逞,遂窜永安州,陷其城。上责赛尚阿调度失宜,下部议,褫职,加恩降四级留任。谕曰:"此时贼匪困守孤城,正可并力攻剿,聚而歼旃。其水陆各军,均着严防痛剿,无令逃逸。傥未能擒获首逆,以致匪焰日张,该大臣等其能当此重咎耶?"寻赛尚阿令乌兰泰等设伏接应,叠获大捷。千总张国樑计诱匪首颜品瑶,斩之。赛尚阿奏:"张国樑投诚以来,效命行间,屡能杀贼,此次用间出奇,厥功尤伟。请加优奖。"从之。九月,奏乌兰泰攻拔水窦贼垒,谕令乘势进攻,勿留馀孽。寻又谕曰:"现在逆匪窜踞永安,正如釜底游魂,暂偷视息。赛尚阿出省亲督各路官兵,环攻会剿,自不难克日荡平。当此贼势穷蹙,士气奋扬之际,统兵大员等自当多方激励,严明赏罚,遇有保举参劾,尤须核实平允,庶人人知奋知感,迅奏肤功。"十二月,充国史馆总裁。时官兵环攻永安,向荣、乌兰泰等截剿叠胜,而州城未复。谕曰:"现在南北两路,移营进逼,叠获胜仗,蕞尔孤城,自不难指日攻克。朕于赛尚阿出京时颁给军营备赏各件,又特赐御用遏必隆刀,期于信赏必罚,以振军威而作士气。当此各兵合剿、贼匪穷蹙之时,尤当号令严明,俾我将士并力争先,庶克一鼓歼擒,肤功迅奏。赛尚阿现驻阳朔统率诸军,昼夜筹办,与朕同此焦劳。着再传旨,谕知在事文武员弁,务各齐心协力,奋勉图功,断不得日久生懈! 即将前颁赏件,传旨赏给,以示褒荣。其有临阵退缩,不能用命,或守御不严,致贼窜逸者,该大臣即用朕所赐遏必隆刀立正典刑,以肃军纪。"

二年正月,奏亲赴永安督战,兵心鼓舞,连获大胜,请速筹拨军饷,允之。二月,破那勤贼巢,[七]擒逆党颜三等。南太一路肃清。三月,复永安,擒逆首洪大全,槛送京师。而乌兰泰等以锐进失机,总兵长瑞阵殁,赛尚阿下部议夺职,加恩降四级留任。谕曰:"现在贼势涣散,省垣重地,自应严加防守。该大臣现带兵勇,分路截击。着邹鸣鹤激励团练绅民,随地堵剿,毋令窜逸。"
时贼已窜逼桂林,赛尚阿遂进驻阳朔,檄向荣间道绕贼前,星驰
进省。乌兰泰军由荔浦尾追,为内外夹攻之计。而乌兰泰追贼
至将军桥,猝被炮伤,军退至六塘。因疏言:"桂林北门倚山为
固,恐为贼踞,则城守益危。已咨两湖拨湘兵一千星速来援。又
以省垣被贼攻扰,逆焰方张,城大兵单,必痛加剿洗,方能解围。
现拟谋定后战,以保万全。"上韪之。[八]四月,以贼情叵测,鏖战
两旬,未能挫其凶锋,且贼不获逞于省垣,恐由平乐、梧州北窜,
军务日久未能蒇事,自请治罪。谕曰:"赛尚阿自督办广西军务
以来,先曾调度得力;自贼匪窜入永安,数月未能攻克。及至突
围北窜,又误军机,实难辞咎。昨已降旨令其戴罪,以观后效。
若徒以请罪塞责,于事何济? 现饬令徐广缙拣带精兵,驰赴广西
会办军务。赛尚阿惟当激发天良,力图补救,勿徒事虚文自劾
为也!"
　　寻贵州镇远镇总兵秦定三等破贼于花园里,毁杨家牌等处
贼巢。贼由水路来犯,复焚其船,贼宵遁。省城围解。贼陷兴
安、全州。赛尚阿进驻省城,饬四川川北镇总兵刘长清、前任湖
南提督余万清带兵追击,上命与楚省文武合力攻剿。寻艇匪扰
苍梧、藤县一带,檄左江道杨彤如及张国樑夹击,破之。五月,进
攻全州,刘长清败贼于飞鸾桥,江忠源败贼于塔山、七里桥等处,
斩伪西王萧朝贵。贼弃船遁,湖南绥靖镇总兵和春带兵进剿,贼
已窜入湖南之水西桥,旋陷道州。余万清闻贼先遁。上以湖南
军务紧要,命赛尚阿扼要驻扎,会同湖广总督程矞采相机调度。
赛尚阿抵衡州,督诸军移营进攻,破贼于五里亭,贼仍踞城抗拒。

赛尚阿分遣官兵四面进逼，和春驻道州城北，联络东面声势；刘长清等各带重兵分扼西南。疏入，上嘉其布置尚妥。六月，逆匪诈称潮勇，陷江华县城，旋窜陷永明。适秦定三等大破贼于桃花井、五里亭、龙安桥等处，道州复。永明、江华之匪亦弃城逸。赛尚阿饬诸军赴嘉禾、蓝山扼剿，而贼已入嘉禾。和春等督军追剿，贼弃城遁，陷桂阳州，诸军急追之，贼复弃桂阳，陷郴州。上以赛尚阿调度乖方，下部议，革职留任。八月，逆匪踞郴州，分窜攸县、醴陵，各土匪蜂起响应，逆氛日炽。赛尚阿饬各路堵截，贼已直逼长沙，前湖北巡抚罗绕典以闻。谕曰："逆匪自窜踞郴州以后，胆敢绕越衡郡，直扑省垣。该大臣等果能迎击，何至令其肆行冲突？即使该匪冒险突入，亦应发兵迅速救援，将现在攻剿情形详悉奏闻，何以半月以来并无章奏？赛尚阿着摘去顶戴，拔去花翎。"寻奏："现派和春等赴援长沙，叠败大股贼匪，军民商旅，赖以镇定。"命与罗绕典等协同剿办，迅解省围。寻谕曰："自广西军兴以来，将及两载。因大学士赛尚阿人尚朴诚，能任艰苦，特命为钦差大臣，前往督剿；又虑其秉性慈柔，特赐遏必隆刀，冀其随时振励，以肃军威。上年大军围贼于新墟、紫荆山等处，初犹屡次获胜。迨贼窜踞永安，蕞尔一城，围攻半载有馀，迄无成效，转致损将折兵，任贼鸱张，围扑桂林省城。旋又窜掠兴安，攻陷全州。继复任贼窜入楚境，连陷数城，现又分股围扑长沙省城。赛尚阿身为统帅，调度乖方，总由号令不严，赏罚失当，以致劳师糜饷，日久无功，实属辜恩，大负委任。赛尚阿着革职拿问，解交刑部治罪。"

　　寻官军复永、兴，逆匪自郴州窜出，经大军迎截；围扑长沙之贼,亦屡经大军攻剿,歼贼无算。赛尚阿奏闻。上以赛尚阿业经获罪,命署湖广总督徐广缙迅速赴省,与罗绕典等合力攻剿。十二月,赛尚阿到京,命大学士裕诚等公同讯问,并传谕询其因何办理太软,抑或被人欺朦,赛尚阿伏地流涕,自言不忍杀人,并无人敢欺朦,实系辜负圣恩,求从重治罪。三年二月,籍其家。三月,军机大臣会同刑部拟罪斩监候,诏如所议,并褫其子銮仪卫冠军使崇绪、礼部主事崇熙、工部主事崇绮、吏部员外郎崇绚职。五月,上念军务紧急,赛尚阿反置身事外,命发往直隶,交讷尔经额差委。寻命留京,随同僧格林沁等办理巡防事务。五年,僧格林沁等以赛尚阿当差愧奋,奏请免罪,命发往军台效力赎罪。寻释回,交署察哈尔都统穆隆阿差委。六年三月,命操练察哈尔蒙古官兵。十一月,谕令回京。十年,赏五品顶戴,交僧格林沁差委。旋留京总统左翼巡城事宜。八月,赏侍郎衔。十一年二月,授正红旗蒙古副都统。三月,署正红旗满洲都统。五月,因病奏请开缺,允之。光绪元年,卒。

　　子崇绪,原任銮仪卫冠军使;崇熙,伊犁领队大臣,同治四年,殉难,赏骑都尉兼一云骑尉世职;崇绮,同治四年一甲一名进士,三等承恩公前吏部尚书,同治十一年奉旨抬入满洲镶黄旗;崇绚,广东雷琼道;崇纲,驻藏帮办大臣;崇凯、崇勋,均理藩院郎中;崇霈,候选通判。孙霖康,直隶候补知县;克昌,袭骑都尉兼一云骑尉世职,太仆寺候补主事;葆初,袭三等承恩公,委散秩大臣。

【校勘记】

〔一〕上命赛尚阿偕盛京将军富俊前往查办　"上"上原衍"之",又脱

"盛京"二字。今据赛尚阿传稿(之一一)删补。

〔二〕充右翼税务监督 原脱"税务"二字。今据赛尚阿传稿(之一一)补。

〔三〕以杜汉奸澜迹 原脱"汉奸"二字。今据赛尚阿传稿(之一一)补。

〔四〕昨因耆英等奏英人出有揭示 "揭"原作"伪"。今据成录卷三七四叶二三下改。按赛尚阿传稿(之一一)作"伪",异。

〔五〕我兵各执两层藤夹以牛皮之牌 "藤"原误于"牌"字之上。今据赛尚阿传稿(之一一)改正。

〔六〕并请将指挥袁继厚等解任 原脱"解任"二字。今据赛尚阿传稿(之一一)补。

〔七〕破那勤贼巢 "巢"原误作"剿"。今据赛尚阿传稿(之一一)改。

〔八〕上匙之 原脱此三字。今据赛尚阿传稿(之一一)补。

英桂

英桂,赫舍哩氏,满洲正蓝旗人,原隶包衣。道光元年,翻译举人,考取内阁中书。四年,充军机章京。七年,因回疆底定,军机奖叙,遇有中书缺出即补。八年正月,补官。二月,充方略馆收掌官。十一月,升侍读。十二年,充国史馆提调官。十四年二月,京察一等,记名以道府用。十月,授山东青州府知府。十六年,兼护登莱青道。十八年,因前护道篆,失察潍县教匪马刚滋事,降一级调用,仍留山东以同知差遣。二十年,补莱州府同知,旋署青州府知府。二十一年,丁母忧,回旗。二十二年三月,百日孝满,回原衙门行走。十月,奉旨外用。二十五年,授四川叙州府知府。二十六年,升山东登莱青道。二十七年,御史王东槐奏参山东地方官玩纵盗贼,查办得实,下部议革英桂职,上加恩改为革职留任。二十九年,署兖沂曹济道,因抢护黄河险工,下部议叙。三十年,因奸获洋盗出力,赏戴花翎。咸丰二年四月,擢山西按察使,寻署布政使。十月,调山东按察使。三年三月,总办兖州粮台。八月,署布政使。九月,超擢河南巡抚。

时粤匪窜扰湖北,河南戒严。英桂驰抵南阳筹防,因疏言:"南阳接壤荆襄,须择要防御。臣原调兵勇,一时未能会齐,先派南阳总兵柏山调集弁兵千名,赴新野驻扎;并严催原调兵勇,克期赶到,分布唐县、邓州两路。"报闻。十一月,请裁布政使衙门都事一缺,下部议行。四年正月,粤匪由直隶独流败窜河间,英桂奏请带兵赴河北严防。嗣侦知湖北贼船千馀集汉口,安徽六安州为贼窜踞,均与豫省毗连,仍请暂驻汝宁,督防南路。谕曰:"汝能随机应变,不致拘泥,甚是。楚省尤关紧要,着迅速探听武昌信息驰奏。"三月,因湖北德安、应山相继失守,英桂饬柏山带兵驰往堵剿,并饬臬司林扬祖带勇前赴归德,会同已革两广总督徐广缙、两江总督牛鉴互为应援;又以兵力不敷,请敕西安将军舒伦保赴归德防守。五月,奏劾柏山欺朦巧饰,请革职。均从之。十二月,以捐输军饷,下部优叙。五年正月,密县土匪张大鳌等滋事,英桂派员擒斩之。四月,因河南应运漕粮逾限未到,复因协甘兵饷欠解过多,下部议处。五月,奏:"捻匪攻陷息县、光山两城,旋即收复,并擒获捻首易天富等,伏莽肃清。"优诏嘉奖。七月,因兰阳汛黄水漫口,自请议处,得旨宽免。旋筹银五万两,派员分路抚恤灾民。十月,复奉旨发内帑银三万两,交英桂体察情形,妥为筹办。先是,卫辉府属有联庄会匪,藉团练为名,聚众抗官。至是奏言:"已将首犯拿获,馀匪敛迹。究其致乱之由,缘有教职汛弁从中庇护,挟制印官,以致刁徒积恶日甚。请将教职左鹏程等分别革职撤任。"寻奉谕曰:"前因河南正额钱谷之外,有河工加价一款,甚为民累,降旨加恩蠲免。兹据英桂奏河北三府自解散联庄会,除暴安良,闾阎乐业。交纳钱粮亦日有起色,可见小民具有天良。如果各州县勤恤民隐,原不难革薄从忠,现在抗粮首恶各犯,业经按律惩治,着该抚督饬所属,晓谕愚民,所有从前被胁之人,既悔罪安分,概行免究。如尚有愍不畏法,阳奉阴违者,亦不得不严行查办。或有不肖官吏浮收勒派,罔恤民艰,并着该抚严参惩处。"

时捻首张乐行窜踞雄河集一带,上命英桂驰赴归德,督办三省军务,所有江苏、安徽兵勇及湖南提督武隆额一军,悉归节制。六年二月,张乐行窜至归德府之谷熟集,英桂饬总兵邱联恩等迎击败之,杀贼无算。未几,官兵败于蔡道口东,贼逼府城。英桂自请严议,上加恩改为交部议处。寻命已革都察院左副都御史袁甲三会同英桂剿办。时贼分股回窜皖境,归德之围暂解。旋又以大股来犯,官军合力破之,毁其垒,毙捻首苏天福、伪军师刘鳌,并歼张乐行之侄张海。捷闻,得旨嘉奖。八月,贼复踞雄河集,分窜涡河,英桂督军击败之。时上以英桂督办三省剿匪事宜,未能躬履行间、出境调度,以致匪踪回窜,日久无功,下部议革职,命暂行留任。七年,贼踞三河尖,官军连战皆捷,追至颍上,复大败之。八年正月,拿获教匪首逆陈太安并其党王庭贞等,置之法。三月,因病请假回省。

八月,调补山西巡抚。十年正月,因前在河南巡抚任欠解京饷,为数甚巨,降二级留任。八月,夷人犯顺,京师戒严。英桂带兵入卫,十月,回任。十一月,因户部奏参山西等省欠解京饷,延不报解,降三品顶戴,仍下部议处。十二月,丁父忧,赏假百日回京穿孝。十一年二月,山西欠饷解清,赏还二品顶戴。四月,假满回任。十一月,疏言:"晋省蒲、解、绛、潞、泽、辽、平七府州,与豫、秦接壤之处,其间山口错杂,河岸纷歧,每遇邻氛告警,仓卒征调,辗转需时。及贼踪远去,又须撤令归营,往返驰驱,疲于奔命,而州县供应之费,亦属不赀。莫若裁腹地之有馀,补沿边之不足,为一劳永逸之计。共拟添专营三处、专汛五处,改汛为营两处,酌裁大同镇马、步守兵三千名,太原镇西路各营六百名,所设将弁,即在大同、太原两镇事简营分,移裁添改,统归太原镇考核。"报闻。同治元年三月,因山西应解京饷、协饷均能无误,下部优叙。

时甘肃回匪攻陷惠安堡,逼近宁夏花马池,英桂因疏言:"晋省自设防以来,频年征调,致大同镇标兵仅馀二千馀名。该镇回民居多,际此陕甘逆回滋扰,北则口外各厅,东则河保一带,均虞煽惑。请旨饬令副都统德楞额移师山右,驻扎大同,以备不虞。"从之。十一月,上命荆州将军多隆阿督办陕西军务,时钦差大臣胜保革职拿问,多隆阿代领其众,多所裁撤,其部将宋景诗复叛。英桂疏言:"胜保旧部虽多乌合降众,亦有久经战阵之士。多隆阿谓日久无功,难期得力,因而撤遣。然操之未免过急,计到营旬日,遣归七起,深恐各勇穷无所归,乘机为乱,不独宋景诗一队为可虑也。前读谕旨,胜保将士如能随同立功,仍准一体保奏。现西安营中尚有胜保旧部,尤须妥为布置。臣与多隆阿函札往来,意见并无不合,惟察其办事果勇有馀,精细似尚未足。请饬湖广总督官文择明干稳练,素与多隆阿意气相投大员二人,参赞陕西军务,以期同心协力,迅奏肤功。"报闻。

二年十月,擢福州将军。十二月,入觐,赐紫禁城骑马。三年正月,因前在山西倡捐京仓米价银两,下部优叙。二月,谕曰:"英桂系贝子载容包衣人,现经补放福州将军,着加恩抬入正蓝旗满洲。"四月,复以前在巡抚任内,审转太谷县民妇员杜氏谋产诬节一案失实,部议降一级调用,上加恩改为降四级留任。六月,抵将军任。五年正月,以捐备兵糈,下部优叙。八月,兼署闽浙总督。六年六月,遵旨酌拨福州驻防官兵,移往杭州。十二月,复兼署闽浙总督。七年,实授闽浙总督,兼理福州将军印务。八年,兼署福建巡抚。九年三月,复兼署福建巡抚。先是,天津通商大臣崇厚咨称天津现立机器总局,制造军火,需用硫磺,令商人卢璧山前赴台湾采买。英桂奏言:"查淡水厅之芝兰堡、金色里等处磺山,地处屯社,内则逼近生番,外则沿海口岸,处处可通。经委员查勘,并采访舆论,佥谓窒碍良多,且现在台地情形,更非昔比。一经弛禁,于军火未必有济,转恐别启隐忧,请照旧封禁。"得旨俞允。五月,英桂七十生辰,御书"建节延祺"匾额及文绮等件赐之。九月,会同总理船政大臣沈葆桢奏请酌保水师人才,以资训练。又疏言:"水师之强弱,以船炮为宗。船炮之巧拙,以算学为本。西洋船炮日新月异,愈出愈奇,实则由厘毫丝忽积算而来。算精一分,则巧逾十倍。我圣祖仁皇帝天亶聪明,机务馀闲,旁及象数。当时儒臣梅文鼎等亲承圣训,类能与西人上下其议论,知中华之心思材力,必不逊美于西洋也。拟请特开算学一科,使家有其书,人自为学。"疏入,部议未行。

十年,入觐,授内大臣。十一年四月,兼镶红旗汉军都统。六月,授兵部尚书。七月,管理理藩院事务。十二月,充经筵讲官。十二年三月,命承修普陀峪万年吉地工程。八月,署正白旗汉军都统。十三年三月,兼署正红旗蒙古都统。六月,兼署刑部尚书。七月,充崇文门正监督、总管内务府大臣。八月,调吏部尚书,兼步军统领。九月,充覆核朝审大臣。十一月,兼署兵部尚书。十二月,奉皇太后懿旨,恭理穆宗毅皇帝丧仪。调正红旗满洲都统。光绪元年正月,以吏部尚书协办大学士。二月,充实录馆总裁。三月,管理户部三库事务。九月,管理文渊阁事务。二年,署正黄旗满洲都统。三年二月,署镶白旗汉军都统,授体仁阁大学士。四月,充翻译会试正考官。四年正月,因病奏请开缺,赏假两个月。假满,因病仍未痊,复请开缺,命以大学士致仕,赏食全俸。十一月,因乡举重逢,赏加太子少保衔,准预己卯科乡试鹿鸣筵宴,叠奉恩赏神糕暨葛纱等件。

五年,卒。遗疏入,谕曰:"致仕大学士英桂,恪慎持躬,老成练达。受先朝知遇之隆,由中书历膺外任,荐陟封圻,督办三省军务。朕御极后,晋擢纶扉。扬历中外,懋著勤劳。前因微疴,赏假调理。嗣因固请开缺,准予致仕,并赏食全俸。兹闻溘逝,悼惜殊深!着赏给陀罗经被,派贝勒载治带领侍卫十员,即日前往奠醊。加恩晋赠太子太保衔,照大学士例赐恤,入祀贤良祠。任内一切处分,悉予开复。应得恤典,该衙门察例具奏。伊孙恩钊,着以员外郎用,曾孙銎惠,着以主事用,以示笃念耆臣至意。"寻赐祭葬,予谥文勤。十一月,穆宗毅皇帝实录、圣训庆成,赐祭一坛。

子多龄，候选道；崇龄，礼部郎中。

孙恩济，兵部候补员外郎；恩通，户部候补员外郎；恩培，员外郎；恩钊，恩赏员外郎。

曾孙鋆惠，恩赏主事；文惠，荫生。

单懋谦

单懋谦，湖北襄阳人。道光十二年进士，改翰林院庶吉士。十三年四月，散馆，授编修。七月，大考二等，赏文绮。十五年三月，充会试同考官。六月，充江南乡试副考官。十六年，记名以御史用。十七年七月，命在南书房行走。十二月，充文渊阁校理。十八年，充会试同考官。十九年二月，大考二等，奉旨以赞善升用。四月，授国子监司业。二十年三月，充会试同考官。六月，迁詹事府司经局洗马。八月，提督广东学政。旋授翰林院侍讲，二十一年三月，擢詹事府右春坊右庶子，均留学政任。十一月，因病开缺回籍。二十四年，丁父忧。二十七年，服阕，请终母养。咸丰二年，丁母忧。

三年，粤匪窜扰湖北，奉旨在籍督办团练事宜。六年五月，服阕回京。八月，命仍在南书房行走。十月，复补右庶子。十二月，仍充文渊阁校理。七年三月，提督江西学政。闰五月，擢翰林院侍讲学士。十二月，迁詹事府少詹事。八年八月，奉旨仍留江西学政任。九月，擢内阁学士，兼礼部侍郎衔。十一年，迁工部右侍郎，兼管钱法堂事务，均留学政任。先是，言官奏参江西巡抚毓科、布政使庆廉声名平常，恐误大局，上命懋谦查明具奏。旋奏言："毓科前历各任，未曾办理军务。应变之才，本非所长。适当贼匪肆扰之时，处处须援须剿，而省防尤重。本境兵勇不敷调遣，辗转迁延，援剿难资得力，以致办理未能悉合机宜。现虽全境肃清，而善后急宜妥办，兼之筹备浙防，接济皖饷，大局攸关，恐未能措理裕如。至原折所参新任藩司庆廉，前任浙江运司、藩司及河南巡抚任内各款，江西距浙江、河南俱远，无从访查。该藩司现未到江西任，亦无事迹可考，未敢妄陈。"疏入，报闻。

寻任满回京，充实录馆副总裁。同治元年八月，署户部左侍郎，兼管三库事务。二年正月，调吏部左侍郎。二月，迁都察院左都御史。三月，充会试副考官。十月，赐紫禁城骑马。三年五月，命同大学士瑞常等进讲治平宝鉴。六月，署礼部尚书。七月，迁工部尚书，寻兼署户部尚书。四年二月，命偕盛京刑部侍郎志和会同将军、工部修理太庙正殿、昭陵团城墙等工，[一]七月，工竣。时奉天马贼猖獗，上以将军玉明、府尹德椿覆奏含混，谕令懋谦就近查办，得实，玉明、德椿均下部议处。九月，回京，奏言："盛京马贼难防，请饬筹兵饷出边会剿，以弭盗源。"复奏请饬谕盛京将军、奉天府兼尹府尹，通饬所属各州县查勘市镇乡村，应修堡寨之处，劝谕居民作速修筑；并将龚景瀚所著坚壁清野议择录数条，刊发各州县，令其遵照团练守御之法，量为办理。疏入，均得旨议行。十二月，充经筵讲官。

五年三月，偕都察院左副都御史宗室钟岱赴天津查收海运米，六月，差竣，下部优叙。八月，充覆核朝审大臣。十二月，以恭修文宗显皇帝实录、圣训庆成，赏加三级。旋复下部议叙，以业经渥荷恩施，奏请停免，从之。六年四月，管理户部三库事务。

八月,充顺天乡试副考官。七年二月,署都察院左都御史。三月,调吏部尚书。闰四月,命教习庶吉士。八月,署礼部尚书。十月,充武会试正考官。八年三月,署工部尚书。十一月,命偕工部左侍郎恩承承修永陵河道工程。九年十一月,署刑部尚书。十二月,因前修永陵河道工程未能坚实,谕令与恩承另行赔修。十年正月,因病吁请开缺,赏假调理。四月,管理国子监事务。十一年六月,以吏部尚书协办大学士。八月,授文渊阁大学士,管理兵部事务。十二月,充文渊阁领阁事。十二年二月,上谒东陵,命懋谦留京办事。闰六月,复因病恳请开缺,仍赏假调理。十三年二月,上谒西陵,仍命留京办事。四月,因病久未痊,复吁恳开缺回籍调理,允之。前后充直省乡试覆试阅卷大臣,武殿试读卷官,殿试读卷官,直省乡试磨勘试卷大臣,朝考阅卷大臣,考试汉荫生阅卷大臣,各一次;考试试差阅卷大臣,会试覆试阅卷大臣,各二次。

光绪五年,卒。遗疏入,谕曰:“致仕大学士单懋谦,学问优长,持躬端谨。由翰林荐擢卿贰,晋赞纶扉,克尽厥职。前因患病,奏请开缺回籍调理。兹闻溘逝,悼惜殊深!着加恩追赠太子太保衔,照大学士例赐恤。任内一切处分,悉予开复。应得恤典,该衙门察例具奏。伊子郎中单大经,着以知府选用;伊孙单启藩,着赏给举人,准其一体会试:用示笃念耆臣至意。”寻赐祭葬,予谥文恪。

【校勘记】

〔一〕昭陵团城墙等工　“团”原误作“围”,又脱“墙”字。今据单懋谦传稿(之一一)改补。

沈桂芬

沈桂芬,顺天宛平人,祖籍江苏。道光二十七年进士,改翰林院庶吉士。三十年,散馆,授编修。咸丰元年,充浙江乡试副考官。二年五月,大考一等,擢庶子。寻补詹事府右春坊右庶子。七月,署日讲起居注官。八月,提督陕甘学政。三年,升翰林院侍讲学士。五年五月,转侍读学士。十二月,任满回京,署文渊阁直阁事。六年三月,充日讲起居注官。九月,迁詹事府少詹事。七年三月,稽察右翼宗学,内阁协同批本。八月,升内阁学士,兼礼部侍郎衔。八年,丁父忧,十一年,服阕,三月,补原官。六月,充广东乡试正考官。十月,升礼部左侍郎。同治元年,调户部左侍郎,兼管三库事务。二年二月,充实录馆副总裁。三月,充会试副考官。十月,署山西巡抚。三年正月,率属倡捐京仓米石,有旨奖叙。

七月,补山西巡抚。九月,上筹费移屯疏,略言:"京师旗民生齿繁庶,不农不商,除仰食钱粮外,无生生之策。以今日安插旗人,上策无如移屯边方,中策则听往各省。其听往各省之法,无论马甲、养育、闲散,愿赴各厅、州、县谋生者,照商籍、军籍例,编为旗籍。户婚、田土、命盗案件,地方官主之。生子随时呈报,年终督抚汇咨部旗。并许以旗籍应文武童乡会试。绿营战守马粮,及各营将弁,准一体考拔;降革休致官弁,及举贡生监,与各省驻防,愿徙者均听之。至移屯边方之法,请简派大员为屯田大臣,于奉天、吉林及独石口外之红城子、开平,张家口外之兴和、新平等处，昔年富俊、孙嘉淦所勘定旧地，步计可开若干顷，造建房屋城堡，添制农具、牛种、军装、器械，酌立成规，宅中驻扎。旗户愿移屯者，户部发治装银三十两。沿途官给车马，到屯后每户给房四间，农具、牛种皆备。三时务农，一时讲武。刑罚教养，屯田大臣主之。十年升科，征收之粮，运于口内，而积银于屯所。即以屯粮所粜，为次年京旗移屯及屯所各项之用。由是旗人一迁徙之劳，永可丰衣足食，而旗民恤矣。军兴以后，调遣旗兵，不闻得力，若移屯口外，耕牧营生，加以训练，可复国初骁健之风。十数年后，环边之地，绵亘不绝。北慑强邻，南卫京师，而边防实矣。军务既竣，八旗兵饷，应循照旧章，加发八成。窃谓苏八旗一时之穷困，其惠小；贻八旗无穷之赡养，其利长。当未减之时而忽议减，其势逆而难行；迨已减之后而量为增，其势顺而易节。请于定复八成兵饷之年，暂给六成，酌留二成，岁可省银百馀万两。治装银与房屋、种具，每户以八十两计之，岁可移屯数千户。俟屯田升科后，京旗兵饷，仍复八成之旧。则目前经费，无庸另筹，日后正供，永无不足，而国用纾矣。"疏入，诏所司会议。谕曰："旗人听往各省之法，道光年间曾经筹办有案。现在量为推广，以裕生计，所筹尚属周妥。即着八旗都统逐节出示晓谕，俾众咸知。沈桂芬折内所称筹费移屯一节，现在该处情形如何，有无可辟地亩，着各该将军、都统、督、抚等认真筹画，务须变通尽利，因时制宜，不准畏难苟安，一奏塞责。俟查勘确实，即行迅速具奏。"四年正月，上以桂芬筹解甘肃军饷无误师行，下部优叙。

是时洋药弛禁，民间栽种罂粟，趋利若骛，渐占沃壤。晋省山多地少，民食本已不敷，至是米粮更缺，市价日踊。桂芬刊发条约，饬属严禁。二月，疏陈现办情形，上韪之，并敕各直省督抚通行所属一律严禁，著为令。四月，疏陈练兵事宜，略言："晋省大同、太原两镇及省标两营，额设马步兵丁二万一千五百馀名，征调防堵，均不得力。当此西陲多事，宜整军经武，裁弱募强，臣标添设精兵千名，已明定章程，遴委文员会同营员，分练合操，行之半年，孱弱渐除，随将左右两营额设各兵，随同操演，每日应练各兵，人给练费二分，技艺娴熟者酌增，劣者责革。又从太原镇标暨平阳营存城兵丁练起，裁募赏罚，一如省章。蒲、潞两协亦陆续举办，如有成效，再拟推广北路。"六月，又疏言："大同、杀虎两处要区，营伍尤宜整顿。现委员前往，将大同镇标及杀虎协现存各兵，会同营员按日简校训练，总期精益求精，咸成节制可用之师，以固边圉。"均报闻。是月，以母疾疏请解任省亲，得旨赏假二月。旋丁母忧，六年，服阕，补礼部右侍郎，充经筵讲官。

七年三月，命在军机大臣上行走，迁户部左侍郎，兼管三库事务。七月，调吏部左侍郎。十月，赐紫禁城骑马。十一月，充方略馆总裁。八年六月，升都察院左都御史。十月，命在总理各国事务衙门大臣上行走。九年，迁兵部尚书。十一年六月，充国史馆总裁。九月，穆宗毅皇帝大婚礼成，加太子少保衔。十二年，以桂芬勤劳素著，赏御书"勤宣赞画"匾额。十三年四月，管理国子监事务。十一月，奉慈安端裕康庆皇太后、慈禧端佑康颐皇太后懿旨："皇帝天花之喜，沈桂芬着赏戴双眼花翎。"十二月，穆宗毅皇帝龙驭上宾，桂芬自请撤销翎枝，允之。光绪元年，命桂芬以兵部尚书协办大学士。先是，国子监额设肄业生四十名，户部例发银六千两，屡次折减，膏火仅存其名。桂芬奏请加额二十名,其例发银两,请仍按库平发给,从之。二年,充玉牒馆总裁。三年五月,充教习庶吉士。九月,充实录馆总裁。四年二月,回疆肃清。捷入,上以军机王大臣同心翊赞,共矢公忠,交部优叙。四月,编修何金寿奏雨泽愆期,请训责枢臣,谕交部严加议处。桂芬坐革职,特旨改为革职留任。五月,充翰林院掌院学士。五年正月,考绩,有旨褒奖,开复革职留任处分。三月,恭题穆宗毅皇帝、孝哲毅皇后神主,赏加太子太保衔。五月,疏言:"国子监衙门,每年领户部银六千两,为各生膏火奖赏,及津贴官学生用度。此外春秋丁祭及办公各费,尚需一千八百馀两。向赖京外收捐贡监照费为津贴。今年大捐既停,照费仅存涓滴,无裨于用,而部库支绌,势难请益。查江海各关监督,均有捐解京师愿学堂、义塾粥厂银两之案,现经函商各监督,酌筹监费,共集有二千四百两之数。拟照愿学堂成案每年各关批解总理各国事务衙门汇收,国子监于六月、十二月两次各支领银九百两,所馀六百两,由总理各国事务衙门另款存储,监中遇有要需,再行撙节动用。似于造士办公,均有裨益。"报闻。

桂芬自卿贰荐跻揆席,叠荷恩赏,御书"福"、"寿"、"龙"、"虎"字,貂褂、紬缎、荷包十一次。充会试覆试阅卷大臣六次,乡试覆试阅卷大臣七次,殿试读卷官、拔贡覆试阅卷大臣各二次,进士朝考、庶吉士散馆阅卷大臣各三次,考试汉教习、汉荫生、汉御史阅卷大臣,武会试较射、武会试覆试大臣各一次。六年十二月,以疾请假。

寻卒,遗疏入,谕曰:"协办大学士、兵部尚书沈桂芬,清慎忠勤,老成端恪。由翰林荐升卿贰,外任封疆。同治年间,入参枢务,擢任正卿。朕御极后,重加倚任,晋协纶扉。办理一切事宜,均能殚心竭力,劳瘁不辞。前因偶患微疴,赏假调理。遽闻溘逝,震悼殊深!着赏给陀罗经被,派贝勒载漪带领侍卫十员,即日前往奠醊。加恩晋赠太子太傅。照大学士例赐恤,入祀贤良祠。任内一切处分,悉予开复。赏银二千两治丧,由广储司发给。应得恤典,该衙门察例具奏。灵柩回原籍时,着沿途地方官妥为照料。伊子沈文焘,着赏给举人,准其一体会试。伊孙沈锡珪,着赏给郎中,俟及岁时带领引见,以示笃念荩臣之至意。”寻赐祭葬,予谥文定。十五年正月,慈禧端佑康颐昭豫庄诚皇太后归政,以桂芬前充军机大臣,夙夜在公,襄成郅治,命赐祭一坛。

子文炘,同治三年举人;文焘,恩赏举人。

孙锡珪,郎中。

全庆

全庆,叶赫纳喇氏,满洲正白旗人。父那清安,兵部尚书。

全庆,嘉庆二十四年举人。道光元年,二品荫生,以文职用,分光禄寺。旋以回避,改兵部主事。二年,复改大理寺寺丞。三年五月,仍回兵部。九年,成进士,改翰林院庶吉士。十二年四月,散馆,授编修。七月,升詹事府右春坊右中允。十二月,充文渊阁校理。十三年正月,升翰林院侍讲。七月,大考二等第四名,擢侍读学士,充日讲起居注官。十四年十月,丁父忧。十七年正月,服满,九月,补詹事府少詹事。十九年二月,升詹事。四月,授大理寺卿。五月,因出班任意迟早,部议革职,得旨改降二级调用。六月,丁母忧,二十一年,服满,赏头等侍卫,充古城领队大臣。

二十二年四月,署乌鲁木齐领队大臣。十二月,大清一统志成,全庆前充纂修,得旨议叙。二十三年三月,调喀喇沙尔办事大臣。十月,命勘验裁屯安户垦地开渠事宜。二十四年,事竣,得旨,交部优叙,并着来京当差。会伊犁大臣布彦泰疏留全庆,暂缓回京,会同前任两广总督林则徐查勘回疆各城地亩,从之。二十五年五月,上闻和尔罕有荒地可开,水利充裕,命于行抵叶尔羌时,将和尔罕荒地情形确切查明,是否可以开垦,并应否赏给无业回户承种交粮之处,妥议具奏。寻奏言:"和尔罕地本膏腴,宜将西北之哈拉木扎什水渠,并东南之和色热瓦特大渠,接引到地,便可耕种。惟中隔大小沙梁,恐有阻滞渗漏。先经叶尔羌参赞大臣宗室奕经等挑挖通流,今诣进水处所,勘得龙口吸溜甚紧,势若建瓴;又诣各处沙梁测量水势,虽缓急稍殊,皆不至有所壅滞。若再施工挑办,并于沙梁冲要处,砌护块石,拦钉排桩,则沙土自不至坍卸入渠。而渠道亦愈刷愈深,良田足资灌溉。又查叶尔羌为回疆重镇,尤以巴尔楚克一处为扼要。道光十二年奏准大开屯田,广招民户,而未种之地极多,并无回庄夹杂。如目下有民可招,应先尽巴尔楚克安插,以成巨镇而固藩篱。若和尔罕只系偏隅,即使设法招民,亦恐徒形单薄,且与回庄错杂,更恐难以相安。请给回户承种纳粮。"诏如所请。

先是,全庆疏陈喀喇沙尔环城荒地,及库尔勒、北山根等处,可垦田一万数千亩,交署喀喇沙尔办事大臣宗室常清履勘兴办。上以开渠引水、招徕户口各事宜,必应详慎办理,谕常清暂停筹办,仍俟全庆各城事竣,会同林则徐详加覆勘,妥议具奏。至是,全庆既还喀喇沙尔，与林则徐疏言："库尔勒距喀喇沙尔二百馀里。查环城一带所用之水，应于前年开浚北大渠南岸，接挖中渠一道，引入新垦地内，又于地内分挖支渠两道。其库尔勒、北山根地亩，须用开都河之水，该河南岸山根，旧有龙口一处，为回庄引水之渠。今新垦民田，未便仍用回渠之水。应展宽龙口，加工修筑，并别挖大渠一道，即与回渠并排。再于新垦之地，分挖支渠四道，地尾别挖退水渠一道。查喀喇沙尔历年所收房地租税，并承买紬缎价值，均系普尔钱文，除搭放盐菜外，每年约有馀钱三百馀串。现在积存普尔钱四千四百八十四串五百四十七文。此项钱文，本与正项钱粮有间，且每年搭放外，均有盈馀。所有此次挑挖渠工，加宽龙口，一切经费，于此项钱内撙节支用。至招徕民户事宜，先经檄委章京常寿速赴乌鲁木齐等处认真招致，并将殷实户头带至喀喇沙尔。其已约定之户，先行设法搬移；未约定者，分投劝谕。复令改屯案内各户头广为开导，并令此次认种户民，招朋引类，携挈偕来，许以加倍奖赏，民情似尚踊跃，事机顺利。"报闻。

六月，命赴伊拉里克履勘开垦地亩。寻疏言："伊拉里克系在吐鲁番所辖托克逊军台之西，该处旷地一区，形势平坦，土脉腴润，土人谓之板土戈壁，即此次所垦之官荒也。再行而西，为沙石戈壁，约二百馀里，始至山口出泉处，有大阿拉浑、小阿拉浑两水，[一]汇成一河。从前渠道未开，水无收束，一至沙石戈壁，任其散漫，潜入沙中；而东边之板土戈壁，水流不到，转成一片荒滩。此次办理开垦，始将极西之水，导引而东，即在沙石戈壁内凿成大渠，复于板土戈壁多挖支渠，以资灌溉。而龙口之束水石坝,与下游之泄水长渠,一切巨工,均经办竣。启坝放水,溜势畅行。此详细覆勘之情形也。又查伊拉里克西、南、北三面,俱系大山。沿山一带,留为蒙古出入经由之路,本不开垦。其北山之麓,有汉兵卡伦一座,迤南有满兵卡伦一座。〔二〕今所垦地,均在满卡以南及附近东、西两面,除硷滩外,所有实在可种之地,以人、寿、年、丰四字按其地势区形,匀配编号。每号各设正户长一名、副户长二名、乡约四名,公择诚实农民充当承领。凡该号内钱粮水利等事,责成经理。此丈地分田之情形也。又查吐鲁番为新疆南、北两路适中枢纽,必应安置内地户民耕种,方为妥协。据各工员分股招集,由吐鲁番同知取具保结,造册呈送前来。每户领地五十亩,此内有父子兄弟分名承领两三户者,俱系力能耕作之人,即不妨听其兼领,分散执照,给地试种。惟科则宜先拟定,应照各城征收银课,从其较多之数,每亩征银一分五厘,〔三〕计十一万一千亩。每年共应征银八千三百馀两,除抵吐鲁番采买经费,即于新赋款内动支,毋庸别行请拨外,尚有盈馀银两,抵充京费,〔四〕以减调拨之数。此招民安户之情形也。窃思农田以水利为首务,此次所开大渠,地势约分三大段:自龙口至黑山头一段,系由西南折向东北,以顺向来水势,自属得宜;而黑山头至拦河坝一段,北高南下,水势偏趋于南:拦河坝至分水坪一段,南高北低,水又偏趋于北。询之土人,据称:'未开渠以前,水南北漫开,不能一气东注者,皆由地形互有高低。今有大渠,以资容纳,即遇大汛,水有所归。但地底系碎石夹沙,而水性又横冲侧激,若两岸冲刷,恐渠身难免淤平。'是岁修保护之功,断不可少。谨酌定经久章程四条:一、渠道应备岁修也。查大小阿拉浑之水,夏令涨发,处处皆须防护;且南北高低不一,现就低处加筑拦水长坝,以免旁泄,一交夏汛,仍须加倍。应通谕户民,每五十亩出夫一名,轮流修治,随时疏导。大汛时尤当分段承值,不使冲激为患。则涓滴皆可到地,乐利无穷。一、卡井应准酌开也。查吐鲁番境内地亩,多系掘井取泉,以资浇灌,名曰卡井。每隔丈馀,淘挖一口,连环导引,水由井内通流,其利甚溥,其法颇奇,洵为关内、关外所仅见。此次垦地不无高阜之田,难令渠水逆流而上。应听该户民于盐碱空闲之处,自行出夫挖井,冬春山水微时,可补不足。一、户民既众,应责成户长约束稽查也。此次所招农民,虽已取具保结,良莠究难尽知。异日户逃赋歉,亦难保其必无。[五]现已公举正副长、乡约诸人,应即责令切实稽查,形迹可疑者,报官究除;其或拖延应征银赋,亦惟该户长等是问。各承种户民,或此退彼承,户长赴官呈明,换给承粮执照,不准私相授受,尤不准将地转给回民耕种,致滋混杂。一、山内蒙古仍分别界址,以免交涉也。查喀喇沙尔蒙古游牧在山之西,伊拉里克引水灌田在山之东,本不相涉。道光二十一年曾经奏定章程,宽留该蒙古贸易牲畜行走道路,并禁止户民进山偷掘树株,淘挖泉源。此次筹议开垦,亦应出示谕禁,户民不许进山,该蒙古亦不得舍旧由之山路,越行新开垦地,致肇争端。"均如所议行。于是库车、阿克苏、乌什、叶尔羌、和阗、喀什噶尔、伊拉里克、喀喇沙尔,凡垦地六十八万九千七百十八亩。

　　七月,擢内阁学士,兼礼部侍郎衔。十一月,回京。二十六年二月,授正红旗汉军副都统,三月,兼正红旗护军统领。闰五月,充广东乡试正考官。八月,提督广东学政。十二月,升刑部右侍郎,二十八年,转左侍郎,均留学政任。三十年正月,回京。七月,充实录馆副总裁。九月,调正蓝旗满洲副都统,兼署正红旗满洲都统、正蓝旗护军统领。咸丰元年正月,兼署镶蓝旗汉军统领。七月,兼署吏部左侍郎。八月,兼署户部左侍郎,兼管三库事务。调正蓝旗护军统领。十月,充右翼监督。二年正月,复署户部左侍郎,兼管三库事务。旋调吏部右侍郎。充册封朝鲜王妃正使。四月,管理国子监事务。七月,授户部左侍郎,兼管三库事务。九月,兼署镶白旗护军统领、左翼总兵。三年正月,兼署正黄旗满洲副都统。五月,署仓场侍郎。四年三月,查验北新仓米石。五月,以天津绅民捐输米石未能踊跃,疏请准缴银钱、兑换钞票,即以换钞银钱采买米石,从之。闰七月,补仓场侍郎,以捐输军饷,下部优叙。十月,擢工部尚书。管理国子监事务。十一月,授正红旗汉军都统,兼署户部尚书。五年正月,充经筵讲官。二月,兼署正红旗满洲都统。

寻命往天津验收海运米石,六月,事竣,赏戴花翎。十一月,赐紫禁城骑马。充崇文门副监督。十二月,复兼署户部尚书。六年,充会试副考官。七年,调兵部尚书。陕甘总督觉罗乐斌奏官兵调赴安徽军营,遇有缺额,请就近募补,事下所司会议。全庆等疏陈五弊,并言:“营中劣弁,恃募补之曾否足额,难以稽考,往往空缺不补。但于支销钱粮时,虚开名数,希图冒销。是由原省调派,不过旷日持久之虞;而就近募兵,直有营伍空虚之患。”上题之。八年五月,管理宗人府银库事务。七月,承修万年吉地工程。八月,兼署户部尚书。九年五月,充教习庶吉士。时英夷挟兵北犯,请取道天津进京换约。寻入大沽口,攻我炮台,科尔沁亲王僧格林沁击走之。全庆方在天津验收海运米石，疏陈夷情骄谲，请大伸天讨，待其穷蹙，然后议抚。略言："该夷以凭陵上国，称雄海外。一旦见中国战胜，群夷必将瓦解，势不能不极力抗衡，以侥幸于一转其局。设朝廷亟布怀柔之德，则彼且益生狂悖之心。我以为感之以诚，彼反谓示之以弱，而抚局愈不可就。今闻其战败以来，不进不退，其心叵测。或观我动静，以相机施其毒心；或逞彼凶锋，以走舸呼其死党。窃恐别有举动，断不肯从此就抚而去。所过虑者，我之精锐尽聚于大沽，旁无应援，后无拥护。双港之旅，已调于前营；津门之备，但资于土练。北塘一带，又颇空虚。应请断自圣衷，速简重臣，发劲旅，以严近畿各海口之备，以大僧格林沁等之援。令广东义勇捣香港，以牵其援兵；登州水师合旅顺，以截其归路。然后国威可振，抚局可成。"上温谕答之。

八月，兼署刑部尚书。十二月，调吏部尚书。十年三月，充会试副考官。五月，授内大臣，充翰林院掌院学士。十二月，充文渊阁领阁事。十一年六月，授总管内务府大臣。十月，调镶红旗满洲都统。同治元年二月，御史任兆坚奏请昭雪大学士柏葰戊午科场之案，劾全庆附和定谳。谕曰："此案虽由载垣擅作威福，深刻定罪，非全庆一人之意。惟以承审大员，定案时不能悉心核议，辄附和成谳，若仅照徇隐例降二级调用，实属轻纵。全庆着加恩免其革职，照议降四级调用，以示薄惩。"四月，授大理寺卿。八月，擢内阁学士，兼礼部侍郎衔。十月，复赐紫禁城骑马。十一月，授镶黄旗蒙古副都统。十二月，充文渊阁直阁事。二年正月，充会试知贡举，调镶白旗满洲副都统。十月，升工部右侍郎,兼管钱法堂事务。十二月,迁都察院左都御史,充经筵讲官。三年,授正白旗汉军都统,兼署镶黄旗蒙古副都统。四年五月,兼署镶白旗满洲都统,充教习庶吉士。六月,兼署吏部尚书,镶黄旗汉军都统。八月,署正黄旗汉军都统。九月,以定陵工程告竣,得旨:"全庆着交部从优议叙。伊子一品荫生麟祥,并着赏给郎中,俟及岁时,分部学习行走。"十一月,兼署工部尚书。

五年二月,兼署吏部尚书。四月,安徽巡抚乔松年奏:"赴京具控者,除本身现被管押,及年老笃疾,与妇人准用抱告,馀俱令本人赴京呈诉。"全庆遵旨议覆,略言:"若其人真有冤抑,原审官任性偏断,本人又值疾病等事,即别无伸诉之路,而地方官无所忌惮,益将草率从事,以累愚民。既无以达民之情,又似乎防民之口,更非政体所宜。至诬告越诉等项,例禁綦严,各省于审明定案时,原可照例治罪,则良民不至含冤,棍徒亦知所儆,刁诈之弊不禁自绝。正不必明示规条,阻其控告。"从之。七月,管理户部三库事务。九月,兼署刑部尚书。十二月,授礼部尚书,再署刑部尚书。六年正月,充玉牒馆副总裁。三月,兼署正蓝旗满洲都统。八月,兼署工部尚书。七年三月,兼署吏部尚书。四月,兼署镶蓝旗汉军都统。闰四月,兼署正黄旗满洲都统。八年,兼署吏部尚书。十年二月,调刑部尚书。三月,兼署都察院左都御史。十一年五月,充翰林院掌院学士。六月,命以刑部尚书协办大学士。十二年八月,充顺天乡试正考官。十二月,以举人徐景春试卷磨勘斥革,降二级调用。光绪元年,补内阁学士,兼礼部侍郎衔。二年,授正红旗汉军副都统。寻授礼部右侍郎。三年正月,迁都察院左都御史。二月,授正蓝旗汉军都统。四月,署镶红旗满洲都统。五月,充教习庶吉士。七月,充崇文门正监督。十一月,兼署礼部尚书。四年三月,擢刑部尚书。五月,命以刑部尚书协办大学士。九月,以明年己卯科,全庆乡举重逢,谕曰:"协办大学士、刑部尚书全庆历事四朝,荐襄揆席。品学醇粹,懋著勤劳。现在年近八袠,重遇鹿鸣,洵为熙朝盛事。着加恩赏加太子少保衔,准重赴鹿鸣筵宴,以示优眷。"十二月,充经筵讲官,调工部尚书。五年,上恭谒东陵,命留京办事。六年十一月,授体仁阁大学士,管理工部事务。十二月,全庆八十生辰,御书匾额,"福"、"寿"字,及文绮等件赐之。寻充文渊阁领阁事。七年正月,管理户部三库事务。六月,因病疏请开缺,赏假调理。八月,复请开缺,命以大学士致仕,赏食全俸。

全庆自道光三十年以来,充乡试覆试阅卷大臣十次,会试覆试阅卷大臣四次,殿试读卷官五次,进士朝考阅卷大臣三次,大考翰詹阅卷大臣、拔贡朝考阅卷大臣、武会试校射大臣、武殿试读卷官、考试试差阅卷大臣各二次,武会试覆试大臣、庶吉士散馆、考试汉教习、汉誊录、汉荫生、汉御史、孝廉方正、国子监学正学录阅卷大臣、覆勘乡会试试卷大臣各一次。

八年四月,卒。遗疏入,谕曰:"致仕大学士全庆,学问优长,老成恪慎。由道光年间翰林,受先朝知遇之恩,荐陟正卿,协赞纶扉。朕御极后,擢授大学士,历管部旗事务,叠司文柄。宣力有年,克尽厥职。前以重遇鹿鸣筵宴,赏加太子少保衔。嗣因患病奏请开缺,准予致仕,赏食全俸。方期克享遐龄,长承恩眷。兹闻溘逝,轸悼殊深!着赏给陀罗经被,派辅国公载濂带领侍卫十员,即日前往奠醊。加恩晋赠太子太保衔,照大学士例赐恤,入祀贤良祠。任内一切处分,悉予开复。应得恤典,该衙门察例具奏。伊子吏部郎中麟祥,着赏加四品衔,用示笃念耆臣至意。"寻赐祭葬,予谥文恪。

子麟祥,四品衔吏部郎中。

【校勘记】

〔一〕有大阿拉浑小阿拉浑两水　原脱"小阿拉浑"四字。今据全庆传稿(之一一)补。

〔二〕迤南有满兵卡伦一座　原脱此九字。今据全庆传稿(之一一)补。

〔三〕每亩征银一分五厘　"每"原误作"为"。今据全庆传稿(之一一)改。

〔四〕抵充京费　"京"原作"经",音近而讹。今据全庆传稿(之一一)改。

〔五〕亦难保其必无　原脱"保"字,又"其必"颠倒作"必其"。今据全庆传稿(之一一)补改。

宗室载龄

宗室载龄,镶蓝旗人,父奕果,不入八分辅国公。

载龄,道光二十一年进士,改翰林院庶吉士。二十四年四月,散馆,授检讨。七月,升詹事府司经局洗马。十二月,充文渊阁校理。二十七年三月,充会试同考官。五月,大考三等,降编修。寻升侍讲。七月,充日讲起居注官。二十八年正月,命在批本处行走。二月,转侍读。七月,升侍讲学士。二十九年四月,转侍读学士。九月，迁詹事府少詹事。十一月，升詹事。三十年四月，擢内阁学士，兼礼部侍郎衔。十二月，充文渊阁直阁事。咸丰元年，充前引大臣。二年正月，稽察中书科事务。三月，充会试副考官。六月，署工部右侍郎，兼管钱法堂事务。时定郡王载铨绘息肩图，题咏甚多。七月，御史袁甲三劾之，上以载龄诗用师生称谓，显违例禁，降二级调用。九月，补光禄寺卿。三年正月，充会试知贡举。四月，擢都察院左副都御史，稽察东四旗觉罗学事务。九月，署理藩院右侍郎。旋擢工部左侍郎，充右翼监督。十月，授正红旗蒙古副都统。十一月，兼署正红旗满洲副都统。十二月，调镶红旗满洲副都统，充八旗值年大臣、稽察坛庙大臣。四年正月，调工部右侍郎，兼管钱法堂事务，并兼署理藩院右侍郎。

时粤匪北窜，踞河间、阜城一带，命载龄督防固安，黄村等处官兵统归调遣。载龄奏调带兵官多尔济那木凯所部察哈尔及山西官兵驻涿州，与健锐营翼长双禧合力防守，并以副都统乌尔棍泰驻军良乡，为涿州后路声援，从之。三月，贼陷山东临清州，载龄疏请亲往设防雄县。谕曰："固安地属扼要，载龄驻此，居中调度，各路官兵声势可以联络，无庸移营他处。雄县防堵紧要，即着该侍郎派委得力员弁带兵前往驻扎。此时阜城馀匪尚未殄灭，临清现又失守，逆焰鸱张，时思窜逸。京外东、西各营守备万分吃紧。载龄总统诸营，务宜熟筹缓急，严饬各路带兵大员实力防范，断不可稍有疏虞。"寻钦差大臣胜保克临清，馀匪南窜。四月，阜城馀匪突窜连镇，僧格林沁督师追之，贼穷蹙。五月，以贼已远遁，疏请酌撤防兵，节糜费，如所议行。七月，回京。

　　会四川总督裕瑞被劾,命载龄往按之,十一月,奏结。因疏陈山西、陕西、四川捐输款项,侵蚀滥销诸弊,请敕各督抚严查参办,并条上章程五则,下部议行。时黔匪逼近蜀境,上以载龄在川,命严饬地方劝谕乡团,以助声势。寻偕成都将军乐斌饬提督万福赴防泸州,臬司曹澍钟、重庆镇皂陞督防綦江,贼屡扑隘口,均击走之。十二月,命署陕西巡抚。寻调刑部右侍郎,仍留署任。五年三月,疏言:“前抚臣王庆云请将发遣新疆官犯准其捐输,改发内地。此不过为一时经费起见,恐情节稍轻,可改内地者无多,则捐数何裨于国计? 而此端一开,行险徼幸之徒,将肆意妄为,绝无忌惮。幸免者自谓弥缝之巧,发觉者亦恃可以改戍而不恐。所得小而所失大。请即停止以儆官邪。”上韪之。旋兼署陕西提督。四月,调户部左侍郎,兼管三库事务,仍署陕西巡抚。五月,叙固安防堵功,赏戴花翎。

　　八月,诏回京。十一月,授泰宁镇总兵,兼总管内务府大臣。七年,请赏还守护陵寝兵役半米,下所司议行。八年,因病请开缺回旗调理,允之。十年,病痊。十一年四月,署礼部右侍郎。十月,授刑部右侍郎,管理光禄寺事务,署正蓝旗汉军副都统。十一月,调吏部左侍郎。十二月,充经筵讲官。同治元年正月,授镶黄旗汉军副都统。二月,调正红旗满洲副都统。八月,充顺天乡试监临。擢都察院左都御史。九月,管理健锐营事务。十月,赐紫禁城骑马。充稽察官三仓大臣。二年四月,疏劾科道之不职者,得旨罢黜。嗣内阁侍读学士钟佩贤劾载龄具疏未与同官公商会衔,于甄别属员体制未协,请下部议处,寻议降二级留任。九月,授正红旗汉军都统。十二月,擢兵部尚书,管理户部三库事务。三年五月，命直讲治平宝鉴。八月，兼署吏部尚书。四年二月，命往天津查验漕米。五月，回京，得旨优叙。七年，兼署镶红旗汉军都统。九年正月，丁父忧，五月，袭父爵。十年，充教习庶吉士。十一年，调户部尚书。十三年，兼署刑部尚书。光绪二年，充武英殿总裁。三年正月，调吏部尚书协办大学士。二月，授内大臣。三月，署翰林院掌院学士。四年三月，充实录馆蒙古总裁。调正红旗满洲都统。五月，擢大学士，管理工部事务。六月，授体仁阁大学士。七月，充崇文门正监督。十二月，充文渊阁领阁事。五年三月，恭题穆宗毅皇帝、孝哲毅皇后神主，赏太子少保衔。十一月，穆宗毅皇帝实录、圣训庆成，赏加二级。六年，因病屡请开缺，上一再慰留之。九月，病仍未痊，复恳开缺，诏以大学士致仕，加恩赏食全俸。

载龄自任卿贰后，凡充顺天及各直省乡试覆试阅卷大臣四次，新进士及拔贡生、朝考阅卷大臣各二次，会试覆试阅卷大臣、武殿试读卷官、考试试差阅卷大臣、大考翰詹阅卷大臣各一次。

九年十一月，卒。遗疏入，谕曰："致仕大学士载龄持躬恪谨，练达老成。由道光年间翰林，受先朝知遇之恩，荐陟正卿。朕御极后，简任纶扉，历管部旗事务，宣力有年，克尽厥职。前因患病，奏请开缺，准予致仕，赏食全俸。方期克享遐龄，长承恩眷。兹闻溘逝，轸惜殊深！着赏给陀罗经被，派辅国公载濂带领侍卫十员，即日前往奠醊。加恩赠太子太保衔，照大学士例赐恤，入祀贤良祠。任内一切处分，悉予开复。应得恤典，该衙门察例具奏，用示笃念耆臣至意。"寻赐祭葬，予谥文恪。

子溥元，袭不入八分辅国公。

宗室灵桂

宗室灵桂,正蓝旗人。道光十八年,二甲一名进士,改翰林院庶吉士。二十年四月,散馆,授编修。六月,迁国子监司业。二十三年四月,擢翰林院侍讲学士,充日讲起居注官。十二月,转侍读学士。二十四年正月,充文渊阁直阁事。二月,充随围大臣。六月,授光禄寺卿。九月,稽察宗学。十二月,授通政使司通政使。二十六年二月,署正红旗满洲副都统。六月,授都察院左副都御史。七月,充顺天乡试监临。十二月,上御门听政,灵桂侍班迟误,罚俸二年。二十七年正月,充会试知贡举。

四月,擢盛京兵部侍郎。九月,以凤凰城边栅与旧制图栅里数不符,偕盛京将军奕湘往勘定界。寻疏言:"凤凰城迤南地近海滨,为边门极南之区,南有窟窿山,北有长子山,东有光土山,西有柞木山。四山之中,半为陷甸,半为熟田。查旧存印册所载,窟窿山至长子山南山嘴子二十五里,指甸子为边。今由长子山直量至窟窿山,计十五里许;由长子山斜量向柞木山,转至窟窿山,计十七里许;复由长子山斜量向光土山,转至窟窿山,计十八里许。均与二十五里之数不符。或系当年约略注载,未曾按里行绳,自未便拘执。应即该处地势斟酌其宜,若长子山直至窟窿山为界,则中间陷甸原系泥水低洼,可宽可狭,不无形势变迁,以致基址无凭取直;若以长子山斜至柞木山迤东,转至窟窿山为界,则该处尚有升科之地数千馀亩,居民一百馀户,查其屋宇树株,俱非近时物。与其仍以甸子为边,易于牵混,未若以就近之光土山西陂下为边界,则形势昭然;且与凤凰边门一带指山为边界者亦相符合。如此酌定,庶界限一清,而边禁可期严肃。"上韪之。二十八年二月,充威远堡查边大臣,并管理威远堡等六关口事务。七月,兼署盛京刑部侍郎。十二月,调工部右侍郎,兼管钱法堂事务。

二十九年正月,授正红旗蒙古副都统。三月,兼署刑部左侍郎,充正白旗族长。七月,充顺天乡试监临。八月,充顺天乡试副考官。三十年二月,恭办昌西陵工程。四月,转左侍郎。七月,授总管内务府大臣,管理畅春园。咸丰元年正月,充前引大臣,管理火药局事务。四月,充盘查户部三库大臣,署清漪园印钥。七月,谕曰:"灵桂自简任总管内务府大臣以来,察其言动,颇觉高兴。现直恭办昌西陵工程,轮应住班,因病未往。本日销假召见,据奏称伊阖家患病,伊母近因初丧幼孙,殊深轸悼!并称:'奴才至工次查看,恳恩俟八月初间,仍同魏元烺回京。我皇上以孝治天下,谅无不允准之理。'其母病与否,〔一〕自问于心可知。已属怠惰偷安,意存要挟。我宗室中从未有似伊无出息者!又奏称:'阿灵阿病尚未痊,吉伦泰有赴陵差使,可否令吉伦泰就近照料。'其意即欲令吉伦泰在彼住班,〔二〕尤属胆大妄言,居心诈伪!灵桂惟知眷恋妻孥,全不以公事为重。即此一节,已应立予罢斥。第念伊历练未深,姑示薄惩。灵桂着毋庸办理陵工,并革去工部左侍郎、总管内务府大臣,仍留正红旗蒙古副都统,令伊痛改前非,尽除委靡之习,仍可再邀恩眷也。"

二年二月,兼署镶白旗护军统领。十二月,以捐备军饷,得旨交军机处存记。三年十月,兼署正蓝旗汉军副都统。授内阁学士,兼礼部侍郎衔,兼署正白旗护军统领。调镶蓝旗满洲副都统。十一月,署户部右侍郎,兼管钱法堂事务。因续捐饷银,得旨奖励。十二月,充文渊阁直阁事。四年正月,会陈筹款采铜加铸议,略言:"宝泉局鼓铸,需铜三十馀万斤。上年因局铜短绌,奏准将历年积存铅三百五十万馀斤,令炉匠在局煎炼,计可得清铜十二万斤、杵铜四十八万斤。又局存低铜一百万斤,可炼得净铜五六十万斤。又天字库刨获盈馀八成铜十二万九千馀斤、低铜四万九千馀斤,黄字库盘获盈馀碎铜六万五千斤、十成铜一万斤,共刨获局库铜二十五万四千馀斤,请一并归入正项。统计煎炼所获并盘出盈馀铜斤,共一百万馀斤,约敷三四月鼓铸之用。惟煎炼尚需时日,而铜运难期接济,拟于卯钱正额外,设法筹款采铜加铸,即新刨获局库馀铜拨出十万斤,配搭局存铅锡,发给四厂六十炉,仍按正月分卯钱分两,以五万铜铸当五十大钱,以五万铜铸当十大钱,共抵制钱五万馀串。除去铜铅锡价本及工料钱外,可多制钱一万五千馀串。所有应馀铜本,拟请陆续归款,此时无庸全扣,多得钱文,亦请无庸解部,按照市价分别成色,在局收买商铜,仍将局存铅锡,按成配搭,分发各炉自二月起,再照新章分两,一律鼓铸,铸出之钱,除扣还铅锡价本外,馀俱尽数买铜,周而复始。"如所请行。六月,兼署正黄旗汉军副都统。七月,署户部左侍郎,兼管三库事务。

　　五年二月,兼署正白旗护军统领。七月,补进文职六班。十一月,稽察中书科事务。七年闰五月,署刑部左侍郎。十月,调理藩院右侍郎。十二月,兼署工部右侍郎,兼管钱法堂事务。八年五月,充稽察坛庙大臣,补进武职六班。六月,调刑部左侍郎。八月,充崇文门副监督。十一月,察哈尔牛羊群委固山达鞾克济尔噶勒等呈控总管、副总管更改旧章,把持营私,牵涉历任都统家人,并京城通事书吏人等得赃各款,副都统庆昀提讯供词,前后不符,请交部讯办。上命灵桂驰驿前往察哈尔确勘,旋讯得总管扎克都尔、副总管格呢玛给副都统家人银两属实,均论如律。九年三月,复署工部右侍郎,兼管钱法堂事务。五月,以误戴无缨冠入紫禁城,革职留任。寻赏三品顶戴。八月,充顺天乡试副考官。十一月,因刑部承审司员于革商马锡禄等欠缴官项,奏明严追之案,办理草率,未能先事查出,夺俸二年。十年三月,上三旬庆辰,赏还二品顶戴。寻以滥保郎中庆纲京察一等,坐降二级调用,[三]得旨改降二级留任。寻署工部右侍郎,兼管钱法堂事务。复因会勘秋审失入,降一级留任。是月,充会试知贡举。闰三月,以题名录呈进迟误,下部议处。十一年,兼署镶蓝旗护军统领。

同治元年八月,署管理户部三库事务。十一月,充左翼监督。二年三月,兼署都察院左都御史。补进武职六班。八月,兼署户部左侍郎,兼管三库事务,正白旗蒙古副都统。十二月,充实录馆副总裁。三年四月,兼署镶白旗护军统领。七月,以江宁克复,赏加一级。复兼署户部左侍郎,兼管三库事务。八月,兼署镶黄旗护军统领。十月,兼署镶白旗蒙古副都统。十一月,充稽察内七仓大臣。四年闰五月,员外郎喀呢音布呈控陵寝司员冒领工项,并该管大臣及司员等勒索书吏钱文等款,命灵桂按其事,寻讯明书吏魏成泰侵蚀官项,贝子载华、奉恩辅国公恩弼、泰宁镇总兵麟翔及司官定昌等索贿皆实,治罪、降革有差。先是,热河都统麒庆劾已革台吉伯和济雅私放护卫念诵黑经,勒派马匹,请旨将公衔撤销,并饬理藩院议罪。至是伯和济雅叔祖母胡氏呈控麒庆听受请托,被罪冤抑。八月,命灵桂往鞫之,伯和济雅翻控皆虚,论如律。

十一月,充国史馆副总裁。五年八月,兼署户部左侍郎,兼管三库事务。十二月,授正蓝旗蒙古都统。嗣以文宗显皇帝实录、圣训庆成,赏加三级。旋擢都察院左都御史。六年正月,充专操大臣。二月,充管理新旧营房大臣。三月,署工部尚书。十月,赐紫禁城骑马。七年二月,兼署镶白旗蒙古都统。八月,署礼部尚书。八年八月,兼署镶蓝旗汉军都统。十二月,充经筵讲官。九年正月,署兵部尚书。八月,署刑部尚书。十年正月,充崇文门正监督。二月,授理藩院尚书。十一年六月,兼署礼部尚书。七月,调礼部尚书。十二年,兼署镶白旗蒙古都统。十三年四月,兼署镶白旗满洲都统。十月,充八旗值年大臣。十二月,奉皇太后懿旨,恭理穆宗毅皇帝丧仪。

光绪元年二月,兼署刑部尚书,充实录馆总裁。九月,穆宗毅皇帝、孝哲毅皇后梓宫奉移山陵飨殿礼成,赏加三级。二年闰五月,兼署镶蓝旗汉军都统。七月,兼署镶红旗满洲都统。九月,兼署正黄旗蒙古都统。充玉牒馆副总裁。三年正月,兼署户部尚书。二月,兼署正黄旗蒙古都统。七月,兼署镶蓝旗汉军都统。四年正月,兼署正红旗满洲都统。三月,管理理藩院事务。五月,调吏部尚书。八月,兼署镶红旗蒙古都统。十月,兼署礼部尚书。十一月,兼署正红旗满洲都统。五年三月,穆宗毅皇帝、孝哲毅皇后梓宫永远奉安礼成,赏加二级。七月,充崇文门正监督。九月,充翻译乡试正考官。十一月,以恭修穆宗毅皇帝实录、圣训庆成,赏加太子少保衔。六年九月,管理光禄寺事务。十一月,命以吏部尚书协办大学士。十二月,补进内大臣班。七年三月,命恭理孝贞显皇后丧仪。六月,兼署正蓝旗汉军都统。闰七月,充覆核朝审大臣。九月,稽察钦奉上谕事件处。嗣以孝贞显皇后梓宫永远奉安,随入地宫,赏加二级。寻管理户部三库事务。十月,擢大学士。十一月,授体仁阁大学士。十二月,充文渊阁领阁事。九年,充武英殿总裁。十年三月,充翰林院掌院学士,教习庶吉士。五月,管理吏部事务。八月,充覆核朝审大臣。十月,授武英殿大学士。

灵桂自道光二十八年以来,充顺天及各直省乡试覆试阅卷大臣九次,会试阅卷大臣、拔贡生、朝考阅卷大臣、考试汉荫生阅卷大臣各三次,进士朝考阅卷大臣、考试试差阅卷大臣、考试汉御史阅卷大臣各二次,殿试读卷官、翻译会试覆试、外省翻译乡试并覆试阅卷大臣、考国子监学正、学录阅卷大臣各一次。

十一年,卒。遗疏入,谕曰:"大学士灵桂老成端恪,学问优长。受先朝知遇之隆,由翰林荐陟正卿,叠司文柄。朕御极后,复加委任,擢晋纶扉,兼理部旗事务。宣力有年,克勤厥职。前以微疴给假调理,方冀即日就痊,长资倚畀。遽闻溘逝,悼惜殊深!着赏给陀罗经被,派辅国公载濂带领侍卫十员,即日前往奠醊。加恩赠太保,照大学士例赐恤,入祀贤良祠。任内一切处分,悉予开复。应得恤典,该衙门察例具奏。伊子孚会,着俟服阕后,以六部员外郎即补,用示笃念耆臣至意。"寻赐祭葬,予谥文恭。

子孚会,工部员外郎。

【校勘记】

〔一〕其母病与否　"与"原误作"愈"。今据灵桂传稿(之四〇)改。

〔二〕其意即欲令吉伦泰在彼住班　原脱"即"字,又"在彼"误作"就近"。今据灵桂传稿(之四〇)补改。

〔三〕坐降二级调用　原脱"坐"字。今据灵桂传稿(之四〇)补。

文煜

文煜,费莫氏,满洲正蓝旗人。由官学生于道光四年,考取库使。七年,充国史馆收掌官。十三年,补太常寺库使。十八年,调光禄寺库使。十九年,补笔帖式。因承办蒙古王公表传等书告成,议叙以小京官升用。二十二年,大清一统志书成,以主事遇缺即补。二十三年,京察一等,记名以理事同知、通判用。寻选补泰陵承办事务衙门主事。二十四年,调刑部主事。二十七年,升员外郎。二十九年三月,升郎中。三十年六月,京察覆带引见,奉旨记名以道府用。九月,授直隶霸昌道。咸丰二年,擢四川按察使。三年,倡捐军饷,赏戴花翎。

旋升江宁布政使。四年,钦差大臣琦善殁于扬州营次,所部练勇及江北粮台事务,上命文煜接办。五年二月,粤匪由瓜洲东窜沙头港,文煜遣勇击退。贼复由沙头港对岸扎簰竞渡,文煜督所部协同艇师堵御,开炮轰击,贼大溃,窜回瓜洲。寻以沙头距瓜洲东十四里,为里下河门户,贼屡图窥伺,而沿江十馀里,地面空廓,因修筑土城炮台,为堵击计。复疏请添募练勇,以资守御。上嘉之。既而瓜洲贼窜踞扬州,图窜里下河,文煜督饬将弁昼夜严防。三月,贼于万福桥西岸大肆焚掠,文煜督军殊死战,斩悍贼数人，又斩马步贼百馀人，贼势大挫。七年，调补江苏布政使，命办理江南军营粮台。时粮台支应冒滥，文煜力求撙节，悉按成例给发，各营不遵者，疏劾之。

八年二月，提督和春劾文煜办事拘泥，命来京另候简用。六月，补直隶布政使。九年五月，英夷犯顺，[一]泊船大沽海口，科尔沁亲王僧格林沁督勇截剿，夷人少却。上以驾驭外夷，未有不归于议抚者，命文煜随同直隶总督恒福迅往北塘设法办理。八月，擢山东巡抚。十月，皖省捻匪窜围山东曹县，别股由定陶扰安陵，距曹州府城四十里。文煜以"皖捻屡窥东境，其不敢深入者，徒以曹、单未破，惧我师袭断归路。今既由曹县窜安陵，实欲牵制我师，以便伺隙为进攻之计。曹县不守，则寇入门庭，不但曹郡危，即东昌、济宁及直隶大名、顺德皆罹其害"。爰檄曹州镇总兵郝上庠会合曹县兵勇内外夹击，捻众大溃。安陵捻匪亦为兵勇击退。十年二月，捻匪又窜扰单县，分股扑峄县之得胜闸，文煜遣将击走之。山东肃清。时风闻英夷欲扰登州，文煜亲往履勘，择要分布。寻英、法两夷轮船占踞烟台，文煜疏言："夷营牛马车辆，皆陆路所用者，如由水路赴天津，当从烟台放舟至大山南之祈口，其处为走天津捷径。如由登、莱、青、武四府陆行，计程千数百里，山险径杂，中有大清河间阻，如伏军要隘待之，诱使深入，不难制胜。但恐夷情狡诈，未必弃舟行险耳。闻彼有探问利津至天津陆路远近之说者，或由利津登陆。查利津口门内，地皆斥卤，草木不生，数十百里，寂无村落。平日行旅，犹不便之。夷情虽犷，岂能冒险而来？惟既问及路程，自宜豫为防备。且利津与海丰近，海丰与直隶盐山、庆云等县接壤。应派兵专驻利津,择要扼守。潍县所属之韩亭,东距登、莱,西距青、武,尤关要害。臣即驻此以便居中策应。"上皆韪之。寻烟台夷舟北驶,踞直隶北塘庄,分扑新河、军粮城、唐儿沽、大沽一带,而山东捻匪复围济宁州城。文煜分军捍卫通州,仍率众驰剿捻匪,济宁解严。十二月,以欠解京饷,有旨降为三品顶戴。

十一年正月,赏二品顶戴,署理直隶总督。时白莲教首张继善等谋逆,连陷曲周、清河及山东之阳谷、莘县等城,文煜会同兵部侍郎胜保驰往攻剿,叠胜之,擒张继善,馀众悉散。事闻,有诏嘉奖。十月,授直隶总督。同治元年,疏请豁免直属积欠旗租,略云:"官地租息,原与民地钱粮略有区别。特是认种旗地之佃,多系承种粮地之人。今地粮积欠,豁免九年以前;而旗租积欠,豁免七年以前,相形似觉向隅。请依民粮成案,一律豁免。"得旨议行。初,山东降众张锡珠等肆扰直隶南宫、冀州及新河、威县、枣强、束鹿等处,文煜督剿不力。至是被参,命革职,发往军台效力。二年七月,科尔沁亲王僧格林沁奏调来营差委。旋捐输京仓米石,赏给四品顶戴。十二月,授镶黄旗蒙古副都统。三年,命前赴甘肃庆阳军营督办粮台。寻因病疏请开缺,回旗调理。七年二月,病痊。六月,授正蓝旗汉军都统。七月,擢福州将军。十年,兼署闽浙总督。十一年,入觐,赐紫禁城骑马。十二年,回任。十三年,日本国兵船窥伺台湾,文煜会同闽浙总督李鹤年、总理船政大臣沈葆桢疏陈筹办台湾防务。光绪三年三月,入觐,命留京供职。五月,授内大臣。四年二月,补镶白旗汉军都统。五月,授都察院左都御史。十二月,擢刑部尚书。五年,兼署兵部尚书,充经筵讲官。六年七月,充崇文门正监督。九月,调正红旗满洲都统。七年，命以刑部尚书协办大学士。九年，授总管内务府大臣。十年三月，命稽察钦奉上谕事件处。闰五月，授武英殿大学士，并管理工部事务。八月，因病开缺调理。

十月，卒。遗疏入，谕曰："致仕大学士文煜，恪慎持躬，老成练达。受先朝知遇，由道员荐擢封圻。朕御极后，复加委任，晋陟纶扉。历管部旗事务，宣力有年，克勤厥职。前因患病，准予开缺调理。方冀克享遐龄，长承恩眷。兹闻溘逝，轸惜殊深！着赏给陀罗经被，派载津带领侍卫十员，即日前往奠醊。加恩追赠太子少保衔，照大学士例赐恤。任内一切处分，悉予开复。应得恤典，该衙门察例具奏，用示笃念耆臣至意。"寻赐祭葬，予谥文达。嗣两江总督曾国荃、江苏巡抚崧骏疏言："文煜前以孤军当贼，力扼凶锋，保全里下河十数州县生灵，厥功甚伟。请于扬郡立功地方建立专祠。"允之。

子志颜，前理藩院左侍郎；志鉴，花翎，工部候补员外郎；志忠，花翎，户部候补员外郎；志增、志森、志泰、志洽，均笔帖式。

【校勘记】

〔一〕英夷犯顺　"夷"原作"人"。今据文煜传稿（之一一）改。按下文"夷人少却"中之"夷人"原亦作"英军"，今均回改。

宝鋆

宝鋆，索绰络氏，满洲镶白旗人。道光十八年进士，以主事用，分礼部。二十三年，补官。二十六年，充玉牒馆纂修。二十七年，擢詹事府右春坊右中允。二十八年，转左春坊左中允。二十九年,京察一等。九月,升翰林院侍讲。三十年六月,充实录馆纂修。十二月,升侍讲学士。咸丰二年七月,转侍读学士。十二月,宝鋆以粤匪窜楚,疏请敕邻楚省分各督抚,查照嘉庆年间剿办川楚教匪成案,力行坚壁清野之法,上韪之。四年六月,充日讲起居注官。命往三音诺颜赐奠。十二月,授内阁学士,兼礼部侍郎衔。充文渊阁直阁事。五年,充顺天乡试监临。十一月,补礼部右侍郎。六年,充会试知贡举。五月,授正红旗蒙古副都统。十一月,宣宗成皇帝实录、圣训庆成,赏加二级。十二月,调正红旗满洲副都统。七年,调户部右侍郎,兼管钱法堂事务。八年三月,宝泉局炉棚不戒于火,下部议处。宝鋆奏请另购民房,改地设炉,以节经费,从之。

八月,充浙江乡试正考官。十一月,浙江巡抚监临官胡兴仁奏请于广额内加中官卷一名,部议胡兴仁违例奏请,将宝鋆及副考官马佩瑶一并镌级留任。时已榜发,宝鋆专折奏闻,奉批谕:"加中官卷,无论有无私人,总觉有意见好。不料宝鋆素以果敢自命者,亦如是瞻徇! 此次部议亦属过轻,朕本欲将汝等降调,因思马佩瑶职分较小,未免向隅,故酌量从宽,非谓成事不说也。"九年,充顺天乡试监临。寻以滥保撤任旗员,坐降二级调用,上加恩改为降四级留任。十年正月,命往天津验收海运米石。二月,奏请严定章程,豫杜转运流弊。三月,命赴通州查米,宝鋆偕仓场侍郎廉兆纶奏请严治偷米船户罪,又劾监督贻误车辆交部议处,均诏如所请。

五月,授总管内务府大臣。九月,署管理户部三库事务。寻以英夷内犯,宝鋆专管之三山被掠,奉诏切责,撤去巡防,降为五品顶戴,一切差使暂停开缺。十一月,谕曰:"此次办理巡防,宝鋆当吃紧之际,尚在任事。着加恩赏还二品顶戴。"十一年三月,管理户部三库事务,兼署正白旗汉军都统,复兼署左翼前锋统领。七月,授镶红旗护军统领。十月,命在军机大臣上行走。赐紫禁城骑马。寻充实录馆副总裁、总理各国事务衙门大臣。十一月,调镶黄旗护军统领。十二月,命偕恭亲王总司稽察定陵钦工及应行各事宜。同治元年正月,调左翼前锋统领。京察届期,诏嘉宝鋆实力勤劬,和衷共济,下部议叙。寻转户部左侍郎,兼管三库事务,兼署户部右侍郎,兼管钱法堂事务。二月,擢户部尚书,兼署正白旗满洲都统。七月,充崇文门副监督。九月,兼署兵部尚书。二年正月,调镶蓝旗满洲都统。八月,管理户部三库事务。是月,奏劾寿庄和硕公主府首领太监张玉苍出言无状,得旨:"太监倚势作威,陵辱大臣,殊出情理之外。若不严惩,流弊何所底止?张玉苍着革去首领太监,交慎刑司严行审讯,按律治罪。"十二月,充实录馆总裁。三年五月,治平宝鉴书成,奉慈安皇太后、慈禧皇太后懿旨,命大学士瑞常等每日轮班进讲,宝鋆与焉。七月,以江南江宁府城克复,粤匪荡平,赏加太子少保衔,并赏戴花翎。十月,兼署刑部尚书。四年三月,充会试副考官。寻命佩带总管内务府印钥。四月,兼署翰林院掌院学士。宝鋆以军机处事务烦重,吁恳开总管内务府大臣缺,允之。九月,文宗显皇帝、孝德显皇后梓宫永远奉安定陵,以工程坚固,下部议叙;子八品笔帖式景沣,恩赏员外郎。十二月,文宗显皇帝实录、圣训庆成,得旨赏加二级,侄景曾恩赏举人。六年五月,职员杨廷熙呈由都察院转奏,请撤同文馆,语涉总理各国事务衙门。恭亲王偕宝鋆等奏请将杨廷熙所奏十条，派大臣核议，并请暂开总理各国事务衙门差使，听候查办，上不许，谕曰："此系为杨廷熙折内有专擅挟持等语。当此时事多艰，该王大臣等当不避嫌怨，力任其难，岂可顾惜浮言，稍涉推诿？"

六月，旱，兼管顺天府府尹万青藜、府尹胡肇智、直隶总督刘长佑奏陈筹议备荒事宜，疏下户部议奏。宝鋆等覆奏，略言："从古救荒之策，缕析条分，或先事豫图，或事后补救。不俟勘报，则灾分难知；稍事因循，则民命已殆。要在随事体察情形，认真办理。查原奏所称，饬属开常、义二仓，出借口粮，暨由邻封协拨，并令官绅酌设粥厂各节，自为先事豫图，最关紧要。所请截拨通仓漕米十万石，并请拨给仓存豫东粟米十万石，系先事救荒之用。又请由部库拨银数十万两，并系事后普赈之用。除先行筹备银二十万两，一俟议定章程，奏报到日，即行拨给外，其所请粮米粟米，现在京仓支绌，兵糈缺乏，原不应再议拨给；惟救荒急于星火，兼尹等为民请命，何敢稍事拘泥？拟请于本届江浙海运漕粮头批内拨给粳籼米十万石，山东河运漕粮头批内拨给粟米十万石，统由兼尹等委员赴津领取。天津道专司分拨，其顺属拨米若干，直属拨米若干，由兼尹等自行酌拨，臣部不为遥制。总之救荒议赈，民命攸关，近在畿辅，筹办尤为紧要。当此仓库支绌之际，既不惜拨银拨米，以拯穷黎，兼尹等职膺疆寄，宜如何竭力殚心，实事求是。其涿州、东安、定兴三州县，应即勘定灾分，赶紧筹赈。至未据报灾分各州县，如大兴、宛平、良乡等处，务即分别查看，毋得因循误事，并即由兼尹、府尹、总督等将顺属、直属赈济事宜，分别迅速奏报，上慰宸廑；毋庸往返函商会奏，转多周折。"诏如所议。十二月，充经筵讲官。

七年七月，以直、东捻匪一律肃清，诏嘉宝鋆等赞理机务，昕夕慎勤，赏加军功二级。是月，疏上补救漕仓积弊章程，略言："近日漕粮以海运为大宗，由津转运进仓，程途仅数百里，而弊端指不胜屈。入仓以后，百弊丛生，尤属积重难返。臣等详稽成案，体察事情，一切固有之例，或须量加损益，或须切实声明。谨酌拟章程十条，奏明办理。复查漕仓事务，至繁且杂，需员之处固多，需役之处尤多。立法宜详，而节目不可烦琐；用罚宜当，而文义不可拘牵；属吏之考成宜严，而必予以奋兴之路；兵役之稽察必密，而尤贵有体恤之方。本此意以立章程，当局者果能实力奉行，于漕务必有裨益。"报闻。十一月，充方略馆总裁。十年六月，充国史馆总裁。七月，充崇文门正监督。十一年六月，调吏部尚书，授阅兵大臣。九月，穆宗毅皇帝大婚礼成，赏加太子太保衔。十二年，京察届期，优叙如前。八月，兼署刑部尚书。十二月，授翰林院掌院学士。十三年三月，命以吏部尚书协办大学士。五月，充教习庶吉士。八月，调兵部尚书。十一月，奉慈安端裕康庆皇太后、慈禧端佑康颐皇太后懿旨："皇帝天花之喜，宝鋆着赏戴双眼花翎。"十二月，穆宗毅皇帝龙驭上宾，宝鋆自请撤销翎枝，允之。

寻授体仁阁大学士，管理吏部事务。光绪元年二月，充文渊阁领阁事、实录馆监修总裁。三年二月，授武英殿大学士。三月，充会试正考官。四年二月，以回疆肃清，诏优叙。寻编修何金寿奏请遇灾修省，训责枢臣。谕曰："前因近畿等省被灾甚广，雨泽愆期，业经降旨悔过省愆，以冀感格天心，速沛甘澍。兹据何金寿奏称：'现在朕躬冲幼，两宫皇太后听政，权衡虽出自上，翊赞则在枢臣。请责之以忘私忘家，认真改过'等语。此次饥馑荐臻，疮痍满目。天降奇灾，皆由政令阙失所致。军机大臣赞画枢要，实有献替之责。若谓灾诿诸天，过诿诸上，谅必有所不敢。惟当此灾广且久，朝廷宵旰焦劳，无时或释，而该王大臣目击时艰，毫无补救，咎实难辞。宝鋆等着交该衙门严加议处。"寻议革职，有旨加恩改革职留任。十二月，诏开去国史馆总裁及阅兵大臣。五年正月，京察届期，诏嘉宝鋆等同心翊赞，共矢公忠，加恩开复革职留任处分。三月，以敬题穆宗毅皇帝、孝哲毅皇后神主，赏太子太傅衔。十一月，穆宗毅皇帝实录、圣训庆成，谕曰："监修总裁大学士宝鋆，在馆四年，始终其事。着加恩伊子工部候补员外郎景沣，以本部郎中即补；伊侄候补郎中景曾，赏给举人，准其一体会试。"六年五月，充翰林院教习庶吉士。十月，命管理神机营事务。

七年六月，詹事府左春坊左庶子陈宝琛以星变疏劾宝鋆畏难巧卸，瞻徇情面。谕曰："大学士宝鋆，在军机大臣上行走有年，襄办诸事，尚无过失。陈宝琛谓其畏难巧卸，瞻徇情面，亦不能确有所指。惟既有此奏，自必平时与王大臣等商议诸事，未能和衷共济，致启人言。该大学士受恩深重，精力尚健，自当恪矢公忠，勉图报称，不得稍涉懈怠。军机大臣均有献替之责，务宜殚精竭虑，力戒因循积习，共济艰难，用副委任。"九月，孝贞显皇后梓宫永远奉安礼成，得旨："宝鋆之子景沣，着以五品京堂候补。"九年，充教习庶吉士。十年三月，钦奉慈禧端佑康颐昭豫庄诚皇太后懿旨："现值国家元气未充，时艰犹巨，政虞丛脞，民未牧安。内外事务,必须得人而理,而军机处实为内外用人行政之枢纽。恭亲王奕訢等始尚小心匡弼,继则委蛇保荣,近年爵禄日崇,因循日甚。每于朝廷振作求治之意,谬执成见,不肯实力奉行。屡经言者论列,或目为壅蔽,或劾其委靡,或谓簠簋不饬,或谓昧于知人。若仍不改图,专务姑息,何以仰副列圣之伟烈贻谋?将来皇帝亲政,又安能诸臻上理?宝鋆入直最久,责备宜严。姑念年老,兹特录其前劳,全其末路,着原品休致。朝廷于该大臣之居心办事,默察已久,知其决难振作,[一]诚恐贻误愈深,则获咎愈重,是以曲示矜全,从轻予谴。初不因寻常一眚之微,小臣一疏之劾也。"十二年十月,慈禧端佑康颐昭豫庄诚皇太后懿旨:"原品休致大学士宝鋆,着加恩以大学士致仕,赏食半俸。"

宝鋆自咸丰五年以来,充顺天及各直省举人覆试阅卷大臣,贡士覆试阅卷大臣,殿试读卷官、进士朝考阅卷大臣,庶吉士散馆阅卷大臣、考试试差阅卷大臣、考试汉荫生阅卷大臣,考试汉教习阅卷大臣、拔贡朝考阅卷大臣凡二十一次。

十七年八月,卒。遗疏入,谕曰:"致仕大学士宝鋆,忠清亮直,练达老成。由部曹转列词垣,荐陟卿贰。渥荷穆宗毅皇帝知遇之隆,命为军机大臣、内务府大臣,在总理各国事务衙门行走,晋擢正卿,超登揆席。简任纶扉,总理部旗事务。补授阅兵大臣,充翰林院掌院学士。朕御极后,深资倚畀。赏加太子太傅衔,钦奉懿旨管理神机营事务。服官三十馀年,夙夜宣勤,靖共匪懈。嗣以大学士致仕,赏食半俸。方冀克享期颐,长承恩眷。兹闻溘逝,悼惜殊深!着赏给陀罗经被,派贝勒载滢带领侍卫十员,即日前往奠醊。晋赠太保,照大学士例赐恤,加恩予谥,入祀贤良祠。任内一切处分,悉予开复。应得恤典,该衙门察例具奏。伊子光禄寺少卿景澐,着以四品京堂候补,伊孙荫桓,着赏给举人,准其一体会试,用示笃念荩臣至意。"寻赐祭葬,予谥文靖。

【校勘记】

〔一〕居心办事默察已久知其决难振作　"办"原作"行",又"决"原作"竟"。今据章录卷一七九叶一一下改。

崇纶

崇纶,许氏,内务府汉军正白旗人。道光三年,由武举考取笔帖式。五年,补官。十四年,升委署主事。十五年,补堂主事。十六年,迁员外郎。二十一年,充杀虎口监督。二十二年,转银库员外郎。二十六年二月,京察一等,记名以道府用。六月,升郎中。二十七年,充江宁织造。二十八年,授长芦盐政。咸丰二年,以捐备广西军需,赏戴花翎。旋补圆明园郎中。三年二月,授两淮盐运使。五月,复以捐备军饷,赏加布政使衔。

四年八月,英、美二国夷船驰抵天津,上命崇纶前赴保定,听候直隶总督桂良差委;并谕桂良迅饬崇纶赴津,会同长芦盐政文谦等妥筹商办。英夷进口,语多要挟,崇纶等正言斥驳,夷船遂起椗出口。旋奉谕将天津办理情形,详细咨明广东、江苏督抚。十二月,擢内阁学士,兼礼部侍郎衔。五年正月,进文职六班。五月,授正红旗汉军副都统。六月,署户部左侍郎,兼管三库事务。九月,管理铁钱局事务。十月,命管理户部官银钱号事务。六年十一月,赐紫禁城骑马。十二月,升工部左侍郎。七年正月,管理火药局事务。二月,署户部三库事务。三月,调仓场侍郎,命往天津查验兑收海运漕粮。

八年二月,夷船到津,突入天津内河,据我炮台。上令崇纶督率团练,实力防守。六月,和议成,夷船退出海口。命崇纶验收海运到京漕米。八月,以运通剥船有使水亏短等弊,奏请改定新章。上责其非是,不准行。十二月,以通济库款亏欠银两,下部察议。九年,以官钱铺商人亏空牵涉,籍其家,解任待讯。十年,经恭亲王等以崇纶曾办理换约事宜出力,奏请开复侍郎,赏还家产,允之。十一年二月,署仓场侍郎。三月,充帮办总理各国事务衙门大臣。十月,实授仓场侍郎。十一月,调工部左侍郎,署镶黄旗满洲副都统,管理圆明园八旗、内务府包衣三旗事务。十二月,充右翼监督,管理神机营事务。

同治元年七月,调户部右侍郎,兼管钱法堂事务。八月,署左翼总兵。闰八月,授正红旗蒙古副都统,仍兼署镶黄旗满洲副都统。九月,署右翼总兵,兼镶蓝旗汉军副都统。十月,补左翼总兵,兼署理藩院右侍郎,调镶黄旗满洲副都统。十二月,充管理沟渠河道大臣。二年,署吏部左侍郎。三年八月,署礼部左侍郎。九月,署右翼前锋统领。十一月,稽察内七仓事务。四年三月,署镶红旗护军统领。四月,授总管内务府大臣。闰五月,以巡捕五营官兵疲玩,命饬立限半年,力加整顿。五年二月,充紫禁城值年大臣。十二月,遵查官钱分两轻重覆奏,略云:"现在采买铜斤成色低杂,原带有铅,不能另搭铅斤,镕化时铜未化匀,铅已飞灰。按现在每炉发铜二千九百十六斤,照额铸当十钱一百四十五串六百五十六文,除耗损铅斤不计外,按铜数核算,每文分两只有三钱之数。至鼓铸时镕铜倒入沙匣,每枝上、中、下三路。下路因用力下注,分两较重,中路次之,上路又次之。验钱时或按串征收,或按十枚核收。此所以按枚比较,间有参差,及轮廓未能一律也。"

六年二月,署武英殿印钥。四月,转左侍郎,兼管三库事务。七月,充崇文门副监督。七年六月,擢理藩院尚书,署镶红旗蒙古副都统。七月,授正蓝旗汉军都统。九月,充武会试监射大臣。十年二月,调工部尚书,充紫禁城值年大臣。三月,管理火药局事务。九月,崇纶八十生辰,上赐"眉梨锡羡"匾额一方、寿佛一尊、玉如意一柄,及"福"、"寿"字,文绮、荷囊等件。十二月,充经筵讲官。十一年四月,管理户部三库事务。七月,佩带总管内务府印钥。十二年二月,以随扈皇太后恭谒东陵,车辆不齐,车甲管束不严,下部议处。四月,署造办处印钥。八月,署镶白旗满洲都统。十一月,管理精捷营事务。十三年四月,署镶黄旗满洲都统。七月,以革员李光昭具呈报效木植,欺朦入奏,部议革职,上加恩改为革职留任。八月,充紫禁城值年大臣。九月,兼署吏部尚书。十二月,充管理雍和宫、清漪园大臣,历任得旨下部议叙四次。穆宗毅皇帝两次谒陵,均命留京办事,并理藩院、镶红旗蒙古都统、镶蓝旗满洲都统、镶黄旗满洲都统各印钥。

光绪元年,卒。谕曰:"工部尚书崇纶,老成勤慎。由内务府司员,荐擢京卿,升授尚书,旋补总管内务府大臣。宣力有年,克尽厥职。前因患病,叠次给假。方期调理就痊,长资倚畀。兹闻溘逝,悼惜殊深！着加恩追赠太子少保衔,赏给陀罗经被,派贝勒载漪带领侍卫十员,即日前往奠醊。照尚书例赐恤。并着赏银五百两,由广储司给发,经理丧事。任内一切处分,悉予开复。应得恤典,该衙门察例具奏。伊孙候补郎中锡麟,着以内务府郎中即补,用示笃念耆臣至意。"寻赐祭葬,予谥勤恪。

子寿昌,兵部右侍郎。

孙锡麟,花翎,二品顶带,内务府郎中。

魁龄

魁龄,瓜尔佳氏,满洲正红旗人。咸丰二年进士,以主事用,分工部。五年,补官。七年,升员外郎。八年,升郎中。同治元年二月,京察一等,记名以道府用。十月,随同襄办文宗显皇帝丧仪,礼成,得旨专以道员用,并赏戴花翎。十二月,授广东惠潮嘉道。二年二月,调直隶通永道。五月,奉旨开缺以四品京堂候补,交定陵工程处差委。八月,补内阁侍读学士。十二月,升鸿胪寺卿。三年,转大理寺少卿。四年二月,迁詹事府詹事,充日讲起居注官。五月,升内阁学士,兼礼部侍郎衔。九月,署镶红旗蒙古副都统。以文宗显皇帝、孝德显皇后梓宫永远奉安定陵礼成,赏加头品顶带。十二月,充文渊阁直阁事。五年五月,升理藩院右侍郎。十二月,调工部右侍郎,兼管钱法堂事务。六年,授镶黄旗蒙古副都统,转左侍郎。寻以承办香山樱桃沟等处工程草率,下部议处。

七年六月,调户部左侍郎,兼管三库事务。八月,署右翼前锋统领。十一月,署热河都统。八年十一月,兼署刑部左侍郎,充对引大臣。九年六月,以验收江浙漕粮完竣,下部议叙。九月,兼署吏部左侍郎。十年,调吏部左侍郎。十一年四月,命稽察会同四译馆事务。六月,授总管内务府大臣。七月,以失察内务府银库司员,于咨行户部请领银两稿内,未经该堂官商定,辄加入“欠拨银两”字样,下部察议。八月,充管理沟渠河道大臣。九月,穆宗毅皇帝大婚礼成,赏加三级。十二年二月,上恭谒东陵,以随扈车辆不齐,下部议处。三月,随醇亲王办理普陀峪万年吉地工程。七月,承修景陵等处工程。十月,赐紫禁城骑马。十三年三月,充会试副考官。七月,承修昭西陵等处工程。十一月,迁都察院左都御史。寻奉慈安端裕康庆皇太后、慈禧端佑康颐皇太后懿旨:“皇帝天花之喜,魁龄着赏戴双眼花翎。”旋承修裕陵工程。十二月,穆宗毅皇帝龙驭上宾,魁龄自请撤销翎枝,允之。寻授镶红旗汉军都统。

光绪元年二月,命恭理孝哲毅皇后丧仪,复奉懿旨派随醇亲王办理惠陵工程。七月,充崇文门正监督。八月,兼署工部尚书。九月,授工部尚书,管理工部火药局、内务府造办处。旋以穆宗毅皇帝、孝哲毅皇后梓宫奉移山陵飨殿礼成,赏加三级。二年正月,兼署吏部尚书。八月,充顺天乡试正考官。十一月,奉旨偕工部右侍郎宜振承修孝陵大碑楼工程,[一]魁龄等以需费浩繁,请仿照万年吉地暨惠陵工程奏拨专款成案,酌减二成,按八成实银给发;并请发款采买架木。均如所请。十二月,充经筵讲官。三年正月,充文渊阁提举阁事,调户部尚书,充稽察内七仓大臣。历充考验军政阅看马步射大臣,考试汉军中书大臣,直省乡试覆试阅卷大臣,殿试读卷官大臣,[二]拔贡、优贡朝考阅卷大臣,管理内务府印钥、<u>中正殿</u>、<u>武英殿</u>、精捷营、御药房、御膳房、太医院、武备院、乐部各事务。

四年五月,因病开缺。十一月,卒。遗疏入,谕曰:"前任户部尚书<u>魁龄</u>,老成练达,办事勤慎。由卿贰荐升工部尚书,调补户部尚书,并补授总管内务府大臣。宣力有年,克称厥职。前因患病,准予开缺。方冀调理就痊,长承恩眷。兹闻溘逝,轸惜殊深!加恩赏给陀罗经被,派贝勒<u>载澄</u>带领侍卫十员,即日前往奠酹。照尚书例赐恤。并着赏银五百两,由广储司给发,经理丧事。任内一切处分,悉予开复。应得恤典,该衙门察例具奏。伊子<u>福绪</u>,着赏给主事,俟及岁时,分部学习行走,用示笃念耆臣至意。"寻赐祭葬,予谥端恪。五年三月,以<u>穆宗毅皇帝</u>、<u>孝哲毅皇后</u>梓宫永远奉安<u>惠陵</u>礼成,赏其子<u>福绪</u>员外郎。六月,以<u>魁龄</u>前承办<u>普陀峪</u>万年吉地工程妥协,赐祭一坛。

子<u>福绪</u>,员外郎。

【校勘记】

〔一〕孝陵大碑楼工程　"碑"原误作"牌"。今据<u>魁龄传稿</u>(之三七)改。

〔二〕历充考验军政阅看马步射大臣考试汉军中书大臣直省乡试覆试阅卷大臣殿试读卷官大臣　原脱前两"大臣"及末一"大臣",又"省"误作"隶"。今据<u>魁龄传稿</u>(之三七)补改。

崇实

<u>崇实</u>,<u>完颜氏</u>,满洲镶黄旗人。父<u>麟庆</u>,<u>南河河道总督</u>。

崇实,道光三十年进士,改翰林院庶吉士。咸丰二年四月,散馆,授编修。六月,升詹事府左赞善。七月,充文渊阁校理,以捐备军饷,赏戴花翎。十月,奏办院事。三年二月,充日讲起居注官。疏请整顿京师营制,如所请行。三月,升侍讲学士。四月,以续捐军饷,赏加詹事府詹事衔。

八月,奏言:“国家财赋,漕、盐其大端也。今湖广、〔一〕江西、江南叠被兵燹,万一江西之贼由广信入浙江,又加以大水涨溢,来年漕米从何而出?大江不靖,商船阻隔,来年盐务从何办起?可虑者一。直隶为天下根本,与山西毗连,其各要隘,更宜加倍防堵。疆臣延缓粉饰,习以为常。稍有疏失,贻误非轻,可虑者二。陕西据天下形胜,而东北与晋为唇齿。今逆匪肆扰山西,傥渡河勾结刀匪,扰及关中,则西阻甘肃,南连巴蜀。燎原之势,扑灭无期,可虑者三。山东为直隶屏藩,与淮徐接壤,捻匪、教匪杂处其间。丰、沛、滕、沂一带,连年河患,啼饥号寒者不绝于途,乘间抢掠者相属于道。非有卓识伟望之臣,绥定而镇抚之,此等无业穷民,岂能束手待毙?可虑者四。夫多一日兵,则多一日饷。奕经、慧成等成师以出,已数月矣,而未见一贼,米粮支放,糜费无穷。与其置之无用之地,何如借为进剿之资。揆诸今日内外情形,即令贼匪已平,而疮痍之省,凋敝之郡,已坏之河道,重整之盐、漕,乡勇遣散之难,师旅归伍之费,驾驭稍失其宜,后患即多不测。矧贼势方张,而顿兵旷日,万一迁延既久,兵饷不继,更将何以应之?可虑者五。为今日计,北军果振声威,南氛不难殄灭。惟现在西路之贼,飘忽靡常,乘虚即窜,虽有胜保等竭力追剿,而难于兜击。尤在各邻省大吏不分畛域,合力进剿,迅殄西宷之贼,即可并力以靖江南。惟求我皇上举祖宗以来军法,踊跃用命者,虽微弁不惜重赏,以作士气;欺罔昧良者,虽大臣刻即显戮,以服人心:所谓战胜于朝廷也。"疏入,留中。次日,崇实入直,上御养心殿西台召见,垂询家世,温谕久之。

十二月,迁通政使司通政使,因各省州县失守,兼辖之上司各官处分,部议过迟,请明示赏罚,速定去留,以专职守,上韪之。又疏陈变通钞法,下部议行。四年二月,擢内阁学士,兼礼部侍郎衔。四月,授镶蓝旗蒙古副都统。五月,署户部左侍郎。兼管三库事务。七月,以四川学政何绍基奏参总督裕瑞收受陋规,并于郑怀江谋逆一案办理错误,命偕工部右侍郎宗室载龄驰往查办。寻查明覆奏,褫裕瑞职。时黔匪滋事,命办理川省防剿事宜。五年四月,补工部右侍郎,兼管钱法堂事务。七月,因家人涉讼,向刑部堂官辩论,下部议处,降三级调用;又以回奏失实,再降一级调用。八年,补太仆寺少卿。九年三月,迁詹事府詹事,充日讲起居注官。十月,擢内阁学士,兼礼部侍郎衔。旋授驻藏办事大臣,途次奉旨,驰赴四川查办事件。十年正月,补镶黄旗汉军副都统。七月,查明给事中李培祐奏参四川总督曾望颜,并知府翁祖烈讦告望颜各款,据实入奏。上褫望颜暨祖烈职。

崇实旋署理四川总督。滇匪李短搭、蓝大顺等窜扰川省,提督占泰拥兵冒功,贼势愈炽。崇实疏劾其罪,并请特简重臣总督军务,严明赏罚,以励军心。诏撤占泰任,交崇实严讯,命湖南巡抚骆秉章督办四川军务。时蓝逆窜踞崇庆州之元通场,省城戒严。崇实檄军克之,蓝逆又窜牛腹渡,与李逆合。崇实遣兵两路

夹击,贼分其党窜仁寿、青神、眉州各境,提督郭相忠等连战歼
之。近省肃清。并饬官军会合黔兵,剿平贵州土匪,边境以安。
十一年二月,马边土匪何老长暨彭县匪徒朱二九等先后倡乱,均
剿平之。六月,攻克牛腹渡贼巢。崇实因粤匪、滇匪纷窜川疆,
亟须厚积兵力,疏言:"四川据东南上游,为西北关键。滇匪虽屡
经痛剿,而裹胁甚易,未能遽灭。本省营务废弛已久,虽极力整
顿,无如历任日浅,难期骤效。骆秉章威望素著,川楚各军闻而
奋兴。近因湖北、江西贼氛未靖,骆秉章移援蜀诸军分往助剿,
自率所部千人驻扎重庆,不即驰赴上游,诚恐军心渐懈,贼胆日
张。窃计江西有左宗棠一军,足能制敌,刘岳昭所部已赴下游,
兵力更厚,自可保全。骆秉章宜督率所部驰赴川省上游,相机兜
剿,数月间定可藏事。彼时再遣得胜之师规画东南,蜀疆既靖
,饷项易筹。不独于鄂、皖各省均有裨益,即京饷亦可源源接济。
事机所在,迟速轻重,一转移间,所关匪细。"又疏言:"自滇匪扰
蜀,皇上特简骆秉章率师督办。自维才识,多有不逮,百计图维,
豫储款项,以待楚师之至,并屡吁天恩,请畀骆秉章重权。自骆
秉章抵顺庆以后,所有各营征调,无不先事咨商,不自专主。臣
与骆秉章素未谋面,而同肩巨任,即不得稍有异同。成都将军福
济未入川境,于川省兵单饷绌情形,概未深悉。现据咨催饷银数
万,巨款难筹,转疑臣故为掣肘。川北剿匪机宜,已统归骆秉章
调度。若福济颉颃其间,以督兵大臣自任。号令纷歧,不惟军心
无所适从,将士之狡猾者,转得观望其间,互相推诿。趋利就便,
患不胜言!是福济不必以进剿川北为急,惟宜扼要驻扎,严防陕
南,以期有备无患。臣亦惟开诚相待,力顾大局。凡有裨益于军

务者,不敢立异矫同;凡无益于军务者,亦不敢勉强附和。"奏入,
上授骆秉章四川总督,督办军务;授崇实成都将军,接办川陕防
堵事宜。

时蓝逆窜扰绵州,众十馀万。崇实与秉章合兵进剿,连破贼
营数十,绵州围解。适回匪入川,陷会理,图结滇匪,遣军击败
之。同治元年正月,歼蓝逆于丹棱。五月,以贵州官民擅杀教
民,御史华祝三疏参署巡抚田兴恕各款,命崇实派员前往确查。
寻查实,论如律。十月,谕嗣后关涉教民事件,责成崇实妥办。
因言:"近来各国教士,无论有无官爵,辄与各省大吏抗衡。地方
大吏以和约内有'厚待保护'字样,遂不与之较论尊卑。凡以属
在远人,自当仰体皇上怀柔之至意。至中国从习彼教,本系齐
民,竟亦自居显贵,遂至道路侧目,诽谤横生。滋事之由,多系乎
此。请饬总理各国事务衙门悉心会议,分别中外习教等威,以昭
定制,庶争端永息,而物议亦平。"上韪之。

四年八月,兼署总督。十一月,克松潘厅城,歼匪首欧里哇
等,馀党悉平。十二月,平瞻对逆匪。时云贵两省贼势猖獗,图
窜川疆,崇实分兵严防各隘,并遣军越境助剿,叠克绥阳、镇雄各
城。五年九月,以参革人员每于开复后仍发原省,有碍官常,疏
请饬部明定章程,以示限制,从之。十二月,又兼署总督。六年,
以京师开设同文馆,疏言:"天文、算法,学有专门。请饬各省选
举,以备录用,不必专取正途人员入馆肄习。"报闻。七年,分遣
知府唐炯、道员蹇闾、总兵刘鹤龄诸军败黔贼于水源沟,降其众
数万,毙苗首伪张王。闰四月,进克偏刀水贼巢。时越巂逆匪踞
普雄山,筑城抗拒。夷酋勒乌立兹煽惑群夷,攻城掳掠。崇实饬

提督周达武攻克普雄石城,毙贼无算,乘胜连毁夷堡,生擒勒乌立兹,馀党就抚。旋遣唐炯等剿贵州瓮安贼,擒伪王何双福,斩逆首王超凡于阵,拔其城。八月,川师攻尚大坪,克之,擒逆首刘仪顺、秦崽崽,贼无脱者。捷入,优诏褒勉,以调度有方,下部优叙。十一月,檄道员唐炯进剿贵州叛苗,克麻哈城。十二月,复黄平。又遣周达武等剿平竹黑大木杆叛夷。八年四月,复贵州清平。六月,攻克云南寻甸,降回酋马天顺。九年八月,饬道员邓锜等军进夷苗匪各碉寨。九月,会滇军攻克永北厅城。九年,命赴贵州查办事件。

十年六月,入觐,授镶白旗蒙古都统。九月,充武会试监射大臣。十一年,赐紫禁城骑马。十二年四月,署理热河都统。十月,热河东边匪徒滋事,崇实饬官军剿平之。十二月,回京,补刑部尚书,充经筵讲官。十三年三月,充会试副考官。先后以云南、贵州肃清,论功优叙。五月,以罗文峪防御讷勒和善控山海关协领和盛阿紊坏营务各款,命崇实前往查办,鞫实,论如律。光绪元年正月,命偕内阁学士宗室岐元查办奉天事件,旋署盛京将军。疏劾府尹恭镗等各款,褫职、递籍、遣戍有差。六月,查明吉林将军奕榕等被参各款,请分别治罪。复疏言奉省各厅、州、县,向分满、汉请补,惟调署不拘此例,以致历年任意纷更。臣与岐元等悉心会商,与其迁就委署,不如量才委用。请嗣后各厅、州、县缺,仿照热河之例,不拘满、汉,一律请补州、县各官,均加理事同知、通判衔,以便旗、民事件统归经理。"下部议行。先是,逆匪宗三好等勾结巨匪高希珍,盘踞大东沟等处,筑寨抗拒。崇实饬官军水陆进攻,扫穴擒渠;复遣兵平定庙儿沟、通沟等处。

边外肃清。

七月，以奉省积弊太深，具疏言："兴利不难，难于除弊。弊之习于下者易除，而弊之倡于上者难除。故整饬官常，必由大吏而始。伏查奉省将军之设，迄于地方各员，国初至今，屡有增易。在朝廷因时制宜，原无历久不变之法。惟是陪都重地，根本所关，若使建置规模，下同各省，殊不足以重维系而示尊崇。目下习染所趋，未便再拘成格，惟有仍存五部之名，以隆体制；兼仿督抚之例，以一事权。救弊补偏，大纲已立，然后筹经费以资办公，则贿赂之风可息；专责任以防推诿，则盗贼之源可清。谨将现拟章程，条分缕晰，一一陈之：一、事权宜变通也。奉省积弊，由于旗、民不和，而推其本原，实缘大吏之先存意见。将军于地方各官，向不兼辖，遇有会办公件，呼应往往不灵。溯其建置之初，原与五部隐相兼摄，故至今公牍半多会衔。厥后将军威望渐轻，而五部权力遂重，其中兼尹归于户部，与将军更易抗衡。旗、民两途，各不相下。虽有会稿，等于虚文。夫将军镇守地方，如何慎重，即朝廷饬议所在，无不首专责成。今则畛域各分，何以统持全局？且既督办军务，于兵刑粮饷，皆当并筹；而将军向仿京员，印信亦存公署，每办一事，经手多人，往复兼钤，断难机密。拟请旨将盛京将军一缺，改为管理兵、刑两部，兼管奉天府府尹事务，即仿各省总督体例，加兵部尚书衔，另颁总督奉天旗民地方军务关防一颗，并加兼理粮饷字样，以便管带金银库印钥，且可稽核户部出入，其馀公事悉仍其旧。如此则旗、民文武全归统辖，机密重件亦易防闲，即粮饷兵刑悉有总理之责，而三陵、内务府原系本职所司，惟永陵离省较远，今既添设副都统，则责有专归。

其馀各部事务,皆令与将军和衷商办。此维持通省之苦衷,实挈领提纲之先务也。一、府尹事权宜变通也。察吏安民,府尹最重,本与兼尹相助为理。惟兼尹关属户部,而旗、民交涉之狱,又须由刑部会办定案。近年民多于旗,辗辙最甚。府尹虽设有谳局,审断每不得自专,往往一事而上制于户部之兼尹,旁牵于刑部之会讯。稽留往复,清理良难。各州县申详此等案情,亦遂纷而无主,甚至包苴争纳,径窦互开。多一兼管衙门,即多一需索地步。此弊之在上者也。健讼成风,意存拖累。原告方控于府尹,被告又控于刑部,而部中司员复不遵守定章,任意收呈,随处提案;问官亦有偏袒,胥吏因而作奸。审结无期,互传不到。其中命盗重案,竟使待质囹圄,多至一二十年。微论瘐死纷纷,无从呼诉,而挟仇索贿,被害尤深。至于会验尸伤,每以索费久稽,动辄数月。此弊之在民者也。拟请旨将奉天府府尹一缺加二品衔,以右副都御史行巡抚事,旗、民各务悉归专理,便与将军相承一气,不致两歧。通省纪纲,斯为枢纽。一、五部事机宜变通也。奉天及吉林两省,饷需汇于户部,其任非轻,不宜再兼府尹,反增枝节,而三陵典礼大内工程,礼、工两部各有专司,皆于民间无涉。至将军虽管理兵、刑,而该部堂官责无旁贷。五部侍郎应仍其旧,无须移动,俾免纷更。夫刑部之弊,前已略陈,相应请旨申明定例,亦如京中刑部体制,嗣后惟旗、民交涉,罪在犯徒以上者,方准该部按律定拟;其馀一概不得干预。该司官等如再有违例收呈提案,及相验逾限等事,径由将军指名严参,以杜侵官而纾民困。至兵部仅管驿丁,事原简易,惟文书任意私钞,漏泄太多。一言未上而通国皆知,一令未颁而浮议先起;甚且机密钉封,往往破损。此外寻常公牍,积压遗失,不可胜言。窃思陈奏机宜,军、尹两处多于各部,今以将军管理,即可一律整齐。更拟请旨将地方通同州县各员,兼理驿务,所有向设驿丁,准其会同兵部所派之驿站监督,随时稽察。沿途逐站,皆得其人,文报攸关,亟宜并议。一、奉天府治中一缺宜变通也。奉省大吏太多,而下僚太少,未免足轻首重,是以政令不齐。查兼尹、府尹以次,少承上启下之员,为之关捩,仅有承德县知县,联属之际,太觉不伦。治中究系京员,外官势不相洽,而通省清查亏空,督办案情,须有专司,方资表率。拟于奉省中添设首道一缺,名曰奉天驿巡道,阖省驿站及新设捕盗营之同、通、州、县,悉隶其下,俾得稽巡。惟增修衙署,招募胥役,繁费殊多,猝无所出。拟即将治中一缺加一道衔,兼行首道事务,另颁奉天驿巡道关防一颗,馀仍其旧。事权既不参差,体制较为完备。查治中本系汉缺,向归捐选。嗣后应将正途出身人员改为请旨简放,以昭郑重。一、旗、民地方各官宜变通也。旗、民交涉之案,各州县必与城守尉等官会同办理。查其列衔之处,禀将军则尉、县并书,禀府尹则有县无尉。同一公牍,任意纷歧,遂至守尉目中几无府尹,营私挟诈,何所不为? 且于地方尤有数弊,旗界同居,非亲即友,官中公事,但论私情,其弊一;会办各异,未能和衷,彼此留难,案久悬搁,其弊二;命盗重件,遇有旗人,则借强宗为护身之符,托本管为说情之地,抗拒容隐,不服查拿,其弊三;捕盗不力,州县官处分綦严,而城守尉、佐领等官尤有专责,乃尽委罪于骁骑校及领催微末诸员,指名搪塞,劫掠横行,致无忌惮,其弊四。上分其肥,下受其毒,曲直无从申理,州县亦遂因循。是以前次请照热河定例,将地方通、同以下全加理事等衔,片奏在案,今更拟请旨嗣后奉省地方一切案件,无论旗、民专归同、通、州、县等官管理。其旗界大小各员只准经理旗租,缉捕盗贼,此外不得丝毫干预。其缉捕处分,自城守尉至路记佐领,[二]必与州县等官一律轻重,不得以属弁随时塞责;而本地旗、民尤须再申定例,不许做本界武职。如此划清限制,自无包庇牵掣之虞矣。至各处城守尉,本系宗室专缺,官阶同于府、道,责任亦遂不轻。嗣后请旨简放时,拟择宗室中谙练政事之员方能称职,如其才力不胜,应由将军随时甄别,方不至贻误地方。其馀民界各官,升途太隘,虽有京察计典,奉省均属具文,是以吏治毫无振作,拟并请将奉省道、府、同、通、州、县由吏部推广升途,力加鼓励,庶几有所激劝,百废可兴,是根本储才之急务也。一、各大吏养廉宜变通也。奉省贿赂公行,已非一日。原情而论,出于贪黩者犹少,迫于穷困者实多。查将军养廉虽名八成,而官票每两折银,只以二钱五分入算,此外一成停止,一成实折。计廉额二千两,实数仅五百馀金。推之府尹、府丞,又当四成递折,实数不过二百馀金矣。借此从公,万难敷衍。不得已设为名目,取给下僚,有节寿之贺仪,有月费之摊款。自兼尹、刑部,迄于府尹、府丞,凡涉词讼之官,地方无不馈送,变本加厉,习为故常。甚至民间讹传委缺必酬,到任必谢,而营求嘱托,又无论矣。即有洁清自好之员,迫于时势,亦姑择受一二,不敢矫异鸣高。夫上官既资于下僚,下僚必敛于百姓,追呼捃克,激成事端。是以官习为不廉,而极之于纵役分赃;民亦习为不廉,而极之于杀人放火。典章阁顾,教化不兴。此陋规相沿,实奉省第一大弊也。窃思兴廉不难,道宜善养。若以竭蹶办公之力，复有衣食内顾之忧，不惟厄塞人材，亦觉有伤政体。拟请旨嗣后奉省各大吏养廉，与其递折，但立虚名，不如另减，归于实济。将军既照总督例，即以至少省分计之，养廉当一万八千金；府尹既照巡抚例，养廉至少当一万二千金。然值此时艰，必须力求撙节。因核各处用度，将军养廉至少非实银八千两不可，府尹养廉至少非实银六千两不可，而府尹内有幕修，外有役食，六千之数，仍虑难敷。查各地方官向有摊派之款，细加分别，凡涉私规，悉行汰去，尚留公用三四千金，即令其汇解府尹衙门，以补公用之不足。府丞既兼学政，亦系外官，今既裁撤陋规，其养廉非实银二千，亦难有济。以上各款，可否即由海关道征收盈馀，及新增盈馀两项下按年支解，作正开销。并恳天恩格外俯恤，所有奉省督、抚、学政养廉均给实银，外馀各副都统、五部养廉俸，原额本少，皆准八成实放，不必叠为折扣；而将军兼辖事繁，支用尤巨，虽议养廉八千，仍恐不敷所用，另有津贴公费之筹，亦知国用未充，可减则减，岂容别生枝节，徒事虚糜？惟关外情形，迥殊各省，既欲力除积弊，便当筹及通盘。况乎宅镐留圭，自古不嫌优异，力培根本，分所当然。外省养廉，岂容并论？在帑项所支无几，而大局所全已多。苟且补苴，何敢迁就？自经此次议定章程后，凡奉省向来各大吏一切全分半分陋规，概行禁革。若蹈前辙，立予严惩。在小民可稍免苛求，而墨吏亦无所藉口。清源正本，莫切于斯！一、仓差规费宜变通也。奉省各旗草豆由折色以至实征，最不画一。数则任意增减，田则任人归并。宗室未完之款，或偿取于平民；富绅应纳之粮，反强派之贫户。浮收包揽，百弊丛生，而正供之外，尚有盈馀，谓之仓差规费。每年收租,例由将军专派督催协领一员,由部分派正副监督司官二员。其奉派之员,每纳规费于本管上司,始而每人不过三四千金,继则五六千金,近来增至八九千金。本属私供,遂无定数。往往承办各员,借贷垫赔,致招物议。甚或藉此讹索,其患仍受于民。现将旗租草豆章程改为一律,无论宗室、平民上中下户,酌一适中之数,按亩交收,以此贫民同声感戴。所不便者,惟包粮之土棍及不法之豪强耳。如此力加核减,仍有盈馀,约在一万五六千金。窃思此项虽非正供,尚于地方无碍,必欲概行裁撤,未免竭泽而渔。与其任作私规,茫无限制,不如改充公费,免再株求。惟五部向系轮派司员,计必递推三年,始受规费一次。任有久暂,事亦不均。拟于盈馀中先提一万金,作为五部侍郎公费,每岁各分二千,以资贴补;而派员督办,仍循旧章。馀数千金,即充军署公费。所取有定,较觉光明。既化私而为官,即非损下而益上。或亦因利乘便之一端也。”疏入,命军机大臣、九卿会议,议上,谕曰:“奉天为陪京重地,从前积弊已深。此次变通章程,崇实等务宜实力奉行。所有陋规,悉数革除。地方文武各员,并着该署将军等随时稽察,核实劝惩。其馀未尽事宜,仍随时酌度,奏明办理。”

先是,奉省宗室、觉罗各项旗人,往往窝庇贼匪,缉捕官弁惧诬,不敢搜拿,以致贼匪愈炽。至是,崇实疏请严惩窝主,允之。又先后拿获盗匪郭振、戴发等,均置诸法。二年五月,查明署将军穆图善等被参各款,请分别议处。闰五月,特参蒙古宾图郡王祖庇盗匪密勒僧格一犯,业经拿获供认在热河朝阳县劫狱戕兵等情不讳,而犹在宾图王旗台吉充当副关差使。该王尚敢移文咨取,声称官兵骚扰蒙古地面,妄拿无辜。颠倒是非,意存挟制。其平日之袒护包庇,不问可知。且所获犯阿来桂、程广学等数十案,无不在该王旗当差。阳托巡缉之名,肆行劫掠之事。是直以该王为护符,贻害地方,莫此为甚。应请将该王下部议处,允之。又请裁奉省日捐,均如所请行。旋以变通吏治,前奏有未尽事宜,复请详定章程,下部议行。时匪首林方、耿举等肆扰西北边境哈拉套改等处,筑垒负嵎,崇实遣提督左宝贵统兵进攻,前后七十馀战,擒首要各犯七十馀名。十月,因病请假,并疏言:"奉省全局,办理年馀,虽具有规模,尚须妥为区画。计自东沟以至通沟,绵亘千有馀里,历年旗、民错处,垦种日多。剿之不可,[三]驱之不能。因时制宜,只有就地升科、设官分治之一法。拟添设三厅、州、县,划界分疆,以资治理;改练旗、绿各军,设汛分防,酌定营制。当此诸务猬集,思虑稍有未周,办理即虞遗漏。"疏上,赏假两月。

寻以病势日增,恳请开缺。是月,卒。遗疏入,谕曰:"署盛京将军、刑部尚书崇实,老成练达,才识俱优。受先朝知遇之隆,由翰林渐跻卿贰。旋由驻藏大臣升授成都将军,署理四川总督。穆宗毅皇帝优加倚畀,内擢正卿,简任部旗事务。勤慎恪恭,克尽厥职。上年命往奉天查办事件,即令署理盛京将军,剿办马贼,整饬吏治,均能尽心筹画,悉协机宜。昨因患病,奏请开缺,宽予假期。方冀调养就痊,长承恩眷。兹闻溘逝,悼惜殊深! 着加恩追赠太子少保衔,照尚书例赐恤。任内一切处分,悉予开复。应得恤典,该衙门察例具奏。其灵柩回旗时,着沿途地方官妥为照料,并准入城治丧。伊孙景贤,着赏给举人,准其一体会试,用示眷念荩臣至意。"寻赐祭葬,予谥文勤。十二月,署盛京将军宗室岐元等奏奉省绅民呈称崇实功德在民,请与原任将军都兴阿、大学士文祥共建一祠,以褒忠荩,允之。三年,崇实灵柩到京,命贝勒载澄带领侍卫十员,前往奠酹。

　　子嵩申,刑部尚书。

【校勘记】

〔一〕今湖广　"广"原误作"南"。今据崇实传稿(之三八)改。

〔二〕其缉捕处分自城守尉至路记佐领　原脱"分"与"路记"共三字,又"至"上衍一"以"字。今据崇实传稿(之三八)补删。

〔三〕剿之不可　"可"原误作"易"。今据崇实传稿(之三八)改。

　　毛昶熙

　　毛昶熙,河南武陟人。父树棠,户部右侍郎。

　　昶熙,道光二十五年进士,改翰林院庶吉士。三十年,散馆,授检讨。咸丰五年六月,充实录馆协修。十月,记名以御史用。六年三月,充会试同考官。六月,补江南道监察御史。七月,疏陈军务吏治急宜整顿,略言:"粤匪滋扰以来,沿江郡县,叠遭荼毒。晋、豫两省上年联庄抗官,致烦兵力。直隶亦有聚众劫狱事宜。令各督抚嗣后邻省有警,各简精锐出境会剿,不得专言防堵。江南踞匪逼近丹阳,窥伺苏常。苏常产米之区,海运所资,又为闽浙门户。宜令湖北、安徽、江西乘时进击,规复城池。彼分兵来援,则丹阳之贼自弱,官军必可获胜;不援则上游以次肃清,合兵东下。聚歼之机,在此时矣!夫平已炽之寇在用兵,而弭未萌之患在饬吏。吏治日坏，多由捐复太易，其囊橐充裕者，皆素日朘削于闾阎；其称贷多方者，亦异日取偿于百姓。窃思历年筹饷例所收捐复一项，有裨于捐务者甚小，而有害于吏治者甚大。宜令部臣分别妥议，除情有可原者，仍准加成捐复；傥情节较重，不得援近日办过成案滥行奏请。夫劣员不可宽容，而贤员亦有特擢。[一]现值需人孔亟，与其求未经试验之才，不如用已著贤能之吏。年来各省州县中，或坚守城池，或认真团练，或安辑难民，或严捕土匪。各该上司随时请奖，无不恩施立沛。但才有大小，不能强同。赏功止论现在之勋，用人必求异日之效。宜令各督抚于已著成效之员，察其才可大用，出具切实考语，专折保举，以备简用。原保大臣视所举当否，并予功过。庶真才日出，军务地方皆收得人之效也。"奏入，上采行之。寻掌山西道监察御史。

七年六月，劲步军统领联顺徇私废法，上解联顺任。十二月，授工科给事中。八年八月，充顺天乡试内帘监试官。九月，授顺天府府丞。九年，以顺天科场案，降三级留任。十年五月，赏加都察院左副都御史衔，督办河南团练。比至，疏陈豫省全局布置情形，筹画经费，酌定条规十二则，添筑堡寨以扼要隘，讲求险要以便堵御，慎择首事以资统率，分选团丁以备训练，摊捐练费以备公用，互为救援以资联络，申明号令以一众志，严定约束以禁顽暴，公赏罚以示劝惩，严奸宄以防内应，旌忠义以作民气，而终之以实力奉行。上嘉予之。七月，疏陈调练兵勇，百姓苦累，宜令裁撤。八月，又言："捻匪窜扰陈州等处，民勇毫不得力。亟宜改办乡团，抚臣坚执成见，不肯遵旨办理，恐误大局。至抚臣谓抽丁调防,百姓所出不过抵正供十之二三。以商丘一县论,约计已七万两,而该县地丁不及五万,岂得谓民力可支,乐于从事?"上乃敕巡抚庆廉全裁民勇,勖以和衷商办,毋得偏执己见。十月,命昶熙督办剿匪事宜。

时军驻归德,亳州捻匪犯鹿邑,拨练勇击走之。其大股分路肆掠,官军九战皆捷,贼遁。另股窜西北者,檄副将成景等驰剿于宁陵。十一年正月,疏言:"逆捻近日出窜,骑辄逾万。官军马队过单,步队无以制贼。且皖豫交界无险阻,兵法平原旷野,利骑战。今豫境团练修筑寨堡,办有成效,应每寨责令寨长,保选壮丁一名、马一匹,投效来营,按马勇发给口粮。事竣各回原寨。归、陈两属,约可得马队三四百名。"上嘉其妥协,命推广设法,务期多多益善,俾成大队。嗣另股窜捻,西逼省城,围通许。昶熙拨军援之,立解城围;以未能豫为堵御,自请议处,坐降三级留任。二月,贼陷唐县,劾成景等褫职。又言:"内患外侮,同时并起。军令不一,将士无所适从。非与抚臣会合一处,不足专事权而一号令。"于是上命巡抚严树森督办河南剿匪事宜,昶熙副之,仍督办团练。三月,克唐县。署光州知州张席珍败捻首赵国良等于临河集,游击王天保败陈大喜等于汝阳之万家圩,均擒斩无算。五月,以误用逃犯李占标,招募滋事。上责昶熙任用非人,下部议降三级调用,暂免开缺。时大河以南各府、州、县团练一律报齐,因疏陈濠寨碉楼炮台练勇之数,操演征调章程,及会同官军堵剿屡胜,报闻。七月,饬所部讨叛练苗沛霖,胜之。睢州、杞县、息县、新蔡、鹿邑、永城、西平各团练亦叠获捻首,拔堡寨。八月,严树森疏称昶熙简练士卒,督率将弁,先后数十战,悉合机宜。克复被踞各圩，屡获大捷。请将两次处分悉予开复，从之。十月，升顺天府府尹，仍留河南督办团练。时亳东大股逆捻扑归德，昶熙督乡团助兵截击，斩馘甚多，贼遁去。十一月，授太仆寺卿。

十二月，擢内阁学士，兼礼部侍郎衔，仍督办河南团练。先是，昶熙以文宗显皇帝升遐，吁请叩谒梓宫，兼得面陈机要，上念中州防剿吃重，未允其请，命以军事密疏入告。寻又敕昶熙会同严树森刻期合各军会捣亳捻老巢。至是疏上制捻要策，略言："年来剿捻未得要领者，其误有二：一在专言防堵，颍、徐、归、陈平原千里，无险可扼。该逆出巢，往往数路同发，而一路又分多股。官军分堵则兵单力绌，合堵则遏一路而各路窜，遏一股而各股窜，犹之院无墙垣，奈何尚袭守门遏盗之说乎？一在无成算而轻战，贼之出窜，众数倍于我，马则十倍过之。我无必胜之术，侥幸一战，如上年野猪冈之败，良将劲兵大半陷没，贼焰愈张。现虽远招近募，训练讲求，借将于楚，招勇于湘，不遗馀力，然而元气未复也。至于会合各路兵力，直捣老巢，实为平贼要着。皖捻虽以张乐行为盟主，而刘狗、苏天才、姜太林、王怀义、宋喜元诸大股，各统其众。陈、宋、颍、寿、淮、徐方数百里，无处非贼巢。各路统兵大员即能次第扫除，势难刻期净尽。若绕过小捻各巢，径捣大捻老巢，舍近攻远。恐远贼坚守堡寨于前，近贼断我饷道于后，不出十日，官军自溃。此会捣老巢之举，恐难以刻期集事也。然捻匪与粤匪情形不同，粤匪蜂屯蚁聚，其势合；捻匪散处各圩，其势分。其出窜也，必先装旗，纠约各圩匪目，及外股捻首，议定人马之数，约期会齐，然后分窜，常十馀日始得出也。其窜山东者,每会于保安山、龙山等处;窜汴梁者,在小奈集、大寺集等处;窜陈州者,在南十字河、张信溜等处。地皆逼近亳州,是亳州者贼之吭也。计莫若择重臣素有威望者,统步队二三万,东三省马队数千,驻屯亳州城内。用伍员多方误楚之法,分所部为数起,此归彼出,此出彼归,循环冲突于各捻贼圩之间,遇边马则歼之,遇辎重则焚之,使亳捻各股大匪无从勾结;即本股诸圩亦声息不通,惴惴焉日防官兵之至,自不能装旗出窜,四出打粮。俟其饥困,然后以重兵次第围剿,贼无外援,必易得手。大股既平,小股胆落,兼用招抚,立可解散,不必尽烦兵力矣。夫防贼于既出之后,何如遏贼于未出之先;剿贼于既聚之馀,何如蹙贼于难聚之势,而又无劳师袭远之危,轻进损威之失。所谓不战而屈人之兵者是也。查现在统兵大员威望素著,为各巨捻畏惧者,无如科尔沁亲王僧格林沁,上年甫屯济宁,而亳东捻匪已多剃发潜逃者,今赵浩然数万之众,已为僧格林沁歼尽。果乘此统军进驻亳城,必能制贼死命。其山东本省土匪,有胜保驻兵濮、范,距曹、单甚近,自可就近剿办,以专责成。至徐宿土著,本少大捻,其由该处窜扰山东者,亦亳捻居多。亳捻势蹙,可以无虞。即间有零星土匪,可责成田在田、吴棠与胜保前后扼截,以固北路。如僧营屯亳,臣所部虽止五千,尚称骁劲,亦当策励各营,会合剿截。至亳营军饷,无论直、东各省所解,悉由归德经过,臣必随时派队护送,不令少有阻滞,以误军机。”又附片言:“今日大计,以卫畿辅固根本为第一要务。然豫、东者畿辅之门户也,亳州者豫、东之贼源也。亳州之贼不除,则豫、东之匪难绝,即畿辅之地不安。重兵驻豫,未必能兼顾东省;驻东,亦未能兼顾豫防。惟亳为各捻汇处之区，即北方扼要之地，扼亳州正所以靖豫、东，靖豫、东正所以卫畿辅。拔本塞源，较随处补苴，大有把握。且蒙亳百姓，皆有天良，只以逼处贼巢，距官军太远，呼诉无门，不得不苟全性命，非尽甘心为逆也。况其间良民堡寨，与贼圩错处，虽受荼毒，不肯从逆者今尚不少。若官军声势一振，剿抚兼施，不但忠义良民，同心杀贼，即附贼堡寨亦群相就抚，辅助官兵。彼久经兵革之地，人习战争，附贼则为悍贼，反正即为劲兵。夺贼焰而益军威，计无便于此者。前胜保、袁甲三剿捻累获大胜，皆由屯驻亳州，扼其要害，并赖关保、德楞额马队之力，是以所向有功。前事不远，可以印证。"奏入，上韪之。

时粤、捻各逆合扰安徽颍州，命昶熙妥筹归、陈边防，并拨所部出境会剿。昶熙兵仅五千，且无马队，力殊不及。同治元年正月，疏陈捻氛环逼豫境，苗党凶焰日张，请调前湖北宜昌镇总兵李续焘等募精壮六千来豫，以厚兵力，如所请行。上又敕西安将军托明阿选西安马队一千，赴河南听候调遣。二月，亳捻刘大老渊等纠集大股，疾趋豫境。昶熙先期进省，与巡抚郑元善会商军务，闻警驰还，至杞县，贼已围杞。上以昶熙军在归德，未能豫筹堵遏，任贼阑入，诏切责之。会僧格林沁军自山东来，败贼于许冈，昶熙贻书请入助城守，以其远来饥疲，厚馈糇饣，兵气愈振。随饬部将与僧营合力堵剿，克所占民圩，斩馘逾万。馀逆由通许遁。昶熙豫檄各路团勇助剿，截杀无算。捷闻，有旨令昶熙速还归德，扼贼归路。三月，回军宋郡。时金楼教匪杨玉聪与五双楼迤南各贼寨，唇齿相结，屡攻未下。四月，会同僧营合剿，乃拔王家楼。五月，克金楼圩，尽歼其众。七月，补礼部右侍郎，仍命督团剿贼,归僧格林沁节制。闰八月,转左侍郎。时归德属境肃清,而另股西窜逆捻受创于陕西商南县境,折奔内乡、邓州,逼近南阳。郑元善统兵出省,昶熙回驻省城,布置防御。十月,督兵汝宁,剿陈大喜等股匪。寻各兵团克正阳,次第收复各寨圩。二年正月,诛逆首张凤林、张福林。四月,克邢集及尚店贼巢,陈大喜窜入湖北境。汝宁、陈州各属踞贼,大半歼除。五月,调吏部右侍郎。六月,克张冈寨。七月,亳捻为陈州各营扼击四窜,归德又戒严。督总兵赵鸿举等驰往防剿,游击昌振河败贼于商丘、虞城,进拔亳州卢庙。昶熙屯鹿邑,既而尽平亳北匪寨。

十一月,谕曰:"毛昶熙所部勇丁,原以助兵力之不足。此时兵力足敷应用,着即散遣归农。该侍郎即回京供职。"适陈大喜勾结苗逆馀党,群趋汝南,陷正阳、信阳、新蔡、息县各民寨。昶熙方拔队南征,乃命俟匪股剿除,再行回京。三年正月,转左侍郎。二月,进屯息县,凡八阅月,巨捻赵国良、徐文田等十馀名,次第伏诛,尽复所踞各寨。十一月,僧格林沁败陈大喜及巨捻张总愚于光山,贼西窜,逼南阳。昶熙驰商僧格林沁,调张曜一军回驻唐县,饬知府汤聘珍等营,驰扼宛南。四年二月,贼自西平潜犯汝郡,昶熙扼守郡城,贼退,仍率所部还归德。四月,僧格林沁追捻于山东曹州,遇伏被害。诏以昶熙未能督兵截剿,令贼远飏,遗害邻疆,致重臣战殁,下部严议。寻议降三级调用,加恩改革职留任,命回京供职。五年九月,兼署户部左侍郎,兼管三库事务。十二月,充经筵讲官。六年,充顺天武乡试正考官。寻调户部左侍郎,兼管三库事务,兼署吏部左侍郎。

七年正月,充国史馆副总裁。三月,升都察院左都御史,兼署工部尚书。七月，疏陈军务渐平，宜益思寅畏，因条上四事，略言："功成而喜者，常人之同情；功成而惧者，圣主之深虑。古昔帝王，躬享承平，犹且兢兢业业，不自暇逸；况今日巨寇甫平，兵革未息，滇、黔、秦、陇烽火惊心，皖、豫、直、东疮痍满目。戡乱安民，一一尚烦宸虑，敬肆之机，间不容发。万一大捷之馀，偶忘乾惕，则患机之萌，恐有伏于今日者。臣职司献纳，谨陈管见：一、勤圣学。皇上春秋鼎盛，典学日新，薄海内外，共切瞻仰，但恐亲师讲学，为时无多，还宫之后，左右近习，或以功业日盛，间进谀词，意气渐盈，懋修或懈。昔宋庄献太后临朝，仁宗听内侍之言，欲观先朝宝玩，庄献太后为言祖宗创业之艰，词气严厉，左右皆为汗下。臣亦伏愿皇太后于皇上还宫之馀，殷殷以时事艰难，宜遵祖宗成宪，逊志尚学，勤加启迪，俾与经史师傅之言互为感发。至于近侍之人，尤宜择年纪老成，稍有识见者，服事起居，将见养正之功，日臻坚定，一崇俭节。今寇乱虽渐次荡平，而流离之民尚未归农，荒芜之田尚未尽垦，非力加撙节，不足以广储积而备缓急。臣前管三库事务，见内务府借拨部库银两，逐年加增，与道光、咸丰年间不符，曾经奏请撙节在案。窃恐中原底定，踵事增华，财源未开，财流不节，度支告匮，为患匪轻。伏愿皇太后、皇上崇尚节俭，为天下先。一切不急之务，可罢则罢之，可缓则缓之。庶国用可充，而风俗亦渐转移矣。一、饬吏治。发、捻之祸，虽由奸民倡乱，实由不肖州县习气太深，任用胥差鱼肉百姓，正供之外百计诛求，私派私罚自营囊橐，以致民气不伸，酿成巨患。用兵以来，此风尤甚。即如厘金一项，原为接济饷需，而奉行不善，百弊丛生。一县之中，重叠抽收。一卡之中，多人勒索。

病商病民,莫此为甚!其馀弊政,不可枚举。臣推原其故,总由封疆大吏,以地方多事,喜用精明强干之员,而不求恺悌循良之吏。不知所用俗吏,惟欲见长于上司,其武健严酷也,似乎有才;其聚敛榷算也,似乎尽职;而斯民元气剥削愈甚,其弊遂至于此。今东南初定,畿辅甫清,兵燹遗黎,不堪再扰。应令各省督抚慎选良吏,抚绥斯民,休养生息,以复富庶之旧,一固根本。陕西回逆、土匪,麇聚于北山一带。现闻大军克捷,得胜之师必将整旅西征,万一穷而思窜,俟大兵云集之后,或由晋省扑河,或由草地北扰宣、大,畿辅又形吃紧。将就近派兵耶?则直隶兵力本单,恐难得力。将调回各军耶?则往而复返,又成尾追之势。此不可不熟虑者也。为今之计,莫如拣派久经行阵武职之大员,自率所部驻扎近京一带,以壮声威。直隶提督刘铭传谋勇兼优,威望久著,其所部勇丁亦皆素娴纪律,应令该提督迅回本任,并带所部万人,留直驻守;并令将直隶绿营兵丁实力训练,悉成劲旅。庶陕匪胆寒,不敢萌北扰之念;而征西诸将,亦可专意进剿。"疏入,上嘉其剀切敷陈,有裨治道,优诏答之。十月,赐紫禁城骑马。

八年六月,补工部尚书。十月,命在总理各国事务衙门行走。九年五月,天津民教构衅。六月,命偕直隶总督曾国藩议其事。七月,命暂署三口通商大臣。八月,回京,请裁三口通商大臣,改归直隶总督兼理,诏从之。十年正月,兼署吏部尚书。三月,充会试副考官。十一年,调补吏部尚书。十二年二月,上谒东陵,命留京办事。八月,兼署都察院左都御史。九月,管理户部三库事务。十三年三月,兼署礼部尚书。四月,充翰林院掌院学士,署教习庶吉士。十月,恭逢慈禧端佑康颐皇太后四旬万寿,赐昶熙母姜氏御书匾额、玉如意、大卷紬缎。光绪元年二月,充实录馆总裁。八月,充顺天乡试正考官。九月,上启銮躬送穆宗毅皇帝、孝哲毅皇后梓宫,命留京办事。二年,充署户部尚书。三年三月,充会试副考官。五月,兼署礼部尚书。九月,充武英殿总裁。四年三月,复兼署礼部尚书。五月,丁母忧。五年,穆宗毅皇帝实录、圣训庆成,赏加二级。六年,服满,命仍在总理各国事务衙门行走。七年,充翰林院掌院学士。八年正月,补兵部尚书。

昶熙自同治四年以来,充顺天及直省乡试覆试阅卷大臣六次,优贡生、拔贡生、朝考阅卷大臣,进士朝考阅卷大臣各三次,会试覆试阅卷大臣,殿试读卷官、考试试差阅卷大臣,考试汉御史阅卷大臣各二次,考试汉中书、汉教习、汉荫生、孝廉方正阅卷大臣各一次。

二月,卒。遗疏入,谕曰:“兵部尚书毛昶熙,学问优长,老成练达。由翰林御史荐陟京卿,督办河南团练剿匪事宜。旋擢尚书,充翰林院掌院学士,在总理各国事务衙门行走。宣力有年,均能恪尽厥职。前因患病赏假,方冀调理就痊,长资倚畀。兹闻溘逝,悼惜殊深! 着加恩追赠太子少保衔,赏给陀罗经被,派贝勒载漪带领侍卫十员,即日前往奠醊。照尚书例赐恤。任内一切处分,悉予开复。应得恤典,该衙门察例具奏。伊子毛绳恩,着赏给员外郎。伊孙毛慈望,着赏给举人,俟服阕后,准其一体会试。其灵柩回籍时,着沿途地方官妥为照料,用示笃念耆臣至意。”寻赐祭葬,予谥文达。

子绳武,候选知府;绳恩,候选员外郎。

孙慈望,光绪十五年进士,工部主事。

【校勘记】

〔一〕而贤员亦有特擢　"有"原误作"宜"。今据毛昶熙传稿(之四○)改。

清史列传卷五十三

大臣画一传档后编九

景廉

景廉，颜扎氏，满洲正黄旗人。父彦德，绥远城将军。

景廉，咸丰二年进士，改翰林院庶吉士。三年四月，散馆，授编修。九月，升侍讲，充国史馆协修、文渊阁校理。四年五月，充日讲起居注官。十二月，升侍讲学士，充文渊阁直阁事。五年正月，充咸安宫总裁。四月，擢内阁学士，兼礼部侍郎衔。五月，充福建乡试正考官。六年六月，授镶白旗蒙古副都统。十月，充玉牒馆副总裁。七年正月，升工部右侍郎，兼管钱法堂事务。三月，管理火药局事务。十一月，命赐奠朝鲜。八年六月，转镶红旗满洲副都统。七月，充顺天乡试监临。九月，兼署正蓝旗满洲副都统。九年二月，转刑部右侍郎。三月，兼署吏部右侍郎。

十月，授伊犁参赞大臣。十一年六月，命往阿克苏，查讯办事大臣绵性等参款。十二月，鞫实以闻。又案叶尔羌参赞大臣英蕴苛敛擅杀事，同治元年三月，奏结。并言："嗣后回疆命盗重案，宜一体按律定拟，候旨施行，不得依回子经典，随时处决。"上韪之。四月，调叶尔羌参赞大臣。十二月，疏陈征收税务情形，酌量裁减，详立章程。谕曰："叶尔羌等城系边疆要地，英蕴等前在该处，办理各事，诸多未善。景廉务当随时查察，将弊端加意厘剔，力求整顿。"三年三月，因病疏请开缺调理，上赏假一月。嗣以拜折后擅自交卸起程进口，诏切责之，令速回本任。景廉行抵归化城，经将军德勒克多尔济代奏请假，复赏假一月。十月，又以景廉病势日深，代恳开缺回旗。谕曰："景廉身膺边寄，职守攸关，何得擅自起程？且新疆现当多事之秋，防剿均关紧要。该大臣借病推诿，径行离任，谓非规避取巧，其谁信之？着即革职，发往都兴阿军营听候差委。"四年，以统兵防剿有功，得旨以四品京堂补用，并赏戴花翎。

五年，赏头等侍卫，充哈密帮办大臣。六年，督总兵张玉春、副将范如松等军驻甘州，疏请敕拨饷银，制办军械，得旨命克期出关。七年正月，至玉门。时肃州回匪窜安西州三四道沟，檄张玉春击走之。景廉以哈密兵燹之余，户口凋零，商贾裹足，军食所仰。惟安西、敦煌、玉门三州县，而肃逆窥伺久，脱有失，则哈密成孤注，新疆门户愈危。疏请暂留后路，布置防守挽运，允之。遂拨营先赴哈密塔尔纳沁城屯防。闰四月，军次安西。五月，张玉春迎击回逆于车辘毂坝，追至小宛，皆捷。时哈密两为贼所陷，汉城久圮，官舍民庐皆尽，不可守。景廉乃驻军蔡巴什湖一带，开屯田五千亩于塔尔纳沁城，收集哈密饥卒，以营官孔才领之。命安西、敦煌、玉门农民各筑寨堡御贼，以安秋获，于要路筑空心墩台，贼至则举禾稼之露积者、畜牧之在野者，悉纳其中。七月，肃逆犯敦煌，为办事大臣文麟所败，复回窜。景廉令副将蒋富山邀击于南乾沟，张玉春设伏三水梁，皆大捷，逐北四十馀里，有旨嘉奖。八月，肃逆窜十工废堡，张玉春等击歼之。时关外三州县惟敦煌少完善，出产较丰，官军养命之源，亦逆匪垂涎之地。景廉自督队镇抚之，留张玉春统两营驻安西，督催转运。八年四月，疏陈安、敦、玉三州县捐输军粮，分设粮台转运章程，报闻。六月，西宁、河州回匪出关扰玉门、赤金堡、安西黑河桥、布隆吉尔，景廉亲督马步赴援，贼惊遁。七月，抵哈密任，仍令张玉春守安西。八月，乌鲁木齐、吐鲁番回酋妥得璘、苏化保等纠汉回万馀人，图犯哈密，营于沙枣泉，先遣骑二千窜三堡。孔才、蒋富山、张炘败贼于二堡，统领魏忠义、赵万海设伏草湖，要西奔之贼，亦大败之。九年，奇台南山民团勇目马进福、张著，龙口山民团勇目邓生玉、迪化石梯子山民团勇目徐学功等，绕道至哈密投效。景廉等给银，令制农器，各屯田其乡，立为定西镇西营。十年四月，乌鲁木齐逆酋马仲诡词乞降，帕夏亦愿效顺，经提督成禄招抚之。上以马仲、帕夏情形叵测，命文麟、景廉等严密防维，不可稍涉大意，致为所绐。寻疏言："马仲反覆，帕夏诡谲，抚局断不足恃。且帕夏已赴南路，恐将添调回兵，意图东犯，惟有督饬各营严密防范，以免疏虞。"

时俄罗斯国以兵克我伊犁，言将赴乌鲁木齐并图收复。七月，上命署将军荣全驰赴伊犁，妥筹布置，诏景廉酌带兵勇，规复乌鲁木齐，先事图功，勿落后着。又敕户部迅拨有着之款，接济荣全、景廉所部饷需。九月，疏言："乌鲁木齐为逆回老巢，阜康亦为贼踞，势成犄角。又有南路踞吐鲁番之安集延与乌回旋离旋合，缓之则蛮触交争，急之则辅车相救。窃以为进攻乌城，必须兵威壮盛，臣所部靖边马步六营，除驻安西三营外，哈密止有马步三营。臣刻即檄调张玉春带后路三营，驰赴哈密，由巴里坤西进，仍咨会巴里坤镇总兵何瑄，选绿营精兵三百名，并调牧厂官马随同进攻。统计兵勇三千馀名，哈密、乌鲁木齐十馀站，处处通吐鲁番，大兵西进，沿途分兵守隘，免致扰我后路，腹背受敌。则此三千馀众，分守尚形单薄，进攻坚城，恐难得力，尤须重兵屯奇、古，扼贼要害，方可为规复乌城之计。至于奇、古户勇，业隶文麟威仪营交孔才管带，人数多寡及分扎何处，臣未深悉。闻其人犷悍难制，孔才系济木萨人，地方情形熟悉，今为该营统领。臣商同文麟，令孔才驰赴西路，调齐镇西路定西各营，会集奇、古一带，训练听调，师行粮随，尤关紧要。哈密军粮支绌，兵勇肘见踵决，边塞霜雪已降，转瞬严寒，若不发给饷银，稍置衣履，冻毙逃溃，在所不免。西征粮台准拨银十万两，关内甘、凉道梗，一时断难解到。恳敕户部续拨银十万两，迅解察哈尔，由臣派员迎提，尚恐缓不济急，先行派员赴乌里雅苏台、科布多各借拨银二万两，并乌梁海等处购买健驼牛羊，利转运而资口食。至巴里坤户民稀少，种田无几，复鲜盖藏。奇、古一带山内纵有户民耕种，收获恐亦不多，能否采买粮石，供支大军，现拟派员分赴查看。前任布伦托海帮办大臣锡纶曾随任乌鲁木齐、古城数年，情形熟悉，前在奇、古带兵，极为奋勇。请敕赴营相助为理。"奏入，诏如所请，授景廉乌鲁木齐都统，锡纶哈密帮办大臣。

寻以关内外贼势交讧，道路梗阻，运送军饷，恐有疏失。请将四川、湖北、陕西月饷解至察哈尔，转解军营。又言大兵进驻奇、古，粮匮可忧，屯田断不可缓。拟采买粮千馀石，以备屯田。至乌鲁木齐户民流寓敦煌者甚多，现令愿回原籍者，准随营西进，官给牛具籽种，俾资生业。其精壮拣选入营，边人夙耐勤劳，训练即成劲旅，亦寓兵于农之计，报闻。十月，督军至巴里坤。十一年正月，令营官金永清带右营驻古城，经理屯田，以济木萨迤南大河口一路山势险峻，通迪化、吐鲁番为贼往来孔道，调军驻之；又令提督张玉春会同孔才办理防剿屯垦，改徐学功等团勇五营为振武中、左、右、前、后营，与靖边马步六营，均张玉春统之。定西中、左、右三营及定西亲军马队，孔才统之。四月，疏陈兵粮不足，请由口北、归绥两道，运解粟米，以资军食，从之。五月，张玉春所部西路委员桂洪元等违令轻进，至古牧地、安集延袭之，营官马兴业、沈廷秀、唐汉云等阵亡。景廉饬靖边左营驰赴古城助守，劾张玉春轻率任性，摘去顶翎，责令立功自效。九月，疏言："乌城贼势孔炽，必两路夹击，庶易得手。今西路仅赵兴体等团勇三营，分地驻扎，无大员统率，人心不免涣散。荣全远在塔城，虽屡奉谕旨，令派兵会合沙山子民团，进攻玛纳斯，无如兵力甚单，一时不能前进。闻布伦托海聚集难民甚多，半由棍噶扎拉参营中遣撤，久经战阵，若有大员督带，既可夹击乌垣，且杜俄人东犯之路。锡纶曾任布伦托海帮办大臣，驻科布多二年有馀，西路地势人情最熟，拟令驰赴布伦托海查看情形，招募民勇，且屯且战，遥为东路声援。"上以所筹尚妥，如所请行。十一月，疏言："大兵西进，异常艰苦。各统领抚绥得宜，应示激劝。

民团徐学功等屡挫贼氛,尤宜设法鼓励。请于乌鲁木齐提属各营缺乏虚悬者,权令营中劳绩员弁暂行署理,稍资鼓舞。"允之。十二月,疏报孔才滋泥泉之捷,上勖以激励将士,迅图进取。十二年正月,穆宗毅皇帝亲政,景廉条上六事:崇圣学,开言路,慎选牧令,简练军食,禁种罂粟以重农事,宣讲圣谕广训以杜异端,上留览焉。四月,军次古城。六月,陕回白彦虎纠西宁贼万馀,出关扰敦煌,图西窜,古城孤军四面受敌,近无援应,上允景廉之请,诏前任乌里雅苏台将军金顺兼程赴古城助之。

　　时玛纳斯回酋妥得璘病死,古牧地回目马明为安集延所虏,二城回众皆投安集延。安夷遂扰南山,窥沙山子,营总依勒和布率骑往,偕徐学功击之,连捷于沙枣园。七月,白彦虎破马莲井营堡,掠塔尔纳沁城,围哈密,官军失利,遂分扰巴里坤。景廉令黑龙江副都统吉尔洪额,巴里坤领队大臣沙克都林扎布援之。八月,解哈密围,又败贼于南湖,贼西遁。十月,贼窜唐朝渠,徐学功以计斩首逆石龙塔。十一月,白彦虎等入玛纳斯,扰济木萨台路,景廉令孔才赴三台追剿,并以古城戒严,请敕金顺速进,署伊犁将军荣全、副都统孝顺率所部与锡纶会合进剿,上悉从之。又谕曰:"兵机旦夕异宜,办理尤贵迅速。若俟请旨饬行,往返稽迟,恐致贻误。嗣后景廉于就近各军,如有应行调拨之处,即由该都统调遣,以期便捷。"寻因病疏请开缺,得旨赏假一月。十三年三月,病甚,复请开缺。谕曰:"景廉久居边塞,为国宣劳,现在驻扎古城,防务正当吃紧。且金顺等队,计已陆续出关,尤须声势联络,力图进取,以靖边陲。景廉熟悉情形,未便遽易生手,仍当顾全大局,力疾从公,勉为其难,以副委任。着再赏假两个月,在营调理。遇有紧急事件，仍当悉心经理，毋误戎机。"

四月，上以俄人久踞伊犁，意图侵越，命陕甘总督左宗棠催令出关各军，迅速西进，会同景廉筹商进剿，迅将各城踞贼次第荡平，期与荣全声势联络。景廉覆疏言："规复乌垣，宜分路进兵。臣与金顺由古牧地进取为一路，提督张曜由天山南直取吐鲁番为一路，约期并举，使回逆与安集延不能互援，奇正相生，或无难擒渠扫穴。第兵事旦夕千变，如机有可乘，自当激励兵勇，随时进剿，断不敢谬执前见，致失事机，惟带兵各大员权均势敌，不相统属，往往各存己见。唐九节度之师溃于相州，其时名将郭子仪、李光弼皆在军中，而莫救其败者，则号令不专之故也。前肃州之久围不克，亦由于此。可否请旨简派知兵重臣，作为统帅，使各路军营，均归节制，则事权一而呼应灵，庶几易于蒇事。"六月，白彦虎纠回酋马燕飞等犯济木萨，景廉令统领兴禄、金永清、倪敬修督队往援，屡战皆捷，贼遁回巢。寻复出扰绥来，檄徐学功等歼之于绥来三道河、白噶达二工、呼图里克、芨芨槽等处，逆酋余小虎聚粮甘沟，亦攻破之。阵斩回酋拜林金尚保，焚其粮。

七月，授钦差大臣，督办新疆军务。九月，疏陈："军务机宜及需粮需饷情形：一、宜分路进兵也。回逆分踞乌垣各城，相为犄角。陕回助虐，逆焰更张，复与吐鲁番之安集延狼狈为奸，情尤叵测。闻该逆终日操练兵马，屯积粮草，将来官军进剿，必将极力抗拒，彼此互援，及势蹙情急，则勾结安集延，由南山绕路，乘虚侵犯古济巴哈，牵缀我师。是以臣前奏请会同金顺，由古城进兵，直取古牧地；张曜由天山南直取吐鲁番，添派大员赴沙山，会合沙克都林扎布、锡纶等,直取玛纳斯:同时并举,使各城踞逆自顾不遑,不能互相救应,而又酌留兵勇防守古城,以固根本,为巴、哈两城屏蔽。且有张曜一军进攻南路,更可无内顾之忧。至西湖为回逆西窜之路,兵力较单,请敕凉州副都统额尔庆额率所部,会孝顺、福珠哩等合力防剿,亦可进逼玛纳斯。又乌鲁木齐南有喀喇巴尔噶逊城,为通吐鲁番大路,若官军先拔此城,使安夷回逆隔绝不通,实拊背扼吭之奇计。特该处有缠回踞守,必兵力稍厚,始能分拨前往。臣军除营扎西路振武八营外,马步队仅三十馀营,无论由古城进兵,三台、阜康等处均须节节扎营,以通粮路。将来克一城,守一城,不敷分布,且所部随征多年,病故伤亡,就地无从募补。自应由关内添募,当此粮饷支绌之时,诸多掣肘,容臣随时斟酌办理。刻下祗有就现在兵力,俟金顺到营,妥筹进剿,以期无误戎机。一、军粮宜由关内转运也。关外哈密、巴里坤、奇台、古城、济木萨等处,幅员狭小,半皆戈壁,产粮本属无多。兵燹之后,断难供支大军口食。伏查乾隆中平定新疆,所有口粮,均由关内采买,关外各城安设粮台节节递运,陕甘督臣总司其事,以故呼应较灵。可否援照成案,请敕陕甘督臣总司后路粮台,分派委员,在甘、凉一带广为采买,源源接济。仍委司道大员驻扎肃州,督催转运,由关内至哈密,可用车挽运;哈密西至古城,山路崎岖,须用驼只。闻左宗棠前曾办就车驼各数千,为将来运粮之需,既有此项车驼,分拨关内外粮台转运,似尚不难;如不敷用,或雇觅商驼户车,一半运送官粮,一半准令携带私货,免其纳税,则众情踊跃,且借以招徕商贾,流通百货,粮运无阻。不第现驻各营得以果腹,即添募兵勇亦足资饱腾矣。一、军饷宜筹巨款也。臣前因饷需十分支绌,奏请由部酌拨有着之款,准部咨称前拨专饷,每月八万两,并新疆月饷内应分一半饷银,均系有着之款,已请旨敕催各省督抚按月解交军营应用。乃各省督抚于新疆军饷,不啻如秦人视越人之肥瘠,漠不关心。委员分往催提,每次仅拨银一二万或数千两,而长途跋涉,及至解到,为期已近一年。杯水车薪、缓不济急。计自十二年三月迄今一年有馀,四川等省筹拨专款,仅解到银十一万馀两,不过十分之一,积欠至百馀万之多。古城诸物腾贵,迥殊内地,且沙碛早寒,兵勇衣履薪盐之需,万不可少,望饷实同望岁。臣纵极力拊循,空言无补,众情触望,情势岌岌可危。恳恩敕下户部先拨部银六十万两,以济急需,仍严催各省,将欠饷扫数拨解,以后月清月款,毋得蒂欠,俾免停兵待饷。一、宜速筹运脚也。进兵在即,军火口粮,均宜随时转运。若能迅克古牧地,则因粮于贼,固属甚善,傥稍羁时日,顿兵坚城之下,则转输必须豫筹妥协。但以臣营论,往返运送,须驼二千馀只,现仅存三百馀,委员赴乌里雅苏台、库伦采买,均以缺乏无可购办。查蒙古素产驼只,纵差役纷繁,各营时复采办,而蒙古王公殷富者多,断不致如此窘迫。诚恐办理不善,或致疑虑观望。请敕理藩院转咨管辖内外盟蒙古将军大臣,[一]传知蒙古王公转饬各爱曼随时出售,不准委员稍有抑勒,则数千驼只不难猝办。"又言:"奇台、古城、济木萨等处,地土虽不甚广,尚堪种植。若能尽力耕作,军食未始无裨。奈户口流亡殆尽,近年设法招徕数百户,而馀田尚多荒芜,军营设立官屯,自属善政,惟征兵与驻防不同,平时操练,遇警出队,力难兼顾。且耕牛农具,筹画维艰。以故每年官屯,仅能拨种三四百石,以后大兵云集,但使本地多筹一分口食,即内地节省一分转运。将来办理善后,亦以招垦为第一急务。无如西路流民,孑遗无几,安、敦、玉地方叠遭蹂躏,百姓亦多逃亡,莫由招集。查雍正三年,曾由甘肃所属州县迁移户民二千四馀户于敦煌,以故该县承平时较安、玉两城人烟倍形稠密。可否仿照成案,由甘、肃各州县迁移百姓一千户,分居奇、古等处以实边地,由官发给盘费牛具籽种,于明春到古,则耕作尚不致后时。第关内户民能否迁移,不敢遥度。请敕陕甘督臣酌夺情形,妥筹办理。"

光绪元年三月,授正白旗汉军都统,命兵勇粮饷移交金顺接管,回京供职。九月,授都察院左都御史。十月,赐紫禁城骑马。二年正月,兼署步军统领。二月,兼署正白旗蒙古都统、工部尚书。三月,命在军机大臣上学习行走。五月,充教习庶吉士。七月,充崇文门副监督,复署工部尚书。十月,兼署正红旗满洲都统,命在总理各国事务衙门行走。三年正月,命在军机大臣上行走,迁工部尚书,管理火药局事务。二月,兼署正蓝旗蒙古都统。四月,充翻译会试副考官。十二月,兼署镶红旗汉军都统。四年二月,回疆肃清。上以军机大臣赞襄军务,夙夜宣勤,下部优叙。是岁,畿辅旱,上降旨悔过省愆,切责军机大臣等目击时艰,毫无补救,交该衙门严加议处。寻议革职,得旨改为革职留任。三月,署户部尚书,充管理新旧营房大臣。

五月,调户部尚书。七月,管理三库事务。八月,兼署工部尚书。十二月,充国史馆总裁。五年正月,京察,上以景廉等同心翊赞,共矢公忠,开复革职留任处分。二月,兼署吏部尚书。三月,穆宗毅皇帝、孝哲毅皇后梓宫永远奉安惠陵,景廉随入地官,赏加二级。六年三月,充会试正考官。十二月,充经筵讲官。七年四月,充前引大臣。七月,穆宗毅皇帝本纪告成,下部议叙。十二月,赐服带、嗉貂褂。八年正月,京察,有旨交部议叙。八月,御史洪良品劾景廉及户部侍郎王文韶于云南报销一案受贿巨万,上命惇亲王、尚书翁同龢饬传洪良品详加讯问,务得确据。寻洪良品供称得自风闻,无凭指实,有旨派尚书麟书、潘祖荫澈底根究。嗣复命惇亲王,尚书阎敬铭、潘祖荫、张之万、麟书、翁同龢,侍郎薛允升会同查办。九年五月,惇亲王等讯明覆奏,谕曰:“此案牵涉景廉、王文韶一节,现经讯明,实无关说馈送及分用此款情事。惟现在军务已平,该省军需报销与年例报销,仍前并案办理。该尚书等未经查出,实属疏忽,且于司员孙家穆等,并保列一等之员外郎福趾得赃,均无觉察,亦难辞咎。景廉著交部议处。”寻降二级调用,命仍在军机大臣、总理各国事务大臣上行走。七月,授内阁学士,兼礼部侍郎衔。九月,迁吏部左侍郎。

十一月,擢兵部尚书。十二月,充经筵讲官。十年三月,谕曰:“钦奉慈禧端佑康颐昭豫庄诚皇太后懿旨,现值国家元气未充,时艰犹巨,政虞丛脞,民未粘安。内外事务,必须得人而理,而军机处实为内外用人行政之枢纽。恭亲王奕訢等始尚小心匡弼,继则委蛇保荣,近年爵禄日崇,因循日甚,每于朝廷振作求治之意,谬执成见,不肯实力奉行。屡经言者论列,或目为壅蔽,或劾其委靡,或谓簠簋不饬,或谓昧于知人。本朝家法綦严,若谓其如前代之窃权乱政,不惟居心所不敢,亦实法律所不容。祇以上数端,贻误已非浅鲜。兵部尚书景廉祇能循分供职,经济非其所长,着开去一切差使。降二级调用。”十一年四月,复授内阁学士,兼礼部侍郎衔。八月,署镶蓝旗蒙古副都统。

景廉自跻卿贰以来,充进士朝考阅卷大臣二次,顺天乡试覆试阅卷大臣、翻译乡试覆试阅卷大臣、会试覆试阅卷大臣、殿试读卷官庶吉士散馆阅卷大臣各一次。寻卒。十五年正月,慈禧端佑康颐昭豫庄诚皇太后归政,以景廉前充军机大臣,夙夜在公,襄成郅治,命赐祭一坛。

子治麟,光绪三年进士,国子监司坛。

【校勘记】

〔一〕请敕理藩院转咨管辖内外盟蒙古将军大臣　原脱“咨”字。今据景廉传稿(之一一)补。

锡珍

锡珍,额尔德特氏,蒙古镶黄旗人。曾祖和瑛,刑部尚书;祖璧昌,两江总督。

锡珍由三品荫生,同治七年进士,改翰林院庶吉士。十年,散馆,授编修。十一年二月,升侍讲。六月,奏办院事,充文渊阁校理。十二年四月,转侍读。六月,升侍讲学士,充日讲起居注官。十三年正月,充咸安宫总裁。十二月,转侍读学士。光绪元年四月,大考翰詹,列二等,赏江绸袍料。七月,充山东乡试正考官。二年五月,转詹事府少詹事。十二月,升詹事。三年,迁通政使司通政使。四年,迁都察院左副都御史。五年正月,坐京察保列一等之御史被劾,降一级留任。旋升理藩院右侍郎。二月,调工部右侍郎,兼管钱法堂事务。七月,授正黄旗汉军副都统。

八月，兼署兵部右侍郎。十一月，调刑部右侍郎。十二月，管理右翼幼官学事务。六年三月，兼署吏部左侍郎。八月，兼署镶白旗汉军副都统。九月，兼署工部右侍郎。十二月，调户部右侍郎，兼管钱法堂事务。七年二月，署正白旗护军统领。三月，调镶红旗满洲副都统。十月，调吏部右侍郎。坐户部侍郎任内失察正红旗章京冒领恤赏，降二级留任。旋即抵销。八年正月，兼署兵部右侍郎。四月，调镶黄旗满洲副都统。五月，署户部右侍郎，兼管钱法堂事务。

锡珍以八旗学校废弛，疏请整顿，略云："图治首在用人，而作人必自学校。祖宗深思指臂之难，广设八旗官学，加意训迪，使之共底于成。二百馀年，人材辈出。降至今日，百不逮一。窃维八旗生齿之繁，与朝廷振拔之亟，非减于昔，而今不如昔者，其故有二：一曰学校不修。八旗官学，建自国初。选学生，设教习，给膏火，予升阶，训课精严，法良意美。今则奉行故事，百弊丛生。各旗学舍，倾圮殆尽，教习仅备员额，不闻授受生徒。其挑选学生，强半假冒。国家造士美意，几等于告朔饩羊，一也。一曰仕途太广。八旗仕进之途，本宽于汉员数倍。宽则循历阶资，计日可待。即如捐纳笔帖式，入赀无多，何难措办？往往年未及冠，即出当差。从此束书不观，而异日之保送御史，荐列京察，内则京堂，外则道府，率由此出，二也。夫前言往行，非书无以传，不学则立身何所式？文物典章，非书无以识，不学则掌故何由知？即簿书稿案，为服官所必需，不学则何以解于心而出于手？一旦治烦理剧，京堂则恃有书吏，外官则恃有幕友。彼方日坐堂皇，自谓可收群策群力之助。不知官声之坏，弊端之丛，尽出于

书吏幕友之手。臣恐学日废，教日衰，异时更有求如今日而不可
得者。苟非尽除积弊，力戒因循，不能获真才而收实效。今欲实
事求是，莫先于修复学舍，慎选教习，甄别学生；然后取旧时之规
模，斟酌损益，实力奉行，使教者真教，学者真学，为清源正本之
始基。再于旗员筮仕之初，明定章程，严加考核，除由考试得官
外，其馀但就文职，皆令考于官学，务须文理清通，方许服官；否
则仍令学习数年，再请面试。庶弊渐除，才渐出，吏治可期蒸蒸
日上。查八旗官学，向归国子监管理。从前之废弛，未必不因耳
目难周，不能兼顾。今议重修，事同创始。凡兴工、筹款、用人、
定章诸大端，断非监臣所能独任。请于在<u>京</u>之进士出身<u>满</u>、<u>汉</u>大
员，简派每旗一人，为管学专员，将一切整顿规模，会同吏部、国
子监堂官悉心妥议，奏明举办。斯培养人材之初基，亦即澄叙官
方之切务。"疏入，上韪之。

　　六月，署仓场侍郎。九年三月，兼署刑部右侍郎。四月，保
荐已革侍郎宗室<u>宝廷</u>才尚有为，请弃瑕录用。<u>湖北荆宜施道</u><u>于
荫霖</u>请改用京秩，使朝夕献纳，克尽所长。上以所请非是，传旨
申饬。六月，转左侍郎。九月，调仓场侍郎。十年五月，升都察
院左都御史。闰五月，充总理各国事务衙门大臣。八月，迁刑部
尚书，授镶白旗<u>汉</u>军都统，管理户部三库事务。九月，管理左翼
幼官学事务。十一年三月，命往<u>天津</u>与<u>法国</u>使臣换约。六月，以
<u>台湾道</u><u>刘璈</u>被劾，命驰赴<u>福建</u>会同巡抚<u>卫荣光</u>查办，得实，论如
律。十二年正月，调镶白旗<u>满洲</u>都统。二月，调吏部尚书。三
月，充会试正考官。七月，充<u>崇文门</u>正监督。八月，以<u>锡珍</u>四十
生辰，赐铜佛、如意、文绮、珍玩。十月，充会典馆副总裁。十三

年二月，丁母忧，五月，百日孝满。十二月，充经筵讲官。十四年，兼署镶红旗蒙古都统。十五年二月，议覆御史屠仁守处分，严旨诘责，下都察院议革职，加恩改为革职留任。寻以覃恩开复。三月，兼署镶黄旗汉军都统。

锡珍自升任侍郎后，历充殿试读卷官二次，朝考阅卷大臣一次，乡会试覆试阅卷大臣四次，庶吉士散馆阅卷大臣二次，拔贡朝考阅卷大臣一次。六月，因病乞假。八月，陈请开缺，再赏假一月。九月，卒。遗疏入，谕曰："吏部尚书锡珍，持躬端谨，学问优长。由翰林荐陟卿贰，叠掌文衡。补授刑部尚书，调任吏部尚书，派充总理各国事务衙门大臣，克勤厥职。前因患病，叠次赏假。该尚书年力正强，方冀调理就痊，长资倚畀。兹闻溘逝，轸惜殊深！加恩着赏给陀罗经被，派奉恩辅国公载泽带领侍卫十员，即日前往奠醊。照尚书例赐恤，并着赏银五百两，由广储司给发，经理丧事。任内一切处分，悉与开复。应得恤典，该衙门察例具奏。伊子仲燊，着以员外郎用，以示笃念荩臣至意。"寻赐祭葬。

子仲燊，恩赏员外郎。

宗室奎润

宗室奎润，正蓝旗人。和硕豫通亲王裔孙。同治二年进士，改翰林院庶吉士。四年，散馆，授编修。五年二月，升詹事府左春坊左中允。五月，大考三等，降编修。九月，仍补詹事府左春坊左中允。六年九月，迁翰林院侍讲。十一月，充日讲起居注官。九年三月，转侍读。闰十月，升侍讲学士。十二年，转侍读学士。十三年,擢詹事府詹事。

光绪元年二月,迁大理寺卿。六月,充浙江乡试正考官。十二月,授都察院左副都御史。四年五月,擢礼部左侍郎。十一月,授镶白旗蒙古副都统。十二月,充经筵讲官。五年五月,调兵部左侍郎。八月,兼署吏部右侍郎。十一月,兼署户部左侍郎,兼管三库事务。六年正月,充会试知贡举。十月,迁吏部右侍郎。十一月,调正白旗满洲副都统。七年二月,兼署正红旗护军统领。十月,转左侍郎。八年,兼署镶黄旗护军统领。九年三月,兼署户部右侍郎,兼管钱法堂事务。四月,充左翼监督。六月,以户部司员书吏收受云南报销津贴银两,事觉,坐失察,降二级调用。十月,补内阁学士,兼礼部侍郎衔。十一月,授吏部右侍郎。

十年三月,转左侍郎。时法兰西构衅越南,奎润密疏以敌人窥伺藩封,宜伸挞伐;并请整顿天津防务。八月,擢都察院左都御史。十一年八月,充顺天乡试副考官。十二年正月,授镶黄旗汉军都统。以汉军炮营废弛,疏请每月会同枪靶两营合操,以资精熟,并请给炮手津贴银两,以策励之。又言武成、永固炮位年久未演,拟于每年小雪后,各旗出运二尊,在卢沟河滩演练,仍归各旗专操大臣督率,以符定制。上韪之,悉得施行。九月,兼署镶黄旗蒙古都统。会畿辅水灾,偕同官会奏,乞拨米石令五城平粜,从之。十三年二月,授礼部尚书。三月,充会典馆副总裁。四月,兼署正白旗满洲都统。旋补进领侍卫内大臣班。十四年二月,兼署镶黄旗蒙古都统。九月,礼部于皇上大婚告祭典礼日期缮写错误,懿旨切责,下部议堂司各官处分,奎润坐降四级留任。寻充大婚礼纳采正使、奉迎皇后副使。

　　时北洋通商大臣、直隶总督李鸿章议于天津开办铁路，以达通州。奎润与九卿、讲官等二十三人奏言："津通将办铁路，躧定地段，民间庐墓迁徙，生业渐失，人情惶惧。窃闻津通百姓赴诉于直隶总督者，不下二三百起。该督以奏定之事，不肯据情入告。上年大沽等处开办铁路，民间纷纷迁墓。其无主之坟，不辨族姓，不分男女，合为丛冢，且多暴露，行路靡不酸心。然此犹海滨寥阔之区，非若津通一带居民辐辏也。恭读圣祖仁皇帝巡视河工，临溜淮套，谕曰：'所立标杆多有在坟墓上者，若依标杆开河，不独坏民田庐，甚至毁民坟冢，朕惟恐一夫不获其所，时存己饥己溺之心，何忍发此无数枯骨？'我皇太后、皇上以圣祖之心为心，若亲见民间迁墓哀恸情形，必将立予宸断，特恐中外臣工不以实情入告耳。自轮船通行江海，舟车已多失业。现在津通之民以车为生者约一万人，以船为生者约三万人，以行店负贩为生者约二万人。铁路若行之后，此辈作何安置？将使埠头运货，则一隅之地，所需人力无多；将使分运乡村，则偏僻之区，所用车辆有几。弱者转于沟壑，强者散于四方。似此惨苦情形，亦岂圣明之本愿？列圣家法，事事鉴前明之失。前明因兵饷不给，裁减驿卒，而若辈饥寒失业，起而为盗。我列祖列宗引为鉴诫，莫不以固结民心、培养民命为根本要图。今铁路一成，津通失业之民，饥寒切身，虽累朝之深仁厚泽，久洽人心，然民情良莠不一，咸丰十年英人犯顺，即募潮勇以为先驱。此足为前车之鉴。若辇下居民，铤而走险，尤可深虑。夫此舟车失业之穷民，皆国家安分守法之赤子也，拊循之不暇，奈何反绝小民衣食之源，使不得遂其生哉？且中国自强之道，与外洋异。外洋以商务为国本，中国以民生为国本；外洋之自强在经商，中国之自强在爱民；外洋民数少，故用机器，而犹召募华工，以补人力之不足；中国民数繁，故不用机器，穷民犹以谋生无路，而多出洋之人。中外情形不同，灼然可见。伏愿皇太后、皇上祗承上天好生之大德，仰体列圣经邦之本计，俯念下民生计之艰难，远鉴前代废兴之往事，将津通铁路停止，以顺民心而迓天眷。至于中外建言之人，多以铁路为请，未尝非深为边患、力图自强之意，其所陈说调兵、调饷、运货、运煤诸利，臣等参之众论，言其利者实罕，言其弊者实多。窃谓事关国本民心，即使利多弊少，亦当停止；况此事利壅于下，怨归于上。从古未有争什一之利，而丛怨于民，以为自强者也。”疏入，命北洋大臣议覆。十五年正月，皇上大婚礼成，诏开复处分。八月，兼署理藩院尚书。会祈年殿灾，奎润兼管太常寺事，坐疏于防护，下部察议，以降二级准抵销例请，得旨改降一级留任。旋署镶白旗满洲都统。十月，赐紫禁城骑马。

　　奎润自光绪二年以来，贡士殿试、进士朝考、拔贡、优贡朝考、庶吉士散馆、举人、贡士覆试及考试试差、汉御史、荫生、孝廉方正，先后充读卷官、阅卷大臣，凡十有八次。十六年，卒。遗疏入，谕曰：“礼部尚书奎润，练达勤慎，学问优长。由翰林荐陟卿贰，叠掌文衡。旋经补授尚书。宣力有年，克称厥职。前因患病，赏假调理。兹闻溘逝，轸惜殊深！加恩赏给陀罗经被，派贝勒载澍带领侍卫十员，即日前往奠醊。照尚书例赐恤，并着赏银五百两，由广储司给发，经理丧事。任内一切处分，悉予开复。应得恤典，该衙门察例具奏。伊子笔帖式宝铭，着俟服阕后，以员外郎补用,用示笃念荩臣至意。"寻赐祭葬。

子宝铭,进士,理藩院员外郎。

袁保恒

袁保恒,河南项城人。父甲三,漕运总督,自有传。

保恒,道光三十年进士,改翰林院庶吉士。咸丰二年,散馆,授编修。三年,请假送亲回籍。寻赴安徽随甲三行营剿贼。五年,上允甲三请留保恒于军。六年,捻匪张乐行窜踞颍上,甲三统豫军防颍州府城,保恒督队毙贼甚众。七年,钦差大臣胜保奏言:"保恒随甲三军解亳州围,拔白龙王庙、寺儿集、雉河集贼垒,奋不顾身,所向克捷。甲三引嫌未为请奖。本年进攻三圩,保恒在炮台昼夜督战,不少却,实为始终奋勇。请予鼓励。"得旨,赏侍讲衔、花翎。八年十月,安徽怀远捻匪李大喜纠众图北犯,叠为官军所创,窜孙家寨,官军马队由铜山追贼南下,保恒率步兵由潘家屯、杨庄一路会剿,擒斩数十,夺其辎重。十一月,统宿营兵勇取道永城,迎剿捻酋孙葵心、刘狗等。贼旋自陈州扑周家口北岸,保恒督马队驰至鹿邑,与大军会,追贼八昼夜,及于太和,大破之。河南肃清。赏伊勒图巴图鲁名号。上批答甲三疏,有"汝子奋勇冲锋,甚属可嘉"之谕。九年正月,随甲三奉召回京。七月,充文渊阁校理。八月,充顺天乡试同考官。

甲三以漕运总督再出视师。十年三月,命保恒仍赴军营听差遣。六月,督马步队会西路师逼攻定远,累捷,帮办军务穆腾阿移文甲三欲上其功,甲三婉辞不可,乃疏言:"世受国恩,捐糜难报。冲锋冒镝,皆分所当为。且臣子年力富强,必使盘根错节,借增识力,[一]方克成有用才,不敢与将士争爵赏之荣也。"上谕甲三:"嗣后该员著有功绩,亦应实叙,不必引嫌。"十一年九月,叛练苗沛霖围寿州,其党张士端等踞怀远,筑垒涡河口,以阻官军。保恒统精锐五千人攻之,破其垒。十月,邀击怀远叛练,擒斩颇多。十二月,会攻定远,克之。命遇翰詹应升缺出,开列在前。同治元年五月,擢翰林院侍讲。八月,转侍读。闰八月,迁詹事府右春坊右庶子。时甲三病笃,得请解职。诏安徽巡抚李续宜领其军,保恒仍留营。寻丁继母忧,归。二年四月,河南巡抚张之万调保恒赴汝宁军,上可其奏。既因陈州接壤安徽,贼氛尚炽,命甲三督饬保恒联络团练防剿。七月,甲三卒,上悼惜,赐恤有加。诏保恒服阕后,以翰林院侍讲学士即补。

时皖北初平,保恒以江淮之民轻死好乱,宜有以善其后,策久安也,疏宜次第举行者八条:一、僧格林沁不宜轻离皖北,待伏莽净尽,人心大定,然后撤防;一、皖民不知畏官,宜慎选守令,假以事权,僧格林沁总其成而不侵其官,使得自行其威信;一、皖北地势辽阔,宜增置城治,使官民日近,政教易施,奸慝易诘;一、江淮之民读书明理者少,平日以重然诺、轻生死为义,宜广设义学以化犷悍之习,革斗很之风;一、淮南北自粤、捻各贼蹂躏之后,逆产绝产,纵横千馀里,有主之田不及半,宜查勘归官,募民屯垦,方五百里可得田二十馀万顷,每顷养八口之家,出屯兵一名,可得强兵二十馀万,设屯卫之官,综理而训练之,以资镇守,备征调,不费一饷而坐收富强之效,万世之利、中原之福也;一、宜整顿两淮盐务,以济兵勇粮饷,为屯田经费;一、近日勇多兵少,兵粮轻而勇粮重,兵有定额,勇无定额,宜裁勇增兵,一勇之费可养二兵,即兵额倍平时,犹较养勇为省,将领滑软,则尽拔带勇之得力者,破格而补营官,老弱不齐,则尽拔练勇精壮者,随时而补额兵,况事定后,兵可归伍,而勇难遣散,此尤不可不深虑而豫为之地也;一、河南归德镇距省会及徐州镇皆三百馀里,而距寿春镇独远,寿春距南阳镇尤远,非所以资控制也,宜于临淮添设一镇,而移寿春镇于颍、霍,以控淮河上游,使稍近南阳,再移归德镇于蒙、亳之间以制其要害,更设提督统辖之,使毋分畛域。

时江苏巡抚李鸿章借夷兵克复苏州省城,保恒因奏言:"夷人贪而无亲,垂涎财赋之区,欲坐收其利,非真能敌忾效顺也。请密饬诸臣筹处置之法,严夷夏之防。"又密陈提督李世忠骄恣难制,请寄谕僧格林沁、曾国藩等,谋裁抑之。三年,保恒以前所条屯田议未即行,再疏力言兴屯不可缓,请躬诣京师与廷臣面议。上以不候督抚覆奏,辄以未见施行为词,责其自信过深,不谙体制,下部议处。四年正月,部议降一级,以鸿胪寺少卿候补。寻服阕。先是,前任顺天府府尹蒋琦龄上中兴十二策,称保恒娴武备。十一月,户部尚书罗惇衍疏论人材,亦以保恒在军久,武事谙练,请擢用。七年正月,捻匪窜畿辅,四月,诏责湖广总督李鸿章等灭贼,保恒以皖、豫各军半甲三旧部,习同甘苦,自请效力戎行,以竟父志,得旨发往李鸿章军营差遣委用。六月,大军败贼于商河,贼首张总愚率众东走,保恒带小队出德平义渡口,擒骑贼数十。诸军毕会,逼贼于徒骇河,尽歼其众。捻匪平。捷入,上以保恒冒暑督队,追念甲三功,嘉保恒能勉承父志,开复降调处分,仍以翰林院侍讲学士补用,并予三品衔。

八月,命赴陕甘总督左宗棠军营听候委用。九月,补官。八年,命管西征粮台,得专折奏事。十一年五月,擢詹事府少詹事。十月,迁詹事。十二年,请假省亲。旋因肃州克复,赏头品顶戴。十三年二月,升内阁学士,兼礼部侍郎衔。八月,大军出关,诏左宗棠督转饷,以保恒为帮办,进驻肃州。九月,擢户部左侍郎,兼管三库事务。十月,慈禧端佑康颐皇太后四旬万寿,赐保恒祖母郭氏匾额、如意、文绮。

　　光绪元年三月,奉召回京。八月,兼署吏部右侍郎。二年四月,调刑部左侍郎。九月,充顺天武乡试正考官。十二月,疏言:"台湾僻处海澨,物产丰饶。民、番逼处,非专驻大臣,镇以兵威,孚以德意,举民风、吏治、营制、乡团,事事整顿,未易为功。若以福建巡抚半岁驻台,恐闽中全省之政务,道里悬隔,而转就抛荒。台湾甫定之规模,去住无常,而终为具文。请改福建巡抚为台湾巡抚,驻台湾,而以总督办福建全省事,各专责成。"疏入,下部议行。三年五月,请假归葬祖母郭氏。八月,回京。是岁河南旱饥,人相食。上以赈荒迟延,褫巡抚李庆翱职,命河东河道总督李鹤年权代之。十一月,遣保恒帮办赈务,保恒因奏河南被灾至广,需款至急,拟借各直省存公闲款,及富商银钱,俟岁稔开征提还,下户部议。既至,疏陈沿途流民状。四年正月,偕李鹤年奏请截留江安漕粮九万馀石,不许,请借直隶平粜馀米三万石,许之。又请借用江苏义仓积谷,及台湾捐修铁路洋银五十万圆,下所司议奏。保恒复疏言赈款迟到一日,即多毙无数穷黎,乞特诏允所请,并自陈筹措无方,请治罪谢灾民,报闻。

　　寻以户部议覆保恒借款疏,饬河南布政司权岁征出入,除河工、兵饷及京饷、协饷,能划若干还借项。保恒偕鹤年疏言:"豫省田赋岁收仅二百馀万两，拨解京、协各饷，在常年已不支。今蒙特恩蠲缓，除本省用款，所馀无几，非停解京、协各饷十年，不足补因灾少入之正供，清因赈多出之借项。但各饷既难久停，而又无指定可望之的款，则归还不能豫必。恐疆臣踌躇而不敢轻诺，富商亦观望而不能勉从，数百万生灵何能以空言果其枵腹？救荒如救焚拯溺，失今不救，将有不胜救不及救者。当此财力艰难，求无碍全局，又于还款能见信者，惟有缓禁川盐行楚，加抽盐厘，备抵赈需，为两全之计。时川、淮盐商争行销楚岸，疆吏相持不能决。川盐本轻运便，获利三倍于淮，保恒故请重取川厘，俾资本过淮商，为渐复淮盐之地。疏入，下户部速议。保恒自至河南，通饬各属查灾筹恤，委员履勘收成被害分数，详查逃亡户口，取结造册，饬民间公举绅耆办赈，刊发章程二十二则，以饥民过众，就孔道添设粥厂；复以书抵邻省督抚，请戒所属收养豫民流入境者。因东南境得雪，颁补种春麦法，劝殷户出种以贷，复遣员四出，导民开土井，行区田。春久不雨，步祷各祠庙累月。

四月，得雨。将傤装周历灾区，疾作，三日卒。鹤年上其状，谕曰："刑部左侍郎袁保恒，由翰林荐擢卿贰。前往江苏、安徽等省，随剿捻匪，叠著战功。嗣赴陕西办理转运事宜，俱臻妥协。此次派往河南帮办赈务，尤能任怨任劳，悉心经画。遽闻溘逝，轸惜殊深！着加恩照侍郎例从优赐恤。任内一切处分，悉予开复。应得恤典，该衙门察例具奏。伊子袁世勋，俟服阕后，由吏部带领引见。"寻赐祭葬，予谥文诚。九月，河南巡抚涂宗瀛奏言："豫省去岁奇灾，司库罄悬如洗。故刑部左侍郎袁保恒奉命抵豫，屏绝供张，服食粗粝，筹款厘弊，昕夕焦劳。凡有可腾挪之

法,无微不搜;凡有可利济之事,无艰弗任。臣尝见其奏牍,暨与
各省乞贷书,不啻声泪俱下。维时各属流民,就食省关各厂,日
十数万。保恒创立规制,全活无算。复以时巡视各粥厂,杂处吏
胥间,拊循指示,不惮秽恶,不避风雨,诸弊以绝,而身则况瘁矣。
当其未病,尝自为文告神,愿以身代民殃。卒之日,妇孺皆为流
涕。尽瘁王事,宜隆报飨。请于河南省城建祠,令地方官春秋致
祭。"又言:"保恒世济忠勤,前与从兄保庆同办归、陈团练,地方
赖其捍御。请附祀陈州府甲三祠。"均从之。寻允安徽巡抚裕禄
请,以保恒附祀甲三临淮祠。

　　子世勋,员外郎。

【校勘记】

〔一〕借增识力　"识"原误作"试"。今据袁保恒传稿(之一二)改。

　　雷以諴

　　雷以諴,湖北咸宁人。道光三年进士,以主事用,分刑部。
十五年,管提牢厅。十八年,补官。十九年,刑部侍郎黄爵滋奉
旨查办直隶丰润县知县许瀚事,寻查办浙闽事件,又谳福建厦
门积案,以諴皆从行。二十一年,升员外郎,记名御史。是年四
月,升郎中。八月,补山东道监察御史。二十五年,擢礼科给事
中,转兵科掌印给事中。先后条陈钱法、河工、夷务。又户部库
丁侵盗一案,查库大臣及其子孙因赔缴而监追者多,以諴疏言:
"既曰罚赔,究与实犯真赃有别。"得旨恩释。二十七年,擢内阁
侍读学士,转太常寺少卿。二十九年六月,迁大理寺少卿。八

月,授奉天府府丞,兼提督学政。咸丰元年,诏求直言,以諴疏言:"举贤任能,宜核名实,不宜尚圆巧。"二年,复授太常寺少卿。

时粤贼蔓延,以諴疏陈剿贼之策,略曰:"粤匪今陷湖南岳州,又薄湖北武昌,督军诸臣奉严旨诘责。徐广缙等自不能辞其咎,而弃城远遁之提督博勒恭武尤宜急正军法。军兴以来,贼至不击,贼退不追;进不能战,退不能守。所以然者,非尽城不坚,兵不众也。将无耻退之心,士无敢斗之志耳。使军令严明,将士皆知退不免死,进可获生,亦谁不勉图敌忾之功,而甘受偾军之戮乎?晋文于颠颉,汉高于丁公,前事可师,惟宸断决然行之。贼起自山僻,平阳之战,非其所长,所虑尤在沿江一带。风闻伪示有定都金陵之语,江南富庶,贼所觊觎。风帆便利,一日千里,若袭取江宁,伪行仁义,要结民心,内收盐枭,外结岛寇,则漕运不通,将成割据之势。今两江督臣陆建瀛尚驻工次,臣愚以为宜令回省加意修饬武备。贼窥武昌省城,向荣、徐广缙等计先后抵省,自可无虞。惟省城下游百八十里,与黄州府对江为武昌县,实自古用兵之地。沿江如江夏之青山,黄州之阳逻、三江口,武昌之樊口,大冶之道士洑,蕲州之州城,广济之田家镇,皆为要地,俱宜固守;而阳逻江面较狭,田家镇尤宽不过十丈,矶险水急,实吴楚门户。诚恐贼潜师东下,又蹈岳州覆辙,则东南数省无不震动矣。应请严饬督兵大臣,策其万全。至圣谕因岳州失守,严禁以要隘为辞,先期出城,自系专为守土之臣而言;至带兵之员亦有必应分布要隘为犄角者,恐诸臣或有误会,以守城为辞,弃险不守,致失事机。仍请明切宣示,无论战守,总以无失机宜为断。再湖北省城,陆路如江夏属之土桥,武昌属之葛店、华容等处,亦应一律严防。”

又疏言:“臣奏防堵阳逻、道士洑等要隘,诚以岳州失守,贼趋武昌省城,故不得不豫截其窜入江南之路。此为天下大局计,未暇为湖北省城计也。闻贼猝至汉口镇,商贾货财皆为所得,武昌粮少兵单,虽有向荣遣将带兵二千由水路趋到,合计省兵不过五千。傥攻之不克,则守之愈难。兹贼退出岳州,全力围攻武昌,乃徐广缙等拥兵数万不援武昌,复欲由澧州退保襄阳。此其瞻玩欺罔,如见肺腑。今复奉旨令徐广缙、琦善、陆建瀛等各带兵会剿,仰见庙谟胜算,洞烛几先。特用兵将及三年,所不能竣事,致贼猖獗者,皆由军令不严,赏罚不协,兵畏贼而不畏将,将亦无所忌惮,徒有拿问之名,未申失律之法。若非及早大明赏罚,破除积习,恐复见存畛域,仍托防守之名,终无进剿之效。臣愚以为防者地方之责,如徐广缙、向荣出剿,则湖南之防,责之罗绕典、张亮基、鲍起豹;琦善出剿,则河南之防,责之藩司郑敦谨;陆建瀛出剿,则江南之防,责之将军祥厚、藩司祁宿藻。仍各令随时准备策应。荆州为入蜀门户,现琦善调往陕甘,请敕另选将,带兵三千,从襄江而下,一同会剿,则湖北之围可解。即有馀氛,守土防兵,无难殄灭。祈严饬各大员信赏必罚,无得以练兵待饷为词,徘徊贻误也。臣又闻此贼专以诱胁为能,所以得行其计者,皆由带兵大员进剿不速,如赛尚阿之围永安,迟至半年;徐广缙之抵湖南,迟至两月。俾贼得从容煽惑,每一举动,无不在其计中。湖南之役,徐广缙未能先据岳州门户,而罗绕典、张亮基等但以固守长沙为词,向荣独带属兵,与贼相持。贼中称为向蛮子,不敢逼视。罗绕典所以守城得力者,向荣进击牵制之力为多。且岳州失守,向荣即遣将由小路直趋武昌省城,是其智勇已在徐广缙之上,而罗绕典反谓其不应救援北路,不知是何设心?凡自楚来者,无不以向荣为安危所系,特事权不属,未免有所牵制。是在皇上鼓励而驾驭之,自当建立奇勋,转败为功矣。"上从之。

以諴又以各直省文风日盛,请准各州县捐输军饷,酌加学额,下部议行。三年,命会同南河河道总督杨以增巡查黄河口岸,未行,升都察院左副都御史。以諴途中疏请抚恤山东茌平、东平、东阿、汶上等州县饥民,又疏请缮治墩台城池。行次江苏之清河,疏撤山东巡抚防河兵,抵南河,请裁各渡口冗费,酌留四口派兵巡守。均如所请行。时粤匪踞扬州,以諴驻清江,疏陈防河不如防江,因至淮安,并高邮州、宝应县巡查团练。五月,以倡捐军饷,下部议叙。寻升刑部右侍郎,奉诏帮办军务,与都统衔琦善、直隶提督陈金绶督兵规复扬州。六月,疏言:"自到仙女庙,勘得其地为里下河第一门户,李墅河、十里甸、董家沟、杭家集、都天庙等处又为仙女庙门户。李墅河尤为扼要,当委已革湖南桂阳州知州陈锡麟带勇防堵。其馀各要隘亦分别驻扎,并令联络乡团,互为应援。臣复行抵泰州,该处实为里下河第二门户,署两淮泰坝监掣同知吴云先已招集水陆壮勇数百,并该处绅董自行团练民勇,不下万馀人,足资保卫。臣自应以攻取扬城为首务,而里下河各州县未便置之不顾。且用兵之道,必先能守而后能战。臣所以节节布置,为防贼奔窜地步,正兵法先为不可胜以待敌可胜之意。"又疏言:"军饷支绌,奉谕照筹饷例酌减二成,就近在营给发实收,赴部换照,而民间不知径赴军营,每多恐缩。应请于泰州设立总局,其高、宝各州县亦拟别设一局,且通、泰一带行用多系钱文,应照市价酌中,每银一两作一千六百文,俾归核实。"诏下部速议行。

以諴以施家桥为瓜洲与扬城孔道,派将带勇数百守桥北之褚家坝,瓜洲江口之钱家湾、李墅河、严家桥等处,均拨兵防守,上奖其周妥。是月,扬州踞贼开城门来攻,以諴等分剿获胜,并焚浦口贼船。七月,瓜洲贼犯三汊河,击却之。以諴遣将施火箭烧城内贼屋,贼缒城由浮桥渡至东岸,复遣将击败之,毁浮桥三。八月,疏陈筹办团练情形。寻偕琦善会攻扬州,小有斩获,不能下。十月,以諴等议增炮台,临城下击,并乘贼操演击之,贼败,守益固。有旨以安徽危急,饬调总兵瞿腾龙往援,复命向荣派员渡江助攻扬州。以諴疏曰:"安徽庐州即古之合肥,米粮丰裕,居长、淮之中。逆贼得之,则攻剿更难得手,矧其北窜,尤可虑也。皇上眷念兹土,急欲调兵往援,诚为斩关夺隘之计。臣曾与琦善再四面商,终因兵力难分,恐致顾彼失此。兹奉严旨屡下,何敢自惜身命,不思仰纾宸廑?特贼占踞扬城,专恃瓜洲之贼水陆接济,故粮足而势强。自瞿腾龙驻兵三汊河以来,非但粮不能继,亦且党无由增,若调移他处,则是让贼以接应之机。安徽与江宁毗连,向荣如能拨兵,与其绕道至扬,不如就近赴皖。臣营陆续添勇已至四千八百名,琦善所带之兵三千五百馀名,陈金绶兵二千九百名,又瞿腾龙之兵二千九百名,皆因地面辽阔,合之见多,而分之见少。四面环击,尚冀协力同心,况临阵易将,兵家所忌。若再游移不定,坐失事机,臣等之罪益重矣。"时上先已允琦善请,瞿腾龙得不调。十一月,转刑部左侍郎。

　　贼陷仪征。初，偕以諴防扬州东路者，有闽浙总督慧成一军。至是合疏言："江宁贼谋由瓜洲接济扬州，先向西路攻陷仪征，近逼三汊河以下运河西岸。晋康、查文经两次杀贼千馀，念及存营兵单，潜师夜间回营。越日，四面环攻，破徐凝门贼筑土城，毙贼千馀，卫守备李金鳌等由西路入，参将苏勒芳阿等由东路入，将木寨内贼聚歼殆尽，并斩伪总制数人。是月，贼弃扬州遁。以諴、慧成归并兵勇驻湾头、六闸等处。未几，贼援麇至，乡勇溃散。琦善劾以諴带勇无方，上责琦善曰："琦善统领全军，攻剿扬州贼匪，饷竭兵疲，乡勇等本系乌合之众，与兵丁有间。当雷以諴初到之时，不能不募勇协剿，且屡次带勇人员亦有斩获，全在该大臣等申明纪律，用其锐气，以助兵力之不逮。乃任令日久玩生，纷纷溃散。琦善平日漫无稽察，直待事机已误，以诿过之辞奏请查办。并经严旨并朱谕斥责，该大臣置若罔闻。至此情形支绌，罪将焉归？"又谕曰："琦善围攻扬州，几及一载，屡奏城内贼势穷蹙，乃并不乘机进攻，迅图克复；〔一〕且与雷以諴、慧成等各怀意见，畛域太分，兵勇各不相顾，〔二〕以致贼援大至，乡勇溃散。该大臣等坐失事机，实堪痛恨！"十二月，谕曰："前据琦善奏贼援扬州，东路乡勇溃散。又据慧成、雷以諴奏贼匪大股冲突，练勇为贼钞袭，邵伯、湾头吃紧，当经谕令琦善等分路扼守。乃因东面勇溃，致令瓜洲贼与扬州联为一气、弃城逃走。雷以諴、慧成均在扬州东路防剿，督率无方，均难辞咎，着革职带罪自效。"

　　嗣琦善请移湾头大营，以諴与慧成疏陈不可，琦善又劾以諴奏报讳饰，且部勇抢掠，所筑炮台无炮无兵。谕曰："阅该大臣等所奏,仍各挟私意,诿过于人。试思琦善统领全军,各路统兵大员均归节制。东路勇溃,雷以諴、慧成固属咎无可辞,琦善又岂能坐观成败,徒以一参了事？雷以諴所筑炮台,炮位无人收管,殊堪痛恨！现在瓜洲贼船千馀只,尚未开行,扬城虽已退出,难保不乘间复图北窜。着琦善即严饬雷以諴、慧成等扼守万福桥、〔三〕湾头一带要隘。"嗣以諴因贼势渐成流寇,请行坚壁清野法,偕慧成上疏曰:"逆匪鸱张、毒流数省,到处残破,堵御无方,皆由民心不定,贼遂得以披猖也。臣以諴奉命帮办军务,兼保东路,募勇有限,而防处甚多,实属不敷调拨。当委干员前赴里下河各州县,劝令团练,先后联络民勇,得十馀万人。犹虑防范维艰,因思古人建寨筑碉,坚壁清野,实为防御流寇第一妙法。臣按江南地势,初无峻岭崇山,多年沟塍汊港,设险为难。惟有以土为堡,以石为砦,仿按户抽丁之法,为深沟高垒之谋。伏查扬城北达清淮,则湾头、邵伯首当其冲,东去下河,则六闸、仙镇实扼其要。他如黄泥沟、沙河桥等处,所以防内贼之窜,窆家桥、〔四〕李墅河等处尤时虞外寇之乘。臣等派员亲为区画,先于黄泥沟、沙河桥一带官为兴办,就旧沟小港因宽加深,即以挖土加筑为砦。环城而南,计长三十馀里,砦百十馀座,外复围以鹿角陷坑,散布蒺藜,多雇民夫守砦,以济兵勇之不足。倘遇有警,一砦鸣锣,砦砦皆应,俾各营得以准备豫防。其邵伯、仙女镇、窆家桥、李墅河各处,亦经臣劝谕地方绅董兴办,处处设险,以守为战。故前日扬城之贼,虽穷极思窜,并不敢犯东北两路,其明效概可见矣。然此特暂为保守东北一面之计耳。臣等以为贼情剽滑,流寇势成。窃恐征调往剿,兵未至而贼亦逃,士卒罢于奔命,饷需隔于道路,将以救北而南路空虚,将以征西而东隅危困。此必不及之势也。若乘此各处团练之时,令其一体照办,或依险为碉;或平地筑堡;或挖断其总要之路,为钓桥以便起除;或宽深其旧有之沟,作壁垒以资捍御。集牛豕于栏槛,勿令匪窥;藏菽粟于廒仓,勿供匪食。计地立长,比邻联藩,来即轰击,去不穷追,则民日饱而贼日饥,民日强而贼日弱。所有里下河各州县现已变通办理,恐日久懈生,应请敕下督抚,责成各该州县永远奉行。至如安徽、河南、山东、湖广等处,高山崇阜,土厚林深,举行较易,伏乞命各直省一体照办,庶几民心固,贼势孤,亦转危为安之一道也。”谕曰:“坚壁清野,原为良法。凡贼氛逼近地方,自应相度形势,随时办理。所有黄泥沟、沙河桥等处,雷以諴等拟派干员筑堡建砦,〔五〕以为守御之计,自系应办之事。着琦善体察情形,妥为办理。”其后胡林翼行之湖北,卒以平贼。

四年三月,以諴疏请裁减练勇,又因饷需穷迫,乞准古者抑末之法,试行捐厘助饷。奉旨:“雷以諴所奏捐厘章程,系于劝谕捐输之中,设法变通,以冀众擎易举。据称里下河一带办有成效,其馀各州县着怡良、许乃钊、杨以增各就江南北地方妥速商酌筹办。”自是各省捐厘助饷之议起。七月,扬州府东乡土匪董文澜等借霸租为名,敛钱纠众,以諴遣卒擒诛之。是月,谕以諴赴安徽和春、福济军,未行而琦善故,旋奉寄谕:“瓜洲逆匪尚在负嵎,该逆知琦善病故,势必乘隙窥伺。托明阿抵扬尚需时日,雷以諴着留扬州,会同陈金绶将防剿事宜妥为办理。”八月,瓜洲、镇江贼复犯扬州,以諴偕陈金绶击败之。既又率党三千分东西噪而前,以諴设二伏待贼。陈金绶亲身督战,遣副将鞠殿华等从东岸迎击,败之四里铺,斩首六百级。西岸副都统都兴阿,同时败贼三岔河。上以为有功,赏三品顶戴。旋授江苏布政使,仍留扬州帮办军务。九月,赴焦山督炮船与陆军会剿,贼造木簰攻八卦洲,官军以柴船装火药,夜烧贼簰,焚溺无算。以諴又破贼虹桥、三汊河等处。十月,南京贼复造巨簰,中藏大船,上立木城,载炮东下,官军蹑击,至仪征沙漫洲夺之,并获米粟、军械甚夥。时瓜洲贼坚壁不出,以諴督师船先攻北固山,破其土城,乘胜追至金山,大败之。其运河口贼船来援者,亦击沉焉。疏入,上嘉之。十一月,以諴败贼双桥。五年正月,瓜洲、镇江逆党复犯仪征,以諴等督兵击走之。二月,督上、下游水师进攻镇江北门及甘露寺、观音门、燕子矶等处贼船,斩馘无算。与督办扬州军务江宁将军托明阿合疏劾藩司文煜滥保,有"文煜系专折保举人员,臣等不敢妄参末议"等语,上责其"殊失大臣进言之体",均交部议处。四月,偕陈金绶各败贼天观桥。十月,督军夜攻瓜洲贼营,焚毁贼船,断贼接应,得旨嘉奖。

　六年三月,瓜洲贼窜犯运河,官军败绩,扬州复陷。托明阿自请治罪,上切责以諴及陈金绶驻兵东岸,当贼扑三汊河营盘,并不派兵接应,现在退在何处,亦未与托明阿会合,恇怯无能,厥咎维均。与托明阿均先革职。命正白旗汉军副都统德兴阿、少詹事翁同书查明参办。嗣扬州克复,以諴与陈金绶疏言系二人会同陕西提督邓绍良军攻复,上以所奏情节不符,命德兴阿、翁同书一并查奏。四月,德兴阿、翁同书具状覆陈,谕曰:"陈金绶、雷以諴以帮办大员,于瓜洲贼匪出扑,并不实力督率,致令兵勇溃散。迨收复扬城后,复敢捏称助剿,辜恩昧良,殊深痛恨!雷

以諴着即拿问,交德兴阿严行审讯,请旨定夺。"寻德兴阿、翁同
书覆奏:"扬州失利,越围毁营,阵亡员弁至数百名之多。实因变
起仓卒,并非不战而溃。托明阿驭军稍失于宽,此次西岸失事,
其咎尤重;而当贼众师溃之馀,犹能转战旬日,牵制贼势,该逆不
敢北窜,并不久踞扬城,实由于此。其殚诚补过,人所共见。陈
金绶已经病故,请勿庸议;雷以諴任事过急,矜才使气,言动轻
躁,实不能免,驯至兵勇不睦,怨谤丛生。虽失事由于西岸,而东
路亦不能守,其咎维均。及退守沙头之后,不即督勇进攻,尤为
失计。于收复扬城一事,不应凭勇目禀报之词,纵无冒功之心,
殊非核实之道。至其以褊急招怨,物议纷纭,多有过其实者。"八
月,遣戍新疆。

九年,在伊犁戍所,闻扬州复失,呈由将军扎拉芬代奏,曰:
"戍员前在扬州军营获罪,蒙恩发往新疆效力赎罪,感戴难名。
顷闻扬州复陷,戍员窃计扬城遭贼,焚掠殆尽,贼必不久踞,所有
商贾皆集仙女庙镇,邵伯次之。该镇粮食囤积,贼可以饱。恐无
赖匪徒、遣撤各勇,勾结煽惑,引导前驱,渐且扰及泰州各属。若
到南通州,即将踞为贼巢,逼近海墺,地方饶富,扬帆可直达杭
州,又与苏州最近。诚虑仓卒苏杭有急,难于海运,则京仓大有
关系。戍员前所以驻营万福桥,拦截东路,练勇筹饷,联络民团
者,正为此也。江宁围攻金陵之兵,并借以固守苏常门户。如果
苏杭有贼,则我师之围攻金陵者,腹背受敌矣。近闻安徽、河南
渐靖,宜饬令胜保直下扬州,跟踪进剿。贼以北地苦寒,不便赤
足,麦多稻少,饮食不宜,此时尚不至北窜。所虑者,直隶、山东
邪教根株未尽,海氛未息,防微杜渐,未可晏安也。戍员年已六

十有五,岂复妄图进取? 顾维受恩深重,且在江北帮办军务垂及四年,一有所闻,不禁怆怀! 是以妄陈末议。"疏入,报闻。九月,释回。十月,赏四品顶戴,授陕西按察使。十年正月,擢陕西布政使。五月,升光禄寺卿。十二月,兼署刑部右侍郎。同治元年,京察,有旨休致。光绪五年,赏还原衔,重赴鹿鸣筵宴。八年,赏头品顶戴,重赴恩荣筵宴。十年,卒。

子衡,拔贡生,候选直隶州知州。

孙宗庆,贡生,候选训导。

【校勘记】

〔一〕乃并不乘机进攻迅图克复　"攻"原误作"取",又脱"迅图克复"四字。今据显录卷一一四叶一〇上改补。

〔二〕畛域太分兵勇各不相顾　原脱"畛域太分兵勇"六字。今据显录卷一一四叶一〇上补。

〔三〕着琦善即严饬雷以諴慧成等扼守万福桥　原脱"严"与"慧成等"共四字。今据显录卷一一五叶四上补。

〔四〕宦家桥　"宦"原作"宦",形似而误。今据雷以諴传稿(之一二)改。下同。

〔五〕雷以諴等拟派干员筑堡建砦　原脱"等"、"干"二字,又"砦"误作"碉"。今据显录卷一一五叶一六上补改。

薛焕

薛焕,四川兴文人。道光二十四年举人,报捐知县。二十九年,选授江苏金山县知县。会新阳水灾,檄署新阳县,视赈事讫,乃赴本任。咸丰元年四月,以漕船兑开迟延,褫职留任。寻以趱兑无误,有旨开复。八月,以疏防盗案,复褫职。嗣于限内获犯,复原官,仍留江苏补用。

三年,报捐知府,指省江苏。四年正月,巡抚许乃钊檄带川勇千五百人剿粤匪于上海。三月,贼劫上海北营,焕随布政使吉尔杭阿堵御甚严,贼不能入。两江总督怡良等上其功,得旨记名,遇有江苏知府缺出,开单请简。是月,授松江府知府。适奉贤民抗粮,势将为变,焕驰至,逮治一二人,馀皆帖服。五年,调苏州府知府。嗣以官军克上海,焕截拿馀匪出力。六年正月,赏戴花翎。旋捐盐运使衔。时广东潮州等处莠民,以投充壮勇为名,散处苏州城外,持械为盗,士民苦之。八月,焕侦知匪踪集阊门外扛子地方,相聚饮博,密约营弁绅士,率兵分路掩击,擒首从一百九十馀人,诛之。境内以安。事闻,命以道员记名,遇缺请旨简放。七年五月,擢苏松粮储道。六月,调苏松太道。

八年,迁按察使,未履任,适英吉利、美利坚两国夷船自广东驶至上海,欲求通商,又约同法兰西夷船由上海驶赴天津。焕诇知彼等踪迹,先后禀经两江总督何桂清等飞章入告。九年三月,御史蒋志章疏保焕有胆略,任上海道时,夷人畏服,请特召来京,交科尔沁亲王僧格林沁相时委用。未几,夷船为僧格林沁击败。六月,入觐,八月,以办理上海善后事竣,下部议叙。十一月,擢江宁布政使。十年二月,赏加巡抚衔,帮办海口通商事宜。三月,粤匪窜逼常州,焕复驰回常州防堵。闰三月,调江苏布政使,旋署钦差大臣关防,办理五口通商事宜,又署两江总督。五月,升江苏巡抚,仍署两江总督。时粤匪连陷苏、常、太仓各府、州、县。六月，复陷松江府青浦县，焕下部议处。旋檄候补道张景渠等会民团，克松江。得旨嘉奖。先是，嘉定县踞匪弃城去，至是复失。平望镇为江浙要道，亦既克又陷。金坛县被围急，焕与总兵冯子材援之，嘉定距上海六十馀里，中间南翔、真如二镇为陆路冲要，贼筑墙于南翔西南两路，招集土匪，图窜上海。焕饬知县刘郁膏集团分布真如及江桥镇，又调兵分屯罗店、月浦，固宝山门户；并檄苏州府知府吴云等环攻青浦，署常州府知府周沐润规复江阴，水师各船扼守江面，[一]防贼北渡。太仓州毗连嘉定，饬游击富安等守之。适青浦官军失利，松江复陷。七月，贼犯上海，环攻七昼夜。焕与上海道吴煦等分门固守，贼解围去。随饬参将陈汝霖复松江，南翔镇踞匪经野鸡墩民团歼除殆尽；乘胜进攻嘉定、青浦。疏入，赏头品顶戴。又劾冯子材迁延误军事，坐革职，暂留军营听候查办。是月，命办理广州、福州、厦门、宁波、上海及内江三口，潮州、琼州、台湾淡水各口通商事务。十二月，疏请按照通商税则，令外商自运米赴津，官为采买，按时定价，不必豫给价银采办，下所司议行。十一年正月，以捐输军饷，下部优叙。三月，浙江贼氛大炽，扰及松江边境，嘉定、青浦游匪复出肆扰。焕与提督曾秉忠一面堵御嘉定、青浦之贼，派兵扼守金山，并收集浙省溃兵，协堵金山卫城一带。五月，曾秉忠等剿贼金山，胜之。六月，青浦踞贼出扑大营，檄参将李恒嵩设伏抵御，擒馘甚多。七月，疏请设立筹饷总局，以候补盐运使金安清总办南北两台筹饷事务，并请将贻误军需之福建司、道议处，皆从之。

　　九月，御史杨荣绪等劾焕贪劣各款，上命两江总督曾国藩查奏。寻奏言："薛焕任苏州府，颇著循声。上海道任内，办理关税及外国事宜,亦臻妥协。泪擢巡抚,驻师<u>上海</u>,每月糜饷二十馀万,不能专办一路之贼。<u>江苏</u>所存地方,惟镇江、扬州尚据形胜,未尝亲至两郡,又不能多济饷项,以联声援。上年奏请禁用<u>广勇</u>,而所信任之<u>曾秉忠</u>、<u>冯日坤</u>等,所部半系广勇。<u>曾秉忠</u>之勇劫掠夷船,<u>冯日坤</u>之勇在<u>金山</u>围杀绅团多人。自<u>苏</u>、<u>常</u>失陷,人民萃于<u>上海</u>,人浮于事,每有差委,率由营求而得,或并于无可差委之中,曲谋位置之法。<u>上海</u>既繁盛,<u>苏州</u>之书籍字画,自贼中贩鬻而出者,<u>焕</u>设书画局购买名迹,谕旨所询株守<u>上海</u>,一筹莫展。官吏奔竞,娱情古玩,与臣所闻大略相同。至折内所称办理通商以来,广通贿赂等语,风闻<u>薛焕</u>九年由皋司进京,途次有失银之案,在京有馈遗之情,此外别无所闻。至<u>薛焕</u>偷安一隅,物议繁滋。<u>苏</u>省财赋之区,贼氛正炽,恐不能胜此重任。"报闻。

是冬,贼陷<u>奉贤</u>、<u>南汇</u>、<u>川沙</u>,逼近<u>宝山</u>及<u>吴淞口</u>。<u>焕</u>与<u>曾秉忠</u>所部四万人分防要隘,难当大敌,咨请<u>曾国藩</u>派委副将<u>滕嗣林</u>赴<u>湖南</u>募精锐万馀,<u>嗣林</u>仅以七百人归。<u>曾国藩</u>奏派道员<u>曾国荃</u>赴沪助剿,未能速至,<u>焕</u>竭蹶布置,而自<u>浙江</u>杭、嘉、湖相继失陷后,逆氛愈不可制。两省绅士多傃居<u>上海</u>,群请暂借英、法两国驻沪夷兵助剿。适贼自<u>奉贤</u>等处直犯<u>上海</u>,英、法文武协力抵御。<u>同治</u>元年正月,<u>焕</u>具疏以闻,有旨嘉奖。贼犯<u>松江</u>,美国人<u>华尔</u>及其副总领<u>白齐文</u>率队迎击,败之。二月,随同官军剿平<u>天马山</u>、<u>辰山</u>、<u>高桥</u>、<u>萧塘</u>等处贼垒,<u>焕</u>又檄<u>李恒嵩</u>会同夷兵解<u>泗泾</u>围。三月,<u>华尔</u>会英、法、俄三国兵攻破<u>王家寺</u>贼营。<u>上海</u>西路肃清。是月,上命道员<u>李鸿章</u>署<u>江苏</u>巡抚,<u>焕</u>以头品顶戴充办理通商事务大臣。先是,有言<u>焕</u>增兵糜饷及借兵外国为非者,四月,焕疏言:"自咸丰十年上海解围之后,日与司道计议,欲保城池,先在扼防要隘。是以为松江而设塘桥、泗泾、广富林诸营,为上海而设七宝、真如、野鸡墩诸营,为宝山而环城设营。年来大小数百战,而贼不能直薄城下者,未尝不赖堵截之师,此增兵之万不容已者也。自苏浙有借兵助剿之说,遂谓洋人为可恃。不知洋人之向背,视我之强弱为转移。兵力不厚,则为彼所轻,有欲借其力而不能者。至管带兵勇,实乏将材。惟有于奖勉之中,时示警戒之意,使其努力自强,以冀外国之兵乐为相助。抑臣更有鳃鳃过计者,华尔本吴煦等雇募,教习兵勇,若练成劲旅,归我调遣,何尝不善?乃自五战五胜以来,隐然有不受羁靮之意。且每战必求重赏,溪壑亦未易盈。吴煦等犹以为长城可倚。窃谓驾驭外国之人,似应操纵在我,惟有默为裁制,以化其桀骜之气,庶可得其用而不受其害。"是月,授全权大臣,办理比利时国通商事务。

十二月,命焕来京,另候简用。二年四月,署礼部左侍郎,在总理各国通商事务衙门行走。五月,授工部右侍郎,兼管钱法堂事务。三年,署都察院左副都御史,通政使司通政使王拯劾焕贪邪各款,略言:"焕任江苏巡抚时,经人叠次纠参,以外任之不胜,又岂朝班之可玷?臣亦知总理衙门事务非该员所能为政,朝廷不得已而以该员厕于其间,俾与各国虚与委蛇。第以该员委琐龌龊,俨然高位,未免为中国耻辱,甚或启外邦轻侮之心。就令人材难得,或有微长,固当酌量裁抑,以示区别。"四月,焕劾王拯吸食洋烟,谕曰:"国家广开言路,整饬官常,惟期内外臣工奉公守法,屏除私见。若为大员,则平日束身立行,益当谨饬自爱,不受人以指摘之端。至被参人员,尤宜知止谤自修之义,痛自愧厉,岂可意图报复,讦人阴私?本年三月间,通政使司通政使王拯曾以金壬滥列,请将侍郎薛焕量加裁抑;至薛焕巡抚任内被参各款,前此业经曾国藩查明覆奏,尚无实据,惟办理通商事务,颇为熟悉,而此次王拯折内亦未能指实款迹,是以将折留中,暂缓查办。乃本月初九日,薛焕奏参王拯吸食鸦片烟请加惩处等语。薛焕被人参劾,不能扪心自反,辄将王拯吸食鸦片烟列入弹章,显系意存报复,有为而为,非因公论列者可比。此风断不可长!薛焕着实降五级调用,以为逞私攻讦者戒!并着仍在总理各国事务衙门行走,以观后效。”

寻以内阁侍读学士补用。五年五月,请假回籍省亲。十二月,吁请终养。七年,丁父忧,九年,丁母忧,十一年,服阕。光绪元年,命偕湖广总督李瀚章赴滇查办夷人马嘉理被戕一案,寻劾办理不善之腾越厅同知吴启亮等以弭衅端,允之。事竣回籍。六年,卒。

【校勘记】

〔一〕水师各船扼守江面　“面”原误作“南”。今据薛焕传稿(之一二)改。

黄　钰

黄钰,安徽休宁人。咸丰三年进士,改翰林院庶吉士。六年,散馆,授编修。八年七月,命在南书房行走。十月,丁父忧,十一年,服阕,命仍在南书房行走。同治元年,充署日讲起居注官,并充实录馆总纂。旋署提调。二年,提督山西学政。三年正月,倡捐京仓米价银一千两,下部优叙。八月,以文宗显皇帝实录全书过半,赏加五品衔。四年,因病开缺,五年四月,病痊销假。五月,大考二等,得旨着记名遇缺题奏,并赏缎匹。六年四月,命仍在南书房行走。五月,升国子监司业。七年三月,充会试同考官。五月,授翰林院侍讲。八年十月,转侍读。十二月,充文渊阁校理。九年四月,复充署日讲起居注官。八月,充顺天乡试同考官。十月,升詹事府右春坊右庶子,十年二月,转左庶子。三月,升国子监祭酒。十月,擢詹事府少詹事。十一年四月,升詹事,充日讲起居注官。九月,升内阁学士,兼礼部侍郎衔。十二月,充文渊阁直阁事。十三年正月,升刑部左侍郎。九月,充武殿试读卷官。

光绪元年四月,充考试试差阅卷大臣、大考翰詹阅卷大臣。二年二月,充补行大考翰詹阅卷大臣。四月,以病久未痊,疏请开缺,允之。七年,卒。遗疏入,谕曰:“前任刑部左侍郎黄钰,由翰林入直南书房,荐升卿贰,供职勤慎。前因病开缺回籍。兹闻溘逝,轸惜殊深! 着加恩照侍郎例赐恤。任内一切处分,悉予开复。应得恤典,着该衙门察例具奏。”寻赐祭葬。

张家骧

张家骧,浙江鄞县人。同治元年进士,改翰林院庶吉士。二年,散馆,授编修。三年,充国史馆协修。五年,大考二等,记名遇缺题奏,并赏文绮。六年,提督山东学政,旋调任山西学政。八年,丁父忧,十一年,服阕,来京供职。十三年八月,升侍讲。

九月，命在南书房行走，寻充功臣馆纂修。光绪元年二月，转侍读，充文渊阁校理。八月，充顺天乡试同考官。十二月，充日讲起居注官。二年二月，京察一等，记名以道府用。八月，署国子监祭酒。五年二月，京察一等，复记名。旋奉懿旨在毓庆宫学习行走。四月，升翰林院侍讲学士。十一月，转侍读学士。十二月，擢詹事府少詹事。寻署都察院左副都御史。八年三月，迁詹事。四月，升内阁学士，兼礼部侍郎衔。十一月，署户部左侍郎，兼管三库事务。旋命稽察中书科事务。十二月，充经筵讲官。九年二月，充直省举人覆试阅卷大臣。四月，充殿试读卷官、朝考阅卷大臣。六月，授工部右侍郎，兼管钱法堂事务。九月，充武会试正考官。十年三月，调吏部右侍郎。十月，恭逢慈禧端佑康颐昭豫庄诚皇太后五旬万寿庆典，奉懿旨赏给御书匾额一方。寻赐紫禁城骑马。

十一年十一月，因病请开缺，命赏假调理，毋庸开缺。是月，卒。遗疏入，谕曰："吏部右侍郎张家骧，品端学粹，谨慎安详。由翰林荐跻卿贰，叠掌文衡，在南书房行走。自入直毓庆宫以来，朝夕纳诲，深资启沃。前因患病，恳请开缺，赏假调理。遽闻溘逝，悼惜殊深！着赏给陀罗经被，派贝勒载漪带领侍卫十员，即日前往奠醊。加恩赏银二千两，经理丧事，由广储司给发。照侍郎例赐恤。任内一切处分，悉予开复。应得恤典，该衙门察例具奏。伊子张有培，着赏给举人，准其一体会试；张有埰、张有埏、张有垣，均着俟及岁时，由吏部带领引见，以示恩眷。"寻赐祭葬。

胡家玉

胡家玉,江西新建人。道光二十一年一甲三名进士,授翰林院编修。二十三年,提督贵州学政。二十七年,散馆,以主事用,分刑部。咸丰二年,补官。三年,请假省亲,旋丁母忧。时粤匪方张,省垣设局劝捐炮船经费,家玉在事出力。五年,巡抚陈启迈疏请奖叙,以员外郎用。六年,服阕。七年闰五月,充军机章京。八月,丁父忧。八年,巡抚耆龄以家玉劝捐出力,请以郎中用,允之。十年,服阕。十一年三月,补员外郎。五月,充湖南乡试副考官。嗣因湖南停止乡试,命驰驿回京。八月,充顺天乡试同考官。九月,升郎中。同治元年,以方略馆办理册档出力,加四品衔。二年九月,俸满截取引见,命开缺以四五品京堂候补。十一月,授鸿胪寺少卿。三年,以黄河北徙,疏请拨固本京饷,筑堤束水,保卫农田。诏下所司核议,以内地未靖、库帑不足,寝之。三月,升通政使司副使。四月,擢光禄寺卿。五月,充四川乡试正考官。七月,升太常寺卿。九月,以江宁克复,赏戴花翎。寻奉密谕,偕副考官给事中张晋祺驰赴湖南查办巡抚恽世临、升任巡抚毛鸿宾被参各事。十月,升大理寺卿。四年正月,偕张晋祺覆奏查办情形,恽世临等降级有差。四月,回京,仍充军机章京。

五年三月,擢都察院左副都御史,命在军机大臣上学习行走。七月,升兵部左侍郎。八月,会议直隶添练六军事,家玉以直隶练军,多年不效,请练京旗兵万五千人,因密疏具陈,略曰:"直隶总督请设七军,办理三年,迄无成效。岂改为六军,遂成劲旅?即使加饷添操,渐有起色,而挑兵十数标,势涣而情散;驻兵六七处,屯分而力单。是有拱卫之名而无其实。与其练京外之兵以辅京师,何如练京内之兵以实京师。京内旗、绿各营额兵十五万有奇,自漕运不通,钱粮折减,疲困日甚,设有缓急,何以御之? 拟仿神机营法,挑选骁骑营、护军营、巡捕营兵各五千,共一万五千人,分作三军:以一千人为洋枪队,一千人为马队,三千人为步队,名曰神武营,择城外空闲地而训练之,与神机营互相策应。"疏上,格不行。

九月,湖北巡抚曾国荃疏劾湖广总督官文,有馈送家玉程仪银两一款,钦派尚书绵森、侍郎谭廷襄查办。家玉以不知远嫌,下部议处,得旨革职留任,毋庸在军机大臣上学习行走。六年十月,命会同大学士贾桢等办理五城练勇局务。[一]十一月,捐赈米四百石,诏宽免革职留任处分。十二月,兼署刑部左侍郎。七年,河决荥泽,家玉疏请浚云梯关入海故道,拟令直隶等省留防勇营分段挑掘,使旧河一律深通,然后引上游决口之水,挈溜东行。[二]寻以役大费巨,不果行。九年,兼署吏部右侍郎。十年五月,调补吏部左侍郎。九月,兼署兵部右侍郎,充稽查京通十七仓大臣。十月,赐紫禁城骑马。

十二月,家玉以时局艰难,宜筹挽救,条陈四事,略曰:"自古言理财者,不外开源节流,而论节流于今日,则莫大于核勇数,汰勇营;苟且补苴,非开源而似开源,又莫要于一捐纳,谨厘税。咸丰年间,粤匪鸱张,征兵募勇,需饷甚巨。于是就地抽厘,勇自外募,饷自外筹,部臣皆不暇过问。今发、捻荡平,难保营官哨官不虚张勇数,以少报多。花名既不可凭,报销从何稽核? 应令造册报部,严惩抗违。至各省留防之勇,多者数万,最少数亦近万,诚部库一大漏卮。请饬各督抚体察情形,陆续裁汰,筹饷事例,不得已而为之。自黔捐、皖捐减价出售,较户部捐铜局约少一半;陕捐、甘捐复踵行之。然收虽减成而报部仍未尝稍减,每百万约短收三四十万。势必由报销局多列款目,浮开用费以弥缝之,殊非核实办公之道。请饬下军务省分督抚,将劝捐员弁迅速撤回,统归藩司收捐上兑,每月将捐数报部,听候部拨。厘金病民,甚于加赋。商贾操奇计赢,抽一分厘金,即增一分市价。名为征商,实则取之于民。军务未平,势难骤议停止。惟有请旨饬下各督抚,罢苛细之征,轻漏报之罚,毋借善后之名,而营不急之务。以上四者,皆理财急务,而最要关键,尤在严核营勇。户部周知天下勇数,然后综计天下地丁钱粮、漕折、关税、洋税,岁入若干万;捐款、厘金,约计又若干万;除提充部库外,各路征勇、各省防勇、各藩库留支,岁出共若干万。通盘计数,不足则请将各处征勇、防勇大加裁汰,总期岁入之数有馀于岁出之数而后已。"疏入,上韪其言。

十一年八月,授都察院左都御史。十二月,充经筵讲官。十二年四月,疏请裁江西省地丁加征银两。先是,九年十月,家玉奏江西钱粮新章,于定例每两征银一两,随征耗银一钱外,加征银四钱。以江西额征银一百八十馀万每两加四钱计之,每年实浮收七十馀万金,有违永不加赋成宪。请敕江西巡抚饬属停止。至是应诏陈言,复申前请。谕曰:"各省地丁钱粮,均有定额,如该左都御史所奏,是该省州县于正额之外,违例加征,民间受害,何可胜言?亟应速为禁止。着刘坤一严饬所属州县恪遵定例,不准丝毫浮收。如查有私立捐款公费名目,额外加征,即着严行参办。"五月,疏请酌核保举,疏通正途,诏下部议行。七月,江西巡抚刘坤一覆奏,请仍加征丁漕,分成提解司、道两库,以抵捐摊之款,分给道、府、州、县,以抵漕规,节寿礼、月费各陋规。有旨:"着照所议办理,仍随时认真稽察;傥有丝毫浮收,即行从严参办。"家玉反覆较论,引据祖训、部章,沥陈其弊,得旨交部妥议。寻议照旧收钱每两着加二百文,允之。八月,充顺天乡试副考官。十月,刘坤一奏江西漕丁改章,家玉曾致书信干预,又本籍有未完钱粮,命交部议处,并令刘坤一据实具奏。部议家玉书信虽为公事起见,究属不合,坐降二级留任。十二月,以举人徐景春试卷磨勘斥革,降二级调用。嗣刘坤一覆奏家玉及弟侄田亩,历年应完钱粮,实有未经被灾办缓,仍未完纳者。会给事中边宝泉疏言:"家玉累次未完漕粮,刘坤一岂漫无觉察?何以事历多年,概置不问?家玉既有干预原籍诸事之信,何以不立时奏闻?迨家玉奏陈江西加征违制,互相牴牾,始借端报复,系属挟私攻讦。"于是家玉及刘坤一均下部议处,请分别革职革任,得旨胡家玉着加恩改为降五级调用。旋允部议,以五品京堂候补。

　　光绪五年九月,补通政使司参议。十二月,以海防紧要疏陈管见:"一、北洋宜设外洋水师,北洋大臣驻扎天津,为京师切近屏藩。天津向无水师,大沽、葛沽有炮台而无战舰,株守一隅,毕竟可虑。拟请添设外洋水师提督一员、总兵二员,挑选轮船十馀只,分配弁兵二三千,往来于南北两洋,令其熟习海涛、沙线、展轮、停轮、装炮、放炮诸法。有战船,有战将,有战兵,较之口舌争胜,奚啻倍蓰?如虑军饷支绌,拟请移缓就急,于天津水勇、淮军两项内,选谋勇兼备之将,年力精壮之勇,以成北洋水师一军。

即以南省岁馈之饷赡之，无虑饷需不继。一、南洋宜设外洋水师，江南海口上达数省，防务亦不可松。内河虽有水师，而快蟹、艇船非桨不行，非风不驶，捕盗尚虞不足，安能御侮？海氛方炽，拟请移缓就急，改长江水师提督、瓜洲、岳州两总兵，为外洋水师提镇。南洋洋面较宽，所用轮船应较北洋多三四只，所配水军亦应多拨千百人，一切弁兵、书识，即于该提镇所管营汛内挑选。一转移间，于海防甚有裨益。一、福建船厂，宜造铁甲轮船，洋人制造军械，愈出愈奇。今复有铁甲轮船，炮子不能轰入，横行海上，所向无前，是造铁甲船为今日当务之急。福建船厂已造成铁胁船矣，而铁胁终不及铁甲。请饬船政大臣嗣后专造铁甲轮船，逐年增添，分拨南北洋水师配驾，以壮军威而备攻剿。"疏入，上韪之。未几，议设海军焉。

六年六月，疏请疏浚江西全省河道，又奏河南糟粮宜征本色，均下所司议行。七月，因病陈请开缺，允之。家玉自升任侍郎，充举人覆试阅卷大臣五次，考试孝廉方正、进士覆试、朝考、拔贡朝考、庶吉士散馆、考试试差、考试汉荫生阅卷大臣各一次。先后恩赏"福"字、如意、荷包、文绮、珍玩、宫扇四次。十二年，卒。

子济清，户部主事；翰清，候选知县；毓清，候选知州；相清，分省补用知县；湘林，进士，翰林院编修。孙承弼，举人，内阁中书；纲，举人。

【校勘记】

〔一〕命会同大学士贾桢等办理五城练勇局务　原脱"等"字，又"办"

误作"管"。今据毅录卷二一三叶五上补改。

〔二〕掣溜东行　"溜"原作"流",音近而讹。今据胡家玉传稿(之一二)改。

吴棠

吴棠,安徽盱眙人。道光十五年举人。二十四年,大挑一等,以知县用,分南河。二十九年,补江苏桃源县知县。咸丰元年,调清河县知县。二年,山东捻匪窜邳州。棠时署知州,带勇击破之高唐沟。三年三月,以丰工出力,经江南河道总督杨以增奏保,以同知、直隶州知州升用。六月,丁母忧。

时粤逆陷扬州,将由高、宝北窜,命开缺治丧,百日后仍留署清河知县。四年,太常寺少卿王茂荫疏荐人材,称棠捕盗认真,士民称颂,上命杨以增察看。以增称棠实心任事,始终不懈,得旨免补知县,以同知、直隶州即补,并赏戴花翎。六年,丁父忧,仍留江苏省办事。七年,叙剿办棚匪功,以知府留江苏补用。又以剿捕徐、宿捻匪出力,命俟补缺后以道员升用。八年,击退临淮捻匪,复六安、来安等城,特旨免补知府,以道员遇缺即补。十年,捻逆东扰邳、铜、宿迁,棠会合太原镇总兵田在田等军,攻毁贼垒。寻补淮徐道,命帮办江北团练事宜。棠与田在田督各军叠破贼。十一年,以筹饷劝捐,赏加按察使衔。时沂州兰山贼由台庄回窜徐州,东路之贼亦回窜栏杆山等处,棠饬副将胡元昌等夹击,败之;另股由奶奶山溃窜,棠派兵堵剿,连获大捷。复派兵追击匪首刘平于侯孟山,破其寨。皖匪赵克元等扰濉口一带民圩,复结蒙、亳捻匪数万围宿州。总兵张得胜等赴援,为贼所困,棠督军驰援,解其围。

　　寻擢江宁布政使,兼署漕运总督,督办江北粮台,并命统辖江北镇、道以下文武各官。同治元年,徐州捻逆窜沭阳,趋阜宁、山阳,棠派总兵龚耀伦等会乡团叠胜之,馀匪溃扰淮关,复击却之。逆首李成等围安东,棠檄军进击,围乃解。二月,提督李世忠等军攻克浦、六,进军九洑洲,请拨炮船驻守。上命吴棠会同江宁将军都兴阿酌拨兵船驻浦口,以资堵剿。旋渔沟捻匪窜踞众兴集,睢宁捻首魏坤等扰高资意图纠合东窜,棠分军迎剿,〔一〕皆败之。复饬军夹击盐河贼,阵斩无算。时淮扬海道缺裁撤,棠遵议将淮扬道所辖扬属地方事务,归两淮运使管理;其河务及淮、海两属公事统归徐州道兼辖,下部议行。寻众兴败匪遁泗州,棠虑其回窜,督饬淮安县属筑圩扼之,击捻酋李加英等于宿迁,斩发匪王凤等。并奏言:“窜捻不下数万,清、淮防兵及所调各军无多,众寡已属不敌。且炮船利于水,而不利于陆;步队宜于扼守,而不宜于野战。请调拨科尔沁亲王僧格林沁所统马队赴淮援应。”允之。四月,捻酋韩老万纠党至桃源,棠派副将黄国瑞等败之于新河堤,复檄总兵黄开榜、龚耀伦水陆截剿,贼溃遁。时田在田被劾,上命偕僧格林沁按款详查。寻得实覆奏,褫田在田职。六月,清江南北两岸圩工竣,棠绘图以进,谕曰:“清江扼南北之冲,其地向无城郭,实不足以资战守。经吴棠相度地势,筑建圩墙,挑成濠堑,仅四阅月,巨工告成。足见该署督办事认真,甚属可嘉!”七月,棠复署漕运总督,派兵进剿曹八集,擒捻首李麻子,诛之;复派游击张祖云等剿洞里庄等处踞贼,斩匪首何中元、贼目王春玉等,击走邳州窜捻。并饬总兵黄开榜等进剿猫儿窝以南股匪,焚贼栅,副将姚广武等又追败之宿迁。运河以南肃清。闰八月,江阴等处贼图北窜,江防戒严。棠檄水陆各军严江防以遏之。

时江苏、安徽、山东、河南四省边界捻匪蔓延,此剿彼窜。徐州府为四省交冲,光禄寺卿潘祖荫请设四界镇道以专责成。棠遵旨议覆,略言:"捻匪起于蒙、亳,扰及江、皖、东、豫,出没之区,四通八达。即使四界添设镇道,仍不过兼顾一隅。徒更旧章,无裨全局。须俟大兵剿办,地方肃清,再议随地制宜。"上从之。九月,〔二〕棠派参将吴凤柱等赴邳州,击退山东幅匪,又派都司赵元宗等歼捻首卜黑小股匪于半截楼。十二月,兰山幅匪麇聚郯城县之徐家圩,棠檄黄国瑞督兵兜击,擒匪首刘曾、孙良,并捻逆李友辉、田虎等;又密饬黄开榜等夜袭钟阳集,克之,捻首夏广兴等悉就擒。先是,御史丁绍周奏陈江北厘捐积弊,谕吴棠照部定章程,严禁扰累。二年正月,复经将军富明阿疏劾,上以吴棠办理迟延,严饬之。棠寻奏参委员严邈等,请摘去顶戴,并奏言:"军兴以来,费用繁巨,抽厘助饷,实万不得已之举。惟查各厘卡,均设于水陆要隘,商买往来之区,离县治远近不一,地方官公事殷繁,断不能躬亲驻局,势必委之胥吏家丁,蠹蚀侵渔,流弊滋甚。其厘捐设立处所,陆路固有绕越之处,水路亦多港汊,必须择要分卡,以杜旁趋。均系明定章程,一处收捐,一处验放,并无一局一卡而征至数次者。捐项既难多裁,惟严饬各局抽厘委员廉谨者留,贪冒者去,务期厘剔锢习,以资实用。"均如所请行。

时幅匪盘踞长城,棠令黄国瑞督军进攻,败援贼赵开元、苏克功等,乘夜火攻贼垒,贼惊溃,斩贼目数十名,擒匪首刘兆清等,戮之,遂克长城。捷入,得旨嘉奖。棠复饬黄开榜、潘顺等水陆并进,连克孙疃一带贼垒。三月,实授漕运总督。檄黄国瑞等进剿山东幅匪孙化青,阵斩之,旋擒斩逆酋孙化祥,击退大股援贼,遂克中村及费县境之转个山、兰山之黄牛山各贼寨,阵斩匪首邱兆林于洛水等。沂州肃清。寻疏陈淮扬镇营制事宜十条,下部议行。四月,遵旨覆陈沿江亩捐并办理圩工,疏言:"亩捐一项,即在粮台收款之列。局外未悉底蕴,以为到处有捐,捐名不一。但见进款之巨,而不知出款之多;但见征收之繁,似觉漫无稽考,而不知各分各款均已随时达部。以致视为利薮,上达宸聪。第待哺方殷,未能因噎废食。现饬随时接续造报,以备稽核而释群疑。至市河、十字河系山阳、盐城两县所辖,淤垫日甚。该县官绅禀请挑土筑圩,公议按亩捐赏出夫,其中受灾之区,贫乏各户均免派夫,并无派捐逼胁情事。"疏入,报闻。

时发逆围天长,棠檄黄开榜击退之。五月,檄黄国瑞等攻山东教匪于白莲池,斩逆首刘双印、刘锦春,毁其巢;而练总苗沛霖复纠众叛,棠檄总兵姚广武击退之。六月,苗逆陷寿州,窥蒙城,棠复饬姚广武、黄开榜水陆等军攻怀远,以掣贼势。八月,逆匪筑垒于宋家滩,官军炮船为所困。棠以苗逆猖獗,由未能四面制贼。疏言:"欲拯临淮之急,必须一军由宿、蒙,直捣怀远北路,则苗逆急于回顾,临淮要地或可保全。且将来削平苗逆之策,尤必数道进兵,方可制贼死命。"十月,苗逆攻蒙城,棠派兵进剿,斩逆首刘报柜等五人。蒙城围解。十一月,密陈皖北隐患,略言:"淮北盐务疲敝,悉由李世忠把持盘剥所致。其勇队在怀、寿一带,盘踞六年之久,焚掠之惨甚于盗贼。苗平而淮北粗安,李存而淮南仍困。请早为办理。"上是之,命僧格林沁等会商筹办。三年,以剿办清、淮、徐、宿各匪功,赏头品顶戴,仍交部议叙。

寻署江苏巡抚。偕两江总督曾国藩等疏言:"现在江省乂安,一切应规复旧制,请仍设淮扬道员缺。"下部议行。四年二月,调署两广总督。棠奏贼股窜扰江境,盐、阜、沭阳一带防务最要,请收回署两粤总督成命,〔三〕专办清淮防剿。上嘉其体国公忠,不避难就易,仍暂留漕运总督任。五月,捻匪北窜,河南巡抚吴昌寿奏请添兵渡河,严防北岸,命棠檄催水师迅赴济宁策应。棠奏:"江湖水师不便入黄,请就黄河船只添置炮位,配以滨黄兵弁熟悉地形者,入黄驾驶,庶于军事有济。"如所请行。初,棠议采办米石,试行河运。八月,米船全数抵通,下部议叙。

旋署两江总督。时逆首张总愚窜扰河南许、汝、南阳,围陈州。上以贼匪裹胁数万,非数省兵力四面兜剿不可。命棠饬清淮防兵会合兜剿。寻奏:"清河存留兵勇七千馀人,先因捻逆窜扰徐州,睢、宿、桃源相距甚近,路路需防,傥步队调出击贼,一时有警,即难回顾。今于无可抽拨之中,派出参将吴凤柱等马队赴徐,随同曾国藩所部会剿;游击唐高凭等各带步勇,分扎宿、邳,扼守运河两岸。又檄漕、河标兵防守清、桃,以顾东路。"嗣官军击贼获胜,贼西趋归德,遂檄吴凤柱马队回驻宿迁,并饬水路各军随时豫防。谕曰:"吴棠于清、淮情形最熟,着严饬防军视贼所向,迎头截击。"时黄国瑞归宗,复姓陈氏。十二月,棠奏国瑞患病疯狂,请褫职,押送回籍,饬令地方官管束,从之;仍以国瑞战功叠著,命该管官随时派员妥视。五年七月,江北湖河盛涨,清水潭迤南堤决,下部议处。八月,调补闽浙总督。六年十一月,以两广总督瑞麟疏劾广东巡抚蒋益澧、署藩司郭祥瑞等朋比各款,棠奉命赴广东会同将军庆春覆查得实,益澧等下部严议。

十二月,调四川总督。七年十一月,檄道员唐炯率川兵剿贵州龙井苗匪,复麻哈州城,攻白沙关、打铁坡贼寨,皆破之。并饬道员张文玉等军克黄平州城。十二月,派提督周达武等败贼于娄落赤碧玑等处,大小夷部诣营求抚,遂克西昌。八年正月,周达武等屡胜于吽牛坝,夷匪次第投诚。[四]建南肃清。捷闻,得旨嘉奖。四月,唐炯等攻拔观音山、玉麟山苗寨,复清平县城。六月,饬道员刘岳曙等攻七星桥贼垒,克之,斩逆首马天启,回酋马天顺等乞降,古城、羊街等百馀村寨均就抚。寻甸全境肃清。先是,云贵总督刘岳昭疏劾棠眷属抵川时,役夫三千馀名,仆从需索门包,属员致送规礼,荒谬贪污,物议沸腾等款,谕令两江总督李鸿章驰往确查。十月,李鸿章覆奏,以上各款均无其事,并言:“川省官场习气,颇尚钻营。吴棠履任后,遇事整顿,以致贪官猾吏造言腾谤,应毋庸议。”谕曰:“川省吏治防务,均关紧要。吴棠务当振刷精神,力筹整顿,勿稍瞻顾。至刘岳昭所参各节并未详查虚实,辄以传闻无据之词,率行入奏,实属不合,着严行申饬。”复以御史张澐等奏参道员钟峻等包揽招摇,棠任用之幕友彭汝琮系奉旨饬令回籍之员,经李鸿章查实奏入,棠坐失察,下部议处。

九年十月,棠饬总兵刘宝国等会滇军攻回匪,斩逆首刘应贵于阵,擒伪大将军李亭宾等诛之,克永北厅城。十年,署成都将军。捐建书院,令八旗子弟学习清文。十一年二月,奏川省地方辽阔,户口繁多,上年夏旱秋潦,收成歉薄,粮价骤昂,饥民嗷嗷待哺,请于厘金捐输项下拨银二十万两以资赈济,从之。七月,贵州下游肃清。逆首李宰腐及其党欧保隆等皆伏诛,得旨嘉奖。十二年,云南肃清。十三年三月,贵州军务事竣,棠以协济饷需,先后下部优叙。六月,灌县山匪作乱,棠檄提督李有恒等驰往督剿,斩匪首余其隆等。川西平。八月,奏言:"民生之休戚,视吏治为转移。欲收其效于临民之后,尤宜正其身于筮仕之初。现因部章新班遇缺两项人员,遇有缺出即可超补。是以川省需次人员,多方设措,相率报捐,纷至沓来,为他省所未见。该员等家非素封,捐项均由重利借贷而来,其中即有可用之才,私债累累。索逋者日向追呼,欲望其履洁怀清,岂易得乎? 一经到任,夙累既重,心有所分,官债虽清,民生必困。举劾之权,虽操之疆吏,第此等骤膺民社之员,鲜谙治体,即随时撤换,另委贤员,而地方受累已深,故考察人才,必视其进身之始,而讲求吏治,尤当慎于序补之先。请敕部另议变通章程,将报捐发川之新班遇缺先,及新班遇缺两项州县人员,暂行停止。俾试用甄别年满,历练较久人员,得有序补之期,实于地方吏治有益。"疏下部议。十一月,以病奏请开缺,得旨赏假两月。光绪元年七月,饬提督李有恒等剿叙永厅股匪,克其巢;复以雷波厅蛮匪作乱,派提督胡国珍等剿平之。十二月,复疏请开缺,允之。

二年,卒。遗疏入,谕曰:"前任四川总督吴棠,老成练达,办事勤能。由大挑知县荐擢监司,循声卓著。嗣在漕运总督任内,带兵剿贼,保卫地方。历任闽浙、四川总督,克尽厥职。上年冬间,因患病准予开缺,俾得安心调理。兹闻溘逝,轸惜良深! 吴棠着加恩照总督例赐恤。任内一切处分,悉予开复。应得恤典,该衙门察例具奏。伊子荫生吴炳和,着赏给举人,准其一体会试,用示笃念荩臣至意。"寻赐祭葬,予谥勤惠。

三年,漕运总督文彬奏言:"棠以大挑知县,分发南河,历任清河、桃源、邳州等处,咨访利病,训诲愚蒙,循循然如父兄之诏子弟,不事操切而民自化。及其诛锄强暴,则又执法极严,不稍姑息。一时治行称最,舆论翕然。咸丰三年,粤寇陷金陵,窜扬州,淮、浦震惊,土匪蠢动。棠时在清河县任,地无城郭,手无兵柄。徒以忠义号召士民,创设团练,不数月间,会者数万人,声威大振,伏莽潜消。乃腾檄远近,相为固守,声言大兵百馀万,指日即到,以安人心。贼遂徘徊瓜、扬,不敢前进。文宗显皇帝降旨垂询,有'知县吴棠团练乡勇,深得民心'之谕。寻丁母忧去职,百姓流涕相送,途为之塞。起复后,历任徐州府、道,捻匪以蒙、亳为老巢,出入必经徐、宿,一岁数至,所过成墟。棠约各属士民坚壁清野,随地筑圩,迁人民辎重于内,遴壮丁守之。田禾垂熟,则以队伍游徼于外,俾农民收获入圩,不为贼有。徐民始知生聚之乐。棠以道员兼司兵饷,精心擘画,一钱一粟,分散必均。士卒感其至诚,虽不获饱而战则必力,故所向有功。尝剿贼汴塘,与卒伍同卧起者数月,致患湿疾,终身不瘳。咸丰十一年,奉命署漕运总督,衙署向在淮城,清江又甫经兵燹,民物雕残,人皆视为危地。棠以该处为南北咽喉,关系甚重。受篆次日,即率师驻之。捻匪屡次骤攻,均经击败。棠于运河两岸建城,以为县治。人有所恃,流亡渐复。其时粤寇未平,捻氛尤炽,深虑合并为患。棠扼守要冲,频年苦战,内保里下河完善之区,外靖徐、淮、海三府州之地。前督臣曾国藩得以专力图南,不为捻匪牵制。棠实有赞助之功。同治四年，购米雇船，创行试运，江北河运漕粮，遂从此始。清江旧有书院，为贼所毁，棠于军旅之暇，筹款兴复，俾诸生讲学其中，资以膏火，人知向学，文教日兴。综计棠筮仕以来，自州县以至漕督，未离江北地方，与淮徐士民患难相共，十有馀载。众情依恋，宜申报飨，仰恳将棠事迹宣付史馆，并于清、淮、徐州各建专祠，以彰忠荩而慰舆情。"允之。

子炳和，恩赏举人，直隶候补道。

【校勘记】

〔一〕棠分军迎剿 "迎"原误作"命"。今据吴棠传稿(之一二)改。

〔二〕九月 "九"原误作"七"。今据吴棠传稿(之一二)改。

〔三〕请收回署两粤总督成命 "粤"原误作"江"。今据毅录卷一三五叶一三上改。按与上"调署两广"合。

〔四〕夷匪次第投诚 "夷"原作"苗"。今据毅录卷二五〇叶一五上改。

沈葆桢

沈葆桢，福建侯官人，原籍浙江。道光二十七年进士，改翰林院庶吉士。三十年，散馆，授编修。咸丰元年，充武英殿纂修。二年五月，大考二等。八月，充顺天乡试同考官。三年，记名以御史用。四年五月，补江南道监察御史。十二月，记名以知府用。五年六月，掌贵州道监察御史。十二月，授江西九江府知府。六年六月，调署广信。

时粤逆杨辅清连陷贵溪、弋阳，逼攻广信，城兵闻警先溃。

葆桢筹饷河口,急驰归,誓死守城,贼不得逞。适总兵饶廷选来援,七战皆捷,围乃解。九月,工部右侍郎江西学政廉兆纶、督办军务兵部右侍郎曾国藩先后疏称葆桢力守空城,定志誓死,从容设措,悉合机宜。得旨嘉奖,命以道员尽先补用。七年,擢广饶九南道。八年三月,沙溪贼回窜广信,击走之。八月,曾国藩请以葆桢兼管粮台。九年三月,剿平弋阳土匪。六月,赏加按察使衔。九月,请开缺回籍养亲,巡抚耆龄奏入,诏可。十年六月,授吉南赣宁道。七月,复申前请,仍许之。十一年四月,命偕地方官办理本籍团练。十月,上以葆桢前在广信府任,规画有方,舆情爱戴,敕迅赴曾国藩军营听候委用;复敕曾国藩查看才具,如能胜重任,不必拘守常格,迅速保奏。

　　十二月,擢江西巡抚。谕曰:“前任江西吉南赣宁道沈葆桢,朕久闻其德望冠时,才堪应变。虽系回籍养亲之员,第贼匪一日未平,则臣子一日不得自安,况移孝作忠,古有明训。朕以该抚家有老亲,因择江西毗连省分,授以疆寄。风土不殊,迎养亦近。且系该抚曾经仕宦之区,将来懋建殊勋,尤足光荣门户,以承亲欢。该抚读书明理,经朕如此体恤,如此委任,谅不至再有渎请。现在江西办理善后,正需才德兼备之员,着即赴任。”葆桢奉诏感泣,疏言:“前在广信,以有饶廷选,七战皆捷,转危为安。后在广饶九南道任,以两江督臣曾国藩密筹援应,俾揩危机。凡此因人成事,藉免愆尤。乃蒙温谕有加无已,且以乌鸟之私,上劳眷注,臣何人斯,恩遇至此!臣今许国以身,义无旁顾,又何敢因晨昏之恋,负高厚之恩?”得旨:“览奏,具见悃忱,忠孝性成,可嘉之至!”

同治元年二月，命兼办广信粮台。三月，疏言：“衢州被围，玉山接济之米石、军火，皆为贼阻。其股匪游弋，图乘左宗棠东下，窥伺信防，断我后路。必广信、衢州一带先无意外之虞，再由金、严规取杭州，方无粮绝援阻之患。”又言：“广郡地方，逆匪垂涎已久，急宜未雨绸缪。拟仿坚壁清野法，令土民凭险筑寨，即倡捐择要兴修。”均报闻。时贼欲由江山图犯广信，葆桢以左宗棠后路关系匪轻，请令曾国藩调兵豫防，亲驰至广信，〔一〕严筹布置。七月，上练兵五便疏，又请增募勇丁，以资战守，诏皆嘉勉。〔二〕十一月，皖逆西趋豫章，命葆桢饬各军分扎紧要，并力防剿，曾国藩、左宗棠拨兵援应。二年三月，檄官军截击休宁窜匪，胜之。时徽州三面皆贼，葆桢调军分驻休宁、祁门。四月，破逆首黄文金于小路口，贼窜建德，潜纠党合攻祁门，复偕湘军大破之。寻又偕浙军克黟县，毁曹门林河浮桥，焚其巢。六月，上以江南各军分道进攻，贼势穷蹙，必窜江西，敕葆桢督饬将士务歼丑类，以图规复金陵。七月，贼由太平、石埭、建德扰江西，葆桢自请议处，诏宽免之。旋督军进剿，贼遁。江境肃清。复以败匪入湘境，饬参将韩进春，驰至赣州击之。九月，因病请假。十月，御史华祝三疏言：“风闻葆桢以协饷用人，与曾国藩意见不合，恐碍大局。”谕曰：“曾国藩办理东南军务，需饷孔亟。沈葆桢值地方凋敝，或致协饷未能如数。至用人一项，沈葆桢以地方大吏，甄劾不得不严，而曾国藩因军营需才，菲葑无弃，亦恐耳目难周。惟天下事，往往因小嫌而误大局，不可不思。曾国藩、沈葆桢皆贤能卓著、公忠体国之臣，如果各怀意见，安望共济艰难？此后沈葆桢于曾国藩军营协饷，苟可设法，必当竭力筹措，并着该抚即行销假任事;曾国藩于沈葆桢曾经甄劾而来投效者,亦当留意汰斥,勿开幸进之门。彼此函商,共归一是。以古人廉颇、蔺相如、寇恂、贾复为法,同心共事,无贻朝廷南顾之忧。"葆桢寻以西路有警,力疾视事,疏陈布置情形,得旨:"西路布置甚为周密,具见以国事为重,忠荩可嘉!所称随时参酌,以民力补兵数之阙,以吏治为军政之根,洵能洞中窾要。着即振刷精神,力图整顿,务令治效蒸蒸日上。"

三年二月,贼分股内窜:一由玉山趋广信,一由开化窥婺源。闻婺源有备,遂由白沙关犯德兴,官军分路驰击,斩馘六千有奇,馀匪遁回玉山,旋窜弋阳、贵溪南境。葆桢自请严议,上加恩宽免,命实力剿办,毋使蔓延。三月,疏言:"曾国藩前请将江西通省厘金均拨皖饷,今事势与前不同,请仍归本省,借固军心。"上以皖军关系全局,诏江西分提一半,馀仍接济国藩军。时窜踞南丰之贼,筑垒死守,别股扰及新城,官军累战皆捷;又一股分陷金溪,图犯建昌,葆桢檄各营分道蹑剿。四月,克新城,进图南丰。上念南丰久未下,以提督杨岳斌督办皖南、江西军务,前浙江按察使刘典佐之。命葆桢俟该提督到后,会商剿办机宜。五月,贼突犯抚州,击走之。又叠陷宜黄、崇仁,蔓延丰城、新淦、夹江各县,敕葆桢妥筹防剿,毋令逼近省垣。六月,逆首汪海洋、陈炳文踞陈坊、湖坊及火田畈一带。葆桢饬总兵王开琳先攻湖坊,贼逸入火田畈,迅击之,毙悍逆无数,毁贼垒八。总兵孙昌国败贼于张家桥,道员王德榜等平贵溪盛源洞,〔三〕及小港逆垒。七月,破崇仁贼卡。时浙省肃清,逆首黄文金拥洪秀全子福瑱奔窜昌化、绩溪,黄文英亦窜泾县、祁门,欲假道徽、池,扰江西,为入粤计。

敕葆桢实力防堵，毋令一贼入境；又以南韶一带贼氛甚炽，谕饬宁赣防兵越境会剿。九月，葆桢饬席宝田以精毅军追福瑱，疾趋五昼夜，至石城，大破之，擒洪仁玕、洪仁政、黄文英等，搜获福瑱于石城荒谷中，皆伏诛。十月，捷闻，谕曰："沈葆桢自简任江西巡抚，筹办防剿，深合机宜。江、皖贼匪屡窜江西，均能次第扫荡，并生擒首逆，殄除巨酋。着加恩赏给一等轻车都尉世职，并赏给头品顶戴。"十一月，葆桢推功诸将，拜疏吁辞，谕曰："朝廷论功行赏，一秉至公。沈葆桢于贼窜江西后，督率兵勇，先后肃清。戡乱之功，深堪嘉赏！至该省兵勇不敷调遣，虽曾国藩、左宗棠拨军援助，究由该抚开诚布公，联为一气，始能将士用命，迅奏肤功。且江西省吏治民风，日有起色，皆由该抚实力实心，克尽厥职。尤宜殊恩特沛，以奖勖勤。所请着毋庸议。"嗣以父母衰病，恳请归养，上以江西军务初平，一切善后事宜，未便遽易生手，优诏留之，赏葆桢父母人参六两。时福建漳、龙各属贼势鸱张，敕拨劲旅助剿，有"力保桑梓，即所以上慰椿萱"之谕。葆桢即分饬诸将扼要严防。四年二月，以亲疾请假归省，许之。寻疏称边防吃紧，暂缓回闽、谕嘉其实能视国如家。三月，丁母忧，得旨赏假百日，俟假满改为署理江西巡抚，即行赴任。葆桢吁恳终制，有旨俯从。

嗣闽浙总督左宗棠创举船政，六年，调督陕甘。疏称船政非葆桢无可属者，于是命总理福建船政。八月，疏陈船坞及学堂采料募勇情形，略言："马尾一区，上抵省垣南台，水程四十里；下抵五虎门海口，水程八十里有奇。自五虎门而上，黄埔、壶江、双龟、金牌、馆头、亭头、闽安皆形势之区，而金牌为最要。自闽安而上，洋屿、罗星塔、乌龙江、林浦皆形势之区，而罗星塔为最要。马尾地隶闽县，踞罗星塔之上游，三江交汇，中间港汊，旁通长乐、福清、连江等县，重山环抱，层层锁钥。当候潮盛涨，海门以上，岛屿皆浮；潮归而后，洲堵礁沙，萦回毕露。所以数十年来，外国轮船，夹板常泊海口，非土人及久住河岸之洋人引港，不能自达省城。道光末年大吏筹备海防，但载石凿舟以塞林浦上游，竟割重重天险而弃之。至今海滨土人犹共以为非策也。船坞在马尾山麓，地曰中岐。但就一方地势而言，大江在前，迤南而下，群峰西拱，状若匡床，中间坦处，旧本邨田，去年购买归官，始圈为船坞。洼者平之，低者垒之。虑田土之积弱难胜也，沿坞密钉木桩以固之；虑海潮溪汛之不时骤至也，沿坞各增五尺以防之。坞外三面环以深濠，既藉通运载之船，亦可泻积淤之水，坞内滨江者为船槽，若铁厂、轮厂、机器厂、斫木栈房，皆参列其后。坞外之东、迤北为臣及办事各员绅公所。外列外国匠房三十间，其左为法国学堂，又左为英国学堂，江浒则煤厂在焉，山麓则中国匠房在焉。循麓再上山之左肋，可以眺远。饬前驻楚军五百人，因地筑垒，不特可揽船厂全局，沿江上下数十里，风帆沙鸟，如在目前。稍下则监督日意格所居也。在臣公所右者，有外国医生寓楼、匠首寓楼。其与日意格山楼对峙者，则副监督德克碑之屋也。一切土木，计日课工，屈指可数。此船坞内外之大概情形也。船政根本，在于学堂。因就马尾甄别法学艺童，随及英学艺童，既因其勤惰，分别升降，复定章程，每日常课外，令读圣谕广训、孝经，兼习论策，以明义理。其续招入局者，择其文理明通，尤择其资质纯厚者，以待叙补。以中国之心思，通外国之技巧可也；以外国之习气，变中国之性情不可也。且浮浇险薄之子，必无持久之功，他日于天文、算学等事，安能精益求精，密益求密？谨始慎微之方，所以不能不讲也。采办一节，似易实难，官场气习，以浮冒搪塞为能。船政之兴，尤视为利薮。用商贾，有时扰累之弊甚于官司；用官司，有时侵渔之端甚于商贾。驯至劣幕奸胥，交通市侩，鬼蜮丛生。是以民间置货，尚有精良，一属公家，便多赝鼎。又闻向来外国船材、煤炭，多运自缅甸、暹罗，现虽遣员先于近处采干搜岩，他日恐仍不免取材荒裔，重洋辽远，更防不胜防。任非其人，糜费虽多，仍归无用。拟乘此发令之初，明罚敕法，以警其馀。人心畏法，而后弊窦可除，良材毕至也。至船厂之兴，固须收罗工匠，轮船下水，则舵工、水手缺一不行，非徒习惯风涛，尤须熟精枪炮。盖国家之创造轮船，譬诸千金买骏，傥冲锋陷阵，不持寸铁，虽有千里之马，安足成功？现在洋匠尚未至闽，船成尚需时日。拟先调闽中旧撤炮船十只，派练水勇二三百名，未成船以前，借以巡缉近洋；成船以后，即可摆甲登舟，驾轻就熟。此臣近日考校学堂，分饬采办，及招募水勇之情形也。”报闻。九年，丁父忧。

十一年，内阁学士宋晋疏请暂停制造，上下其章于葆桢，酌议具奏。寻密疏言：“自强之道，与好大喜功不同。即使中国炮船远胜西国，我皇上断不肯劳师异域，为汉武、唐宗之所为。至自固藩篱，为民御灾捍患，非惟声势所不容已，抑亦覆帱所不可遗。查宋晋原奏称此次轮船，如谓‘以之制夷，则早经议和，不必为此猜嫌’之举。果如所言，则道光年间已议和矣，此数十年来列圣所宵旰焦劳者何事？天下臣民所痛心疾首，不忍言者何事？

耗数千万金于无底之壑,公私交困者何事?夫恣其要狭,为抱薪
救火之计者非也;激于义愤,为孤注一掷之计者亦非也。所恃者
未雨绸缪,有莫敢侮予之一日耳。若以此为猜嫌,有碍和议,是
必尽撤藩篱,并水路各营而去之而后可也。原奏称‘用之外洋,
交锋断不能如各国轮船之利,名为远谋,实同虚耗’。夫以数年
草创伊始之船,比诸百数十年孜孜汲汲精益求精之船,是诚不待
较量,可悬揣而断其不逮,然亦思彼之擅是利者,果安坐而得之
耶?抑亦苦心孤诣,不胜糜费而得之也。且各国轮船亦有利有
不利,其创之也各有后先,其成之也互相师法,久于其道,熟能生
巧则利;卤莽从事,浅尝辄止则不利。加意讲求,兢兢惟恐失之
则利;恃其精巧,疏于防范则不利。此中人事居其半,天事亦居
其半。即如厂中新造之万年清、伏波轮机,购诸外国者也,安澜
轮机,成诸本厂者也。万年清船工屡作屡改,伏波、安澜渐少更
张,而试诸海邦,则伏波稳于万年清,安澜稳于伏波。前者生、后
者熟也。勇猛精进则为远谋,因循苟且则为虚耗,岂但轮船一事
然哉?原奏称‘捕盗已有师船,运粮不若沙船’。前年浙江成
案,师船出则洋盗悍然戕官,轮船出则洋盗弭首就缚。前年运米
成案,沙船自沪达津以月计,轮船自沪达津以日计,此其利钝赢
绌,尚待辩而明哉?至谓‘成造船只,拨给殷商,收其租价,以备
修理’,不知兵船与商船迥别。商船务高其顶,广其舱,以受客
货;兵船则避枪炮,压风涛,敛之惟恐不密。以兵船畀之商人,即
不索其租,彼亦不以为利也。船政洋料购自香港,木料购自暹
罗,此皆与洋人交接,不居奇则幸耳,不受我扰也。当设厂之始,
地本水田,所需木桩,不可胜数。省城木价为之骤昂,且丈尺不

敷,因而委员赴上游采办。嗣木商闻风自至,即时停止。台湾曾委员采办樟木,嗣后洋人踵行,亦于前年停止。惟鸡笼之煤炭,尤日不需,办运亦源源不绝。然价值水脚均照民间一体通行,公平交易,从无派诸官、累诸民者。当左宗棠之议立船政也,中国无一人曾身历其事者,不得不问之洋匠。其约自铁厂开工之日起,立限五年,成船一十六号,估费三百万,惟中外员匠有生熟巧拙之殊,铜铁木料,有贵贱之异。零星物件,外国取诸市肆而皆足,中国非一一本厂自造,即购诸重洋。然所估之数,不甚相远。以结款四十万为购器募匠买地建厂之需,则昔之所估,与今之所费,相去悬绝。专就建厂而论,一椽未立,一瓦未覆,第购民田,钉木桩,培山土,地基甫固,而所费已不赀矣。盖洋匠所见者,外国已成之厂,而不知当日经营缔造之艰难。所以臣任事时,即有应办工程,应发款项,多从前未经议及之奏也。原议铸铁为一厂,打铁为一厂,模子为一厂,水缸兼铸铜为一厂,轮机兼合栊为一厂,合共五厂。后增拉铁、搥铁、钟表、帆缆、火砖、舢板六厂,又立打铁、轮机分厂,共添八厂。添厂则添机器、添匠徒,并添公费。原议学堂两所,艺童六十名,后添绘事院、驾驶学堂、管轮学堂、艺圃四所,艺童徒共三百馀名,均系不容已之需。懔遵我皇上勉为其难,毋得瞻前顾后之旨,不追绳其原估之疏漏,而务责其全局之必成。所有添设缘由,均经奏明在案。各厂工九年夏间甫毕,拉铁、搥铁两厂十年秋间始毕。此微臣办理不善、工迟费巨之实在情形也。夫办理不善,臣百喙难辞,然不当以承办者之乖方,疑创议者之失策。傥因是而废之,机器所置甚巨,发卖无承售之人,存储有看守之费,积日朽蠹,卒亦归于无用。轮船无一岁不修者,数岁则一大修,且须撤换机器。工停而船无可修则厂废,而船随之俱废。然犹曰举已费者弃之耳。骤筹七八十万金,遣散不做工之洋人,清还不适用之物价,海关、厘局未必具此巨款。更挪解部之款、协饷之款,以应此急需,是省费而费愈迫也,然犹曰一劳永逸耳。外人之垂涎船厂非一日矣,我朝弃则彼夕取,始也以借用为言,无辞以却之也;继必于他处故启衅端,勒赔兵费,而以此为抵,枝节横生,有非意料所及者。且当日左宗棠与洋匠坚明约束,各国周知。今无故而废之,一则谓中国办事毫无把握,益启其轻视之心;一则谓中国帑项不支,益张其要求之焰。此臣所以反覆再三,窃以为不特不能即时裁撤,即五年后亦无可停,所当与我国家亿万年有道之长,永垂不朽者也。臣志广术疏,拙于居积,或滋糜费,夏献纶精核远过于臣,接办以来,无日不兢兢以撙节为念。然用款之巨犹昔,非不痛减,此减而彼旋增。臣交卸时,尚有存款,储材尤富。今则截长补短,银垂尽,料亦垂尽。海关五万,按月解给,且恐万万不敷,欲求减省,或在五年限满、洋匠遣散后乎?御侮有道,循已成之法而益精之耳。洋人来中国教习,未必皆上上之技。去年曾国藩有募幼童赴英国学艺之举,闽中欲踵而行之,以艰于筹费而止。拟限满后,选通晓制造驾驶之艺童,辅以年少技优之工匠,移洋人薪水为之经费,以中国已成之技,求外国益精之学,较诸平地为山者,又事半功倍矣。西法虽千头万绪,要权舆于算学。中法与西法,派虽别而源则同。臣尝会同前督臣英桂有请设算学科之奏,部臣因无人可以阅卷议驳。然闻京师同文馆教习李善兰通西学者也,前任山西河东道杨宝臣通中学者也,傥废无用之武科,以励必需之算学,导之先路,十数年后,人才蒸蒸日上,无求于西人矣。然而外侮之来,何能待我?但就已成之船炮,训练精熟,未尝不可转弱为强;否则士卒不习,虽极精之船炮,亦块然一物耳。前蒙特简福建水师提督李成谋为轮船统领,俾常川训练,惟是训练不能无费,该提督素性廉介,必不思藉润乎其中,而缺瘵家贫,力不足以赔垫。臣旋即丁忧交卸,未及奏请,应恳敕下督抚臣,按月筹解五百金,为该提督出洋操费。但凡闽局之船,无论留于福建及分拨外省者,统领均须逐时校阅其高下。其药弹等项,则拨归何省之船,由何省应付,毋令缺乏。纵事变猝发,不至仓皇无措矣。至养船经费,原不在造船所估之中,若虑兵船过多,费无从出,则间造商船未尝不可,亦不患领者之无人。但兵船为御侮之资,不容因惜费而过少耳。"上嘉纳之。寻服阕,仍接办船政。

十三年,日本国寻衅琉球,窥我台湾,泊兵船于厦门。四月,上命葆桢渡台巡视,兼办各国通商事务。葆桢具疏,会同闽浙总督李鹤年等言:"会议洋务者,非一味畏葸,祇图有日置身事外,不恤贻患将来;即一味高谈,谓义愤快心,不妨孤注之一掷,于国家深远之计,均无当焉。臣谨以管见所及陈之:一曰,联外交。倭奴狡谲非常,其称兵也,西人斥其非,彼则以商诸中国业经见许对。中国据理诘之,则互相推诿,闪烁其词。西人虽疑其奸,终无从遽发其覆。臣等拟将叠次洋船遭风各案,摘要照会各国领事,其不候照覆,即举兵入境,并与生番开仗各情形,亦分次照会,公评曲直。日本举动,西人纤悉必知之。如其怵于公论,敛兵而退,上也。否则辗转时日,我得集备设防,其鬼蜮端倪,亦可随时探悉。一曰,储利器。议者咸谓日本迥非西洋之比,然有明中叶全盛之时,萃俞、戚、谭、刘之将才,竭苏、浙、闽、粤之兵力,狼噬豕突,数十年而后定,不可谓非劲敌,其陆战虽西人亦惮之。台湾与之邻壤,形胜扼要,物产富饶,彼既利欲熏心,未必甘为理屈,而所以敢于鸱张者,则又窥中国器械之未精,兼恃美国暗中之资助。其已抵台南各船,均非中国新船之敌,而该国尚有铁甲船二号,虽非完璧,而以摧寻常轮船则绰绰有馀,彼有而我无之,水师气为之夺,则两号铁甲船不容不购也。海疆守口之利,莫若水雷。中国虽能自制,而力量单薄,不足以破巨舰,则水雷不能不购也。陆路之利,莫如洋枪,操演则宜用前膛,临敌莫便于后膛。闽局虽有之而不足于用,添募陆师,则各种洋枪,并其合膛之子,不能不多购也。水路之利,在轮船巨炮,船无煤炭,与无船同;炮无子药,与无炮同。则洋煤洋火药合膛之开花弹,以及火龙火箭之类,不能不多购也。明知所费不赀,必有议其不量力者,然备则或可不用,不备则必启戎心。乘兵衅未开之时,尚可为牖户绸缪之计,迟则无及矣。一曰,储人材。闽省陆勇寥寥,因台北查办匪徒,已调两营东渡,其分防马尾、厦门及上游三营,均不可动。水师除轮船外,亦无可量移者。若待弁兵厚集,诚恐稽期。现在福星、长胜、海东云三船已在台湾,扬武在台,归添子药,又即日赴台;靖远在厦门,振威经臣鹤年派令赍折赴沪。浙江之伏波,山东之飞云,天津之万年清、济安、永保,均调而未归。闻广东之安澜即日可到,到时当饬其装足子药、煤炭,臣葆桢即乘之东行,并咨调提臣罗大春即日赴台,与臣葆桢及镇道会筹一切。此时消除萌蘖,须得折冲樽俎之才。查有籍隶广东之前署台湾道黎兆棠，胆识兼伟，洞悉洋情，威惠在台，民怀吏畏。臣葆桢谨飞函赴粤，调之前来，并以共事日久、深相倚仗之吏部主事梁鸣谦等诸文士，随臣葆桢东渡，以期集思广益，毋失机宜。一曰，通消息。台洋之险，甲诸海疆。从前文报，恒累月不通。有轮船后，乃按月可达。然至飓风大作时，虽轮船亦为所阻。欲消息常通，断不可无电线。计由福州陆路至厦门，由厦门水路至台湾，水路之费较多，陆路之费较省，合之不及造一轮船之资，瞬息可通，事至不虞仓卒矣。"疏入，均从之。

　　时台地额兵多不可用，葆桢赴台后，倭兵登岸设营，社番伺隙待动。葆桢据理责之，晓谕诸社，宣布皇仁，番族悉遵约束。倭人气夺。随修城垣，筑炮垒，练营勇，备器械，不先开衅端，而无一不为可战计，众心益安。倭人亦如约撤兵。遂筹善后，十二月，与帮办台湾事宜福建布政使潘霨，疏请福建巡抚移驻台湾，北路增设府县。略言："洋务稍松，即善后不容稍缓。惟台地之所谓善后，即台地之所谓创始也。善后难，以创始为善后则尤难。臣等曩为海防孔亟，一面抚番，一面开路，以绝彼族觊觎之心，以消目前肘腋之患，固未遑为经久之谋。数月以来，南北诸路，缒幽凿险，斩棘披荆，虽各著成效，卑南、奇莱各处，虽分列军屯，祇有端倪，尚无纲纪。台地延袤千有馀里，官吏所治，祇滨海平原三分之一，馀即番社耳。国家并育番黎，但令薄输土贡，永禁侵陵，意至厚也。而奸民积匪，久已越界潜踪，驱番占地而成窟穴，则有官未开而民先开者。入山既深，人迹罕到，野番穴处，涵育孳生，则有番已开而民未开者。叠巘外包，平埔中扩，鹿豕游窜，草木蒙茸，地广番稀，弃而弗处，则有民未开而番亦未开者。是但言开山而山之不同已若此。生番种类数十,大概有三:牡丹等社恃其悍暴,劫杀为生,瞽不畏死,若是者曰凶番;卑南、埔里一带居近汉民,略通人性,若是者曰良番;台北阿史等社,雕题瞞面,向不外通,屯聚无常,种落难悉,猎人如兽,虽社番亦惧之,若是者曰王字凶番。是但言抚番,而番之不同又若此。夫务开山而不先抚番,则开山无从下手;欲抚番而不先开山,则抚番仍属空谈。今欲开山则曰屯兵卫,曰刊林木,曰焚草莱,曰通水道,曰定壤则,曰招垦户,曰给牛种,曰立村堡,曰设隘碉,曰致工商,曰设官吏,曰建城郭,曰设邮驿,曰置廨署。此数者孰非开山之后,必须递办者? 今欲抚番,则曰选土目,曰查番户,曰定番业,曰通语言,曰禁仇杀,曰教耕稼,曰修道途,曰给茶盐,曰易冠服,曰设番学,曰变风俗。此数者又孰非抚番之时,必须并行者?虽然,此第言后山耳,其繁重已若此。山前之入版图也,百有馀年,一切规制,何尝具备? 就目前之积弊而论,班兵之惰窳也,蠹役之盘踞也,土匪之横恣也,民俗之慆淫也,海防陆守之俱虚也,械斗扎厝之叠见也,学术之不明,庠序以容豪猾;禁令之不守,烟赌以为饕餐。官斯土者,非无振作有为、正己率属之员,始苦于事权之牵制,继苦于毁誉之溷淆,救过不遑,计功何自? 使不力加整顿,一洗浮浇,但以目下山前之规模,推而为他日山后之风气,虽多一新辟之区,适多一藏奸之薮,臣等窃以为未可也。尝综前后山之幅员计之,可建郡者三,可建县者有十数,固非一府所能辖。欲别建一省,又苦器局之未成,而闽省向需台米接济,台饷由省城转输,彼此相依,不能离而为二。环海口岸,处处宜防,洋族教堂,渐渐分布。居民向有漳籍、泉籍、粤籍之分,番族又有<u>生番</u>、<u>熟番</u>、<u>屯番</u>之异,气类既殊,抚驭匪易。况以创始之事,为善后之谋,徒静镇之非宜,欲循例而无自。使臣持节,可暂而不可常,欲责效于崇朝,兵民有<u>五日京兆</u>之见;倘逾时而久驻,文武有两姑为妇之难。臣等再四思维,宜仿<u>江苏</u>巡抚分驻<u>苏州</u>之例,移<u>福建</u>巡抚驻<u>台</u>,而后一举而数善备。何以言之?镇道虽有专责,事必禀承督抚而行,重洋远隔,文报稽延,率意径行,又嫌专擅;若驻巡抚,则有事可以立断。其便一。镇治兵,道治民,本两相辅也,转两相妨。职分不相统摄,意见不免参差。上各有所疑,下各有所恃。不贤者以为推卸地步,其贤者亦时时存形迹于其间。驻巡抚则统属文武,权归一尊,镇道不敢不各修所职。其便二。镇道有节制文武之责,而无遴选文武之权,文官之贪廉,武弁之勇怯,督抚所闻,与镇道所见,时或互异。驻台则不时采访,而耳目能周,黜陟可以立定。其便三。城社之巨奸,民间之冤抑,见闻亲切,法令易行。公道速伸,人心帖服。其便四。<u>台</u>民烟瘾本多,<u>台</u>兵为甚。海疆营制久坏,<u>台</u>兵为尤。良以弁兵由督、抚、提、镇抽取而来,各有恃其本帅之见,镇将设法羁縻,只求其不生意外之事。是以比户窝赌,如贾之于市,农之于田,有巡抚则考察无所瞻徇,训练乃有实际。其便五。<u>福建</u>地瘠民贫,州县率多亏累,恒视<u>台</u>地为调剂之区,不肖者殉法取盈,往往不免有巡抚以临之,贪黩之风得以渐戢。其便六。向来台员不得志于镇道,及其内渡,每造蜚语中伤之,镇道或时为所挟,有巡抚则此技悉穷。其便七。<u>台</u>民游惰可恶,而戆直实可怜。所以常闻蠢动者,始由官以吏役为爪牙,吏役以民为鱼肉;继则民以官为仇雠,词讼不清,而械斗扎厝之端起,奸宄得志,而竖旗聚众之势成。有巡抚则能豫拔乱本而塞祸源。其便八。况开地伊始，地势殊异，成法难拘，可以因心裁酌。其便九。新建郡邑，骤立营堡，无地不需人才，丞倅将领，可以随时札调。其便十。设官分职，有宜经久者，有属权宜者，随事增革，不至廪食之虚糜。其便十有一。开煤炼铁，有第资民力者，有宜参用洋机者，就近察勘，可以择地而兴利。其便十有二。夫以台地向称饶沃，久为异族所垂涎，今虽外患暂平，旁人仍眈眈虎视。未雨绸缪之计，正在斯时，而山前、山后其当变革者、当创建者非十数年不可成功，而化番为民，尤非渐渍优柔不能浑然无间。与其苟且仓皇，徒滋流弊，不如先得一主持大局者，事事得以纲举目张，为我国家亿万年之计，况年来洋务日密，偏重在于东南。台湾海外孤悬，七省以为门户，其关系非轻。欲固地险，在得民心；欲得民心，先修吏治营政；而整顿吏治营政之权，操之督抚。总督兼辖浙江，移驻不如巡抚之便。臣等明知地属封疆，事关更制，非部民属吏所应越陈，而夙夜深思，为台民计，为闽省计，为沿海筹防计，有不得不出于此者。”上悉如所请。十二月，台事粗定，乃内渡。未几，狮头社凶番狙杀游击王开俊。光绪元年正月，又东渡讨平之。故例，禁内地民人偷渡，台民私入番者治罪。葆桢奏准尽弛旧禁，以广招徕。

四月，授两江总督，兼办理通商事务大臣。二年，疏陈江宁府城属雕敝状，请酌减上元五县本年漕粮，下部议行。十二月，以病乞休，自此至四年二月，凡四请，均赏假慰留之。四月，请停武科，诏以其率改旧章，不准行。五年四月，入觐，赐紫禁城骑马，仍回本任。十一月，旧疾增剧，复请开缺，得旨赏假两月，安心调理。

　　寻卒，遗疏入，谕曰："两江总督沈葆桢秉性沉毅，练达老成。历受先朝恩遇，由翰林外任知府，荐擢封圻。前在江西巡抚任内，筹办军务，悉协机宜。嗣因殄除粤匪馀孽，赏给一等轻车都尉世职。朕御极后，擢任两江总督，于地方利弊，认真整顿，任事实心，不避劳怨。前因旧疾增剧，赏假两月。方冀调理就痊，长资倚任。兹闻溘逝，悼惜殊深！加恩追赠太子太保衔，入祀贤良祠，照总督例赐恤。任内一切处分，悉予开复。应得恤典，该衙门察例具奏。灵柩回籍时，着沿途地方官妥为照料。伊子附贡生玮庆，赏给举人；莹庆、瑜庆，以主事用；璘庆、璿庆、瑶庆、琬庆，俟服阕后，由吏部带领引见。"复谕曰："已故两江总督沈葆桢，自咸丰五年出守九江，调署广信。当粤逆鸱张之际，婴城固守，力战解围。嗣补授吉南赣宁道，帮办江西团练事务。同治元年，奉命巡抚江西。该故员膺两朝特达之知，力图报称，维时粤逆并力窥伺江西，沈葆桢相机堵剿，连战皆捷，保全实多。厥后综理船政，殚心竭虑，创立规模。其巡抚台湾，于抚番、开山各事，尤为不辞劳瘁，弭患无形。迨总督两江，实心实力，整顿吏治，保惠民生，与巡抚江西时先后一辙，实属功绩昭彰。着将该故督政绩，宣付史馆立传。并准其在江南省城及立功各省分建立专祠，以彰忠荩。"寻赐祭葬，予谥文肃。

　　六年，闽浙总督何璟疏言："葆桢生长福州，夙为人望。文章经济，冠冕一时。当船政开办之初，成万年清等轮船二十馀艘，俾海堧收利涉之效。嗣复开山、抚番，居民至今感之。请于福建省城建立专祠。葆桢妻林氏，云贵总督林则徐女也，当杨辅清扰广信时,葆桢出筹饷于河口,林氏闻警,以死自誓,刺血作书,乞援于饶廷选,略谓夫妇受国厚恩,徒死负咎,因为七邑生灵请命,喻以驻军玉山,若广信失事,则衢、严之屏蔽尽撤;援广信,正以固浙防。又引睢阳婴城,许远亦以不朽为勖,而望其不为贺兰进明。廷选得书驰援,葆桢亦归,城虚无人,供亿胥缺,林氏躬执汲爨以犒将士,获保郡城。曾国藩奏称其深明大义。"光绪十年六月,江西巡抚潘霨以其书稿呈进,疏请附祀葆桢广信专祠,上许之。十二年,诏图葆桢像于紫光阁。

子玮庆,恩赏举人;莹庆,湖南候补知府;璘庆,四川马边厅同知;瑜庆,光绪十一年举人,江苏候补道;璿庆,南河候补同知;瑶庆、琬庆,均钦用主事。

孙翊清,光绪十五年举人,江西候补道,袭一等轻车都尉世职;黻清,江苏试用县丞;赞清,广东试用通判。

【校勘记】

〔一〕亲驰至广信　"亲"原误作"请"。今据沈葆桢传稿(之一二)改。

〔二〕诏皆嘉勉　"嘉"原误作"加",音近而讹。今据吴棠传稿(之一二)改。

〔三〕道员王德榜等平贵溪盛源洞　"源洞"原颠倒作"洞源"。今据沈葆桢传稿(之一二)改正。

清史列传卷五十四

大臣画一传档后编十

布彦泰

布彦泰,颜扎氏,满洲正黄旗人。父珠尔杭阿,镶蓝旗满洲副都统。嘉庆八年,赏骑都尉世职。布彦泰,由荫生于十二年,赏蓝翎侍卫。十二月,袭职。十三年,升三等侍卫,二十三年,授二等侍卫,充伊犁领队大臣。道光二年,擢头等侍卫。调喀什噶尔参赞大臣,旋授办事大臣。三年,回京当差。四年,充考试翰詹监试大臣。五年四月,在尚茶正行走。

六年,复授伊犁领队大臣。八年,赏副都统衔,调乌什办事大臣。九年正月,擢喀什噶尔总兵。六月,因病开缺。十年闰四月,赏副都统衔头等侍卫,在乾清门行走。五月,授哈密办事大臣。八月,调西宁办事大臣。时伊犁边外不靖,将军玉麟以布彦泰前曾两任领队大臣,情形熟悉,请调赴伊犁,借资助理,诏如所请。寻授伊犁参赞大臣。十一年正月，因浩罕在吹塔拉斯筑城，疏言："吹塔拉斯在伊犁西南卡外，恐逆匪据为巢穴，似宜及早查办。请敕扬威将军长龄等于派兵出卡捕拿逆匪之便，顺赴吹塔拉斯，确切察勘。如实有筑城聚众之事，[一]无难借南路兵力，使该处震慑军威，庶卡外边内千馀里之地，可期肃清。"旋擢镶红旗满洲副都统。是月，疏陈新疆茶政及夷商贸易情形，请酌复旧章，从之。十二年二月，调塔尔巴哈台参赞大臣。七月，疏言："塔尔巴哈台所属巴尔鲁克，蒙古内之额鲁特、察哈尔、哈萨克各部落，请酌添佐领三员、领催五名、官兵五十名，其巴尔鲁克坐卡官兵，祇领给本身口粮，将伊犁换防蒙古官兵，例支跟役口粮，全行裁汰。"如所请行。十三年十月，调伊犁参赞大臣。十一月，以副将金和详揭布彦泰办理平粜前后不符，经伊犁将军特依顺保查明入告，得旨降四级留任。十四年四月，因病开缺回京。十八年，署正蓝旗汉军副都统，旋升察哈尔都统。二十年三月，擢伊犁将军。四月，入觐，命在御前行走。五月，赴将军任。二十一年二月，授镶黄旗蒙古都统。二十二年，疏陈开垦事宜，略言："惠远城东三颗树地方，计可垦地三万馀亩，请就本地民户选择安设，种地输粮；阿勒卡斯地方，计可垦地十七馀万亩，即请责成阿奇木伯克等筹计户口之数，酌量匀拨。"谕曰："民户应如何选充授田，回屯应如何安插移住，以及筹备牛具、籽种各事宜，仍着该将军饬令委员等赶为布置。"

　　二十三年，以天津添设总兵，谕令体察新疆兵制情形，可否裁改。寻疏言："查伊犁总兵驻扎绥定城，系伊犁所辖八城之一，不与将军、参赞同城。近来卡外夷情，与从前迥不相同，设遇裁官减弁,更必妄生揣测,涠播谣言,似与镇静边防大有关系。该镇兵丁以耕种为糊口,俱各安土重迁,势难骤予裁移。倘将总兵易为将领,若兵数仍旧,则于营制不符;兵数稍裁,又与屯务有碍。不敢迁就目前,致贻后患。惟天津既须添设总兵,自应于各镇中量行裁改。兹就西路一带而论,口外实难议撤,惟陕西西安镇总兵本系将军标中军副将,嘉庆年间改为总兵。查陕西全省情形,以南山为最重,现有汉中、陕安二镇重兵驻守;北山临边一带,亦有延绥镇足资控制。其西安省会,有将军、巡抚、副都统驻扎,满营兵丁六千馀名;抚标参将、城守营参将各一员,满汉兵丁不下万名。大员不为不多,兵力不为不厚,且该镇辖境俱在平原,与其裁撤边陲重镇,致费周章,似不若议裁此缺,移置天津,较为妥便。应请敕下陕甘督臣富呢扬阿悉心筹议,据实覆奏。再查嘉峪关外,共设总兵三员,除伊犁镇外,一为巴里坤镇实缺总兵,系乾隆二十七年,由西安移驻;一为喀什噶尔换防总兵,系道光八年,以换防副将改设;巴里坤界,在哈密、乌鲁木齐之中,系属腹地,较之伊犁镇情形轻重稍有不同。喀什噶尔改设总兵,原因彼时换防兵丁,多至六千五百名,是以必须改协为镇,方资表率。十馀年来,防兵陆续裁减,仅存三千五百名,较之从前多寡悬殊。若将该镇仍改为换防副将,归于该城领队大臣统辖,与体制边防均有裨益,即将该镇换防总兵改为巴里坤换防总兵。在该镇以额缺作为换防,体制无异,即可腾出一缺,移置天津,亦尚简易。惟是新疆重地,外夷环列而居,一切机宜,总宜率由旧章,方为镇定。庶几中外帖服,历久相安。"疏入,下部议行。十二月,疏陈开垦地亩,分安民户、回屯核办章程,下部核议。

　　二十四年二月,疏报塔什图毕等处开垦地亩,叠著成效,上嘉其忠诚为国,督率有方,赏加太子太保衔,仍交部优叙。又以乌鲁木齐未垦之地,未据都统奏办,命布彦泰会同该都统惟勤体察情形,派员确勘,并详查伊犁已开地亩外,及各城地方如有旷地可以招垦,一律奏办。寻疏言:"伊犁各城旷地,向于操兵查马之便,留心相度,并与文武员弁加意讲求,令其广咨博访,如有可垦之地即行呈报。是以节次奏明办理之案,幸皆有成,此外未经开垦者,大抵窒碍多端,不能确有把握。缘新疆地多砂碛,雨泽又稀,专赖人力灌输,无论石碛咸地,不堪开垦,即或土本膏腴,而无水泉可引,则亦不能耕种,终致荒芜。现于未垦各荒地中,不得已而思其次。查惠远城东六十馀里之阿齐乌苏,有废地一区,颇为宽广。嘉庆八、九年间,经前任将军松筠奏拨八旗闲散馀丁,赴地耕种,许以作为己产。未几乏水接济,遂即废弃,该旗人久经散去。此项废地,已与旧派旗人无干。其所以废弃之故,系因当时未开水利,仅恃巴燕岱灌田之水,暂行分溉,其势自难为继。今欲重行垦复,必将该地迤东各屯原用之水,逐段开渠,引而西下,递相转输。其极东须引哈什河水,方可用之不竭。如此设法挹注,则各屯田地,皆可浇灌,不致顾此失彼;而阿齐乌苏荒地,亦得灌溉成田,似可以垂久远。惟统计递开渠道,须绕越五百馀里,其间横崖断涧,土石参差,即使人力可勉而成,而经费浩繁,较前次各案开垦之资,不啻数倍。伊犁为极边僻壤,瘠苦异常,迥非内地劝捐可比。臣虽倡率捐廉,而一时未具规模,不敢遽行入告。兹叠奏宸谟指示,益切服膺,现委历次总办开垦之抚民同知庆辰、印房章京塔那泰等,前往勘估,一面通盘筹画,俟立定章程，即当专折奏办。倘该处实多格碍，亦必设法另筹。总期地利无遗，获收实效。至前次开垦案内捐办各员，经吏部奏请敕查所捐银数，及所垦顷亩若干，固为核实起见，惟查伊犁历届捐垦成案，皆系收工而非收银。缘口外办工，与内地情形互异，内地人员众多，每遇大工，由总局汇收经费，发交工员领用，雇夫购料，皆可专司；即工匠人等亦有行市总头，承领雇募，故捐银者不必经手工程。若伊犁则管理地方者，只有厅员巡检，在官人役亦属无多；若捐工之员，交银即为了事，则办理乏人，是以所派工员不但捐资，并皆出力，始敢奏请鼓励。且垦田必以开渠为第一要务，其挑挖出土，有力者皆当能之，而筑坝造桥，安闸建屋，则非土木工匠，不能如式造成。倘不各认各工，各雇各匠，即恐互相观望，催促不前。即以挑工而论，除回夫一项，每夫照案发给盐菜银五分外，其他民匠、民夫，雇资每增至数倍。缘回夫有限，当各员一体开工，不能不于民人或遣犯中，各自择人议价，而道里之远近，工力之优绌，亦伸缩不齐。故每日工价，止能听各员自行给发，其督工、监工之员，但能核计工数，而银钱非其经手，无从查悉其详。臣赴工验收，亦惟核其已办工程，作为定准，且各员尚有给予夫匠饭食，制办器具，以及格外犒赏，不一而足。彼此相形之下，踊跃争先，倍易刻期集事。又如所捐木料树株等项，大小价值不同，远近运脚亦异，与捐给之牛具、籽种，均难琐屑核开。并因历奉上谕，捐办之工，概免造册报销。是以兴工之初，即奏免造报，奉旨允准。今若事后仍令开造，不惟记忆难周，且恐经手丁胥，倚恃工已验收，任意浮报，徒烦驳饬。窃惟办工以工为主，计银似不如计工之直捷，亦不如计工之核实。所有前次用过夫匠五十三万四千工,业经于开垦完竣折内,奏明确数在案,可否仍遵前奉谕旨,免其造册报销。至所垦顷亩之数,查三棵树、红柳湾共实得地三万三千三百五十亩,阿勒卜斯实得地十六万一千馀亩,亦经前次奏明在案。但荒地之开垦成田,由于渠工之挖通水利,故开渠虽各分工段,而著效则一气呵成,似不能划出某顷某亩,为某员所捐办者。此系工次实在情形,不敢稍有隐饰,如蒙圣慈俯鉴,并乞恩免饬查。”疏入,从之。

时上命布彦泰传谕前两广总督林则徐前赴阿克苏、乌什、和阗周勘可垦荒地,并选派明白晓事之协领一员,随往勘视。布彦泰以此次勘地,须体察回疆一切情形,何处可招户民认种,能否相安;何处祇应拨给回子耕种,有无流弊:全在揆情度势,务为久远良图。旗营协领各员识力未周,职分较小,疏留喀喇沙尔办事大臣全庆暂缓更换,与林则徐会同履勘,允之。二十五年四月,英吉沙尔有布鲁特滋扰图木舒克卡伦,[二]派兵击走之。九月,疏报查勘新疆开垦事务完竣,得旨嘉奖。

十一月,升陕甘总督。二十六年正月,以伊犁新开渠水畅旺,灌溉匀沾,奏奖出力人员。六月,以黑错寺番匪滋事,派兵剿毁,具疏以闻。谕曰:“布彦泰奏官兵剿毁番匪,所办可嘉之至!该处番族众多,素称犷悍,其胆敢出巢肆抢者,历有年所。从前总督、提、镇等办理番案,一味因循迁延,敷衍了事,以致该番等习为故常,肆行无忌。此次黑错寺番族恃强抗拒,经该督等示以兵威,添调官兵,带领进剿,经过番庄,随烧随进,毙贼多名。该匪皆奔窜逃命,现经查拿馀匪,缉捕汉奸,酌量撤兵,办理妥速。布彦泰等调度有方,均着交部优叙。”寻疏言:“黑错寺败匪窜匿果岔地方,经官兵穷追搜捕,业已歼擒殆尽。现在拉布鲁寺僧众收合散还番族,带领来营,匍匐乞命。当为严立条约,准令悔过自新。官兵即日凯撤。"上嘉奖之。先是,英吉沙尔拿获逆犯胡完,解经布彦泰覆审,供词不符,奏请提讯,得旨交伊犁将军萨迎阿覆审。至是讯明胡完本名萨密斯顶,[三]并非逆子布孜尔罕,亦无从逆情事。上以布彦泰首先平反冤狱,交部优叙。二十七年正月,命查陕甘营务。三月,以保送甘肃学习期满之云骑尉湃魁箭射无准,降一级留任。六月,复以保送陕西宁羌营年满千总邹步云箭射无准,下部议处。八月,驰奏喀什噶尔卡外安集延、布鲁特纠约本地回子屯聚城外,寻衅肆扰,刻已咨会提督,即行带兵出关,一面带兵亲赴肃州策应。奉谕:"安集延、布鲁特等回众性类犬羊,反覆靡定,胆敢煽结近城回众,困踞城垣,藐法已极,必应速伸天讨,以靖逆萌。布彦泰着授为定西将军,军务一切,悉听节制。奕山着作为参赞大臣,襄办军务。均着豫给关防。其所需军饷,即由陕西、甘肃两省藩库支发。该将军等务宜激励将弁,除暴安良,一切相机剿办,迅速蒇事,俾根株尽绝,边圉肃清,以副朕望。"九月,以大兵获胜,二城解围,命仍回陕甘总督本任。十月,以军务告竣,请撤军需局,并请将现存银二十八万两分拨新疆各城,从之。

二十九年七月,因病请假,嗣病势增剧,吁请开缺,许之。时布彦泰为固原州知州徐采镇禀讦,上命协办大学士、户部尚书祁寯藻会同陕甘总督琦善查办。三十年正月,查明覆奏,谕曰:"此案布彦泰虽查无赃私重情,惟封疆大吏关防不密,办理清查,致多歧误,并令属员虚报到任,任听家人售卖衣物。种种粗率,殊负委任。着交部严加议处,即行回京听候部议。"寻得旨,布彦泰着照部议降四级调用,任内本有革职留任之案,着即革职。三月,赏二等侍卫,充叶尔羌帮办大臣。五月,以前在陕甘总督任内派委人员不实,降二级留任。十一月,调伊犁参赞大臣。

咸丰元年六月,以俄罗斯请赴伊犁会议通商,上命将军奕山与布彦泰熟筹具奏。八月,布彦泰等拟定章程,奏入,谕曰,"此次俄罗斯使臣来伊犁会议通商事宜,该将军、参赞公同酌定条款,内如卡外抢案,中国不管,及在内地窃案,分别酌办等情,所议均属周匝。并将喀什噶尔不准通商一层,据理折辩,该使臣无可置对。给予文凭,以为回国销差之据。文内仍正色拒绝,杜其日后请求,办理尚属妥协。现在该使臣已回本国,所有伊犁、塔尔巴哈台二处贸易,是否即自明春试办,其办理通商安插情形,如何分别奏咨存案,并内地商民如何稽查约束,一切未尽事宜,仍着该将军等悉心妥议具奏。单内第二条商人与夷商交易,彼此设官照管,由营务处派员前往,各自秉公办理。经此次议定后,常时贸易全赖所派之员弹压抚绥,管照一切。遇有争斗小事,公同剖断,不至因小酿大。边防所系最为紧要,必须遴委廉明公正之员,通晓事理而不贪小利者,方能办理得宜,彼此历久相安,免启外夷轻侮。该将军、参赞及塔尔巴哈台大臣遇派委时,切宜加意慎重。如何酌定年限轮替之处,详晰议奏。另片奏,会议将来有犯罪名一条,倘遇人命重案,即照恰克图现办之例办理,措词尚为得体。至折内所称'嗣后遇有杀伤俄罗斯人等犯,均解往陕甘总督衙门讯办'等语。甘肃相距辽远,若将人犯解往讯办,转多未便。应否仍由该将军、参赞等就近讯明定罪,再行解往甘肃办理之处,一并详议具奏。"十一月,赏副都统衔。先是,上命奕山等将俄罗斯贸易章程再行妥议,并国子监祭酒胜保奏宜思患豫防,严定限制,一并妥为筹计。至是,布彦泰偕将军奕山覆奏,语详奕山传。二年正月,授正白旗汉军副都统,仍留伊犂参赞大臣任。六月,以夷匪铁完库里先后窜扰喀什噶尔、乌什卡伦,上命布彦泰驰赴叶尔羌确查。七月,复奉寄谕,奕山等奏称:"六月初九日,又有逆裔倭里罕带领布鲁特贼匪自图舒克塔什卡伦窜入,经官兵追至巴尔昌卡伦逃出。是该匪等仍在卡伦窥伺,并未远飏。守卡官兵,何以任其出入,毫无抵御。着布彦泰仍遵前旨速赴叶尔羌逐细详查,相机妥办。并迅饬各城一体严防,务期弭患未萌,毋稍疏懈。"三年二月,以捐银一千两,交部议叙。

九月,命回京当差。四年正月,到京。旋奉谕:"前有旨令布彦泰驰赴王庆坨军营,因该员患病赏假,着即加紧医治,迅赴军营,毋稍迟缓。"旋以捐银五千两,赏戴花翎。复以病难速痊,恳请开缺,诏允之。布彦泰先后在新疆呈进马匹,赏蟒服、文绮等件凡四次。

光绪六年五月,卒。遗疏入,谕曰:"前任陕甘总督、正白旗汉军副都统布彦泰,由嘉庆元年荫生、蓝翎侍卫,历升喀什噶尔参赞大臣、伊犂将军、陕甘总督,宣力有年。嗣因案革职,旋补正白旗汉军副都统,于咸丰年间,因病奏请开缺,在旗养疴,年届九旬。兹闻溘逝,轸惜殊深! 着加恩照都统例赐恤。任内一切处分,悉予开复。应得恤典,该衙门察例具奏。伊子候选主事松峀,着俟百日孝满后,由该旗带领引见,以示笃念耆臣至意。"寻赐祭葬。

【校勘记】

〔一〕如实有筑城聚众之事　原脱"筑城"二字。今据布彦泰传稿(之
　　一三)补。

〔二〕英吉沙尔有布鲁特滋扰图木舒克卡伦　原脱"有"字。今据布彦
　　泰传稿(之一三)补。

〔三〕至是讯明胡完本名萨密斯顶　"顶"原误作"项"。今据布彦泰传
　　稿(之一三)改。

觉罗乐斌

觉罗乐斌,正黄旗人。由印务参领于道光二十二年九月,授
正红旗蒙古副都统。十一月,充乌里雅苏台参赞大臣。二十六
年,回京,署正蓝旗满洲副都统。二十九年,授盛京副都统。咸
丰元年,擢乌鲁木齐都统。三年二月,以倡捐军饷,下部优叙。
旋升绥远城将军。四月,奏称乌鲁木齐刑名事件日繁,请添设印
房委署章京一缺,如所请行。

八月,调成都将军。四年五月,复因捐助军需,下部议叙。
九月,兼署四川总督。五年,新津县匪徒滋事,逃入蒲江,知县韩
一松督捕遇害,匪益炽,遂扑县城,乐斌檄官军讨平之。旋卸署
总督任。时马边厅夷匪滋事,于沿山汉地,搭盖夷棚。乐斌会同
总督黄宗汉调集兵团进剿,歼匪千馀,毁夷棚二千馀间,匪首就
戮,各夷悉降。六年六月,复以捐助军饷,移奖子弟。八月,复署
四川总督。

　　九月,授陕甘总督。七年,果落克贼番在嘉峪关外劫掠,复插帐索赖地方。乐斌饬官兵剿办,贼踞雪山抗拒,官军由间道绕贼后夹攻,贼平,得旨嘉奖。八年三月,因甘省绿营停募兵丁粮缺过多,奏言:"甘肃地值边陲,幅员辽阔,额设绿营兵制,甲于他省。至咸丰四年,前任总督易棠因外省协甘兵饷,欠解过多,无可筹垫,奏请将各路咨回甘省粮缺,暂停募补,并将军营撤回归伍兵丁,抵派操防。本营所出粮缺,亦暂停募。在易棠所议,原为稍减兵额,即可以少发饷银,固属权宜之计,第当日并未议及应行停补数目。现经饬查各营停募粮缺,已积至四千馀名,实存营兵止有二万六千三百馀名,设有差遣,无从调派,所关非小。拟请将现在各营未补粮缺,斟酌地方情形,量为摊派,共停补一千二百分,以省饷需。下馀粮缺,即行照数募补。"疏入,下部议行。

　　十年六月,入觐。九月,署陕西巡抚谭廷襄奏请将陕西各镇兼归巡抚节制,谕令乐斌抵陕与谭廷襄妥为商略。寻覆奏:"拟照河南、山西巡抚之例,请旨将该抚赏加提督衔,遇有征剿防堵要务,陕西各镇协官兵由该抚行文酌调,仍咨总督查照。"下部议行。旋复捐助军饷,移奖子弟。时津沽一带,海疆不靖,谕乐斌带兵来京。寻事平,回任。初,撒拉回民马尕三纠党滋事。十一年正月、三月间,复纠党扰及西宁、碾伯等县。九月,乐斌以匪众悔罪投诚,首犯伏诛,边圉肃清入告,并请奖出力文武员弁,允之。十二月,复请入觐,谕曰:"甘肃为西陲重地,该督身任兼圻,应如何力图报称。兹乃仍以叩谒等词渎请,并历述宠遇,语多鄙琐,不知大体,至于此极!着传旨申饬。"

初,以乐斌办理撒回,经前任都察院右副都御史张芾,御史陈廷经、裘德俊等先后奏参,上命兵部尚书麟魁、户部尚书沈兆霖前往查办。同治元年正月,麟魁等奏称乐斌办理撒回,实有纵匪殃民情事,复谕将乐斌被参纳贿营私各款,澈底根究。二月,沈兆霖奏查明撒回滋事大员,不能实力剿办,捏称悔罪投诚,奏结请奖,致该回仍肆侵掠;其被参纳贿营私各款,查无实据,惟失察侍妾与属员之妻往来,复以候选知县为幕友,屡为保奏,并于家人等盘踞把持,不能觉察,以致声名狼藉。疏入,上以乐斌昏庸乖谬,有心欺饰,着即革职,并发往新疆效力赎罪。八月,到戍。三年,以报效巨款,经伊犁将军常清奏请释回,并称其当差奋勉,未便没其微劳,上不允。四年,伊犁被围,常清会同新任将军明绪奏言乐斌筹饷筹兵,不遗馀力,复请释回。谕曰:"革员乐斌既在伊犁,尚能出力,着加恩准其释回。仍着留于伊犁,帮同办理一切兵饷事宜。但能始终出力,并准明绪酌量保奏。"光绪元年,故。

李宗羲

李宗羲,四川开县人。道光二十七年进士,以知县即用,分安徽。三十年四月,署英山县知县。八月,补婺源县知县。十二月,调太平县知县。

咸丰三年,广西贼洪秀全率党陷安庆,旋踞江宁。宗羲奉调随军协理粮饷,旋赴庐州大营兼管军装制造。五年,官军解柘皋围,保升同知。十月,克庐州府,赏戴花翎。七年,以剿办来安棚匪出力,晋知府。八年,侍郎曾国藩以楚军进规安徽潜、太、舒、桐,调充营务处。九年,署安庆府知府,以疾去官。

同治元年,河南巡抚严树森疏荐宗羲孝行纯笃,历著循猷,得旨敕部调取引见,未至而树森调抚湖北,又疏调宗羲,得旨交严树森差遣委用。三年,两江总督曾国藩檄赴江南,管江北厘金总局,严剔诸弊,裁定沿江厘捐科则。十一月,曾国藩续保克复江宁筹饷各员,宗羲以道员归两江补用。四年,又以宗羲严正明慎,能持大体,特保之,旋署两淮盐运使。三月,升安徽按察使。曾国藩奏请暂留盐运使任,允之。八月,擢江宁布政使。五年,清水潭决,湮高邮等七州县,宗羲设法筹款,工赈并行,又详定招垦荒田,酌缓升科限制章程,及江宁七属民卫丁漕酌定折征等次,分上下两忙征收。

八年四月,入觐。五月,授山西巡抚。寻谕曰:"晋省沿河要隘,近接陕疆,甘回未平,河防仍须筹办,务臻严密。该省吏治民生,及筹防筹饷各事宜,务当斟酌尽善。"宗羲奏言:"山西急务,首在河防。现督同署按察使李庆翱等分段驻守,并查看河堡情形,请添募勇丁,交提督宋庆就近节制。"允之。旋劾布政使胡大任废弛因循,命勒令休致。十一月,陕回乘河冰来犯,宗羲檄各营堵击,三战皆捷。自是贼数由延川、韩城窜出,均击却之。九年七月,丁继母忧,十一年,服阕。

十二年正月,授两江总督,敕即驰赴新任,并充办理通商事务大臣。[一]宗羲疏辞,上优诏褒勉。时日本寻衅,宗羲购备军火,筑乌龙山炮台十有六、江阴十有五、都天庙六、象山十有一、焦山八、下关四,又建吴淞口炮台,江阴北岸浏闻沙、乌龙山北岸沙洲圩,一律添筑,成犄角之势。九月,宗羲疏陈:"外侮内患,天时人事,皆有可虑,请省营缮,减服御,不以为泮奂优游之日,而以为卧薪尝胆之时"。十三年五月,又疏言:"星变屡见,外患方炽。上年御史沈淮奏请停止园工,臣亦冒贡愚忱,言不足采,工仍未停。兹复鳃鳃过虑,有不能已于言者,时局之艰难,度支之短绌,特一端耳。今洋人近在肘腋之间,圆明园距京城数十里,既无坚城管钥之固,复少大枝护卫之兵。频年以来,每遇民教争斗之案,洋人要求不遂,动挟兵船。兵船所指,先以天津。天津朝警,则海淀夕惊。此事势之必然者。燕居无戒备之虞,而西山为逋逃之薮。岛人有反侧之心,皇上奉皇太后于此,此臣所万分不安者也。如蒙皇上乾纲立断,速谕停工,天下臣民,知皇上有卧薪尝胆之思,必共振敌忾同仇之气,加以磨厉,积以岁年,不患不斩月氏之头,而系楼兰之颈也。异日百姓阜康,四夷宾服,灵台经始,不日可成。奚必亟亟以图其艰哉?昔汉文帝惜露台百金之费,而南越称臣;宋仁宗罢玉清旧址之苑,而西夏款塞。盖未有内政修明,而外侮不潜戢者也。周公之辅成王也,侍御仆从,罔非正人;出入起居,罔有不钦。盖人主居崇高之位,持威福之柄,苟不以敬畏为心,其英睿之君,必萌骄肆之念;苟无正人在侧,因事进规,则小人务为谄邪,以窃禄位。近日大学士文祥之引疾,侍郎桂清之外调,道路颇有惜词。臣窃谓老成忧国者,宜留之左右,以辅成圣德;忠直敢谏者,宜导之使言,以恢张圣听。"疏入,上皆留览。

会总理各国事务衙门条陈六事:曰练兵,曰简器,曰造船,曰筹饷,曰用人,曰持久。上寄谕各疆臣,详议以闻。宗羲奏言:"用人尤万事之根本,第就海防言之,则以求将才为最要。宋臣杨万里有言:'相不厌旧,将不厌新。'盖言用兵忌暮气,宜年壮气锐,素有远志、未建大功之人。至宿将勋臣,老而益壮。帝心简在,任用自有权衡,固无俟臣下之论列也。自古有海防,无海战。今日练兵,仍以水陆兼练为主。先就水师言之,战舰不及轮船,轮船又不及铁甲船。而船之得力与否,仍视乎驾驭之人。今之战舰,即不能一时更换,似应就弁兵中挑赴轮船学习,仍归水师提督节制,则事权一而经费省,更招集沿海熟习沙线、能耐劳苦之人,参用西法,庶可渐收实效。然沿海之地广,势不能遍设轮船,敌乘无备处,舍舟登陆,则我船炮皆无所用。夫外人涉重洋而来,志在登陆,非在海中。中国恶其来者,恶其登陆,非恶其在海中,则陆军宜急讲矣。练陆兵之法,查同治十年曾国藩奏称沿海之奉天、直隶、山东、江苏、浙江、福建、广东七省,共练陆兵九万;沿江之安徽、江西、湖北,共练陆兵三万:合成十二万。以陆兵为御敌之资,以轮船为调兵之用。海道虽极辽远,血脉皆可贯通。今诚踵其议而力行之,各省分定数目,各专责成。贵精不贵多,宜聚不宜散。从前缺额之兵,不必再补;现在已募之勇,更加精练。练兵尤须练艺,选兵必须选将,是在平时之实力讲求矣。西洋火器日新月异,叠出不穷。今日之所谓巧,即后日之所谓拙。论中国自强之策,决非专恃火器所能制胜,然而风会所趋,有不能不相随转移者。近日各国之炮,其后开门者,首推德国之克鹿卜,英国则首推乌理治;洋枪则以美国林明登为最。臣陆续购买,迄未运到。夫欲自强,而必倚西人以为强,亦必不可恃矣。现在上海机器局已能如式制造,惟火器不难于用,而难于不用。有事之时,日日试演,尚可经久,无事阁置,立形锈坏。以后购造枪炮,应发交该管员弁,操演之后,时时磨洗,不许锈坏,违者罪之,是亦珍惜巨帑之要义。臣闻自古觇国势者,在人材之盛衰,不在财用之赢绌;在政事之得失,不在兵力之强弱,未闻以器械为重轻也。且西人之所以强者,其心志和而齐,其法制简而严,其取人必课实用,其任事者无欺诳侵渔之习,其选兵甚精,故临阵勇敢而不畏死。不察其所以强,而徒效其器械,岂足恃哉?自福建创设机器局,上海继之,江宁、天津又继之,皆由枪炮而推及轮船。当轮船初成之时,已有横绝四海之势,及西洋各国铁甲船出,而轮船为之减色。近日英国复创蚊子小铁船,载数百磅巨炮,狙击铁甲船三里之外,而铁甲船又为之减色。臣愚以为造船仍以兵轮为主,如大沽、吴淞、直东、闽、广等口,各驻铁甲一二只、蚊子船三四只,佐以兵轮,安配重大击远之炮,与炮台相辅,屹成重镇,以戢戎心。惟泰西各国,轮船以百数十计,铁甲船以数十计,大炮以千计,小炮以数千计。即使中国岁筹巨款,多方制造,亦必不能如彼之多且精;且即使百方搜括,船炮皆可相敌,仍不能禁其不登岸。据臣愚见,船炮不可不办,亦当量力徐图。稍蓄财力,以练陆防之兵,以备有事之用,而仍汲汲以修政事、造人材为本,使各国向风慕义,或外侮可以稍纾。近年劝捐收厘津贴,无法不备,民力竭矣。于此而欲开源,窃恐无源可开。今之言理财者,或谓煤山、铁山,乃中国自然之大利。若一一开采,不独造船造炮,取之裕如,且可以致富,可以自强。现在磁州业已奏明试办,而湖南、福建、江西、山西等省已成之煤厂、铁厂,扩而行之,果能有效,何必舍近求远,取给外国? 为目前权宜之计,惟有暂将各口洋税,通提六成,专供海防之用,五年为限,当可集事。若夫节流之法，非甚高难行也，其效亦非难致也。自古能节用者国必富，谋聚敛者国未有不贫。盖利端一开，则上下交征，人主之侈心必生，贪吏之盗心愈炽，而所入转不敌所出。窃谓欲求节用，必自朝廷始。诚能罢土木之工，省传办之费，减宫中之用，则一岁所省，何啻百万？各省督抚悉心筹画，尽裁不急之费，而于州县之钱漕，关局之税厘，实力稽察，勿使干没，则一岁所增，何啻百万？请敕下户部统筹全局，分别出款入款界限，于综核各项之外，指定筹防专款，应用若干，俾中外上下，晓然于经费之有限，财用之有制，力求撙节，不必言利而度支可裕矣。以上四条，皆就原奏推广言之，要必得人而后可以言持久。臣周咨博采，觉事之可行者，尚有三端：查沿海各岛，大都土瘠产薄，惟台湾一岛，形势雄胜，与福州、厦门相犄角，东南俯瞰噶啰巴、吕宋，西南遥制越南、暹罗、缅甸、新嘉坡，北遏日本之路，东阻泰西之往来，实为中国第一门户。此倭人所以垂涎也。且其地产蓄富，有山木可采以成舟航，有煤铁可开以资制造，其客民多漳、泉、潮、嘉刚猛耐苦之人，足备水师之选。乘此倭事初定，番民感激国恩之时，如得干略大员，假以便宜，俾之辑和民番，兼用西人机器，以取煤铁山木之利，迟之数年，该处自可开制造之局，自练防海之师，为沿海各省声援，绝东西各国窥伺。此中国防海之要略，事之可行者一也。海外新嘉坡、槟榔屿、旧金山、新金山各埠头，均有闽、广人在彼贸易，每处不下数万人。此皆世沐圣恩，萦怀故土，中国人至，款接甚殷。其为领首之人，必有干济之才，足以提倡全埠，如从泰西原请派领事出洋之议，物色人才，不论官阶文武大小，有能任此事者，给以虚衔，令前往各埠，结纳首领，婉转劝导,发其同仇之念,示以加秩之荣。由各省督抚奏给职官,派为练首,令其团练壮丁,随时操演。约计经费有限,而获益无穷,事之可行者二也。西洋各国,考诸地球,参诸天度,皆距<u>中国</u>数万里,即电报极迅,而兵船之来,究须六七十日,现在通商各口洋人星罗棋布,<u>中国</u>情事无一不侦察周知,而彼都情形,<u>中国</u>皆未深悉。自<u>斌椿</u>、<u>志刚</u>、<u>孙家毂</u>出使后,至今无续往之人。窃谓通商各国,宜选有才略而明大体者,随时遣使,设有交涉之件,可辩论者与之辩论,可豫防者密为设防,且于彼国有用之人才,新造之精器,均可随时采访,以为招致购买之地。事之可行者三也。”

十二月,因病乞罢,得旨准其开缺安心调理。<u>光绪</u>元年,回籍。四年,命查<u>四川东乡</u>谳狱,<u>宗羲</u>以<u>袁廷蛟</u>聚众算粮,始则因官绅通同浮收,继则因知县<u>孙定扬</u>冒昧请兵,其后提督<u>李有恒</u>妄杀平民千百馀人等情,据实入告,遂平反。六年,召入都,以疾未愈,疏请暂缓起程,允之。十年闰五月,卒。遗疏入,谕曰:“前任<u>两江</u>总督<u>李宗羲</u>,由州县荐擢封圻,勤劳素著。前因患病,准予开缺调理。兹闻溘逝,悼惜殊深!<u>李宗羲</u>着照总督例赐恤。任内一切处分,悉予开复。应得恤典,该衙门察例具奏。”寻赐祭葬。

十一年,兵部尚书<u>彭玉麟</u>奏言:“<u>宗羲</u>由知县荐擢封圻,所在著声。请举其卓卓者言之,署<u>两淮</u>盐运使时,<u>淮南</u>盐艘,乱后改道<u>泰兴</u>,河浅难运。<u>宗羲</u>于<u>瓜洲</u>之东,别浚新河一千五百馀丈,沿河筑坝,坝内浚塘,曰<u>新河塘</u>。于是旧河可屯小船,沿江可建仓栈,外江停泊盐艘,永无风涛之险,至今商民赖之。为<u>江宁藩</u>

司时,大难初平,宗羲创招垦法,以安残黎,图籍无存,请无论民卫丁漕,按各县科则,酌中折征钱文,以应正供、助军需,民皆以为便。清水潭决口,筹款办工赈,活三十馀万人。淮军剿捻北行,督办后路粮台,岁给饷需四百馀万,大功以成。巡抚山西时,回逆方炽,晋省屏蔽畿疆,关系綦重。宗羲添募勇丁五千,择要扼扎,冰桥凝结时,回匪三次抢渡,均力击却之。及总督两江,以其俗尚华靡,黜浮崇实,力挽浇风,讲求海防,广置船炮,以苏松门户,吴淞为最要;长江关键,江阴为最先。镇江之焦山、象山、江宁之乌龙山,均为长江险要之区。酌于各处创建炮台,至今遂为重镇。其行政之可称者如此。黄河石庄户决口,山东大吏以防范诿诸下游。宗羲言自古宣防之方,不外审地形,顺水性,未有上游决口不堵,而下游能防范者,力疏争之。卒如其议,而河患以塞。夷人以吴淞涨沙,晓渎总署,议行挑挖,宗羲上书极言不可,逐层辩论,实关海防形势、水利大局,事得不行。其遇事之有执如此。宗羲内行纯笃,已故豫抚严树森曾以其孝行特荐于朝,从事军中,每遇保荐,辄辞不与,大府以介之推目之。尝以卓荐分发湖北差遣委用,宗羲力请回皖,不能得,大吏委令代理荆州府事,力辞之。时兵燹之馀,鄂粗完善,皖则糜烂已极。或谓既改官湖北,即任荆州何害。宗羲则谓先以皖员乞病,不仕则已,仕则必仍归皖,不得曰鄂安而皖危,鄂肥而皖瘠也。荆州虽善地,于心能安乎?其制行之不苟如此。臣考之舆论,质所见闻,略得其真。窃谓宗羲节概,置之古名臣中,殆可无愧。请将宗羲历官政绩事实,宣付史馆立传。"诏如所请。

子本方,举人,花翎,兵部郎中。

【校勘记】

〔一〕并充办理通商事务大臣　原脱"充"与"大臣"三字。今据毅录卷
　　三四八叶七下补。按本卷张树声传内有"办理通商事务大臣"，
　　凡两见，而李宗羲传稿（之四○）均脱。

张树声

张树声，安徽合肥人。咸丰三年，粤逆窜皖北，树声由廪生
倡练乡团助剿，叠有斩获。累功荐保同知。同治元年，两江总督
曾国藩檄令守芜湖。旋调赴无为州，防剿出力，以知府留于江苏
补用。二年六月，剿贼江阴，与游击周盛波攻毁麦市桥贼营。捷
入，命以道员仍留江苏请旨简放，并赏戴花翎。

九月，随官军进规无锡、金匮，击贼于芙蓉山，贼分股袭官军
后路，树声麾队迎击，贼大溃，夺战舰、器械无数。江苏巡抚李鸿
章上其功，赏卓勇巴图鲁名号。时伪忠王李秀成、伪侍王李世贤
率党十馀万来援，树声会周盛波军分路奋击，大败之。十一月，
克无锡、金匮县城，李鸿章奏称树声谋勇兼裕，功绩甚伟，赏三品
顶戴。树声乘胜率十二营趋常州，连破白家桥、三里桥贼卡，拔
附城石垒多座。三年正月，败贼于西石桥，复败丹阳援贼。适华
市杨舍贼为官军所败，将他窜，树声遏三河口，〔一〕断浮桥，擒斩
甚夥。三月，连毁常州城外贼垒，四月，克之。七月，复湖州府
城。上以树声坚忍百战，积功甚多，赏二品顶戴，以按察使遇缺
题奏。四年五月，署江苏徐海道。

十一月，授直隶按察使。六年，捻匪由河南之南阳窜洧川、
尉氏、中牟等县，敕树声驰赴直隶大名，督办防务。七年，以防剿

出力,下部优叙。八年三月,调补山西按察使。直隶总督曾国藩
奏暂留树声清理积案,允之。九月,兼署直隶布政使。九年,授
山西布政使。寻护理山西巡抚。十年,授漕运总督。十一年七
月,署理江苏巡抚。十月,署两江总督,兼办理通商事务大臣。
十一月,奏江南北歉收情形,请分别蠲缓上元等属钱漕,诏如所
请。十二年正月,授江苏巡抚。十三年六月,奏请以江苏太仓州
先儒陆世仪崇祀文庙,敕下部议行。九月,丁继母忧,光绪三年,
服阕。

　　五年正月,授贵州巡抚。闰三月,调广西巡抚。先是,总兵
李扬才在广东灵山等处纠集匪徒,肆扰越南,诏褫李扬才职,命
督抚臣派兵驰截。洎树声之任,仍命会剿,十月,平之。十一月,
授两广总督。时苗匪王幺纠党窜扰西林县界,武宣县积匪黄老
受等,亦图扑县城,树声檄讨,悉平之。六年八月,劾广东按察使
张铣精神委顿,琼州镇总兵殷锡茂器识庸暗,均请勒令休致,允
之。十月,因两广盐务疲滞,运司何兆瀛年力衰颓,委用非人,颇
招物议,奏开何兆瀛缺。

　　八年二月,署理直隶总督,兼署办理通商事务大臣。四月,
以擅调翰林院侍讲张佩纶帮办北洋水师事宜,经侍讲学士陈宝
琛劾论,命交部议处。七月,交卸通商篆务。先是,六月,朝鲜内
乱,毁日本使馆,上命树声派军援剿。时日本兵舰连樯至,倭使
花房义质以五百人驻王京,与朝鲜议约,百端要挟。树声檄提督
丁汝昌等会同提督吴长庆率师疾驰至。倭使不虞大军之突入
也,遂成约,寻盟而退。于是吴长庆等宵攻乱党,悉歼其渠,乱遂
定。八月,奏入,上嘉树声相机调度,督率有方,赏加太子少保

衔。十一月，因病奏请开缺，谕赏假调理，毋庸开缺。九年正月，署北洋通商大臣。六月，命回两广总督任。十年三月，驻防越南官军为法人所败，北宁失守，树声自请严议。上以树声职任兼圻，咎有应得，但属鞭长莫及，加恩改为交部议处。四月，复因病请开去总督，专治军事，允之。寻奏广东积弊，上责以在任数年，何不早为整顿，直至交替在即，始行陈奏，实属意存诿卸。先是，内阁学士周德润劾巡抚倪文蔚于知府邹觐皋徇私滥保，命树声查奏。树声覆称查明无弊，请免议。周德润复劾树声覆奏欺饰，诏下部议处。议上，奉旨加恩改为革职留任，仍督率所部办理广东防务。

十月，卒。总督张之洞等代进遗疏，并奏称树声忠伟诚恳，识量过人，平时治事，纤悉缜密，若拘谨已甚，遇大利害，当机立断，无稍回惑。即如朝鲜之役，非树声赴机神速，其不为越南前事者仅矣。时事方艰，一时封疆旧臣，如树声文武兼资，通达中外机要者，已不多有，不独臣等痛失同志之助，尤不能不为国家惜此人也。"谕曰："前两广总督张树声，才识优长，勤能练达。咸丰、同治年间，从事戎行，战功卓著。由道员荐擢封圻，于吏治营伍，驭远筹防诸务，均能实心规画。前因患病，准其开缺，仍留办广东防务，正资倚畀。兹闻溘逝，悼惜殊深！加恩着照总督例赐恤，并将事迹宣付史馆立传。任内一切处分，悉予开复。应得恤典，该衙门察例具奏。"寻赐祭葬，予谥靖达。

十一年，大学士李鸿章奏言："树声前在江苏剿贼，大小数百战，叠克名城。嗣官直隶，政绩卓著，请于立功地方，一体建立专祠。"寻复奏言："庐州合郡绅士江苏题补道吴毓芳等三十人，禀称咸丰三年以后，粤逆窜扰皖北庐郡一带，土匪蜂起，内外交讧，几至不可收拾。经张树声与其弟原任广西右江镇总兵张树珊毁家纾难，倡办乡团，擒治土寇；复率练勇出境剿贼，叠克含山、六安、英山、霍山、潜山、太湖、无为等州县。太湖一役，以五百人陷阵，破逆酋陈玉成数万之众。嗣桐城官军溃退，庐郡失守，粤贼到处裹胁焚杀，捻逆龚、张、孙、苗诸大股往来肆扰，张树声严申禁令，不准乡民从贼。先平肥西匪寨，继败捻酋张乐行于官亭，就周公山下坚筑堡寨，阻河为险。陈玉成又率悍贼两次围攻，皆设计败之，远近襁负来归之民，咸知其制寇有方，相依为命，力行坚壁清野之法。张树声与诸团长联络援应，如刘铭传、周盛波、周盛传、唐定奎等，皆同时筑堡御贼。百数十里间、寨垒相望，耕战相资，屹立贼薮中六七年，南仇粤逆，北拒捻氛，大小数百战，斩馘无数。厥后练成淮军，剿平粤、捻，实由此立其基。张树声以一诸生倡率忠义，支拄艰危，罕有其匹。迄今父老追思，往往陨涕。惟原籍合肥县祀典尚缺，请一体建立专祠，以资报享。"疏入，均得旨允之。

子华奎，四川建昌道。

【校勘记】

〔一〕树声遏三河口　原脱"口"字。今据张树声传稿(之一三)补。

丁宝桢

丁宝桢，贵州平远州人。咸丰三年进士，改翰林院庶吉士。请假归，丁母忧。四年，遵义教匪杨隆喜犯平远，宝桢募勇击走之,进剿普定仲夷,破水塘各巢;又败贼定番州,擒首逆吴凤祥等。叙功,赏加五品衔,并赏戴花翎。六年,服阕,会苗教蜂起,巡抚蒋霨远奏留宝桢协防省城,得旨免其散馆,授编修。寻驰解平越州围,破瓮安土匪贾复保等。八年,记名以知府用。十年,授湖南岳州府知府。同治元年正月,调长沙府。十一月,特旨署理陕西按察使,未履任。

二年正月,授山东按察使,命募军随剿捻匪。科尔沁亲王僧格林沁奏令剿办东昌贼宋景诗,旋劾宝桢擅议招抚,下部议,拟降三级调用,上改革职留任。三年,迁布政使。四年,僧格林沁战殁曹州,以所辖境内未能加意协助,下部议。议上,得旨加恩降四品顶戴,留任如故。五年,给事中孙楫,御史朱镇劾宝桢贻误各款,敕督办三省军务大学士曾国藩查覆,略言:"宝桢带兵剿贼,俱奉僧格林沁札委而行。原参各节,多系传闻失据。其截贼临城时,所部亦无淫掳重情。功多过少,官民尚无间言。"疏入,谕免置议。旋以保守省城功,赏二品顶戴。十一月,命暂署山东巡抚,出东平督防。

六年二月,升授山东巡抚。宝桢以制捻非马队不利,而绿营马兵既难得力,招募马勇绝不可用。东三省营兵又与勇不相联络,疏请挑募东三省壮丁三千,赴山东训练剿贼。上以所筹洞中窾要,如所请行。山东盐岸疲弊,宝桢奏请改归官办,先课后盐,运至河南,设局派员经理,于藩司盐、道两库,借银五万两,限二年归还,下部议行。三月,挑浚沈口河,宣泄东西两岸积水,涸出民田二十馀里,增筑河墙。五月,捻匪由河南入郓城、巨野,攻沈口,而分股从潍河、海神庙偷渡,河墙不守。上以宝桢筹策无方,下部严议，褫失守地段总兵王心安职，斩都司朱万美以徇。先是，湖广总督李鸿章奉命督师剿捻，建议于胶莱河及运河筑墙遏贼，蹙诸海隅，以淮军、山东军南北分段认守。贼之隳墙西窜也，严旨责李鸿章，与淮军统领山东布政使潘鼎新，均交部议处。宝桢在防守御，未能严密扼截，致贼饱飏，厥咎尤重，褫职留任，并摘去顶戴。十二月，逆首赖文光就擒，复宝桢职，赏头品顶戴。

七年，捻酋张总愚自河南北趋定州，近畿戒严。宝桢闻警，即驰至东昌，调集各军，挑精卒八千、马队千人，率已革总兵王心安、副将莫组绅，赍五日粮，倍道北援。上以宝桢一军北上迅速，奋勇可嘉，叠谕褒奖。贼以北军大集，遂南陷饶阳，宝桢亟遣王心安等回击，败贼魏家村，复饶阳城，败贼菜园；又遣莫组绅追贼至肃宁。谕曰："丁宝桢由山东督兵北上，首先奋勇派兵击贼获胜，保卫近畿，深堪嘉尚！着即整顿师旅，相机进剿。"宝桢虑贼回窜山东，仍率军驻防东昌。旋败贼茌平、海丰。七月，张总愚败死。捻逆荡平，赏太子少保衔。十二月，入觐，仍回任。八年，太监安得海私出山东，矫称采办御衣。宝桢奏闻，即饬属严拿，获之泰安，讯实具奏，得旨就地正法，并随从太监人役等，斩绞如律。九年，法兰西以教案启衅，宝桢密请于山东各海口，酌定兵数，分别布置，并练兵驻德州等处备缓急，上韪之。十年，疏请整饬水师，提关税银十万购炮船，练兵分防荣城县石岛海口及登州府天桥海口，并分守各炮台。十月，以病乞罢，赏假三月，毋庸开缺。时郓城侯家村河决注运，运道被阻，州县多淹，河东河道总督乔松年请俟次年兴工。上以水涸堵筑易为力，命速塞之。十二月，宝桢力疾奏请自往督工，上深嘉其独任艰巨。十一年二月,决口合。谕曰:"丁宝桢勇于任事,督率有方,未及两月,克竟全功。着交部从优议叙。"先是,河决铜瓦厢,穿运入大清河。至是,宝桢偕署河东道总督文彬疏请堵合铜瓦厢决口,复淮徐故道。疏下廷臣会议。十二年九月,疏请开缺,回籍修墓,得旨赏假一年,毋庸开缺。濒行,疏言:"铜瓦厢决口情形,在东省自宜先塞张家支门,防黄大局宜先就石庄户施工,其筑堤界连直隶,计二百七八十里。此次河水东趋,东省受害甚深。运道关系亦重,不得不亟图办理。凡应行事宜,自当悉心核议,筹定全局。俟后任查照兴办,不致误时。"并绘图具说以上。十三年十月,回任。石庄户决口犹未举办,河水夺溜南趋,山东、江苏、安徽水患延数百里,自济宁至宿迁,运河南北两岸长堤,冲刷殆尽。上方诏直隶、两江、山东及漕河各督抚会议奏办,宝桢至,即奏言:"臣方回任,非不知河务之难,尽可俟各督抚臣委员查明,再同核议会奏。[一]时已交春,势难举办,即可卸责。窃见目前水势泛溢,民生既遭沉沦,运道亦同废弃。祇以今春事机一误,功倍大而费倍增。再不及时筹办,明岁伏秋汛临,淮徐以下,何堪设想?而灾区之蠲缓,穷黎之赈济,度支所损尤多。请敕下部臣筹拨实款百五十万,迅速解东,以应急需。"奏上,即率道员潘骏文赴勘石庄户情形,复奏言:"石庄户口水势宽深,势已无从着手。由石庄下行十馀里,南为菏泽之贾庄,北为开州之蓝口,水势稍束,然口门尚宽二百六十丈,两岸水深七八尺,中间深一丈五六尺。请即以此作坝基,从贾庄堵合正溜,由蓝口分溜,引归旧河,则由张家支门、王老户下注,东南漫水皆可断流,然后并筹上下游两岸堤工。"疏入,上是之,敕户部照所请款数,即行指拨,毋误要需。

先是，日本因通商构衅，颇以兵船窥伺福建台湾，命下沿海各督抚汇筹。宝桢在贾庄工次，密疏大要，请精练水师各技，经营船政、机器各局，购船则铁甲宜防海口，战宜兼用轮船、舢板，筹饷宜就厘金照各州县钱粮正杂之例，不容弊混，舍此而别求掘煤开矿，即使获利，亦多隐患。至海疆有事，则利于持守，而不利于轻战。战胜彼不过损一二船而止，不胜则我损实多。又以蒙古、黑龙江人朴勇可靠，请并吉林、奉天四省精练四万人，以防北边。报闻。光绪元年三月，贾庄口合，上嘉宝桢力膺艰巨，督率有方，予优叙。十一月，遵旨筹办海防，疏言："山东宜防要害三：一、于烟台之通神冈、八蜡庙及之罘山东庄各筑圩，设炮台；[二]一、于威海卫、刘公岛及岛口两面各筑炮台，并于海外密布水雷，闭一门，留岛北口门，为我师出入；一、于登州城北弹子涡山顶及城南沙埂，并长山岛西各筑沙土炮台，并于省城外浹口，创设制造机器局。"上悉如所请。

二年八月，擢四川总督。十二月，入觐，赐紫禁城骑马。三年三月，沥陈川省败坏情形，请裁总督、司、道节寿陋规，撤各州县夫马局，清理积案，划清交代亏挪，严拿啯匪、盐枭，整饬边务，操练兵勇，并以四川岁有按粮捐输八十馀万，病民为最，将徐图蠲除。得旨嘉勉。七月，以四川行黔、滇两边盐岸废弛，盐引积滞至八万七千馀张，羡截积欠一百三十六万六千馀两。请改为官运商销，于泸州置总局，井灶分置厂局，盐岸分置岸局。厂局就井灶市盐，授之岸局，岸局受而售之商人。凡黔边额引及近边各属计引，悉令盐道移交总局，并清厘从前各积引，以次带销。又带行近边之永宁、泸州、纳溪、綦江、合江、涪州、江津、南川各计引,及酉阳、秀山、黔江、彭水各边引,以杜侵越。又以贵州徵榷有碍运销,请旨敕禁贵州盐厘各局卡,由四川岁济银,如其榷数。奏定章程十五条,派候补道唐炯督办,于藩库、盐库、川东道、夔州府各关厘税,借银五十万两举办,限八年归还。疏上,得旨下部议行。灌县都江堰旧制用竹笼盛石子作人字堤,岁费千金。宝桢议改易巨石,筹费九万,派署成绵龙茂道丁士彬及署灌县知县陆葆德兴办。又奏请于四川省城创设机器局,制造枪炮火药。上皆报可。四年,以疏保永不叙用之已革道员李燿南,开复顶戴,留川差遣,未将原参情节详叙,坐降三级调用,上加恩改为革职留任。宝桢复请举办滇岸官运,并带行近滇边之宜宾、南溪、屏山、庆符、长宁、高、珙、筠连、兴文、江安、马边、雷波各计引,仍带销滇岸历年积引,下部议行。

　　先是,东乡县役袁廷蛟聚众算粮,知县孙定扬妄禀请剿,前总督吴棠遣记名提督李有恒率军弹压。李有恒禀护总督文格告变,遂劫杀民寨,文格查办不实,自请议处。及宝桢到任,奉旨查办。宝桢拟结,袁廷蛟论斩,李有恒革职,孙定扬军台效力。寻翰林院侍讲张佩纶劾宝桢轻纵,上再命四川在籍前两江总督李宗羲查奏,仍谕宝桢覆核据奏更正。比宗羲、宝桢奏上,情节仍不符,又前修都江堰堤工复坏,言官交章论劾官运盐务及机器局事多不实,诏遣礼部尚书恩承、都察院左都御史童华往按之,先鞫东乡狱,以情节不符,不即定谳,疏请敕刑部详核。又奏都江堰工续拨款项,未经奏明,堤工能否足恃,尚未可知,机器局应请停办。宝桢时以都江堰事先下部议,降三级调用即行革任,上加恩降三品顶戴留任如故;褫丁士彬、陆葆德职。恩承、童华又奏官运盐务利少弊多，请或由官运，或改官督商销。宝桢为权官督商销、官运官销、官运商销三者利害得失，奏上之；而恩承等续劾盐务出纳不实，疏下户部酌核具奏。奏入，谕曰："据户部奏称'川省自开办官运后，叠据该督奏报边计额引，全数销完，复销滞引至一万馀张，所收税羡截厘暨杂款至一百馀万两。是该局之有益课款，似尚可凭。滇、黔引岸久悬，现在甫经著有成效，未可遽行更改'各等语。即着丁宝桢将官运商销各事宜，悉心区画，慎始图终。封疆大吏整顿地方公事，固不可动于浮言，亦不可操之过蹙。务令裕课恤商便民，均无窒碍，方为不负委任。其在事官员，尤宜随时督率，勿令日久生懈。设有始勤终怠，或将来征收渐绌，不能如前，拨款不能按期解足，及不恤商力，不便民用等情，则咎有攸归，必惟该督是问。"

寻刑部谳东乡狱，孙定扬、李有恒拟斩监候，上以宝桢拟罪轻纵，曾面谕两司将原详内李有恒轻视民命等语删去。迨经覆查，又不悉心斟酌，始终偏执。下部议革职，谕曰："丁宝桢平日勇于任事，操守甚好，惟性稍褊急，遇事操切，是其所短。四川吏治废弛，民风浮靡，该督到任后，竭力整饬，不避怨嫌。且于盐务力排众议，变通办理，规复滇、黔引地，及为复还淮岸之计，自应责成一手经理，以观后效。丁宝桢着赏给四品顶戴，署理四川总督。该署督当仰体朝廷弃瑕录用之意，于力求整顿之中，仍勿操之过蹙。凡用人行政，一切虚心体察，实事求是，务令吏治奋兴，商民乐业，方为不负委任。倘办理无效，辜负殊恩，必当重治其罪，懔之慎之！"寻疏劾四川按察使方濬颐优柔瞻徇，盐茶道蔡逢年贪劣朦混各款，并发前道傅庆贻拨厘填羡弊，分别褫职发遣。

六年,以新疆平定,录筹饷功,予优叙。出使臣崇厚之获咎也,宝桢奏请出使俄国自效,并请于直隶、东三省选募精壮五六千人,驻直、东交界,岁需饷银约三十万,即就官运盐局拨济。得旨:"览奏,虑远思深,于此事办理一切情形,极为透澈。所请前往与俄人辩论一层,与朝廷意旨正相符合。现已有旨令曾纪泽前往,东北边防亦渐布置。川省一切事宜,正资整顿,该督惟当悉心经理,以副委任。"会有旨保举人才,宝桢荐四川建昌道唐炯文武兼资,山东济东道薛福辰精廉强正,山东候补道张荫桓为守兼优,足备任使。时言官复奏劾都江堰奏报不实,上命成都将军恒训查奏。恒训覆陈堰工分水不匀,致有冲损,亦无涸出民田八百馀亩之多;并奏盐务病商病民,流弊甚大。上仍命宝桢据实明白回奏,旋谕曰:"堤堰保卫民田,大利大害,关系甚重。盐务改章创办,尤宜慎始图终。该署督惟当实力实心认真经理,以期经久可行,固不可忧谗畏讥,稍易初念;亦不可刚愎偏徇,自护己非。朝廷实事求是,丁宝桢将来功罪,总以有无成效为断,不在此时之剖辩也。"

是年,里塘土司所属查录野番叛附瞻对,围攻土司,宝桢遣员剿抚。事定,为勘界立碑,杜藏番侵越。又剿峨边厅、雷波厅夷匪,平之。七年,以官运盐务处查明历年遗失无着水陆残引三十一万八千八百三道,〔三〕疏请造册咨部注销,又请豁免历年积欠屡追无引之羡截五十五万五千二百三两,允之。四月,复授四川总督。十一月,拨解官运盐务征收厘税银三十万两,交北洋大臣充购船防海用。先是,宝桢以川省年丰,饬属劝办积谷备荒,百石取一。至是,报存积谷一百七十三万馀石。又以川北米少,为拨盐厘买储仓谷二万七千六百馀石。

十年，法兰西称兵越南，云南巡抚唐炯出关督师，擅自回省，致山西等处相继失守，严旨革职解京交刑部治罪。宝桢奏陈唐炯四川、云南政绩，代为乞恩，又于援黔官弁殉难，恳请建祠折内，铺张唐炯从前战绩。上切责之，下部议降三级调用，仍加恩改为降三级留任。十月，皇太后五旬万寿，懿旨嘉宝桢转饷援兵，共摅忠爱，予优叙。寻届京察，上以宝桢久膺封疆，任事实心，交部议叙。

十一年，英吉利遣使马科蕾来议印度、西藏通商事，出使大臣曾纪泽谓宜先与藏番议定，目前即不遽许通商，亦当准其游历，令无阻阂。上命宝桢会商驻藏大臣遴员切实开导藏番，宝桢覆核，[四]疏言：“西藏戾很，势难理谕。若臣遽派员往说，该番不从，势难姑容，必将生衅。未与洋人通商，先与喇嘛构祸，似觉不合。臣已驰书驻藏大臣，先为开说，然后委员入藏。”又言：“英人此举，决非注意西藏，殆借以通四川大道耳。夫通商本有重庆之约，特因轮船不能上驶，故别出此计以求遂其欲。但藏路一开，则四川之全境失；四川失，则中国之藩篱破。臣年来制器练兵，纵不敢全操胜算，而胜负之数，差可自主。惟有竭尽心力，以冀上报朝廷，他非所计也。”

既而藏番坚持不可，游历之议不行，而英吉利寻并缅甸，复命宝桢密筹熟计，先事图维。宝桢请于川、藏接界之巴塘，驻防二千人，于里塘驻防千馀人，豫筹三四月米粮，资令前往。因奏言：“数年前俄罗斯曾遣官赴藏游历，拟从新疆、哈密由川前往，嗣亦虑有阻阂，迟迟未进，现闻改由新疆，取道和阗，可径达后藏,并募缠头回民为导。似此,无怪英人畏彼通其后路,故欲与藏通商也。以西藏一隅,而两大并争其间,筹办亦殊不易。臣初到川,曾请赏准廓尔喀循例入贡,实以西藏为全蜀藩篱,廓尔喀又西藏屏蔽,用示羁縻。去年廓国商民,为前藏喇嘛番众所劫,廓酋噶箕谓非前次展觐,蒙大皇帝厚恩,难与唐古忒罢兵。又去年法国越南事剧,廓酋曾越藏呈诉,自请助攻法人,是其感恩向义,确有明征。当此英、俄窥藏,事机紧要,恳恩准予该番嘉奖,益坚其内向之心,不但边域增一障蔽,兼使异族少一援助。川、藏全局,均有裨益。"奏入,报闻。九月,以病乞罢,上慰留之。十二月,再疏陈请,谕曰:"该督莅川有年,办事认真,成效卓著,朝廷倚畀方深,岂可遽萌退志? 着再赏假两月,安心调理,毋庸开缺。"

　　十二年三月,宝桢力疾销假。四月,卒。遗疏言:"外洋和约,万不足恃,止可以安为攘,不宜重外轻内,皇上春秋鼎盛,指日亲政。应请举行日讲以裕圣功,帝道之隆,要在近贤人君子,远宦官宫妾。勿以财用不足而进言利之臣,勿以时局多艰而行苟且之政。固结民心,即所以深培国脉。"疏入,谕曰:"四川总督丁宝桢,秉性忠诚,清勤练达。由翰林带兵剿贼,历受先朝恩遇,外任知府,荐擢封圻。前在山东巡抚任内筹办军务,悉协机宜。朕御极后,擢任四川总督,于地方利弊,认真整顿,实心任事,劳怨不辞。前因旧疾增剧,吁请开缺,叠经赏假调理。嗣已力疾销假,方冀医治获痊,长资倚畀。遽闻溘逝,悼惜殊深! 着加恩追赠太子太保衔,入祀贤良祠,照总督例赐恤。任内一切处分,悉予开复。应得恤典,该衙门察例具奏。灵柩回籍时,沿途地方官妥为照料。伊子丁体晋,着赏给郎中。伊孙丁道臣、丁道源、丁道津、丁道敏,均着俟及岁时,由吏部带领引见,用示笃念荩臣至意。"寻赐祭葬,予谥文诚。

嗣山东巡抚陈士杰奏陈宝桢勋绩,请于山东建立专祠,谕曰:"已故四川总督丁宝桢,前在山东带勇剿贼,勋勤懋著,于地方赈务河工、清理狱讼、兴建学校等事,无不实心经理,洵属功德在民。丁宝桢着准其于山东省城建立专祠。"又以云贵总督岑毓英等请于贵州省城建立专祠,允之。十五年,慈禧端佑康颐昭豫庄诚皇太后归政,追念功绩最著诸臣,各赐祭一坛,宝桢与焉。

子体常,甘肃巩秦阶道;体勤,山海关通判;体仁,候选知县;寿鹤,进士,刑部主事;体晋,恩赏郎中。孙道臣,兵部主事;道源,光禄寺署正。

【校勘记】

〔一〕再同核议会奏　"再"原误作"在"。今据丁宝桢传稿(之一三)改。

〔二〕设炮台　原脱"台"字。今据丁宝桢传稿(之一三)补。

〔三〕水陆残引三十一万八千八百三道　"百"下原衍一"十"字。今据丁宝桢传稿(之一三)删。

〔四〕上命宝桢会商驻藏大臣遴员切实开导藏番宝桢覆核　原脱"会商"以下至"宝桢"共十六字。今据丁宝桢传稿(之一三)补。

刘长佑

刘长佑,湖南新宁人。道光二十九年,拔贡生。咸丰二年,广西贼洪秀全率党犯长沙,长佑团练乡兵防堵,剿刘阳土匪,平之,荐保知县。三年,平衡山、安仁土匪,以同知、直隶州知州用,赏戴花翎。寻奉檄援江西,解泰和城围,擢知府,留江西补用。五年,湖南巡抚骆秉章疏请留长佑军剿湖南贼。六年正月,郴、桂贼平,叙功,以道员用。

时江西贼复炽,诏长佑赴袁州一带进剿。二月,复萍乡,赏按察使衔。三月,克泸溪,进规袁州,败贼凤凰山下,遣同知萧启江复万载。五月,贼纠党来犯,长佑亲燃大炮,殪执旗贼目,贼却走。遣同知曾国华复新昌、上高,袁州贼弃城遁,进逼临江,合长围困之。七年八月,伪翼王石达开窜峡江,踞罗坊,长佑遣总兵普承尧、同知刘坤一驰剿,战失利,贼突入大坪墟,长佑恐腹背受敌,乘贼筑垒未定,夜袭之,贼溃走,追至黄冈,与诸军合击,连获大捷。论功,上嘉其不避艰险,奋勇决战,赏齐普图巴图鲁名号。十二月,复临江,歼贼酋张发纪,赏布政使衔。八年七月,贼窜广丰,长佑拨兵扼泸溪,率全军驻新城,贼出黄土关,战却之;又败贼于熊村、吕公岭等处。贼走南丰,于甘家隘锯险拒守。长佑乘夜直薄隘口,麾军冲入,贼歼焉。江西边境肃清。巡抚耆龄疏称长佑谋勇兼备,战功最多,命军机处记名,遇江西道员缺出,请旨简放。九年三月,回剿郴、桂贼,解永州围。谕免选道员,遇按察使缺出,由军机处题奏。

八月,石达开窜广西,袭桂林,骆秉章檄长佑偕道员萧启江赴援。九月,授广西按察使,十月,迁布政使。长佑驰抵全州,击贼于永福,十二月,进军规柳州府城,克之。十年闰三月,擢广西巡抚。四月,遣军攻庆远,破之。六月,石逆扑思恩,长佑调军堵御,击败之。八月,遣副将鄢世堂破石达开于兴安。十一年正月,遣道员刘坤一剿柳州土匪,阵斩匪首伍声扬,馀党就抚。七月,调水陆军会剿浔州艇匪,焚其船划平乌江口贼垒,遂复府城,磔逆首陈开。贵县贼首黄金义投诚复叛,遣广西按察使蒋益澧擒斩之,馀党歼除殆尽。

同治元年,贼陷杭州,长佑檄蒋益澧率师援浙,以浔州为饷源所出,亲督弁兵防剿。奏入,温谕褒勉。时南宁逆首吴凌云袭踞太平府,并陷养利州,檄左江道吴德徵等复之。五月,长佑师次平乐,擒逆首谭吉兆,毁莲塘贼卡。六月,进军浔州,连破麻风坳、平田诸隘。贼走贵县,荔浦逆首张皋友陷阳朔,饬道员易元泰复之。闰八月,擢两广总督。九月,剿平贵县南岸,进复修仁。十月,饬易元泰会克桂岭炮台,郑金华军破武乐蒙峒伏贼,移击登龙桥贼卡,战大捷。十一月,遣游击郭承凤等扼龙岩,败黄逆。疏陈所部楚军交布政使刘坤一接统,赴任广东。会张锡珠、宋景诗降而复叛,近畿骚动。

十二月,调直隶总督。命由海道刻日起程赴直,准酌带旧部员弁。二年二月,至天津即赴衡水大营视师,并陈布置大概情形,得旨:“该督久历戎行,声威颇著。直隶马步军将及万人,如申之纪律,布以方略,定能所向有功。至所陈治兵筹饷,其源皆出于察吏,洵为探本之论。直隶吏治废弛,清厘整饬,自当积渐为之,不求速效,不恤人言,方能有所裨益。该督惟有殚竭心力,无所顾虑,朝廷亦断不为遥制也。”长佑练勇五千,选马队二千,挑选营兵三千,为援剿之师。三月,败贼束鹿,阵歼张锡珠。四月,命督办直隶、山东、河南三省交界地方剿匪事宜,旗、绿防剿弁兵均归节制。参将王恩第与宋景诗交通,长佑斩以徇。宋景诗踞刘贯寨、甘官屯以逼临清,长佑议调山东按察使丁宝桢军扼东昌防贼东窜,直隶军由西北渡河力剿,杜贼北犯。上嘉长佑老成持重,筹画深中肯綮。六月,率按察使王榕吉军于馆陶,部署诸军,逼甘官屯。丁宝桢及总兵保德后至,官军战不利。上闻报,以师屡愆期,显属号令不齐,敕嗣后两省员弁,如有观望不前,不遵调度者,从严参办,毋得姑容。八月,科尔沁亲王僧格林沁劾保德、丁宝桢拥兵堂邑,擅拟受宋逆降,并劾长佑督剿迟延。长佑亦自请议处,坐降一级调用,诏改降三级留任。九月,败贼张秋镇,阵歼贼目杨殿一,宋景诗仅以身免。十月,三省渐就肃清,请撤销督办,允之。

三年九月,以永定河流北徙,八九两汛淤垫,议于柳坨挑挖引河,其旧有河形之处设法疏浚,由天津沟入海。四年四月,僧格林沁战殁曹州,贼麇聚郓、巨、濮、范,勾结河套股匪,德州恩县复有马贼应之。长佑以下游河防空虚,饬副将崔福泰等自开州八公桥至山东张秋镇分营扼要,严密防堵。上嘉其调度得宜,不分畛域;并以张秋为黄、运交汇之区,诏与山东巡抚阎敬铭筹备炮船,豫杜贼船北渡。闰五月,因曹州伏莽煽动,饬属仿行坚壁清野法。七月,奉天马贼突入喜峰口,复窜出铁门关,长佑以疏防辖境,下部议处。五年正月,偕兼管顺天府府尹万青藜等会筹试垦稻田,疏言:“海河东北岸纵四十馀里,横六十馀里,土脉肥饶,惟间有盐卤,若开渠引水,时其潴蓄节宣,可一律化为沃壤。拟先开环渠一道,西起邢家沽,而北而东南出海河,长二十七里;中开泄水渠一道,自北而南亦通海河,长十一里。渠旁约可垦稻田五百馀顷，需工银八千馀两，官为筹办，令垦户按年交纳水利，归偿工费，为续行推广之用。"诏实力试行。

八月，议覆御史汪朝棨条陈整顿长芦盐务，请规复永平七属官运，设汛缉私，下部议行。时捻匪窜近山东濮、范南岸，谋抢渡，长佑驰赴大名击败之，收复范县旧城，并沿河围寨。十月，奏覆直隶分练六军营制，并请增广二军，下部议行。六年，沧州枭匪张六纠党劫庆云、盐山、宁津、南皮各盐场，长佑派兵剿捕，馀孽向隆平东南窜逸。七月，复奏匪党被剿，窜过滹沱河岸，人数加多，更向东北狂窜。诏切责长佑调度乖方，大负委任，交部严议。议上，命改为革职留任。十一月，匪党增至千馀，日渐北趋，由涿州窜扰永清、霸州，诏褫长佑职，交署总督官文差遣，责令带队自效。十二月，长佑亲赴前敌督战，剿除匪党殆尽，因请回籍遣散楚勇。官文入告，赏三品顶戴，命管带所部弁勇回湖南本籍，妥为安置。寻捻首任柱、赖文光伏诛，上以长佑一体有功，赏二品顶戴。

十年四月，授广东巡抚。六月，调广西巡抚。时越南逸匪窜扰，关外不靖。长佑奏言："荒服之寇，可近击而不可远追；边隘之师，能协防而不能越剿。诚以穷追则必深入，后路或致空虚；越剿则必添兵，饷需倍形竭蹶。应如何相机援拨，以安内攘外之处，现与督臣瑞麟悉心商度，粗有端倪，拟过梧州时，函约提臣冯子材会商。傥未便暂离，即饬营务处各员，询商妥办。"上韪之。十月，以越南从化府陷于贼，调军进剿，克之。十一年正月，破滃沥，阵擒匪首何三，馀党悉平。七月，撤兵入关，分兵搜捕思、南、太、镇暨北流、岑溪股匪。十二年，关外白苗勾结匪首黄崇英窜扑越南保乐州，扰近镇安，派兵击走之，并略定越南太原、北宁。十三年三月，贵州上下游军务底定，上以长佑协济黔饷，不分畛域，敕部优叙。

光绪元年，黄崇英纠党再犯保乐，长佑饬军分击淰台社、平那畹各匪巢，先后攻拔同文土州暨茶平等城寨，斩黄崇英于河阳。越南贼平。十一月，擢云贵总督。三年，寻甸回匪王发有等突入昆明州属，焚掠老玉屯，长佑饬知州王履亨，会防营围击，平之。七年，疏陈病状，谕曰："刘长佑久膺疆寄，办事实心，朝廷深资倚任。当勉力从公，以副委任。"八年三月，再疏引疾，并请陛见，复谕曰："云贵地方紧要，该督任事有年，素称得力。将应办事宜，认真整顿，不必来京。所请开缺，毋庸议。"五月，诏来京。十二月，以病赏假两月。九年，复请开缺回籍就医，允之。寻以前在云贵总督任内，听属员挪用公项，津贴云南报销一案，事觉，下部议降三级调用。

十三年，卒。事闻，谕曰："前任云贵总督刘长佑持躬端谨，办事老成。由拔贡生效力戎行，剿办广西、江西、湖南、湖北、安徽等省贼匪，叠著战功，荐擢监司。旋膺疆寄，历任两广、直隶、云贵总督，于地方事宜，尽心筹画，克称厥职。前因患病，准其开缺，回籍调理。兹闻溘逝，轸惜殊深！刘长佑着加恩照总督例赐恤。任内一切处分，悉予开复。应得恤典，该衙门察例具奏。该故督有无子嗣，着卞宝第查明具奏，候旨施恩，用示笃念荩臣至意。"寻赐祭葬，予谥武慎。十四年，允护理广西巡抚李秉衡之请，于广西省城建立专祠。十月，复命于新宁县建立专祠。十五年，慈禧端佑康颐昭豫庄诚皇太后归政，追念功绩最著诸臣，各赐祭一坛,长佑与焉。十月,湖南巡抚王文韶以长佑有功原籍,请于省城及郴、桂等处立功地方捐建专祠。十八年,云贵总督王文韶复以长佑功德在民,请于云南省城建立专祠,以顺舆情而彰臣节。均允之。

子思询,甘肃候补知府;思谦,二品荫生,通判用。孙绳武,光禄寺署正。

何璟

何璟,广东香山人。道光二十七年进士,改翰林院庶吉士。三十年,散馆,授编修。咸丰二年,充顺天乡试同考官。三年,记名以御史用。十二月,丁母忧,六年,服阕。七年,授江南道监察御史。

时广东肇庆属客民借名团练,纠众残害地方,府县吏受制姑容。璟疏陈隐患,请敕督抚迅速办理。十一月,英夷攻陷广州,璟疏请敕陆路提督昆寿酌调弁兵,进驻三水、佛山等处,并激励民团,环集城外;一面严檄英将限日退出省城,静候核办,不遵则督师进剿,并传谕省垣居民,与大兵内外应援,其能缚英夷来献者,破格重赏;即将军、巡抚各官尚在城内,亦不得稍存投鼠忌器之见。又疏劾广东巡抚柏贵坐视贻误,与叶名琛厥罪惟均,将军穆克德讷,副都统双禧、双龄一筹莫展;请籍叶名琛家产,从重治柏贵罪,并将穆克德讷等严加议处。

八年,英船入津沽,璟疏陈战守之要,略言:"驭夷之策,不外和、战两途。必能战而后能和,亦必能守而后能战。唐臣陆贽有言:'平时不黩武以邀功,则外夷心悦而乐从;有事不退缩以示

弱,则外夷心畏而折服。'虽今东南多故,军饷拮据,战守固未易
言。然而国体宜伸,人心宜顺,于万难措置之中,亦必思为自固
有馀之计,而后可使英夷降心相从。不然,任其要求,不独后世
功过所关,抑亦目前利病所系,非细故也。从前琦善、耆英办理
夷务,惟知屈己求和,致有今日之患。若仍循故辙,恐后患更甚
于今日也。守战机宜,莫要于<u>上海</u>、<u>天津</u>。<u>天津</u>海口中多横沙,
出入至为艰险。滨海一带,尽系沙滩,无高山隐蔽,所谓天险足
恃者也。防守之法,当于内河岸边,多筑碉楼、墩台,安列炮位,
分饬兵团守护,港口多栽木桩,尽收渔船入港,严防勾结,绝其交
通,最为要着。<u>上海</u>自英夷设立马头,囤聚货物,赀本数十倍于
<u>中国</u>之商。深恐朝廷震怒,绝其交易,焉肯在彼滋扰? 但今<u>江宁</u>
未复,万一夷船驶入,人心震动,于军务大形牵掣。查<u>上海</u>距<u>苏
州</u>虽止二百里,然皆浅水小河,夷船不能进泊,惟<u>松江</u>滨海,宜选
重兵扼守,并劝谕绅民团练,互相保卫。其馀各海口均宜一律布
置,海滨居民,生长风涛,风气大都强悍。上之人鼓舞而激劝之,
皆劲旅也。此先为可守以待战之说也。至于用战则练舟楫,募
水勇,利器械,备火攻,一一皆须讲求。臣愚尤以为不如投其所
忌,则其兵不得不分;散其所交,则其势不得不弱。<u>广东</u>百姓素
不畏夷,且连被荼毒,衔恨次骨,屡欲同伸公愤,奈抚臣<u>柏贵</u>从而
制之。若皇上密谕湖南抚臣<u>骆秉章</u>,勖其乡人,广设方略,共擒
省城英夷;饬<u>番禺</u>、〔一〕<u>顺德</u>、<u>新会</u>、<u>东莞</u>、<u>香山</u>、<u>新安</u>沿海村乡之
团练,各守其方,多以小船载石,夜至<u>大石</u>、<u>猎德</u>、<u>乌涌</u>诸海口沉
之,使夷船不能往来;并拨<u>新会</u>、<u>新安</u>、<u>香山</u>精壮,扬言夺取<u>香港</u>。
<u>英</u>夷闻风,必将飞楫回救,<u>天津</u>夷船可以不击自退。迨其馁而求

和，然后示以怀柔。此兵法所谓攻其必救也。英夷为华夏首恶，情理难容。其或利之，或畏之而助之者，法兰西、美利坚也；从而为之调停，既图分润，又将索酬于我者，俄罗斯也。从前英夷桀骜，叶名琛禁其通商，不应并禁他国，以致各夷助逆披猖。应请明降谕旨，正叶名琛乖谬之罪，谓本与各夷无涉，此次通商之后，各安其业，傥附和英夷，即断上海交易。各夷断不愿塞此利源，又俄罗斯尝与英夷有隙，比来向其索债，欲英夷取中国之财以相偿耳。是可以理折之，以利诱之，以术间之。若使反击英夷，准其一例通商，或即议加赏赉，亦胜于受英夷要求。此郭子仪用回纥攻吐蕃之谋，兵法所谓亲而离之也。"璟抗论夷务先后八疏，凡数万言，其大要类是。

九年五月，升户科给事中。八月，充顺天乡试同考官。十年，转工科掌印给事中。十一年正月，疏言："军兴以来，奏调部员，往往不次骤迁。至在部当差人员，循资按格，辛苦有年。将补缺矣，而尽先压班；将铨职矣，而遇缺居上。办事者无得缺之日，得缺者非办事之人。请嗣后各省奏调人员，止准保升外官，不准保留京职，其已得保举回部当差而资俸浅者，无论遇缺尽先，概不准补题缺；遇有本部留选缺出，仍先补资深，次补保举班。其带实缺出京者，系题缺，即行开缺；系选缺，保升后亦即开缺，不准留任。其劳绩保举，仍准照本职实缺保升。其候补人员出京，不得奏补选缺，以归画一。所有廉俸俱行停止。至道府选法，拟于保举遇缺班内，插选在京当差人员，不得概选保举班。庶不至外重内轻，而奔竞之风亦可少息。"下部议行。三月，记名以道员用。九月，授安徽庐凤道。同治元年，两江总督曾国藩方以全力规取江宁,留璟于军,总办营务处。二年,奏署按察使。三年,江宁克复,加布政使衔,赏戴花翎。九月,授按察使。十月,兼署布政使。捻匪窜望江,图犯安庆,巡抚乔松年方驻寿州,璟居守省城,禀牍往返既迟,调度每不相应。璟偕总兵喻吉三以便宜应敌,贼不得逞。时省垣收复未久,文案荡然,璟拟章程十三条,次第举行焉。

四年,授湖北布政使,督抚臣疏留之。寻以湖北督抚奏催赴鄂,五年,抵任。是岁黄陂县被水,民就食江汉,璟详请奏拨帑银三十万赈之,通檄州县积谷备荒。越一年,报积谷者四十馀属。六年,护理巡抚。时曾国藩咨撤霆、庆十营,璟以霆营两撤皆生变,密其事,阳令分防上下巴河,调水师及提督刘维桢所部屯其后,到防始出示,令缴械领饷,多给十日粮,舟送之归,无哗者。时蕲水奸民欲为乱,见官军来,疑事泄,遂纠众反。璟檄巴河军就便讨平之。七年,裁厘捐分局小卡五十四所。

八年,调山西布政使。九年,升福建巡抚,旋调山西巡抚。时甘回未靖,记名总兵罗承勋统精锐四营,扼河曲、保德间。璟察其驭勇过宽,易记名提督高占彪统之,饬以分段设防,视地势之险夷为疏密,不以道里之长短为段落。闰十月,甘肃金积堡回逆溃围走绥德州。河、保一带冬结冰桥,防务吃紧。璟出省巡阅,历河曲、保德及吉州、乡宁,先后疏陈稳固情形;并言河防兵力尚单,惟恃河西有湖南提督宋庆一军,扼贼来路,一时不可移调。报闻。十年,调江苏巡抚。十一年二月,命署两江总督,兼署办理通商事务大臣。时内务府传办大婚备赏缎匹,璟以巨款难筹,疏请核减,事下内务府。寻得旨减半织办,节省经费一百万两。十月，丁父忧，光绪元年，服阕。屡奉命召，以疾未果。

二年九月，入觐，即日授闽浙总督，赐紫禁城骑马。十二月，命兼署福州将军。闽自前总督左宗棠裁兵加饷，凡存兵三万一千馀名，岁征地丁、盐课、税厘等银三百万有奇，而京、协各饷及本省支应，综计岁五百馀万。奏准邻省协闽之款辄不应，备倭议起，致全力于海防，巡抚带兵渡台，开山抚番，内地陆军益少。三年三月，璟疏请敕催江南淮军统领福建陆路提督唐定奎选步队数营，随带来闽，以专职任，诏下两江总督沈葆桢，寻以未能赴闽，遣总兵宋国永二营应之。五月，遵旨疏请停解京、协各饷九十八万，筹办海防。是月，福州大水，璟坐城上督拯难民，凡七昼夜，捐赈银二千两，为官绅倡。水退，浚洪塘江，导支流汇入海，后患遂杀。五年六月，兼署巡抚。时上以长江水师提督李成谋前在厦门极为得力，命赴厦门、台湾一带总统水师，将船政局轮船先行练成一军，归南洋大臣节制，随时与闽省督抚妥筹备御之策。璟疏言："日本议废琉球，其兵船时时游弋闽沪海面，心殊叵测，而其国距台湾最近。全台形势，南路二口，曰安平，曰旗后，而澎湖居台、厦之中；北路二口，曰沪尾，曰基隆，均与省门对峙，基隆尤为外人垂涎。自防倭事起，台南稍有布置，安平、旗后俱建炮台；台北则因费绌，尚未筹建。昔时北路未开，澎湖实当形胜。今台北辟地日广，渐及后山，则基隆尤扼全台之要。且此口不必候潮，轮船随时皆可出入。似应将各轮船调集基隆合操，每月以一船分巡各口，有警则立时驰应，地势既得，运掉亦灵。现拟添募营勇，以三营分驻基隆、沪尾，以一营驻台湾府城，归镇道就近督操，有事则调赴澎湖，更于基隆起建洋式炮台，购置巨炮。"十二月，疏陈筹款定购蚊船二号，又疏陈基隆起建洋式炮台，均报闻。

时上以闽省水师驻扎地方，璟意在基隆，船政大臣吴赞诚意在厦门，沈葆桢以澎湖为适中之地，而前福建巡抚丁日昌谓宜驻大支水师于南关而以陆师辅之。谕璟等再行审察地势，熟筹定议。六年三月，璟等疏言："南关山为闽浙洋面分界所在。与浙属之北关山峙立海中，相距约十馀里，水深数丈，礁石林立，外接大洋，绝无门户屏蔽。东南风盛，涌浪直拍山隈，附近皆封禁荒山，素无居民，山下亦少商渔船只停泊。其山陡削硗瘠，即有平地亦乏水源，轮船向绕外洋来往，盖其地为温州、福宁两镇舟师分界会哨之所，并非船只出入海口。此南关之大略情形也。窃查闽台滨海港口纷歧，触处成险，势无节节为防之理。现既会操兵轮，冀成劲旅，则其驻扎所在，必当统筹全局，以扼险要必争之地，庶形势既得，脉络贯通，不致猝然不可相救。台北基隆密迩琉球，物产饶富，港口深阔，足避风台，又无礁石暗浪之险，此为要害必争之区。康熙中初取台北时，仅有台湾、诸罗、凤山三县，台湾居中，而厦门适与安平对渡。故台地有警，督臣必出驻厦门。迨后北路日辟，府城已偏于南矣。同治初年，彰化戴万生滋事，大兵直由省门径渡淡水进师，用收高屋建瓴之效。是厦门形势已非昔比，特以澎湖为台省咽喉，而厦澎又辅车相倚，究亦要害所在。此臣璟与臣吴赞诚、臣沈葆桢所以各持一说，非无见也。若南关则僻在一隅，实非舟师利泊之处。"疏入，上韪之。八年六月，复兼署巡抚。

九年，法兰西构兵越南，海防戒严。先是，倭衅既定，俄约亦成。闽内地及台湾防勇颇有裁减。至是,谕饬筹防,存兵不敷分布。璟令建宁镇总兵张得胜率所部,并调集防勇四营,增募陆勇六营、水师一营,分扼五虎门内各要隘。续又增募二营,并修长门对峙之金牌炮台,以固省防,委道员朱明亮募楚勇二营扼福宁海口,水师提督彭楚汉驻军厦门,令统水陆六营扼要防守,檄道员方勋募潮勇三营扼兴、泉、永各郡要口,调台湾镇总兵吴光亮署漳州镇,率粤勇二营防漳州,并整顿泉、永一带兵勇,固厦门后路,调陆路提督孙开华率擢胜三营,渡台督办台北防务,以福宁镇总兵曹志忠所部属之,檄台湾镇、道抽调后山各营,并增募四营,分布台南,又饬拨兵勇三千人,交澎湖协副将周善豹领之,扼防澎湖,令提督黄超群、王正和各募勇二营,副将张升楷、道员陈维汉各募一营,为游击策应之师。时两江总督左宗棠遵旨派拨副将杨在元等率湘淮四营,渡台协防。璟以杨在元熟悉形势,即令暂署台湾镇总兵,先后偕将军穆图善、巡抚张兆栋疏陈布置机宜。又请由闽海关及藩、盐二库酌量拨款以济饷需,复自陈审敌所向,出省调度,均得旨报可。

十年四月,上命侍讲学士张佩纶会办福建海疆事宜,巡抚衔前直隶提督刘铭传督办台湾军务。闰五月,法兵轮二船驶入长门,一驶泊马尾之杨屿。时和战未定,阻拦即背条约。又闻上海法船悉数退出,将至马尾,法水师提督孤拔乘铁甲船即日进口。璟偕穆图善、张兆栋、张佩纶疏言:“伏查马尾系船政重地,亦即中外商船口岸。中法和战未经定局,未便阻其入口。惟叠据电传,法人欲取福州为质,今乘议约未定之时,借游历为名,陆续驶入闽口,其包藏祸心已可想见,而所立条约拘手挛足,所占商岸拊背扼吭。阻之则先启衅端,听之则坐失重险。仰承谕旨,彼若不动,我亦不发。惟有严密布置,以免疏虞。省城以壶江、南茭为第一重门户,长门、金牌为第二重门户。敌船越各炮台而至马尾,深入已百馀里。若止一二轮船,彼虽足制船局之命脉,而身在围中,谅亦未敢轻发。如连艘而至,一旦决裂,我电未至,彼信先闻。出我不意,登岸扰犯,则炮台之军,不及入援;南台之军,亦难径渡。船局势殊岌岌,则以闽省师船过少,水上无游击之军故也。臣佩纶与督办船政臣何如璋檄扬武兵船及福胜、健胜两炮船调赴马尾保护。该处原有陆兵两营、水师一营,复令参将杨廷辉将南台所有漳、泉精壮悉数编集成军,扼扎马尾左右,与水上军犄角,长门、金牌炮台本有张得胜九营、方勋两营,现在法人注意福州,省防吃重,已抽调分驻兴化、澎湖等处之湖普三营,分布要隘,以厚声势。仍约令绅士,办省城内外保甲,以固民志;联壶口各村渔团,以绝汉奸。臣璟、臣兆栋拟即出省驻扎,臣佩纶等以安民驭敌,均宜示以镇静。督抚臣有地方之责,省城五方杂处,民情浮动,有事时须互商弹压。如有战事,臣佩纶、臣穆图善当亲赴前敌,相机堵御。惟法人形同鬼蜮,其阴谋诡计,实有密据要害、先发制人之意。如果圣意决战,务请于覆绝法使之先,豫授机宜,俾臣等得首尾合击,水陆并举,战事较为得算。"疏上,得旨该将军等当实力备御,妥筹布置。

嗣法船至马尾者日众,璟等屡请谕饬南北洋拨师船赴援,旨下,皆不能应。六月,法船入长门者十,环马尾者六,而我援师不至。璟与张佩纶等议塞河先发,电至总理各国事务衙门转奏。寻传旨:"现在闽口有英、美等国保护兵船,德国兵船亦将前往。

此时堵塞,应就地与各国领事说明举行,庶免与国借口。着何璟等相机妥办。现经美国调处,局势未定,所称先发,尤须慎重,勿稍轻率。"

时法船在台北者已攻陷基隆炮台,有旨战局已成,该将军等战守事宜悉行整备,俟奉谕旨遵办。七月初三日,法战书至,璟即电知马尾、长门,长门线断不得达;马尾甫得电音,法已开炮,水军大挫,法船十一毁其三,我船悉数沉毁。遂攻船厂,[二]图登岸,陆军黄超群、方勋合击却之。明日,复以排炮攻厂,陆军力御,敌不得逞。先是,张佩纶悉调舟师卫船局,璟商分数舰,外扼长门,内扼临浦,不纳。及战,璟欲率兵驰援,而临浦无舟可济,又奉谕省防紧要,毋得借词出城。璟乃塞临浦,重兵守鼓山,敌不敢深入。退攻馆头岭营,次及田螺湾、闽安、金牌各炮台,皆为官军所遏。台毁而扑岸者,悉被击去。退至长门,穆图善先轰伤其大兵轮一艘,至是又沉其二艘,乃遁。璟上章自劾,时已有旨饬璟来京另候简用。疏入,谕曰:"闽浙总督何璟在任最久,平日于防守事宜漫无布置,临时又未能速筹援救,着即行革职。"十四年,卒。

子耀章,广西候补知府;翰章,举人。

【校勘记】
〔一〕饬番禺　原脱"饬"字。今据何璟传稿(之一三)补。
〔二〕遂攻船厂　"船"原误作"略"。今据何璟传稿(之一三)改。

　　杨岳斌

杨岳斌,原名载福,湖南善化人,原籍乾州厅。祖胜儒,从剿乾州苗匪,在永绥王瓜寨殉节;父秀贵,直隶宣化镇游击。

载福幼娴骑射。道光二十六年,由行伍补长沙协左营外委。二十九年,新宁匪首李沅发就擒,载福在事出力,赏戴蓝翎。咸丰二年,粤匪窜湖南,载福守湘阴有功,升宜章营千总。三年,在籍侍郎曾国藩督办团练,治水师于衡州,调载福领右营。四年四月,偕生员彭玉麟攻湘潭踞贼,载福腿臂俱伤,裹创鏖战,八日十捷,克之。擢守备,赏换花翎。

六月,进规岳州,载福率水师伏雷公湖,彭玉麟伏君山,别队趋南津港,诱贼船出,佯却,贼追之,伏起,尽焚其船。官军入岳州。七月,贼再至,载福驾艇沿湖东岸斜行,捷如飞鸟,挥旗发炮,毙贼多名。伪丞相汪得胜护卫甚众,载福飞桨挺矛刺杀之,夺其船,追奔至临湘,逆船无一还者。捷入,以都司补用,赏彪勇巴图鲁名号。越一日,击贼于擂鼓台,日暮,北风大作,贼艘五六百挂帆直上,我水师船仅七十馀,载福亲操舢板,率所部驶入贼队,绕扼其背,断贼后至者。乘风纵火,贼阵遂乱,大破之。擢游击。寻破贼于城陵矶。闰七月,追剿至湖北倒口,歼港汉踞匪,于是岳州门户始固,而贼由荆入蜀之路塞矣。

八月,偕都司萧捷三夜袭嘉鱼之黄盖湖,贼骇窜,载福先入,中火伤,舟覆落水,跃上别船,大呼陷阵,焚贼船四十馀,尽洗沿江各村市之贼;乘胜下金口、沌口,烧盐关贼船二百馀,破汉阳关等贼营,直趋塘角,两岸贼垒俱爇。嗣见贼船下窜,载福急桨出贼前逆击之,尽焚其辎重,驶入汉口,毁船只无数,遂会陆军攻武昌、汉阳,克之。曾国藩等疏称载福廉明爱士,胆力坚定,从下游逆击而上,甚合机宜。诏升参将,加副将衔。寻又以二十馀船迎剿襄河贼,焚其船千,官军自此一意东下,无后顾忧矣。是月,诏授湖南常德协副将,仍督勇剿贼。曾国藩奏定三路进兵,中路令载福等率师船先发。九月,克黄州府、武昌县顺流而东,截击下游援贼,载福等以为贼至而迎敌,不若及其未至击之,遂驶至蕲州。贼张炮拒战,势衰而溃。载福等分兵之半,追毁其船于骨牌矶,以其半环攻未开之贼船,歼焉。十月,陆军破半壁山,水军进逼田家镇。时贼守备甚严,上游逃贼麇集,载福、彭玉麟密与陆军筹破贼策,分舟师为四队:一专断其横江铁锁;一专轰贼船;一候销毁下驶,火烧贼船;一守老营,防贼上犯。而陆军列阵南岸,壮水师声威。又议先烧上游逆船,则下者远窜,不如穷追数十里,从下游延烧而上。及战,先击其护锁船二,须臾锁断,奋呼乘之,贼大溃,追至武穴出其前,乃纵火大烧,东南风甚,贼船不能下驶,无一遗者。载福以武穴之下尚有贼船,穷追至龙坪。是役凡毁贼船四千馀,皆历年所掳民船也,遂拔田家镇,而蕲州贼亦遁去。载福以宵行追贼,积劳呕血,诏嘉其勤勚最著,加恩赏总兵衔。于是水师进攻江西九江。载福以疾留武穴,既而疾甚,假归。

五年,九江水师失利,贼上犯,再陷武昌、汉阳。三月,湖南巡抚骆秉章奏言:“载福忠勇善战,廉明朴讷,众心素附。宜令招集部曲,修船添械,督师东下,重清江面,与曾国藩湖口一军会合。”得旨,令统率师船速赴武昌军营。七月,偕各军攻拔汉口镇,平汉阳城外贼垒,与知府彭玉麟毁襄河口铁索浮桥,血战十日,斩获无算。九月,退屯新堤,修船,汰各营水师十之三,简练精锐,以图大举。十月,湖北布政使胡林翼疏称:“载福每战必先,病不言劳,功不言赏。志识高出寻常,为水师将才最。"时载福已擢湖北郧阳镇总兵,疏入,命兼署湖北提督。十一月,军至金口,遣都司鲍超等环击贼船,悉沉之,岸贼亦弃垒遁。进屯沌口。十二月,败贼鲇鱼套及南岸嘴。六年四月,会陆路攻汉阳,饬李成谋等下驻沙口,断贼水运,自督所部攻两岸贼垒。时汉阳东南沿江一带贼船二百馀,排炮坚守,阻遏官军。载福密备火船,乘南风一炬空之;又败黄州等处来援之贼。五月,率李成谋等蹑进至黄州,历兰溪、武穴、龙坪,直抵九江,尽扫各岸贼船,还泊沙口。七月,九江逆首石达开纠党来援,江宁将军都兴阿击之黄州,载福以水师策应,寻破油坊岭、上青山贼巢。九月,败援贼于蕲州。十一月,水陆会攻武昌、汉阳,水师上下夹击,载福督阵指挥,尽烧贼船。两城同日克复,贼众万馀,斩溺无遗。捷入,赏加提督衔。

　　载福乘胜偕记名按察使李续宾陆军拔樊口,破武昌县,克黄州,即日下驶,克蕲州,军至九江。先剿北岸小池口,贼船尽为我有,遂会陆军攻府城。七年正月,曾国藩自吴城迎劳诸军,疏言:"载福与李续宾、都兴阿等积劳之后,屡胜之馀,犹复日夕兢兢,夜不解带。军威严肃,士气朴诚,实为不可多得之劲旅。"二月,曾国藩丁忧离营,疏请将外江内湖水师特派载福总统,以彭玉麟副之。上嘉勉载福,即命统带曾国藩一军,与彭玉麟协力督剿。四月,贼复犯蕲州罗田,号称十万。都兴阿等分军上援,载福亦分水师扼蕲州要路,五月,亲临布置之。六月,派都司胡友亮先绕广济搜剿内湖,平童司牌逆垒。七月,蕲州水师屡战屡胜。八月,蕲黄肃清。载福会陆军攻拔小池口伪城。九月,克湖口。得旨,遇有提督缺出,由军机处题奏。寻偕陆军攻拔小孤山,克彭泽及安徽望江、东流,直抵安庆,克铜陵,至芜湖鲁港,与江南师船会。诏嘉载福转战千里,用兵谋略,实有过人之处。

寻授福建陆路提督,敕专折奏事。贼酋林启荣踞九江者六年,官军屡攻不克。八年三月,李续宾谋开地道轰之,贼殊死堵拒,士卒多伤。四月,城东南地道复成,约载福水师攻北门临江一带,药发,城圯百馀丈。奋呼齐登,战竟日,擒林启荣磔之,复其城,擒斩二万六七千名;其逸出者,水师尽杀之。捷闻,赏穿黄马褂,下部优叙。并谕载福等统领得胜之师,迅速东下。时江西贼窜逼楚境,载福奏言:"九江克复,臣应即会合都兴阿马步队伍,急趋安庆。刻下陆师以援剿麻城肃清北岸为先,驻皖官军防剿太湖石牌各路,尤为紧要。必俟楚境肃清,始能会合东下。查安庆上一百二十里之华阳镇,为江防要地,即率领炮船进驻其间,以为水师老营,不时出击,使安庆之贼不遑他顾。俟北岸肃清,再与马步队拔营前进。"报闻。五月,再克东流,进屯黄石矶,连攻安庆,焚夺盐河船垒。六月,督师船越安庆,至李阳河,率副将王明山,攻枞阳,尽焚港内贼船,饬丁泗滨等攻大通,夺其石垒。载福自铜陵经鲁港直抵芜湖,审察形势,仍回黄石矶,分兵复建德。

七月,调福建水师提督。九月,都兴阿陆军来会,破集贤关,载福豫派师船绕入内湖,三面环击,牵制城贼,陆军遂毁北门外多垒。池州贼万馀掠民船来救安庆,载福派陈金鳌、王明山大战枞阳以遏之。十月,李续宾三河军陷,贼谋犯楚境,官军暂解安庆之围。贼复四出,载福屡击退之。十一月,分拨炮船,上扼湖北之龙坪、武穴、田家镇。九年,督剿南北两岸援皖各贼,大小数十战,并随时派队薄城,以牵贼势。设资遣难民局于东流,先后遣十三万六千馀人。十二月,韦志俊以池州降,令攻芜湖,其部下复叛,还陷池州。载福知志俊无异志,即其众分别遣留,得精锐二千五百人,令统率助剿。时逆首陈玉成、李世贤率众万馀窜楚及皖,[一]水军移屯观音洲,策应皖北。十年四月,会江南师船攻芜湖对岸螺矶,大捷。五月,督都司韦志俊等拔殷家汇,进攻池州,毁城外石垒,即日尽撤水陆各营,袭枞阳,出贼不意,拔其伪城。

先是,总兵吴全美等率江南红单师船,驻芜湖以上之鲁港,载福以江宁尚须炮船,议请敕江宁将军和春调吴全美等赴下游,而自任芜湖以上江面。六月,曾国藩以载福谋勇器识,度越诸将,疏请将芜湖以上江面战守机宜,由载福会同彭玉麟妥办。八月,遣游击陈代友等攻池州夺青溪关。九月,伪忠王李秀成循岸上窜,载福派队败之三山夹、穴子桥、白茅嘴、运漕镇等处,分队入内湖,围攻神庙山、镇山,断松林口浮桥。十月,亲督师船,由鲁港潜行百里,解南陵之围,拔出总兵陈大富一军,救护难民十馀万,置之东流一带。十一年正月,曾国藩疏陈战绩,诏嘉载福出奇制胜,调度有方,赏大小荷包、搬指、翎管、小刀等件。时道员曾国荃、副都统多隆阿、臬司李续宜等军会攻安庆,逆首陈玉成率众万馀来援,屡攻枞阳。载福饬李成谋等百计守御,贼不得逞。四月,督剿赤冈岭援贼,屡为贼炮所遏,伤亡颇多,卒与陆军合力破之,擒伪先锋刘玱琳,盖破我江宁大营、连陷苏常剧贼也。五月,督剿无为州之神塘河,平其垒,并焚城外贼船,遣副将唐学发摧棋盘岭下逆垒。〔二〕六月，划菱湖两岸诸垒，令副将周万倬、陆师与唐学发合攻东门外垒卡，乘胜攻城北诸垒，悉拔之。城贼穷蹙，整队出扑，水陆大战。八月，克安庆，毙贼一万六千馀名。载福即日派总兵王明山、黄翼升进克池州及桐城。捷闻，赏云骑尉世职，下部优叙。

先是，载福以省亲请，得旨赏假四月，至是始归。同治元年正月，以母病未痊，旧伤复作，疏请展假。谕曰："现在水师分防池州等处江面，正须会合陆军直捣金陵，歼除首逆，机会万不可失。水师虽有得力将领，必得该提督躬亲调度，方能动合机宜。该提督忠勇性成，朝廷正资倚畀。值此时事多艰，自当移孝作忠，力图挽救。即着迅速起程，前赴池州军营，与曾国藩剿办沿江一带贼匪，勿稍延缓。"三月，遵旨销假。五月，会曾国藩于安庆，率师船东驻乌江，以其为上下游适中地，足资策应故也。八月，更名岳斌。赴勘下游要口，疾作，还乌江。九月，闻金柱关有警，率丁泗滨、彭楚汉等力疾赴援，败之龙山桥，歼贼万馀。十一月，伪侍王李世贤由东坝再犯金柱关，岳斌苦战，急击之，斩贼酋陈绪宾，破护驾墩、石埭等处贼垒，于是金柱关、芜湖一带肃清，江宁大营后路始固。

二年二月，曾国藩来乌江，偕岳斌至大胜关，入雨花台，与弟国荃商定合围江宁之策。三月，攻克黄池，悉收内河、三里埂、伏龙桥、花津、护驾墩各隘，以通宁国、芜湖之气。五月，克巢县、含山、和州及江浦、浦口，破下关、草鞋夹、燕子矶，趋九洑洲，力战拔之。自此长江南北数千里无一贼船，皆水师酷暑鏖战之力也。十月，克高淳、宁国府、建平、溧水，夺东坝要险。大军寻合围，岳斌以水师防剿稍松,沥陈亲老病剧,恳开缺回籍养亲。谕曰:"杨岳斌督率水师,剿贼十年,战功懋著。此时长江肃清,虽水师防剿稍松,而金陵合围,正赖该提督等和衷努力,共奏肤功,同膺懋赏。未便于军务吃紧之时,遽易生手。着俟克复金陵后,再行请旨。惟念杨岳斌军旅羁身,伊父母年老多病,未能归省,着加恩赏给人参四两,借资调摄。"时发逆群窜江西及安徽徽、宁一带。三年四月,诏岳斌以提督督办江西、皖南军务,该处带兵员弁及赴援江西各军,均归节制。五月,授陕甘总督。命迅赴江西督饬诸军,力图扫荡。俟江皖贼氛净尽,即行前赴陕甘任事。六月,江宁克复,赏一等轻车都尉世职,并加太子少保衔。岳斌抵南昌,即日出师督剿,察看各路形势,调回水师五营,分部赣河。七月,分遣诸将拔崇仁、东乡、金溪、宜黄、南丰,解宁都州围,驰抵赣州。八月,克泸溪、新城、雩都,先后收降十馀万众。自是建、抚、赣、南、广、饶各路及皖南、徽、宁各防次第肃清。

九月,沥陈伤疾难支,亲老多病,恳请开缺。谕曰:"杨岳斌统兵十馀年,冲冒矢石,力疾苦战,伤病交作,且其父母年皆七十有馀,原应俯如所请。惟甘省军情,关系极为紧要,朝廷正资倚畀,自未便遽令回籍。着赏假一个月,在营赶紧医治,假满即赴新任,毋庸开缺。"岳斌疏言:"甘省逆回党羽众多,心志齐一,必得一二万生力之师,方能挫其凶锋。惟旧部本属水师,并无陆队。此次来江剿匪,仅由金陵大营抽带千馀人,势难远调。惟有亲赴湖南募勇,即舆疾南归,先遣得力营官,认真招募精勇七八千人,即可趁此访医调治,就近省亲。至招募经费及制办军械等件,所需甚巨,拟于各近省设法筹拨,并请以安肃道蒋凝学、署皖

南镇总兵唐义训两军赴甘助剿。"诏嘉其勇于任事,所筹周妥,悉
从之。四年,以总兵彭楚汉等新募十营从行。四月,至西安,河
西军溃东窜,与巡抚刘蓉筹堵剿之策。议通东南饷道,催提江楚
协饷。

时科尔沁亲王僧格林沁曹州阵亡,捻氛大炽,有旨令移师东
向,保卫京畿。岳斌疏请开缺,专任剿匪,上不许。五月,仍敕赴
甘肃,六月,履任。疏言:"甘省回匪以河、狄为最强。狄道之西
乡,河州之东乡为最众,勾结陕回,窜突靡常。陇西、安定、金县、
皋兰接壤之地,防不胜防。岷、洮为狄道后路,循化为河州后路,
处处窜通宁灵,逆首马化龙负嵎抗拒,时出钞袭,断我饷道。西
宁大会花寺两教,借图构衅,大通失陷,丹噶尔被围,郡城附近,
岌岌可危。肃州一带兵力过单,又值哈密之变,贼势愈张。此外
零星细股,不可枚举。甘省营兵,扰民有馀,剿贼不足。大都横
索供张,不知讲求实际。东南数省不患无粮,患无饷;甘省既虞
饷乏,又虞粮少。查诸营所需面斤,或自行采买,或指地派捐,皆
由就近州县转运。自回匪焚掠,村落为墟,地方无以应之。臣今
由陕入甘,所部仅五千人,经过之处,先期委员带银购买米面,从
未能筹十日之粮。将来大张挞伐,调兵愈多,追贼愈远,千里馈
粮,士有饥色。况外省饷项,尤难源源接济耶?[三]甘省官员赴
任,无论实缺委署,必须先以捐输。虽因公项支绌,万不得已,然
自不肖者视之,则以为既有所捐于前,不能无所偿于后,而民气
之雕残,案牍之积压,一切皆基诸此。臣入境以来,窃见人烟稀
少,田土荒芜,屋庐灰烬,几于赤地千里。缘回匪蹂躏之馀,官弁
兵勇又从而朘削之,勒捐不足,加以穷搜,遂至攻山薰洞,无复生

机。间有存者，不过鸠形鹄面，略具人形。东路如是，他处可想。五中焦灼，寝馈难安。伏愿皇上宽以时日，假以便宜，俾得从容整理，于贼势则先剿狄、河，再图西北；于军务则先惩扰害，再汰疲羸；于粮饷则先筹采买，再议转输；于吏治则先儆贪墨，再振因循；于民生则先去烦苛，再谋招垦。"疏入，上嘉其切中窾要。

先是，上以关外匪势日张，敕西安将军都兴阿、宁夏将军穆图善等军，俟杨岳斌抵甘后，即令酌量出关。七月，岳斌奏言："臣所率楚勇入甘，仅步队十营，西北诸路，力难兼顾。提督雷正绾、总兵曹克忠攻金积堡新败，都兴阿等规取宁夏，犹未得手，中卫、古浪、平番、武威俱有贼股窜扰，北路吃重。若遽调二军出关，则正绾、克忠兵力遂单，断难遏贼肆窜。不独甘省受祸，即秦晋边界，亦恐防不胜防。请敕都兴阿、穆图善先清关内，暂缓出关。"谕曰："关外地方糜烂，亟须添兵协剿，着传知成禄、联捷，令率所部星速出关。杨岳斌务当统筹全局，于各路防剿机宜，妥为布置，并将近省一带逆匪，先图扑灭，以固省防，再行分路剿办。"是月，靖远香贾丁建善谋反，督彭楚汉讨平之。

八月，疏陈支绌情形，略言："甘省额征地丁课税，岁不过四十万两。军兴，逐年递减，权宜之计，惟仗厘金。而道梗商稀，省垣月可数千，随收随散。秦州稍旺，向给曹克忠营，馀并不敷局用。司库仅存银一千馀两。此银钱之短绌也。军营所需铁斤、硝磺、布匹、竹木，甘肃皆仰给外省，贩运日稀，增价数倍。本地有硝无磺，外省拨解亦少。军需局造报，仅存火药六两。此用物之短绌也。糇粮刍茭，士马所恃以饱腾，尤望市价公允，近则视臣初入甘时一倍过之，且又缺市。此食物之短绌也。臣此次出省,由金家崖取道至靖远,绕越北山而回。途次所历,有求斗粟勺水,束薪之炊,寸草之牧,不可得者。营中或终日不举火,战马饥毙二十馀匹。臣忝任兼圻,须顾大局,不但本营月饷,因兵多而遽增,或各营有缺乏,地方有急需,断不敢意存歧视。惟开销愈多,本地实无可生发,即使曾国藩奏定拨甘十万五千之饷,按月悉数前来,已觉入不敷出。况自五月至今,除江南已报解三月、浙江已报解两月外,湖南仅报解一月,湖北止报解布匹、洋药,而银数尚未提及,即抽收最旺如江海关,亦仅报解一月,并闻有两月一解之语。在愆期省分,想亦急其所急,而以他人之急为可缓,讵知甘省情形如此哉? 请敕下江苏、湖南、湖北、江南、浙江各督抚,务将奏定协甘之饷源源接解,毋令愆期,并将上年冬间户部奏定有着之款,如四川、山东、河南、江西每月协拨者,亦遵照解运来甘,至甘省满汉营兵欠饷已历多年,鼓噪不止一次,并请敕下历年欠解省分,酌量按成补解,庶军实有资而无饥疲之患。”九月,雷正绾兵变,岳斌疏请敕下四川总督骆秉章迅调建昌镇总兵周达武一军自带饷银,赴甘助剿。又言:“甘省自八月至今,粮食缺市。臣所部各营,计日授粮,每名仅得数两,衣不被体,竟成坐困。曹克忠所部,勇冠诸军,金积堡失利后,收合馀烬,力解盐茶城围,攻克白季村堡,正在得手。忽以雷军之变粮运不继,现在该勇每日仅面水一餐,殊虑因饥生变。当即饬令暂舍盐茶空城,移营靖远,为就粮计,以固军心。臣莅任三月,协饷分文未到,各局罗掘已空。甘省产粮之区,北则宁夏,尚为贼踞;南则秦州,供应雷正绾、林之望两军,早已窘竭;西则西宁各回阳奉阴违,道梗运艰,情形岌岌,荒期正长。闻陕西秋收丰稔,恳敕下抚臣刘蓉,于该省上、中二等州县,设法捐办麦粮,并于邠、乾、凤、鄜各属州县,先提仓粮四万石,运交秦州、泾州、庆阳等处。再四川保宁一郡,毗连阶州,岁亦丰收。并请敕下督臣骆秉章,于保宁所属州县,筹捐米粮一万石,挽运阶州,以支危局。"疏入,上悯之,悉如所请行。

是月,巩昌、宁远被围,岳斌调曹克忠援剿,一战围解。十一月,拔熟阳城贼巢及董家堡、鸳鸯镇。十二月,奏言:"臣抵任后,本拟先攻狄、河,再图西北。自陶营溃于金县,雷营变扰平、泾,贼焰益张,兵力渐弱。计可移攻狄、河者,惟曹克忠暨臣所部二军耳。而该逆盘踞二城,依山阻寨,兼踞洮河之险,势若长蛇,必须分道出师,方能夺所凭依,遏其奔窜。查甘省现有兵力,或扼泾州,或驻庆阳,在在为逆回牵制,不能调赴前敌。都兴阿、穆图善顿兵坚城,若不济以援师,孤注不无可虑。为今日计,非调防守之兵,尽为攻剿之兵不可。欲调防守之兵尽为攻剿之兵,非借防陕之兵暂作防甘之兵不可。请敕陕西抚臣将鄜、定防兵就近移扎庆阳,汧陇防兵越境移扎巩昌,扼截狄、河之贼,不能出扰南路,俾甘省各路防兵,得以次第调出,分道进剿。夫甘回一日不靖,则甘防一日难松。在陕兵自近而远,各边仍在屏蔽之中,为人适所以自为,在甘兵戮力同心,踞贼自有可歼之日,制人乃不制于人。如蒙允准,拟令记名提督张石山接统庆阳各营,由环县进;谭玉龙统泾、平各营由固原进;曹克忠一军由四百户一路,会捣灵州。臣将省防布置周妥,即亲率一军出省策应,视其所偏重,攻其所必救。俟该三城克复,然后会合都兴阿、穆图善,移得胜之师,规取狄、河,得手似较容易。"上韪之,谕刘蓉如所奏行。

五年正月,督师出省,二月,次泾州。枭雷营倡乱之总兵雷恒等首,奏免雷正绾罪,令立功自赎。三月,省标兵变,劫总督署,戎幕友委员亲兵俱尽,胁布政使林之望以岳斌重勇轻兵积愤所致入奏。岳斌已抵庆阳,闻警,还泾州。上以岳斌未能防范,降二级留任,命速赴兰州,力顾大局。时群回乘衅思逞,环向省城,东路隆德失守,庄浪被围。岳斌奏饬曹克忠移巩昌之兵,先驰入省。得旨,着谋定后动,不可徒逞愤兵,轻于一掷。五月,布置东路防剿各营,单骑驰赴巩昌,抚循部众,筹粮济省会,及曹克忠饥军,宽其后顾之虑,保秦州等完善地,藉护南路饷道。寻标兵就抚,岳斌回省,诛乱首百馀人,馀释不问。六月,以在泾州拆阅林之望折报自请议处,部议降五级调用,上加恩改革职留任,并改为三品顶戴。七月,疏言:"臣以微贱武夫,被荷殊恩,膺莅重任。苟可稍效寸功,无论如何为难,亦不敢不竭犬马之力。顾抵甘经岁,迄少成功。推求其故,固属粮饷奇穷,亦因臣向带水师,未经旱队,于战守调度、地理形势,本所不谙;且出身行伍之中,筹粮、筹饷、课吏、治民诸大端,尤不经习。军务之无起色,未始不由于此。又臣从军十馀年,屡次重伤,向未医愈,旧时吐血之证,时愈时作,奔驰道路,已觉屡弱不胜,加以标兵叛乱,殆不啻万弩攒心,以至饮食大减,寝不成眠,力竭神疲,益形委顿。然使甘事本为臣所能逮,亦复万死何辞。乃时局艰窘,百倍寻常,若恐获畏难规避之罪,而隐忍不言,则必有深误大局之时,而转旋无计。伏查甘省回乱沸腾,焚掠残杀之惨,幽僻不遗。嗣后援剿诸军,日增一日,贼粮军食,无一不取给于民,循至今,被祸既深,孑遗无几,田土芜废,一片荆榛,人相刲食。去秋奏准于川、陕两省完足之区,筹措军粮数万石,至今运送至秦州者祇数千石,秦州以西车骡久已被贼耗尽,不能再前。目今已倍极艰危,转瞬更不知作何究竟。此军粮窘竭已极之情形也。去年两江督臣曾国藩奏明江南等省每月协臣十万五千两,即令如额如期概行运到,尚不敷十之二三。今臣每月仅得六万两,除制造火器军装以及运费等饷,实仅得三四万两,以之匀给雷正绾、曹克忠等各军及臣所部,每勇夫两月之久,始可得银数钱。此军饷拮据万难之情形也。甘中食用奇贵,每勇所费日过百钱。今得饷无多,久将衣被鬻尽,形同乞丐。况粮食缺乏,终日或不举火,再宿始得一餐;甚或掘剔草根树皮,苟延残喘。每遇进战,必须筹措十数日,始能裹带一二日之粮。即或战胜,而饥疲无力,不能追贼。臣每睹此情,心酸泣下,虽加意拊循,究属徒托空言,终无实惠。故屡次溃散,莫之能止。现在所存营垒,虽幸勉力支撑,然逃亡亦踵相接。凡营哨官,尽怀去志。曹克忠因此焦急,竟至成病。此营务危迫万分之情形也。逆回股数繁多,搜括数年,民间一马一骡,尽为所有。每接仗,千群万骑以相抗拒,败则行走如飞。我军多系步队,倍道而驰,日仅百馀里,未及数日,辄复疲劳。往往出截其前,反落其后。马步之势既异,饥饱亦复相殊。故攻剿尚易,而拦截终难。此贼势飘忽难制之情形也。以事势而论则如彼,以臣才病而论又如此。臣所以旦夕忧虑,知必不能了甘肃之事。若再恋栈日久,必至贻误益深。臣罪原不足惜,而甘事益不可挽回,其将如大局何也。"疏入,诏准开缺,调左宗棠为陕甘总督。命岳斌俟宗棠到任,再行交卸。

时陕回群窜入甘,蔓延清水、秦安间,岳斌以秦州完善地,贼所垂涎,且甘省转输饷道,止此一线之路,至是戒严,不可不急救。遂布置省防,出驻秦安之陇城镇,调度各军分股截剿,贼不得逞。八月,狄、河踞贼潜袭巩昌,防军失利,城陷。岳斌飞檄总兵傅先宗即日克之,斩获甚多。岳斌坐降二级留任。时曹克忠因病就医西安,岳斌以一身力疾往来督战。九月,兰州粮饷告匮,岳斌以南路稍定,疾驰回省,筹支危局。十月,横河川塬回逆被剿穷窜,阑入平凉府城,翼日收复。自是西路各军攻拔裴家营、镇虏堡各回巢,馀众就抚,平番、古浪一带驿路畅通。东路亦屡报胜捷,拔横河川塬老巢。十二月,病剧,乞假一月,允之。六年正月,再陈病状,请敕将军穆图善就近赴省暂署督篆,二月,诏可。又谕曰:"杨岳斌病势甚笃,情词恳切,若再勉强挽留,朝廷亦有所不忍。惟穆图善剿办东南回匪,并安抚已降之众,一时能否遽赴省垣,尚须斟酌情形,不致顾此失彼,方为妥善。杨岳斌俟穆图善到省接署督篆后,将一切情形详细告知,再议起程,毋得遽行回籍,致误公事。"四月,解任,遂回籍。

光绪元年,叩谒穆宗毅皇帝梓宫,仍恳回籍养亲。谕曰:"杨岳斌于水师一切事宜,最为熟悉,着前赴长江一带,每年与彭玉麟往来巡阅,将各营水师认真整顿,并准其会衔奏事。该前督巡阅之馀,随时回籍省亲,仍可藉修子职也。"二年,赐剿平粤匪捻匪方略各一部。三年,巡阅毕,遵旨绘呈长江江防全图。谕曰:"长江地方要紧,该前督巡查一切,悉臻周妥,洵堪嘉尚!所绘图幅详明,尤见实心办事。着随时周历,以副委任。图留览。"四年,以父病奏请开去巡阅差使,得旨暂缓巡阅。旋遵父母命,捐助山西、直隶、河南、陕西等省赈银五千两,上嘉之。五年三月,再恳开去差使,诏如所请。八月,丁父忧。六年,呈请湖南巡抚奏建楚军水师昭忠祠,列入祀典。

九年,法人构衅,沿海戒严。诏令岳斌会办福建海防事宜。十年正月,岳斌以母老病重辞,上原之,令俟母病稍愈,即遵前旨赴闽。七月,谕湖广总督卞宝第曰:“战局已开,军情万紧。杨岳斌深谙兵机,当移孝作忠,力图报称。着传知克日成军,出膺重任。”岳斌于是再出视师。九月,命迅往江南帮办军务,与曾国荃随时会筹战守。寻谕曰:“法兵现在基隆,台北府城万紧。着派杨岳斌帮办左宗棠军务,迅赴福建,驻扎漳泉一带,联络绅勇,设计渡台、速图逐法之策。”岳斌疏报募勇成军,并请在长沙添募,合成三十营,上不许,饬即将所选十二营迅速赴援。十月,奏言兵事:“一、简练京外制兵,分扼险要;一、团练海上民兵,合力防卫;一、豫筹屯粮,以充军实;一、重防陆地,以出奇制胜;一、量移机器局,以免疏失。”上韪之。是月,恭逢皇太后五旬万寿,上以岳斌奉诏治军,不遑将母,赏其母御书“教忠衍庆”匾额一方、大缎二匹。寻又加赏紫檀三镶如意一柄、大卷江缎袍褂料二匹。十二月,军至泉州。时法兵以轮船扼我渡台海道。十一年正月,岳斌率所部由秀涂口,夜渡埠南。二月,驻军台湾,筹布台南防务,联络绅民,数日间集团勇万馀人,排日操演,严为之备。驰抵淡水,与巡抚刘铭传所部,进薄基隆,互相犄角。法夷久不得逞,旋乞和。八月,班师,仍请回籍养亲,允之。十二年,紫光阁图像,录其长江战功最著者数事。十三年,丁母忧,岳斌在籍捐修文庙、书院,筹添乾、凤、永、保乡试号舍,建节孝祠。再遇岁歉,出家赀运谷米平粜,全活颇众。

十六年,卒于家。遗疏入,谕曰:"前任陕甘总督杨岳斌,忠勇性成,勋劳卓著。咸丰初年,随同前大学士曾国藩剿办发逆,创立师船,由湖北、江西、安徽直薄江宁,肃清江面数千里,厥功甚伟。同治三年,克复江宁省城,蒙穆宗毅皇帝眷念勋勤,赏给一等轻车都尉,并赏加太子少保衔,复由福建提督简授陕甘总督。嗣因亲老,准其回籍终养。朕御极后,命巡阅长江水师。上年服阕后,奏准在籍养病,方冀调理就痊,长资倚畀。兹闻溘逝,轸惜殊深!杨岳斌着追赠太子太保,照总督例赐恤。任内一切处分,悉予开复。应得恤典,该衙门察例具奏。加恩予谥勇悫,并于立功省分建立专祠。其生平战功事迹,宣付史馆立传。伊子附生杨潝仪,着赏给举人,准其一体会试。伊孙候选县丞杨镇荣,着以知县用;杨道瀼,俟及岁时由吏部带领引见,用示笃念荩臣至意。"寻赐祭葬。十七年,两江总督刘坤一以岳斌功德在民,请于安徽采石矶地方建立专祠,以彰荩绩而顺舆情,允之。

子正仪,花翎,二品顶戴,福建候补道;懋仪,江苏候补道;潝仪,恩赏举人。

孙镇荣,以知县用。

【校勘记】

〔一〕李世贤率众万馀窜楚及皖　"世"原作"侍"。今据杨岳斌传稿(之一三)改。馀仿此。

〔二〕遣副将唐学发摧棋盘岭下逆垒　"发"原误作"严"。今据杨岳斌传稿(之一三)改。

〔三〕尤难源源接济耶　原脱"耶"字。今据杨岳斌传稿(之一三)补。

严树森

严树森,原名澍森,四川新繁人,祖籍陕西渭南。道光二十年举人,由捐纳内阁中书,改捐知县。咸丰元年,授湖北东湖县知县。五年,报捐军饷,以同知升用。旋以防剿粤匪出力,升知府,赏戴花翎。是年,署武昌府。又以办理粮台实力筹画,巡抚胡林翼疏请免补本班,遇有湖北道员缺出,请旨简放,允之。八年,授荆宜施道。九年,擢按察使,遵旨改今名。十年闰三月,升布政使,以捐廉助饷,下部议叙。胡林翼复荐树森,综理精密,才胜吏事。

十月,擢河南巡抚。十一年正月,捻逆刘狗等窜扰朱仙镇,逼近省垣。树森率属筹防,饬黄河渡船悉泊北岸,咨会四品京堂联捷扼守黄河下游,派总兵成景、候补道张曜领军夹击之,贼窜南阳一带。树森劾成景进兵迟延,褫职留营效力。三月,奉督办剿匪事宜之命。时南阳股匪遁还亳州老巢,而另股捻首陈大喜等犯汝宁,踞永夏,叛练苗沛霖之党王全奎等犯沈丘、项城,开封以东几无完土。发逆陈玉成由安徽霍山窜湖北蕲水,与豫省光州、固始毗连,边防同时吃紧。上命树森筹兵扼守。四月,汝宁陈逆勾结平舆股匪扰新蔡、上蔡,饬张曜等击败之。时督办团练大臣毛昶熙疏报各营战绩,树森以其单衔入奏,并不会己确查虚实,因上疏言事权不一,政出多门,难免掣肘。谕曰:"前因各省军务未蒇,特派督办团练大臣劝办民团,以辅兵力,原以该员等于本省地利民情,较为熟悉。督抚大吏若与虚衷商搉,共济时艰,于军务不无裨益。毛昶熙系帮办之员,此次军衔奏事,本属非是，如果虚报胜仗，为所部员弁冒功地步，严树森亦应据实参奏，乃不肯明言撤去毛昶熙，辄以事权不一等词，空言动听。其器量褊浅，意在独断独行，岂能逃朕洞鉴？严树森、毛昶熙同办一事，惟当共矢公忠，同心戮力，不得意存畛域，以小节微嫌率行入奏。傥仍前各挟私意，是己非人，以致贻误地方，则是自取罪戾，不得以事多掣肘，藉词推诿也。"五月，官军攻霍庄踞匪，陈逆来援。树森檄张曜迎击，诛其酋朱全喜等。贼窜确山、遂平，营总苏谦复兜击之。按察使郑元善会张曜等军进毁贼寨，俘斩无算。又翦灭会匪李占标等于新乡、滑县等处。河北肃清。

先是，苗沛霖在安徽颍州，集众数十万，潜蓄异谋，陷寿州，并受发逆伪封。已而就抚，授四川川北道。六月，树森疏陈苗沛霖叛迹，请决计击之。略言："苗逆谋叛之心，久坚且决。今合皖、豫两省兵力，明彰挞伐，各团寨视官为从违，必皆倒戈相向。抚之难，不如剿之易也。"七月，陈大喜窜沈丘、项城，檄张曜迎剿大捷，平小王、张七等寨贼垒，另股刘狗、宋喜元等，亦饬副将图塔讷等击退之。时毛昶熙以事镌级，树森疏称昶熙数月以来整顿宋军，调度合宜，战功叠著，请开复处分，得旨允准。九月，贼扰荥泽、荥阳、汜水、巩县及郑州，树森檄副将穆正春等击之，贼败窜省北三道堤外，穆定春等邀击大捷，近省方报肃清。适刘狗等肆扰巩、洛、祥符、陈留复有匪踪。上命树森迅速调兵进剿，实力扫荡。十月，翰林院侍讲学士颜宗仪奏各省团练大臣诸多弊窦，请仍责成地方官办理。上以毛昶熙应否仍令督办河南团练，命树森妥筹速奏。寻奏请仍留办理团练，并帮办剿匪事宜，允之。

　　时穆宗毅皇帝御极,下诏求言。十一月,树森条上十二事:
一、简辅导以养主德;一、辨贤否以严黜陟;一、兴实学以育人才;
一、澄叙官方以清乱源;一、开武备馆,以裕将略;一、整饬京营,
以重根本;一、慎简大僚,以重屏藩;一、彰善瘅恶,以砺节义;一、
豫筹蓄积,以复民气;一、严究服制之案,以重伦常;一、禁淫靡以
惜物力;一、广言路以通下情。疏入,上嘉纳之。又言:“苗逆经
楚军追剿,逼近光固,难保不乘间西趋,边防吃紧,藩司郑元善等
未能赴防,请调副将周凤山招募湘勇,迅速赴豫。又亳捻刘老渊
有出窜之势,东路告警。省兵未能南行,请留驻省防,以备策应。
逆匪焦克昌等纠党数千,由东窜豫,扑犯滑境,扰及濬县,派兵渡
河,号召乡团,力保河北。”均如所请行。先是,御史刘毓楠劾河
南布政使边浴礼不职状,命树森查实,褫职遣戍。上以树森并未
露章参奏,镌级留任。十二月,派张曜剿退平舆窜匪,副将杨飞
熊复败东匪于卫辉大杨堤。豫境无贼踪。

　　是月,调湖北巡抚。同治元年正月,疏调总兵穆正春等四员
赴鄂,诏如所请;并谕树森到任后,务当振刷精神,一切防剿事
宜,与官文等和衷商办,以比美于胡林翼。三月,粤逆石达开自
广西窜犯鄂境,树森派兵会同湘、黔各军三面兜剿,随克来凤县
城。四月,粤逆陈得才等由南阳窜内乡,扰及淅川,图犯陕境。
捻匪窜扑永宁,延及雒南,刘老渊股匪亦由陈州西窜。树森疏
言:“当今形势,不虑粤、捻各匪并力南趋,特虑皖匪扑雒南。粤
逆窥伺陕境,盖陕西西、同、凤三府,全陕菁华荟萃。惟有先驱贼
出关,然后会合夹击,以保完善。”五月,贼犯郧西,檄总兵何绍彩
败之于何家店,又饬道员金国琛赴郧策应。寻以将军多隆阿由

潼关进剿发逆,树森并檄金国琛等督军入陕,扼贼窜山阳之路;并疏陈陕省汉、回构叛实在情形,谕令有所见闻,随时具奏。又言:"湖北按察使阎敬铭磊落光明,综核精密,实为湖北第一贤能。使综鄂省用人理财之大纲,则胡林翼已成之规不致颓废,未竟之志必可踵行。武昌道栗燿端正明通,练习体要,堪胜臬司之任。"奏入,上嘉其得以人事君之义。八月,绘湖北全省地图以进。谕曰:"行军之道,以审地势为先。鄂省居天下之中,为自古用武要地。该抚宦楚十年,足迹所至,悉行记识,并于郧阳、施南二府未曾亲历者,饬属绘图,加以咨访参核,具见该抚留心军事。图内所绘山川、险要,朗若列眉,足为发纵指示之一助。近来督抚中如曾国藩、左宗棠等均能讲求地理,是以所向有功。严树森惟当益励精神,于战守机宜实心讲求,务期四境乂安,庶不负其所志。"时顺天府府尹蒋琦龄条陈选练民兵,按粮派费,下各直省督抚议。树森就湖北情形胪陈十弊,上匦之。先是,逆首石达开由四川犯湖北之竹溪、竹山,并扰陕西之平利,树森檄何绍彩觇贼所向,实力堵剿;并檄周凤山等分剿正阳、罗山一带,攻克梅、黄老巢,进规邢家集、龙井、陡沟、明港,克之。至是淮南肃清,而发、捻自老河口陷随州,逆首陈大喜陷京山、应城,马融和入德安,另股捻匪姜苔凌等复由河南新野犯楚境。九月,檄穆正春等克复京山、应城,陈逆溃走,马融和亦为护军统领舒保击败,又逆首赖文光、陈得才等犯襄河,多隆阿由陕回援,赖逆败走桐柏。襄河迤北肃清。

是月,以星变疏列侍郎胜保罪状,略言:"七月夜有众星流向西南,复有彗星见西北。上天垂象,变不虚生。皇上朝政清明,南方军务渐有起色。惟以西北重地军务,委之胜保一人。此则用人之一失也。胜保督办皖、豫军务,其时河南、陕西、湖北三省并无发逆窜扰,乃胜保不能密筹堵截,而放贼入豫入楚入秦,滋扰完善之地,致回匪乘衅而起,糜烂至今。发逆之纵横于楚、豫、秦三省者,虽经楚师叠剿,而忽此忽彼,到处沸腾。不特增西北之忧,抑且掣东南之肘,不知胜保督办皖、豫之名何在?乃犹毫不知耻,竟以解颍围、擒狗逆为己功。不知颍围之解,乃贼震于庐州之捷,与楚师之至也。狗逆之擒,乃苗沛霖惧多隆阿、李续宜等率师进剿,始俘献以图功也。不然,楚师未至之先,何以颍围不解?狗逆不擒?发逆不窜东南而窜西北?则胜保防剿之疏可见。及督办陕西军务,临潼一役,又捏报战功。据陕西官绅函称胜保之兵,日以纵酒宣淫为乐,有目不忍见、耳不忍闻者。舆论如此,则其为天怒人怨极矣!查胜保自请入关之时,正两次星变之时,又皆见于西方。或者天心眷顾,见民情不得上达,特垂象以示儆欤?东南窜乱十馀年,赖诸臣戮力同心,始补救于万一,何堪复以西北重地任胜保一人败坏耶?"先是,光禄寺卿潘祖荫,顺天府府丞卞宝第,御史华祝三、丁绍周等先后劾胜保拥兵纵寇,山西巡抚英桂、将军德兴阿等亦劾其克扣军饷。至是,科尔沁亲王僧格林沁查明胜保欺冒贪污各款,与树森劾奏合,有旨逮问,论如律。

十月,应诏条陈四事:"一、保举记名藩臬,应请停止也。藩臬事赅六部之全,秩居百僚之上,督抚职兼军务,不过总两司之成而已。是两司之难,与督抚无异。近年来不论其人品行经济何如,或应募到营,或随仗出力,数年之内,陈臬开藩,问刑名不谙律例,问钱粮不识度支。以杀贼之心杀民,以选兵之法选吏。纪纲败坏,贤否混淆,蠹政殃民,流毒曷极。朝廷但以其战功焜耀,谓非此不足以报耳。不知由军功而虚衔,而实职,而翎枝,而勇号,而纪录加级,层累曲折,保至道府以上,可以酬大功数十次。如果人品经济,体用兼赅,堪胜大任,止宜胪陈事实,特疏上闻,听候简用,不得擅请记名藩臬。即或荷蒙超擢,如系军营出身,亦宜令原保之人出具切结,决不贻误地方,然后试以吏治。否则令于军务省分,以本职带勇,免致用违其才。至甫经收复之省,招集流亡,培养元气,生聚教训,藩臬两司责任尤重,更非徒谙武事者所能胜任。查例保举道府记名简放已不准行,况两司位在道府以上乎? 一、各省绿营兵额,概请停补也。我朝定制,各省督、抚、提、镇及漕河诸帅,皆有标兵,要隘之区,必设塘汛,布置不可谓不周。将弁有廉俸、有薪干,兵丁有银米,征调有行粮,待兵不可谓不厚。乃平时武官奴婢,皆食军需;遇有空旷,都、守、千、把以及字识,层递蚕食。兵籍所存,老弱者半,油滑者半,分处城汛,寥寥数人。以钱粮为世业,视训练为虚文。一旦有警,凑杂成军,百里赴援,兼旬始至。未及见敌,望尘先奔,而杀贼转借民丁,戎事反资文吏。以有用之饷项,养无用之官兵,国家何赖有此武备耶? 近年被兵省分,绿营额兵,城破以后,逃亡殆尽。收复之馀,依然入伍。而凡筹剿筹防,专恃招募之勇,攻城夺隘、陷阵冲锋者,名为官军,何曾有一弁一兵出自营伍?夫用勇之力,既胜于用兵,则养兵之粮,当移以养勇。臣愚以为安徽一省甫经收复,江苏、浙江两省尚陷贼中,营制尽废,兵籍无存,所有兵粮,宜全行截止,仅留武营员缺,叙补带勇出力之人。

惟直隶京营及山西、陕、甘等处边要情形不同,仍照旧例办理。其馀各省,应请敕下该管总督及提督衔之巡抚,核实稽察,遇有缺额,即行扣除,不准再补。以所省之饷为练勇之资,事平之日,即于战勇中择其质性朴实、胆技优长、膂力方刚者,编入行伍,充补营兵,愿归某标,悉听自便。则行伍悉皆精劲,库储得以稍纾,而将来无用勇丁亦不难遣散矣。一、军营恤赏银两,急请变通也。自粤匪构祸以来,搢绅荼毒,将卒沦亡,赴义捐躯,所在皆有,例邀恤典,在朝廷有此善举,愈足昭死事之诚;在私家沐此皇仁,亦足慰幽泉之憾。惟刻下库储匮乏,各路征兵月饷,百方搜括,尚虑不敷,安能筹给此款? 而死事之家,知有此项,或借以归槥,或待以养生。欲不行给发,而呼吁频闻;欲概行给发,而库款支绌。军务一日不竣,此款逐日加巨。应请敕下户、兵二部通行各省,将咸丰十一年以前所有此项银两,核计实数,查照筹饷例及现行例不准减成,准其作为子孙捐项,于世职外另行议叙官阶,仍予武职,俾得及时效力。如本系读书子弟,准其指捐文职,傥为数无多,或准作贡监,或议叙职衔,其子孙若已出仕,或加级纪录,或请封典,均听其便。庶积年巨款,借以销除。在忠节之裔,世受皇恩,亦必乐于从事。至同治元年以后,除临阵伤亡者,当由粮台发给外,其馀此项银两,应俟库款稍充,再照旧章给领。如愿议叙官阶者,仍准照此案,则德泽旁敷而存殁均感矣。一、部院司官廉俸,应给实银也。京官之职,翰詹原无专政,阁部院寺皆为办事衙门,而六部尤剧。查部属一途,捐班本系有资,荫生保举推升各班,人数较少。惟拔贡朝考及进士分部者最多。此项人员,半皆寒士,定例于正途出身分部学习者,给俸银之半,俸米与实缺同。当捐例未开,读书释褐,观政数年,既能补叙,而科道出其中,卿贰出其中。若京察外用,郡守监司,循资可得。是以明知其清苦,而犹勤于供职也。乃近闻翰詹科道,多愿外迁;部院司员,纷纷告退。或别谋差使,或投效军营,或榜下到部而呈请归班,或捐为郎而改捐外吏。其办事者,或已得实缺,或力难改图。竭蹶从公,朝不谋夕。其故何欤?士大夫远离乡井,服官中朝,温饱固非所求,饥寒亦所难忍。若谋生之不暇,何尽职之能言?应请敕下部议,于部院五六品以下司员,所有俸银,不必折抵,概与实银;至内阁翰詹等官,均系朝廷清要之职,其五六品以下者,计阶授禄,亦属无多,并请一体给发实银。现在各省军需,每岁縻饷不下千万。此等经制之费,上足以崇国体,下足以养人才,何惜区区数万金耶?”疏下部分别议行。二年二月,御史朱文江以湖北发、捻各逆悉数败遁,全楚肃清,疏请裁撤湖北厘局;丁绍周亦请撤各省厘局委员,归地方官办理。疏下树森偕湖广总督官文查明覆奏。寻以湖北通省厘金,每年抽收实银约在一百三四十万两,全赖分局稽查偷漏,碍难议裁;并胪陈八弊,奏寝其议。

时匪首陈得才等由房、竹犯陕西,陷兴安府城。上命树森出省驻扎秦、鄂交界地方,督军越境驰剿。树森疏称总兵穆正春等军扼驻黄州、德安等处,南御发逆,东防皖、捻,竟无一兵一将堪以抽调,只身前往,无济于事。三月,发逆李秀成围江浦,树森以扼防紧要,亲赴黄州查阅营垒,就近调度。时逆匪陈大喜纠合皖捻南窜麻城,穆正春败之于白杲镇,复败之于上巴河,贼西趋蕲水,窥伺武汉,树森檄护军统领舒保等夹击之,贼大败遁。四月,苗逆复逼楚疆,李逆又纠合皖捻,疾趋麻城,上伺荆襄。树森饬穆正春等扼要防剿。九月,捻逆程大老砍等,由河南阑入湖北钟祥,扰及应山,甫经总兵杨朝林等击退。陕西滇逆蓝二顺复陷汉中,郧西戒严。匪首张总愚亦窜扑河南内乡、淅川,上命树森等派兵驰援,毋许稍分畛域。三年二月,苏杭克复,官军围攻江宁,汉南发逆图扰楚豫,为回救江宁之计。谕树森等严扼要隘,俾该逆不得越境。三月,捻逆陈大喜由老河口下窜,上命树森等派兵会剿。嗣以日久未见覆奏,深恐鄂省各路官军事权不一,命官文刻日出省,将襄樊等处水陆各军力加整顿;省城防务,着严树森认真经理。九月,官文劾树森把持兵柄,楚省旧营悉改隶抚标。上责树森任性妄为,命以道员降补。四年五月,授广西按察使。时翰林院侍读学士景其濬劾贵州巡抚张亮基玩兵侵饷,纵暴殃民,上命树森查奏。寻查明被劾各款,请交部严议。五年,擢贵州布政使,以前在湖北巡抚任内动用竹木商捐,部议降一级调用,寻有旨改为降四级留任。六年,疏请开缺。谕曰:“严树森系曾经获咎之员,叠蒙擢用。上年简授广西按察使,命往贵州查办事件,旋授贵州布政使。乃沿途逗遛,延不到省。叠次借词巧饰,且奉特旨交查事件,并不亲临其地,安坐邻省,即行查覆,向来亦无此体制。又见贵州事务棘手,亟思规避,率行奏请开缺来京。似此畏葸取巧,实系溺职辜恩。若仅予罢斥,转得置身事外,遂其私谋;严树森着即革职,发往云南,交云贵总督张凯嵩差遣委用。”十一年,赏四品顶戴,署广西按察使。光绪元年四月,授广西布政使,十一月,擢巡抚。

二年,卒。遗疏入,谕曰:“广西巡抚严树森由知县荐擢两司，简授封圻。自到广西以来，于地方军情吏治，认真筹办，克称厥职。兹闻溘逝，悼惜殊深！严树森着照巡抚例赐恤。任内一切处分，悉予开复。应得恤典，该衙门察例具奏。伊长子知县严鸑昌，着加恩以直隶州知州用，长孙祖衡，着加恩以主事用，用示笃念荩臣至意。"寻赐祭葬。

子鸑昌，湖北荆门直隶州知州；翙昌，江苏候补道。

孙祖衡，主事；祖彭，知县。

翁同爵

翁同爵，江苏常熟人。本生父心存，体仁阁大学士，自有传。

同爵，由荫生用主事，分兵部。咸丰九年，补官。十年三月，升员外郎。十一月，以办练勇出力，加知府衔。同治元年二月，京察一等，记名以道府用。十一月，丁本生父忧，二年，服阕。三年七月，因充马馆监督，筹备马匹，接递军报，均无贻误，命专以道员用。九月，授湖南盐法长宝道。十月，再叙办理练勇功，加盐运使衔。五年三月，署按察使。十二月，署布政使。六年八月，擢四川按察使。湖南巡抚刘崐疏请暂留布政使署任，允之。十一月，吁请陛见，有旨即赴新任。七年，升陕西布政使。九年，甘肃回逆窜陕境，逼近省垣，同爵拒却之，赏戴花翎。

十年十一月，授陕西巡抚。倡捐银一千两，修理周陵。十二月，丁本生母忧，十二年正月，服阕。十三年，来京。九月，授湖北巡抚。光绪元年五月，兼署湖广总督。七月，疏免湖北米谷厘金，诏如所请。二年正月，疏言："襄阳属之均州，僻处山陬，幅员辽阔。又有武当山路径纷歧，林深箐密，最易匿匪。非专员稽察,不足以清奸宄。拟请于州治西南八十里孙家湾添设巡检一员,孙家湾附近黑虎庙前本设有巡检,顺治年间裁。今孙家湾人烟稠密,又为商旅往来要道,亟应添员弹压。查有江夏县属浒黄巡检,汛地无多,可以移驻孙家湾,作为繁缺巡检,随时拣员调补。至浒黄所辖多在滨江,查江夏县县丞向驻省垣,本有水利之责,并无分管汛地,即以该县丞移驻浒黄,专司水利,于地方公事各得其宜。"下部议行。

三年二月,交卸督篆。八月,卒。遗疏入,谕曰:"湖北巡抚翁同爵,由部属简授道员,荐擢封圻。历任陕西、湖北等省,老成练达,办事实心,克勤厥职。兹闻溘逝,悼惜殊深!翁同爵着照巡抚例赐恤。任内一切处分,悉予开复。应得恤典,该衙门察例具奏。伊孙荫生翁奎孙,着加恩赏给举人,准其一体会试,用示笃念荩臣至意。"寻赐祭葬。

子曾纯,浙江候补知府。

孙奎孙,举人,工部主事。

清史列传卷五十五

大臣画一传档后编十一

福济

福济,必禄氏,满洲镶白旗人。道光十三年进士,改翰林院庶吉士。十五年,散馆,授编修。寻擢侍讲,充文渊阁校理。十六年,充日讲起居注官。十七年,转侍读。十八年,升侍讲学士。十九年五月,转侍读学士,管理左翼幼官学。七月,充河南乡试正考官。十二月,擢詹事府少詹事。二十三年三月,大考二等,赏文绮。八月,署国子监祭酒。九月,迁大理寺卿。

二十四年五月,升都察院左副都御史。七月,升盛京兵部侍郎,十月,调兵部右侍郎。二十五年二月,授镶白旗蒙古副都统、总管内务府大臣。调工部右侍郎,兼管钱法堂事务。四月,充殿试读卷官、朝考阅卷大臣,管理雍和宫事务。寻因兵部堂官违例派署掌印,失察司员索诈书吏,事发,福济奏参不实,部议革职,上加恩改为革职留任。五月,充教习庶吉士。二十六年二月,署户部左侍郎,兼管三库事务。闰五月,授右翼总兵,调吏部右侍郎、正蓝旗满洲副都统。六月,充崇文门副监督。八月,充顺天乡试副考官。十二月,上御门听政,福济侍班迟误,降一级留任。二十七年正月,署户部右侍郎,兼管钱法堂事务。三月,充会试副考官。八月,管理武英殿事务。二十八年正月,管理户部三库事务,充经筵讲官。

　　五月,因御史方允镆奏参河南归德府知府胡希周等贪劣各款,敕偕詹事府右庶子骆秉章往按,鞫实,科断如律。时御史杨彤如适有河南贾鲁河挑挖糜费之奏,上命福济等逐细查勘。寻奏言:“该省兴挑贾鲁河三次,共用银五十四万馀两、钱八万串,核与原奏几及百万不符。且甫经完工,即行淤垫。总由勘估未能认真,承挑工员复草率从事。糜帑误工,咎无可辞。所有承挑各员,请分别革职、议处,仍勒限赔修。河南巡抚鄂顺安于此等巨工,未能先事详勘,及办理不善,又未将承办各员据实严参,洵属草率于前,徇隐于后。请旨交部议处。”从之。十月,御史曹楙坚奏参江苏署苏州府知府钟殿选等滥刑讳盗各款,上命福济偕骆秉章前往查办。寻查明分别定拟,如所议行。旋命折回山东,审办运司韦德成呈控抚臣勒令开缺、藩司挟嫌倾陷一案,旋奏言供词各执,请提交刑部审讯,从之。十二月,调户部右侍郎,兼管钱法堂事务。二十九年二月,充紫禁城值年大臣,授正白旗护军统领。先是,御史杨彤如奏劾山西巡抚王兆琛赃款昭著,各州县馈送营求,上命福济偕刑部右侍郎陈孚恩驰往查办。六月,奏称王兆琛以封圻大吏,失察巡捕家丁婪索规礼,复收汾阳、霍州两处红封银两,又受盐商规银一万四千馀两,霍州知州杨树年于阳曲县任内索借王凝一银一万馀两,均请革职严讯。得旨,王兆琛、杨树年着派员押送来京,交军机大臣会同刑部覆审。七月,充江南乡试正考官。三十年二月,充实录馆副总裁,署理奉宸院事务。三月,转左翼总兵,稽察内七仓。四月,充朝考阅卷大臣。五月,复充教习庶吉士。六月,医生薛执中以治病为名,编造妖言,经巡城御史拿获审讯,牵涉福济,上褫福济职。八月,赏给四品顶戴,署理山西按察使。十月,授山东按察使。咸丰二年十月,迁奉天府府尹,因在山东按察使任内,捐备军需银两,赏戴花翎。十二月,擢河道总督。三年三月,调漕运总督,命暂行督办淮北盐务。

时粤逆窜踞江宁,蔓扰江北,福济带兵会同钦差大臣琦善攻剿扬州踞匪。九月,逆匪三百馀人由扬州缺口门缒下,乘小船木筏过河。福济督兵驰往击退,复捐养廉银两交粮台备用,下部优叙。十二月,调安徽巡抚。因扬州、仪征先后收复,奏留扬州东路漕标兵三百名、河标兵二百八十名,赴临淮关相机筹办。四年正月,奏言:"用兵之道,先资地利。查关山系古清流关,为自江入皖门户。北则涧溪,为东达临淮要隘,皆远在庐州后路,势难兼顾。臣行营兵衹四百名,庐州业经失守,即当兼程锐进,断不能留兵分守。应请饬下琦善等速拨精兵二千赴关山、涧溪、临淮一带,实力堵御,防贼北窜。"又奏言:"淮北盐课,前经陈请拨充安徽军饷,业蒙允准。以目前而论,不重在督运而在督销。适奉谕旨补授安徽巡抚,则督销之责,更无旁贷。应请将淮北盐务仍归臣一手经理,俾可尽力催解。"俱允之。

二月,福济至庐州。时六安州为土匪所踞,上以福济筹防未周,下部议处。福济又奏言:"自到庐后,统计调拨兵勇约二万有馀,每月兵勇口粮及各项应付,不下十五六万。前在临淮途次,奏请广开捐例,提用安徽地丁银两,原为接济军需起见。乃到任以来,体察情形,江南各属皆逆匪出没之处,自难征收。滁、和、泗、凤、颍各属,捻匪肆起,民不聊生。且皖省向多大商富户,自逆匪盘踞江面,四出掳胁,商贾不通,农民益困。既难赋课,何有捐输?于此而议开征开捐,民力更有所不给。断不敢因前次奏请,稍涉回护。惟刻下军费浩繁,不能不豫为筹拨,请旨速饬浙江抚臣,除前拨五万两外,再赶解五万两;并请敕令山东、山西、陕西各抚臣,每省拨解五万两,以济要需。"诏从其请。三月,奏请派前江南河道总督潘锡恩、安徽学政孙铭恩会办宁国、徽州、广德三府州防剿事宜,允之。五月,会同钦差督办军务江南提督和春,攻克六安州城。六月,奏请豁免六安州咸丰三、四、五年地丁钱粮,永加文武学额。时贼踞英山,福济等檄饬候选知州李元华等会同绅勇直抵城北之竹丝岭,奋勇进剿,贼众惊溃。官军由南城蚁附而上,复英山县城,旋克霍山。九月,奏免英山、霍山欠完钱粮,永增学额。又奏言:"皖省自军兴以来,各邑绅士借团练之名,擅作威福,甚至草菅人民,抢夺民财,焚掠村庄,无异土匪。应请嗣后凡办团练,无论大小绅士,胥归地方官节制。"均允之。五年二月,督军进攻庐州,踏平城外贼垒,命官兵诈为援贼旗帜,乘贼不备,击破之。十月,遂克庐州。上加福济太子太保衔,并头品顶戴。寻偕和春奏免庐州咸丰四、五、六年钱粮,并加文武学额,六年正月,奏请分别蠲缓安徽被兵各府、州、县漕粮,均允之。七月，因江北各属亢旱，请暂缓抽税，得旨允行。

时贼踞三河，福济偕和春督参将程智泉等击败之，复其城；冒雨进攻庐江，克之。九月，克巢县，并复合肥等州县。上以福济亲督兵勇，攻克坚城，命交部从优议叙，并赐以御用驼色棉袍一件、白玉"喜"字翎管一枝、白玉搬指一个、大荷包一对、小荷包四个。福济复奏免巢县、合肥等州县被兵以后三年钱粮，增广学额。十一月，移营桐城。七年正月，逆匪复陷无为、庐州各州县，叠次围扑桐城，均经击退。二月，贼四面麇集，官军以众寡不敌，溃围出。上以福济督办无方，交部议处。贼复陷六安州，福济因病奏请开缺，专办军务。得旨："福济以巡抚督办军务，责任至重，何得以微疾辄请开缺？所奏着不准行。"时军饷支绌，楚、广兵勇索饷大哗，致巡抚关防遗失，福济自请严议，上加恩改为交部议处。十月，贼由湖北折回皖省，勾合捻逆窜扑石皋、下阁等处。福济饬总兵吉顺等进剿，踏毁贼木城四，焚贼船七，扫平下阁贼垒。贼复陷桃镇，窜扰派河。时福济已驻兵庐州，派兵攻桃镇、派河各要隘，贼锋大挫。贼复由巢县绕至含山，围和州河村铺军营，福济等分路迎剿，贼众溃逸。

八年四月，奏言："滁州、来安县相继失守，北路宿、灵驿站已被捻阻，东路全滁饷道又被贼踞。庐州四面受敌。其故由于皖地当冲，江宁围急，则粤逆勾捻，裹胁蔓延，另图占踞东南。瞰淮扬，则牵掣江南大兵；窜宿徐，则为中原巨患。所可虑者一。又由于庐兵太单，以万馀兵勇，兼控数百里平旷之区。光、固之军，逼贼入皖西境；蕲、黄之军，逼贼入皖南境；浦、六之军，逼贼入皖北境。区区之皖，实为贼薮。所可虑者二。臣以一旅当数面之贼,饷需久缺,又无以鼓励军心。前岁总兵郑魁士桐城溃退,各营元气大损。节次奏调添兵,未蒙俞允。即拨防各兵,如吉林、黑龙江马队,热河、密云、陕甘、山东、山西等处均以留标乏兵为词。悦仍仅此兵力,责令支持,全滁不复祸犹浅,全皖尽陷祸更深。所可虑者三。皖饷专待外拨,乃陕西奏定按月二万,数月不解;山东更屡催罔应;江苏及盐课拨款,或断或续。现各营被困,数日断炊。协拨不来,溃散立见。所可虑者四。臣怀救民之志,实无办贼之才。际此一筹莫展,恳皇上将臣严加议处,速敕德兴阿、胜保等无分畛域,闻警必援,拦头会剿。并请添调重兵,添拨多饷,特派大员分办淮南北贼捻,以专责成而速殄灭。"奉旨:"滁州、来安相继失守,福济株守庐州,一筹莫展,咎无可辞。着交部议处。"福济寻派兵击退临淮捻匪,克复六安、来安,贼复窜陷怀远,分股攻扑凤阳,府县城垣同时失陷。定远危急,庐州后路梗塞。

六月,因病请假,旋奉旨:"福济自克复庐州后,未能振作,日久无功,以致贼势蔓延,实难辞咎。着革去头品顶戴并太子少保衔,即行来京,另候简用。"九月,授内阁学士,兼礼部侍郎衔。十月,赏给副都统衔,作为西宁办事大臣。九年,以安插投诚野番办理妥速,赏还头品顶戴。十年六月,授工部左侍郎。九月,署陕甘总督。十月,兼正黄旗汉军都统。十一年正月,授成都将军。七月,调云贵总督。八月,逆匪蓝大顺围攻绵竹,福济饬参将徐邦道等迎剿,绵竹围解,逆匪窜遁。十一月,以两次奏请叩谒文宗显皇帝梓宫,穆宗毅皇帝谕曰:"云贵总督福济,由翰林荐擢侍郎。旋因获咎褫职,我皇考大行皇帝弃瑕录用,复擢安徽巡抚,办理军务,种种乖张贻误,以致地方糜烂。蒙先皇帝再造之恩,仅予处分,未经治罪。嗣又擢任将军。朕于御极之初,复简放云贵总督,叠经谕令查办事件,并谕各直省督抚毋庸来京叩谒梓宫。迨该督具折陈请,复批令毋庸前来,催令迅赴新任。[一]该督自应以地方为重,兼程前往,将应办事件,次第办理,方为不负委任。乃该督于接奉后,并未赴任,仍折回西安,专差递折,恳请仍准叩谒梓宫;并称滇黔军务诸多棘手,非奏牍所能罄述,必须泥首阙廷,详细面陈。于拜折后,竟自起程北上,而于查办事件并催令赴任谕旨,无一字提及。览奏不胜骇异!福济接奉前降毋庸来京叩谒梓宫谕旨,[二]已可不必奏请,迨经接奉批折后,岂尚未能深悉,而故为是哓哓渎请?即滇黔军务,事多棘手,何难于到任后,详细筹画,据实密封上陈?今该督并未行抵新任,岂能悉知其情形,即以面陈为请,不候谕旨,擅自北上,显系心存畏葸,饰词取巧。福济以屡经获咎之员,受两朝知遇厚恩,当此军务吃紧,不思力图报效,辄敢巧为尝试,实堪痛恨!若仅予革职,转得置身事外,福济着革去总督,赏给四品顶戴,仍饬迅赴云南,交新任署总督潘铎差遣。倘再不知愧奋,定当重惩治罪。”

同治元年,西藏喇嘛构衅,以驻藏办事大臣满庆等前后奏报支离,赏给福济副都统衔前往查办。嗣因道路梗塞,驿站不通,未能前进。三年,撤副都统衔,留四品顶戴。四年,回京。六年,授科布多帮办大臣。七年,调布伦托海办事大臣。八年,授乌里雅苏台将军。九年五月,疏称:“查同治四年西北军兴以来,由喀尔喀四盟汗、王、贝勒、贝子、公、台吉各官,喇嘛等捐助驼马牛羊,有即拨用者,有饬候提者,并有径交官厂牧放者,乃以灾瘟为词,任意倒毙。若漫无限制,听其取巧效尤,恐难收实用。请饬部妥议,蒙古捐输牲畜,无论官收私存,应否每年若干匹内准其报毙多少,严定简明章程,以示限制。"章下所司。十月,回匪陷乌里雅苏台,谕曰:"乌城被匪窜入,福济等既不能先事豫防,临时又不能力图堵剿,本当治以应得之罪,姑念该城兵力甚单,势难堵御,尚属可原。福济着革职留任,以观后效。仍着督饬蒙古官兵及派出察哈尔、吉林、黑龙江等处马队,迅将窜去贼匪悉数殄除。"旋以乌里雅苏台参赞大臣锦丕勒多尔济奏参福济谬妄贻误,得旨:"福济身膺边寄,不能振作有为,力图报称,实属有负委任。着即行革职。"十二年,因捐银助赈,经直隶总督李鸿章奏陈在皖战功,并请奖叙,奉朱批赏还原衔、花翎。

光绪元年三月,卒。鸿章奏入,谕曰:"前乌里雅苏台将军福济,于咸丰年间,在安徽巡抚任内办理军务,宣力有年。现在因病身故,殊堪轸惜! 福济着加恩照巡抚例赐恤。"寻赐祭葬。

子长霖,户部员外郎。

孙善佺,举人,花翎,候选员外郎。

【校勘记】

〔一〕催令迅赴新任　原脱"催令"二字,又"迅"下衍一"速"字。今据毅录卷七叶二七上补删。按福济传稿(之一三)脱衍。

〔二〕福济接奉前降毋庸来京叩谒梓宫谕旨　"降"原误作"次",又脱"叩谒梓宫"四字。今据毅录卷七叶二七下改补。按福济传稿(之一三)误脱。

晏端书

晏端书,江苏仪征人。道光十八年进士,改翰林院庶吉士。二十年,散馆,授编修。二十三年,充顺天乡试同考官。二十四年,充云南乡试正考官。二十六年,京察一等,记名以道府用。二十七年,授浙江杭州府遗缺知府,寻补湖州府知府。三十年,大计卓异。咸丰元年,调署杭州府知府。二年四月,复署杭州府知府。六月,署杭嘉湖道,寻护理盐运使。七月,以捐军需银,下部优叙。十月,捐升道员。三年六月,擢福建汀漳龙道,未及行,八月,署浙江盐运使。十二月,奉旨开缺,留于浙江,以道员候补。四年正月,以办理海运全竣,下部优叙。四月,授宁绍台道。九月,升按察使。五年二月,江苏苏松太道吴健彰以通夷养贼被劾,上命新授四川总督黄宗汉查办。宗汉密饬端书赴上海查访得实,健彰抵罪如律。

时粤匪陷江西玉山县,浙江衢州戒严。四月,巡抚何桂清檄端书赴衢防剿。六月,贼踞安徽休宁,端书以兵驻南源口。是时,安徽官兵克石埭,端书饬知府石景芬至祁门追剿。六年二月,迁江西布政使。四月,调山东布政使。七月,谕曰:"晏端书现留浙江办理防堵,着俟浙西防堵事竣,即行来京陛见。"先是,逆首石达开扰抚州,端书偕道员周起滨驰援之。至是,皖南军情紧急,回军杭州。八月,总办筹防助饷事。十一月,入觐,擢浙江巡抚。七年三月,疏报官军收复婺源,并布置徽、衢各路堵击情形。时江南各营欠饷甚巨,哗溃堪虞。先后寄谕端书等体察情形,妥行筹办。又以安徽庐州官军饷竭兵单,危在旦夕,命端书筹解银四五万两。寻疏陈皖南及浙之衢州同时告警、自顾不暇状,上切责之。

初,督办军务兵部侍郎衔曾国藩奏准借拨浙盐三万引,赴江楚销售,收课济饷。督办盐运事务前吏部左侍郎万青藜请俟引数行完,再筹接办。是月,端书疏言:"曾国藩军营需饷浩繁,江西力难支应。今以浙盐济饷,一举两得。且两年来所运之盐,均扣收淮南正杂课费,及浙省抵解协饷,共十五万有零,应俟河口道路肃清,力筹接办。"七月,请添设皖南镇总兵,酌改营制武弁各缺,下部议行。

时婺源又陷于贼。九月,安徽统兵大臣张芾疏称:"婺源界连江浙,徽防兵力不敷分派,晏端书议由衢州拨兵三千,前往扼守。臣请浙军扎婺西之中云,臣援兵扎婺北之清华街,乃游击杨国正谓中云不可扎营,宜守婺城。臣与江长贵力争不可。端书卒从国正议,派知府毕大钰、游击杨金榜于婺城外分扎数营,且有在东门外者似系豫为退步。迨贼至,杨金榜弃营走,毕大钰力竭阵亡。向使中云扎营,何至任贼直入? 使杨金榜固守婺城,则清华一军亦可赴援。今乃片刻不守,县城失陷。是杨国正倡议贻误于前,杨金榜弃军溃败于后。臣屡请端书分别参处,未见施行,请旨严究。"端书疏辨之,略言:"中云距婺源城四十里,〔一〕北通景德镇,西南通乐平,东南通德兴。臣议以徽衢之师合守婺源,先经衢州镇总兵饶廷选委游击杨国正往度地势。其时乐平、德兴均有股匪,景德屯匪尤多。其窜袭婺城,不必由中云。且中云三面受敌,无险可扼。若浙军由婺城策应清华,路尤平坦。婺城四面皆山,登城东之程家山,俯见全城,又可遥望西北。遂议以杨金榜所部分扎西北门外,毕大钰所部扎程家山。此杨国正议扎婺城及东门外亦有数营之原委也。杨金榜至婺,甫立营而乐平贼已窜近中云,杨金榜、毕大钰前往迎剿,小挫之。讵该逆结连浮梁、景德贼,进逼县城,又以一股袭毕大钰营,一股由西门外袭杨金榜营,鏖战半日之久,逆援蜂至,毕大钰力竭阵亡,杨金榜亦被重伤,溃围而出。臣责令立功自赎,暂缓查参。此杨金榜受伤退守之情形也。应请旨将杨金榜革职留营,以观后效。”从之。十月,疏报徽衢官兵克复婺源,又言将才难得,所有皖南镇总兵一缺,请即以署总兵江长贵补授,允之。

八年正月,省城筹防需款,端书倡捐助饷,上嘉其急公,移奖子弟。二月,疏言:“江西临江克复后,溃匪由进贤、东乡窜扰贵溪、安仁、金溪各县境。又引抚建之贼东渡,图犯广信河口。当饬副将周万选、游击黄熊飞守玉山,参将胡定国守广丰,游击杨国正守江山,饶廷选亲统漳勇,相机援剿。计衢防各军六千馀名,分拨各路已去五千有馀,常、开两防存兵不敷调遣。惟有驻守婺源之兵一千馀名,由臣咨商张芾将前项浙兵饬赴玉山,以重防务。”得旨:“保障完善之区固属紧要,然近防不如远剿。若稍有畛域之分,信郡不守,浙境焉能独全？懔之!”三月,以江山县失守,自请议处,并劾杨国正等临阵退避,分别惩处。

贼既入浙,又陷开化、常山,由衢州延入处州,陷缙云、宣平、松阳、云和、寿昌,图窜金华。既而处州亦陷,上闻浙人归咎杭州将军福兴及端书办理不善,命两江总督何桂清确查具奏。四月,疏言:“端书平日不能与官绅联为一气,是以一旦有事,即众议沸腾,然其任事老成稳练,胜于侈口而谈者多矣。际此时艰,不图集思广益,徒叹无可咨谋,实不免拘谨之失。"五月,贼由缙云窜陷永康、武义。先是,端书调候选道李元度,总兵周天受、江长贵、周天培、李定泰由江南、江西、徽、宁等处统师援浙。至是客军渐集,端书以地势军情,必先克寿昌,始杜内窜,饬李定泰疾攻之,周天受、江长贵、周天培等堵下窜杭、严之路,李元度以玉山之师剿贼曹全关。六月,克寿昌,解衢州围。周天培等复武义、永康,诸军遂攻常山、江山、开化,悉拔之。有旨嘉奖。端书促周天受等乘胜攻处州,又复缙云、宣平。七月,复处州府城暨松阳、云和,全浙肃清。疏入,推功张芾及各镇道,得旨升赏有差。

旋命来京,另候简用。九年七月,授大理寺卿。八月,充江西乡试正考官。十年四月,充督办江北团练大臣。陛辞日,疏陈拟办情形,略言:"军兴以来,江北团练早经举行而少成效。查徐、邳一带,捻匪为患。淮徐道吴棠为绅民所爱戴,督办各路筑圩,寓练于团,渐有头绪。淮扬西北逼近天长、六合,贼氛正炽,各州县虽有民勇,以戢土匪则有馀,以御大敌则不足。此时军情紧迫,自当讲求团练之方。惟办团先须劝捐,江北地方仅里下河十馀州县尚称完善,近年捐款繁多,民力拮据,未易措手。本年二月,道经江北,于集团劝捐情形,略知大概。现拟亲赴各处,督同官绅,就现集之勇,挑选精壮,分别去留,不准稍有浮冒。滨江滨湖冲要地方,未经办团者,劝谕绅民,一律举办。收捐一节,日久不无滋弊。惟有严加厘剔,不令稍有虚縻。"报闻。寻以倡捐银两充团练经费,得旨优叙。十二月,授都察院左副都御史。十一年二月,疏劾沭阳令宋秉中玩视筑圩集团要务,黜之。八月,疏言:"捻匪窜过运河,阑入海沭,图扰里下河,与漕督王梦龄调集民团,分投布置,副将袁世功等更番转战,歼除殆尽。"淮海肃清。

同治元年三月,命驰赴广东,驻扎韶关,督办通省厘金,接济江皖等省军饷。八月,疏报驰抵粤省,会筹釐金大概情形,因省城应办事宜尚未就绪,是以未赴韶关。谕曰:"晏端书到广东后,办理厘务,未得头绪,已可概见。迄今数月,未据该副都御史将办理章程,及解过浙皖军饷数目,详晰具奏。其为诸事掣肘,更属显然。近来外省官吏于劝捐抽厘等事,往往侵蚀分肥,饱其私橐。遇有他省人员前往试办,必多方掣肘,不使其废然思返不止,殊堪痛恨!着晏端书督饬派出道府,会同曾国藩所委人员实力筹办。傥有该省官绅暗中作梗,即着晏端书据实从严参办。"十月,命暂署两广总督,寻兼署广东巡抚。先是,户部尚书罗惇衍、给事中吴焯疏劾知县许庆瑢等营私纳贿,游击章升耀等走私漏税,上命粤东督抚查办。至是,端书覆奏属实,许庆瑢等分别降革治罪。又前督臣劳崇光叠次被参,遵旨自行查覆,并自请严议,上命端书会同提督昆寿按款覆查。寻奏言:"劳崇光措置乖方,由于误用陶昌培等。今陶昌培、章升耀俱已明正典刑,许庆瑢、刘承缘亦分别参办,其厘金一节,经臣端书奏明更正办理,劳崇光尚无始终回护等情。"得旨:"广东厘金事务,仍着晏端书严剔弊端,实力整饬。"又以湖南巡抚骆秉章奏言:"粤省有应解京饷及本省筹备经费,复经云贵总督张亮基调派多员前往劝捐,以致晏端书抵粤东后,商货日稀,来源不旺。恐厘捐并举,咸思衰多以益,遂致竭泽而渔,民困商疲,不免渐生寇患。"上命端书体察舆情,因势利导,不可一意掊克,置地方利害于不顾。时京饷支绌,户部请催广东应解盐课等银,有旨着赶紧筹画,毋得存五日京兆之心。又以浙江巡抚左宗棠奏兵增饷绌,大局堪虞,请催拨粤东协饷,得旨着迅速筹拨,源源协济。二年二月,劾前署盐运使罗勋招权纳贿,请革职拿问。又广州将军穆克德讷办事沽名,布政使伊霖措置未能裕如,请调取回京;知府段喆牟利分肥,行同市侩,请褫职查究。又荐前湖北按察使裕麟、江西道员李瀚章请留广东差委。均如所请行。

是时,高州股匪陈金釭久踞信宜,负险难制,新宁、开平土客仇杀,客匪遂踞广海寨,蔓延阳江、阳春、电白等县,端书檄按察使吴昌寿、副将卫佐邦剿办广海客匪,偕昆寿疏请敕广西提督江忠义移师高州会剿,略言:“督臣刘长佑未卸篆时,臣与熟商,以莲塘一股,先经江忠义派兵援剿,首逆张高友伏诛,平乐渐就肃清。应遵旨令江忠义移师东下,与刘坤一会剿浔匪。惟浔州距高州甚远,中隔郁林一州,北流、博白等县。刘长佑原奏令江忠义俟莲塘事竣,由容县进规高州。第容县逆首范亚音与信宜贼名分而实合,范逆势焰不及陈逆二三。若江忠义先取容县,范逆必倾党以附信宜,副将卓兴、方耀二军皆东省劲旅,两年百计进攻,仅得保守高郡。若陈、范合股,铤而走险,高、廉、雷、肇数府州难保必无蹂躏。复容县弹丸之地,贻数郡不测之忧,非计之得。刘长佑前在西境,不知高州情形,今到此间,与臣等所见相合。筹商既定,应饬江忠义先赴高州,并于莲塘凯撤营内选勇数千,分扎梧、郁之交,以堵信、容后路,东可与高州夹剿,西可以策应浔师,至卓兴、方耀各营内潮勇居其七,莞勇居其三,言语性情与楚军恐难联络。臣昆寿届时亲赴高州,率卓、方两军与江忠义相机并进,以免龃龉。惟东省饷需匮竭,高州各营积欠甚巨,益以江忠义全军五千,酌添西勇数千,月饷更重。与其连年防守,岁耗百十万金,孰若合力并举,作一劳永逸之计。江忠义但可提师东下,臣端书誓矢血诚,尽力设措,断不敢诿延贻误。傥陈、范二逆围逼一隅,聚而歼旃。彼时浔匪如未荡平,江忠义可由郁林直趋横水,与刘坤一前后夹击,不难殄灭。如浔州先已竣事,拟留江忠义暂驻东省,会办广、肇两府土客仇杀事宜。抑臣端书更有请者,土客之祸,始于咸丰四年,自肇庆恩平至广州新宁,纵横八九县。前督抚臣以其衅属因仇,情非叛逆,力主抚议。不知愈抚愈玩,若不慑以兵威,则燎原之患不堪设想。如高州以次肃清,土客以剿抚平定,则广东为各省饷源所自出,于钱粮厘税获益非轻。”

三月,再署两广总督。时副将卓兴、方耀剿高州贼,毁罗山贼巢,吴昌寿等剿广海客匪,五战五胜,平蛋家山、古隆村,旋克南塘逆垒;又攻西宁踞匪,复其城。五月,以江忠义未能援粤,请敕昆寿督办高州军务,从之。是时,曾国藩奏饷需奇绌,请将广东厘金全解皖浙,得旨:“曾国藩从无益饷之请,今沥陈各情,定属非常紧迫。着晏端书等将厘金全数解赴皖浙,不准再有截留。”寻命端书回京供职,授毛鸿宾两广总督。九月,疏报高州官军剿贼获胜,并克复广海寨城,得旨:“毛鸿宾未到以前,仍着晏端书会同昆寿妥筹攻剿。”十月,交卸署篆,具疏乞假两月,回籍省亲,允之。三年,丁母忧,五年四月,服满,因病不克赴都。

光绪八年,卒。遗疏入,谕曰:“前署两广总督、都察院左副都御史晏端书,由编修简放外任,荐擢浙江巡抚。嗣由左副都御史署理两广总督,兼署广东巡抚,素著劳勚。前经赏假回籍。兹闻溘逝,轸惜殊深!晏端书着照巡抚例赐恤。任内一切处分,悉予开复。应得恤典,该衙门察例具奏。”寻赐祭葬。

子方琦,花翎,盐运使衔山东候补知府。

孙振恪,举人,直隶候补道;振怡,五品衔山东定陶县知县;振怙,句容县学训导。

【校勘记】

〔一〕中云距婺源城四十里　“距”原作“踞”,音近而讹。今据晏端书传稿(之一三)改。

刘典

刘典,湖南宁乡人。咸丰六年,由增生奉湖南巡抚骆秉章檄办宁乡团务。七月,县境斋匪倡乱,秉章饬典会县查办。典以祸福晓其乡人,捕匪百数十人,送官讯办,县境安辑。秉章上其功,命以训导用。十年四月,候补四品京堂左宗棠奉命襄办署两江总督曾国藩军务,进剿粤匪,新立楚军,典总司营务。九月,进军江西、安徽之交,屡败剧贼黄文金、李世贤,截剿南赣窜贼,复德兴。论功、擢知县,加同知衔。十一年三月,李世贤纠众二十馀万,围陷乐平。宗棠令典与道员王开化等分道搏战,大破之。世贤败遁,遂复乐平。是役转战月馀,六获大捷,斩馘近二万,解散贼党无算。江西东路肃清。国藩奏典善审地势,身先士卒,擢直隶州知州,赏戴花翎。宗棠奉命督办浙江军务,授浙江巡抚,十一月,进驻广信,令典统军由安徽婺源入浙。十二月,逆酋杨辅清自遂安入徽州，其党钟明佳、蓝以道窜衢州开化之张村、中村、马金街、高坪、高环等处，逾岭犯婺源，典击却之，越岭奋剿，大破之于张村、中村。明佳遁回马金街，徽防官军亦破走辅清。同治元年正月，宗棠逾大鳙岭进，典逾济岭进，合师马金街，贼据险为巢，环立卡栅，守御甚固。宗棠攻高坪，典攻高环，分兵卷旗度岭，贼方凭卡抵御，岭后伏兵突起，鼓角齐鸣，贼大惊溃，官军前后夹击，阵斩蓝以道，明佳单骑遁。宗棠奏典谋勇兼优，材堪重任，擢知府，留浙补用，加道衔。时世贤踞金华，逆党遍布浙东州县。二月，宗棠督军复遂安，典力战有功。世贤犯江山，分股踞招贤，断衢州官军粮道，典破走之，进击江山窜贼，斩获甚众，逼花园港贼巢，叠毁卡垒。世贤由小清湖过河狙伺，典击走之。四月，辅清窥遂安，闻典军至，亦遁去。上以浙江按察使简用乏人，谕宗棠保奏。宗棠奏典与武昌殉节前宁绍台道罗泽南相处在师友间，谙练兵事，廉干有为。五月，擢补浙江按察使。六月，破贼莲花洋塘、里黄、外黄等处，衢州东、南、北三路肃清。世贤复窥遂安，典倍道驰援，与道员王文瑞合击，败走之。七月，回军攻龙游，破贼于兰溪之油埠，贼退踞裘家堰等处。九月，与浙江布政使蒋益澧合兵，大破贼于裘家堰，毁其巢，进夺龙游、汤溪要隘。二年正月，诸军复龙游、汤溪、金华、严州各府县，典复兰溪，进复浦江、诸暨。浙东肃清。得旨交部优叙。

宗棠奏典军仍须由严赴徽，为肃清皖南计，必江皖边围义安，后顾无虞，方可一意进取，命如所奏办理。二月，逆酋谭星由浙窜逼徽州，典抵徽属之屯溪，以贼未知官军虚实，利速攻，约徽防官军疾驰进，大破之。三月，大战于岩寺街、潜口，叠胜，贼走太平、黟县。上以贼窥伺江西,谕典军无分畛域,随时相机援剿。寻与道员王沐合兵,破贼黟县,复其城。岭内肃清。宗棠奏典身先士卒,屡濒危险,忠愤之气不衰。赏阿尔刚阿巴图鲁名号。五月,首逆黄文金窜江西,巡抚沈葆桢檄典赴援,奏典智勇兼备,谕葆桢饬各营悉听典调度。典分军扼守徽、婺,自率所部趋饶州。六月,会合江军,大破贼于崇光渡、陶家渡,赏布政使衔。贼遁洋塘、石门,追击败之,浮梁、鄱阳县境肃清。七月,大破贼于青山桥,湖口、都昌围解,馀贼窜皖。葆桢奏典星夜赴援,血战而前,保障江西,厥功甚伟。赏玉搬指、烟壶、荷包。典回军顾徽、浙之防。八月,太平踞贼犯徽州,截剿叠胜。九月,丁父忧,请开缺回籍。谕曰:"浙江按察使刘典,自咸丰十年以来,随同左宗棠剿贼,战功卓著。此次丁亲父忧,自应准其回籍治丧,以遂孝思。惟该员带兵攻剿皖匪,分剿浙逆,军务正当吃紧,该员尤为得力,未便遽易生手。刘典着改为署任浙江按察使,俟军务稍定,再行回籍治丧。事毕即行赴浙,统带原部剿贼。"是月,贼由宁国窜浙,陷昌化,典遣军复之。十二月,以皖南军务渐定,请给假治丧。谕曰:"署浙江臬司刘典丁忧,恳请回籍治丧,情词极为迫切,已由左宗棠饬令起程。惟现在浙西军务,攻剿正形吃紧,该臬司带兵甚为得力,着左宗棠饬令赶紧料理。一俟治丧事竣,即令赴浙剿贼,以副委任。"三年二月,谕曰:"臬司刘典既经左宗棠饬其在湖南募勇赴浙,着饬令迅速督勇起程,即于路过江西时,察探贼踪,迎头剿击,以保完善而维大局。"四月,命帮办江皖军务。时逆首李世贤、汪海洋分道入江,连陷州县,典至江西。六月,会督诸军攻崇仁,屡战皆捷,七月,复之。进复宜黄、东乡,各军击贼叠胜。江西肃清。

汪、李二逆窜闽，凶焰复炽。宗棠督师入闽，檄典率所部取道汀、连进剿，奏："典墨绖从戎，义无可诿，而服官从政，心有未安。再四呈请开缺，俟闽省军务完竣，回籍终制。"十二月，命开浙江按察使署缺，仍以二品顶戴帮办福建军务。汪逆踞长汀、连城、上杭三县交界之南阳乡、新泉为老巢，众十馀万。典进军连城之杨家坊，将士违节制轻进，先胜后挫。典退保连城，自请议处。上以官军援救漳平，冒险急攻，情有可原，免其置议。寻与按察使王德榜合军进击，贼遁回巢，分股踞古田、下车南岭、马洋洞、涂坊等处。典与德榜、总兵王开琳破走之。四年正月，与德榜大破海洋于新泉。二月，复龙岩州，进拔南阳贼巢，海洋遁南靖、永定交界之奎洋、梅林场校等处，典进击大捷，三月，毁下奎洋、中奎洋贼垒，叠破上奎洋、梅林场校贼卡。四月，移军复南靖。五月，收降诏安逆首丁太洋股贼万馀，与道员康国器合军，追击汪逆于永定，大破之。汪逆窜广东。时李逆已破灭。闽境肃清。上以典督军入闽，肤功叠奏，优诏嘉奖，赏玉搬指、小刀、火镰、荷包。八月，官军复镇平，典遣部将自下坝邀击，擒斩甚众。汪逆将窜江西，典自南安逾岭出南雄扼之。贼见典军至，骇走，乘虚回踞嘉应。典回军入闽，与宗棠画合围聚歼之策，督诸军并进逼围。十二月，大破贼于塔子甽，阵毙汪逆，馀党悉平。宗棠奏言："典尽瘁驰驱，忠勤卓著。此次发逆扑灭，实由典先数日将数十里大小路径，与各营履勘指画，瞭如指掌。故临时冲堵钞截，各尽其能，虽百战凶悍之馀，无能逃其规画。臣驻漳州，仅亲兵八百，飞檄各军回剿。典相距较远，驰援最先，卒能扫除巨寇,俾无遗种。昨来营面晤,服阕后仍素服,坚请回籍守制。臣以典礼攸关,过犹不及,典在籍居丧,已逾百日,自无庸补行守制。惟其至性过人,每言及未克终制,声与泪俱。兹当大局戡定,可否赏给三代一品封典,俾慰孝思。"奏入,赏云骑尉世职,并三代一品封典。典请回籍省母,谕曰:"该臬司久历戎行,素称得力,若令投闲,殊属可惜。着左宗棠谆饬该员,于省亲后即行销假。应派往何路军营,带兵剿贼,并着左宗棠斟酌奏闻。"五年正月,凯撤,缴历年截旷银六万馀两,宗棠以闻。

时陕甘回乱未定,捻逆由豫入关,上命宗棠移督陕甘。八月,起典署甘肃按察使。十月,命帮办陕甘军务,寻实授按察使,赏假两月,回籍募勇。六年正月,开按察使缺,赏三品卿衔,仍留二品顶戴帮办军务。六月,抵陕,与宗棠会商战事,先捻后回;又以夹渭而军,地势平衍,不利分布,议逼贼泾、洛间歼之。捻扰同州各属,典与提督高连升、刘松山等相犄角,击之渭水南北,捻不得逞,窜出陕西。宗棠督军追剿,奏典留陕剿回。七年正月,命督办陕西军务。二月,署陕西巡抚。三月,奏陕省糜烂,秋收歉薄,倡捐银米,通饬助赈。又奏查明灾区逋赋,分别蠲缓,以苏民困;并请敕催奉拨各省赈款,给予捐赈绅民奖叙:均从之。回逆叠扰麟游、灵台、陇州、汧阳、宜君、甘泉诸县,典督饬诸军,截击屡胜。九月,奏言:"陕省现无回踪。北山土匪,除袁大魁一股扑灭外,尚有扈彰、董福祥、高姓、毛姓诸大股,到处掳掠。鄜州、中部、洛川、宜川等处匪徒,千百成群,兵至为民,兵退为匪,宜分别剿抚。甘回以宁州之董志原为老巢,时窜陕界;其崇信、灵台、正宁、合水另股回巢,去来无定。鄜州以北府县及宁条梁,系盐固叛回分股驰骋,宁夏、灵州已抚叛回,时多反覆。溃勇会匪勾结窥伺,侦知何路兵单,即行扑入、欲剿甘回,必先保陕疆,陕境乂安,则兵粮可筹,运道可通,西行无忧后顾。自左宗棠追捻东去,更无进剿之师。若抽动各隘防营,该逆乘虚而入,又须回顾腹地,不能不以防为剿。幸官军练阵有年,每战克捷,本年严守边隘,堡寨办成,该逆无从掠食,一击即败,所伤实多,不敢轻窥边隘。"寻派员收抚扈彰二万馀众,董福祥旋亦投诚,土匪渐清。十月,奏被扰地方酌筹银粮抚恤。十二月,奏灾区通赋,仍恳蠲缓,从之。

八年正月,奏甘肃难民入陕,派员赈济,救全甚众。五月,谕曰:"陕省自董志原克复后,回逆西窜,境内渐就肃清,左宗棠统师入陇。陕省应办各事,该署抚责无旁贷。所有安抚难民,开垦荒地,一切善后事宜,均着刘典尽心筹画。"典奏言:"扈彰、董福祥等股均经理妥协,不至复聚为匪。未垦之地,泾阳、三原、高陵为多,固由人民逃亡,亦因无水灌注,不能种植。龙洞渠湮塞,前抚臣刘蓉修治未竟,臣筹款开浚,加筑堤防,即可藏事。祸乱之兴,半由贪吏,陕省民力已竭。臣总期一洗从前陋习,咸与维新。北山地方,人每视为畏途。凡委最苦之缺,垫发养廉,俾官吏足资办公。斯闾阎可期安辑,断不敢以朝廷赤子付诸贪官酷吏之手。"七月,奏蒲城荒歉,酌量缓征,难民日众,借动各州县仓粮赈济,均从之。十一月,奏言:"节寿季规名目,实为吏治之害。现俱严禁,小民苦累,首在差徭,次即完纳地丁。于正耗银两外,又有平馀。差徭能省,不能全裁。平馀可减,碍难尽革。去冬将各属里局支差章程厘定,各衙门军营流差,不准支应,惟令供军务转运,仍酌定运价,计里给发,里民摊派钱文,专贴发价之不敷,行之经年,摊派较前减半,民颇称便。平馀一项,各属征收不同,若不求事功之实,仅循裁革之名,势必另生他弊,转恐累民尤甚。现令裁减三成,以纾民力。暂留七成,分给办公。并将通省公事摊捐各项,酌量减派,由臣与藩司养廉内帮捐办理,以期积弊永除。"十二月,请开缺回籍养亲,允之。九年正月,以捐廉助赈,交部议叙。光绪元年,命左宗棠督办新疆军务,七月,起典以三品京堂候补,帮办陕甘军务。二年正月,抵甘,接统防营,筹办后路事宜。七月,授太仆寺卿。三年九月,宗棠请奖后路筹兵转饷各员,赏典头品顶戴。四年二月,宗棠奏回疆肃清。谕曰:"帮办军务太仆寺卿刘典,布置后路事宜,悉臻妥协,允宜一体施恩,以奖劳勋。刘典着遇有应升之缺,开列在前。"五月,擢通政使司通政使。

　　是月,因病陈请开缺,宗棠奏言:"典帮办军务,于今三载,汉回乂安。凡整军节饷,可以裨益地方,及生聚教诲,可为民生久远计者,无不殚诚竭虑,黾勉图之。臣一志经营关外新疆,内顾无虞,实赖典之同心赞助。屡次函称久病之馀,精力顿减;母年八十有七,时深忧惧。臣虽再三慰留,然睹其情状,不敢壅于上闻。"得旨准其开缺回籍,未行,卒于甘肃军次。五年正月,宗棠以闻,奏言:"典伏处沩山,不求闻达,读书讲学,立志不苟,与臣为布衣交。迨至襄办军务,典与道员王开化、前浙江抚臣杨昌濬同参戎幕。每战,臣与僚佐皆帕首靴刀,分路杀贼。典善审地势,未战之先,跨马掠贼垒,详览一周,然后潜师夜起乘之,每得奇捷。转战各省,秋毫无犯,士民感其保全之德,致馈盐米蔬菜,络绎不绝。及移师陕甘，决策施行。事无巨细，与臣意见均相印合。军民和洽，官吏敬畏。凡有兴革，众论翕然。每力疾见宾客，治文书，无一刻停滞。秉性清严，自奉俭约，人以为难堪者，处之怡然。杨昌濬曾赴其家，环堵萧然，一如寒素之旧。出处进退之际，志存忠孝，道合经权，一时贤豪不逮也。"谕曰："前帮办陕甘军务通政使司通政使刘典，于咸丰、同治年间，转战浙江、安徽、江西、福建、广东等省，所向有功。嗣奉旨督办陕西军务，署理陕西巡抚，剿抚兼施，肃清回匪。此次帮办陕甘军务，于关内防营兵事饷事，一切殚心区画，赞助成功。前准其回籍养亲治病，甫经交卸，遂闻溘逝，悼惜殊深！刘典着照侍郎例赐恤，并加恩予谥。任内一切处分，悉予开复。应得恤典，该衙门察例具奏。其生平战绩，一并宣付史馆立传。灵柩回籍，沿途地方官妥为照料。伊子同知刘本鉴，着以知府用；主事刘本铎，着以员外郎用。"寻赐祭葬，予谥果敏。

四月，两江总督沈葆桢奏典转战各省，保障功高，请准建立专祠，命安徽、江西、福建各督抚于各该省建典专祠，以彰功绩。九月，闽浙总督何璟奏请于福建省城及典立功所在之汀州府城，各建专祠，报闻。十月，湖南巡抚邵亨豫奏："据宁乡绅士呈称，咸丰六年，斋匪之乱，远近惊惶。典捕匪多名，地方以安。九月，粤逆石达开攻宝庆，宁乡当西路之冲，典毅然以杀贼自任，练勇数千，分扼要隘。大兵进剿，恃其声援，贼不敢犯。同治十年，龙阳、益阳匪徒滋事，典在家闻警，密为布置，挑选练卒，令其弟知府刘倬云出境剿贼，居民借以安堵。保卫之功，有未见奏报者。至于建书院，修试馆，设宾兴公车学租卷费，建立节孝忠义祠宇，广置育婴安良产业,凡百义举,或首倡,或独任,悉底于成。又仿义庄法,捐廉俸,置腴田百数十亩,以赡族人,而自奉如寒素,尤为人所难及。恳在原籍建祠崇报。臣维典学术湛深,制行笃实,在在以辅翼名教,济时利物为怀。该邑绅士公恳建祠,意出至诚,恳恩俯准。"诏如所请。

六年五月,宗棠奏:"据甘肃绅士禀称,典权陕抚时,甘民逃难,络绎于陕,委刘倬云等设局发赈,或择地安插,贷以牛籽;或编列成营,给以薪粮。数万哀鸿,免填沟壑。其德泽沦浃陇人之心。嗣帮办陕甘军务,治军之暇,首培学校,士之向学者,多方奖励,俾其有成。兵车供自民间,故多扰累。典裁撤书吏,宿弊一清。上年山陕灾旱,饥民入陇,甘肃东路收成亦歉,典豫为筹维,捐廉为倡。省东州县,遵其条约。居者无离散之虞,来者有安全之乐。他如依水造车,傍山修道,广招辑,赈孤寒,垦荒芜,除残暴,开纺织之馆,严罂粟之禁。开渠修井,以备旱涝;筑城建堡,以资保卫。皆就各处防军分任其劳,难民还定,坐享其成。卒后,甘人无论老少男女,歔歔泣下。请于甘省建立专祠,用永思慕,恳恩俯准,以存遗爱而惬舆情。"从之。嗣浙江巡抚谭钟麟、陕西巡抚冯誉骥各请于该省建立专祠,均奉旨允行。

黎培敬

黎培敬,湖南湘潭人。咸丰十年进士,改翰林院庶吉士。同治元年,散馆,授编修。三年,提督贵州学政。

贵州自苗、教倡乱,大定府、黔西州相继陷,遵义路久断。四年三月,始间关抵任。时云贵总督劳崇光驻黔,与贵州巡抚张亮基论兵事，各持意见。培敬密疏督抚不和，恐误大局。时言黔事者，皆依违。疏入，始得实情。六月，案试贵阳府，革除棚规供应，捐廉自办。八月，试安顺府，未蒇事，贼麇至，与安顺知府婴城固守。援至，贼解围去。遂调考普安厅，武生童荷戈助登埤，声威甚壮，贼不敢逼。时都匀知府改驻独山州，并移试院校士，甫戒装，独山报贼警，请缓行，培敬不顾。至，贼已退，屯州城三面三十里而近。试毕，捐廉为倡，令各学教职视力所能及，集赀为木城，以资捍卫。次试黎平府，间道由广西、湖南乃得达。廉知苗民学籍，不乐汉民侵占，出示以安苗召试为言，苗民翕应。方试铜仁、镇远，荆竹园贼骤至，府县力请缓期，并议就城外禹王庙作试院，培敬驻城外，如期扃试。时道员岑毓英方为滇军统领，道过黔西，培敬与语，稔其知兵，疏请以毓英专办滇中军务。六年八月，满任，得旨仍留贵州学政。旋以太常寺卿石赞清条奏黔省剿抚事宜，称培敬深得民心，恳请量加擢用，上命会同该省巡抚办理剿抚屯田事宜，准专折奏事。寻赏四品顶戴，署贵州布政使。是时寇患方棘，贼渠潘名桀坚守龙里，久不下。培敬筹捐米石，索库储得二千金，以兵三路进攻，七年六月，克之。旋复贵定，名桀遁去。黔省出军克捷自此始。诏嘉其悉合机宜，授贵州布政使。先是学政任内，密陈降寇林自清屡戕官吏，请旨交张亮基查办，未果行，至是，请于巡抚曾璧光设法诛之，函首省城。八年五月，上其功，赏戴花翎。旋获匪首陈乔生，定番军务平。十年，复都匀府城，赏加一级、纪录三次。十一年，大军平生角坡苗巢。七月，曾璧光疏言：“培敬忠以运谋，和以济难。自克龙里、贵定后，南平陈乔生，西除林自清，东定都匀，北靖开修，以通中路,关键大转,气象日新。培敬劳心焦思,卒以艰难著效,且讲求吏治,教养兼至,剿抚咸宜。十年以来,军事虽交提臣,而左右维持,每恐粮饷告缺,前敌滋哗,赖培敬竭力筹思,始得挹彼注兹,借资腾饱。其始终劳绩,在身立行间之右。"十二年,官军会克新城老巢,黔省上游一律肃清。上以培敬在事出力,赏头品顶戴,并三代一品封典。

光绪元年九月,擢贵州巡抚。是年,川滇逸匪窜扰黔边,粤贼窜陷永从,下江六洞苗骚动,遣将讨平之。寻奏设军民待质公所,请推广各直省一体照行,得旨允准。复奏请设立贵定至黄平州沿途碉屯石堡,拨兵驻守,卫驿道。四年二月,奏请停止各营兵米采买挽运。先是,藩司任内,以各绿营兵额虚悬,空支兵米,而地方丁粮,征收匪易,仍仿照闽陕裁兵节饷章程,详请通饬各营,认真简练,汰弱留强,择荒绝之地,拨为兵屯,以资开垦,通行有年,兵食稍足。至是,遂请停止采运兵米,从之。六月,定番苗民吴琴高等谋乱,旋即扑灭。嗣因奏请开复已故革职云南总督贺长龄处分,并请予谥建祠,奉诏切责,下部议降三级调用。

五年闰三月,授四川按察使,入觐,六年正月,抵任。清理积案九百馀起,立投到所,更定结案章程,裁铺司杂款一万馀两。六月,超擢漕运总督。十一月,勘礼字河堵坝,水势震荡,亲驻堤监工。十二月,合龙。又筹修堰涧汛、十七十八堡石工,奏请丁、顺间砌,以节帑项。疏入,报闻。七年二月,擒斩积年海寇朱振刚。三月,偕两江总督刘坤一等会奏导淮要工,先拟兴挑扬庄旧黄河为导淮始基,并筹常年经费。得旨允行。五月,授江苏巡抚。是月,堰涧汛石工成。七月,苇荡营飓风灾,海潮涌没田庐无算。奏请以工代赈,从之。八月,将赴巡抚任,忽礼坝替河口门决,冒雨往勘,饬河弁设法堵闭。露处堤上三昼夜,以是得风疾,赏假未愈,开缺回籍调理。

八年,卒。湖南巡抚卞宝第为递遗疏,胪陈政绩以闻。谕曰:"原任江苏巡抚黎培敬,前在贵州藩司、巡抚任内,筹兵筹饷,克复城池,平定苗匪,著有劳勘。历任四川臬司、漕运总督,亦均克称厥职。前因患病开缺调理,兹闻溘逝,轸惜殊深!着加恩照巡抚例赐恤。任内一切处分,悉予开复。应得恤典,该衙门察例具奏。并将该故员生平事实,宣付史馆,以彰政绩。"寻赐祭葬。又从贵州巡抚林肇元、大学士两江总督左宗棠之请,予谥文肃。敕于贵州省城、江苏清江浦建立专祠。

子锦缨,以荫生官光禄寺署正;承礼,举人。

丁日昌

丁日昌,广东丰顺人。由廪贡生捐教职。咸丰五年,叙随剿潮州土匪功,升用知县。六年,选琼州府训导。九年,选江西万安县知县。十一年,粤匪陷吉安府城,日昌方署庐陵县事,即随知府曾咏督团进剿,克之。因未能先事豫防,坐失守地方律,褫职。

同治元年,两江总督曾国藩疏报日昌随征有劳,开复原官。二年,江苏巡抚李鸿章奏设上海机器局,仿制外洋开花炮弹、自来火,以日昌留心西法,调沪督造。寻随官军克无锡、金匮,升直隶州知州,并赏戴花翎。三年四月,随官军复常州府,歼擒伪护王陈坤书等,升用知府。十一月,大学士曾国藩续保克复江宁员弁,日昌与焉。得旨以道员留江苏遇缺即补。四年正月,授江苏苏松太道。五月,李鸿章奏援闽官军,会克漳州府城,日昌筹济饷项军火,不遗馀力,请赏加三品顶戴,并三代封典,允之。八月,升两淮盐运使。五年,扬州清水潭迤下堤工漫口,李鸿章偕漕运总督吴棠勘估堵筑,请调廉干大员综理,上命日昌就近督工。嗣以堤工合龙,赏加布政使衔。

六年正月,擢江苏布政使。十二月,授江苏巡抚。七年,奏设局编刻牧令各书,又酌定江苏钱漕科则,洎前被贼扰最重之丹阳、金坛、溧阳三县原垦熟田,银米折钱征收,豁免被扰之山阳、阜宁、清河、桃源、安东五县同治六年以前民欠钱粮,及泰州、海州场灶旧欠,并勒限各属清理积案,而奖其勤明奋勉者,皆得旨施行。八年,奉敕训勉臣工,力戒因循。日昌因条奏时事,略曰:"一、贤才宜亟举也。国家之有贤才,犹鱼之有水,木之有根,火之有膏,故一县得人,则一县治;一郡得人,则一郡治;一省得人,则一省治。今身系地方之责,除趋跄应对以外,谳狱付之幕友,催科付之吏胥,皆由其平日所学,不能推之于用。故临事所用,不能本之于学。夫今日之盗贼,皆昔日之百姓也。百姓何以为盗贼?以逼于饥寒。百姓何以致饥寒?以有司不能抚字。然则此时有司之循良贪酷,即关系异日之治乱安危。臣观三代、两汉之初,治理最盛,循吏最多,由登进广而任用专也。请敕下中外大臣各举所知,并开贤良方正之科,以行举不以言举。称职,举主共其荣;不称职,举主同其罚。但责大吏以地方治与不治,不苟求用人与资格合与不合。各省之大吏得人,则州县得人,州县皆治,而天下治矣。一、冗员宜变通也。军兴以来,捐例遍开,而又减价以招之，军功本易，而又积年以增之，其不能不冗者势也。捐输减至数成。可谓体恤极矣，而又有铁钱、票本、米捐、筹补捐、归补捐诸名目，名为一成、二成，核其实银，到部不过数厘。且即此数厘之中，有书吏之费，有局员之费，除捐铜一局外，其馀外省捐输，足恃以济饷者，恐寥寥矣。况捐例既宽，人怀侥幸，往往酿弊以官为市。千数百金捐一官职，到省一有差使，月支数十金，便可收数分之息。如或署事补缺，少者数千，多者数万。但图一身之有益，不顾大局之有损。然则捐员以所入较所出，其本可谓极微，其利可谓极厚。国家以所得较所失，其失可谓极重，其得可谓极轻。且各省请开捐例之时，以为捐员所得，不过部文一纸耳。不知其持文到省得缺之后，侵吞正款，欺压小民，听讼可使曲为直，缉捕可诬良为盗。设收捐之时，即豫计其造孽之时，虽捐数盈千累万，亦何肯作饮酖止渴之计哉？凡人情于得之不甚艰难者，视之必不甚爱惜。今以自视不甚爱惜之官，而令治甚可爱惜之百姓，吏治之不能蒸蒸日上也，亦固其所。至于军功保举，贤否亦属不一，在帅臣当军书旁午，不能不宽其格以资指臂；在疆臣当疮痍满目，不能不苛其格以觅循良。现在捐班、军功二途，纷至沓来，处处有人满之患，尤不可不豫筹变通以防冗滞。即如江苏一省，外补道缺，不过二三，府、州、县、同知、通判缺，由外补者亦止数十，而候补道约六七十人，州、县、同知、通判约一千馀人。夫以千馀人补数十员之缺，固已遥遥无期，即循资按格而求署事，亦非十数年不能得一年，其捷足先登者，非善于钻营，即有所系援者也。此辈性成浮薄，安望其能牧养小民？至于数十年而得署事一年，前此十数年中，衣服、饮食、养家、应酬之费，皆须于一年中取偿。后此十数年中，衣服、饮食、养家、应酬之费，又须于一年中豫蓄。置犬羊于饥虎之前，而欲其不搏噬，虽禁以强弓毒矢，势固有所不能。无恒产因无恒心，非独人尽无良，抑亦穷困有以致之也。计惟将已然之官，设法裁汰疏通；未然之官，暂且停捐截选。拟请敕部通计京铜局每年所收实银上库若干，酌提外省洋关厘捐拨补，外省捐例尤宜暂停，庶根本既清而枝叶渐可茂矣。一、廉俸宜加增也。我朝定例，正俸之外有恩俸，常禄之外更给养廉，固以体恤臣僚，实以豫绝贪黩。惟二百年来，风俗由质而趋文，日用有增而无减。京外官已有入不敷出之势，加以丁耗画为军饷，漕白绌于转输，扣俸折廉，所得弥寡。故京官不足以养其廉，则不能不典质挪移，以免饥寒之逼；外官不足以养其廉，则上司不能不取之下属，下属不能不取之百姓。上下相渔，以为利薮。是非由之不明，举措由之不公。侵吞所至，仓库之盈者可虚；掊克所及，百姓之富者可贫。极其终，足致祸乱之相寻；原其始，则由支用之不给。夫古者重禄劝士，庶人在官，禄足代耕。盖必使其心无内顾之忧，然后其身能为国家之用。且京外官同系勤力从公，何以京官廉俸不及外官十分之一，厚薄悬殊，必驯致外重内轻之渐。臣以为欲正人心，澄吏治，当自各官之加廉俸始。京官有职掌之员，似应分别等差，或如外官之半，使一身一家，终岁足以自给。外官督抚廉俸较重，足额之后，自可毋庸再加。司道以下，或酌量加增公费，而将所有陋规，全以充公。如此而犹有舞法营私，则严刑峻法以随其后。庶法令可行而政体可肃清矣。一、书吏宜整顿也。唐臣<u>刘晏</u>理财，不用胥吏而用士类。前<u>湖北</u>抚臣<u>胡林翼</u>办理厘金，亦不用吏而用士。诚以士之心名重于利，吏之心利重于名。夫至利重于名，则非舞弊无以遂其营私之愿矣。近来权归书吏，而致积重难返者，其故有三：官之任事，多者四五年，少者不过二三年，而书吏则长子孙于其中。官于律例不过浅尝辄止，治兵者未必知兵，治礼者未尝习礼，而书吏则专门名家，各有所司。夫以视同传舍之官，而驭世长子孙之吏，是欲去弊而不能。专门名家之术，非浅尝辄止者所能窥其底蕴，是虽有弊而不知。此其故由于任不久而术不精也。官仅一人，朝综兵刑之任，暮有钱谷之司，案仅一事，而有律中之例，有律外之条。同一案也，有贿赂则可援已准之案以偿其欲；无贿赂则可援已驳之案以神其说。此其故由于任太繁而法太密也。汉廷公卿由吏掾出身者，不可胜数。今假之以事权，而又限之于流品。彼既不能自奋于功名，则必将财利之是求。而且人多财薄，以有限制之辛工，养无限制之书吏，若奉公守法，其势将不足以自存。此其故由于出身不优，而廪禄不厚也。臣以为宜专设律例一科，三考得隽，然后准充书吏，优给薪水，仍复每年一考，士类皆得入选，数不在多而在精。限满者优予升转之阶，与正途无异。其有才识闳远者，准本官加结特保，人既不以书吏薄之，彼亦庶知自爱。官复久任而专其责，任久则底蕴可尽知，责专则嫌疑不必避。并请敕下王大臣选举精通律例之员，以律为经，以例为纬，定为画一不变之条，删繁择要，勒成一书，颁行天下，凡百有为，不出此书范围。书吏之权，将不收而自轻矣。一、漕运宜妥筹也。国家岁漕东南粟，以实京师。转输之道有二：道光以前专行河运，道光以后河、海兼运。迩经兵燹，河道阻浅，江浙之漕，全归海运。河运不能遽复，而上海从前有沙船三四千号,今则减至四五百号。即苏浙漕粮尚且不敷周转,何能接济他省?此又海运之穷也。夫物无穷而不变,事因时而制宜。请扩充海运,沙船之外,以津卫夹板、火轮等船,辅其不及,以济全局,海运当可无虞缺乏。惟有漕各省临江处所,与天津收漕之处,似宜建设漕仓,随到随收,随收随运,[一]免致停泊稽留,如是则各省全漕,均可渐次起运。即偶尔偏灾,东南之粟亦可源源转运京师,以固根本。此固百世之利也。至各处所建漕仓,必须宽筹经费,优给薪水工食,[二]庶免刁难克扣,以正供资中饱矣。一、武科宜变通也。武科试士,皆用弓箭,营伍补缺亦如之。及至见诸实事,则又舍弓箭而用枪炮。此亦所习非所用之一端。顷岁以来,军旅之事,全赖募勇,于是武科直成具文。臣以为武科之设,既重其名,即当循其实。应否将武科分为三途:一取深明韬略、熟习险要沙线之士;一取谙通机器、制造精能之士;一取枪炮命中勇敢善战之士。如此量为变通,当可稍收实效。至于绿营兵制,必认真整顿而后卒旅可为干城。关税厘金,必澈底澄清,而后涓滴皆归公府。钱粮力禁浮收,而后草野之元气可复。词讼力除积压,而后闾阎之疾苦易通。是又在乎大小臣工,恪遵圣谕,力戒因循。庶不至徒托空言,而治理可以蒸蒸日上矣。”

四月,入觐,寻回任。饬所属禁火葬,并查明未葬尸棺,分别有无亲属,勒限一体收埋。又浚常熟、昭文二县境之白茆河,又改筑苏常石闸,以兴水利,均于八月奏闻。九月,出省查勘水灾,有族人都司丁炳同日昌家丁冶游,与水勇边有得忿争,游击薛荫樾巡夜,棍毙有得,日昌奏请褫治薛荫樾、丁炳,因自请议处。上以日昌虽事前公出,究属疏于防范,下部议处。案交总督马新贻提讯。九年七月,日昌奏言:"臣公出时,嘱臣子丁惠衡约束亲丁,乃敢任听闲游滋事。迨臣访闻有丁惠衡跟丁范贵在内,疑伊亦在场。当时忿怒所逼,欲以家法处死。丁惠衡畏死潜逃,至今半年之久,犹复惧责不归,致臣九旬老母寝馈难安。请旨将盐运使衔知府丁惠衡即行斥革,将臣交部严加议处,以为辜恩溺职者戒。"得旨丁惠衡即行革职,丁日昌所请交部严加议处,着加恩宽免。是月,偕马新贻奏重修江南通志。

十月,丁母忧,十二年七月,服阕。自陈回籍营葬,兼受山岚湿沴,乞缓入都,允之。十三年,以巡抚江苏时,协济贵州饷需,下部优叙。光绪元年三月,陛见,五月,因病请假回籍调理,上命帮同北洋大臣李鸿章商办事务,并赏假两月。假满,复申前请,仍赏假两月,赐人参。十一月,授福建巡抚,帮办船政。三年,兼台湾学政。三月,请自光绪三年为始,永蠲台湾府属杂饷,诏如所请。七月,以病剧,乞假回籍调理,得旨赏假三月,回籍就医。寻以病难速痊,屡乞罢任。四年四月,得旨准其开缺。五年,特赏总督衔,命驻南洋会办海防事宜,水师弁兵统归节制。旋充兼理各国事务大臣。又以上年劝募巨款,解赈山西、河南荒旱,下部优叙。

八年,卒。遗疏入,谕曰:"总督衔前福建巡抚丁日昌,由知县荐擢封圻。在江苏巡抚任内,整顿地方,尚有政绩。旋任福建巡抚,因病准其开缺回籍调理。兹闻溘逝,轸惜殊深!加恩着照巡抚例赐恤。任内一切处分,悉予开复。应得恤典,该衙门察例具奏。"寻赐祭葬。

【校勘记】

〔一〕随收随运　原脱"随收"二字。今据丁日昌传稿(之一三)补。

〔二〕优给薪水工食　"食"原误作"仓"。今据丁日昌传稿(之一三)改。

郭柏荫

郭柏荫,福建侯官人。道光十二年进士,改翰林院庶吉士。十三年,散馆,授编修。十六年,记名以御史用。十七年,补浙江道监察御史。十八年,转掌山西道。十九年,巡视西城,转京畿道。二十年,京察一等,记名以道府用。六月,转掌京畿道,迁刑科给事中,稽查户部银库。寻授甘肃甘凉道。

柏荫任御史时,海事渐起,条奏台湾情形,请勤抚字,严番界,核仓库,察偷渡,防兵丁顶冒,戒人命盗案消弭。又奏惩泉、漳二府械斗,禁洋烟入闽省海口,并内地栽种罂粟,均得旨饬议施行。二十三年七月,银库亏短事发,柏荫查库时未及觉察,有旨革职。十二月,库款赔补完竣,以主事用。咸丰三年,在籍会办本省团练,克厦门,赏四品顶戴,以员外郎选用。七年,以延平防剿功,升郎中。九年,团练事竣,赏加三品衔,并戴花翎。同治元年,引见,奉旨交钦差大臣曾国藩军营差委。二年三月,授江苏苏松常镇太粮储道。十二月,擢江苏按察使。以苏州克复,办理善后,尤为出力,赏二品顶戴。五年四月,升江苏布政使,并护理江苏巡抚。时中外臣工有请减江浙浮粮之奏,奉旨允准。柏荫议请核减苏、松、太三属漕额三分之一,常、镇二属十分之一;又以太仓州及镇洋县境之刘河岁久失修,疏请借款挑浚,于均沾水利州县,按亩摊征归款;又请蠲缓被兵各属民欠漕粮:均如所议行。六年二月,擢广西巡抚,未赴任,调抚湖北,仍留署江苏巡抚。先是,江浙界间,有小船携带火器,在太湖一带打捕水鸟,名曰枪船。后渐相聚为匪,有卜小二父子,聚党横行,剿捕未获。柏荫会同浙江巡抚马新贻饬员擒获之,及悍党四十馀人,置之法。永禁枪船名目,令另改船只,验烙编号,设立牌甲,约束稽察,民以安谧。

六年十二月,奉敕赴湖北巡抚任,寻署湖广总督。时值各省遣散营勇,会匪萧朝翥潜约其党,分布黄梅、武穴、龙坪各水次,阻截散勇,逼令从逆。柏荫饬将弁迎击,擒获多名。朝翥图窜河南,追及之草鞋店,其党杀之以降。上嘉其办理妥速,又剿平京山教匪吴世英、蕲水教匪冯和义、沔阳教匪刘维义等。七年,疏言:“湖北武、汉等处,向为水陆通衢,人情浮动,而汉口一镇舟车辐辏,华洋杂处。散勇游匪,往往厕匿其间,既无生理可安,复无恒业可守,饥寒所逼,必至流为盗窃。且每遇鄂省撤营之际,即布散谣言,勾结入会拜盟,乘机挟制。叠经查拿惩办,此风少息。然欲图久安长治,必先求正本清源,是以臣等会商,在于武、汉、襄、樊地方,设遣勇总局,专派委员经理,一面出示晓谕,并通饬各属州县,稽察保甲。凡有在鄂散勇,均令赴局报名,由局雇船委员押送回籍,酌量道里,给予川资。庶几无业之徒,均可早归乡里,而五方杂处之地,不致容纳流亡。”又言:“淮南盐引,向以楚岸为大宗。自粤逆踞扰长江,梗阻运道。当事者议以淮北票私,暂济民食。江皖克复以后,北私驾轻就熟,浸灌渐多;而淮南商贩,销售甚滞,亟应截止淮北私贩。虽北私堵后,鄂省每月少数千缗课钱,然与其抽收零星,任邻私之充斥,何如规复引地,冀官引之疏通。请自本年六月为始,严禁淮北票私,即将前设抽课之处,一概裁除。又襄、郧、德三府,前此兼销潞盐,亦一律禁止。原设抽课各卡,一体裁撤。”

八年,卸署总督,回巡抚任。时夏秋多雨,湖湘之水下注,武汉各属堤垸溃决,田庐尽淹。柏荫遴员分带钱米,往沔阳、嘉鱼、黄梅、孝感四州县分别赈恤,武昌、监利、广济三县酌量安抚。嗣以节届秋分,水仍未退。因疏言:“鄂省、武昌、汉阳、黄州、安陆、荆州等府属州县,非滨临江汉,即附近湖河,或修长堤以为保障,或筑子垸以固田庐。无如地势低洼,频苦水潦。本年雨旸失时,又值湖南大水,建瓴而下,川水襄水同时并涨,以致堤垸多溃,田禾沉没,庐舍被淹,小民荡析离居,殊堪悯恻。业拨款备谷,委员分散各邑,暂作急抚。一面在武汉城外搭盖草棚,分设粥厂,陆续拨用官捐银两,又动碾仓谷六千石,安置外来灾民,栖止就食,并分饬被水各州县设法平粜,立粥厂以济饥黎。满拟水退迅速,补种杂粮菜蔬,稍资糊口。讵节逾秋分,水仍未退,补种失时,小民欲归无所,待哺情殷。臣查业已成灾约十州县,若俟水落勘齐,再行核办,势必缓不济急,且转瞬秋尽冬来,饥寒交逼,难保不群聚为匪。是赈抚不能不急为请帑也。至有堤州县,历年冬修,按亩集费,已极艰难,矧值大水成灾,谋生无术,若不豫为一并筹画,各堤断难修复,来年水仍泛滥,与国赋民生皆有所损。是堤工又不能不急为筹办也。两事分办,约需银五六十万两。当兹库藏支绌,再四筹思,拟将有堤未成灾者,仅准借款修堤;已成灾者,以工代赈。其老弱妇女及无堤州县,概行酌发赈济。似此撙节办理,亦非三十万两不敷。仰恳天恩,俯念灾黎待救急切,准将应解京饷之司库地丁,暨江汉关六成洋税,各拨银十万两,并在本省货厘盐厘项下,各拨银五万两,则工赈两有所济。"疏入,上悉从之。

九年闰十月,复署湖广总督。十年,湖南会匪纠党连陷益阳、龙阳二县,柏荫飞饬岳州镇派船赴澧州防守;又饬宜昌镇及荆宜水师分段稽察,并咨湖北提督郭松林驻军荆州,相机进剿。得旨:"布置尚为周妥。惟楚鄂会匪实繁有徒,恐其到处勾通,暗中响应,必须乘其初起,就地歼除,方免蔓延为患。常德近接鄂疆,当严饬派出各营实力堵遏,毋令匪踪侵轶。荆州地方险要,并着会商郭松林严密布置。常德兵力甚单,如该处情形吃紧,该提督自应出境进兵,协力助剿,但须兼顾荆州防务,不可稍有疏虞。是在该督等酌度事机,妥筹进止。"既而该匪回窜桃花江一带,官军分路进剿,悉斩首要各逆,地方肃清。旋卸署总督任。十二年十一月,湖北各属被水,复奏请蠲缓新旧钱粮有差,得旨允行。十二月,以病奏请开缺,允之。

光绪十年正月,卒。遗疏入,谕曰:"前湖北巡抚郭柏荫,由翰林院编修,荐擢封圻。历任江苏、广西、湖广等省,整顿地方,著有政绩。嗣因病准其开缺,回籍调理。兹闻溘逝,轸惜殊深!加恩着照巡抚例赐恤。任内一切处分,悉予开复。应得恤典,该衙门察例具奏。"寻赐祭葬。

林肇元

林肇元,广西贺县人。咸丰十一年,以廪生从军湖北。时发

逆马清太踞随州,道员刘岳昭屡攻不拔。十月,用降人刘维桢
计,绐贼出城,乘势克之;岳昭追剿,与伏兵夹击,连败贼于西河、
塔儿湾、万家店,擒马清太,斩馘万馀。肇元在事出力,湖广总督
官文叙功,以州判选用,并赏戴蓝翎。时来凤城亦为贼踞,贼首
石达开窜踞城西之忠堡,连营犄角。同治元年正月,城贼分股趋
牛栏卡、龙桥,图扑施南郡城,官文复派刘岳昭等剿之,肇元与
焉。败贼于蕉塘、龙桥等处,遂会别军复其城;复击忠堡贼,走
之。叙功,免选本班,以知县留湖北补用,并赏加同知衔。

　　时石逆窜四川,官军沿途追剿,解綦江、涪州城围,复长宁县
城。四川总督骆秉章汇案请奖,肇元得免补本班,以同知、直隶
州知州仍留湖北补用,并赏换花翎。三年六月,以克复高县城,
并攻克双龙场贼巢,得旨免补本班,以知府选用。先是,陕西宁
羌告急,肇元率军驰援,复剿平石逆馀党,克复城固、洋县等城,
经巡抚刘蓉疏保,四年五月,赏加道衔。又以截剿发逆,并击滇
黔边匪,叠次获胜,克仁怀县城。五年正月,诏免补本班以道员
选用。是年春,肇元偕援黔官军,攻克天台山贼巢,进规绥阳,克
之。成都将军崇实暨骆秉章疏陈肇元功,请以按察使升用。上
以与吏部奏定章程不符,命另核请奖。寻复疏称肇元随军转战
数省,劳绩最著,前次攻克绥阳,肇元躬冒矢石,督阵冲锋,尤为
异常出力,请以道员归部遇缺前先选用,并赏加按察使衔,从之。
六年三月,授贵州粮储道。初,贵州逆匪黄洪顺等勾结苗、教各
匪,由安顺猝扰黔西,坚踞龙安屯为老巢,肇元击破之,生擒黄逆
等,乘胜克蔡板坉,歼贼无遗。黔西平,捷入,赏加布政使衔。七
年,贵州巡抚曾璧光以肇元总理军需出力,疏请奖励,命交军机

处记名,遇有按察使缺出题奏。

是时肇元已署贵州按察使,念滇祸无已,黔川亦受其敝,疏请救四川提督周达武一军,取道会理州,渡金沙江,出永北,以攻迤西之背;敕广西别筹一军,从百色入广南,规楚雄,以扼迤西之吭。使杜文秀首尾不顾,滇围可解,迤西可复,川黔可无唇齿之灾。"疏入,谕成都将军崇实、四川总督吴棠、广西巡抚苏凤文议行。八年,已革总兵林自清拥众滋扰四川,携党回贵州,焚杀扰害,私设釐局,至兴义县,知县陈世镇不令入城,即戕世镇及其子先洋。曾璧光檄肇元与提督陈希祥、布政使黎培敬擒斩之,下部优叙。九年,实授按察使。十年,曾璧光疏称肇元征兵议饷,筹剿设防,从无贻误,收复都匀府城,赞画尤多,复下部优叙。十一年,逆回金万照等踞新城,云贵总督刘岳昭饬各军会剿,擒金万照等,复其城。黔省上游肃清,赏头品顶戴。光绪元年,擢布政使。二年六月,入觐,十月,回任。五年正月,护理贵州巡抚。六月,回布政使任。七年四月,复护巡抚,八月,升授巡抚。八年,以贵州欠拨绅团丁勇饷项,计银数四百三十馀万两,疏请加广文武乡试永远中额八名,得旨下部议行。先是,道员夏声律、同知萧兆芬、知州周尚文、副将谢世贵、武举罗应堂均以私罪被议革职。至是,肇元以夏声律等捐赀带练,殄擒首要各逆,疏请开复处分。经给事中孔宪珏论劾,上命将夏声律等保案撤销,并将肇元交部议处。

九年,肇元上疏曰:"古之言兵者,有合拳之喻,谓舒卷因心也;亦有使臂之喻,谓指挥如意也。否则失机势,为兵家所忌。黔省章程,一营也,分守兵为绿营,马战为练军。数各半也,练营仍隶本营名色,设官管之,亦绿练合一,不乱营制之意。然营之大小不同,即兵之多寡互异。故练军有祗百馀人一营者,拘于本营名色,各分界限。以之守隘,则嫌其单薄;调操则觉其零星。傥因事征调,又须酌分留守,则几不成队伍。况小营亦系一官,杂于大营,势每不能相下。加以营哨薪水,糜费亦多。夫军以练名,当得练之实,非变通而整齐之,则势散而机不灵。臣愚以为练军不必仍隶本营名色,拟就抚、提四镇各标营,各隶各标,分为六军,名曰贵州某标制兵练军,将本标营之大小多寡不一者,悉平而一之,另立五百人或四百人为一营,分左、右、中、前、后等名。每营设一管带,每军立一统带,辖之以抚、提两军驻省会,为中权策应。四镇四军,分驻上下游,为四方游击,任各路巡防之事,择扼要之地,结成大营。无事则时其训练,严明纪律,使兵将相习;有事则相机征发,彼此响应,亦气势联络,去畸零捍格之患,以变通为整齐。与绿营之制仍不甚悖,而适以相成,似足收合拳使臂之效。营既整齐,设官亦少,即薪水亦可稍为撙节矣。”又言:“镇远等处苗民向化,改装者已三千馀户。但改装以革其面,尤须设学以革其心。将所刊训苗义学章程功课,暨纂辑族谱、婚丧礼简明仪节,并多购小学应读各书,派员携往苗疆各属,会同地方官实力董劝,使之读书明理。”又念黔省自兵燹后,地方荒芜,可令练军开垦,以足兵食。[一]疏言:“黔省前办善后,将逆绝各产一律查清招垦,迄今十有馀年,生聚尚未蕃庶,土地不免荒弃。固缘僻在边徼,资用维艰;亦因地实苦寒,招徕不易。查大学士直隶总督李鸿章前办津沽防务,令该弁兵等操练馀闲,在沿河一带开垦田亩,播种稻禾,成熟至数万顷。大学士前陕甘总

督左宗棠于廓清关陇后，自泾州至玉门，沿途长戍之兵，悉令就
近耕耨，兵食以足。臣思黔省硗瘠，利之所在，田土之外，尤在山
林。不得不于开垦之中，兼筹树艺。现与善后局司道筹商，拟请
寓行屯法于练。凡练军驻扎之处，操防巡缉，是其专责，暇则责
成管带官弁，督令将附近荒地设法开垦；其有不能开垦成田之
地，即令分别土宜，树以桐、漆、桑、棉、麻、葛、烟、茶等类，酌定年
限，课其效验，藉以稽察统率之勤否。所有一切章程，俱参酌津
沽、关陇成法，审时度地，权宜试办。至垦荒规则，陕西前办营
田，刊有条目，斟酌仿行。"是年，御史熊景钊、署左副都御史张佩
纶先后劾肇元贪黩营私，上命岑毓英按其事。毓英疏言："肇元
赋性优柔，遇事迁就，与署藩司粮储道松长当饷需奇绌之时，支
发款项，不能破除情面，量入为出，以致库储空虚。"得旨交部严
加议处。寻照部议革职，以张凯嵩代之，未到任，肇元犹理巡抚
事。十年正月，擒土匪黄五、王科、童念香等，斩之，搜获故明石
阡府印一颗，咨送礼部。肇元旋卸任。

十二年，卒。是年，贵州绅民以肇元克复多城，肃清全省，追
念功德，呈请奏恩开复革职处分。岑毓英入告，允之。宣统元
年，贵州巡抚庞鸿书奏肇元功德在民，恳予建立专祠，并将事迹
宣付史馆立传，以彰忠荩。得旨准其附祀曾璧光之祠。二年，奉
上谕："都察院奏据贵州京官翰林院学士许泽新等呈称，已故贵
州巡抚林肇元功德在民，请另建专祠等语。林肇元着准其在贵
州省城捐建专祠。"

子世焘，翰林院编修。

【校勘记】

〔一〕以足兵食　“兵”原误作“民”。今据林肇元传稿(之一四)改。

　　潘鼎新

　　潘鼎新,安徽庐江人。道光二十九年举人,以誊录议叙知县。咸丰七年,投效安徽军营。八年,以克复霍山功,擢同知。十一年,官军围攻怀宁、桐城贼,将下,庐江踞贼往援。时鼎新之父璞督乡团袭贼,兵败被执,不屈死。鼎新恸且愤,力请分兵攻三河镇,克之。负其父骸骨归,哭而誓曰:“不尽杀逆党,非人子也!”时钦差大臣曾国藩督师安庆,闻而壮之,檄将淮军,募立鼎字营。

　　同治元年,率军从署江苏巡抚李鸿章援上海,两月间,连拔柘林、奉贤、川沙、南汇各城,降贼数十万。叙功,以知府留江苏补用。七月,克金山,破贼虹桥,浦东肃清。擢道员,并赏戴花翎。二年二月,攻福山镇,鼎新以开花炮炸倒港垒,乘势渡浮桥,贼铅丸掠顶过,发燎几半,屹立不少却,遂克之。寻授江苏常镇通海道。以父丧,改为署任。八月,败贼枫泾镇,移军浙江嘉善之西塘。平贼垒十数。得旨,加按察使衔。进克平湖、乍浦、海盐三城,获贼银三十馀万,悉归公。海盐贼酋左元兴自玙城来犯,击败之,遂复玙城。移攻沈荡、新丰各镇,皆捷。三年二月,会各军攻嘉兴,鼎新破城东南盐仓桥贼垒三,大军克嘉兴,下部优叙。六月,进军吴溇、南浔。鼎新大小战多捷,然所部兵单,上命添助劲旅,协攻湖州。时乌程剧贼悉聚晟舍镇,镇为府城屏蔽,贼死守。鼎新攻两昼夜,枪子洞胁衣,药弹爇身,〔一〕不却,卒划升山九垒,夺三里桥,遂克湖州。捷闻,加布政使衔,并赏敢勇巴图鲁名号。八月,赏穿黄马褂。四年正月,服阕,仍补授常镇通海道。

时捻匪北窜,畿辅震惊。鼎新整所部十一营,航海抵天津。旋奉命移驻济宁,固直东门户。八月,授山东按察使。时捻首赖文光纠发贼窜菏泽、东明两县境,鼎新遇贼丰县陈家庄,击败之;又败贼丰沛、鱼台、定陶等处。五年,败贼巨野,解郓城围,逐北至萧家亭,贼自是不敢北犯。嗣以捻成流寇,督师大臣议创长围制贼之法,缮筑运沿岸垣墙,开黑风口淤河四百馀丈,引泗水灌之,贼道蹙。官军攻之豫境西华、太康,俱大捷。追至油坊岗,捻首任柱率悍党来犯,鼎新挥军夹攻,殪其骁酋,任柱遁高阳集,乘机筑贾鲁河堤墙,及汴城黄河墙二千馀丈,又追贼郓城、菏泽、曹县、东明等处,贼窘甚,遁出山东境,鼎新追击于杞县柿园、嘉祥卧龙山,皆败之。六年,授山东布政使。筑新河、潍河长墙,旋追贼昌邑、潍县,斩其目黄得宜等。又战于海州石榴桥,先据坊山瞰贼,战于马陵山、卧龙寨等处。贼张两翼围我军,鼎新令为圆阵,士卒跪伏,持枪指击,翼以长矛,贼不能撼;又追败之郯城,贼奔柴户店,殪其目杨天燕、陈金福,斩首千级;又败之上庄,受贼酋李宗世等降。赏头品顶戴。时东捻赖文光、任柱甫荡灭,而西捻张总愚复犯保定,窜易州,鼎新以陵寝所在,督兵出贼前迎败之;移军沧州,破贼郭桥、柳桥,追之崔寨,歼其酋罗六,又败贼高唐,于是发、捻肃清。七年七月,叙功,赏云骑尉世职,晋一等轻车都尉。

时钦差大臣左宗棠督办陕甘军务,十月,奉命交左宗棠差遣委用。鼎新请开缺省亲，九年，丁母忧，十一年，服阕。直隶总督李鸿章奏留办理津沽冬防。十二年，随办日本换约事宜。十三年，授云南布政使。抵任后，减兵节饷，每岁减存库款八十馀万。光绪二年三月，署云南巡抚。时腾越三府厅为苗、瑶所陷，鼎新遣将讨平之。上嘉其办理迅速，擢云南巡抚。九月，疏陈他郎厅属之猛野井出产生盐，有碍石膏、黑磨二井销路，乞如旧封闭，诏从之。三年，以清厘报销，与总督刘长佑意见不合，命来京另候简用。道病，请假回籍。五年，俄罗斯以伊犁起衅，召赴天津随办直隶防务。七年，与俄罗斯定约，鼎新乞假归。

　　十年，法人与越南构兵，诏起李鸿章于家。鸿章奏以鼎新帮办军务，命署湖南巡抚。抵任，奏称："湖南水陆防军，有由邻省撤回者，有系本省设立者，营制参差不定，饷项多寡不等。现分五军，粮制均归一律。"报闻。三月，授广西巡抚，奉命赴镇南关。先是，法兰西兵攻越南，出扶良江，进犯慈山、新河等处，提督黄桂兰、陈朝纲军败，命鼎新查办，以拟罪轻纵，传旨申饬。革生莫梦弼叛于思恩府，檄按察使李秉衡等讨平之。闰五月，与法兰西使臣福禄诺议，调北圻防军回边境，旋奉旨进扎谅山，守屯梅、谷松、坚牢等要隘，幕僚吏士染瘴多物故。鼎新奏请将诸军归云贵总督岑毓英节制，身为帮办，不得请。八月，与法人接战，毁其兵船一艘，平陆岸炮台，敌增兵攻船头，提督苏元春、总兵陈嘉击败之。十月，法兵退驻越南纸作社，沿江筑垒。鼎新命设伏败敌，毙其酋四，斩教民二百馀人，夺获枪械无算。法惧，坚壁不出。捷入，赏赉各有差。皇太后颁内帑银五千两犒军。十二月，法纠麻邢教匪二万馀，自船头进攻，鏖战两日。陈嘉等受重伤。鼎新调各军赴援，无至者，遂退师，谅山陷。鼎新电请治罪。十一年正月，广东高州镇总兵杨玉科至军，率所部守海村，龙州要隘也。法大队来攻，镇南关失守，玉科力战死，丧提督刘恩河、都司刘映圭以下十馀人。鼎新伤肘坠马。诏准鼎新带罪立功，各军悉归调遣。既，法由尤封图龙州，官军击败之。二月，法增调北宁兵三千至谅山，勒派越夫运逼码面饼，扬言取龙州。时诸军四会，提督冯子材率部将王孝祺先进，湖北统领道员魏纲居中截击，布政使王德榜尤奋力杀敌。法分三道来攻，炮落如雨，官军坚阵不为动。俟敌入濠渐近，翻墙突出，排枪轰击，敌溃，自相践踏，伏兵起，蹑其后，法大败，夺获军火无算，遂复文渊。次日，进扎巴平，法又增兵来战，交绥即退，蹑剿至谅山。鼎新檄各军进逼界牌，敌奋死拒守。鼎新巡军悬令，下此城者赏银三万两，众军冒炮而进，克谅山城。而鼎新率军复观音桥、屯梅，法退驻谷松，馀屯威坡。越日，克复谷松，追至坚牢。法之在威坡者，皆震慑，潜徙船头。先是，奉上谕"广西关外各军，上年十二月暨本年正月叠有挫失，巡抚潘鼎新身为统帅，虽经亲临前敌，并受枪伤，惟未能策励诸军，力图堵御，实属调度乖方。着即行革职"。至是，捷入，和议旋成，鼎新解任回籍。十四年，捐海军银一万两，得旨赏还原衔、翎枝。五月，以瘴疾，卒于家。九月，李鸿章胪陈其功，恳恩开复原官，入祀淮军昭忠祠。二十一年，安徽巡抚福润以鼎新功在桑梓，请于本籍庐江县捐建专祠，并列入祀典，由地方官春秋致祭，以彰荩绩而顺舆情。均允之。

子永受，举人，二品顶戴，即选道；永芳，二品荫生。

【校勘记】

〔一〕枪子洞胁衣药弹蓺身　"衣"字原误置于"身"字之上。今据潘鼎新传稿(之一四)改正。

张曜

张曜,顺天大兴人,祖籍浙江。由监生捐县丞。咸丰初年,依河南固始县知县蒯贺荪,固始近捻匪窟穴,曜佐贺荪谋守御,有功。大吏檄曜带勇剿匪,以千馀人破巨捻李士林、胡金斗、丁心田等,又败安徽霍丘股匪李昭受之众。河南巡抚英桂保奏,以县丞留河南补用,并赏戴蓝翎。四年,请假回籍。五年二月,有称曜力平巨捻,地方爱戴者,诏英桂调令回豫差遣委用。

时捻匪易天福等连陷息县、光山,曜招集练勇,会南阳镇总兵邱联恩蹑贼追剿,擒斩五千人。叙功,擢知县,加同知衔。六年,署固始县事。光州被围急,曜赴援,一战解之。七年七月,御皖捻张乐行等十馀万众,屡战屡捷。诏以直隶州知州用,赏换花翎。十二月,粤匪伪丞相李秀成、伪国宗韦志俊纠皖捻长驱而北,为蹂躏全豫计,围固始数匝,地雷三发,曜婴城固守,七十馀日,城卒得全。上嘉曜力保危城,厥功甚大,先行赏给霍钦巴图鲁名号。八年二月,率勇开城,与各路援军内外夹击,围解。擢知府。八月,卸固始县事。巡抚恒福檄领陕西延、榆、绥官兵,防剿粤匪。十月,以出境剿贼不分畛域,加道衔。九年,署光州直隶州知州事。十年正月,以母忧去官。会张乐行之党蔓延中原,巡抚庆廉奏留剿捕,曜屡败大股皖捻。诏以道员补用,并加按察使衔。八月,丁父忧,请咨回籍,团练大臣毛昶熙等复疏留带队剿贼。十一年，汝南匪徒陈大喜、张凤林、王有声、刘兴、陈文等结寨二百有奇，肆出焚掠。曜以计解散其党，又攻拔霍庄等十馀寨，擒王有声等。汝郡以安。五月，奉旨以道员记名遇缺简放，并加布政使衔。十二月，授河南布政使，仍带勇剿贼。同治元年二月，督军拔杨寨，连克范寨、二庄楼。九月，击援贼，破其坚垒二十七座，遂进拔陈逆老巢，擒陈文，平项城荒坡等五十馀寨。会言者劾曜战将不知书，不应骤涉文职大员，有旨开缺，以总兵简用，归僧格林沁节制。二年，克项城之尚店、正阳之张冈，生擒巨酋张凤林、霍光玉等，其党相继乞降。豫南平，赏加提督衔。

三年，粤匪伪启王梁成富率众七万人，屯内乡之马山口，曜连战破之，馀党窜陕南。时伪遵王赖文光与伪福王陈得才围攻湖北麻城，钦差大臣博多勒噶台科尔沁亲王僧格林沁以城外稻田纵横，驰骑失利，檄曜会同福州副都统苏克金统马步进援，七战皆捷，陈逆解围去。四年，移军援安徽雉河集，以功下部优叙。会僧格林沁战殁山东，有劾曜养贼贻患，统兵二万有馀不进，致督师重臣捐躯，上命河南巡抚吴昌寿确查具奏。昌寿覆奏："张曜在豫带兵有年，不无微劳足录。至养贼贻患，以及所带兵勇到处抢掠，均无实据。又前后数年所带之兵，多不过五六千人，并无二万有馀之数。"疏入，谕以奋勉图功。是年八月，乞假葬亲。五年，皖贼复炽，河南巡抚李鹤年请于朝，趣曜复出。六年五月，曜统嵩武军驻许州八里桥，骑贼拥至，见曜大纛，即退；追杀至颍桥、石固驿，擒斩悍目林庆喜、胡福喜、李贵如、李顺子等。贼窜中牟、郑州，出睢州、兰仪、考城，入山东曹县境，日驰二三百里，腿足肿溃；官军亦以疾追疲乏，暂住考城，遏贼回窜。于是贼由戴家庙、沈家河窜运河，曜偕南阳镇总兵宋庆并赴山东。六月，抵安山，宋庆迅筑长墙，留副将蒋东才四营、参将李承先二营，归曜节制。曜以沈家口运、黄交汇之处，河汊宽广，陆营难以周顾，请调黄河水师入运助守。会任、赖大股驶入江南为淮军所败，全股荡平。捷闻，以提督记名遇缺简放。

其时张乐行遗孽张总愚窜陷陕西绥德，分扰米脂，由龙王赸渡黄河，出绛州、曲沃、垣曲山中间道，窜豫疆。上命宋庆军与秦晋之师前后夹击，以张曜一军专防河北，与宋庆为援，从吏部侍郎毛昶熙奏也。十二月，贼至获嘉，辉县、新乡、原武，谕旨严切，曜与宋庆昼夜冒风雪，追贼汤阴宜沟驿败之。七年正月，拔贼所踞村庄二十有奇。贼东窜入直隶境，曜等追败之广平，又败之河间府卧碑集。贼南奔，复沿河东驶。官军至深州，侦张总愚踞钱庄，以夜袭击败之，张逆又北窜深泽，负嵎西华集，曜等毁卡猝进，贼惊溃，复蹙于饶阳。方贼之南窜也，诸将咸请率师逐之，曜谓贼势未蹙而遽南奔，必有阴谋，乃卷旆疾驰而北，果与贼遇，毙总愚侄张五孩，五孩极凶狡，张逆凤倚之，由是气夺。捷入，得旨优叙。曜回军入豫。三月，由辉县之云门驰至修武恩村，适贼党由清化斫竹回驶，骤遇官军，黎明，渡卫河走延津，曜及宋庆督总兵程之伟、参将李永芳与贼鏖战，贼大溃。是日，骑贼李全义来降，言贼谋由卫辉折而东北，夺我辎重，曜回击败之。会湖广总督李鸿章与李鹤年议困贼于黄河北、运河东，征各省兵临河而垒，以马军守东昌，而以淮豫健军当贼，凡三月，垒成，降者接踵。六月，战于玉林镇，其地在徒骇、黄、运河之间，值大雨河涨，曜与宋庆诱贼入河套，合击之，贼人马陷泥淖中，死者万馀，馀党窜去。自是张逆不复能军。曜等昼夜蹑剿至山东境，再遇贼于茌平西南，擒斩无算。贼愈孤，疾驰而北。曜率诸军邀截痛剿，张逆祇存十馀骑，自沉于河。捷闻，赏穿黄马褂，并骑都尉世职。八月，凯撤回豫。

时陕西回匪方张，官军战不利，山西巡抚郑敦谨临河设防，诏曜带队赴援。贼既度陇，曜移兵甘肃。宁夏将军金顺以曜为后路策应，驻扎蒙古准格尔旗杆直汉般一带。八年，转战至乌拉旗兰锁尔，叠次获胜，解阿拉善之围。宁夏回民为贼诱胁者，踞寨拒官军，曜与金顺协力剿之，破贼寨数十，灭王家疃踞匪。宁夏平。九年二月，授广东陆路提督。十年，赏加云骑尉世职。十月，大学士陕甘总督左宗棠督师围肃州，曜率军继进，遂克之。关陇肃清。谕曰："张曜扼扎宁夏，剿办王家疃等处踞匪，地方得以安谧。近由凉州驰赴肃州，勇往可嘉！赏戴双眼花翎。"寻诏接办沿边防剿事宜，进援哈密。

时伊犁为俄人所踞，哈密、巴里坤屡濒于危。曜闻命即日启行，以为哈密出关二千里，沙碛弥望，少水草，转输不便，乃议屯田。光绪三年，克复吐鲁番城，赏一等轻车都尉，仍兼一云骑尉世职。复合军进攻乌鲁木齐，规复八城。回酋白彦虎遁入俄，俄归我伊犁，西疆底定。左宗棠奏曜不以搏战为良，堪膺重任。六年，诏帮办军务。喀什噶尔为中俄分界扼要之区，曜移师驻之，兼辖西四城，督办善后。十年，奉命入关，移防北路，特赏巡抚衔。寻赏头品顶戴。十一年，授广西巡抚。修浚京师城河，竣役，赏兵部尚书衔。旋命赴山东勘河，建南北分流之议，事不果行。

十二年五月，调补山东巡抚。疏云："海防一事，烟台、登州原驻广武中后两营。经前抚臣陈士杰减撤以后，防营并形单薄。头品顶戴记名提督孙金彪生长海疆，久历行阵，现令先行统率原带嵩武马步五营，前往烟台，择要扼防，兼顾登州。河务一事，本年春汛以来，沿河漫决堤埝，惟王家圈、姚家口两处最为宽大。黄河全溜，已趋徒骇，而上游齐河、长清等处堤埝，尚多卑薄，现正汛涨，水逼堤岸，险工叠出，日事抢修。至于徒骇河北岸堤埝，商河、临邑亦多卑薄，合段迅速加培，不准敷衍了事。曹州府属，近年盗贼横行，严缉重惩，不过除一时之害。如能力行保甲，奸宄无从混迹，足清盗贼之源。一面于乡镇分设义学，以冀渐化风气。曹州府知府积庆素有能名，现令会督营汛，认真捕务，并将保甲、义学各事，督同州县次第举行，由该管道秦钟简随时稽核。"报闻。

八月，勘估黄河工程入奏，略曰："黄河连年为患，内外臣工多方计画，条议胪陈，均在圣明洞鉴之中。臣莅任以来，凡言河务者，至布衣之士、微末之员，无不详细咨询，虚心体察。盖一人之智虑难周，众论之利弊较确。本年自春历夏，王家圈等处先后漫口，现与河防局司道详慎筹议，就人力财力所能者，勉施补救。惟有疏挖海口，抽挑淤滩，两岸漫口分别堵留，一面将遥堤民埝酌量缓急分年增培；并将徒骇河两岸堤工增培添筑，以防汜滥。从来治河之法，总以疏浚之策为上。历因疏浚为难，专事堤防，又因堤防屡溃，遂议分减。盖水底疏浚固难为计，若上口下游河身干涸，乘时挑挖，人力应所能行。然祇有挑挖引河十里至数里不等，未见全河挑挖者，自属势所难行。今以挑挖河面，宽四十丈,底十六丈,深一丈二尺计之,每里起土六万馀方,每人至多日挖一方。计六万馀人,日挖一里,已属工繁费巨。上游堵口之工,势难久待。前人罕见举办者,以此故也。今姚家口以下河流,自上游漫口以后,细流一线,浅不容舟。应于淤滩挑挖引河十五里,其引河以下至铁门关,勘有淤高矶头三四十处,凑长一万二千五百丈,即拟抽沟切滩,姚家口一经堵筑,得以引水归河。其自萧神庙以下三河,至牡砺嘴一带,系海潮黄流接连之处,距岸稍近者,当可挑挖'川'字引河。其中间淤滩,人力难施,应用机器船只节节疏浚。凡机船中流挑淤,不难于挑挖,而难于运送。山东无制造机船器具,购买机器式样甚多,必须察看河形,方可购办。一面再将灶坝以下堤段,接连添筑,以期拦水归槽,与机船挑淤相辅而成。至于堤埝之防,非不足恃,前因河岸愈刷愈宽,溜势散漫,日淤日高。及水与岸齐,沿河民居筑埝而守,人力之多寡不齐,财力之贫富不同,是以工程之高低厚薄未能一律。及至河流冲刷,低者陷而高者亦陷,薄者溃而厚者亦溃。其时以为河身太窄,遂兴遥堤之工,而遥堤距岸近者三四里,远者五六里。泰山之阴,地势愈北愈低,是以北岸遥堤冲塌尤甚。窃维筑堤之道,必当知河水分数,然后定河身宽窄,以为容水之地,过宽则停淤,过窄则易溢,理所必然。黄河北徙以后,向以历城境内南北泺口为准。南北泺口两岸相距,宽九十七丈九尺,以测土方之法测水方,伏汛盛涨之际,节节测量,深浅牵算,计水一千八百零六方。以此度之,河面宽至百丈,两岸堤埝之工果能坚固,即可束水攻沙。今上下游河面均较泺口为宽,更有宽至三四丈者。宜就向有民埝,薄者培之,卑者增之,坐湾兜溜者取直另筑,或加月堤,或加套埝,逐渐工作,足可防御。若竟弃之不顾,则近河千百村庄,势将尽付洪流,殊非救灾捍患之意。且河面宽,溜滚无定,不能尽在中流。是以南河宽处二十馀里,仍不能无患也。至遥堤之得地势者,亦当增培。查北岸自东阿以至齐河,本年伏汛盛涨,险工甚多。此段遥堤计二百零四里,民埝顺河多湾,计有二百三十里,均一律增培。齐河以下,遥堤地势低注,人力经费一时兼办为难。应先将民埝三百四十二里一律修培。估计北岸遥堤经费,民埝津贴,共需银五十三万一千二百馀两。利津下游至灶坝尾堤工九十六里,共需银六万五千八百馀两。南岸遥堤,自长清县韩家村起,至利津县境梅家庄止,三百一十五里应即一律增培。民埝除章丘县陈家庄以下一带,因何王庄漫口,东西两岸皆被水溜浪淘,残缺已多,一时无从修筑。拟自长清县符河口起,至陈家庄止,一律修筑,计一百二十里。估计南岸遥堤经费,民埝津贴,共需银二十六万七百馀两。此筹办南北两岸堤埝工程之情形也。东省连年漫口,专事堵筑者,原为拯溺之计,而此堵彼开,几穷人力,计时远隔数月,近隔数日,若今年漫决口门,一经悉数堵合,恐不待明年汛涨,他处又将漫决。此不得不变通办理者。至于减水分入徒骇,实为因势利导之计。论者谓上游减水,则下游停淤。此言诚是。然必两岸堤工坚固,无虞溃决,自无庸分减黄流,以收束水攻沙之益。今两岸之堤工未坚,水涨则漫决为患,不得不为减水之计。究之减水与决口,情形迥不相同,决口则大溜骤然旁泄,水势顿缓,自必因之停淤;若减水则于汛涨之时,逐渐分流,正河溜畅,可无停淤之患。前河臣靳辅行之,著有成效。至今徐州上游开坝旧基,均可复按。查齐河以下陈家林、李家岸、赵庄等处,三年之间,四次漫口,经过之处,村庄冲塌殆尽。赵庄一带坐湾顶冲,是以连年漫口,均在此段。应留赵庄口门,减水分入徒骇,较为相宜。但此口门可以缓堵,而不可以久开。将来堤埝之工,增培坚固,用海口机船挑浚沿河积淤沙嘴,抽沟切滩之法办有成效,然后于赵庄附近择地建造减水石坝,仍将赵庄口门堵合。惟堤留口门,必须将两面坝头裹修坚固,口门以内排钉木桩,以防跌塘刷宽之患。至于赵庄以北,横筑大堤,直达徒骇河,以免倒灌漫淹。禹城一带,其王家圈、姚家口两处口门,今春漫口,村庄初次被淹。口门堵合以后,数万居民,尚能整顿田庐,自谋生计,应即先后堵合。其南岸河套圈口门,水行郭家寨入小清河,由章丘以至乐安八县地方入海。惟有近海一带地势较高,疏挖无效,以致巨浸难消。是河圈口门亟应堵筑。至何王庄口门,原拟缓筑,以目前水势而论,仍应堵筑,附近数十村庄可期复业。所有赵庄口门减水,应筑横堤,修裹坝头,排钉木桩,估计经费共需银十二万七千馀两。堵筑王家圈等四处口门,估计经费,共需银六十一万馀两。此筹办两岸口门之情形也。臣查本年黄河北岸漫口之水,悉趋徒骇,由流钟镇、陈家庙入海者,不过十之三四;其馀漫水,均由平地东流。是以滨州、惠民、沾化、济阳四州县被淹最宽。今徒骇河岸若不增堤收束,任其散漫东流,日久到处停淤,下游一经垫高,上游又将旁溢。现拟自禹城辖境以至商河,计二百二十里,北岸村庄尚未被水,民力尚能自顾,应办堤工,仍由地方劝谕绅民赶为增培。此外惠民、滨州、沾化以及徒骇河南岸地方,连年被淹,民力拮据,筑堤工程,酌量给以津贴。下游地段,虽夏水冬冰,人力难施,惟有乘时工作,得尺即尺,日久必可有成。应办工程,大局攸关,岂可畏难而止? 估计工程共需津贴银十万六千馀两,南岸滨州地段长四十里,先为筹办,估计津贴,共需银三万四千五百馀两。其滨州以上,南岸堤工,须俟北岸等处口门堵合以后,再为酌办。此筹办徒骇河两岸堤工之情形也。山东连年办理河务,库款拨用一空,现与藩司等筹商,移缓就急,仅能凑银二十八万两,其馀应用银两,惟有仰祈敕部核发,以便及时动工。其馀未尽事宜,随时续行具陈。”又曰:“臣维治河之事,如治病然。氾滥冲决,此河之病也;淤滩沙嘴,横亘河流,此又致病之由也。每见此岸积淤,彼岸受冲,日久淤高,遂成坐湾,大溜阻抑,动为险工。古人抽沟切滩之法,实足消患于无形。臣查南河故道,曾据旧日河兵,金称从前经费宽裕,遇有险工,借领巨款。是以沿河厅官转以险工为得计,抽沟切滩之法视为具文。臣思切挖淤滩沙嘴,实为治河要务。拟先赶造平头圆船五十只,每船十六人,各带铁锹、铁爬,凡有河中淤滩沙嘴,水落则登滩挑挖,水涨则乘船淘爬。再于对岸筑坝挑水,借流冲刷。惟制造此项船只及添置器具,每船约需银二百馀两,购料集工,一时难以多办。惟有逐渐加增,以期敷用。”

疏入,谕曰:“山东黄河连年为患,叠经内外臣工条奏,迄未定议。现据该抚详议办法,所筹尚属周妥。所有姚家口以下各处河淤,或挑挖引河,或抽沟切滩,即着分别办理,并将灶坝以下堤段,接连添筑,以期拦水归槽。其南北泺口两岸民埝,应行增培另筑,或加月堤,或加套埝,务当逐渐施工,俾资防御。至北岸遥堤等工,亦应及时兴办,以臻周密。赵庄暂留口门,裹筑坝头,赵庄以北横筑大堤,直达徒骇河,以资宣泄而免倒灌。王家圈等处口门及自禹城辖境以至商河应办堤工,及徒骇河南岸滨州地段堤工,均着次第堵筑。应用经费,除该省已筹款项外,不敷银数尚巨,着户部如数指拨的款,以资工用。馀着照所议办理。该省黄流频年漫溢,小民颠沛流离,深宫轸恤殷怀,无时或释。现经定议,将疏浚堵筑分流诸策,一律兴办,朝廷不惜数百万帑金,为百姓御灾捍患,奠厥攸居。张曜为特简疆臣,责无旁贷,务当督饬在工员弁,实心经理,不得稍涉疏虞,致滋贻误。如有应行变通尽利之处,并着随时奏明办理。另片奏'切挖淤滩沙嘴,拟造平头圆船五十只应用,随后逐渐增添'等语,即着照所请。"十二月,疏报惠民县姚家口合龙,奉谕交部议叙。十三年四月,奏东阿等十四州县加广一次文武学额各一名,诏从之。时张村、殷河、大寨、西纸坊、高家套先后漫决,曜令规度地势,依王景八渠法,建水门三座,随时分泄;又以牡蛎口河水入海,不能通畅,改浚韩家垣海口以疏其尾。计一岁中,奔走河上几三百日。旋奉懿旨帮办海军。十五年,慈禧端佑康颐昭豫庄诚皇太后归政,奉懿旨赏加太子少保衔。十七年,京察届期,诏优叙。四月,命会阅南北洋海军,至烟台,闻台湾巡抚刘铭传移疾归里,曜请行,优诏答之。

六月,驻河干,抢护史家坞、王阳家等处险工。七月,疽发于背,回省就医,未旬日卒。遗疏入,谕曰:"山东巡抚张曜,秉性忠勇,历著勋勤。咸丰、同治间,由知县从戎,创立嵩武军,转战河南、[一]安徽、湖北、直隶等省,叠克名城,剿平粤、捻各逆。嗣复剿办甘肃及关外回匪,扫穴擒渠,战功甚伟。历蒙先朝知遇,赏给骑都尉世职,赏戴双眼花翎,升授布政使,改补总兵,擢任提督。朕御极后,因回疆肃清,给予一等轻车都尉,兼一云骑尉世职,补授广西巡抚加尚书衔,调任山东巡抚。于山东黄河尤能悉心擘画,亲历河干,督率工员力筹修守,实属勤劳罔懈。前经叠奉懿旨,命帮办海军事务,[二]赏加太子少保衔,方冀克享遐龄,长承倚畀。昨因患病,甫经赏假调理,遽闻溘逝,轸惜殊深!张曜着晋赠太子太保,入祀贤良祠,并于立功省分建立专祠。生平战绩事实,宣付国史馆立传。加恩予谥。赏银一千两治丧,由山东藩库给发,照总督例赐恤。任内一切处分,悉予开复。应得恤典,该衙门察例具奏。灵柩回籍时,沿途地方官妥为照料。伊子知府张端本,着遇有道员缺出,请旨简放;主事张端理,着赏给员外郎;张端谨及伊孙张尔常,均俟及岁时,由吏部带领引见,用示笃念荩臣至意。”

　　山东布政使福润疏言:“曜疾革时,遗书大学士直隶总督李鸿章,首言山东为北洋第一重门户,必应及时缮治炮台,以备不虞;次言新疆报销,部文饬令裁营清厘,缓不济急,诚恐失信外域,贻口舌而负朝廷。无一语及家室之私。自得疾以迄易箦,始终在簿书填委之中。身后萧然,一如寒素。”又称:“曜宅心精白,笃志忠贞。自守极严,而不惜巨资以养将士。待人极厚,而不屑居积以营身家。察吏则严而不刻,治军则恩威相济,课士讲求实学,临民周悉舆情。频年办赈,全活百万生灵,有古大臣忠纯之谊。”寻赐祭葬,予谥勤果。十八年,山东巡抚福润奏言:“张曜于同治七年统嵩武军来东,会同各军剿办捻逆张总愚于炎天暑日之下,追逐数月之久。其在临邑、济阳一战,殄毙悍贼万馀,贼势遂不复鸱张,俾得全股荡平。东省实为该故抚臣立功之地,士民感戴不忘,遵于省城捐建专祠,业经落成,恳敕部列入祀典,俾彰忠荩而垂久远。"允之。十九年,浙江巡抚崧骏以张曜德泽在乡,绅耆感戴,请于本籍捐建专祠,并列入祀典。二十年,河南巡抚刘树堂以张曜荡平东捻,转战西陲,厥后扬历封圻,以死勤事。至今嵩武一军尚循该故抚训练遗规,犹称劲旅。洵属功施彪炳,无愧俎豆馨香。恳恩将该故抚豫省专祠列入祀典。先后均如所请。

所遗世职并为二等男爵,子端本兼袭。

【校勘记】

〔一〕转战河南　原脱"河南"二字。今据大清德宗景皇帝实录(以下简称景录)卷二九九叶一四上补。按张曜传稿(之一四)亦脱。

〔二〕命帮办海军事务　原脱"命"字。今据景录卷二九九叶一四下补。按张曜传稿(之一四)亦脱。

都兴阿

都兴阿,郭贝尔氏,满洲正白旗人。祖阿那保,父博多欢,均正黄旗蒙古都统。

都兴阿,由荫生于道光九年,赏三等侍卫。十七年,擢二等侍卫。咸丰二年,科尔沁郡王僧格林沁剿贼天津,赏都兴阿内府银,随军击贼。十一月,师至独流,败贼杜家嘴赏头等侍卫。四年正月,克独流。三月,追贼阜城,贼南窜,踞连镇。五月,踏平运河贼垒。五年,进攻连镇,火其木城。贼首林凤祥就擒。叙功,赏副都统衔,在乾清门行走。四月,授京口副都统。率马队随钦差大臣都统西凌阿击贼湖北,十月,复德安府城,进规汉阳。十一月,败贼沙口,焚所筑板房。十二月,再败之,军薄汉阳西门。六年三月,贼由金铺山上窜,都兴阿挥步队迎击,分马队钞其后,阵斩贼目十馀,毙贼三百馀;又焚其屯粮于团风镇,斩伪官熊致和等。

时湖北巡抚胡林翼督军燔汉阳城外贼艇,贼登岸遁。都兴阿率马队截歼之。五月,升江宁将军。九月,会马步军解襄阳围,败樊城踞匪,进围武昌。贼粮尽援绝,十一月,开城遁。官军水陆夹击,贼败溃,复武昌,遂复汉阳;乘胜复黄州、兴国、大冶、蕲水、蕲州诸城。十二月,率营总多隆阿等大破贼于曹家河,复广济,都兴阿身先士卒,战辄胜。总督官文上其功,赏霍钦巴图鲁名号。时上游贼败窜黄梅,提督杨载福等由广济进剿,贼悉众出拒,都兴阿以马队冲击,贼乱,遂下黄梅。七年正月,太湖贼上窜,窥黄梅,都兴阿空城以诱之,二月,贼果长驱入,骑贼千馀继至,独山镇亦出贼五六千,钞官军步队后。都兴阿合马步军夹击,阵斩悍贼数百,越岭追毙四千馀,馘贼目三人。三月,攻九江贼于小池口,檄多隆阿等破段窑、枫树坳、独山镇贼巢。四月,贼酋陈玉成由桐城率贼三万馀,裹饥民数万,分窜黄梅、广济、蕲州、蕲水界。都兴阿时驻下游,闻警,遣多隆阿率队赴剿,副将鲍超由孔陇驿接应,大破贼于渡河桥,平二十馀垒,俘斩数千。六月,贼纠合大股筑垒广济、内湖、童司簰,都兴阿令提督孔广顺会杨载福师船绕入内湖,攻拔之,擒斩三千馀。适记名按察使李续宾率军渡江夹击,尽平童司簰两岸十九垒。七月,军次黄蜡山,伏贼突起，挥军奋击，贼大奔溃，踏平贼垒四十有八，斩馘五千馀。

寻命帮办官文军务。时九江贼筑伪城于小池口，都兴阿遣多隆阿等潜师攻黄梅后山贼垒，以绝其援。李续宾等日夜攻小池口不下，都兴阿率马队进，施火箭，伪城火起，贼狂奔，穷追百八十里。湖北肃清。九月，偕李续宾等克湖口，攻梅花洲伪城，逆酋赖桂普踞彭泽，都兴阿会水陆各军击走之。十一月，下望江、东流、铜陵，破贼垒数十。八年正月，宿松贼窜逼蕲州，都兴阿督兵败之。四月，会李续宾等军克复九江，斩贼渠林启荣等，得旨优叙。五月，复黄安、麻城，并饬军击败弥陀镇、南阳河贼。七月，复太湖。贼犹屯聚潜山及怀宁之石牌镇，都兴阿与李续宾等分路攻下之。九月，帅陆军进规安庆，尽夺集贤关贼垒，遂克桐城。十月，复舒城，追败潜山窜贼，平三十馀垒。寻三河援贼大至，李续宾战殁，潜山、太湖、舒城复陷，都兴阿退保宿松。陈玉成由石牌上窜，遣党犯黄泥巷，谋夹攻宿松，均为都兴阿所败。十一月，援军皆集，与贼战于花凉亭，大捷，斩馘万数千，踏平王家畈贼垒三十。

九年正月，上允钦差大臣前兵部右侍郎曾国藩请，于安徽上游北岸添马步三万人，以都兴阿领其军，与水师杨载福等，为三道兼进夹江东下之举。二月，贼陷湖南桂阳等县，拨马队二百赴援，都兴阿先于八年九月，调荆州将军，至是，命赴任，所部兵勇以多隆阿统之。十年闰三月，江宁大营为贼所袭，将军和春退守镇江，上命都兴阿帅马步四五千驻江北，进规六合、浦口、天长等处，杜贼旁窜。四月，常州、无锡、江阴相继陷，苏州不守。肃州镇总兵张玉良军退杭州。谕都兴阿驰驻扬州,联络镇江诸军,策应苏常。十月,命督办江北军务。十二月,都兴阿亲勘湖防,令总兵李德麟赴下游会陆路防守。十一年正月,饬浙江温州镇总兵吴全美等驾师船进攻和州、江下关一带,轰倒江边望台土垒,破内江口贼船,追歼贼无算。三月,以扬防兵力单,请留总兵詹启纶缓赴徐州镇任,从之。四月,防守盱眙副将格洪额为叛勇所戕,贼劫其部下炮船,攻扑三河甚急,都兴阿饬提督黄开榜等剿焚之;又饬总兵王万清会水师渡湖,连败贼于扬州僧道桥等处,尽平其垒。时江安大股贼犯扬州,复分党犯仪征,都兴阿迎击,贼屡败。^[一]贼又纠苏州、句容各贼,分犯瓜洲、镇江,都兴阿乘贼筑垒未定,令营总杜嘎尔等率马步军冲击,自督队继进,贼败却。寻倾巢出,官军捣其中坚,贼大溃,阵斩黄衣贼数人,追杀三十里。詹启纶乘势踏平甘泉山贼垒三十馀,镇江围解。七月,疏陈长江水师南北上下游布置情形,并绘图进。八月,疏议江北勇粮照湖北新章酌加银数,如所请行。九月,逆酋龚长春分路肆扰,饬都司李成虎等败之金家集、陈家集等处,江阴贼由金栋桥犯黄山港,遣游击郭定猷等迎剿,毁其船三十馀。

　　十月,调江宁将军,仍驻扬州,督江北军务。时浙江军事亟,谕都兴阿遇紧要军务,会商曾国藩办理,江北文武人员,仍遵都兴阿调度。寻饬副都统海全等破后石桥贼营,毙贼二千馀。十二月,苏常贼犯镇江,饬总兵黄彬等统水师败之,破五垒,亲督各军驰抵天长城下,平垒卡数处,龚长春率党遁,沿途截杀殆尽;又遣黄彬等截击贼船于小河口、太平港,踏平瓜埠贼巢,拨师船分防东沟、龙子庙等处。寻会江南提督李世忠围攻六合,贼乞降,都兴阿夜遣侍卫色楞额等驰抵天长谕降,二城遂复。同治元年正月,檄总兵李德麟等击败贼于芦泾、白茆港,追及浒浦,焚炮船划船无数。又饬王万清等会剿淮安捻匪,连败之高家洮等处。三月,贼扑扬州,窜仪征,遣都司林成兴败之东门外,副将孙文友等败之悦来集、徐家集等处。贼合大股扑扬州西南门,都兴阿亲督各军,连战败之,杜嘎尔率马队由汉河追剿三十里,黄彬等亦击退沙漫洲贼。扬州境内肃清。

时上游各军乘胜东下,克沿江州县。攻雨花台,都兴阿饬总兵李起高等驶至浦口,平观音门贼卡及燕子矶贼垒,与上游师船会,进规江宁。九月,援贼麋集、凿地道轰攻江苏布政使曾国荃营,都兴阿遣副将杨心纯赴援,解围,逆酋李秀成不得逞于江宁,由中关上流渡九洑洲,围官军陆营,分犯浦口、江浦,防守石埠桥副将龚文林军不能支。十一月,都兴阿饬黄彬等率师船援之,以炮划轰攻贼船,平石埠桥十馀垒;又以南岸福山、白茆等处贼日增,计图北窜,饬军赴通州、海门协防,调师船守芦泾、老洪、牛洪各口。二年正月,谍知常州贼首图烧船渡江,犯靖江,其众二十万欲渡九洑洲,扰扬州,撤援军回防。二月,逆酋李秀成纠常州、丹阳各逆由下关、中关渡江,都兴阿饬军进防浦口,调炮划越九洑洲迎剿,火其船。扬防水师亦胜贼于上游之七里洲、下游之圩塘。三月,捻首苗沛霖勾结发逆,扰定边,炉桥及天长之金家集等处,都兴阿派军迎击,贼遁去。四月,贼窜六合,刈麦为粮。都兴阿督军驰至,设伏诱败之。适曾国荃克江宁之雨花台,曾国藩大兵东下,都兴阿饬副将梁正源等会楚师焚中关、下关贼艘,攻克九洑洲。八月,饬李起高会水陆各军克复江阴。九月,追败贼于刘港、包港。苏州既复,贼党四散,十月,突至丹阳江边,为李起高所败。十一月,贼数千扑理义港,又贼万馀屯小河西石桥湾,梁正源等击走之。十二月,饬副将李荣陞等伏兵败贼于小河。三年正月,扬州解严。

上以陕甘军务急,命都兴阿赴绥远城,偕将军德勒克多尔济督防。时甘肃、宁夏汉城陷于贼,满城待援,命都兴阿统兵驰赴陕西定边,与固原提督雷正绾军前后夹击。四月,赐紫禁城骑马。调西安将军,督办甘肃军务。寻署陕甘总督。江宁克复,都兴阿以前江防功,赏骑都尉世职。六月,都兴阿驰抵定边,奏言:"定边距灵州远,与前营隔绝,宜进兵驻花马池,联络声威。且逆首马化隆起灵州金积堡,沿途占踞城堡,蔓延将及千里,非分兵三路,难期得力,沙漠无水草,绕行甚远。拟由磴口渡河,自石嘴山、八站达平罗,较为径捷。"七月,饬杜嘎尔等军由草地绕石嘴山渡河,攻克姜家村、红柳沟贼巢,追贼及宝丰,分遣参领德顺由横城顺流下,伊昌阿军由二窝子渡河,驻石嘴山北,护粮运。灵宁贼自水路援宝丰,遣参将赵有胜扼河桥,截其窜路;复檄陈天佑等进剿,贼万馀分三路出扑,杜嘎尔等击退之,遂复宝丰。同时解平罗围。八月,军进渠口堡,都兴阿虑地势极宽,深入无后继,疏请于朝,上命荆州将军穆图善率所部赴甘肃会剿。贼首马叱吽踞通成堡,筑数圩坚守不出。九月,突出大股分扑,杜嘎尔等率马队分路击走之。十月,贼闻都兴阿等渡河,退踞清水堡,都兴阿移营逼贼巢,贼出众来扑,力战却之。寻饬杜嘎尔率马队越十馀圩,邀击贼粮道,歼贼甚多,获赢马数百头;又合兵过濠筑垒,攻克清水堡大小各圩。军进金贵堡及王格庄,去宁夏城二十里。十二月，进攻贼圩，败西路援贼，城内贼乘官军方攻圩，出钞我后，杜嘎尔等率马队冲击，都兴阿即撤攻圩各队迎剿，良久，贼溃退。四年正月，都兴阿督师列阵城东，遣军越圩截获车畜无算。诱贼出，击败之，兼拔向南贼圩，一日四捷。二月，盐池、固原等处窜匪扰合水、华池各镇，踞安化、元城镇，窥宁条梁粮路。都兴阿遣营总赛清阿防花马池，副都统西蒙克西克防宁条梁，副将赵有胜防定边。是月，靖远南山贼窜过金积堡，焚叶升等上八堡，据小坝修堰，都兴阿虑春涨决渠，移营屯城东及城东南，贼连夜踞护城河堤，筑垒卡，断汲道。督军攻之，并击退各圩援贼，因列队掘长壕，以断贼路。都兴阿复亲督队，败贼金贵堡，会固原窜匪由元城镇西窜下马关，遣侍卫寿昌助赵有胜防定边，调西蒙克西克仍驻花马池。三月，固原窜匪趋平罗、宝丰，督军败之于金贵等堡。侦知贼北窜，欲断磴口饷道，饬杜嘎尔迎击，逐北四十里，毙贼酋马生颜。花马池定边防军同时叠败贼于红柳沟，馘逆首孙义保。五月，宁夏贼势日蹙，诡辞乞抚，为缓兵计，而潜挑濠筑垒，决上游水灌官军，都兴阿令于军，拒其降，趣粮运，修战备。又以援贼坚壁死守，时分扑广武及石空寺等处，窥伺中卫，遣宁夏道三寿驰防。闰五月，解满城围，克城东贼圩，败贼西门桥，遣军击走大水坑、吴中堡踞贼，斩逆酋马有富。

寻以盛京马贼猖獗，十二月，调盛京将军，穆图善代将其众。宁夏贼寻降，纳炮械，缚贼渠献军前。五年二月，穆图善奏回众悔罪投诚，都兴阿入城时，复戮回目章保立，兵勇乘机掠杀。上责都兴阿剿抚无定见，下部议处。穆图善又奏都兴阿所部屠戮城内汉回甚众，并焚掠回众所交银钱粟米，再下部议处。旋加恩革职留任。六年正月,都兴阿奏筹奉天西路缉捕章程,旋檄参将张得禄等剿败线尔山马贼,[二]焚其巢,获首犯高廷栋等。八月,京师饥,都兴阿捐米助赈,得旨优叙。七年闰四月,命管理神机营事务,授钦差大臣,驰赴天津会同左宗棠、李鸿章剿办捻匪。是年,直东捻匪平,都兴阿仍回本任。八年十月,捕获孤山贼犯王庆等。十三年,偕锦州副都统古尼音布奏陈变通马政五条。

光绪元年,卒。遗疏入,谕曰:“盛京将军都兴阿,老成谨恪,懋著勤劳。由侍卫荐升将军,克称厥职。从前出师江、皖、陕西等省,办理军务,均能得力。兹闻溘逝,轸惜殊深! 着加恩赠太子太保衔,照将军例赐恤。任内一切处分,悉予开复。应得恤典,该衙门察例具奏。赏银一千两治丧,由盛京户部给发。灵柩回旗时,着沿途地方官妥为照料。伊子三等侍卫卓勒洪额,着俟百日孝满后,由该旗带领引见。伊孙尚安泰,着俟及岁时,由该旗带领引见,用示笃念荩臣至意。”寻赐祭葬,予谥清悫。二年,署盛京将军岐元等奏奉省士民以都兴阿与已故署将军崇实、大学士文祥功德在民,请合建三贤祠,列入祀典,允之。十五年,慈禧端佑康颐昭豫庄诚皇太后归政,追念功绩最著诸臣,各赐祭一坛,都兴阿与焉。十八年,两江总督刘坤一以都兴阿遗爱在民,请于扬州与故吉林将军富明阿合建专祠,列入祀典,诏如所请。

【校勘记】

〔一〕贼屡败　“败”下原衍一“之”字。今据都兴阿传稿(之一四)删。

　　按碑补卷二九叶一二上云:“都兴阿督诸将连战,大破之。”亦可印证。

〔二〕旋檄参将张得禄等剿败线尔山马贼　原脱"等"字。今据都兴阿
　　传稿(之一四)补。按碑补卷二九叶一四上云:"都兴阿抵盛京
　　任,遣色尔固善、托伦布等分道击盗。"以有"等"字为是。

魁玉

魁玉,富察氏,满洲镶红旗人,荆州驻防。父额勒景额,京口
副都统。魁玉,由二品荫生,于道光十年授骁骑校。十三年,升
防御。十六年,除佐领。二十三年,擢协领。二十九年,俸满引
见,得旨交军机处记名。咸丰二年,发逆窜湖南,荆州戒严。将
军台涌檄防关沮口。三年,军政卓异,加一级。九月,逆匪窜武
汉,随台涌驻军扼沙市。

寻授凉州副都统,台涌疏请以魁玉留防荆州,允之。十二
月,湖北巡抚崇纶疏请赴省防剿。四年正月,营于武昌东境之洪
山。时发逆踞黄州,总督吴文镕军败,贼遂于鲁家港联营七座,
断省城粮道。六月,巡抚青麐檄魁玉驰剿,而对岸汉口贼犯塘
角,鹦鹉洲贼已侵鲇鱼套,奸党内应,省城遂陷。魁玉随青麐退
保荆州,有旨革职,交署总督杨霈酌量差遣。七月,荆州将军官
文饬魁玉带勇五千,会同湖南提督塔齐布、前任礼部侍郎曾国藩
截剿上窜之匪,魁玉遂屯兵石首之调弦口、监利之白螺矶。八
月,师次新堤,进规汉阳,偕总兵杨昌泗率四千三百人,火攻西岸
虾蟆矶,贼惊逸。魁玉分队伏沌口,歼贼之窜入里湖者,进拔鹦
鹉洲,与各军合击大别山木垒,分兵伏月湖堤,贼逸窜蔡店,截杀
无数,遂克汉阳。武昌亦复。捷入,开复原官。

贼由襄河、浈口、蔡店拥扑汉口者二千艘,魁玉会合曾国藩

水陆截剿,纵火焚之,无一免者。九月,偕曾国藩、塔齐布驻营金口西岸,贼千馀猝至,魁玉至沌口堵御,击死黄衣贼目,擒斩数十名。贼自是不敢上犯,连樯而下。曾国藩以舟师扼之,魁玉诱至杨林沟,斩级百馀,生擒二百。进图蕲州,分扼蒜花撩、道士狄、渭源口,败贼于骨牌矶。既而黄州府及蕲州、蕲水次第收复。十月,驻蕲州三道桥,以未能遏截溃匪上窜,摘去顶戴。进军清水河,追贼崇阳桥,抵双城驿。贼三万人分股来犯,魁玉绕其后,奋击大胜,平大河埔贼垒,克黄梅。得旨赏还顶戴。五年二月,调赴潜江一带办贼,继由潜至沔阳州,败贼于里仁口。是月,命署荆州右翼副都统。四月,堵剿上窜之贼,袭破仙桃镇、吴家桥,分兵两岸,转战获胜。贼又冒团练,由麦旺嘴而上,魁玉设伏诱至鄢家湾,围杀殆尽。荆襄以安。

寻授江宁副都统。官文以魁玉襄河堵剿得力,疏请留办军务,许之。七月,克汉川,八月,克沔阳州,腰腿均受矛伤。自是立营鄢家湾,侦贼由侏儒山窜沔阳之周家帮,即夕驰往下查坪夹击之,贼遁;复捣侏儒山贼巢,拔之。时汉川及仙桃镇又陷,魁玉派队两路赴郑家集、麻港,斜趋仙桃镇,以遏贼冲,自出沙嘴横截之,大捷。十月,重克汉川及蔡甸。寻奉檄所部归大营。十二月,官文调赴汉川,办理团练事宜。六年四月,又赴麻城、罗田、黄冈,督催团练,办理捐输。九月,以襄阳土匪滋事,命驰回荆州,整饬团防。十月,丁母忧,诏俟百日孝满,即赴江宁新任。十二月,官文汇案请奖,赏戴花翎。七年,抵江宁副都统任,随钦差大臣和春军营。

八年六月,命暂署江宁将军,七月,兼署京口副都统。十年四月,复署江宁将军。先是,魁玉剿贼于丹阳北门失利,贼退。至是事闻,得旨革职留任,江宁将军交副都统巴栋阿署理。寻命带兵赴扬州军营随剿。九月,复署江宁将军,暨京口副都统。十一年十月,新任将军都兴阿到任,上以京口副都统关系紧要,命都兴阿于扬州军营拣派得力旗员署理,都兴阿寻以魁玉请,因是仍署京口副都统。魁玉既抵镇江,疏言:"京口为江南之咽喉,江北之唇齿,孤立江滨,贼氛四逼。都兴阿现驻扬州,远隔大江,而副都统仅管旗务,虽西宁镇总兵冯子材统兵在此,两不相辖。请敕冯子材不分旗、绿,联为一体,凡军务会商办理。"从之。十二月,命魁玉帮办镇江军务。时贼大股攻镇江,江宁逆酋洪仁发等复纠龙潭、石埠桥诸贼,号称万馀人,水陆分途来犯。官军饷奇绌,魁玉与冯子材激励饥卒,连攻近城逆垒,屡胜之。同治元年二月,诏开复革留处分。八月,败阳冈出扰之贼。九月,令总兵文龙德等战于甘棠桥,斩其酋,寻拔阳冈,进毁青山贼垒。十一月,在谏壁、陴城、上塘等镇,三战三捷。二年正月,丹阳踞匪分股来犯,魁玉偕冯子材疏陈戒严情形,谕曰:"镇营以有限之兵,当逆贼六七万众,其势不可以浪战。该提督等令水营先固江防,派总兵田宗扬等将东路群逆歼除,西南一带因有重兵,贼未深入。拟俟其临近而痛剿之,进止颇合机宜。嗣后仍当竭力固守,虽贼众纷乘,总示以不可动摇之势,以固要区。"二月,夺牧马口贼卡,进捣句容之薛村,乘雾逼柏林村,夺其垒,直薄丹阳西门,先后毙贼酋数十、众三千馀名。捷入,诏嘉勉之。

时巡抚李鸿章自上海进兵,贼畏沪军之威,知镇防兵单地蹙,拟攻其瑕。三月,蚁聚骇溪,犯我东路,魁玉派兵迎剿,战于谏壁,斩获甚多。常州、江阴贼党巨万继至,屯丹阳、新丰等处,并在越河以南扎筏,图侵南路。四月,侦知常州十大酋谋分十路,出犯江防。魁玉飞咨沿江各军严防偷渡,拨队扼东路丹徒镇之冲,分守湾子桥,别派游击之师,觇贼所向击之。既,东路贼欲犯丹徒镇,攻我守桥兵,以木簰伺隙渡河,官军御之,贼不得逞;而大队万馀继至,抵死争之,魁玉调兵再进,一由南门绕东路蹑贼尾,一由东路驰丹徒镇凫水夺其筏,大捷。既而冯子材驰赴丹徒镇,令田宗扬守之,自循河以南,则贼已由洪山凹而下,数里不断,魁玉布置城守,分军策应,未几,诸路皆捷,贼遁。时上游各军连克要隘,云集金陵,败贼南奔,半为丹阳贼所留,广屯米石,意在全力相持。水陆各隘,拆桥伐木,阻我进路。冯子材会商魁玉,以为金陵合围之后,贼必号召外援,亟图一逞,且逆情既蹙,难保不铤而走险,为围魏救赵计。正宜因利乘便,进剿牵制之。遂令田宗扬等更番出击,由马陵进规丹阳。六月,奏入,谕嘉其尚中窾要,惟防兵单薄,务当加意防范,毋稍大意。七月,伪忠王李秀成号召大股悍贼厚集丹阳、句容,谋扑镇城,伪兑王等四酋由常州、宜兴、金坛来,挟丹阳万馀众,一由东南甘棠桥下窜,图扑南门;一由西南八公洞谋犯云台、宝盖诸山营垒,官军两路迎战;一出东南在五峰口、三里冈殊死斗,多受伤者;一出西南战于观音山下。会东南路已得胜,并军冲突,贼大溃,自后不敢复出。

　　十月,上以上下游军威大振,虑窜匪扰及镇防,敕冯子材、魁玉随时会同水师实力防剿,毋稍疏虞。寻疏言:“苏常各逆悉索死党六七万,分屯句容、丹阳,丹阳屏蔽苏常,贼守尤力。其水湖、博洛、馀干等处巢卡,枪炮极多,镇防近接丹阳,未及百里。

当此上游扫平,群凶震慑之时,正宜乘我军威,用资犄角。连日挑派马步,更番哨击。拟先将沿途贼垒设法剪除,仍伺贼所向,进扎新丰,方不至腹背受敌。盖镇江内外各营,合之丹徒屯驻兵勇,止一万二千八百名,留守城垣,分防营隘,仅能抽拨五六千人,而援贼屯丹、句者,尚以数万计。彼众我寡,自夏秋以来,部将咸以进兵丹阳为请。臣等以为贼势愈蹙,官兵愈当谋出万全,未可虚张进取之名,转贻拔本之诮。今者金陵围合,东坝诸军建瓴而下,则因利乘便,正在此时。现已挑劲旅六千,以总兵田宗扬、张文德等配齐军火,各持一月粮,听候进止;另派游兵三千,为后路接应。其馀弁勇,扼守城池,暨云台、宝盖诸山,俟提督鲍超军由溧水进攻句容,官军即由新丰进规丹阳,收夹击之效。”报闻。

十一月,李鸿章克苏州,有旨令防剿诸军慎固地方,毋令败匪阑入。时丹、句各酋注意镇城,魁玉偕冯子材统筹战守,设防谏壁等处。丹阳贼觇我兵单,谋大举。嗣以越河、新丰各防营联络谨严,遂审句容、龙潭而去。逆首李秀成潜入金陵,其党数万,仍屯句容、丹阳、宝堰、石埠桥、龙潭。官军分扎甘棠桥,以扼其冲,屡战屡捷。寻李秀成之子纠句容悍贼二三万来犯,魁玉偕冯子材分路堵御,嘱将领勿轻进,俟贼逼近,以排枪连环击之,斩其酋,镇防以固。三年正月,丹阳逆首伪然王陈逆往援常州,令英逆之子留守,魁玉等派兵哨击,多张旗帜以惊扰之。刊发告示,劝贼反正,遣间谍分赴城乡,解散其党,令相疑贰。有愿为内应者,魁玉等抚之,即乘间平丹阳西路贼卡。各村受魁玉等密谕,截杀运粮逆目甚多。陈酋知人心离散,撤回丹阳。二月,官军拔白兔、博洛、水湖等镇。三月,张文德进攻馀干、新丰,贼开垒乞降。会攻丹阳,时鲍超军至句容,魁玉等派副将杨青山等四营助剿。鲍超等克句容,魁玉等以宝堰、屯甸尚有贼垒,饬陶茂森移兵疾捣之。张文德合攻丹阳之师,连毁西路炮台。贼百计抵御,魁玉饬水师六艘入练湖,断贼运道,拔湖头村。未几,鲍超克金坛,贼闻风胆落,魁玉等遂令张文德会同各军取城外逆垒。四月,合围,贼困斗益厉。官军冒烟填濠而进,毁更楼、哨台,斩关入,立复县城,诛著名积匪数十,擒斩盈万。疏入,谕曰:"镇江官军围攻丹阳,由西门斩关而入。常州、镇江一带一律肃清。魁玉帮同冯子材办理军务,亦甚得力,着加恩赏给巴图隆阿巴图鲁名号。"六月,上以江宁克复,全股悍贼尽数歼灭。魁玉帮办镇江军务,协同守御,特赏云骑尉世职。

　　七月,复署京口副都统。十一月,疏言:"咸丰三年贼陷金陵,驻防官弁殉难者二百九十三名,经前将军和春奏蒙恩恤。今查殉难官弁,有嫡子者十八人,有嫡孙者三人,有胞弟者二人。此外惟就其族中现存之人,令领催具结过继承袭。又此项人员例应引见,而饷项未复,川资难筹,请照绿营例试用三年,再行送部。"从之。十二月,调补京口副都统。四年二月,署江宁将军。五月,升授将军。七年,入觐,赐紫禁城骑马。九年,两江总督马新贻被刺出缺,命暂行署理两江总督,严审其事。又命兼署办理通商事务大臣。时天津教案未结,江防紧要,魁玉疏上长江防范事宜,略曰:"长江下游扼守事宜,与提督黄翼升议于各处安设炮位,并将分汛水师,查照旧章暂令归并一处,排泊操练。另调炮船三十号,驻扎金陵,为上下游策应之师。"得旨:"所筹均尚妥协,即着悉心区画,缜密布置。中外交涉事件,责无旁贷。着督率苏松太道涂宗瀛等加意防范,弭患未形。"

十年,调成都将军。十二年,四川峨边厅蛮匪滋事,遣师平之;复择蛮众之朴诚者,充千百户,设立夷兵夷约,次第建碉修堡,上嘉奖之。光绪元年,西藏里塘喇嘛更登培结因番官侵渔土户,聚众万馀,踞藏里一带。魁玉偕总督吴棠派员带汉土官兵攻之,更登培结自焚,馀党悉平。二年,雷波厅蛮匪滋事,偕吴棠拨营分道进攻,殄除首逆。三年,以旧伤复发,吁请开缺,许之。五年,捐山西赈二千两,下部优叙,随带加五级。十年,卒。遗疏入,谕曰:"前任成都将军魁玉,于咸丰年间从事戎行,转战湖北、江南等省,叠著战功。历任副都统、将军,克勤厥职。前因患病开缺,兹闻溘逝,轸惜殊深!加恩着照将军例赐恤。任内一切处分,悉予开复。应得恤典,该衙门察例具奏。伊孙一品荫生文冲,着以郎中分部行走,用示笃念荩臣至意。"寻赐祭葬,予谥果肃。十八年,两江总督刘坤一以魁玉舆情感戴,请于镇江府城捐建专祠,由地方官春秋致祭,允之。

子扎勒哈苏,广东惠来县知县;扎克丹,直隶河间府知府;迈拉逊,举人,山西河东道;墨德哩,候选副将;扎勒哈哩,举人,花翎,三品衔湖北候补道;佛逊布,候补骁骑校;穆克登布,举人,花翎,三品衔江苏候补道。

孙文通,二品荫生;文明,佐领;文辉,骁骑校;文冲,举人,工部郎中;文治,兵部郎中;文焕,江西候补同知;文达,防御;文蔚、文锦、文恺,均候选郎中;文富,盛京兵部郎中;文秀,候选笔帖式。

金顺

金顺,伊尔根觉罗氏,满洲镶蓝旗人,吉林驻防。咸丰三年,随委营总莫尔赓额奉调出征山东窜匪,由领催荐保骁骑校,赏戴蓝翎。六年,粤逆窜两湖,金顺随副都统多隆阿败贼于湖北麻城、蕲州,经湖广总督官文上其功,赏换花翎。嗣于黄梅县属黄蜡山打仗出力,赏图尔格齐巴图鲁名号。八年,升防御。九年,攻克安徽太湖等处贼垒,以佐领补用。

十年二月,随楚军克太湖,擢协领,加副都统衔。十一月,官军围安庆,逆首陈玉成等自舒城、庐江上窜,图牵制官军,多隆阿列营挂车河西,严阵以待。贼逾河来扑,官军三路接战,金顺率马队从香铺街冲击,追杀二十馀里,贼垒悉平。逆首黄文金纠捻渡江,谋与陈玉成合,金顺又追击于新安渡,斩馘甚众。同治元年,从荆州将军多隆阿剿办发、捻,攻克河南荆子关。二年二月,进剿陕西回逆,捣王阁村、羌白镇老巢,克之。七月,败贼于渭河,尽扫南岸贼寨,赏加头品顶带。九月,进逼高陵县城,克之。泾河迤北肃清。乘胜追剿,连破苏家沟、渭城老巢。三年二月,汉南回逆东窜凤翔,金顺带马队趋沣峪堵击。三月,全陕回务肃清。多隆阿疏言:“金顺入关,频年转战,勇往冠群,勋劳卓著。荆州将军穆图善、陕西巡抚刘蓉亦称金顺忠实无伪,朴勇有谋,此次逆踪窜入腹地,不避艰险,每战必先。其驭军严明有法。”命交军机处记名,遇有副都统缺出,请旨简放。五月,授镶黄旗汉军副都统。

六月,调西安副都统。寻发逆窜逼陕西省城,为官军所遏西奔,金顺督队追及于沣河东岸兴隆镇,大败之。嗣伪启王梁成富悍党麕聚盩厔之店子头、田峪口等处,金顺率马队进扎南集贤村,逼贼而营,直捣店子头贼垒。贼三路来扑,金顺麾队大呼驰突,殪贼千馀人,拔其巢。七月,贼踞鹿门村等处各堡,为持久计,金顺侦知贼将攻淇水二堡,遂率马队会各军痛剿之。四年正月,进攻宁夏城南贼卡,夺其炮台。四月,逆回勾结固原大股窜匪,蔓延黄河两岸,金顺抵平罗,诇知贼在黄渠桥、宝丰南,率军分三路捣之,斩伪王孙义保等。

五年二月,调宁夏副都统。九月,署宁夏将军。七年正月,剿贼定边等处,获胜。二月,回匪窜踞宁条梁,陷怀远,犯榆林南关,诏趣金顺速赴宁条梁剿贼。九月,进扎榆林,连战皆捷。十一月,贼窜葭州,金顺遣将败贼于关山苑,又败之于张家坪。八年三月,复绥德州城,击退榆林之贼。八月,陕匪窜宁夏,金顺驰抵缠金,会合提督张曜等军进剿,大破之,连拔贼寨。十二月,陕回赵五阿浑来援王家疃,金顺偕张曜击斩之,并克马泰、纳洪两寨,金顺身受数创。九年二月,宁郡降回马万选等为马化隆诱叛,金顺遣将击遁。寻以新渠、宁郡防兵无多,陕甘各回麕集,疏请调豫军来宁会剿,上命提督宋庆率营兼程前往。四月,王家疃贼由牛头山窜河西,金顺会合诸军败之于黄渠口,斩悍酋梅照喜等。十年正月,攻克王家疃。捷闻,赏穿黄马褂,并交部从优议叙。二月,进规通贵堡,克之,生擒首逆马万选,馀匪穷蹙乞降。

四月,擢乌里雅苏台将军。十一年五月,疏陈赴任未能迅速,请暂统全军,进扎甘凉、镇番一带,效力前驱,允之。寻以驰抵宁夏,未报起程前往镇番,命开去乌里雅苏台将军缺,交部严加议处。寻奉旨革职留营,责令即日督率所部赴肃州。九月,拔队赴肃州,剿贼镇番,获胜。是月,乌鲁木齐提督成禄行抵金塔,上命金顺速赴肃州统其军。十二月,抵凉州,派队赴肃州助剿。十二年九月,会同钦差大臣陕甘总督左宗棠克复肃州,诏开复革职处分,赏还黄马褂、花翎、勇号。寻以乌鲁木齐都统景廉驻扎古城兵力单薄,敕金顺率所部二十营驰赴古城,规复乌鲁木齐。十二月,授正白旗汉军都统。十三年,逆首白彦虎窜入玛纳斯,图犯古城。金顺督师出关,遣提督刘宏发等驰赴古城,自率马步西进,暂扎安西属境。寻命帮办新疆军务。光绪元年,调乌鲁木齐都统。二年六月,攻克玛纳斯北城,阵斩伪元帅马兴,九月,攻克玛纳斯南城,十月,授伊犁将军。十一月,叙攻克玛纳斯城功,赏戴双眼花翎,并给云骑尉世职。四年,攻克西四城,回疆底定,赏加军功三级。

十一年,诏来京陛见。十二年二月,疏报交卸营务北上,六月,卒于途次。遗疏入,谕曰:"伊犁将军金顺,忠勇朴诚,勋勤懋著。历在军营带兵剿贼,转战湖北、安徽等省,叠克坚城。嗣入陕剿办回逆,战功尤伟。荐升将军,帮办新疆军务,克复各城,收回伊犁,抚循安辑,克尽厥职。上年谕令来京陛见,中途患病,当经赏假调理。方冀渐次就痊,长资倚畀。兹闻溘逝,轸惜殊深!着加恩追赠太子太保衔,照将军例赐恤。任内一切处分,悉予开复。应得恤典,该衙门察例具奏。赏银一千两,由甘肃藩库给发。灵柩回旗时,着沿途地方官妥为照料。[一]该将军有无子嗣,着该旗查明具奏,用示笃念荩臣至意。"嗣福州将军穆图善等奏陈金顺历年勋绩,请于立功省分建立专祠,并将生平战绩宣付史馆立传,允之。寻赐祭葬,予谥忠介。十三年,陕甘总督谭钟麟以金顺在陕甘战绩,以宁夏为尤多,请附祀西安将军多隆阿专祠,以妥英灵而顺舆情,诏如所请。十五年,慈禧端佑康颐昭豫庄诚皇太后归政,追念功绩最著诸臣,各赐祭一坛,金顺与焉。

【校勘记】

〔一〕着沿途地方官妥为照料　原脱"着"字。今据景录卷二三〇叶四上补。按金顺传稿(之四一)亦脱。

清史列传卷五十六

大臣画一传档后编十二

穆图善

穆图善,那哈塔氏,满洲镶黄旗人,黑龙江驻防。道光二十六年,由前锋补骁骑校。

咸丰三年,升委参领,管带马队,从征河南逆匪,转战直隶连镇、山东高唐、山西曲沃等处,所向有功。五年,调赴湖北,剿贼德安,胜之,赏戴蓝翎。六年,随大军克复汉阳府城,赏换花翎。七年,晋防御。八年,升佐领。九年,由楚入皖,大军攻克安庆之石碑伪城,穆图善在事有功,得旨升补协领。十年,太湖围师四集,合击贼于小池驿。寻下太湖、潜山,穆图善战功称最,赏副都统衔。十一年,伪英王陈玉成率悍党回袭安庆,伪璋王等向桐庐疾趋,以应陈逆。穆图善驻守挂车河老营,贼分股扑挂车河,穆图善令副将石清吉等三路接战,历三时许,贼奔溃。陈逆又纠悍

党,分路进扰,官军乘贼远来,筑垒未定,奋力迎击,斩馘逾万,遂
克桐城,并复宿松、黄梅、蕲州、[一]广济等邑。赏西林巴图鲁名
号。同治元年三月,攻陈玉成于庐州,陈逆负固多年,深沟高垒,
恃水为险。穆图善先破城外贼垒,沿河立营,昼夜环攻;贼悉锐
出拒,官军大败之,府城遂复。捷入,命交军机处记名,遇有副都
统缺出,请旨简放。

七月,发、捻各率大股分途西窜,欲合汉中回逆肆扰秦、豫两
省。上命将军多隆阿督办陕西军务,取道邓州,先清武关入陕之
路,穆图善从之,由商州驰驻西安。时贼已陷紫荆关,穆图善遂
还军商州,出陟岭。伪启王梁成富率逆党麇至,穆图善督军力
战,直薄紫荆关,斩关而入,贼不支溃走。八月,授西安左翼副都
统。闰八月,捻首姜凌泰率党袭商州,不克,旋犯武关,又设伏捉
马沟,将以昏夜劫多隆阿营。穆图善侦知,暗率兵截伏贼,败之。
多隆阿偃旗息鼓,以待武关之贼,俟贼近,与穆图善内外夹击,贼
溃走,自相践踏坠崖死者无数,擒姜凌泰。西窜捻匪歼除殆尽。
捷闻,赏都统衔。九月,发逆乘多隆阿等军剿捻,楚境兵单,欲合
四川贼石达开党上窥荆襄,下伺武汉,伪曾王赖文光、伪端王蓝
咸春窜枣阳,陈得才、梁成富窜安陆。多隆阿与穆图善等拔队急
行,奋力追击,大破之。贼尽出天河口,向界牌走。襄河之防遂
固。二年,复乘胜入陕,攻高陵,穆图善督兵捣穴,首先登陴,面
受枪伤,誓军血战,立复其城。赏穿黄马褂。三年二月,进规盩
厔,多隆阿潜穴城东地道,破其月城,贼抵死抢筑,穆图善派兵四
面环击,遂下之,擒伪贤王蓝朝元。

时多隆阿被枪伤,疏请以穆图善接办军务。多隆阿寻卒于

军。上命穆图善署钦差大臣,统其众。四月,擢荆州将军。五月,逆首赖文光、张总愚分股东窜,一由罗山趋光山,一由黄陂逼汉口,号称十万。穆图善饬将弁分援楚豫。时粤匪自荆紫关败创,游弋郧西境,闻陕防空虚,勾结悍贼,图犯西安。穆图善调兵自潼关直捣店子头老巢,擒伪统领甘润,斩伪都统蔡信于阵,贼奔溃;沿途追击,贼渡黑水峪河窜焦家巷。穆图善会合诸军并力围攻,屡战屡捷,贼势蹙不复振。八月,新疆逆回倡乱,连陷库车、喀喇沙尔、乌鲁木齐满、汉城,〔二〕关内逆回闻声响应。穆图善奉命督办甘肃军务,渡河而西,营于渠口堡,与西安将军都兴阿先定规复宁夏之议。十一月,穆图善移营逼贼巢,贼出众来扑,官军力战却之。谍知贼于圩南接济不绝,饬副都统杜嘎尔率马队分股掩袭,夺骣马数百头,挥军过濠,攻破清水堡大小各圩。师次距宁夏二十里之金贵堡。〔三〕十二月,攻近城纳家闸贼圩,败西路援贼。城贼乘官军方攻圩,出钞我后;急分兵迎战,并以杜嘎尔马队截击之,贼返走。四年正月,侦贼于元日椎牛置酒,不及备,攻夺城南炮台,连毁数寨。

时伊犁赴援巴燕岱之兵中途溃散,新疆遍地皆贼,古城待援尤急。叠奉严旨,催令率所部出嘉峪关,抵哈密,亟筹进兵之策。穆图善沥陈:“贼众兵单,官军如入虎穴,利在速战。惟贼环城坚垒,抵死固守,且日以马队截我转运。近与都兴阿竭力分防,尚时有顾此失彼之虑;若遽将一军调撤,则众寡悬殊,满城、平罗等处必愈形危殆。当此固原未复,河、狄、巩、秦一带不能刻期扫荡,全省几至不可收拾。设南勇一闻出关,纷纷潜逃,是内地之军心先涣,必至贻误大局。自来用兵关外,非携饷裹粮,不敢轻进。甘省已自顾不遑,呼吁邻饷,又缓不济急。况平番告警,甘凉驿路中梗,无径可通,即勉强绕越,亦必节节阻滞。与其有出关之名而无善策,曷若合力规复宁、灵,先清北路。第新疆数百万生灵,倒悬未解,何忍坐视?应以四川调防西宁之总兵鹤龄改援哈密,与都兴阿前调总兵德祥数营,一并兼程前进,以救目前之急。”疏入,上韪其议。二月,靖远南山贼窜过金积堡,焚叶升等上八堡,踞小坝修堰。穆图善虑贼乘春涨,决渠水灌营,分兵扼宁夏城东及城东南。贼连夜跨护城河堤筑垒,断我汲道,官军立毁之。会固原败贼由元城镇西窜下马关,穆图善遣副将赵有胜防定边,副都统西蒙克西克防花马池。三月,贼趋平罗、宝丰,窥镫口,欲绝宁夏围师饷道。城贼复出扑金积堡营,穆图善留军御之,亲率杜嘎尔等驰解平罗城围;又击贼宝丰,斩贼酋马生颜,花马池、定边防军亦同时获捷,贼势蹙迫。

　　闰五月,调补宁夏将军。贼被围日久,分党潜袭满城,牵缀官军。穆图善督亲军战却之,悉平城东贼,还军郡城。又分军东至花马池、定边一带,西至满城,分防数百里,贼计愈穷。十二月,奉旨督办甘肃军务。时宁夏贼叠战不胜,欲夺路他窜;又以官军防备甚严,不敢出,各路援贼皆绝。因纳炮械,缚贼渠以降,遂复宁夏。五年,贼围庆阳,穆图善遣军击走之,解城围。六年三月,署陕甘总督。值岁大饥,商贩不通。穆图善飞商阿拉善旗亲王贡僧珠尔默特拨驼招贩,月得市粮数百石,轮回平粜。标兵首乱者诛之,粮员侵蚀者劾之,民心始定。五月,剿米拉沟、松树庄贼巢,平之。九月,疏陈:“甘省兵多粮缺,毫无储蓄,请由四川借给仓粮四万石,自白水江运甘,借资饱腾。”又言:“江浙数省月协甘饷十五万,由楚转解汉中接运。嗣西安粮台林寿图因庆、泾营饷无措,奏准于汉中酌提,致协饷留陕愈多,济甘愈少。饥军哗噪,职是之由。请自后委员赴楚领解,由汉中径达秦安。其庆、泾各军,统归秦安分赡,庶免輾轄。"皆奉俞允。时甘省回众与汉团仇怨日深,借端构衅。十月,河州东乡逆回先出大股袭省城,焦家湾、河干镇各路之贼,约期同至。穆图善遣将缒城出,与援兵并力夹击,阅五昼夜,城围始解。七年正月,分军渡洮河而西,剿东乡回穴,擒毙多名,夺获骡马、器械无算,遂复渭源。三月,进攻狄道。狄道陷已六年,官军百战不能拔。穆图善出省督师,仅裹半月之食,至即布长围,轮流仰攻,贼不能息;又豫留间道,俟贼出挽运,突起伏兵要击之,故借寇粮以赡饥军,卒平狄道;并击退陕回大股,伏莽始清。八年,以陕西大局平定,与巡抚刘典会奏,请先补行陕西壬戌、甲子两科乡试。甘肃之毗连陕疆者,亦准赴试,并留额俟甘肃全境安谧,请特开一科,上允之。九年正月,陕回窜永丰堡,穆图善派队击之,歼其众。四月,回逆再陷渭源,复陷狄道,肆扰秦、巩。穆图善派军分防巩昌、宁远、礼县,并击破牟佛谛贼垒,连复渭源、狄道两城。八月,兰州防军噪饷,变几不测。穆图善斩管带亲军中营副将张全魁,徇于军,乱遂止。十一月,卸署总督,仍驻邠乾一带,督办兰州防务。十年五月,河、狄回逆麇聚西柳沟,出扰村堡,穆图善绕道击之,斩馘千馀,贼遁走。十月,穆图善与左宗棠各军渡洮河,先破高家集,分两路并进,连毁黑山头、邓家湾、三甲集贼堡。贼见官军尽夺要隘,退扼太子寺、大东乡各土寨,官军逼近立营,聚而歼之。十二年十月,捷入,赏云骑尉世职。十三年二月,入觐,赐紫禁城骑马。旋命回任。

光绪元年四月，命来京陛见，署正白旗汉军都统。五月，吉林马贼由松花江窜巴彦苏苏，焚烧衙署，东扑呼兰，复诱挖金、开荒等匪，出山抢掳。六月，调署吉林将军。七月，呼兰贼窜黑山。八月，贼由三姓窜宁古塔之桦林树，经官军先后殄灭。东山金匪复啸众十馀万，乌斯浑卡伦外亦聚马贼数百，谋掠阿勒楚喀。穆图善派军防堵，因便截剿，贼无可掠食，其党渐散。十一月，疏言："吉林风气偷弱，近来马贼及徒步之棒子手，横行村路，虽数百户屯市亦闻而畏避，任其饱掠。兵至则远飏入山，而山中金匪十馀万。三姓、长春厅亡命赌徒，久住城市，与金匪暗通声气，时欲窃发。三姓、宁古塔、珲春边外，延袤千里，外患交乘。统筹全局，非练马步队万二千，不敷守御。计通省制兵七千七百馀，以二千豫备供差外，拟挑选西丹，练马队七千、步队五千，分驻操防。三姓、宁古塔各驻马队一千、步队一千。由三姓、宁古塔至省，以阿勒楚喀为适中总路，亦拨兵扼扎，馀皆驻于省城及各边隘。随时调派，稽查荒佃，捕拿金匪，冬春围猎，训练操演，不数年即成劲旅，实为防边要策。"上命户部等会议，以饷需无措，格不行。二年，以滥保永不叙用之已革道员舒之翰留于吉林差委，坐革职。三年四月，授青州副都统。八月，升察哈尔都统。十月，复赐紫禁城骑马。

五年六月，授福州将军。十年七月，法夷争地越南，又分兵船滋扰闽粤，以图牵掣我军。上命大学士左宗棠为钦差大臣，以穆图善暨漕运总督杨昌濬帮办军务。穆图善以长门为入省门户，亲驻长门，昼夜修防。时值各国重修条约，法夷于北洋议款

不成,折而南走,潜驶兵船入泊马尾,先据腹地。穆图善援万国
公法阻之,不肯退。法夷又开炮击我兵船,轰我船厂,我军奋怒
击毙法将孤拔,败其陆军。法夷恐长门绝其归路,即由内攻出,
会其接济兵船亦至,官军腹背受敌,穆图善誓师设伏,四面抵御,
奋自燃炮,击沉法船一只,竭力指挥,阅四昼夜,不稍懈。法夷见
外援已败,急欲出口,将各船排列长门对峙之金牌,复毁我炮台
二座,防兵尽溃。惟穆图善所部队伍屹立不动,法夷登岸搦战,
我伏兵尽起,转败为攻,夺获敌炮二、划船一,焚毁舢板船二,又
击沉乌波船一,馀船逃窜。穆图善驰报接仗情形,请旨治罪。上
以穆图善力战杀敌,功过相抵,免议。法夷寻就抚。十月,以闽
海关积年协解甘肃、新疆军饷功,赏头品顶戴。十一年七月,命
来京陛见。十月,上授穆图善为钦差大臣,会同东三省将军办理
练兵事宜。十二月,赏还勇号。十二年五月,至盛京,与将军庆
裕会商练兵章程,随赴吉林、黑龙江竟日挑练。

十三年七月,卒。遗疏入,谕曰:"福州将军穆图善,老成练
达,秉性忠诚。咸丰、同治年间,出师安徽、江南、湖北、陕西、甘
肃等省,历著勋勤。荐升将军,克尽厥职。前年特授钦差大臣,
办理东三省练兵事宜,驰驱周历,况瘁不辞。规画精详,渐臻成
效。方冀克享遐龄,长资倚畀。遽闻溘逝,轸惜殊深!穆图善着
照将军军营病故例赐恤,加恩予谥。前经得有云骑尉世职,着改
为骑都尉世职。任内一切处分,悉予开复。应得恤典,该衙门察
例具奏。赏银一千两治丧,由盛京户部给发。灵柩回旗时,着沿
途地方官妥为照料。伊孙那福,着俟百日孝满后,由该旗带领引
见。伊子恩保、承保,均着俟及岁时,由该旗带领引见。"十一月,

庆裕奏:"穆图善前后领兵近三十年,转战九省,大小五百八十餘战,存心谦抑,口不言功。与诸臣共事,虚衷商榷,虑以下人,故能迅奏肤功,蔚为重望。初,多隆阿之奏请帮办也,一时统将不下十数员,独以穆图善厚重威严,堪膺付托。厥后荡平陕境,卒复主帅之仇。甘肃久沦兵燹,户口流离,各省协济,百呼罔应。穆图善内抚叛众,外御凶锋,筹备饷需,激励将士,西征之局,日有起色。寇氛稍靖,驻节省城,凡募制兵,惩游勇,筑碉堡,修河桥,立社仓,利转运,给牛种,教耕桑诸实政,皆次第举行。及卸署总督,移驻邠、乾,择地团防,俨成重镇。而左宗棠亦得以一意进兵,新疆之平定,穆图善实有力也。马江之战,法夷愈长骄心,围台湾,攻镇海,飞驰如电,惟不敢再越长门一步,以穆图善捍御之力也。卒之日,百姓巷哭失声。谨就见闻胪列,恳恩宣付史馆,并于立功省分及黑龙江地方建立专祠。"允之。寻赐祭葬,予谥果勇。十六年,安徽巡抚沈秉成以穆图善在皖屡立战功,请于安庆省城建立专祠,十九年,陕甘总督杨昌濬复以穆图善在甘厥功最多,省城专祠落成,奏请列入祀典,均允之。

　　孙那福,袭世职。

【校勘记】

〔一〕蕲州　"州"原误作"水"。今据穆图善传稿(之一四)改。

〔二〕乌鲁木齐满汉城　原脱"汉"字。今据穆图善传稿(之一四)补。

〔三〕师次距宁夏二十里之金贵堡　"贵"原误作"积"。今据穆图善传稿(之一四)改。按上卷都兴阿传有金贵堡。

英翰

英翰,萨尔图氏,满洲正红旗人。道光二十九年举人。咸丰四年,拣发安徽,以知县用。九年,署合肥县知县。

时粤逆窜扰皖北,英翰屡率乡团击败之,奉旨加五品衔,并赏戴蓝翎。寻败贼于华子冈、小河湾等处。叙功,以同知仍留安徽补用。十一年,署宿州知州。同治元年,捻逆窜犯宿城,英翰随总兵田在田攻克高黄山寨,奉旨加知府衔。复进攻湖沟捻逆,克之。漕运总督袁甲三上其功,命以知府仍留原省补用,并赏换花翎。[一]二年二月,捻首张乐行东窜,分扑青疃等墟,英翰力战却之。时官军攻克雉河集老巢,英翰授策降贼李勤邦等,擒张乐行诛之。捷闻,授颍州府知府,并赏加道衔。三月,安徽巡抚唐训方奏称:"英翰人地相宜,将来大堪造就。"奉旨交军机处存记。四月,袁甲三奏称:"英翰伉爽独立,沉勇有谋,在事任劳,兼识机变。前在临淮剿办浍北各匪墟,均资其胆略。"疏入,报闻。

五月,叛逆苗沛霖分党窜犯蒙城、寿州等处,英翰督军攻克蒙城附近贼墟,并将围攻寿州之贼,追杀略尽。六月,会同总兵姚广武军夹击韩村贼寨,破之。谕曰:"蒙城被围甚急,临淮尤关紧要。着唐训方妥为调度,令英翰、姚广武兵勇分扎后路,通蒙营饷道。"七月,会军夹击狼山贼营,贼弃垒遁。蒙城粮道遂通。八月,署庐凤道。九月,擢按察使。十月,督军援蒙城,进攻蔡家墟,断贼粮道,檄参将程文炳等四路兜剿,夷贼垒数十,斩逆首苗沛霖于阵,歼贼万馀,收抚附苗各墟甚众。蒙城围解。捷入,谕曰:"反正各墟,应如何抚循控制之处,着唐训方督饬英翰相机办

理,以期次第肃清,毋令再萌反侧。"三年,英翰军扼雉河集。[二]
五月,发、捻各逆渐次东趋,钦差大臣科尔沁亲王僧格林沁咨调
英翰移军正阳关。[三]寻赏给格洪额巴图鲁名号。七月,发、捻各
逆围攻湖北麻城,[四]英翰统军协剿,袭破柏子塔贼馆,夺贼营十
馀。八月,逆酋陈得才率众由白杲窜至阎家河,英翰督军迎击,
贼溃遁。旋以请奖冒滥,撤销勇号,部议降三级调用,特旨加恩
改为降五级留任。

时陈逆率众由松子关图窜六安,安徽巡抚乔松年奏调英翰
回皖协剿,败贼金家寨。贼复窜六安、青山,英翰会诸军由胡家
店绕赴六安,击走之。九月,授布政使。时逆匪窜聚英、霍一带,
分扰潜山边境,谕令乔松年饬英翰扼要驻扎,妥筹援应。十月,
击贼于乐儿岭,追至黑石渡,败之,逆党穷蹙乞降。皖北肃清。
十二月,乔松年奏言:"英翰一军应移防颍州,以扼自豫入皖之
路。"四年四月,复请以英翰移扎宿州。上均从之。五月,贼由山
东南犯皖境,谕令乔松年即饬英翰等军分路截击,毋令窜入腹
地,致滋延蔓。时英翰督率道员史念祖等屯雉河集拒贼,贼聚众
围之。英翰夜以二十骑突出,挟援师俱进,夺回高炉集要隘,并
攻克张墟贼垒。雉河围解,赏达春巴图鲁名号。

五年八月,升巡抚。十月,奏请豁免安徽各属缓征钱粮。六
年十月,复奏请缓设凤阳关税。均如所请行。十一月,丁父忧,
奉旨:"英翰向在安徽带兵有年,颇资得力,着毋庸开缺,赏假一
月,经理丧事。遇有紧要军务,仍当妥为筹办。假满后,作为署
理安徽巡抚。俟军务告竣,再行扶柩回旗,补行穿孝。该抚当体
金革无避之义,移孝作忠,以副委任。"时贼首任柱、赖文光自河

南窜山东、号东捻;张总愚自河南入陕西,号西捻:势张甚。英翰定计督诸将渡淮,并力剿堵,东捻之势始蹙。任柱、赖文光亦旋被擒斩。论功,赏三等轻车都尉世职。七年正月,英翰奏称军务肃清,吁恳扶枢回旗,补行穿孝。奉旨:"现在东捻虽已荡平,而抚辑降众,撤军筹饷各事宜,均关紧要,着英翰将一切善后事务,筹办妥协,再行回旗补行穿孝。英翰回旗后,安徽巡抚着吴坤修署理。"寻奏捻首李允穷蹙诈降,请旨就地正法,从之。七月,张总愚战败投水死,西捻亦平。英翰以督军会剿,得旨赏加太子少保衔,并交部照一等军功议叙。英翰奏辞,不许。寻奉父丧回旗。八年三月,以百日服满,葬事未完,奏恳留京当差,诏赏假两个月,假满即赴安徽署任。七月,抵任。九年,奏言:"安省漕粮,请照案折征,以便输将。"诏如所请。十年,派总兵刘永清于亳州界沟集地方,拿获捻首宋景诗。疏入,报闻。十一年,匪徒李四等聚众皖、豫之交,纠合捻党张振颗等,负嵎抗拒,寻讨平之。上嘉其剿捕妥速。

十三年九月,擢两广总督。初,发逆伪辅王杨辅清自江南肃清后,辗转潜逃。至是,经英翰派总兵马融和等于福建晋江县境获之,遂置于法。十一月,入觐。光绪元年正月,上以英翰应并袭父福隆阿所遗云骑尉世职,命晋为二等轻车都尉世职。二月,抵任。先是,广东闱姓赌局,于同治十三年奉旨严禁。五月,商人潘姓改为"守助会"名目,在总督衙门呈请捐缴饷银,经英翰批准。七月,奉上谕:"广东闱姓赌局,前经降旨裁革,该督抚自宜遵旨严禁。乃本年五月内,英翰以此项捐罚收款甚巨,可指为办防之用,辄于具奏后不候谕旨,遽行出示弛禁,殊属不合。着交部议处。"八月,广州将军长善、副都统果勒敏复疏陈英翰随员招摇滋事,遂命来京听候部议,寻议革职。十月,上念英翰前劳,赏还世职。旋赏二品顶戴,署乌鲁木齐都统。

二年十月,补都统。十二月,卒。遗疏入,谕曰:"乌鲁木齐都统英翰,才猷练达,勋绩懋昭。由知县剿办捻匪,叠著战功。受穆宗毅皇帝特达之知,荐擢安徽巡抚。扫除馀逆,绥辑地方,深资倚畀。旋于两广总督任内,因案革职。朝廷念其前劳,简任乌鲁木齐都统,筹办一切,颇有条理。方期久膺重寄,恩眷长承。遽闻溘逝,悼惜殊深!英翰着加恩赏给太子太保衔,赏还勇号、花翎。照都统军营病故例从优赐恤。任内一切处分,悉与开复。应得恤典,该衙门察例具奏。准其入城治丧,灵柩回旗时,着沿途地方官妥为照料。英翰之母年逾七旬,深堪廑念,加恩赏给银二千两,由广储司给发,并赏给人参六两,以示优眷。"寻赐祭葬。四年正月,陕甘总督左宗棠疏陈英翰劳绩,诏准于安徽省城建立专祠。予谥果敏。四月,安徽巡抚裕禄奏请于凤阳、寿州、宿州、阜阳、蒙城、涡阳等立功地方,各建专祠,并将事迹宣付史馆,均得旨俞允。十五年,慈禧端佑康颐昭豫庄诚皇太后归政,追念前劳,命开复总督。

英翰无子,弟英寿,户部额外员外郎,袭世职。

【校勘记】

〔一〕并赏换花领　原脱"赏"字。今据英翰传稿(之三八)补。

〔二〕英翰军扼雉河集　原脱"集"字。今据英翰传稿(之三八)补。

〔三〕咨调英翰移军正阳关　原脱"咨"字。今据英翰传稿(之三八)补。

〔四〕捻各逆围攻湖北麻城　原脱"攻"字。今据英翰传稿(之三

八)补。

托云

托云,彦札氏,满洲正黄旗人,吉林驻防。由领催保送三音哈哈。道光二十六年七月,引见,赏蓝翎侍卫,命在乾清门行走。二十七年,上谒东陵随扈,赏三等侍卫,并赏穿黄马褂。咸丰二年,擢二等侍卫。三年三月,升头等侍卫。十二年,以捐输交部议叙。四年三月,上阅马射,托云中箭六枝,上嘉奖之,命在御前侍卫上行走。十二月,补正蓝旗蒙古副都统。八年四月,署正白旗护军统领。六月,命进圆明园班,并管理御枪处事务。七月,署镶蓝旗护军统领。九月,上阅视八旗枪操,以托云等平日训练认真,下部议叙。

十二月,补镶蓝旗护军统领。九年,署镶蓝旗汉军副都统。十年,调镶红旗满洲副都统。十一年,署镶红旗汉军副都统。同治元年十月,署镶蓝旗汉军副都统。十一月,补正蓝旗护军统领。三年十月,调正白旗护军统领。十二月,命兼管火器营事务。四年三月,擢右翼前锋统领。五月,调正红旗满洲副都统。闰五月,丁母忧。十月,以办理神机营操务出力,交部议叙。十年,充左翼监督。十一年,补銮仪卫銮仪使。十三年,署正白旗蒙古副都统。光绪元年六月,神机营奏保营务出力,赏都统衔。八月,署镶蓝旗满洲副都统。三年二月,署正红旗满洲副都统。四月,补左翼前锋统领。九月,兼署正蓝旗满洲副都统。四年五

月,调正红旗满洲副都统。十月,赐紫禁城骑马。十一月,授正红旗蒙古都统。旋以荐举营总文忠、护军校国春等卓异,经御史邓庆麟奏参文忠等贪婪各款,查讯得实,托云坐滥保,部议降二级调用,奉旨改为降四级留任。

五年十一月,因病请假。十二月,卒。遗疏入,谕曰:"正红旗蒙古都统托云,练达老成。道光、咸丰年间,由侍卫在御前、乾清门行走。叠受先朝恩遇,历任副都统、护军统领、前锋统领、銮仪使。朕御极后,擢授都统,均能勤慎供职。前因病赏假,方冀调理就痊,长承恩眷。兹闻溘逝,悼惜殊深!加恩着照都统例赐恤。任内一切处分,悉予开复。应得恤典,该衙门察例具奏。赏银一千两治丧,由广储司给发。伊子工部员外郎阿克占,着以本部郎中补用,以示眷念耆臣至意。"寻赐祭葬。

子阿克占,工部郎中。

皂保

皂保,宁古塔氏,满洲镶黄旗人。道光二十五年进士,改翰林院庶吉士。二十七年四月,散馆授编修。六月,充日讲起居注官。二十八年二月,升侍讲。七月,升侍讲学士。二十九年,转侍读学士。三十年,充咸安宫总裁。咸丰元年,署文渊阁直阁事。二年五月,大考二等,得旨记名遇缺题奏,并赏缎匹。七月,授詹事府少詹事。四年,因署佐领图记,呈递谢恩折,错写名字,以庶吉士降补。五年三月,补右春坊右庶子。五月,仍充日讲起居注官。七月,授翰林院侍讲学士。九月,转侍读学士。十二月,升詹事府少詹事。六年,授国子监祭酒。七年,丁父忧。八年,服阕。九年,充江南乡试副考官。十一年,擢内阁学士,兼礼部侍郎衔,充文渊阁直阁事。

同治元年正月,擢兵部右侍郎,兼署工部右侍郎,兼管钱法堂事务。二月,授正黄旗汉军副都统,调户部左侍郎,兼管三库事务。七月,命恭理丧仪,旋兼署镶白旗护军统领。闰八月,调正红旗满洲副都统。九月,以恭送梓宫礼成,加三级。十月,命恭办定陵工程。寻兼署正红旗蒙古副都统。二年七月,兼署右翼总兵。十月,复兼署工部右侍郎,兼管钱法堂事务。时给事中博桂疏劾锦州副都统恩合于大凌河开垦牧厂荒地,措置乖方。上命皂保偕吏部左侍郎基溥前往查办,旋覆陈恩合开垦牧厂,招佃取租,办理尚无不合,毋庸再议更张,报闻。十一月,回京。十二月,仍兼署工部右侍郎,兼管钱法堂事务。三年七月,充册封朝鲜国王正使。

寻命暂署吉林将军。时吉林盗匪王五馀党痣子李等,纠众窜吉林东南,复西至大孤山,与回匪杨发等四出剽掠。上命皂保严饬捕盗各官,会同黑龙江、奉天官兵,合力兜拿。又以内阁侍读学士于凌辰奏称吉林开辟日广,讼狱繁滋,请专设理刑大员,或仿照台湾添设道员,加按察使衔,上命皂保查议。十一月,疏言:“吉林地方苦瘠,若设监司大员,则衙署及僚属书差廉俸口食,所费不赀。日后一切公用,俱无所出,骤难轻议。查吉林与热河俱在关外,壤地相接,情事颇同。应比照热河设立刑司之例,由刑部拣选正途出身汉郎中,或员外郎一员,使之主稿;添主事一员,使之帮办。其理藩院郎中一缺,本为办理蒙古事件,其实蒙文无多,拟改派刑部满郎中一员,使之掌印。即原设之协佐领,仍留一员,使之帮印,遇蒙文事件,亦足办理。办事衙署,仍在刑司,统归将军管辖。三年期满无过,由将军出具考语,备文送部引见。"疏入,从之。四年四月,以吉林赌风甚炽,利重法轻,罔知儆畏,为奸宄之薮,实盗贼之源。疏请敕下刑部,分别核议,酌量变通,俾各知警,下所司议行。

五月,调镶红旗满洲副都统。先是,捻逆回窜山东曹州、巨野一带,直隶戒严,敕皂保与黑龙江将军特普钦于吉林、黑龙江挑选马队各五百名,驰赴直隶听候调遣。旋命续调马队五百名。至是,上闻派出官兵,多以西丹充数,复谕令前后所调马队,选择食饷官兵,久经操练技艺娴熟者,派赴京师及直隶军营。闰五月,疏言:"盗匪出窜奉天铁岭、开原一带,突由大孤山东南围场趋吉林放牛沟。该处为两省毗连,此拿彼窜,最易藏奸。请添兵进剿。"得旨迅饬添派之佐领那斯洪等督带兵役,〔一〕觇贼所向,实力兜擒。七月,上以吉林将军恩合署盛京将军,命皂保仍署吉林将军。八月,以奏请简员署理副都统等缺,误写阿勒楚喀为宁古塔,自请议处,得旨着加恩改为交部察议。

初,上以喀尔喀与巴尔虎争界一案,命皂保驰往查办,嗣因缉捕紧要,敕毋庸前往。九月,以阿勒楚喀副都统德英署理吉林将军,谕皂保俟德英抵任后,仍遵前旨驰往喀尔喀、巴尔虎办理争界事宜。惟瞬届严冬,如该处大雪封山,不能前往履勘,即着先行回京。是月,以承修定陵工程坚固,加二级,并赏头品顶戴,仍下部优叙。十二月,回京。五年命往察哈尔照料征兵一切事宜。六年正月,回京。四月,授吏部左侍郎。七年三月,兼署工部右侍郎,兼管钱法堂事务。八月,兼署礼部左侍郎。八年,充管理三库事务。十年正月,擢都察院左都御史。三月,充会试副考官。十月,赐紫禁城骑马。十一年七月,升理藩院尚书。十一月,充经筵讲官。十三年正月,因承修福陵隆恩殿工程,办理草率,下部议处。六月,授正红旗蒙古都统。光绪元年正月,兼署都察院左都御史,充实录馆蒙古总裁。三月,署吏部尚书。二年二月,兼署正蓝旗满洲都统。四月,兼署镶红旗汉军都统。旋兼署礼部尚书。六月,兼署正黄旗汉军都统。八月,兼署镶黄旗蒙古都统。十月,调刑部尚书。三年二月,兼署礼部尚书。三月,兼署正黄旗汉军都统。十一月,兼署镶白旗汉军都统。四年二月,上以皂保精神较逊,命开去刑部尚书,仍留正红旗蒙古都统之任。十一月,因病奏请开缺,从之。

皂保自同治二年以来,充顺天乡试覆试阅卷大臣二次,宗室乡试覆试阅卷大臣、驻防翻译乡试阅卷大臣、考试学正学录及汉誉录阅卷大臣各一次。八年,卒。遗疏入,谕曰:“前任正红旗蒙古都统皂保,由翰林荐陟正卿,管理旗务,宣力有年,无旷厥职。嗣因患病开缺调理,兹闻溘逝,轸惜殊深! 加恩着照都统例赐恤。任内一切处分,悉予开复。应得恤典,该衙门察例具奏。”寻赐祭葬。

子双泰,举人。

【校勘记】

〔一〕得旨迅饬添派之佐领那斯洪等督带兵役　原脱“之”字。今据皂保传稿(之一四)补。

宗室奕山　子载篯

宗室奕山,镶蓝旗人。由四品宗室于道光元年,充三等侍卫。四年,升二等侍卫,在乾清门行走。六年,命发往喀什噶尔军营差遣。七年,以克复喀什噶尔等处出力,以头等侍卫升用。九年,以试绿营技艺中五箭,赏穿黄马褂,充御前侍卫。十年,命发往伊犁差遣。十一年三月,署察哈尔奈曼领队大臣。十月,补上驷院卿。十二月,补伊犁领队大臣。十三年,调塔尔巴哈台领队大臣。十五年正月,授镶蓝旗汉军副都统,旋授伊犁参赞大臣。二月,调镶黄旗满洲副都统。四月,补正红旗护军统领。

十六年,命赴巴尔楚克查开垦事宜,奏言:"巴尔楚克城之东南,先于道光十二年招集民户,引用玉河之水,开垦屯田二万四千馀亩。嗣因玉河水势靡定,恐日久水向南趋,不特续开屯田水不足用,即已开之田亦不能得水。因引浑河水至巴尔楚克城之西南,约长八百馀里,开屯地四千馀亩。此时浑河与玉河相通,水势既足,该处可开之地计尚有十馀万亩,但能招户渐垦,日久皆成土著。自获寓兵于农之效。又查喀什噶尔所垦屯地共二万馀亩,现招民认种,不得于旧立界址外,侵占回田,章程尚臻妥善。伏思南疆屯田,已著成效。巴尔楚克一带旷土,自可尽力开垦。惟该处所招人户多系流民,似不足恃。思欲皆成土著,必须广招番民,庶人户日增,则土田自辟,屯政易行矣。"

十七年五月,调正蓝旗护军统领。十月,署伊犁将军。十一月,以色呼库勒回众情形拮据,所有额交贡金,折交布匹,及应贡硝斤,奏请豁免,允之。十八年二月,奏裁叶尔羌满营官兵二百四十员名，只留三百名以资防守，并尽撤叶尔羌以东各城满、汉官兵，如所请行。四月，授伊犁将军。闰四月，兼正红旗汉军都统。七月，奏请迎母至任，赏银四百两。二十年，御史重豫奏新疆岁需官兵俸饷，请在南北两路每年添铸钱数万贯，以资搭放。上命奕山体察情形，奏请核办。寻奏言："回疆各城，近因铜苗不旺，设法觅采，未能成数。现在铜斤，仅敷宝伊局春卯鼓铸之用，秋卯能否照常鼓铸，尚须察看情形酌办，实不能添铸钱文。"如所请行。是年，偕副都统关福办理额鲁特爱曼界内所属塔什图毕开垦事宜，共开正渠二万五千七百四十四丈，计一百四十三里有奇，得地十六万四千馀亩。奏请安插回子千户，依旧案设立五品商伯克、六品密拉普伯克、七品明伯克各一员，玉子伯克十员及爱里巴什温巴什各项，以资弹压。又以渠道初开，必须随时修补，请增设六品密拉普伯克一员，专司水务启闭之事，每回子一户给牛一头、籽种粮一石，毋庸按年补还，以示体恤。报闻。九月，补正白旗领侍卫内大臣。十一月，赐紫禁城骑马。

二十一年正月，授御前大臣。时英夷犯广东，攻陷沙角、大角炮台。上命奕山为靖逆将军，驰往剿办，兼命户部尚书隆文、湖南提督杨芳为参赞大臣以副之。先是，大学士琦善以钦差之广东，持抚夷议。[一]英领义律索香港为贸易市埠，并索十九年虎门所烧鸦片烟价。至是，闻大兵将集，急欲要盟，复请献出沙角、大角炮台，并缴还定海以易香港，琦善许之，据以入奏。上震怒，将琦善交部严议。谕曰："览奏，曷胜愤懑！不料琦善怯懦无能，一至于此！英夷两次在浙江、广东肆逆，攻占县城、炮台，伤我镇将大员，荼毒生灵，侵扰郡邑。大逆不道，覆载难容！无论缴还定海之说不可凭信，即使真能退地，亦祇复我故土，其被害之官弁、罹难之人民，切齿同仇，神人共愤。若不痛加剿洗，何以伸天讨而示国威？着奕山、隆文兼程前进，迅即驰赴广东，整我义师，歼兹丑类。务将首从各犯及通夷汉奸，槛送京师，尽法惩治。"时义律以通商之议已得请于琦善，擅出伪示晓谕居民，指香港为英之属埠，行文照会大鹏营副将，令其撤回内地营汛。事由巡抚怡良奏闻，而琦善犹谓定海收复，抚议可成；续奏香港地势及筹办情形，上益怒，责琦善辜恩误国，革职逮问。二月十四日，由六百里驿递，谕曰："英夷种种不法，殊堪发指！前有旨令杨芳先行赴粤会防，并令奕山等兼程前进，计已接奉遵行。该将军等到粤后，务即会集各路官兵，一意进剿，不可存一通商之见，更不可因有缴还定海之事，少加宽纵。"又将琦善原奏发交奕山等阅看，敕令确切查明，即使香港并非险要，亦必设法赶紧收回，断不准给予英夷贸易，致滋后患。寻十七日上闻英夷有先事滋扰之谋，复谕曰："英夷妄肆鸱张，现闻内地调兵，四出窥伺。朕早料必有滋扰之事。惟香港距内地四百馀里，傥能严密防堵，该夷船亦祇洋面游弋，虚张声势，他何能为！定海退出兵船，谅必归并香港，恃众负嵎，尽力抗拒。若兵力单弱，遽行进剿，恐有疏失。本日已降旨饬令阿精阿、怡良等暂时协力防守，俟大兵云集，再行攻剿。着奕山等兼程前进，到粤后与杨芳会合，统领各省调到兵丁，奋勇直前，歼兹丑类，毋稍观望。"

　　是月，英夷破虎门，陷靖远炮台。越六日，杨芳抵广东，美利坚人为英乞抚，杨芳奏闻，奉旨切责。义律益狡逞，四月，遂以舟师横亘省河。奕山及隆文皆抵广东，问计于林则徐，则徐议先遣洋商设法羁縻，俾各夷船暂退稍远，仍将猎德、二沙尾、大黄窖等处密运巨石，雇齐人夫，乘夜填塞。一面调拨重兵两岸防守，仍于岸上多备沙袋，以为御炮之需。然是时各隘口兵勇，早经琦善遣撤，所有前备之木桩、石块，悉被英夷陆续起去，复以舢板小船往来游弋，官兵计无所施。但令重闭城门，而英舟已衔尾至城下，初泊十三洋行，河南官兵出而御之，杀伤皆相当。继以火轮船袭我省西之泥城，副将岱昌及戴罪留营之刘大忠闻炮声先遁，官兵大溃，遂烧我师船六十有奇。乘胜回劫十三洋行，旋分股登岸，焚毁民房，火光烛天，进攻四方炮台，台据省城之后山，俯瞰全城。城中有闽中新到之水勇，督抚檄令救援，阿精阿不可，四方炮台遂陷焉。英夷踞埤而攻，火弹射入贡院，军民重足。奕山等惊惧失色，令广州府知府余保纯出见义律，义律索烟价一千二百万，美利坚人居间议减，遂以六百万许之，并给予香港全岛，英兵乃退。行至萧关三元里复肆淫掠，里人皆愤，集百有三乡之众数万人，围之数重，义律预焉。保纯虑败抚议，亟出城解散乡民，义律获免。奕山及隆文先退驻离城六十里之小金山，越二日，英舟方出虎门，抚议遂定。

　　奕山捏词奏称初八日焚击痛剿，大挫夷锋，旋奏称义律穷蹙乞抚，求准照旧通商，出具永不售买鸦片烟土甘结等语。将所付六百万作为追交商欠完案，由粤海关及藩、运两库给之。是役也，上览奏见英夷恭顺，遂允所请。未几，闽浙总督颜伯焘奏云："粤东办理夷务，全局攸关。逆夷初无受抚之情，何以言抚？月内据广东钞来逆夷伪文伪示，及该省督抚节次知照，种种情形，决非效命归诚之象。奕山等纳贿之后，无复亡羊补牢之计。若谓彼以银去,必不再来,苟且于目前,又思弥缝于异日,计亦左矣。"又言:"杨芳前在江西途次,即有'偏僻小港准该夷屯集货物'之语,甫经到粤,抚议又起。奕山、隆文阅历未深,犹可诿为不谙军务,杨芳老于疆场,坐失事机,罪复奚辞? 广东以虎门为门户,琦善弛备撤防,开门揖盗;杨芳初到,并不据实陈奏。仰求圣恩,宽以时日,铸炮造船,训兵练勇,俟奕山、隆文到日,谋定而与之战,不可一味胆大粗疏,至于偾事! 此时奕山若再扶同粉饰,君门万里,何以释主上南顾之廑?"又片奏云:"据探报广东四月十五日一折,已蒙俞允,初八日胜战,并恳恩旨等因。接阅之下,不胜骇异! 四月初八日,广东业已倾败,安得复有胜战? 是所奏以痛剿乞抚,欺朦天听,胆大昧良,如此之甚! 臣实无任忧虑愤懑。"

五月,奕山补都察院左都御史。六月,奏称海洋陡发飓风,漂没大小夷船,淹毙夷人不计其数,所筑马头坍为平地,上览奏欣慰。七月,上以广东汉奸焚烧民房及僧浦大船,谕奕山严拿正法,慎毋姑息养奸。二十二年五月,奏请将靖远炮台逃兵郭标等革伍责惩,上责其轻纵。又片奏查拿汉奸事,谕曰:"广东汉奸在在皆有,年馀来仅获一温东福,而苏亚馨等三犯又称赴官投首。可见平日并不认真查拿,不过以此塞责。奕山身任统率,乃陈奏事件如是不诚不实,迹近欺诈,办理亦属错谬。着交部严加议处。"寻议革职,得旨革去御前大臣、领侍卫内大臣、左都御史,仍留正红旗汉军都统,改为革职留任。十月,谕曰:"上年英夷滋扰粤省,特命奕山为靖逆将军,授以重兵,前往攻剿。乃奕山抵粤,未即入城,迟回观望。迨夷兵围困省城,又不能奋我兵威,剿除殄灭。及至夷船退出省河,占踞香港。事阅年馀,一味因循,束手无策,以致该夷窜入浙江,肆行滋扰。是其坐失事机,厥咎甚重。着交部治罪,以示惩儆。"部议上,命革职斩监候。十二月,至京,命在宗人府空室圈禁。

二十三年八月,得旨释放。十月,赏二等侍卫,充和阗办事大臣。二十五年,调伊犁参赞大臣,署伊犁将军。二十七年,调叶尔羌参赞大臣。时喀什噶尔卡外安集延、布鲁特纠约本地回众,屯聚城外寻衅肆扰。上授布彦泰定西将军,命奕山为参赞大臣,襄办军务。十月,奕山奏称击贼科科热依瓦特地方,大破之,得旨嘉其奋勇,赏二等镇国将军,并赏戴双眼花翎。寻复奏贼窜英吉沙尔,官军进剿,破之苏噶特布拉克地方,上嘉其事机顺利,擢其子三等侍卫载鸾为乾清门侍卫。是月,喀什噶尔回乱平。二十八年二月,授内阁学士,兼礼部侍郎衔。三月,调伊犁参赞大臣,旋兼镶黄旗蒙古副都统。逆回之扰喀什噶尔也,虽至自浩罕,其伯克实不知情,奕山请准浩罕仍旧通商,从之。二十九年正月,授正黄旗护军统领。三十年八月,以与借医惑众之薛执中往来,降四级留任。十一月,复授伊犁将军。时俄罗斯遣使至伊犁,请在伊犁、塔尔巴哈台、喀什噶尔三处通商,得旨准于伊、塔两处试行,而拒其喀什噶尔之请。

咸丰元年,俄夷复以喀什噶尔为请,奕山函询叶尔羌参赞大臣德龄,德龄回函称有碍难者三条。四月,奕山奏言:"喀什噶尔既有安集延、浩罕、布鲁特、克什米尔、巴达克山等夷回贸易,俄罗斯国谅必稔知,且安集延即代该国贩货之人,如喀什噶尔之丝布哈喇等物,俱系该国土产。安集延由该国运至喀什噶尔易换布、茶、绸缎，其有利无利，该国亦必知之甚悉。奴才又访得俄罗斯国于哈萨克地方久已收其租税，用其乌拉。今请于喀什噶尔通商，则路经伊犁西南之哈萨克，接连布鲁特，亦必供应乌拉，兼收租税矣。该国之一再恳请者，未必不意在于此。拟俟该国官员到伊犁会请时，遵照理藩院咨内各情，详为譬说，反覆开导。再将德龄函内所称碍难等语，告以窒碍，动以利害，该官员或不至再有哓渎。"疏入，谕曰："奕山所虑极是。俄罗斯前请三处添设贸易，其心本属叵测，因以近边民人生计为词，未便拂其和好。准于伊犁、塔尔巴哈台试行，而喀什噶尔则窒碍之处甚多，断无准行之理。奕山务将碍难各情，曲为譬说，以我朝平定新疆，已历百数十年，该国向于恰克图通商，历久相安，何以至今忽有三处通商之请？今三端之中，已允其二，奕山尤宜坚持定见，毋为恫喝之词所夺，草率定议，迁就曲从，将来致滋流弊。"奕山旋偕前任将军萨迎阿与俄使定约，令罢喀什噶尔通商之议，并订伊、塔两处通商章程，进呈御览。

　　八月，授镶白旗汉军都统。时国子监祭酒胜保疏言："伊犁、塔尔巴哈台两处通市情形，应仿照恰克图章程，自十一月开卡，来年二月闭卡，平时即不通往来。其夷商运货至圈城者，总不得过二百人，事竣即行出卡，不准稽留。"上命奕山悉心筹计。十一月，奏言："恰克图距张家口数十站之遥，地居旷野，并无居民铺户，内地客商运货至彼，与俄罗斯之定期而来，事毕各返者，实由所处之地势使然也。伊犁、塔尔巴哈台两处商民，多系世守其业，而贸易亭即附近城池，与恰克图之商民约时来去者不同。前与俄罗斯议，与该国贸易商货，每年清明节后入卡，冬至节停止。

夷商贩运而来，人数货物驮载入卡，由卡伦官点验，及二十驼始准进卡，分起而来。每月亦祇准两次，与恰克图之同时并到者有异。特货物虑有馀剩，往返维艰，该使臣请于贸易亭附近，自盖房屋，住人存货，并留官常川照管，与恰克图之约期而散者又不同。且出入皆有兵护，往返俱有官查，断不至盈千累万，来人漫无限制也。伏思抚驭外夷之道，以信为主。通商一切章程，均系与该夷当面议定。该使臣早已回国，今若自我议改，彼必有所藉口，未免转费周章。"疏入，如所请行。二年五月，喀什噶尔地方有卡外贼首铁完库里纠党扰伊兰瓦斯卡伦，烧毁卡房，旋至阿尔胡庄屯聚。奕山派兵剿捕，并饬阿奇木伯克迈玛特管带回兵，截贼归路，贼闻风遁。奏入，谕奕山随时侦探，加意严防。

四年，授内大臣。五年九月，命在御前大臣上学习行走，赐紫禁城骑马。十二月，授黑龙江将军。六年，在任授御前大臣。时俄罗斯以分界为名，请将黑龙江、松花江左岸及海以内地给与守护。上命奕山暗为设防，随机应付。寻俄舟由水路下驶，沿途留船，寄存粮石，侵我精奇哩江之地，建房于我霍尔托库、图勒密、布雅里等处，奕山亦有阳抚阴防之奏。七年，俄夷请遣使来京，奕山奉上命止之。六月，上以俄罗斯要请通商，并请移屯户，命奕山设法拒绝，密为防范，且敕令查明俄夷所侵地形。未几，俄使又以勘界为请，谕曰："中国与俄罗斯界地，自康熙年间议定，以格尔毕齐河、兴安岭为界，成约具在，原无可议。咸丰三年，该夷欲会查界牌，又据奕山等奏称，惟乌特河一处，从前为两国公中之地，未尝分界。此时普提雅廷来津投文，仍以分界为词。如至黑龙江边界，应如何接待之处，必有成例可循，务须不亢不卑,以符体制。"八月,又谕曰:"现在俄夷复有在黑龙江左精奇哩开垦种菜,松花江右图勒密添盖房屋,并有船只越卡西上之事。其为图占地方,欲谋久住,已属显然。着奕山等仍遵前谕,告以中国与该国和好有年,不应擅自盖房占地,现既派有大臣与尔国使臣分勘界址,不得任意违例,致启争端。一面妥为驾驭,毋令开衅,一面密禁沿海奸民私通贸易,〔二〕断其接济,使彼粮食匮绝,当必废然思返。该将军等毋因海滨地广,难于稽查,致令奸民勾结,自贻后患。"

八年春,俄夷与英吉利、法兰西、美利坚合从请抚,舟至天津。英、法不俟议定,遽攻海口,毁炮台,于是俄使之在爱珲城者曰木里裴岳幅,乘间要挟,期必得地而止。奕山遂与画界,自额尔古勒河口顺黑龙江至混同江口左岸之地尽属之俄。俄知奕山之昧于地势也,复索我绥芬河、乌苏里江之地,奕山虽奏称未许,然已告俄使谓可比照海口等处办理矣。谕曰:"该夷要求黑龙江左岸居住,奕山遽尔允准,已属权宜。此次无餍之求,着该将军等妥为开导,谕以各处准添海口,皆系大皇帝格外天恩,原为两国和好多年,是以所请各事,但有可以从权者无不曲为允准。此后自应益加和好,方为正办。若肆意侵占,扰我参、珠、貂鼠地方,是有意违背和议,中国断难再让。况该夷在三姓地方,搅扰街坊,触怒军民,若日久占居,必至积怨成仇,群起为难。虽天朝法令森严,亦不能以非理之事强制百姓。彼时有伤交谊,大非彼国之利。如该夷听受开导,不复以绥芬、乌苏里为请,即可与之议准界址,切实订定。除所议之外,永不准肆行窜越;如其坚执不遵,即着将该夷狡执情形详细具奏,当由理藩院行文该国萨那特衙门,与之理论。奕山等亦可行知木里裴岳幅,据理执辨,晓以利害,勿任夷官从中播弄。事关重大,固不宜过于激烈,致起衅端,亦断不可一味软弱。总宜词严义正,中其隐微,庶可渐戢骄心,归于驯服。"寻又谕曰:"绥芬、乌苏里两处,既与俄夷地界毫不毗连,且系采补参珠之地,当时即应据理拒绝,何以副都统吉拉明阿辄许木里裴岳幅于冰泮时驰往查明,再立界牌?至所称原立字约十四条内,尚有三事未妥,均未据奕山奏明。奕山前次遽将黑龙江左岸允许该夷,虽系限于时势,究竟办理轻率,且以乌苏里河亦可比照海口等处办理,致该夷肆意要求,着仍遵前旨据理剖辨,毋得迁就了事,自贻后患。"是年,大理寺少卿殷兆镛奏奕山以黑龙江地五千馀里借称闲旷,不候谕旨,拱手授人,奕山始既轻诺,继复为俄所制,无能设法转圜。

九年,遂奏:"俄夷船只往来黑龙江已成习惯,若遽行拒绝,恐该夷有所借口。"又以绥芬河、乌苏里江地属吉林,奏请由吉林勘界。先后奉谕旨,责其朦混推诿。五月,谕曰:"绥芬、乌苏里河均属吉林,并不与俄国接壤,亦并非黑龙江将军所辖地方。上年该将军奕山轻信副都统吉拉明阿之言,并不与俄国使臣剖辨明白,实属办理不善,咎无可辞。奕山着即革职,暂留本任,仍责令将从前办理含混之处,辨明定议。"又以夷船下驶,奕山未能拦阻,命革去御前大臣,来京当差。未几,十一年之约,遂因奕山前议自乌苏里江口而南,逾兴凯湖至绥芬河、瑚布图河口,复沿珲春河、达图们江口,其东界皆以与俄罗斯矣。

是年三月,署镶白旗满洲都统。九月,署镶蓝旗汉军都统。十月,授镶白旗蒙古都统。旋授御前大臣,调补正红旗蒙古都统。同治元年七月,署镶黄旗汉军都统。九月,管理健锐营事务。三年,封一等镇国将军。四年三月,充总理行营事务大臣。五月,署正红旗汉军都统。七月,署正黄旗蒙古都统,旋充崇文门正监督。十年,授内大臣。旋开御前大臣、领侍卫内大臣缺。十三年正月,署镶白旗满洲都统。六月,以病开缺,仍留头等镇国将军,赏食全俸。奕山前后奉特旨议叙、优叙共六次,恩赏翎管、搬指、带钩、荷包、大缎等件四次。是年十月,恭逢慈禧端佑康颐皇太后四旬万寿,赏御书匾额、"福""寿"字、玉如意、文绮等物。

光绪四年,卒。遗疏入,谕曰:"前任都统奕山,由侍卫出师回疆等处,荷累朝知遇之隆,荐升将军、都统,补授御前大臣。前因年逾八旬,蒙恩准其开缺,仍留一等镇国将军,赏食全俸。方冀遐龄克享,恩眷长承。兹闻溘逝,殊深轸惜!加恩赏给陀罗经被,派贝勒载滢带领侍卫十员,即日前往奠醊。赏银一千两经理丧事,由广储司给发,并照例赐恤。任内一切处分,悉予开复。应得恤典,该衙门察例具奏。伊曾孙头品荫生毓照,着赏给郎中;应封宗室毓楷,着赏给主事:用示笃念耆臣至意。"寻赐祭葬,予谥庄简。

子载鸾,于道光十六年由大员子弟,赏给三等侍卫。二十七年,命在乾清门行走。咸丰元年,封三等辅国将军。三年,赏给二等侍卫。因报捐军饷,下部议叙。五年,擢内阁学士,兼礼部侍郎衔。旋补奉宸苑卿。六年,补正黄旗汉军副都统,充管理正黄旗汉军营房大臣。七年八月,调正蓝旗满洲副都统。九月,考试翻译文童,充弹压左翼副都统。八年八月,充顺天乡试稽察左翼副都统,因提调官顺天府府丞蒋达负气出闱,载鸾与稽察右翼副都统宝鋆合疏纠参。奏入，蒋达等严议、议处有差。

同治元年，署镶红旗护军统领。三年五月，补镶红旗护军统领。八月，署兵部右侍郎。十月，署镶黄旗蒙古副都统。四年三月，充御前侍卫。闰五月，充管理新旧营房大臣。六月，山西巡抚沈桂芬奏请筹费移屯，以恤旗民而实边防，谕八旗都统等会议。载鹭疏言："该抚奏请八旗民丁听往各省之议，与道光初年吉林将军富俊、都统英和等所议章程，大略相同。自应准其推广变通。"诏如所请。六年四月，调补镶黄旗护军统领，旋升理藩院左侍郎，仍兼署兵部右侍郎。十月，命阅看驻防翻译试卷。七年八月，充补行武举覆试大臣。十一月，充考试笔帖式阅卷大臣。八年六月，以武英殿救火出力，赏加一级。八月，管理咸安宫官学。十二月，署理雍和宫事务。九年正月，以理藩院柔远司不戒于火，下部察议。十月，充顺天武乡试较射大臣。十二年，充管理行营大臣。十三年九月，因病奏请开去差使，允之。

光绪三年，卒。遗疏入，谕曰："前理藩院侍郎载鹭，由侍卫荐升副都统、护军统领，补授理藩院侍郎。宣力有年，克勤厥职。旋因患病开缺，方冀调理就痊，长承恩眷。兹闻溘逝，轸惜殊深！加恩着照侍郎例赐恤。任内一切处分，悉予开复。应得恤典，该衙门察例具奏。"寻赐祭葬。

子溥瀚，镶黄旗蒙古副都统。

孙毓照，一等奉国将军；毓楷，候补主事。

【校勘记】

〔一〕持抚夷议　"夷"原作"外"。今据奕山传稿（之一五）改。馀亦仿此。

〔二〕一面妥为驾驭毋令开衅一面密禁沿海奸民私通贸易　原脱"妥
　　为"以下至"一面"共十字。今据显录卷二三四叶九上补。按奕
　　山传稿(之一五)亦脱。

长麟

长麟,乌雅氏,满洲正黄旗人。道光二十一年,由闲散袭骑
都尉世职。咸丰四年,补銮仪卫整仪尉。六年,转治仪正。七
年,授云麾使。同治元年,协理堂务章京,旋充神机营帮操章京。
三年,升冠军使。寻以劳绩,赏二品顶戴。四年,加副都统衔。
七年,命记名以副都统用。十年,调赴直隶防堵。又随军山西,
得旨仍以副都统记名,遇缺题奏。十一年,兼公中佐领。恭逢皇
上大婚典礼,奉迎皇后凤舆,诏以副都统遇缺尽先题奏,并赏戴
花翎。光绪元年,复经神机营王大臣保奖,得旨遇有副都统缺
出,尽先题奏开列在前。寻授吉林三姓副都统。五年,以剿灭金
匪多股,营规兵勇认真整顿训练。吉林将军铭安等上其功,赏头
品顶戴。

九年五月,卒。七月,署吉林将军玉亮等疏称:"长麟到吉
时,正值贼氛猖獗,几有岌岌不终日之势。前任将军铭安等督饬
各营将领,严剿马贼于腹地;而长麟率所部练军,穷搜逸匪于边
隅,卒将金匪孙百万等次第殄除。迄今东南半壁,安堵无恐者,
惟长麟之功居多。三姓地方幅员辽阔,土瘠民贫,长麟加意抚
绥。存心宽厚,有古人敬简之风。该部落来往民人,无不称道长
麟之德,感激涕零。臣等又亲见该副都统事必躬亲,案无留牍,

公暇辄以忠勤大节激劝属僚。志节贞廉,尤为武将中所罕见。病剧时,惟勖臣以时事多艰,竭力整顿。是其公忠报国之念,固结于中。请照副都统军营立功后积劳病故例议恤。"允之。

吴长庆

吴长庆,安徽庐江人。父廷香,由优贡生就选教职。粤匪扰安徽,廷香在籍创举团练,咸丰四年,死庐江之难。有旨赐恤,赏云骑尉世职。

长庆,袭。五年,安徽巡抚福济任以舒城、庐江团练,长庆痛父殉难,誓志杀贼。六年,随官兵克庐江。七年八月,会捣桃镇踞匪,立拔之,复击退派河援贼,毁贼营三十。擢守备。九月,克舒城。十一月,巡抚翁同书檄办合肥东乡团练。九年,以护城出力,赏戴蓝翎。十年,大败伪英王陈玉成于华子冈,加都司衔,赏换花翎。

十一年,奉两江总督曾国藩檄,攻克三河,遂以所部五百人别为庆字营。国藩称其忠孝坚定,不可挠折,至手书为令,以励将士。寻江苏郡县陷于贼,国藩命长庆随福建延建邵道李鸿章援上海,战捷于虹桥,以次克柏林、奉贤、南汇、川沙、金山,击退宝山大股悍贼。叙功,免补都司,以游击留江苏补用。同治元年冬,以江苏巡抚李鸿章檄,回籍募勇。国藩复令以三营守庐江。二年三月,逆首李秀成来犯,击走之;继复纠大股围庐江,长庆登陴固守,伺懈出击,城围遂解。复以营隶李鸿章军,七月,拔枫泾、西塘等镇,毁千窑贼巢。超擢副将。十月,规取浙江嘉善,捣张泾汇,肉薄先登,夺北岸桥贼垒。三年,进攻嘉兴府城,左臂中

枪丸,犹裹创血战,斩士卒回顾者数人以徇,遂蚁缘登城,且却且
上,竟拔之。命以总兵记名简放,赏力勇巴图鲁名号;并准补官
日,免骑射。五年,分援浙闽,叠克湖州、长兴、广德、漳州、漳浦,
有旨交军机处记名,遇有提督总兵缺出,尽先题奏。七年,统马
步十一营,随李鸿章剿捻匪,转战河南内黄、滑、濬,山东临邑、德
州,直隶宁、津间,殄除净尽。赏穿黄马褂,换瑚敦巴图鲁名号,
并正一品封典。时曾国藩再督两江,以宿迁、徐、海冲要地,民俗
骛悍剽轻,盗贼出没,宜得良将,疏请长庆率所部防徐州,允之。
八年,潘鼎新军争饷忽溃,水陆数千人蔽河而南,奉曾国藩檄驰
往查办。鼎新军亦淮部,谋胁长庆军以扰淮扬,长庆侦知,潜遣
精兵防扼要隘。时河涨,北风劲疾,乱卒乘舟至,塞河道数里。
长庆以温言召羁其魁,有哗扰者立斩之,众大慑。乃晓以利害,
尽收积其衣帜、枪炮、刀矛;而陆卒适至,亦就抚。遂别筑营舍,
析处其人,令军中不得一卒相通语,分别乡贯,资送还家,旬日大
定。漕运总督张之万疏称其有条不紊,请予奖叙,寻赏加一级、
纪录二次。九年,移驻扬州,丁母忧。曾国藩请照军营例穿孝百
日,仍管理营务,诏从之。

十一年,移驻江浦,督勇浚扬州、仪征盐河。十二年,移驻江
阴。两江总督沈葆桢奏言:"长庆一军,号令严肃,所驻之处,官
民有恋恋不舍之意。"十三年,以日本肇衅台湾,添募庆字四营,
筹办江防,筑江阴及江宁之乌龙、沙洲炮台。时六合乡民以漕额
难复,聚城哗诉,沈葆桢檄长庆往。单骑一夕至城下,诱主者至,
许以不死,令立散其众。上书葆桢,以为"江宁漕粮之重,同于
苏、松二府,而六合与贼相抗最久,被害亦最酷。今二府减漕五

十四万，而江宁如故。富者且不能纳，则贫者流亡日多，奸民得以相煽，宜奏请减之。"葆桢因有请减江宁五属漕粮之奏。光绪元年，授直隶正定镇总兵。沈葆桢疏请留防江南，从缓赴任，如所请行。二年，宁国府民教滋事，有奸民白会请、黄之绅、杨琴锡者，夙习天主教，陵暴乡里，诱匿少妇，恣其淫虐。会事败露，乡民累万人，奋呼云集，箠之绅、琴锡至死，因火教堂，白会请仅以身免，则益耸西洋教士构讼，务欲雪死者冤，民益疑惧。沈葆桢又檄长庆往，甫至，教士指建平人何渚为首事，请杀之。何渚者，素见信于乡里者也。至是，谒长庆，以狱急不得主名，自请受戮以解衅。长庆以为殂民不可，歪法徇教亦不可，卒廉得狱之始末曲直，请释渚，诛会请。葆桢复亲鞫之，如长庆言，狱遂以定。江浦黑水河旧受滁州、来安、全椒诸山水，以达大江。明史水利志纪景泰二年屯田御史上言，北城圩黑水河并南达大江，请开通备旱涝者也。国朝康熙、雍正以来，更作更辍，未有成功。诸山水东下，既失故道，则益横溢，二百馀里，漫溢冲决，为民田害。长庆尝以捕蝗行河，稔悉所苦。于是议疏黑水河下游曰四泉河、玉带河者，请于沈葆桢。四年秋，葆桢遂奏以河事任长庆，用军力治之。工作之始，规度材木，划量丈尺，部责工数，计授绳、畚、车、锸、縢、扉、担、笠，增益口食。越二年而工成泰半。其后大学士左宗棠总督两江，竟因长庆所疏故迹，以底成功。

六年正月，授浙江提督。时法兰西与越南构兵，沿海戒严，命长庆帮办山东军务。十月，调广东水师提督，未赴任，航海至登州。会右庶子张之洞劾山东四镇总兵骄悍，营规不整，上命长庆查阅，四镇皆归节制。八年六月，朝鲜禁卒变，犯王宫，戕大

臣,仓卒王妃失所在,并燔倭使馆,杀馆人,佥言事由李昰应。倭
使花房义质奔还国,倭人怒,驶兵船来责。时道员黎庶昌使倭,
以电告。署北洋大臣张树声用幕僚薛福成策,亟遣兵轮三艘东,
越二日,抵仁川。倭船后,气为沮。旋奏入,命长庆往。七月,军
次南阳府,倭使挟兵苛索不餍,则悻悻出王京。长庆因驰军入,
倭使悔,乃就盟。昰应尚踞王宫,造兵聚党。长庆诱之来,笔谈
及暮,遽挥队拥赴南海口,纳于登瀛洲船,致之天津。越夕,击散
乱党,迎复王妃,事乃定。是役也,上以长庆功最,赏三等轻车都
尉。长庆在朝鲜修途道,治舆梁,救灾恤丧,示以恩信。其归也,
国人作歌送之。

十年四月,命移防金州。闰五月,卒。遗疏略谓:"臣以云骑
尉蒙高厚之恩,致有今日,死何足惜?今丑虏窥边,而臣遽先犬
马填沟壑。死如有知,必为厉鬼杀贼,以报君父。"大学士直隶总
督李鸿章疏请优恤,略云:"长庆痛父殉难,誓与贼不共戴天。纠
合乡团,屡助官军攻剿。同治元年,臣督师沪上,稔知长庆忠勇
迈伦,令其相从东下,协同克复各厅县城。旋移师入浙,克嘉善、
嘉兴、乍浦、平望、湖州、长兴等处,其尤啧啧人口者,嘉兴之役。
长庆督队径薄城下,贼以枪炮连环轰击,弹如雨下,长庆肘骨皆
穿,裹创血战,奋不顾身,用能立拔坚城,以疏通由苏入浙之路。
迨督师剿捻,长庆统率马步各营,随同北渡,转战山东、江苏、直
隶、河南等省,无敌不摧,东西捻股次第荡平。嗣以江淮戎备空
虚,调驻徐州,旋移扎江宁下关、浦口、乌龙山等处。江防水利,
百废具举。历任江督马新贻、李宗羲、沈葆桢、刘坤一皆倚之如
长城。光绪六年海防戒严,长庆率师移驻登州。八年六月,朝鲜

内乱,毁及王宫及<u>日本</u>使馆,倭人以兵轮驶入<u>仁川</u>,惟时该国内外交讧,群情汹汹,安危之机,间不容发。<u>长庆</u>拔队赴援,获致乱首,人心始定。<u>朝鲜</u>银贱钱荒,百物昂贵。将弁士卒,艰苦万状,毫无怨言。盖由统帅不私货财,故缓急能以相保;不避艰险,故患难乐于相从。其所以致此于部曲者,良非偶然。而该提督劳身焦思,亦遂寖成痼疾。平日训练馀闲,惟以经史自娱,澹泊寡营,雅歌不辍。拟之儒将,庶几无愧。"疏入,谕曰:"<u>广东</u>水师提督<u>吴长庆</u>,前因痛父殉难,矢志剿贼。随同<u>李鸿章</u>转战<u>江苏</u>、<u>浙江</u>、<u>山东</u>、<u>直隶</u>、<u>河南</u>等省,叠克名城。<u>嘉兴</u>之役,战绩尤多。驻扎<u>江南</u>,办理水利江防,百废具举。光绪八年率营驰赴<u>朝鲜</u>,戡定乱民,劳勩卓著。兹闻溘逝,轸惜殊深! 着照提督军营病故例,从优议恤。任内一切处分,悉予开复。应得恤典,该衙门察例具奏。该提督战功事迹,宜付史馆立传。加恩予谥,并准于立功地方建立专祠。次子<u>吴保初</u>,着赏给主事,服阕后分部学习行走,用示眷念勋臣至意。"寻赐祭葬,予谥<u>壮武</u>。十月,<u>浙江</u>巡抚<u>刘秉璋</u>以<u>长庆</u>遗爱在民,请于<u>嘉兴</u>府城建立专祠,允之。

子<u>保德</u>,袭三等轻车都尉,兼云骑尉世职;<u>保初</u>,刑部主事。

周盛波

<u>周盛波</u>,<u>安徽</u><u>合肥</u>人。咸丰三年,粤逆陷<u>江宁</u>,分窜<u>皖北</u>。<u>盛波</u>团练乡勇剿贼,巡抚<u>福济</u>奖给六品顶戴。十年正月,败贼于<u>庐州</u><u>西乡</u>,以把总拔补,并赏戴蓝翎。九月,解<u>六安</u>围,升用守备,并赏换花翎。

<u>同治</u>元年,<u>福建</u><u>延建邵</u>遗缺道<u>李鸿章</u>率师援<u>苏</u>,檄<u>盛波</u>添募

淮军盛字营随剿。七月,贼围北新泾,击却之,擢游击。九月,克嘉定,援贼以大股扑四江口水师营,盛波与副将张桂芬合兵,击败之。叙功,赏卓勇巴图鲁名号。二年三月,随军克太仓州。四月,进规昆山,盛波扼双凤镇,击败援贼,遂复县城。五月,进壁麦市桥,平贼垒二十三座。保以副将,留两江补用。七年,官军薄江阴城下,统领知州李鹤章派盛波循城出其右,先击东南大队援贼;又以四营出城西,缀无锡援贼。会诸军尽扫垒卡,克江阴。江苏巡抚李鸿章奏捷,得旨以总兵记名简放。九月,官军复金匮、无锡,擒伪潮王黄子隆父子,盛波烧毁贼船百馀只,破惠山石卡,击斩北门外败贼二十馀级。叙功,晋提督,并赏从一品封典。三年四月,合围常州,盛波由小南门攻入,伪护王陈坤书就擒。得旨交军机处存记,遇有总兵缺出,先行题奏。七月,江宁败贼黄文英挟洪逆幼子福瑱踞广德,盛波为前队进至横山,文英已挟福瑱出走,城贼犹拒战,败之,复广德;追文英至宁国境,颇有斩获。赏穿黄马褂。

　　四年闰五月,捻首张总愚围安徽布政使英翰雉河集防营,大学士曾国藩调盛波偕提督刘铭传军赴援。盛波攻涡河两岸之贼获胜,乘势疾进,英翰军从阵后夹击之,围得解。诏交军机处存记,遇有提督缺出,尽先简放。六月,授甘肃凉州镇总兵。十月,贼窜宁陵,设伏败之。五年二月,拔菏泽县属游庄寨暨方埠贼巢,上以盛波竭力苦战,奋勇可嘉,颁赏白玉翎管、搬指、火镰、大小荷囊。五月,捻首牛洛红窜亳州,盛波截击,大败贼于白龙王庙。十一月,追贼云梦,折回两河口、沙河,击贼胡家店,败之。六年四月,蹑捻首任柱后,至信阳,由台子畈山左进,其弟提督周盛传等进中右两路,层峦中贼骑不能驰骤,舍骑四窜,追及谈家河,擒贼目汪老魁、陈大狗、祝老福等,并击溃赖文光等援贼。九月,击沭阳程寨贼,追败之石榴寨,又败之高家寨,至海州阿湖镇,歼悍党赵天福。七年闰四月,张总愚走陵县,盛波追及于土桥,督马队合剿,贼奔溃。五月,盛波驻营毛家庄,贼由吴桥来犯,诱入伏中,痛创之,斩级数千;复袭杨丁庄贼巢,阵斩张总愚侄张三彪,生擒股首李老怀等。六月,会诸军蹙贼茌平,张总愚投河死。西捻平,赏换法福龄阿巴图鲁名号。寻以母老,陈请回籍终养,允之。十月,河南巡抚李鹤年劾盛波于上年五月,纵勇攻破唐县民砦,惨毙多命。诏褫职,交李鸿章查办,奏覆后,以盛波身在前敌,事起仓猝,不科馀罪。九年三月,大学士湖广总督李鸿章奏称盛波剿贼功多,乞恩开复原官,下部议,旋报允。

　　光绪十年七月,上允北洋大臣李鸿章请添募防军,以盛波夙著战功,临阵勇往,命由淮北选募精壮十营,克日统领来津,十一月,到防。谕李鸿章督饬认真训练,严密布置,期于缓急足恃。十一年五月,丁母忧,李鸿章奏令盛波弟天津镇总兵周盛传回籍治丧。七月,命署湖南提督,疏辞,不许。十三年,服满,实授。十四年十月,卒。李鸿章奏言:"盛波以乡兵剿贼,兄弟六人,四殉王事。痛遭家难,誓以死报。其治军严而不苛,人乐为用。尤善察地势,审敌情。部曲将校,经其指授,辄有家法。防海以来,添募精练,为淮部最大之军。诸军勋望,无出其右者。"疏入,谕曰:"湖南提督周盛波,历随李鸿章军营,剿办发、捻各逆,转战各省,叠克名城,战功卓著。嗣经驻军天津,训练精勤,克尽厥职。兹闻溘逝,轸惜殊深!着照提督军营病故例,从优议恤。平日战功事迹,宣付国史馆立传,并着加恩予谥,在安徽原籍及立功省分建立专祠,以彰忠荩。"寻赐恤如例,予谥刚敏。十五年,慈禧端佑康颐昭豫庄诚皇太后归政,追念功绩最著诸臣,各赐祭一坛,盛波与焉。

子家谦,举人,内阁中书,旌表孝行;家麐,候选同知;祜,候选道。

周盛传

周盛传,安徽合肥人。咸丰三年,粤匪窜安徽,陷庐州府,土匪亦蜂起。盛传偕兄盛华、盛波,集丁壮团练守御。贼酋伪翼王石达开等屡扰合肥西乡,盛传辄率百数十人击败之,以计擒伪监军马干禄等。五年,安徽巡抚福济嘉其功,给六品功牌。嗣盛华阵亡,遂与盛波分领各练,誓必复仇六。年,旱,出仓谷、杀牛马饷众。既而贼酋陈玉成、陈得才等先后分扰华子冈、唐家冈、董家冈,盛传等以练丁二千随方迎剿。相持二三年,大小数百战,遂越境攻潜、太、六、霍等处,饷械皆所自备,战屡有功。九年,安徽巡抚翁同书咨保,以把总拔补。十一年,钦差大臣袁甲三叙援寿州功,以千总拔补。

会两江总督曾国藩遣师援苏,道员李鸿章创募淮军,以盛传充亲兵哨官,兄盛波亦与焉,名其军曰盛军,是为盛传兄弟隶淮军之始。同治元年五月,盛传至上海。七月,克青浦,八月,回援上海,破伪慕王谭绍光之众。九月,署江苏巡抚李鸿章汇案请奖,升守备,赏戴蓝翎。旋克嘉定,进营江桥,击退四江口大股援贼。越河攻贼垒,右肋被枪伤。十月,赴皖募勇,二年二月,回营。叙克嘉定及四江口战功，得旨免补都司，以游击留于两江补用。时太仓踞逆蔡元隆以城伪降，诸军至，仓卒遇伏，独盛传有备，得全军归。越数日，遂偕诸将一鼓克之，壁于双凤镇。四月，官军围昆山急，贼分股犯双凤，且攻嘉定，冀解城围。盛传连战三昼夜，大破之，遂克昆山。五月，会攻万水桥、北�一带，破贼营百有奇。松、太肃清。赏勋勇巴图鲁名号。七月，攻江阴，先毁东门外石营三，破其援贼，馀垒次第悉毁，八月，克之。进规无锡，九月，自东亭镇、兴隆桥、鸭城桥节节进剿，十月，毁西仓贼营二十馀座，逼城而阵，十一月，克之。获伪潮王黄子隆父子。时盛传已保升参将，加副将衔，换花翎。至是李鸿章疏上无锡战绩，得旨交军机处记名，遇有总兵缺出，请旨简放。旋攻常州，营城之南，屡攻不下。三年二月，进逼小南门城下，立营未毕，贼分股突出。盛传督众且战且筑营，右腕中炮伤。三月，贼复潜出后路来钞，盛传分兵回剿，歼其众；又进毁沿城石垒，登石桥，指麾诸军。桥断，盛传坠水中，城上贼炮石雨下，流血竟体，几绝者屡。越数日，裹创强起，会诸军环攻之。四月，复冒炮火攀城先登，大队继进，遂复常州。捷闻，命以总兵交军机处先行题奏，加提督衔。六月，李鸿章以抚标亲兵三营改为传字三营，盛传始自领一军。移次溧阳，遏苏常败贼。七月，会铭军攻广德州，拔之。

　　时江浙皖南逋寇，以次荡定，而捻匪大起，由楚窜英、霍，势张甚。两江总督曾国藩奉命督师，四年四月，檄盛传率所部往剿。时捻酋张总愚、任柱、赖文光、牛洛红等踞宿、蒙、亳三州县为老巢，安徽布政使英翰军驻雉河集，被围急。巡抚乔松年飞书趣盛传往援，遂自睢宁、宿州转战而进，将抵雉河，任柱突至，驰骤若风雨。盛传以连环枪炮御之,阵坚,贼数冲突不动,欲回顾巢穴,盛传从贼后出奇兵夹击之,大溃。河南北贼营数十皆遁去。六月,解雉河围,命以提督遇缺简放。十月,移防归德,剿窜捻于宁陵,败之。五年二月,叠败贼于考城、巨野、城武、菏泽。四月,移师亳州。上嘉盛传与兄凉州镇总兵盛波苦战奋勇,各赏白玉翎管一、白玉搬指一、火镰一、大小荷包各二。五月,破牛洛红于亳州之白龙王庙,洛红被创夜奔,道死。七月,追贼扶沟、鄢陵、许州,屡败之,遂扼周家口,筑贾鲁河长墙。十月,奉调督队游击。十一月,解柘城、罗山之围。六年二月,授广西右江镇总兵。四月,蹙贼信阳谭家河丛山中,斩馘逾万。转战入山东至江苏海州界,捻势大衰。十二月,任赖匪股悉数扑灭,独张总愚自陕还窜,渡黄河而北。七年正月,奉调渡河迎剿,屡有斩擒。二月,败贼于临清、德、景诸州,东昌、大名等府。五月,贼由武定驰至吴桥,扑运河防墙。盛传先伏炸炮于毛家庄,而纵马队当贼冲,以步队掩其后,逼贼入伏,炸炮发,贼奔溃,伏尸蔽野;复夜袭杨丁庄暨孙世官庄,诛张总愚之侄张三彪,获逆酋李老怀及大小头目。六月,诸军各围于茌平之南镇,张总愚投水死。捻患平。钦差大臣湖广总督李鸿章上其功,七月,赏穿黄马褂。时盛波以亲老归养,盛字军归盛传接统。

十二月,李鸿章调盛传赴鄂,八年,营于黄冈。九年正月,李鸿章督师贵州,檄盛传援黔。适回骑内犯,全陕戒严,上改命李鸿章督办陕西军务,调盛传随征,添募马队,立盛字飞骑一军。四月,以续查西捻肃清请奖,换拉理巴图鲁名号。五月,入潼关,回逆慑先声,不敢东窜,而北山溃勇、土匪,蔓延绥德、延安、同州境,盛传驰扼韩城、澄城、郃阳间,上书鸿章请乘贼未备,冒暑速攻灭之。六月,侦贼在宜川山中,即派队分道进剿,自督亲军连破悍股于河儿川、孔岩寨,贼瓦解。乃分兵四布宜、洛、鄜、延之间,相属数百里,作远势兜围之,先后擒匪酋马意龙、戴得胜等。北山悉平。七月,下部优叙。时李鸿章移督直隶,疏调盛传所部屯卫畿辅,十年,营于青县马厂。十二年,奉檄遍勘海口形势,盛传建议:"以故明之新城上蔽津郡,旁临大沽、北塘,实扼海口之要,旧有土城已圮,宜兴筑。旧式城用砖甃,质脆易毁,且门必有楼,累动连楹,敌炮所及靡不摧。炮台旧式宽至七丈而极,守兵与子药皆无所蔽。今炮位长丈馀,尤形逼仄。请许随宜不拘常法,遂筑内外城各一,城内大炮台三,城上环置小炮台七十有一。此外兵房、药库、仓廒、义塾及城外沟、河,桥、闸惟备。"十三年九月,工竣,皆所部任其役,捐盛军欠饷以济工费。十二月,事闻,有旨交军机处另行存记,遇有提督缺出,先行简放。先是,上敕大学士直隶总督李鸿章兴复京东水利,鸿章檄盛传任津、沽屯田事。盛传往来津、静间,见海河潮汐一日两至,既由运河起,节节较量高下;又测步海河南岸,知其利确然可行,而天津东南纵横三百馀里,一片沮洳,芜废可惜。乃议先疏引河沟洫以去积潦,多设桥闸涵洞以资蓄泄,仿前明汪应蛟葛沽营田遗迹,条陈大略,谓"有三利五难:泄南运盛涨,澹畿南十数州县荡析之灾,利一;海滨弃地数百里,若引淡涤咸,斥卤可变膏腴,利二;川浍萦洄,蹊径曲折,可限戎马之足,助海防,利三。其五难则以地本斥卤,土更浮松,河以多泥善淤,民以创见猜阻,又北省稻田,屡兴屡废,实因工大费多,久难为继,浮议因之而兴。乞持定见,专委任,则功可成"。书上,李鸿章韪其议,疏请敕盛传董其役。光绪元年,移屯天津新农镇,督将士经营之。二年,调天津镇总兵,督工至六年,开南运减河,自靳官屯抵大沽海口,减河两岸各开支河一,又浚横河六,沟浍川渠悉如法。建桥闸五十馀处,蓄泄有时。又分别淡水咸水,不相渗混,成稻田六万馀亩。滨河斥卤地,沾水利可垦者以亿计。八年,补湖南提督。十年,皇太后五旬万寿,盛传母栗氏年逾九旬,赏御书匾额一方,紫檀玉镶如意一柄,大卷江绸袍褂料、小卷八丝缎袍褂料各二。十一年四月,李鸿章疏言盛传母栗氏五世同堂,得旨赏御书匾额。五月,盛传丁母忧,命改为署理湖南提督,回籍治丧。六月,到籍。

盛传咸丰初年以练总拒悍匪,能以少胜众,嗣随李鸿章剿贼办防,近三十年,与兵事相终始。其屯军天津也,工作馀暇,日事训练,于西洋后膛枪炮,深窥秘奥,著操枪章程十二篇,训迪弁勇,令各营以打靶取准,校其优劣,捐廉奖赏,以故士卒技艺精熟。盛军利器,足与西洋埒。治兵专以不扰民为主。驻军之处,纪律肃然,秋毫无犯。津属荐饥,集将佐捐赀,设厂赈粥,活远近穷民无数。日短衣匹马,巡视各营,与士卒同甘苦。医药有资,殡葬有所。人懔其严,又未尝不感其惠。生性至孝,尝乞假省母。母病,刲股和药以进。至是以哀毁呕血,创痕迸裂而卒。李鸿章胪陈事迹以闻。谕曰:"署湖南提督周盛传,历年随李鸿章各省剿办发、捻各匪,转战数省,卓著战功。嗣经驻军天津,约束军士,讲求操防,克勤厥职。前因丁忧赏假百日,回籍治丧。遽因伤发病故,实堪悯恻!周盛传着照提督军营病故例,从优议恤。平日战功事迹,宣付史馆立传。并着加恩予谥,在安徽原籍及立功省分建立专祠,以彰忠荩。"寻赐恤如例,予谥武壮。十七年,两江总督刘坤一以江苏为盛传血战立功之地,请于江宁省城捐建专祠,列入祀典,春秋致祭,以彰忠荩,允之。

子家驹,三品衔,江苏候补道。

鲍超

鲍超,四川奉节人。道光三十年,粤逆滋扰,超由行伍投效广西提督向荣川勇营。旋入湖南协标。咸丰四年,侍郎曾国藩治水师,调充哨长。六月,战雷公湖,七月,克岳州,战城陵矶、道陵矶。保以外委拔补,并赏戴蓝翎。闰七月,败贼于金口,复败之沌口。八月,克武昌、汉阳。九月,击蕲州贼,大败之。十月,败贼田家镇、武穴等处。积功,荐保至守备,加都司衔,赏换花翎。

五年春,武昌复陷,署巡抚胡林翼委带中营战舰,防金口,屡破汉阳小河口、鲇鱼套之贼。七月,超营沌口,偕知府彭玉麟援胡林翼于奓山,复蔡店,克宗关。叙劳,晋都司,加游击衔。会金口陆师溃,黄州、德安贼犯胡林翼高庙陆营,以炮船逼轰,伤毙左右数人,势甚殆。超飞棹赴援,击贼走,德安、应城贼复由涢口、新沟下驶。超回战,火其舟,拔胡林翼于重围。十一月,捣金口贼营,超奋勇当先,右肋中炮,裹创力战,军益奋,复金口。胡林翼奏称超屡立奇功,胆识过人,忠勇冠军,实为功首。诏以游击尽先补用,并赏给壮勇巴图鲁名号。六年正月,湖北巡抚胡林翼奏保人材,称超勇敢冠军,晓畅兵略,纪律严明,堪胜水路总兵之任。命交军机处记名。

二月,随署提督杨载福破南岸嘴等处贼。四月,击贼汉阳,焚樊口贼船。五月,扼沙口,制贼上窜。杨载福得以转战至九江城下,江面肃清。擢参将,加副将衔。八月,赴湘募勇,为霆字五营。十二月,率新军攻贼小池口,先备茅柴填濠,直薄伪城,毁南北路土垒关卡,为长堑困贼。七年二月,补陕西宜君营参将。三月,伪豫天侯陈玉成由桐城上窜黄梅、广济,总兵王国才阵殁于濯港,诸军相继败挫。贼焰张甚,将窥武汉,牵掣援皖之师。超独以五营壁亿生寺西北,当贼冲。贼为所阻,出死力与争,自亿生寺至黄蜡山筑垒四十有八,图老官军而承其敝。超激励将士,誓不俱生,俾各指攻一垒,而自指一最大坚垒,期在必克。七月,超将步队五路进攻,贼殊死斗,继侦知贼留老弱守垒,分兵绕攻垒后,而以马队发其伏,诸军齐进,踏贼垒无一存者。陈玉成跳而免。捷入,上以超连日血战,尤为出力,擢副将,并赏加总兵衔。八月,败贼复麇聚黄梅后山,筑三大垒阻官军。超分路潜进,袭而焚之贼骇溃,遂拔小池口伪城。全楚肃清。

超进扼二郎河为藩司李续宾攻九江军后路声援。十月,破贼枫香驿。八年五月,克黄安、麻城贼垒,歼贼黄土冈、玉屏港。八月,授湖南绥靖镇总兵。以破贼平石牌、雷公埠,得旨优叙。九月,进规安庆,破集贤关。九年十月,会诸军围太湖。十二月,伪英王陈玉成纠党十数万来援,超移营潜山、小池驿当前敌。贼循潜山城西、太湖城东,袤三十里,压超军而垒,凡百馀座。超破其地灵港十馀垒。陈玉成愤甚,悉锐攻小池驿。曾国藩虑超腹背受敌,调主事李榕等截城贼,而援贼更番环逼,超军粮路断,士卒伤痍,然志气弥厉,相持二十五日。胡林翼所调各营由山后绕至,拊贼背,诸军乃约会攻剿,超空壁出,直薄贼营,贼围之数匝。超为方阵拒战,诸军合蹙贼,大败之,乘胜追击,城贼遁,遂复太湖。湖广总督官文与胡林翼、曾国藩同奏言:"是役毙贼二万馀,踏平贼垒百十座,焚毁贼棚馆数百处,为军兴以来仅见之大战,非鲍超勇挚坚强,以三千馀人,独御前敌,血战兼旬,则援应各师必有缓不济急之势。"上嘉其功,加提督衔。

十年二月,超请假回籍省亲。五月,贼围宁国急,诏催超赴营,未至而宁国陷。两江总督曾国藩劾其迁延,请革勇号,并责令力图克复,上允之。十月,伪忠王李秀成率逆党由羊栈岭窜入,断诸军粮道,图解休、宁围。黟岭防师溃,贼遂陷黟县,直犯曾国藩祁门大营。祁门兵本单,又兼顾诸路,猝难调集。曾国藩已靴刀自誓,超在休宁闻警,督军急驰百馀里,连战皆胜,驱贼出岭,复黟县,曾国藩亦不意超军遽至也。上以超调度神速,赏苏博通额巴图鲁名号。十一年正月,破贼石门、洋塘,再破之黄麦铺,复建德。曾国藩疏称:"超勇冠三军,每战必克,转危为安,实属有裨全局。"诏遇提督缺出,交军机处题奏。二月,曾国藩奏抽超军作游击之师,视江西、皖北各路尤急者援应之,上可其请。会陈玉成救安庆,时围师腹背受敌,超渡江援剿,击贼赤冈岭,大破之,生擒悍逆刘玱琳。六月,破贼樟树镇,火其浮桥,追剿五十馀里;又于白马寨、小塘墟连破贼。曾国藩上其功,赏白玉搬指、翎管、大小荷包。八月,援抚州,败贼于双港,踏湖坊、河口等处七十二垒,复铅山,解广信围。江西全省肃清。曾国藩奏:"超当口粮缺乏之日,烈日骤雨之中,未满两月,将江西腹地各贼一律扫除,实属劳苦功多。"命交军机处遇提督缺出,尽先题奏。

时曾国藩受命督办四省军务，以欲援浙江，必先复宁国；欲复宁国，必先克青阳，以通进兵之路。故诏屡催超赴浙，国藩必令先取宁国。十二月，超规青阳，败石埭、太平援贼，尽毁东门外贼垒。同治元年正月，朝廷以东南事机渐转，推恩诸将帅，嘉超深谙将略，屡著战功，赏穿黄马褂，授浙江提督。二月，受张遇春降，留所统三千人，编春字营自效。三月，贼纠浙江死党三万馀扑铜陵，超虑其窜大通，断我饷路，乘夜疾驰百馀里，出贼不意，焚其垒卡，贼溃走南陵。守青阳贼古隆贤侦超离营，筑九垒踞要害，超还军分攻，平之，复青阳，连克石埭、太平、泾县，张遇春亦破贼于旌德之三溪。上以超身先士卒，调度得宜，下部优叙，并颁赉珍玩四事。四月，设伏败宁国守贼杨辅清，复府城，赏云骑尉世职。时洪容海自广德来降，受之，编启化营。十一月，丁母忧，乞假终制。上念超为诸军倚重，不准离营，改为署理浙江提督。十二月，赏“福”字、荷包、银锞、食品，自后每岁如之。

二年正月，破贼泾县。二月，贼设伏诱超军，超知之，亦潜伏山坳以伺。贼果扑高祖山营，超留兵茯苓山，断贼后，而自分三路进，与大营夹击，逐北四十馀里，并克西河、湾沚贼巢。贼酋黄文金窜鄱阳，超奉曾国藩檄，赴援景德镇，正进兵而李秀成又陷江浦、浦口。曾国藩改檄超北援，破贼清溪镇，拔巢县，克含山、和州，复江浦、浦口两城，断贼过江路。北岸肃清。旋会水师克九洑洲，九月，破水阳、新河庄两隘，毁东夏贼垒，取东坝伪城，建平、溧水贼亦以城降。曾国藩奏言：“超旬日之间，攻取四城，并夺东坝重隘。现檄驻兵严守，保此三省扼要之地，即为附近游击之师。”三年三月，攻破三岔塔冈贼卡，克句容，败贼金坛，复其城。超乞回籍葬亲，叠次陈情，曾国藩入告。廷旨慰留，以移孝作忠，并赏银五百两经理葬事。

会皖北、江西告警，争欲得超军。曾国藩奏江西待援尤急，上命迅速前往。六月，留数营驻丰城，自整队进次抚州。贼遣人诡称铜鼓营官兵，为官军向导，豫设伏秀才埠以待；别遣贼犯丰城，牵缀留驻之师。官军已深入伏中，忽闻炮，超即冲击，擒斩甚多，亟督队倍道回援丰城，贼方排阵，见超至，惊散。是月，官军复江宁，上以超屡克名城，使江宁、苏、常之贼不能联为一气，厥功甚伟，赏一等轻车都尉世职。七月，破许湾贼巢，连克崇仁、宜黄、东乡、金溪、南丰。陈炳文率六万人缴兵械降。上嘉其破数万贼，如摧枯拉朽，实属勇敢异常，战功卓著。陈炳文亦准随军自效。九月，分军击贼赣南，复亲督军由池埠援宁都，歼贼万计。赏戴双眼花翎。伪康王汪海洋遣党诈降，超诱令来迎，骤击之，克瑞金。寻江西军搜获洪逆幼子福瑱。全省肃清。锡超一等子爵。

十月，复乞归葬，赏假两月，并寄谕："甘肃军务未蒇，新疆回匪日益蔓延，鲍超俟假期一满，即由川起程出关剿办。其旧部兵勇及得力将弁，并准酌量奏调。"会李世贤扑陷武平，官军失利，巡抚郭嵩焘、毛鸿宾、沈葆桢先后请留超军扫荡馀氛。四川总督骆秉章则极言："川楚兵勇远征西域，甚非所宜。且伪康、侍等逆，凶焰复炽。霆营屡挫凶锋，贼闻风丧胆，定可借此以靖馀逆。"大学士曾国藩亦密陈："新疆大漠苦寒，艰苦异常，虽有名将深得军心者，至塞外亦恐携贰思归。鲍超出关后，傥部曲离怨溃散，则叛回大炽，全局震动。仰恳圣明垂鉴，饬令鲍超随同都兴阿、杨岳斌先剿甘省，俟内地全数底定，再行大举出关。”然超自在江西被命，已议带旧部八千三百人，以提督宋国永统领先发，四年四月，至湖北金口，军溃，诏褫宋国永职，并谕：“鲍超所部之勇既多溃散，是出关一节，势难成行。该提督剿办粤匪，素著声威。福建漳州之贼，尚在负嵎，并有西窜粤东之意。着骆秉章传知该提督赶紧起程，取道湖北一带，招集已散勇丁，申明纪律，统带赴闽剿贼，以赎前愆。”超闻变，亟遣弁驰赴江楚，宣敕招抚，并自请处分。

旋力疾就道，七月，至武昌，复奉命率新募四营改由裕州、泌阳一路，剿办河南捻匪。会广东嘉应州失守，超驰抵赣州，谕令迅由安远一路觇贼所向扼击。十一月，移军会昌。十二月，督军由武平抵相公亭，进扼平成铺。贼大股来犯，踞岭布阵，超先令总兵娄云庆等分钞岭后，而亲督总兵唐仁廉等从山下仰攻，腾踔而上，贼披靡下窜，官军贾勇毕登，乘势压下，分钞之军截贼去路，擒斩无算。超料城贼将遁，豫设伏黄砂障遏其前，遣将扼北溪、白沙坝邀击，自率轻骑逼于后，截贼数段，歼毙八千有奇，降五万馀人。查出叛勇目黄矮子等，磔之。粤匪平，赏加一云骑尉世职。

五年正月，仍授浙江提督，命督所部迅赴楚、豫之交剿贼。超因军事未已，霆营积欠饷银二百万两，筹补非易，激劝将士，全数报捐。部议加广四川乡试文武中额各十四名一次，永加超本籍府县学额有差。八月，败贼于河南之裕州，追抵鲁山，遂由汝、洛蹑追。九月，谕超移扎陕州，专顾西路。乃间道出韩城，而贼窜商州，陕西巡抚刘蓉等请饬超入关助剿。曾国藩先留超防豫、鄂境,会西安戒严,仍檄入关。湖北巡抚曾国荃又奏留鄂,诏斥之,仍令入陕。

六年正月,超行及樊城,曾国荃羽书留超兜剿钟祥贼,超奏请所向,廷旨切责国荃。时贼已突至霸王山,距樊仅六十里,义难舍近图远,即督军驰抵郢城。贼踞杨家湾、拖船埠、永隆河一带,提督刘铭传亦追贼至,克期夹击,超队及杨家湾,则铭传已先出败溃,贼三路张翼紧蹑,气甚厉。超部署诸将,四路迎战,而以总兵杨德琛等马队为游击之师,诸将陷阵,左右偏击退中路步贼,而马贼驰援,我中路策应兵用连环枪炮接战,游师从夹道纵骑蹙之,其两翼马贼为我中左、中右策应步将所截。左右马队已包贼后冲出。贼惶顾返奔,官军乘势追击,大败之,俘任柱、赖文光妻孥于鸡鸣山等处。贼窜泌阳。超奏言:“贼受大创,四路狂奔,必无定所。官军人马罢困,拟暂休息樊城,仍当乘势珍灭之。乃专意入陕。”奉寄谕:“该提督勇于立功,所向克捷。惟既与贼相持,自未便舍而之他。着即会合豫、鄂诸军,珍灭此股。”二月,超因驰逐太劳,掣动伤病,增患目疾,疏请开缺调理,章再上,温旨均不许。四月,三上疏请员权统霆军,诏赏假一月,颁赐人参四两。嗣曾国藩疏陈:“超苦战功高,一时名将无出其右。此次伤病大发,非骤能全愈。请准其开缺回籍。”允之。七年、八年,两奉敕问病状。十三年,召来京,因病未复元,续假。

光绪六年,俄罗斯议约多要挟,特起超于家,授湖南提督。寻命与大学士总督李鸿章、巡抚曾国荃会办海防,即募湖南壮勇北上,择驻天津、山海关适中之乐亭县境。九月,超奏言:“自古备边之策,能守而后能战,能战而后能和。不可恃其不来,当恃我之有备。闻俄人将由辽海、珲春水路内犯,傥竟乘虚而来,舍战更无良策。臣详考地势,珲春陆路至威远门,不及千里,是为奉天、吉林之关键。傥或由此内犯,则进边门而拊盛京之背,西则由马千总台出广宁、锦州之后而趋热河;若由锦州循边墙梨树沟、鸣水门而进喜峰口,尤深入内地之捷径也。水路由混同江越黑龙江口逆流西上,可直抵三姓、伯都讷等处。傥或以水师夹攻,则黑龙江非复我有,而吉林腹背受敌矣。若由奉天南循辽海,则金州厅属之大凌湾、小平岛、旅顺口,锦州府属之天桥厂,宁远州属之钓鱼台,皆可泊舟登岸。傥或由此进兵,则吉林、奉天腹背均受敌矣。且天桥厂、钓鱼台距山海关皆不甚远,傥舍舟就陆,越奉、吉防军之前,进喜峰口以达遵化,势必震动神京,不可不先为戒备。臣秣马厉兵,所挑将领,非随臣身经数百战者,概不入选;复亲加训练,教以忠义,以作其敢死之气。万一有警,无谕远近,臣即亲督马步各军,星驰援剿,先以保卫京畿为第一要着。傥敌兵由山海关西北各口,入永平之抚宁、卢龙界内,则霆军实当其冲,誓当四面截击,断其归路,不难系夷酋之颈,待其穷蹙乞命,然后许和。庶兵可百年不用。”疏入,报闻。七年闰七月,俄约议定,回湖南任。八年三月,以旧疾未痊,乞开缺赏假,慰留。八月,再疏请,从之。十年四月,法兰西构衅越南,命超募勇由云南出关,为总督岑毓英后继之师。十一年正月,出马白关。未几,法人行成。五月,撤防回籍。

十二年七月,卒。遗疏入,谕曰:“一等子爵前任湖南提督鲍超,忠勇性成,不避艰险。咸丰年间,随同曾国藩、胡林翼转战湖北、江西、安徽、江苏等省,每于军务危急之时,出奇制胜,歼除巨寇,屡克名城。积功荐擢至浙江提督。同治三年,克复江宁,赏给一等轻车都尉世职,复锡封一等子爵。乘胜带兵随同左宗棠援剿广东发逆馀匪,一律肃清。又剿办捻逆于湖北等处,叠奏肤功。嗣因病准其开缺回籍。朕御极后,复简授湖南提督,并叠令其统师防堵。上年五月谕令来京陛见,该提督因伤病举发,请假调理。方冀宠眷长承,深资倚畀。兹闻溘逝,悼惜殊深!着赏加太子少保衔,照提督军营病故例从优议恤,并赏银三千两治丧,由四川藩库给发。任内一切处分,^{〔一〕}悉予开复。应得恤典,该衙门察例具奏。该提督战功事迹,着宣付国史馆立传。加恩予谥,并准于原籍及立功省分建立专祠。伊嫡长子鲍祖龄,着即承袭子爵,毋庸带领引见。伊子鲍祖恩、鲍祖祥,伊孙鲍世爵,着俟服阕后,交吏部带领引见,用示轸念荩臣至意。"寻赐恤如例,予谥忠壮。十五年,慈禧端佑康颐昭豫庄诚皇太后归政,追念功绩最著诸臣,各赐祭一坛,超与焉。

子祖龄,二品荫生,花翎,浙江金衢严兵备道,袭子爵。

【校勘记】

〔一〕任内一切处分　原脱"任内"二字。今据鲍超传稿(之一五)补。

江长贵

江长贵,四川盐亭人。由行伍历官千总。咸丰二年,从军广西,以守桂林功,赏戴蓝翎。四年,奏调赴皖,连克建德、东流等县,荐升阜和营都司。五年正月,粤匪窜皖南,徽宁戒严。长贵扼守芜湖、太平等处,贼窜黟县之渔亭,长贵偕千总许上达随福建汀漳龙道徐荣迎剿之，荣与上达战殁。长贵以孤军奋击，贼败遁，窜至休宁；复督兵进剿，身被枪伤，裹创死战，徽郡既陷，退屯深渡。上以贼众我寡，长贵奋勇杀贼，屡立战功，命以游击升用，并赏执勇巴图鲁名号。六月，兵部侍郎王茂荫疏言长贵带勇得力，实为徽民之望，浙江巡抚何桂清亦疏荐之，命以三品顶戴署理皖南镇总兵。

　　六年正月，围攻芜湖踞贼，叠有斩擒，又攻克范罗山等处贼垒。会何桂清调赴东夏防堵，安营未定，贼突至，兵勇遽退，命下部严议。敕往徽州交三品京堂张芾差委。八月，贼窜踞太平，张芾檄长贵击走之。贼陷祁门，长贵驰剿，战于花桥，手斩伪检点、伪军师二名，遂破东门入，贼溃走。诏以长贵连复两城，尚为奋勉，加恩宽免严议处分。时江西败贼复窜徽州，连陷婺源、休宁，分扑各营，长贵往援，以巨炮毙悍贼杨国宗，遂克休宁。七年，克婺源。浙江巡抚晏端书疏言："长贵自调防徽郡，叠次督剿得力，请即补授皖南镇总兵，以资表率。"诏如所请。八年，在营闻讣丁忧，命毋庸开缺，改为署理。时驻兵徽北崇觉寺，贼分股来扑，长贵饬所部钞剿，战于苦竹桥，伏贼四起，长贵间道驰至，力解重围；复分兵设伏，毁陈村、夏村贼巢，乘胜进捣卓村。贼退踞陵阳镇，长贵分兵钞贼后，督队斩关进逼，阵斩贼首傅天豫，逐北二十里。石埭、泾、太一律廓清。叙功，赏加提督衔。九年，长贵驻师祁门，侦宏潭贼无备，乘雾夜击之，贼溃走，遂平美坑贼垒；进攻郭村，设伏山坞，以游兵诱敌，歼擒略尽。贼窜乌石泷，复率轻骑追出桃岭，进袭夏村，克之。捷闻，命下部优叙。会青阳贼入泾县界，蔓延数十里，势复张。长贵率队捣平查村、包村各贼垒；又败贼观音岩、老庄里。十年正月，贼陷泾县、旌德，长贵往援，叠击获胜。二月，贼陷绩溪，扑徽州，长贵冒雨疾战，手斩贼首邓传意，贼溃，复绩溪城。进规旌德，败贼于白沙岭，又败之将军庙，遂克旌德，并复太平、泾县各城。

四月，命署理湖北提督。时常州、无锡、苏州并陷，诏杭州将军瑞昌统兵规复，并命长贵帮办军务。长贵行抵吴江，以兵单无继，退守平望。贼扑营，兵溃，长贵受枪伤，退至嘉兴。七月，贼窜广德州，长贵回援，方战，所乘马中枪，遂败，城陷，退守安吉。上念其平日打仗奋勇，命革职留任。十一年正月，贼犯大红岭，击走之。五月，贼由羊栈岭绕袭官军后路，突陷黟县，长贵会军攻复其城，并扫平岭外贼垒，进复徽郡，诏开复革留处分。同治二年八月，调署直隶提督，会剿直境各匪。十一月，命仍回安徽军营剿贼。寻以两江总督曾国藩疏言："现在皖省肃清，湖北防务正殷。长贵久历行阵，素得民心，请敕赴湖北提督本任。"从之。

八年，调补福建陆路提督。九年，莅任。十二年，闽浙总督李鹤年疏言长贵年力就衰，上命开缺，仍赏食全俸。光绪二年，在籍，卒。四年，四川总督丁宝桢奏请于安徽省立功地方建立专祠，谕曰："已故福建陆路提督江长贵，曾在广西、浙江等省，立有战功。咸丰四年，调援安徽，连克建德、东流两县，固守祁门，功绩尤著。准于安徽省立功地方建立专祠，由地方官春秋致祭，以彰忠荩。"寻又疏言："长贵治兵有法，凡战皆胜，皖南士庶，倚为长城。性复孝友，念切斯文。曾捐廉请永广盐亭学额一名，又捐置乡学，请入祀乡贤祠。"诏如所请。

傅振邦

傅振邦,山东昌邑人。道光十六年武进士,授三等侍卫。二十三年,选湖南长沙协中军都司。二十四年,调绥靖镇右营都司,复调镇箪镇前营都司。七月,丁父忧。九月,湖广总督裕泰以人地相需,请升署镇箪镇中军游击,允之。三十年,剿新宁土匪李沅发,受枪伤。事平叙功,赏戴花翎。九月,实授游击。

咸丰二年,粤匪围广西省城,振邦奉檄赴援,随大营追贼兴安、全州,至湖南道州,屡有斩获。三年正月,随钦差大臣向荣由湖北武昌剿贼东下。七月,升湖南抚标中军参将,仍留营效力。十二月,以围攻江宁,叙劳,赏绰克托巴图鲁名号。四年三月,推补贵州定广协副将。五月,命署江苏徐州镇总兵,会贼由芜湖犯东坝,陷高淳,向荣奏留振邦于江南,统兵迎击,水陆均捷,复其城。旋由小丹阳进规太平府,克之;乘胜逼秣陵关,迎击采石来扑之贼,炮伤手腕,战益力,贼遂奔溃。六年正月,莅徐州署任。督军援宿州,解其围。三月,败捻匪张乐行于瓦子口,悉毁其巢,击退蒙城北犯滩口之贼。五月,捻首王得六等踞永城铁佛寺,阻我进兵路,[一]振邦由青里集会攻,擒其渠,悉毁附近贼巢。以出境累捷,实授徐州镇总兵。值江宁大营失利,上命振邦驰往向荣军,随同剿贼。八月,偕总兵明安泰、秦如虎分路破东坝贼,肃清高淳县境。乘胜进扎蒲塘,规取溧水,设伏诱贼,叠获大胜,贼百计出扑,不得逞。先后夺贼垒以百数,毙贼二万有奇。七年四月,复其城。捷入,谕嘉其"尽心筹画,剿办有方,实属谋勇兼优"。五月,击败湖墅贼,追至龙都,遂与提督张国樑会攻句容,克之。论功,赏加提督衔。八年正月,驰援宁国,拔湾沚、黄池,郡城解严。四月,命酌带兵勇迅赴徐州应援,旋救偕太仆寺卿袁甲三办理河南、山东、江南三省剿匪事宜。

是时捻逆蜂起,振邦驰逐徐、豫间,擒石得珍于山套,覆李大喜于符离,麾孙葵心于茨河,归德、陈州一律肃清。谕军机处记名,以提督遇缺题奏。九年正月,命代袁甲三督办三省剿匪之任,以副都统伊兴额副之。二月,复命帮办钦差大臣胜保军务,仍留北路督办三省剿匪事宜。先是,浍北贼刘天福等纠党三万馀,围团练苗沛霖营,意图开通审路,上敕振邦速解其围。至是,督兵进攻,苗练亦从内冲出,遂毁贼圩二十四座,并却来援之贼;乘势捣浍南,阵斩逆首任乾,平其圩。四月,授云南提督,仍督师剿捻。浍南自任乾授首,蒙城之王家圩等八处均降,而淝南板桥集踞捻陆连科恃地险久抗,振邦招降其所属之黄家圩,又得被胁之李华东密为内应,擒陆连科置于法。遂攻毁南北岸贼圩,方家集等圩亦诣营求抚。捷入,得旨嘉奖。

六月,定远被围,上命振邦应援。振邦奏言:“宿、定相距较远,中间贼巢林立,绕道南下,缓不济急。如亲率一旅以往,贼必截我归路,其势实难兼顾。”上韪之。既而定远失守,振邦以事机变更,西顾为重,拟取道蒙城而南,先拨马队自南平驰往。奏入,谕令与胜保联络声势,相机剿办。八月,贼由朱家口直扑宿城,为振邦所败;东犯固镇,欲由方家坎渡河,振邦于南岸背水而阵,张两翼进战,相持四时许,贼始败退。九月,孙葵心窜唐家寨,将由丰县窥伺济宁,永城复有马贼,势欲北趋,均经振邦截击归巢。十月,敕太原镇总兵田在田帮办振邦军务。

十年正月,上以袁甲三代胜保为钦差大臣,命振邦督办徐、宿一带剿匪事宜,毋庸帮办袁甲三军务。时浍南捻匪潜窥徐、宿,振邦以袁徐两圩跨踞浍南、河北之临涣、韩村,为渡浍北窜要道,而赵家海圩居其中,地尤扼要,督兵取之,斩馘二千馀;乘胜克张圩,馀均自拔来归,遂渡浍攻袁圩。值捻首刘天福由豫折回,先击之,毁其营数十座。二月,连破贼于褚庄、邱家圩、檀城,五战皆捷,先后歼逆党五六千人,获捻首任护、任大牛,正其罪。

东路捻匪分扰宿、迁、睢宁,逼近徐州,振邦督队迎剿,叠有斩擒;进至苗村,贼马步数万来扑,督军分路邀击,败之,斩刈殆尽。闰三月,围攻阁圩,屡败其援贼,李大喜复纠党五六万断我粮道,鏖战半日,擒之。民人缚匪首任虎等乞降,遂克阁圩。四月,连克解沟、五沟贼巢,斩匪首李四喜、任友得等三十馀名,复拔附近之任圩。于是童亭等处圩寨四十馀,相继反正。五月,驻军孙疃,会围袁圩,捻首刘天详等纠党七八万来援,分军击之,平十馀垒,而永城捻匪万馀直趋童亭,窥伺孙疃大营,以援袁圩。振邦饬副将龚耀伦等驰击败之,擒捻首赵学焕等二十五名。寻因暑雨撤师。七月,拔蒙城西洋集贼圩十四座。颍、亳捻首姜台凌等北窜浍南,振邦等据险力战,擒大小逆目以百计。八月,复击平贼垒二十馀。十一月,伤病发,请假调理。旋奏病重,请开缺回籍,允之。

十一年三月,命督练民团,办理登、莱、青三府防堵。振邦奏言:“择要防堵,必于险隘处所。臣病未痊,训练布置,在在为难。拟专办团练。”诏允其请。时捻首李成犇至直隶高阳,振邦派团勇击破之,遏贼东趋。十二月,命来京听候简用。同治元年正月,钦差大臣胜保以振邦和平深稳,勇敢有为,奏请帮办皖、豫军务,从之。嗣因山东巡抚谭廷襄请敕帮办山东军务,不果行。二年,钦差大臣科尔沁亲王僧格林沁奏调振邦差遣,振邦统前军克缁川,平白莲池教匪,下部优叙。寻派援安徽,会合官军解蒙城围,擒叛练苗沛霖及亳州贼渠姚得光等。三年,随僧格林沁追捻匪张总愚至湖北随州,叠获大胜;复连破发、捻各匪于应山之孟畈店、吴家店、陈家畈等处。

四年闰五月,奉撤回籍。六月,以疾愈,咨请山东巡抚阎敬铭入告,有旨敕赴曾国藩军营听候差遣。阎敬铭奏贼图窜青州,振邦熟习地方情形,请暂留山东带兵驻扎青、莱,从之。旋因河防重要,移扼张秋。十月,录保全完善功,予优叙。六年八月,直隶枭匪逸入临清等处,振邦带本部驰击,贼回窜曲周。直隶总督刘长佑饬越境追剿,振邦与道员余承恩商同计诱,贼穷蹙乞抚,已而复叛。上责振邦轻率收降,摘去顶戴,仍着迅图剿洗。十二月,追至山东夏津县,殄除殆尽。山东巡抚丁宝桢为请赏还顶戴。七年七月,复因剿办枭匪、防守黄河出力,下部优叙。是时西捻荡平,钦差大臣李鸿章以振邦在直、东一带劝集团练,挑筑运河墙濠,深资保障,奏请奖励。得旨遇有提督缺出尽先简放,并补给元年应得恩荫。八年,授直隶提督。

光绪六年,调湖北提督。九年正月,以伤疾发,开缺回籍。七月,卒。事闻,谕曰:"前任湖北提督傅振邦,由侍卫荐升提督。前在各路军营带兵剿贼,叠著战功,宣力有年,克称厥职。本年正月因伤病举发,准其开缺调理。兹闻溘逝,轸惜殊深!加恩照提督例赐恤。任内一切处分,悉予开复。应得恤典,该衙门察例具奏。"寻赐祭葬,予谥刚勇。附祀<u>直隶</u><u>古北口</u>昭忠祠。十四年,<u>山东</u>巡抚<u>张曜</u>疏言<u>振邦</u>前在本籍办团,保全乡里,厥功最伟,请在原籍捐建专祠,列入祀典,并将事迹宣付史馆立传,允之。

【校勘记】

〔一〕阻我进兵路　原脱"路"字。今据<u>傅振邦</u>传稿(之一五)补。

刘厚基

<u>刘厚基</u>,<u>湖南</u><u>耒阳</u>人。由武童投军剿<u>四川</u>贼。<u>咸丰</u>十一年六月,以攻破<u>苏家湾</u>等处贼巢,保蓝翎、把总,加千总衔。十一月,官军克<u>牛腹渡</u>贼巢,解<u>大邑县</u>围,<u>厚基</u>临阵勇锐,以千总尽先拔补,加守备衔。<u>同治</u>元年二月,<u>四川</u>总督<u>骆秉章</u>破贼<u>蓝潮鼎</u>十馀万之众,解<u>绵州</u>围,又败逆党<u>李长毛</u>于<u>略平场</u>,<u>厚基</u>在事出力,以都司补用,并赏换花翎。八月,<u>蓝</u>逆窜踞<u>崇庆州</u><u>石羊场</u>,<u>厚基</u>随官军进剿,有功,以游击留于<u>四川</u>尽先即补。十一月,以力解<u>眉州</u>围,并克<u>丹棱城</u>,以参将尽先即补。时贼首<u>周光庭</u>等久踞<u>青神</u>,<u>厚基</u>随总兵<u>萧庆高</u>等分路进剿,克之;追贼至<u>龙究场</u>,生擒<u>周光庭</u>等。二年二月,擢副将,并赏给<u>猛勇巴图鲁</u>名号。嗣<u>滇</u>逆<u>李永和</u>等窜扰<u>蜀</u>境,<u>厚基</u>率所部随剿,悉数殄除。七月,奏入,加总兵衔。

三年二月,<u>陕</u>逆窜犯<u>川</u>境,<u>厚基</u>趋<u>新集场</u>,会同官军斩馘过半,克<u>汉中府城</u>。贼窜踞<u>上元观</u>,外列壁垒,<u>厚基</u>设伏诱贼出,纵击之,尽毁其垒。馀贼窜<u>城固</u>,断桥梁阻隘而守。<u>厚基</u>架浮桥,麾兵渡河攻其西,毁附城贼垒,梯城入,遂复<u>城固</u>。进逼<u>洋县</u>,偕

萧庆高等分路环攻,潜遣精锐入城设伏,夜举火为号,各军登城大呼,贼惊遁,死者山积。陕西巡抚刘蓉上其功,命以总兵记名简放。三月,追逸贼至大河坝,乘贼渡未毕,扼吭合战,降二千馀人;又败馀逆于金水河。四月,剿大庄坪等处踞匪,贼退扼八里坪,以死拒。厚基等从天池梁左右袭破之,复败之于陕南滂,擒伪巡捕、都统数人,逆首曹灿章剃发遁。陕境肃清,加提督衔。六月,移剿石达开于四川叙州属之横江,更番叠战,毙贼万馀。上嘉厚基胆略兼卓,动洽机宜,赏三代一品封典。十一月,攻阶州,捣城西贼垒,斩伪都统及伪统领、先锋等八人。十二月,官军依山筑垒,贼率党来扑,厚基即以筑垒之兵迎击,分兵绕顾旧垒,而以亲兵并力扼剿,短兵相接,大歼之;乘胜薄其垒,拔梅花桩十馀重。贼恃险负嵋,厚基多设方略,大小数百战,破之,擒伪启王梁成福及逆首蔡昌荣家属,全股尽歼。四年闰五月,骆秉章上厚基克复阶州功,得旨交军机处记名,以提督简放。

七月,发、捻二贼西窥秦晋,刘蓉奏派厚基统亲兵五营驻潼关东之金陡关。上以兵力单薄,命护理山西巡抚布政使王榕吉饬在防兵将,与厚基防军联络堵御。嗣以凤、邠逆势猖狂,刘蓉复令厚基五营暂扎凤翔。上命刘容迅饬总兵刘玉兴等军速赴凤翔,仍令厚基扼守金陡关。五年,官军截剿凤、陇逆回,追逐出境,复攻克故关,尽毁其巢。又越境击破尖骨山巨匪,叠获胜捷。厚基在事出力,赏换西林巴图鲁名号。六年,鄜、延一带回逆土匪勾结逆首张福满等,踞安塞县之桥扶峪等处,招纳叛勇,谋攻延安。厚基击败之,贼匪家属辎重于马家庄,厚基偕记名提督刘声集掩击之,大破其众,张福满携家属投水死。旋因母病请假省视,陕甘总督左宗棠据情入告,上以陕西军务吃紧,厚基攻剿甘泉、安塞等处贼巢,正属得手,未可遽令离营,有旨慰留,并赏厚基母人参四两。

七年二月,回匪陷鄜州,提督刘端冕统兵攻南门,适厚基由牛武镇驰至,败之,立克鄜州城。时延安、甘泉之贼犹抵死抗拒,官军多伤亡。五月,厚基督兵勇裹创力战,贼始遁。八月,西安将军库克吉泰等汇案请奖,赏厚基白玉搬指、白玉翎管、大小荷囊等件。寻授陕西延绥镇总兵。旋歼回逆于鄜州属之羊圈等处。八年五月,左宗棠劾厚基禀报军情不实,又听其弟总兵刘厚填捏饰铺张,命撤销记名提督,并撤去勇号,暂留本任。十月,以副将刘秀桃等赴河南募勇,沿途滋事,厚基派委不慎,经帮办军务署陕西巡抚刘典疏劾之,坐革职留任。九年二月,以击败北山各属回逆,开复革职留任处分。三月,击灭清涧县踞匪,四月,歼贼于榆林、定边等处,下部优叙。十年,遵母罗氏命,捐租八十石为本籍乡试士子宾兴费,又捐银一千两买田收租,为伊族生童科岁两试卷价,复将历年廉俸薪水所馀,捐银一万两,买租一千石,为宗祠义田,养赡族中无依之人,兼资子弟延师读书之用,湖南巡抚王文韶疏请旌奖,赏厚基母罗氏御书匾额一方。十三年,左宗棠以厚基于陕北各隘口实力设防,珍除零匪,与有功绩,请开复记名提督,赏还西林巴图鲁名号,允之。

光绪三年,卒。谕曰:"陕西延绥镇总兵、记名提督刘厚基,久历戎行,前在楚、蜀等省,战功叠著。并随左宗棠剿办陕西回匪,所向克捷。延绥一带边防,办理亦臻妥协。现在因病身故,殊堪悯恻!刘厚基着交部照提督在军营立功后病故例议恤。"寻赐恤如例。四年，左宗棠等疏言："厚基自投湘军，转战湘、蜀，肃清各郡县。嗣率师援陕，克复汉南郡城。旋攻阶州，阵斩逆首蔡启等，甘南以靖。维时回逆猖獗，北山防剿尤殷。该总兵统带各军分途雕剿，攻拔绥、鄜二州，解榆林围，收复各县城池。驻军榆郡，署理镇篆，整饬营伍，百废具兴。旋授实缺，该总兵安不忘危，力筹赈垦，设法招徕，修城开渠，建立书院，增置膏火。凡地方义举，无不竭力勉为。纪律严明，兵民和辑。联络蒙地，中外交孚。恳请省城及榆林地方捐建专祠。"二十年，湖南巡抚吴大澄以厚基力任义举，保卫桑梓，请于原籍耒阳县建立专祠，以顺舆情。得旨，均如所请。

陈国瑞

陈国瑞，湖北应城人。幼为粤匪所掠，出投九江镇总兵黄开榜营，姓黄氏，从军剿贼有功，荐升守备，赏戴花翎。咸丰九年，随漕运总督袁甲三军克安徽凤阳，加都司衔。十年七月，官军围定远，捻首李允等来援，国瑞奋勇陷阵，胁中枪，裹创殊死战，贼辟易。官军共蹙之，破其二圩。赏技勇巴图鲁名号。九月，贼复围凤阳，国瑞力解之，超擢游击。十一年，江皖各逆犯扬州，国瑞驰剿湖西，骁勇出众，荆州将军都兴阿奏捷，盛称其功，加副将衔。

同治元年正月，捻匪窜淮安车桥，漕运总督吴棠檄令迎剿，国瑞率五百人绕贼后，出不意击之，总兵龚耀伦遏其前，贼溃，逐北二十里；其大股马贼屯各村者先遁，步贼万馀出拒。国瑞偕总兵王万清等合战大捷。又败捻股李城于版闸。二月，贼数万由众兴集窜渔沟,三扑盐河,犯清江浦。国瑞与副都统德楞额、副将刘成元等并力堵击,贼退。国瑞以炮船三十由中河南岸遏贼之渡运河者,夜袭破桃源北岸贼圩四。约水师游击杨德荣直取众兴,连破十馀垒,立拔之。超擢副将,赏总兵衔。三月,率步队八百,败李加膺等于泾河。累战至新河堤,贼三四千逼堤而阵,国瑞麾队登堤,鏖斗四时许,手燃洋枪,殪执旗贼目,贼骇走;乘胜追剿,先后斩级千馀。桃源、清河、山阳、宝应肃清。捷入,命交军机处记名,以总兵简放。嗣泗州捻首韩老万等万馀众,谋渡顺清河,为国瑞所遏,退踞汊河,国瑞突入其圩,逸贼溃窜观音寺、吕梁桥。越日,复来攻,国瑞且守且战,相持未下,别选精壮数十人陷阵,大队继之,贼遁。四月,督同游击张振西进军宿迁,遂移军邳州,六月,渡河至新村,捻众亘三十里。国瑞分三路击之,收附近十馀村,乘势遮贼沙庄,斩贼渠王春玉,掷其首贼阵中,贼骇乱。官军奋击,俘馘甚夥。贼虽屡挫,仍恃众抗拒,斫树作栅。国瑞商之黄开榜,夜冒雨袭毁其三营,别栅趋救,适遇败匪疑为官军,辄自相杀,官军自后蹙之,毙数千,捻势遂衰。

吴棠以国瑞军务机宜最为敏练,请令带所部千人移扎高、宝,专办湖防,允之。十月,命赴山东会剿棍、幅各匪。时东境幅匪麋聚郯城之长城圩、徐家圩等处,国瑞先拔徐家圩,进围长城圩,逆首李城纠党来援,战却之。二年二月,破其圩,贼首刘兆青等及匪党千馀悉歼焉。进扎杜家堡,附近各圩以次剿抚。上嘉其功,诏俟总兵缺出,尽先题奏。时悍贼孙化详袭踞中村宋三刚匪圩,宋三刚等来降,愿杀贼自效。遂移营中村圩外,先破朱柳庄等贼巢,分剿黎墟等附近各贼铺。三月,攻中村,密令宋三刚等潜入为内应,而督军夜薄圩下,圩内火四起,贼大乱,突西门出,孙化详中枪死,馀匪尽歼,各圩震慑,悉就抚。沂属廓清。五月,进规兖州凤凰山棍匪,饬副将郭宝昌、参将康锦文分路设伏,自率小队抵白莲池圩门,诱匪首刘双印出圩,引至五里外,国瑞返身与战,伏发,截贼队为二,毙数百名,擒刘双印;乘势入头道圩门,贼酋刘锦春率众来拒,挥军斩之,馀逆退入二道圩。国瑞连日逼攻,贼弃圩夜遁,分兵追击,后者尽殪。六月,偕副都统舒通额复凤凰山,贼窜上红山。七月,国瑞由山北云蒙寺进,各军继之,遂毁其巢。科尔沁亲王僧格林沁驻军淄川,闻捷入奏,上以国瑞奋勇可嘉,赏穿黄马褂,寻又赏头品顶戴。国瑞请归宗复陈姓,许之。

时逆练苗沛霖就抚复叛,扰安徽蒙城,僧格林沁檄国瑞赴援,吴棠请敕国瑞帮办军务,驻蒙、宿之间,徐、宿、蒙城各军均归节制。安徽巡抚唐训方请以蒙城剿务专委国瑞,与以调遣之权,诏悉如所请。国瑞至蒙勘形势,先袭破红里贼圩,以通粮道,继克王圩,进图苗逆。时贼垒相属,外限长濠三,国瑞约各军分三路进,枪毙贼二百馀,越濠二道,直逼贼垒。九月,侦知苗逆结捻酋李大个仔等扰临淮,阻蒙军饷道,分兵往护之。唐训方以国瑞所部仅四千人,益以总兵宋庆一军。国瑞以制胜之术必先渡河立营,截贼陆运粮路,乃饬总兵郭宝昌等自全家集凫水抵南岸,支浮桥,令宋庆守之;国瑞亲督军渡河,接立五营。悍贼数来攻,不得逞。至十月,陆续立二十馀营,斩运粮贼徐汝璧等,焚其屯粮之所;乘贼穷蹙,连拔其营,仅馀东北三垒,国瑞又攻破之。苗沛霖夜遁,为总兵王万清所诛。蒙城以安。得旨着俟补总兵后,以提督记名简放。嗣饬宋庆捣苗逆老巢,收下蔡、寿州,苗逆妻子均就戮。会宋庆与江南提督李世忠部将争功斗杀,国瑞奉僧格林沁檄往弹压,遂驻下蔡。

三年四月,授浙江处州镇总兵。六月,驻军正阳关,僧格林沁以发、捻各逆窜湖北麻城,檄令由商城兼程赴援,而安徽巡抚乔松年亦嘱国瑞由英山进规罗田。七月,僧格林沁劾国瑞辗转迁延,贻误戎机。下部严议,坐降三级调用,暂停开缺,夺所部隶郭宝昌管带。国瑞怨望,人遂言其将反。郭宝昌密报僧格林沁,国瑞闻之,疾驰至营,伏地哀诉,愿作前驱,带罪杀贼。时贼集柳林寨、大山寨一带,僧格林沁饬同各军进击,贼败退。官军入山穷追,遇伏失利,粮且尽,国瑞力战两日夜,始突围出。贼亦南窜,旋自光山新店回窜黄安、麻城之交。九月,偕翼长成保由白杲团陂进战,夺垒数处。十月,追贼土漠河,与诸军合战,毙贼八九百名,擒数百名。论功,免降三级处分。寻扼光州,杜贼北窜;进剿吴家畈山北之贼,败之新店。会疾作,请假就医光州,而官军剿贼失利,河南巡抚张之万疏言:“国瑞骁勇过人,每战必捷。所部不过三千,而数万之贼当之辄北。宜令速赴僧格林沁军营办贼。”从之。国瑞寻愈。

四年正月,捻首赖文光、张总愚等窜鲁山,护军统领恒龄、副都统舒伦保阵亡。国瑞见前敌失利,立提军扼桥口,贼不能合围,馀军得还。有旨令僧格林沁传谕嘉奖。既而贼图犯襄城,国瑞追及之,乘夜大雪,出贼不意,火其垒。贼溃,南扰信阳。二月,与各军夹击之,贼走确山,国瑞又追败之。其悍党乘马疾奔,由遂平、西平、郾城、鄢陵、许州趋睢州,日百馀里,步军追之不及。三月，国瑞至睢州，贼过黄河老堤，图扰山东。国瑞等自曹县、定陶、城武、巨野、嘉祥追至汶山，贼从台庄渡运河，窜兰山、郯城，遂趋江苏海州、赣榆、沭阳各州县。国瑞率队蹑追，进屯沭阳。四月，贼复自赣榆入山东，国瑞昼夜驰剿。贼至郓城西北水套一带，郓北伏莽附之，马步卒至数万，窜曹州。国瑞与郭宝昌随僧格林沁迎战于高楼集，陷贼伏，僧格林沁遇害，诸将各相失。国瑞被重伤，突出重围，所部仅百馀人，退入西南民寨。事闻，得旨："国瑞身骑俱受重伤，不无可悯，姑免置议。"命收集溃散，绕赴北面，努力击贼，为僧格林沁复仇。

国瑞旋收集马步数百名，保卫曹郡。寻解嘉祥之围。闰五月，钦差大臣曾国藩饬国瑞赴河南听候调遣。六月，河南巡抚吴昌寿调国瑞援归德，国瑞驰抵睢州，截贼北窜；复由通许、尉氏追及贼于鄢城，斩馘无算。时国瑞有众五六千，奉曾国藩批饬所部不得过三千，遂遣散五营，因病请假，令参将黄祥兴统其众。国藩疏劾国瑞曹南之役，与郭宝昌分统左右两翼，宝昌不顾主将，革职拿问；国瑞饰词巧脱，逍遥法外。请撤去帮办军务，褫去黄马褂，暂留处州镇总兵，责令带罪立功。诏如所请。既而就医淮安，欲杀其义子振邦，吴棠派员劝谕，突率勇十馀人闯漕运总督衙门，肆口詈辱。吴棠劾之，遂褫职。六年八月，漕运总督张之万、户部左侍郎谭廷襄疏列国瑞战绩，请加录用，上召之。十二月，赴部引见，赏头等侍卫。

以捻逆窜山西，逼近直隶，命发往钦差大臣左宗棠军营差遣，并令直隶总督官文先拨劲旅交国瑞统带，觇贼所向，迎头截击。七年正月，贼渡漳水，扰及沙河境，国瑞行抵正定。官文檄总兵刘景芳所部练兵三营、练勇两营,暂交国瑞统带,复令遵化练兵两营并归调遣。寻侦贼迫近省垣,遂率遵化军驰出贼前,两昼夜即抵保定,并约提督宋庆、张曜两军同至。上嘉之,命设防易州,为游击之师。二月,上从神机营王大臣之请,敕国瑞充神机营管队侍卫,所部勇丁即作为神机营锐勇队,归该王大臣调拨。国瑞在保定募勇,扼守省南。贼窜渡滹沱河,国瑞败诸河干。三月,贼入河南,窜新乡、获嘉及清化镇,上命左宗棠饬国瑞驰赴封门口剿截。宗棠寻疏言:"国瑞在保定开募时,遣人潜赴各营,勾引成军勇丁,许月给饷银七两五钱。臣亲军营勇被勾去八百八十馀名,又恣夺各营勇夫军械。[一]前敌诸军,无不遭其毒害。谕旨祇令招募二三千,国瑞马勇约已千骑,又广收游勇附之。据其咨称每月需饷银三万两,则人数不仅二三千可知。其军不着号衣,半用全黄马褂,半用全红马褂,令人称己为大帅。在顺德曾杀伤民团百馀人。其狂悖无状如此。现值贼势东趋,已咨其由壶关出天井关,扼怀庆之济源关,以资防剿。惟该军漫无纪律,势必纵勇殃民。伏乞敕下神机营王大臣,严加裁抑,并恳令国瑞恪遵各省督抚节制,遇有干犯,即予严参。"疏入,谕曰:"陈国瑞勇而无礼,朝廷素所深悉。因其前在山东尚能力战,令其驰赴前敌,假以虚名,冀策后效,并非宠待优崇。不料该侍卫谬妄至此,本应量加惩处,惟念剿贼吃紧之时,姑示包容。陈国瑞本系交左宗棠差遣,嗣因捻氛逼近畿辅,改归神机营节制。今捻踪既深入豫境,[二]即着仍归左宗棠节制。该侍卫所部勇丁,并不得逾三千名之数。着左宗棠查明。妥为裁撤。"

国瑞旋率队由武安入山西,适陕省宜川等处回匪鸥张,谕工部尚书署山西巡抚郑敦谨,饬国瑞自吉州渡河而西,相机截剿,以固晋疆。一切进止机宜,暂归郑敦谨调度。四月,国瑞闻捻逆窜至静海、沧州一带,京畿防务吃紧,欲刻日拔队北援,呈由郑敦谨代奏,上不许。国瑞已于闰四月驰抵临清,与安徽巡抚英翰面商会剿,神机营王大臣疏劾之。得旨交部严加议处,即着归英翰调遣,责令随同剿捻,以赎前愆。寻偕各军击贼陵县、平原、高唐、荏平、盐山、阳信、乐陵、德平各境,所向克捷。五月,追贼至武定,复至沾化。六月,战于济阳之高桥,叠有斩获。寻败贼德平城外,逆首张总愚东窜,诸军分道蹑追,至徒骇河,全股尽歼。捻患以平。捷入,赏还黄马褂、花翎、勇号,并开复总兵记名提督,仍赏云骑尉世职。

嗣以伤病乞假就医扬州,李世忠挟前仇,计缚国瑞,舟载以行。国瑞侄泽培呼众来援,李世忠觅小船遁。两江总督曾国藩劾之,李世忠革职,国瑞以都司降补,勒令回籍,交地方官严加管束。光绪元年,潜复至扬,干预寓居扬州之前徐州镇总兵詹启纶主使殴毙监生胡士礼命案,两江总督沈葆桢劾其不安本分,请发往军台效力。特旨改戍黑龙江。

八年十二月,殁于戍所。九年七月,给事中邓承修疏论国瑞功大过小,戍死边荒,乞予追录。谕曰:"已革前任总兵、降补都司陈国瑞,随同僧格林沁转战数省,曾著劳绩。缘案遣戍,上年伤发身故。着加恩开复总兵原官,并将战绩宣付史馆,以奖前劳。"十二月,上允兵部之请,赏还国瑞云骑尉世职。寻翰林院编修尹琳基、朱百遂等先后呈请在山东、江苏等省立功地方建立专祠,[三]允之。十九年,山东巡抚福润以国瑞前随忠亲王僧格林沁来东剿贼,大小数百战,多立奇功,而于滕县为尤著。嗣闻缘案遣戍,滕民追念前功,讴思弗替,在县城东门外绘像建立生祠。现知病殁,准于山东地方建立专祠,请将生祠改为专祠,列入祀典,以顺舆情。"安徽巡抚沈秉成复以"国瑞为僧格林沁善战勇将,其在安徽战胜攻取之劳,大有造于长淮全局,绅民感颂。请附祀蒙城、寿州僧格林沁专祠,以伸报飨。"均如所请行。

二十年,湖广总督张之洞等以国瑞战功卓著,遗爱在民,请在本籍捐建专祠。谕曰:"已故记名提督、原任浙江处州镇总兵陈国瑞,于咸丰年间效力戎行,转战安徽、江苏、河南、山东、山西、直隶等省,所向有功,业经恩准于立功地方建立专祠。兹据该督等奏称该故总兵在湖北本省地方剿贼立功,战绩尤著,实属有功桑梓,遗爱在民。着照所请,准其于湖北应城县本籍捐建专祠,列入祀典,由地方官春秋致祭,以彰勋绩。"二十一年,江苏巡抚赵舒翘奏称:"高邮州举人吴杞等以州境闵家桥地方,系昔年国瑞驻军之所,专祠告成、禀请列入祀典。"疏入,诏如所请。兼祧子观全,袭世职。

【校勘记】

〔一〕又恣夺各营勇夫军械　"恣"原误作"咨"。今据陈国瑞传稿(之一五)改。

〔二〕今捻踪既深入豫境　"深"原误作"蒙"。今据陈国瑞传稿(之一五)改。

〔三〕江苏等省立功地方建立专祠　"江"原误作"浙"。今据陈国瑞传稿(之一五)改。按续碑卷五一叶二六上只言山东,其实陈国瑞转战安徽、江苏、河南、山东、山西、直隶多省,但无浙江耳。

郑国魁

郑国魁,安徽合肥人。咸丰七年,由监生捐都司,分发江苏。随常镇通海道史保悠会办溧阳南渡盐釐局务。九年,捐加游击衔。十年三月,粤贼逼溧阳,两江总督何桂清檄国魁募勇三千人,驻无锡高桥,防军四集。四月,贼猝至,何桂清不战而奔,官军瓦解。国魁孤军撑拄,背股皆伤,裹创血战,历三昼夜,军中子药尽,退守黄埔墩,伤重离营就医。未几,苏州、太仓并各属县相继陷。十月,署江南提督曾秉忠募勇清淮,檄国魁为统领,带赴上海。国魁捐赏造战船二十只,驻金山、洙泾、泖桥等处。十一年二月,贼由泗泾来攻,国魁令哨官黄金志、郑国俊、徐道奎攻贼前后,身率郑国榜沿河横击,擒斩甚夥,贼锋为挫。时松江府城围急,国魁兼程进援,斩黄衣贼目二人,破贼营五座。围得解。叙功,[一]赏戴花翎。

同治元年四月,署江苏巡抚李鸿章驻师上海,规复苏常,檄调国魁所部为亲兵水师后营,增战船泊龙华。八月,贼酋谭绍光犯北新泾,其地接张官渡,实上海西蔽,国魁随大军击走之。九月,督水陆军驻四江口。时官军克嘉定,谭绍光复纠苏、杭、嘉兴贼,分道东犯,四江口当其冲。国魁与骁将刘士奇迎击,贼少却,益掠苏州船千馀艘,纠十馀万众水陆并进,[二]国魁严守,粮阻援绝,悬赏激劝,合军效命,炮子贯刘士奇耳,仍坚壁不动。时青浦西北各隘,贼势益炽,蔓扰重固镇、张堰,力守十五昼夜。援师至,更麾困军开壁出,内外夹击,斩贼逾万,获贼目数百人。贼自是不敢复窥松、沪。奏入,〔三〕诏以参将尽先补用。十二月,进攻太仓,二年三月,克之。四月,移攻昆山,国魁日克贼垒三,复败贼更楼桥,各军咸奋,破贼营二十有四。

真义镇者,昆山达苏州要道也,贼屯四营为援。国魁令哨官刘大海、丁全胜、李长清击真义贼,与水师郑国榜相应,贼溃,谭绍光统悍党由小西门出,伏军起,水师环攻,积尸断流,遂克昆山、新阳二县。先后擒斩悍贼以万数。捷闻,以副将留江苏补用。六月,追击吴江贼于尹山桥,复败同里镇援贼,克吴江、震泽。八月,增兵屯永安桥,进攻苏州。国魁设伏宝带桥,自率亲兵诱击,谭绍光由齐门率万馀众,直攻国魁军,鏖战四时,贼始败,退走长生桥。绍光恃粮足,坚守两月不下。伪纳王郜云官与绍光不相能,国魁遣人说之降,偕提督程学启潜会云官于阳澄湖,命图绍光自赎。十月,郜云官等七人计杀绍光,开齐门降。国魁驰入城,仅弟侄数人从,宣谕威德,贼众悦服。间日,各军始振旅入,遂复苏州。始,国魁与郜云官等约,反正待以不死。既,云官等要挟跋扈,程学启设计诛之,国魁涕泣坚卧,自谓负约,誓不居首功。捷闻,以总兵记名简放,并赏勃勇巴图鲁名号。十一月,统兵守浒墅关、望亭等处。

三年正月,国魁率部将管松林、郑国谟等攻浙江嘉兴府,绝其外援,城内踞逆殊死战。官军薄城以炸炮中贼药仓,贼沸而溃,遂克嘉兴。加提督衔。初,贼窥官军方攻嘉兴,常州贼酋陈时永由丹阳纠宜兴馀贼,掩至江阴,进犯常熟。国魁于克嘉兴次日飞驰往援,贼遁,而杨舍、周庄各窜贼势犹张,国魁更督水陆军击走之。陈时永夜遁三河口,凭河筑垒,设浮桥六以纳败贼。国魁毁营断桥,贼遂溃,斩俘践溺近二万人。沿江贼悉平。随大军进攻常州,四月,克之。奉旨交军机处存记,遇有总兵缺出先行题奏,并赏从一品封典。旋率军驻东坝,遏江浙窜安徽各贼。四年,移守江南省城。五年,调赴山东剿捻匪,驻师峄县,防大泛口、丁庙闸各隘,坚守运河,贼不敢犯。土匪高观、刘照灿远遁。七年,捻匪肃清。钦差大臣湖广总督李鸿章叙国魁功,请以提督记名尽先简放;又密陈国魁谋勇兼备,久经大敌,训练严明,堪胜提镇之任,恳另行存记,酌量简用。得旨悉如所请。十二年,直隶总督李鸿章檄国魁随办北洋海防事务。光绪元年,奉旨署理天津镇总兵。天津为北洋要隘,中外辐辏。国魁整顿营伍,捕诛刘万顺、韩老、谢昆、王国泰等诸海盗。

十四年,卒于任。李鸿章疏言:"国魁治军,死生祸福无所动,虽古名将无以过。起家军旅,而爱才礼士。将兵居官,三十馀年,家无馀财。卒之日,列营将士环视流涕。请照提督立功后病故例优恤,并将战绩宣付史馆立传。附祀苏州程学启专祠,及无锡、庐州、直隶淮军昭忠祠。"诏如所请。寻赐恤如例。十六年,李鸿章及两江总督曾国荃、江苏巡抚刚毅等先后疏言:"国魁收复苏州时,城内悍党十万,粟支五年。使非国魁定计招降,以诚相感,则负嵎方坚,困兽犹奋。苏州阛阓生灵,岂堪设想?迄今睹殷庶之犹昔,比之江宁、杭州独为完善。士民追念保全之德,遗爱弗谖。请于苏州省城捐建专祠,以伸报飨。"允之。

【校勘记】

〔一〕叙功 原脱此二字。今据郑国魁传稿(之一六)补。

〔二〕纠十馀万众水陆并进　原脱"十馀万"三字。今据郑国魁传稿
　　（之一六）补。

〔三〕奏人　原脱此二字。今据郑国魁传稿（之一六）补。

杨玉科

杨玉科，湖南善化人，原籍靖州，寄籍云南丽江。咸丰六年，回逆杜文秀窃踞大理，玉科由义勇随千总张正泰联团攻剿。嗣投效护理维西协副将和耀曾军营。同治三年，护理云南布政使岑毓英剿曲靖贼马荣，和耀曾派营助剿，玉科与焉。每战辄跳荡陷阵，屡有斩擒，遂为岑毓英所知，优给奖赏，拔充队长。旋又拔充管带。

随克曲靖，四年，岑毓英详请总督劳崇光破格用之。檄玉科以五品军功护理维西协篆，先于曲靖任事。随岑毓英连克沾益、马龙两州城，檄援昭通，擒伪帅阮三，斩伪王锁朝升于阵，尽平城外贼垒。岑毓英进攻大理，久不下，外为逆回所困；密令玉科添练数营，绕道四川会理州，出贼不意，遂克中甸、维西二城。乘胜昼夜环攻，歼伪武略将军宋曰晟，克鹤庆，而所遣取剑川之练目杨绍修、取丽江之夷目王廷诏，违玉科调度，失期，援贼大至，玉科守鹤庆三月，身受重伤。贼以地雷轰城，遂复陷，乃退保中维。劳崇光奏言："玉科孤军深入，连克三城，功甚伟。悍贼麇至，因距省三千馀里，转饷不继，孤立无援，致城池得而复失，情节可原。且前叠次立功，尚未汇奖，亦无官可参，乞恩免议。"诏许之。六年五月，随云南布政使岑毓英攻克镇雄，首逆白金品就擒，赏都司衔，以守备用，并赏戴蓝翎。

八月,随岑毓英追贼于云、贵、四川三省界连之猪拱箐,擒伪王陶三春;又破贼于海马沽,歼首逆张项七,逆党三万馀悉数解散。云南巡抚刘岳昭以玉科异常出力奏奖,得旨以游击补用,加副将衔。七年八月,〔一〕驻防东川。值西路贼大股谋袭省城,所过辄陷。玉科选精兵间道渡金沙江,出贼后夹击之,遂进克元谋及武定、禄劝、罗次三县,进攻富民。降人张遇泰复叛,四城以次复陷。寻奉檄署维西协事,九月,留参将徐联魁乘贼趋注省垣,守备空虚,图恢复,而自赴省援剿。八年正月,连平柯渡、可郎贼,徐联魁亦复元谋、武定、禄劝、富民。云南巡抚岑毓英上其功,得旨以副将尽先补用,并赏给励勇巴图鲁名号。时省城外贼分踞要隘,以阻援师。玉科节节迎击,先破十里铺,小偏桥,饷道复通,而嵩、寻告急。岑毓英檄玉科进规嵩明,以计降伪司寇李芳园、伪司平马兴堂,其伪帅杜文秀女蔡杜氏穷蹙亦乞降,州城遂复。并下寻甸州,收降二万有奇。

岑毓英奏委督办三姚军务,添募劲旅数千,并选精悍降卒万人,训练成军。七月,攻拔黑、元、永盐井等处。八月,复大姚。九月,复定远,贼后路断。省城之围遂解,乘胜下丽江、宾川、云龙各城。叙功,遇云南总兵缺出,请旨简放,并赏换花翎。九年二月,进攻姚州,贼悉众死拒。玉科遍体受火器伤,裹创力战,梯城入,贼短兵巷战,相持者四十日,城始复。馘伪司军马金保、伪将军蓝平贵,歼悍贼万计,拔出难民数万。三姚全境俱平。六月,捷入,上嘉其力疾血战受伤,克复坚城,赏提督衔,并赏换瑚松额巴图鲁名号。玉科先于五月经总督刘岳昭奏委署理鹤丽镇总兵,至是岑毓英亦檄令督办迤西军务。八月,率军攻鹤庆,奋勇先登,夺据城楼,各军齐进,贼弃城遁,〔二〕九月,复永北厅,分军援白土营,平贼垒百馀,连克浪穹、邓州,及浪穹属之凤羽乡,斩贼渠马良勋、洪志舒、丁在星等。闰十月,刘岳昭等上其功,赐白玉翎管、搬指、大小荷囊。十二月,命授云南开化镇总兵。有"裹创力战,奋勇可嘉"之谕。十年三月,伪司衡杨荣率悍党万人攻宾川甚急,玉科驰往援之,围立解。七月,移师攻下永昌,伪司马杨德明、伪司武马年三俱伏诛。九月,捷入,命以提督记名简放。

大理后路之漾濞,险隘也,久为贼踞。玉科督兵进攻,贼百计援救,十一年三月,克之。四月,克云南县城,五月,克赵州,进规大理。分军为四:一逾苍山,钞贼后;一渡洱海,出贼前;一攻北路之上关,而自攻南路之下关,水陆夹击。贼守将董正性献外关,玉科督兵入,贼大溃,夺下关,北路亦同日攻克。叙功,赏穿黄马褂,予一品封典。两关之初拔也,总兵李维述挫衄于蒙化,玉科急统精兵千人赴援,贼望风披靡,复厅城;回军围大理,先破城外守垒贼。会岑毓英率师至,亲督诸将攻剿,贼势愈蹙。十一月,轰陷大理城东南隅,玉科冒险先入,诸将继进,破土城,直抵莲花池。贼死党万馀出拒,相持十馀日,死伤过半。馀贼退保伪城,杜文秀服毒死。逆酋杨荣、蔡廷栋接统其众,抗拒益力。玉科密约间谍,设伏城内,岑毓英师次五里桥,内外夹击,破伪王府,戮杜文秀尸,并获其子女四人,治如律。杨荣、蔡廷栋暨贼悍党悉数歼除,以万计。全郡底定。十二年正月,红旗报捷,上以玉科当兵单饷绌之时,能激励众心,擒渠扫穴,实属谋勇兼裕,调度有方,赏骑都尉世职,并白玉翎管及诸珍玩。二月,败贼于蒙化之大小围埂,予优叙。总兵段瑞梅、蔡标分剿云州、顺宁不能拔。上命玉科督办,乃率所部并力攻之,两城俱复,并克腾越,破大小猛统坚巢。得旨赏加一云骑尉世职。嗣以全滇肃清,玉科战功卓著,合前骑都尉世职改为一等轻车都尉。十三年,入觐,饬回本任。玉科以积年欠发饷恤银四十万两报效,岑毓英入告,赏正一品封典,随带加三级。

光绪元年,署云南提督,追录剿乌索、宾川筹饷功,赏头品顶戴。玉科服叔把总杨大奇、杨郁文,千总杨福顺阵亡,无嗣,所得云骑尉,均应玉科兼袭,兵部议将各世职并为二等男爵,诏如所请。二年,调广西右江镇总兵。玉科以伤病发,请开缺调治。适溃勇窜踞腾越等处,命开缺暂留云南剿办。玉科力疾视师,悉平之。云贵总督刘长佑等上其功,赏上方珍玩。三年七月,以鹤庆、浪穹所置田产,匀给无业兵勇;又将大理城内旧宅,改建西云书院,并资以膏火,永垂久远。刘长佑等以闻,下部议行,并请改隶善化籍,允之。先是,云南巡抚潘鼎新奏言:"玉科开缺留滇,今军务肃清,请予录用。"九月,授广东高州镇总兵。四年,入觐,请回籍修墓,诏赏假三月,事竣之任。五年,奏署阳江镇总兵。六年,升署广东陆路提督。先以元年玉科侄杨汝楫雠杀撤任东川府知府孔昭鈖,玉科被劾,降三级准其抵销。至是编修何金寿再劾之,下部议,奏覆,得旨杨玉科着降三级调用,所兼二等男爵,折罚半俸九年,免其降调世职。七年,报效洋枪洋码,得旨开复原官,留广东差委。寻两江总督刘坤一奏请改留两江,从之。

十年,法兰西争地越南,广西巡抚潘鼎新奉命督师防边,奏调玉科带领亲兵并旧部弁勇随剿,允之。七月,统广武军三营出

关,驻谅山。十月,进扼观音桥。十二月,法人万馀分两路来犯:
一扑谷松,一扑观音桥。玉科先设三伏,亲率大队迎战,伏发,法
人不能支,退守高冈,以利炮自卫。我军分据岭头,枪炮交攻,至
暮,法人始退。而我谷松军失利,乃留兵守桥,率精锐星夜往援,
未至,谷松已陷,官军退保谅山。法人进扑屯梅、五台,闻玉科来
援,遂乘隙攻观音桥,玉科留一军助守屯梅,仍回观音桥防御,数
战皆捷。而法人急攻谅山,潘鼎新撤桥屯之师回援,玉科突围而
前,甫抵三台,谅山已不守,头台、二台继陷。值阴雨,山险路滑,
势难冲突,乃绕道出谅山后,力堵镇南关,分军扼文渊。

　　十一年正月,贼万馀犯文渊,玉科迎敌,自辰至午,斩馘无
算,阵歼法酋一人。敌败走,我军乘势追击。正鏖战间,玉科中
炮,阵亡。事闻,谕曰:“杨玉科临阵勇敢,奋不顾身,中炮捐躯,
实堪悯恻!着交部从优议恤。”五月,和议成,追录前功,谕曰:
“前广东高州镇总兵杨玉科,上年带兵出关,勇敢奋发,临阵捐
躯,深堪嘉悯!前经降旨从优议恤,着再赐祭一坛,加恩予谥,并
将事迹宣付史馆立传。”寻赐恤如例,赠太子少保衔,予谥武愍。
赏骑都尉兼一云骑尉世职,袭次完时,以恩骑尉世袭罔替。十三
年正月,云贵总督岑毓英因云南绅民之请,疏言:“玉科随营苦
战,恢复多城。又于驻军处所,捐资修浚河源,培植书院,地方攸
赖。请于立功死事地方建立专祠。”上念其战功卓著,以死勤事,
准于云南大理府城暨广西镇南关建立专祠,由地方官春秋致祭。
十五年,慈禧端佑康颐昭豫庄诚皇太后归政,悯念亮节孤忠诸
臣,各赐祭一坛,玉科与焉。

　　子汝能,二品荫生,花翎,分省补用道,先卒。

【校勘记】

〔一〕七年八月　"月"原误作"年"。今据杨玉科传稿(之一六)改。

〔二〕贼弃城遁　原脱"弃"字,又"贼"在"城"下。今据杨玉科传稿
　　　(之一六)补正。

清史列传卷五十七

新办大臣传一

李鸿章

李鸿章,安徽合肥人。父文安,刑部郎中。鸿章,道光二十七年进士,改翰林院庶吉士。三十年,散馆授编修。咸丰二年,大考二等,赏文绮。时发逆窜陷楚省,江皖震动。三年正月,命随侍郎吕贤基回籍练乡勇。五月,御贼和州之裕溪口,奖六品顶戴、蓝翎。四年,克含山,加知府衔,赏换花翎。五年五月,丁父忧,仍留营。十月,克庐州,奉旨交军机处记名,以道府用。六年,克无为州,赏加按察使衔。七年,论叠次剿匪功,奉旨交军机处记名,遇有道员缺出请旨简放。

八年,侍郎曾国藩驻师江西,留襄营务。九年五月,曾国藩檄同候选知府曾国荃赴景德镇助剿,立复景德镇及浮梁县城。十月,授福建延建邵遗缺道,未赴任,十年,署两江总督曾国藩议设淮扬水师,令鸿章统之;十一年,复奏遵筹镇江援剿之师,以鸿章应,并密陈才可大用。鸿章乃归募勇,皖省为发、捻蹂躏殆遍,惟合肥恃民团苦战得独全。鸿章所募者,旧团强半。选择将领,厘定营制、饷章,悉法湘军,是为淮军之始。同治元年二月,贼陷松江、太仓诸州郡,直压上海。户部主事钱鼎铭等诣曾国藩军次乞援,且集银十八万两,租轮舶六,溯江迎师。议者亦谓上海为筹饷膏腴之地,不宜轻弃,而鸿章一军节为贼阻,不得达镇江。曾国藩乃奏饬鸿章移师上海。

三月,超署江苏巡抚。初,苏松太道吴煦榷江海关税,时以重赏啖英、法诸酋,借其兵力为助;又令美国人华尔募夷兵数千,益以中国应募者,名常胜军,尝合松沪官军英、法兵,攻克松江、嘉定、青浦,鸿章至,悉隶焉。四月,常胜军英、法兵会民团复奉贤。方议趋金山卫,适松沪官军覆于太仓,鸿章撤英、法全军回援嘉定,贼攻急,英、法兵突围入,挟各官暨留防兵遁归上海。自是不复遣兵助剿。嘉定、奉贤再陷,贼势专注青浦、松江。五月,青浦守将华尔弃城走保松江。贼方厚集于泗泾,距上海远,中多港汊,谓官军不能猝进,增垒为久踞计。于是鸿章驻营新桥,饬总兵程学启、滕嗣武、韩正国领队先进,而自督师继之。贼数万犯新桥,鸿章檄参将郭松林等回援,纵横合击,乘胜复攻泗泾,解松江围。上以镇江为南北要冲,叠促鸿章赴镇,如前议。鸿章密言:"夷兵不可久恃,沪防必须自强。贼谋以大股掣江宁之围,臣亦急思驰往镇江,就近援应。无如陆军仅有数千,分两处则均不得力,专一路则尚可自立。军事以得人心为本,臣军到沪后,稍系士民之望,未便轻动,失众心。容臣将沪事就绪,再议出江。"

疏入,命缓行。鸿章议先复浦东厅、县,饬所部进南汇之周浦镇,克南汇。贼自金山卫、川沙厅大举来犯,复破之,遂复川沙、奉贤。六月,克金山,浦东大定。七月,诸军会拔青浦,伪慕王谭绍光自苏州纠众十数万谋救青浦,不得逞,扑北新泾防营,分扰法华镇以西,且及上海。鸿章飞调青浦各军,以半留守,半趋泗泾七宝,绕出贼后,亲督上海军当其前。军次虹桥,贼凭河据垒,左右伏以待。鸿章策骑旁驰,疾过之,与援军遇于北新泾,前后夹击,贼败走嘉定。九月,进攻嘉定,克之。谭绍光乃纠苏杭贼大股来犯,由昆山、太仓北窜,连营于四江口、三江口,大河支港俱设浮桥,将内窜。鸿章檄所部齐集黄渡,三路并进,自晨至暮,身自督战,诸军逾濠入,毙黄衣酋目数人,贼大奔。水师循赵屯港截击,复大溃,追至三江口,歼焉。于是松沪解严。

捷入,授江苏巡抚。先是,华尔援浙,战殁慈溪,代以其副白齐文。十一月,奉调赴江宁,渐怀异志,闭松江城索饷。鸿章与英提督议约十六条,黜白齐文捕治之,易以英将戈登,裁定三千人,减其冗费,束以纪律,常胜军始复为用。常熟守贼骆国忠、董正勤举城降,福山诸海口皆下。伪忠王李秀成悉众围常熟,江阴援贼复窜陷福山。鸿章饬水师护常胜军出海,攻福山,不克而还。二年正月,兼署五口通商大臣,奏设外国语言文字学馆,是为鸿章创兴洋务之始。常熟围急,鸿章遣谍密谕骆国忠等固守,檄道员潘鼎新、提督刘铭传以三千人乘轮舟趋福山,二月,夺福山石城。常熟军知援至,亦启城出击,俘斩略尽,围乃解。三月,复太仓州城。四月,复昆山。

江苏为财赋之区,而赋额之重为天下最,苏、松、太之浮粮尤为苏省最。弊由沿袭前代官田租额。乾隆中年以后,办全漕者数十年。自道光三年、十三年两遇大水后,无岁不荒,无县不缓,蠲减旷典,遂为年例。又有官垫民欠一款,大抵移杂垫正,移缓垫急,移新垫旧,移银垫米,以官中之钱完官中之粮。其后或豁免,或摊赔,同归无着。鸿章历陈积弊,请准减定苏、松、太粮额,以咸丰中较多之七年为准,折衷定数,每年起运交仓漕白正耗米一百万石以下、九十万石以上,著为定额。下所司议行。五月,又奏:"密察贼情地势,有可虑者三,可幸者二。〔一〕苏、常、杭、嘉为东南财赋最盛之区,逆众必死守力争,一可虑;苏、嘉各郡湖河荡港,千百通联,我难进而贼易守,二可虑;李秀成为诸贼冠,多狡谋,去年迄今,图救江宁,分窜皖、江南北,又欲绕窜扬州里下河,若攻剿过急,则或挈众来援,或别图窜踞,三可虑。惟是江、皖、浙东各有重兵堵截,提督鲍超等能再速克江浦、浦口,扼断北贼过江之路,都兴阿、吴棠果能力堵淮扬,不使贼窜入里下河,则剿办较易,可幸者一;李秀成、李世贤分踞苏浙,自见挫官军,精锐大减,膏腴亦去其半,现惟嘉兴陈炳文部贼较多而悍,有蒋益澧扼其前,臣军缀其后,常州、无锡贼援甚广,深入颇难,但使稳扎稳进,徐图制敌,可幸者二。臣军为数已逾四万,今拟由昆山进苏州为一路,以程学启所部陆军当之;由常熟进江阴、无锡为一路,以李鹤章、刘铭传所部陆军当之;由泖淀进吴江、平望、太湖为一路,则李朝斌水师当之;皆欲规取远势,以翦苏州枝叶,而后图其本根也。又恐杭、嘉、湖各贼绕窜浦东,窥扑松、沪,复令常镇道潘鼎新八营扼金山卫,编修刘秉璋七营扼洙泾,副将杨鼎勋五营扼张堰,联为一气,以防内窜,以固全局。"报闻。六月,饬程学启、戈登进吴江,连破各隘,贼以城降。

七月,允两江总督曾国藩奏,毋庸改设南洋通商大臣,仍命鸿章兼理。于是鸿章分饬程学启、戈登规苏州,李鹤章、刘铭传规江阴,潘鼎新、刘秉璋规嘉善,以牵制贼势;而李秀成由苏州纠集伪纳王郜云官等水陆十万,逼大桥角营。李鸿章驰军四击,贼稍却。九月,李秀成复由苏州、无锡、溧阳、宜兴聚众八九万,泊运河口,自将悍贼踞金匮之后宅,诸贼从望亭后宅屯营互进。李鹤章亦立八营于大桥角与之持。〔二〕鸿章以巨贼麋集西路,志在保无锡、援苏州,乃檄李鹤章、刘铭传坚守后路,抽锐卒翻营猛击,程学启、戈登由苏州西北横出贼后,攻克蠡城、黄埭,周盛波亦击走芙蓉山贼,克雁台塘头,郭松林又败贼于安镇兴隆桥。李秀成移居麻塘,李鹤章、刘铭传合击,大破之。于是苏、锡之贼皆大困。贼陷江南,以江宁、苏、杭为三大窟,而苏其脊膂,故李秀成百计援苏州。谭绍光尤凶狡,誓死守,附城筑长城石垒,坚不可拔。程学启等顿军河东,累月不下。十月,鸿章莅苏视师,益趣攻。程学启缘南岸,戈登缘北岸,鸿章新督骁健,出炸炮二十馀,毁其长城石垒。郜云官等密款乞降,鸿章令斩李秀成、谭绍光以献。李秀成夜遁,郜云官等刺杀谭绍光,开齐门迎师。时降酋列名者,郜云官、伍贵文、汪安均、周文佳、范启发、张大洲、汪怀武、汪有为八人,其精锐犹逾十万,分屯圆、胥、盘、齐四门,歃血誓生死。程学启恐难制,白鸿章诛之,搜斩悍党二千馀。赏加太子少保衔,并赏穿黄马褂。十一月,李鹤章等军克无锡,饬程学启、李朝斌水陆由吴江之平望会师嘉善守贼陈占榜降。嘉善既定,遂逼嘉兴,贼守御甚备,久乃克之。三年正月,戈登请以常胜军攻宜兴,鸿章令郭松林等水陆各军合剿,克宜兴,并克溧阳,败金坛伪刘王、伪襄王之众,平其附城诸垒,贼势大蹙。

时伪护王陈坤书踞常州,方合丹阳、句容诸贼十数万,绕出常州城北,捣官军之背,以无隙可乘,复图窜入腹地,以缓常州、嘉兴之围,循江而东,奄至江阴之南闸及周庄、华墅、杨舍,犯常熟,所过焚杀。鸿章飞檄郭松林等弃金坛勿取,疾驰归援;令杨鼎勋、张树声选三千人,横截江阴之焦店;而饬其弟李昭庆由嘉兴赴援常熟。贼并集无锡、江阴、常熟间,围常熟尤亟。黄翼升督水师自白茅口进,与李昭庆、郑国魁合击,贼大败;又击走顾山陆市之贼,追过福山,常熟围解。贼退屯江阴之杨舍、周庄、华墅、沙山,图西窜。三月,鸿章驰赴江阴长泾,察贼势,檄提督刘士奇、总兵王永胜会郭松林军,由福山荒苑江岸进;自率李鹤章、李昭庆、黄翼升、郑国魁水陆军驰抵沙山,连破贼营,追越华墅,分兵邀击杨舍。贼惶遽,夜窜云亭,刘士奇、王永胜设伏鸡笼山,败之。别贼万馀,夜于三河口设浮桥,云亭贼至,欲渡而西;官军蹙之,贼争道,桥断,尸积水不流。鸿章乃至常州督军,常州西北通丹阳,西南通金坛。镇江防军已克丹阳,提督鲍超克金坛,外援尽绝。陈坤书犹率悍党死拒,鸿章令戈登炮队攻南门,刘铭传攻北门,刘士奇、王永胜攻东南隅,时久雨忽霁,烟焰反扑,城倾数十丈。鸿章挥军登城,诸军接刃直前,陈坤书犹挥贼数千巷战,尽斩之,擒陈坤书。四月,复常州城,赏骑都尉世职。常胜军多失律;及攻常州,又畏懦不先登,戈登惭,思归国,乃撤常胜军。鸿章疏言:“戈登屡立战功,请优奖以示荣宠。”诏如所请行。六月,江宁平,锡封一等伯爵,并赏戴双眼花翎,寻赐伯号曰肃毅。

伪堵王黄文金拥众十万踞湖州，集悍贼于晟舍。鸿章以苏湖接壤，防其窜越，令潘鼎新以水陆军拔长兴，进击晟舍，毁其垒卡。七月，会浙军袭湖州，刘铭传亦克广德州，追毙逆首黄文金。江浙肃清。四年正月，饬郭松林、杨鼎勋率军航海赴闽，从闽浙总督左宗棠军叠克漳州、漳浦等城。四月，科尔沁亲王僧格林沁战殁曹州，曾国藩为钦差大臣督其军，鸿章暂署两江总督。五月，奏遣潘鼎新一军由海道赴天津，屏卫畿辅。九月，谕鸿章统率所部各军赴豫西防剿，兼顾山陕。鸿章历陈兵势不能远分，饷源不能专恃，军火不能接济，遂寝前议。五年七月，河漫高邮汛，掣卸清水潭坝，命会同漕运总督吴棠勘修，工成，予优叙。九月，命鸿章驰往徐州，妥筹淮徐以东各路防务。

十月，曾国藩因病乞假，鸿章署钦差大臣，节制各军专办剿匪事。捻匪时分股为二：张总愚窜陕西为西捻；任柱、赖文光窜山东为东捻。鸿章甫视事，东捻即南趋金乡、鱼台、丰、沛诸县，谋犯清淮；既挫于官军，反走山东，越河南，窜湖北。鸿章饬刘铭传、刘秉璋、周盛波、张树珊等蹑剿入鄂，败之。六年正月，授湖广总督。二月，贼由湖北窜扰河南，直趋山东，五月，渡运河，济南戒严。淮、豫、东、皖各军虽屡胜，而贼瞬息千里，不能制。鸿章以督办军务日久疲师，奉旨戴罪立功，迅赴山东会剿。始，曾国藩督师时，议于运河东岸沿堤筑墙，杜贼窜越。鸿章守其策，而注重运西，饬豫军提督宋庆、张曜两军分守山东东平以上自靳口至黄河沈家口，周盛波分守开河至靳口，刘秉璋分守济宁至开河，杨鼎勋分守赵村石佛至南阳湖，李昭庆分守滩上黄林庄至韩庄八闸；皖军黄秉钧等分守宿迁运河上下游。声息相通，互为策应,使贼不得出运。六月,抵济宁,贼又由潍县趋窜登、莱。鸿章谓贼踪飘忽,当逼入海隅,以图聚歼,乃创胶、莱河防之策。令刘铭传、潘鼎新于胶、莱河南北二百八十馀里筑长墙,会合豫军、东军分汛设守。奏言:"衡量利害之轻重,与其驰逐终年,流毒江、皖、东、豫、楚各省,不如弃一隅以诱之;与其往复运东济、泰、兖、沂、青及苏之淮、徐、海各地,均受其害,不如专弃登、莱以扼之。胶、莱河之防不密,则登、莱无可扼;运河之守不密,则胶、莱仍不足恃。贼已进窥胶东,拟俟运堤与胶、莱河防次第布置,即当抽兵进剿,庶灭一贼,少一贼,贼智自困,而兵力不疲矣。"时任、赖诸贼麇集莱阳、即墨间,恐胶、莱河防断其窜路,伺隙反扑,堤墙数败。七月,贼果潜由海神庙扑渡潍河,东军不及御,胶、莱防溃,下部议处。鸿章亟饬淮、豫各军严扼运防,而令刘铭传、郭松林、杨鼎勋三军往来蹑击。十月,追至赣榆,降酋潘贵升枪毙任柱于阵,赖文光窜山东。十一月,刘铭传等追败之诸城、潍县、胶州,贼穷蹙,遁入海滨洋河、弥河之交。官军围击,赖文光率骑数百走而南。十二月,复纠集千馀骑,突至沭阳,冲渡六塘河,窜扬州,道员吴毓兰驻守运河,击擒之,馀匪悉降。东捻平,赏加一骑都尉世职。

七年正月,西捻张总愚由山西吉州踹冰北窜,叠谕鸿章迅饬刘铭传各军入援。未至,贼已分窜直隶东北平乡、鸡泽、南和诸县,下部严议。兼命鸿章亲督所部,自临清、德州克日入直,相机剿办。又以贼踪阑入衡水、定州,奉旨拔去双眼花翎,褫黄马褂,革骑都尉世职。鸿章奏言:"办流寇以坚壁清野为上策,嘉庆间川楚教匪赖此成功。即东捻流窜豫东、淮北,所至民筑圩寨,深沟高垒以御之。贼往往不得一饱,故其畏圩寨甚于畏兵。河北平原千里,无险可守,民又不知筑寨自保。张总愚本极狡猾,遂得肆意蹂躏,无处不流;且自渡黄入晋,沿途掳获骡马甚众,步贼多改为骑,趋避既捷,肆扰尤易。自古治贼,必以彼此强弱饥饱为定衡,贼未必强于官军,但彼骑多而我骑少,自有不相及之势;彼可随地掳粮,我须随地购粮,贼常饱而我常饥,又有不能及之理。今欲绝贼粮,断贼骑,惟有劝谕直隶、山西河北绅民,坚筑圩寨,如果十里一寨,贼至无所掠食,兵至转得买食,贼虽流而其技渐穷。"二月,鸿章督军进德州,败贼安平、饶阳。三月,贼窜晋州,渡滹沱河,南入豫,折窜直隶,扑山东东昌,四月,趋茌平、德平,由德州西奔吴桥、东光,逼天津,下部议处。命总统北路军务,限一月殄灭。鸿章以捻骑久成流寇,非就地圈围,终不足制贼之命。是时三口通商大臣崇厚及左宗棠皆以为言,而直隶地平旷,无可圈围,欲就东海南河形势,必须先扼西北运河,尤以东北至津沽,西南至东昌、张秋为锁钥。乃饬援津之郭松林、潘鼎新两军掘开沧州迤南捷地坝,泄运水入减河,于河东筑长墙,断贼窜津之路。东昌运防,则淮军自城南守至张秋;东、皖诸军自城北守至临清,并集民团协守。贼自盐山南窜,扑东昌运河,无可乘,复散走。闰四月,以剿贼逾限,予严议。时贼为官军所逼,奔突不常,北谋越减河,南谋越运河;以北路军势重,锐意南行,回翔陵县、临邑间,旁扰茌平、德平,犯临清运防。鸿章虑久晴河涸,民团不可恃,且昼夜追奔,疲士卒,欲乘黄河伏汛,缩地圈扎。以运河为外圈,恩县、夏津、高唐之马颊河截长补短为里圈,号召民团,即马颊河南联墙筑卡,第馀临邑南至济阳滨河百里,冀就西南一隅以制贼。其时官军大败贼于<u>德州扬丁庄</u>,又追败之<u>商河</u>,<u>张总愚</u>率悍党遁<u>济阳</u>,沿河北出<u>德州</u>,犯运防,上窜<u>盐山</u>、<u>沧州</u>,皆为官军扼截,乃转向<u>博平</u>、<u>清平</u>,适黄、运暨徒骇交涨,<u>东昌</u>、<u>临清</u>、<u>张秋</u>、闸河水深不可越,<u>马颊河</u>亦经黄水漫入,河西北岸长墙绵亘,贼窜地迫狭,势益困。<u>鸿章</u>增调<u>刘铭传</u>军期会前敌,分屯<u>茌平</u>之<u>桃桥</u>、<u>南镇</u>,至<u>博平</u>、<u>东昌</u>,圈贼徒骇、黄、运之内,而令马队于中兜逐,贼无一生者。<u>张总愚</u>投水死。西捻平,赏还双眼花翎、黄马褂、骑都尉世职,开复叠次剿捻不力各降革处分。

七月,赏加太子太保衔,以<u>湖广</u>总督协办大学士。八月,入觐,赐紫禁城内骑马。十一月,乞归省,予假一月。八年二月,兼署<u>湖北</u>巡抚。八月,命驰赴<u>四川</u>查办总督<u>吴棠</u>参款,覆陈所劾不实,惟道员<u>钟峻</u>、<u>彭汝琮</u>降革有差。十二月,命赴<u>贵州</u>督办剿<u>苗</u>军务,<u>川</u>、<u>楚</u>各军统归节制。九年二月,<u>甘肃</u>逆<u>回</u>纠合土匪四扰,<u>陕西</u>兵力薄,总督<u>左宗棠</u>驻军<u>平凉</u>,不克兼顾,命<u>鸿章</u>暂缓入<u>黔</u>,先赴<u>陕西</u>督办军务。七月,剿平<u>北山</u>土匪。值<u>天津</u>民人因匪徒迷拐幼孩牵涉教堂,殴毙<u>法国</u>领事官,<u>法国</u>使臣<u>罗淑亚</u>索犯急,且以兵舰集<u>津沽</u>,为恫喝计。廷议促<u>鸿章</u>移师<u>天津</u>,密筹防卫。八月,调<u>直隶</u>总督。谕偕前任总督<u>曾国藩</u>速定谳,寻奏上,<u>罗淑亚</u>亦无异辞。十月,撤三口通商大臣,以总督兼任,改为<u>北洋</u>通商事务大臣。十年,<u>日本</u>初请通商,授全权大臣,与定约。十二年正月,偕<u>两江</u>总督<u>曾国藩</u>奏选幼童赴<u>美国</u>肄业,又遴游击<u>卞长胜</u>等赴<u>德国</u>学习军械技艺。五月,授大学士,仍留总督任。六月,授<u>武英殿</u>大学士。闰六月,河道总督<u>乔松年</u>、<u>山东</u>巡抚<u>丁宝桢</u>筹治黄运两河以通漕,下<u>鸿章</u>议。<u>鸿章</u>覆陈:"<u>淮徐</u>故道势难挽复,借黄济运,与借卫济运及堵合霍桥决口、筑堤束水诸策,流弊亦多。河在东,虽不亟治,而后患稍轻;河回南,即能大治,而后患甚重。近世治河兼言利运,遂致两难,卒无善法。不知黄水既不能入运,断难一治而两全。为今之计,似不得不出于河自河、漕自漕,治河之策,不外古人'因水所在,增立堤防'一语。应令河东总督、山东巡抚察度形势,量筑堤埝,俾资周防而期顺轨。议漕政者,皆不以规复河运为望。然自道光六年即创办海运,咸丰以后无年不由海运,无年不由采买。今日海道畅行,轮舶骈集,转输既捷,费用大省;而苏浙漕粮现既统行海运,江广等省本改漕折,宜由各督抚酌提本色若干石,运沪解津。不然,指拨漕折,由南省采买运津,或由天津招商采办亦可。若虑缓急之间,京储匮乏,应于无事时多筹采运,使数年中得有一年之蓄,则内顾可以无虞。"上嘉其所奏详尽,下部议行,兼谕乔松年、丁宝桢勘筑堤埝,以资捍御。十二月,以明年恭逢慈禧端佑康颐皇太后四旬万寿,及上亲政后初届元日令辰,下部优叙。十三年三月,授全权大臣,与秘鲁国议招工事,因定和约专条。十月,慈禧端佑康颐皇太后四旬万寿,加恩中外大臣有老亲年八十以上者,鸿章母未及八十,特赏御书匾额、玉如意、大卷江绸八丝缎袍褂料。十二月,调文华殿大学士。

光绪元年,日本与台湾生番争,船政大臣沈葆桢治台事,鸿章饬提督唐定奎率淮军渡海助剿抚。总理各国事务王大臣奏筹善后海防六策,命详议以闻。鸿章覆奏如原议,略谓:"所陈练兵、简器、造船、筹饷、用人、持久六条,均救时要务。所未易猝办者,人才之难得,经费之难筹,畛域之难化,故习之难除。今日所急,惟在力破成见,以求实际而已。舍变法与用人,别无下手之方。伏愿皇上顾念时势艰危,节省冗费,讲求军实,造就人才,皆不必拘执常例,而尤以人才为急。要使天下有志之士,无不明于洋务,庶练兵各事,可期逐渐精强。积诚致行,尤需岁月迟久,乃能有济。目前固宜力保和局,即将来器精防固,亦不宜自我开衅。"二年,英国使臣威妥玛因云南戕杀传教士马加里,要求不遂,下旗将归国。鸿章以全权大臣赴烟台,邀威妥玛商办。威妥玛坚求严办,适俄、德、法、美、日、奥六国公使及兵舰齐集烟台,鸿章故示整暇,往来谈宴,并召诸使水师将领大会乐饮。六国协力阻英之请,乃与威妥玛定优待往来通商事宜,复寻旧盟。三年,议覆穆宗毅皇帝、孝哲毅皇后升祔位次,奏言:"礼亲王等请仿照奉先殿成案,增修龛座,为折中之论。惟太庙规制有定,国家统绪无穷。醇亲王请明降谕旨,晓示天下,自今以往,亲尽则祧,并请以后殿东西二梢间永藏祧主。此则导皇上以大让,酌庙制以从宜。礼贵因时,让为美德,非天子不议礼,应否允行,应秉圣裁。"诏并如议。八月,晋、豫亢旱,鸿章筹巨款赈济。时直隶亦患水,永定河居五大河之一,累年漫决,害尤甚。鸿章修复金门闸及南、上、北三灰坝、卢沟桥以下二百馀里,改河筑堤,缓其溜势,别浚大清河、滹沱河、北运河、减河以资宣泄,自是水患少纾。五年,恭题穆宗毅皇帝、孝哲毅皇后神主,赏加太子太傅衔。

六年七月,始创海军,订造铁甲诸船于外洋,以管驾需才,奏立北洋水师学堂。电报之设也,鸿章初行于大沽、北塘海口炮台,以通天津,传达号令。八月,遂设南北洋电线,自天津循运河逾江抵镇江而达上海,亘三千里。未几,各国请于上海建万国电报公司,暨南北洋海线,于是接办沿海陆线,过浙闽至粤,道里以倍。后十馀年间,电线遍达各省。巴西通商,以全权大臣定约。十二月,福建巡抚刘铭传疏请开行铁路,鸿章议有九便,事下所司。七年六月,因慈禧端佑康颐昭豫庄诚皇太后前岁春圣体违和,特谕各直省延访良医,鸿章疏荐道员薛福辰,至是大安,予优叙。九月,恭题孝贞显皇后神主,赏穿带嗦貂褂。鸿章于江宁、上海有机器制造局之设,于上海有轮船招商局之设,天津旧有机器局,集资拓充,并开采磁州煤铁矿,开平煤井;又设上海纺织局,近筑津榆铁路,远开漠河金矿,以浚中国之利源,杜外人之侵占。先后得旨允行。

八年三月,母病,予假一月,赴鄂省视,赏人参。旋丁母忧,赐祭一坛,回籍时着地方官妥为照料。谕俟百日后,以大学士署理直隶总督。鸿章累疏固辞,始允开缺,仍驻天津,督练各军,并署通商大臣。六月,朝鲜内乱,鸿章时在籍,诏赴天津。署总督张树声先饬提督吴长庆率淮军援朝鲜,定其乱。鸿章因为朝鲜酌定善后之策。九年正月,奏请回籍营葬,予假两月,假满即回署任。六月,命署理直隶总督,兼通商大臣。累疏乞终制,不允。十年八月,服阕,授大学士、直隶总督,兼通商大臣。十月,慈禧端佑康颐昭豫庄诚寿恭皇太后五旬万寿,赐御书“揆元经体”匾额,仍授文华殿大学士。时法越构兵,越之山西、北宁皆陷。云贵总督岑毓英督师行边,为越南援。法乃自请讲解,鸿章与法总兵福禄诺议订简明条款,既竣,而法人伺隙陷越之谅山,薄镇南关,兵舰驶入南洋,分扰闽、浙、台湾,边事大棘。北洋口岸,南始烟台,北迄山海关,延袤几三千里,而奉、直接壤之旅顺口为首

冲,饬提督宋庆等率军守之,水师统领提督丁汝昌以蚊快船表里
依护;副将罗荣光守大沽,提督唐仁廉守北塘,提督曹克忠、总兵
叶志超守山海关内外,总兵全祖凯守烟台,重兵联络,海疆屹然。
十一年正月,朝鲜乱党突入王宫,戕其执政大臣六人,日本阴助
之。驻防提督吴兆有等以兵入护,剿除乱党,伤及日本兵,日本
借以为辞。鸿章奉命为全权大臣,允其撤兵,而所索议处统将、
抚恤难民,则严拒不许。法大败于谅山,又不获逞志于闽、浙、台
湾,复寻成。四月,授全权大臣,与法使巴德纳增减前约,法事乃
弭。五月,以筹济滇、粤前敌饷需军火无缺,下部议叙。

　　西人水陆将士皆出学堂,鸿章奏仿行之,挑选各防营弁勇入
武备学堂肄业。九月,设海军衙门,醇亲王总其事,命鸿章会同
办理。十二年,以全权大臣定法国通商滇粤边界章程。十三年,
会订葡萄牙通商之约。十四年,海军成,为船二十有八艘,檄饬
海军提督丁汝昌统率全队,周历南北印度各海面,练习风涛阵
技,岁率为常。十五年,慈禧端佑康颐昭豫庄诚寿恭钦献皇太后
归政,懿旨赏用紫缰。十七年二月,命偕山东巡抚张曜校阅海
军。十一月,热河教匪滋事,蔓延平泉、朝阳、建昌、赤峰四州县,
分扰蒙古翁牛特诸旗遣直隶提督叶志超往剿,旬日平其乱,下部
议叙。十九年正月,鸿章年七十,慈禧端佑康颐昭豫庄诚寿恭钦
献皇太后御书“调鼎凝釐”匾额、栋梁华夏资良辅,带砺山河锡
大年”对联,“福”、“寿”、“益寿”字、御笔蟠桃图、无量佛、带嗉貂
褂诸珍物;上御书“钧衡笃祜”匾额,“圭卣恩荣方召望,鼎钟勋
勚富文年”对联,“福”、“寿”字,无量佛,诸珍物赐之。二十年,
慈禧端佑康颐昭豫庄诚寿恭钦献崇熙皇太后六旬万寿,赏戴三

眼花翎,子经迈员外郎。

五月,朝鲜以东学党乱来乞师,饬提督叶志超助之,日本亦以重兵至。官军屡战不利,日本乘胜内侵,连陷九连城、凤凰城、金州、岫岩、海城、盖平、营口、大连湾、旅顺口,复踞威海卫、刘公岛,夺我兵舰。八月,奉旨拔去三眼花翎,褫黄马褂。十月,革职留任,摘去顶戴。二十一年正月,赏还翎顶、黄马褂,开复革留处分,授为全权大臣,往日本议和。三月,于马关会订条款十二,割台湾以界之,日本交还所侵地,乃成和。七月,留京入阁办事。十二月,命充致贺俄国加冕头等专使大臣,并往德、法、英、美诸国聘问。二十二年正月,懿旨召见准令扶掖。鸿章周历各国考察政治,七阅月回京。九月,命在总理各国事务衙门行走。十二月,充经筵讲官。二十三年,充武英殿总裁。二十四年正月,特恩免带领引见。五月,稽察钦奉上谕事件处。七月,奉旨毋庸在总理各国事务衙门行走。九月,命往山东查勘黄河工程。十月,赐西苑门内乘坐二人肩舆。

二十五年二月,鸿章偕河道总督任道镕、山东巡抚张汝梅疏言:"山东黄河自咸丰间铜瓦厢改道以来,光绪八年后溃溢屡见,遂普筑两岸大堤,尺寸初不高宽。乃民间先就河涯筑有小埝,随湾就曲,紧逼黄流;又因河滩淤高,埝自加增,官民相率守埝。大堤日久失修,每遇汛涨埝决,堤亦随决。此历年失事病根也。古今言治河者,惟让地于水,实为上策;其次则惟有展宽河身。今两岸大堤相距有五六里至八九里不等,应即就此两堤加倍高厚,永为修守,似不失为中策。第两岸之中,先有弃堤守埝之处,小民安土重迁,不肯远去,非可旦夕议定。暂宜照旧守埝,徐图更张。至下口入海尾闾，尤关全局。现在水行丝网口入海，去路偏向东南，形势不顺，不能筑堤。既无以束水攻沙，故不免下壅上溃。今勘得铁门关故道，尚有八十馀里可通海口，较丝网口、韩家垣两路为顺，工亦较省。然建拦河大坝一座，挑深引河三十馀里，修筑两岸大堤八十馀里，所需工费颇巨。惟是下口不治，全河皆病。今欲大加整顿，不得不从长计议，核实勘估。其馀如添修费以固根本，设减坝以泄异涨，以及设堡夫，办豁免，设厅汛等事，虽有先后缓急之分，实为将来必不可少之举。大约此项巨工，五六年可期办竣，略如从前南河规模，但需南河三四年修费，则一切法制，犁然毕具；而山东无蓄清敌黄之累，收效亦较为远大。乃上所筹十策，及比国工程师卢法尔拟具治河新法，以备采择。"又言："迁民修堤之举，繁琐委曲，断难克期告成。而频年决溢，河底积淤，如再节次决口，不特一切工程种种棘手，两岸灾民何忍再罹昏垫？为今之计，惟有择要加修两岸堤埝，疏通海口尾闾，既为目前救急善策，亦即治标以待治本之要图。"疏入，命军机大臣等核议施行。十月，充商务大臣，前往南北洋各埠考核商务。十一月，署理两广总督。

二十六年正月，京察，鸿章自同治三年始，十三次京察，并蒙优叙。二月，以皇上三旬万寿，赏穿方龙补服。六月，调补直隶总督，兼北洋通商大臣。时值拳匪肇乱，八国联军攻夺大沽炮台，陷天津。七月，入京师，上奉慈禧端佑康颐昭豫庄诚寿恭钦献崇熙皇太后西幸，命偕庆亲王奕劻为全权大臣，便宜行事。叠奉电旨，以鸿章公忠素著，威望信服，此行为安危存亡所系，勉为其难。鸿章闻警兼程进，先饬提督梅东益等搜剿直隶各属拳匪，与两江总督刘坤一、湖广总督张之洞、山东巡抚袁世凯奏请惩治首祸王大臣。各国公使持十二款要挟，鸿章处以镇静，力与辩论，卒定和约。大乱之后，公私荡然，奏办善后诸务，畿辅以安。二十七年七月，和议成。诏行新政，设政务处，鸿章充督办政务处大臣，旋署总理外务部事务。

九月，卒。谕曰："朕钦奉慈禧端佑康颐昭豫庄诚寿恭钦献崇熙皇太后懿旨，大学士一等肃毅伯、直隶总督李鸿章，器识渊深，才猷宏远。由翰林倡率淮军，戡平发、捻诸匪，厥功甚伟。朝廷特沛殊恩，晋封伯爵，翊赞纶扆。复命总督直隶，兼充北洋大臣，匡济艰难，辑和中外。老成谋国，具有深衷。去年京师之变，特派该大学士为全权大臣，与各国使臣妥立和约，悉合机宜。方冀大局全定，荣膺懋赏。遽闻溘逝，震悼良深！李鸿章着先行加恩照大学士例赐恤，赏给陀罗经被，派恭亲王溥伟带领侍卫十员，前往奠酹。予谥文忠。追赠太傅，晋封一等侯爵。入祀贤良祠，以示笃念荩臣至意。其馀饰终之典，再行降旨。"十月，谕曰："朕钦奉懿旨，周馥奏督臣因病出缺代递遗疏一折，大学士直隶总督李鸿章以儒臣起家军旅，早膺疆寄。晋赞纶扆，辅佐中兴，削平大难。嗣在北洋三十馀年，办理交涉，悉协机宜。上年京师之变，事机万紧，该大学士忠诚坚忍，力任其难。宗社复安，朝野攸赖。本年七月间，因病叠经降旨慰问，该大学士仍力疾从公，未敢休息。[三]忠靖之忱，老而弥笃。方冀调理就痊，长资倚任。乃骤患咯血，遽致不起。当兹时局艰难，失此柱石重臣。曷胜怆恸！前已加恩赐恤，予谥文忠，追赠太傅，晋封一等侯爵，入祀贤良祠。着再赏银五千两治丧，由户部给发。原籍及立功省分着建立专祠,并将生平战功政绩,宣付国史馆立传。灵柩回籍时,沿途地方官妥为照料。任内一切处分,悉予开复。应得恤典,该衙门察例具奏。伊子刑部员外郎李经述,着赏给四品京堂,承袭一等侯爵,毋庸带领引见;工部员外郎李经迈,以四五品京堂用;记名道李经方,俟服阕后,以道员遇缺简放。伊孙户部员外郎李国杰,着以郎中即补;李国燕、李国煦均着以员外郎分部行走;〔四〕李国熊、李国焘均着赏给举人,〔五〕准其一体会试:用示笃念荩臣有加无已之至意。”

又因时局渐定,回銮有期,加恩议和王大臣及东南各督抚,追奖鸿章成绩,特再赐祭一坛,子经迈以三四品京堂候补。十一月,谕曰:“朕钦奉懿旨,奕劻等奏据呈请为已故大学士功德在民,恳建专祠一折。已故大学士李鸿章服官中外,四十馀年,懋建殊勋,安定疆宇。前经叠降恩旨,优予饰终,已准于原籍及立功省分建立专祠,以彰劳勚。兹据奏请各节,京师建立专祠,汉大臣向无此旷典。惟该大学士功绩迈常,自宜逾格以示优异。李鸿章着准于京师建立专祠,列入祀典,由地方官春秋致祭,以顺舆情而隆报享。”二十八年四月,谕曰:“朕钦奉懿旨,原任大学士李鸿章,忠勋久著,饰终之典,前已叠需恩施。现在灵柩回籍有期,朝廷倦念前劳,倍增悼惜!着派醇亲王载沣先期前往致祭。伊子李经方,着加恩以四品京堂候补用,〔六〕示笃念荩臣有加无已之至意。”寻赐祭葬。护理直隶总督周馥、山东巡抚袁世凯、江苏巡抚恩寿、浙江巡抚任道镕疏陈鸿章勋绩,请于山东、江苏、浙江各建专祠,允之。

子经述,袭侯爵,候补四品京堂,以毁卒。子经方,候补四品京堂;经迈,候补三四品京堂。

孙国杰,委散秩大臣,袭侯爵。

【校勘记】

〔一〕可幸者二 "二"原误作"三",今据李鸿章传稿(之一)改。按本
奏内所列举"可幸"之事亦只有二,可证。

〔二〕李鹤章亦立八营于大桥角与之持 "鹤"原误作"鸿"。今据李鸿
章传稿(之一)改。按下文"李鹤章等克无锡"同。

〔三〕未敢休息 "敢"原误作"克"。今据景录卷四八八叶三上改。按
李鸿章传稿(之一)亦误。

〔四〕李国煦均着以员外郎分部行走 "煦"原误作"焘"。今据景录卷
四八八叶三下改。按李鸿章传稿(之一)亦误。

〔五〕李国熊李国焘均着赏给举人 "焘"原误作"煦"。今据景录卷四
八八叶三下改,又"李国焘"原误置于"李国熊"之前,今亦改正。
按李鸿章传稿(之一)均误。

〔六〕着加恩以四品京堂候补用 "着"字原误置于"加恩"之下。今据
景录卷四九八叶一一下改正。按李鸿章传稿(之一)亦误。

阎敬铭

阎敬铭,陕西朝邑人。道光二十五年进士,改翰林院庶吉
士。二十七年,散馆,以主事用,分户部。咸丰四年四月,补官。
九月,丁本生母忧,五年,服阕。六年,补原官。

九年,署湖北巡抚胡林翼闻敬铭在部严整,不可干以私,为
吏胥所畏,因奏调赴鄂委用。十年正月,官军复安徽太湖,敬铭
与有功,以员外郎即补。三月,总办湖北前敌后路粮台,兼理营

务。五月,胡林翼疏荐贤才,言敬铭综核名实,居心正大。十月,与道员邢高魁带队赴蕲、广交界之灵东乡,剿办土匪,擒逆首何致祥等,升郎中,赏戴花翎。十一年二月,以扼剿安徽怀、桐援贼出力,诏以四品京堂候补,先换顶戴。三月,胡林翼奏称:"敬铭公正廉明,实心任事,为湖北通省仅见之才。自接办粮台以来,删浮费,核名实,岁可节省钱十馀万缗。然无位无权,仅能于制造工作节其流,不能督率府、厅、州、县以开其源。可否以湖北两司简用之处,出自圣明采择,若异日蒙特恩赏给阎敬铭顶戴,署理巡抚,臣敢保其理财用人,必无欺伪。湖北岁筹饷项,实已不薄,接办得人,尚可不尽归于府、厅、州、县之中饱,则于国计诚有裨益。"四月,命以按察使候补。七月,署按察使,九月,实授。同治元年六月,巡抚严树森奏言:"敬铭综核精密,守堪砥俗,才可救时。其于刑律则准情酌理,于糈台则弊绝风清。前抚臣胡林翼荐其堪以大任,实为湖北第一贤能。惟杜弊严,斯小人怨;植节峻,则同官猜。流俗之讥评,究无损于清望。能使久于湖北,综握用人理财之大纲,则胡林翼已成之规,不致颓废,未竟之志,必可踵行。"八月,署布政使。九月,丁本生父忧。总督官文奏请留办粮台,诏赏假百日,回山西临晋县寄寓治丧,假满后仍回湖北专办粮台事务。

十月,命署山东盐运使。越日,诏赏给二品顶戴,署山东巡抚。谕曰:"山东现当捻、幅、棍、教各匪纷乘,地方极关紧要,军务吏治,整顿需人。阎敬铭前任鄂省监司,办理诸务,均能认真妥协。今朝廷破格用才,不得已而夺情起用者,系为地方紧要,亟须择人而理。[一]该署抚膺特达之知,自必能矢金革毋避之义,移孝作忠,感激驰驱,以图报效。阎敬铭接奉此旨,〔二〕着即由寄居临晋地方即行驰赴新任,毋庸拘守百日孝满之期。"寻山西巡抚英桂奏敬铭沥陈哀悃,呈请终制,上不允。复谕英桂催令星速赴任,毋任迟误。二年四月,抵任。时教匪入新泰,幅匪犯邹县、曲阜,降众窜阳谷、聊城。敬铭檄曹州镇总兵保德、直隶提督恒龄等探踪截剿,并饬沿途州县严密防堵,而自督军进规淄川。贼踞淄城久。科尔沁亲王僧格林沁攻之未下。敬铭抵淄,奏言:"东省兵勇骄纵,不谙纪律。僧格林沁与臣力求整顿,将尤不得力刻难姑容之勇队,先行遣撤。"报闻。五月,已革参将宋景诗引降众屯东昌旧米市街,反迹渐著,敬铭调按察使丁宝桢改赴东昌,相机进剿。六月,淄川克复,上命敬铭暂驻淄城,妥为经理。各营勇队,分别遣留,以节糜费。

七月,宋景诗股匪回窜莘境,分屯清平之运河二十里铺、官窑口、戴家湾等处,敬铭先后遣都司杨通廉、副将范正坦等:一赴堂邑助剿,一赴清、博河干御之。既,丁宝桢克王家海,敬铭再檄道员林士琦履勘运河,分军防魏家湾、土桥、李海务及阳谷七级镇等处,令之曰:"有一匪潜渡者,杀无赦!"并檄千总张祖荣炮船入张秋运河,上下巡徼,而自由淄移军东昌,驻博平。八月,官军克甘官屯,贼遁直隶开州,馀匪入莘之延家营,遣保德等进剿,焚其巢。九月,宋逆率馀党由直隶东光窜入陵县、平原、高唐、清平等境,并分股过河,回窜堂邑。敬铭檄杨通廉等往清平迎剿,保德由朝观一路回击,贼复窜开州。其散匪步贼,上谕敬铭督饬保德、丁宝桢等分投搜捕,毋留馀孽。因病赏假二十日,在营调理。十月,擒贼目刘厚德、张逢海于阳谷,程敬书于馆陶。自八月至是,计搜捕匪党三千数百名,置于法。宋逆日久稽诛,仍命敬铭严督所属,搜拿务获。敬铭以地方渐次肃清,吁请回籍终制,上不允,有旨令敬铭将可撤之勇,委员率赴蒙城,交都统富明阿助剿。敬铭奏请酌留丁宝桢等营分扎东昌属境,都司马春峤一营驻扎武定,守备郭大胜一营驻扎德州、平原等境,来往梭巡。所留东治六营扼要设防,并于绿营选练兵马一营,以备防剿。诏如所请。十一月,服阕,补山东巡抚。谕曰:"捻匪李大个孜在僧格林沁安徽军营投诚,惟项盘等股仍前负固。东省与徐、宿毗境,并着阎敬铭严饬各军慎密防维,〔三〕毋令阑入。"于是敬铭遣副将陈锡周扼马良集,游击王心安扼韩庄闸,守备郭大胜扼台儿庄。旋回省,奏言:"抽调营兵,改练骑队,为有备无患之资。"报闻。

先是十月,上谕敬铭切实讲求训练,毋得徒托空言,虚糜饷项。其馀勇丁,均即全行遣散。至是,奏言:"东省绿营废弛已久,又兼历年积欠俸饷,既无良将,遂成疲兵。若骤加整顿,撤勇用兵,先须募兵足额,筹给俸饷,而又训练需时,不得不留勇以待,勇粮兵粮同时并发,司库难以猝办。若先行撤勇,恐兖属教匪馀党滋多,沂、兰、郯、费之间受抚幅匪,或怀蠢动。东、直交界降众,虽慑威反正,革面未必革心。即济、武属县盐枭,亦时藉兵威弹治。此暂时不能撤勇之实情也。臣非敢于事平之后,拥兵糜饷,亦非敢意存成见,袒勇轻兵,实因东省事变频仍,奸民多半土著。譬如新病初起,肌肤之疥搔甫定,脏腑之症结未除,荡涤需时,参苓宜备,有非他省情形可比。他省祇期能富,即可自强。东省必先自强,乃可致富。何则?戈鋋不动,斯农亩不废耕耘;

强梁尽除，则良懦自输赋税。近年以来，穷乡僻壤，或偶有奸民啸聚，兵符午发，士马夕临，兵不血刃，而乡民里甲，即已缚献凶渠。不特丁漕较曩岁旺收，且匪类知官司有备，不敢造谋发难，保全民命尤多。此一时不能撤勇之小效也。故臣不敢为节啬帑项之浮词，作粉饰太平之下策，敢为我皇太后、皇上陈之。"又奏言："兵之能强，端恃将领。将领之材，固由性生。性生之贤，亦资汲引。如胡林翼、曾国藩、左宗棠倡率乡里，乐育人材，王鑫、李续宾、李续宜、彭玉麟、杨岳斌、蒋益澧诸臣，诚有将材，实赖推挽，使朝廷知其可用，日加拔擢，自然顽廉懦立，志士奋兴。故楚勇之名遂著。即多隆阿亦赖胡林翼同官日久，所闻于林翼者皆忠君事上之言、轻财重士之谊、行军用兵之窾、信赏必罚之宜。多隆阿质性忠良，天资高朗，遂成名将。学成于所习，信不诬也。前者僧格林沁奏称不可尽用南勇，启轻视朝廷之渐，诚为老谋硕画。且自古名将，北人为多。臣北人也，耻不习兵，才惭定乱。因在军多历年所，见诸军之成败利钝，胸中必往复求其所以然之故。深知纷冗杂凑之军，不求将而先凑兵，则有兵与无兵等，有将与无将同。今北方虽所在募勇，直是匪徒乌合，不知尊君亲上、杀敌致果之方。带勇者功利熏心，贪婪欺饰，以之为将则兵哗，以之办团则民乱。谬种流传，后患滋大。病在不考其技能，不察其志趣。谓弁兵即可出战，镇协即可领兵。无怪乎临阵仓惶，将逃勇溃，为贼所笑。故欲强北方之兵，必先储北方之将。当今之时，北人智勇俱备、马步兼长者，莫多隆阿若矣。其部下曹克忠、石清吉，皆有将材，皆为北产，安见在楚将之下哉？应请旨密饬多隆阿多募北方将士，教之战阵，厉以忠纯，择其忠勇朴质者,疏请补授北方及各省提、镇、参、游。即令莅任练兵,则万一有警,绿营均成劲旅,何必再募勇丁？臣窃谓事莫有急于此者。如其不然,徒恃武科技勇之材,行伍资俸迁转,终蹈所养非所用,所用非所养之覆辙。数十年后,偶有挞伐,仍慨然于用兵不如用勇也晚矣。且南勇规模犹在,训练易成,又致消于北勇诚不如南勇也亦屈矣。"疏上,诏如所请行。十二月,济阳田屯团长王文训聚众围城抗漕,遣参将志昌等掩击之,寻获王文训等于直隶新城。东省团练,恃强抗官,积势已久。敬铭自署任后,通檄郡县,探其稔恶素著者,严缉正法。由是始知有官,团亦驯扰。

三年正月,奏请将沂、兖、曹、济四府所属亩捐,概行停止,从之。四月,请变通捐例以重名器,疏曰:"捐例之开,借以筹备京外饷糈,原为朝廷万不得已之政,而日久弊滋,不但无补兵糈,抑且暗亏国计。外省自道府以至佐杂,皆准捐纳,丞佐杂职尚无民社之责,道则巡查数郡,府则表率一方,州县一官,则寄以地方百姓、城池府库、钱粮征收,责任尤重。自古未有不慎选牧令而能治天下者也。即以纳资阶进,亦不可视之太轻。今计由俊秀捐纳州县,至指省分发,不过千金,即捐免保举一层;专收实银,亦仅增数百金耳。持千馀金之本,俨然为数万生灵托命之官,其意只计及州县之有钱粮,未必计及地方之有百姓。以臣所见收纳钱粮而论,山东一省,大县五六万两,小县亦万馀两不等。彼以官为贸易者厕于其间,略一侵吞,已逾原捐之数,即令严查重究,参革查钞,而所侵之项已归无着。国家所赖者,惟正款之钱粮,捐数不过补助于万一。若如此明效输将,暗亏帑项,通盘筹计,是得于捐输者少,而失于帑课者多。仰恳皇上饬将道、府、州、县四项官职,仍按筹饷定例减二成章程呈缴实银,均在京铜局报捐,不得以钞票现钱绕算,庶可救弊补偏,而于京饷亦大有裨益。”五月,陈山东吏治情形,疏曰:“东省群吏狃于积习,陷溺已深。以诈伪轻捷为有才,以欺饰弥缝为得计,以谣诼诽谤为逞能。究其心志,无非谋利争财,专图私便。国计民生,罔知念及。若钱粮则侵挪捏冒,交代则多半不给,盗贼则讳疾忌医。州县任其狂肆,上下习为宽弛,渐至财匮民乱,酿为今日之忧。实皆政事不立、上下相蒙所致。夫州县固多不肖,何以独甚于山东?实因东省宦途,遇事多支吾敷衍,不求实际;即有事所难行,亦惟以案牍了事。若州县法外生术,上司亦知其苦累难堪,无可如何。儒生正士,类少心计,舞文弄法,或非优为;而由佐杂幕友出身者,往往设法互相仿行,莫可究诘。如东省自道光二十九年清查交代,所有无着亏案,酌提通省俸廉坐支,代人弥补。又以前后军需报销,多有归外筹补之款,以及各项公用,均出通省公摊。即以州县而计,大缺每年摊至五六千金,中小缺亦有千数百金不等。养廉既已提扣无馀,年来兵马纷出,差务络绎,又不免格外需求。时奉核减章程,每多事后折赔,州县非能取之于家,无非上窃公款,下勒民财,日用私侵,纠缠纷杂。迨至清算交代,遂多方狡饰,以为掩盖拖延。至于滥求妄费,陋习相沿,视为成例。道府原可督察州县,而养廉一项,摊扣减成之外,仅有空名,无可具领。稍一仰给,即已为所把持,关口夺气,贪猾之吏,因而挟制成风,更无忌惮,吏治是以愈坏。臣到任一年,严查捏灾,督催交代,近日州县似知愧悔。臣思驭吏之道,非参劾之难,俾中材可由,人人皆奉公守法为难。若欲涤荡心术,讲明政事,非多用正人,稍宽文法,公私不混,出入有经。官有以养其廉,不可以为治;否则虽峻法严刑,亦有难施。臣实见东省政弊,病类痹瘘,难缓针砭。每见属员,语言则极口诰诫,禀牍则手自批答,至于办理各事,深虑欲速不达,惟就愚悃所及,力图补救,以副宵旰精勤、孜孜求治至意。”谕曰:“知之匪艰,行之维艰。务须实心实力,次第慎勉为之!”

时捻逆逼东境,御史王师曾奏请饬带兵提臣傅振邦总办登、莱、青、沂四府团练,上命敬铭体察情形具奏。寻奏言:“敛乡里之财以为饷,集耕种之民以为兵,于事有害无益。即傅振邦亦言本籍之人,不宜再办团练。臣惟有严督地方官力行坚壁清野之实,无再附会团练御贼之名,以挽颓风而弭后患。”事遂罢。四年三月,贼骑至曹、菏、郓、巨各州县境,[四]敬铭檄曹州镇总兵保德等引兵会剿,贼北奔,旋折而南;复檄沂州府知府文彬、兰山县知县长庆募勇分防莒、兰、蒙、沂要隘。四月,赴东昌督军,僧格林沁追贼至曹州,殁于阵。敬铭疏陈:“不能率师救援,请重治臣罪,以彰臣咎。”上以敬铭曾先事陈奏,有“亲王忠奋勇敢,兵凶战危”之言,已屡降旨诫僧格林沁稳慎进攻,诏免议。时群贼数万盘旋曹、菏、郓、巨、濮、范间,另股趋张秋南,将犯省城。敬铭督游击王正起军回省守御,以黄河水仅尺馀,水师舢板不能鼓棹,乃增设炮划数十,派游击周森藻率之,贼折而东。闰五月,赴齐河,与三口通商大臣崇厚商办炮船,遂进驻兖州治兵,饬知府惠庆等率所部赴金、鱼、曹、单、郓、菏、濮、范,凡贼至处,搜捕馀匪;饬总兵杨飞熊扼济宁冉堌集,游击王心安扼菏泽皇镇集、沙土集。既,击贼均胜。九月,贼由单窜江苏丰、沛,麕聚欢口。敬铭度其将由鱼、沛、湖滨回奔滕、峄，乃檄杨飞熊由金乡间道趋滕，贼果入湖滨郑家集，杨飞熊扼运以待之，贼窜徐州。十二月，编设骑队，练习洋枪。五年正月，以荐举贤能失察，降为三品顶戴留任。二月，贼狂窜入巨野，王心安等迎击失利，敬铭方患病请假，仍力疾至东平视师。三月，调杨飞熊等军回扼运河，贼寻扑运，兖沂曹济道文彬督勇团乘夜渡河掩之，斩馘甚夥。贼见防军密，遂引去。四月，敬铭赴济宁，与钦差大臣曾国藩商军事，遂同建分段扼守运河之议。五月，增设四板炮船，教练洋枪队。又偕曾国藩建分段扼守黄河之议。八月，贼大股由曹、菏趋巨野、金乡，并分股潜窜运西，敬铭调知府王成谦及王正起等，分赴巨、郓遮击，而自与道员潘骏文、知府龚易图露宿河堤，分段巡守，历四昼夜。贼连失利，始西遁。王成谦等亦战捷。九月，肥城黄崖教匪张积中谋乱，抗不受抚。敬铭令按察使潘鼎新兼顾河防，抽防运各军亲赴肥城围剿，十日克之。捷奏，赏还二品顶戴。旋因病赏假一月。十一月，奏请开缺，复赏假三月。六年二月，再疏请，允之。十月，召来京，以疾辞。

八年，补工部右侍郎，兼管钱法堂事务，仍以疾辞。光绪三年，命稽查山西赈务。四年三月，偕巡抚曾国荃疏请申明栽种罂粟旧禁。五年三月，以吉州知州段鼎耀扣留赈银，请旨治罪。五月，奏言："山西、河南、陕西、四川各省差徭苦累，请敕分别查办裁减。"上谕着该督抚详察民隐，破除积习，严定章程，所有无名科派，悉予革除；又以上年奉使大臣恩承、童华过境，扰累殊甚，据实奏参，恩承等均议处。是月，晋赈差竣，奏言："病难远行，就近居解州就医。"上以敬铭办事实心，任劳任怨，诏准其安心调理,一俟病痊后,即行来京陛见。八年正月,擢户部尚书,疏辞,上不允。五月,到任。十一月,奏劾广东布政使姚觐元、湖北荆宜施道董俊翰、候补道杨鸿典因前任户部司官声名贪劣,请旨罢绌,从之。九年正月,赐紫禁城骑马。署兵部尚书。十一月,以饷款艰难,疏陈新疆南北两路屯田事宜,请旨饬下新疆各路统兵大臣速议章程,刻期一律兴办,诏可。十年二月,敬铭虑屯田抵饷,每年不过节省数十万金,若不裁勇,终虞难继,因复统筹全局疏陈三事:一曰定额饷,略言:"甘肃新疆自回逆构乱,攻剿之师,另拨月饷,额饷久已停解。今西路渐就肃清,应照左宗棠奏案,每年调拨的款三百数十万两,合之本处岁入留抵之款,已在四百万两上下。嗣后不准再向商借,亦不得率请部储。"一曰定兵额,略言:"全疆兵勇,数逾五万,较成平额兵四万之数,已多一万有奇。力分于将多,财匮于兵众。臣等窃以为新疆既改设州县,时势变迁,乌鲁木齐、巴里坤、古城、库尔喀喇乌苏等处自遭回乱,旗丁所存无多,宜归并伊犁,即以伊犁将军专辖旗兵,如内地驻防之例。应令刘锦棠等通盘筹画,就额饷数目,酌留兵勇,应并者速并,应裁者速裁,合南北路满、蒙、汉兵勇,总不复逾旧额四万之数。现在防营无事,口分尚给行粮,若有事之时,加饷则款愈难筹,不加则何以示劝?臣等拟仿成法,量为变通,暂以二万人为勇,改行粮为坐粮。出征外域,始照行粮支给。再于客勇之愿留关外者,选精壮万数千人,规复制兵,照土勇章程支给。其驻防及台站卡伦各项官兵口分,有较土勇少者,无庸议增,以节饷项。"一曰一事权,略言:"调拨额饷,今议汇总发给,必须得人总会其成,俾各营章程画一。解到之款,专归一处分拨,各军各路差员尽可裁撤,以裕兵食。"敬铭又以督办新疆军务大臣刘锦棠奏称西饷支绌,请旨饬部通筹全局,务使勇有确数,饷有的款,为经久之计,因详筹未尽事宜。复疏言:"臣部前奏请留兵勇四万,计应裁去一万馀人。论者必以散勇无业为虑,岂知正供有限,断不能举天下无业之辈,咸仰给于度支;况勇营半系空名,多非实数,总在该大臣确查勇数,核实归并,自无弃人,即勇无浮冒,遣散亦不为无法。夫汰弱留强,合全疆满、蒙、汉兵勇以四万人为额,不准将弁空名冒领,则有确数矣。旧饷悉停,新定额饷以三百数十万两为断,俾各省关专顾新饷,则有的款矣。"诏下刘锦棠等按照该部所奏各节切实筹商,务就左宗棠原议三百数十万之饷,量入为出,撙节开支,以期经久而昭核实,议定后速行具奏。

三月,命在军机大臣上行走、总理各国事务衙门行走。四月,遵议乌鲁木齐都统恭镗奏请规复乌垣旧制额设员弁经书,敬铭疏言:"乌鲁木齐各项官员实难规复旧制,新疆改建郡县,左宗棠原有请设督抚之议,应请饬下督办大臣刘锦棠等将乌鲁木齐等处都统大臣应否裁撤,及一切事宜应如何办理之处,悉心妥筹奏明办理。"诏可。又遵议御史程鼎芬奏嗣后遇有灾缓之年,州县概于勘报日起,照例停征,疏定章程五条。五月,命以户部尚书协办大学士。六月,奏请停止各省都统等官来京路费。时塔尔巴哈台参赞大臣锡纶奏请饬部垫还俄商积欠,诏下户部垫拨银十二万两。敬铭疏言:"臣部无代各省清偿欠款之例。今锡纶私向俄人定议,许俄人向臣部及总理衙门索偿,实属冒昧。应请旨将锡纶严加议处,以昭炯戒。至部库关系根本,畿辅密迩津门,现办海防,实难轻予外拨。查山西、河南、安徽、陕西等省均有欠解塔城军饷,拟每省各提拨积欠银三万两。陕西、安徽道路较远,拟令山西、河南代两省先行各垫拨三万两,以免贻误。"诏如所请。十二月,遵议筹饷,偕军机大臣等疏陈开源节流各十二条,均得旨次第施行。十一年六月,遵议御史刘恩溥奏请清厘民欠疏定章程十条。

十一月,补大学士,管理户部事务。十二月,授东阁大学士。十二年三月,上恭奉慈禧端佑康颐昭豫庄诚皇太后祗谒东陵回銮,以敬铭随扈,赏穿黄马褂。四月,查明八旗浮支库银,奏定章程十条。五月至八月,因病屡请开缺,赏假者四。九月,复沥陈衰病,谕曰:"阎敬铭久病之后,力难兼顾,自应量加体恤,着开去军机大臣差使,俾得专心部务。所有年间应得赏项,俱照军机大臣赏给,用示优眷。"十月,充会典馆正总裁。时朝议整顿钱法,拟先令直隶、江苏各督抚添购机器,制造制钱。十一月,敬铭奏言:"机器制造钱文,工本过巨,京局开炉,恐滋市廛疑虑。请于滨临江海各省应解京饷内,酌易制钱,解在天津备用。"钦奉慈禧端佑康颐昭豫庄诚皇太后懿旨:"该堂官不能仰体朝廷裕国便民之意,饰词延宕,着交部严加议处。"寻议上,钦奉懿旨加恩改为革职留任。

敬铭自任户部尚书后,凡议覆陕西、甘肃关内外、伊犁、乌鲁木齐、古城收支军饷俸饷,及防勇口粮,杂支章程,与各省制造善后等局经费,有裁减者,有删除者,有归并者,有酌定额数者,有停止部垫者,有复额饷而符旧制者,无不力求撙节以裕饷源。或各省藩司督催交代不力,委解饷项迟延,均请旨议处,以为通同徇隐者戒。十三年十二月,开复革职留任处分。自十月至十四年三月,因病屡请开缺,赏假者三。七月,复疏请,诏准其开缺,在京安心调理,并谕:"该大学士近年整顿部务,日有起色,朝廷倚任方深。一俟病体就痊,即行具折请安,以慰眷注而资简畀。"十五年,疏请回籍,允之。诏加恩赏给驰驿,一俟病痊,即行来京陛见。

十八年,卒。遗疏入,谕曰:"致仕大学士阎敬铭,清勤直亮,练达老成。由部属于咸丰年间调赴湖北军营办理粮台,荐升藩臬。蒙穆宗毅皇帝特达之知,擢任山东巡抚。因病乞退,旋补授工部右侍郎,以旧疾未痊,辞不赴职。朕御极后,宣召来京,简授正卿,参预机务,晋赞纶扉。宣力有年,克勤厥职。嗣因患病,开缺回籍。兹闻溘逝,轸惜殊深!着加恩追赠太子少保衔,照大学士例赐恤。任内一切处分,悉予开复,应得恤典,该衙门察例具奏,用示笃念耆臣至意。"寻赐祭葬,予谥文介。

子迺林,荫生,太常寺典簿;迺竹,礼部主事。

【校勘记】

〔一〕系为地方紧要亟须择人而理 原脱"紧要"二字,又"亟"误作"急"。今据毅录卷四七叶一下补改。按阎敬铭传稿(之一)均误。

〔二〕阎敬铭接奉此旨 原脱此七字。今据毅录卷四七叶一一下补。按阎敬铭传稿(之一)亦脱。

〔三〕东省与徐宿毗境并着阎敬铭严饬各军慎密防维 "境"原作"连",又脱"并"与"严"二字。今据毅录卷八五叶三八下至三九上改补。按阎敬铭传稿(之一)误脱。

〔四〕各州县境　"境"原误作"郡"。今据阎敬铭传稿(之一)改。

张之万

张之万,直隶南皮人。道光二十七年,一甲一名进士,授翰林院修撰。二十九年,充湖北副考官。咸丰元年,充河南正考官。二年,大考二等。八月,充河南学政。

三年,粤匪北犯,豫捻乘机并起,破归德,逾睢州,近逼开封,省垣戒严。之万条上防剿事宜及地方钱谷差徭诸积弊,先后凡十馀疏,多允行。嗣以捐输军饷,下部优叙。六年,充日讲起居注官。七年,命在上书房行走。八年,命授钟郡王读。九年三月,升侍读,充会试同考官。九月,大考二等,记名遇缺题奏,并赏大卷缎袍料。十年,擢翰林院侍讲学士,充会试同考官。十一年,擢詹事府詹事,兼署工部左侍郎。十二月,擢内阁学士兼礼部侍郎衔。同治元年,升礼部右侍郎,仍兼署工部左侍郎。先是,南书房、上书房翰林,奉懿旨编辑历代帝王政治及前世垂帘事迹,可为法戒者。三月,之万偕太常寺卿许彭寿等汇纂,书成,锡名治平宝鉴,赏赉珍物。六月,转吏部左侍郎。九月,御史刘毓枬奏劾河南州县,苛派擅杀,命之万往按得实,巡抚郑元善及知县任桂、副将杨飞熊等以次降革。十一月,即命之万署理河南巡抚。甫视事,疏请厘定折漕,言:"军兴以来,湖北变通漕折,国与民俱得其利。河南收漕州县大抵折征银钱,每石约银四两。请令各州县以三两三钱解交司库,馀仍留为本县公费。司库设局津通,以二两一石购米上仓。再以一两为河南军饷,可支通省

二、三月军食，所馀三钱，留为通省办公之费，有馀仍归军饷。"疏
入，有旨嘉其直陈漕弊，不避嫌怨，饬部施行。

时捻匪张乐行往来扰犯涡河南北，而临漳、内黄土寇，四出
响应，苗沛霖所练团丁，复形反侧。之万遣总兵李世玉、杨长春、
余际昌等督兵攻剿，兼以计控驭苗、练。十二月，捻酋陈大喜窜
踞淮南萧王寨，逾陡沟，渡淮西，走犯南阳。之万亲赴汝州督师，
令总兵张曜、余际昌先攻张凤林老巢，以分贼势，张凤林震慑乞
降。之万侦其诈，饬诸军严阵以待，擒张凤林斩之。二年正月，
补授河南巡抚。御史昌序程奏请饬河南各州县征收地丁，每银
一两改征制钱三千，借充军饷。之万覆奏："豫省地丁钱粮，完银
完钱，各处不一，虽数之多寡小有不同，然往往皆不及三千。今
若一律加收，恐民心惊惶，疑为加赋，反致纷扰。"遂寝其议。是
时陈大喜窜安徽阜阳，与皖捻相连结。其党鲍金湖遂由岳城趋
杨庄，逼雷堰；戴应华、萧文信亦乘间入张冈，南与土扶桥贼巢互
为声援，势张甚。西路新抚各寨，见贼氛方盛，皆存观望。张曜
乃率所部并力规取荒坡，以防窜逸。余际昌会同总兵赵鸿举等
连营环堵，以断西南各捻勾结之路，镇抚新附及未叛各寨。二
月，陈大喜复纠党踞杨寨，牵制官军。之万飞檄余际昌等败贼于
土扶桥，追奔至光山县南之白雀园。同时总兵陈禄兴、赵鸿举亦
败贼于张冈，克杨寨，匪势稍戢。四月，苗沛霖叛，皖豫大震。适
总兵余际昌遇伏阵亡，贼焰益炽，又踞土扶桥及方家寨、万安店，
与张冈犄角。张曜先奉檄进军归、陈，至是之万飞调张曜驰赴张
冈，与团练大臣毛昶熙所遣各军合围张冈，连战皆胜，援贼败散，
分窜皖楚。逆酋张凤舞穷蹙乞降，斩于阵，遂拔张冈。汝南全境

肃清。

之万分遣诸将东赴归、陈,南防光、固,为防苗剿捻之计,而自驻许州,居中策应。七月,回省,兼顾省防。八月,亳捻乘虚由临颍窜许州,陷大庄,保全两寨。上以之万不知缓急,径回省垣,致该匪乘虚奔窜,深入腹地,降二级留任。十月,捻首张总愚为科尔沁亲王僧格林沁所败,西南走鲁山、南召,入邓州,直西窜淅川厅,窥陕西;而逆首蓝大顺由山阳、商州走西坪,将与张总愚合。朝廷以其地为三省险塞,山岭丛沓,又逼近武关,为西安将军多隆阿大营转运之路,而张、蓝皆巨寇悍酋,频诏之万加意严防。之万遣湘勇四营会张曜往攻之,连败总愚于重阳店,乘胜进袭西坪,〔一〕蓝逆亦败,仍走陕西。二寇由此破散。十二月,之万进军汝州,防剿皖楚窜寇。三年四月,由汝州移营南阳,克汝南贼巢,戮巨捻赵国良等。四年正月,贼犯开封,之万回省,击走之。三月,捻匪窜山东曹州,之万饬张曜等军出境会剿。四月,署理河东河道总督。五月,僧格林沁战殁曹州,上以之万督剿不力,部议降三级调用,诏降为三品顶戴,革职暂留署任。〔二〕八月,河南巡抚吴昌寿领军赴许州,省城空虚,贼遂逼近陈留,为掩袭计。之万督饬防河将弁分道设防,别选精锐二百,择要扼守,贼不得逞。九月,赏还二品顶戴,补授河道总督。之万视工验料,事必躬亲,著治河刍言。时工程与军事并急,之万励精筹防,民得安堵。五年八月,调补漕运总督。十月,捻匪阑入徐州,蓄志南犯。之万以里下河为江淮财赋所出,而清淮为里下河门户,洪泽湖、成子河、六塘河皆清淮要地,部署诸将,步步设防。又调浙军洋枪队三千人分布各处,与清淮炮船相辅。十二月,东捻突过六塘河,踞盐河两岸,谋窜越运河,与西捻张总愚合。之万檄记名总兵姚广武、张从龙水陆各军击败之,生擒捻酋赖文光,馀寇俘斩略尽。捷入,赏头品顶戴,并赏戴花翎。七年闰四月,复亲赴台庄,督诸将与直、豫、皖各军进讨西捻。七月,捻首张总愚伏诛,东南大定。乃疏陈江北善后事宜。九年,调补江苏巡抚。[三]十年,偕署两江总督曾国藩会议海运漕、白二粮章程十二条,均见施行。九月,补授闽浙总督。十月,以母年逾八旬,奏请开缺回籍养亲。上以情词恳切,许之。

　　光绪八年正月,谕令来京陛见。二月,授兵部尚书,赐紫禁城内骑马。十二月,充经筵讲官。九年正月,调补刑部尚书。三月,充会试副考官。十年三月,命在军机大臣上行走,兼署吏部尚书。九月,充上书房总师傅。十一年正月,奉懿旨:“刑部尚书张之万赞襄枢廷,小心谨慎,办理庶务,悉臻妥协。着交该衙门从优议叙。”十一月,以刑部尚书协办大学士。十二年三月,赏穿黄马褂。四月,充教习庶吉士。十月,充会典馆正总裁。十四年,充方略馆总裁。十五年正月,补授大学士,管理户部事务。皇上大婚礼成,懿旨赏加太子太保衔。二月,授体仁阁大学士。十六年,遵故父张玉册、母张孟氏遗命,捐助畿辅赈银一千两,赏给“乐善好施”匾额,准予建坊。十七年正月,奉懿旨:“大学士张之万翊赞枢廷、公忠共矢,襄理庶务,深合机宜。着交该衙门从优议叙。”十一月,赐西苑门内乘坐二人肩舆。十八年八月,管理吏部事务。九月,授东阁大学士。十二月,以二十年恭逢慈禧端佑康颐昭豫庄诚寿恭钦献皇太后六旬万寿,奉旨着张之万总办庆典。二十年正月,奉懿旨赏戴双眼花翎,并赏用紫缰。十月,谕张之万年逾八旬,着毋庸在军机大臣上行走,用示体恤。十二月,以捐金赡族,赏给御书匾额。二十二年,因病屡请开缺。九月,谕张之万着以大学士致仕,加恩赏食全俸。

二十三年五月,卒。遗疏入,谕曰:"致仕大学士张之万,老成练达,学问优长。由道光丁未科一甲一名进士,授职修撰,入直上书房,叠受先朝知遇之隆,荐擢卿贰。扬历封圻,勋劳卓著。朕御极后,宣召来京,简任正卿,参预机务,晋赞纶扉。服官五十馀年,谨慎小心,允称厥职。上年因病屡次奏请开缺,叠经宽予假期,俾得从容调理。嗣因陈恳肫切,准其致仕,赏食全俸。方冀长承恩眷,克享期颐。兹闻溘逝,悼惜良深!加恩着赏给陀罗经被,派郡王衔贝勒载濂带领侍卫十员,即日前往奠醊。晋赠太保,照大学士例赐恤,入祀贤良祠。任内一切处分,悉予开复。应得恤典,该衙门察例具奏。灵柩回籍时,并着沿途地方官妥为照料。伊子刑部员外郎张瑞荫,俟服阕后以本部郎中补用;伊孙张元骥,赏给举人,准其一体会试:用示笃念耆臣至意。"寻赐祭葬,予谥文达。

子瑞荫,刑部郎中;孙元骥,恩赏举人。

【校勘记】
〔一〕乘胜进袭西坪　原脱"袭"字。今据张之万传稿(之一)补。
〔二〕革职暂留署任　原脱"暂"字。今据张之万传稿(之一)补。
〔三〕调补江苏巡抚　原脱"补"字。今据张之万传稿(之一)补。

恩承

恩承,叶赫那拉氏,满洲正白旗人。道光二十三年,由翻译生员补侍卫处笔帖式。二十七年，充玉牒馆誊录官。二十八年二月，委署主事。三月，玉牒告成，得旨俟补实缺后，免其试俸，遇有各部院员外郎缺出，照例选用。咸丰元年，授主事。

三年八月，发逆由直隶临洺关窜正定，随参赞大臣科尔沁郡王僧格林沁出都迎剿。四年二月，选兵部员外郎。十二月，克复东光连镇踞匪，叙功，赏戴花翎。五年四月，僧格林沁克山东高唐及冯官屯，恩承在营劝办捐务出力，以六部郎中遇缺即补。五月，回京，补兵部郎中。六年，调户部颜料库郎中。九年四月，调礼部郎中。五月，英吉利闯入天津大沽口内，恩承随僧格林沁击退夷船，以四品京堂候补。先换顶戴。十年正月，授内阁侍读学士。九月，随僧格林沁剿办直隶河间土匪。十一年，充翼长，随解山东滕县围，克沙沟营、临城驿，破贼曹州，又败之临朐县南，以三品京堂候补。同治元年，授太常寺卿。二年二月，捻首张乐行被擒伏诛，赏穿黄马褂。四月，擢内阁学士，兼礼部侍郎衔。四年二月，授镶红旗蒙古副都统。四月，僧格林沁追贼至曹州，殁于阵。以恩承失于援应，命革职，仍留营带罪图功。八月，护送僧格林沁灵柩回京，总理神机营王大臣奏请调营差委，得旨赏给五品顶戴，交神机营差遣委用。十一月，充翼长，赏还二品顶戴、花翎。旋带队赴奉天剿捕马贼。五年四月，以剿贼出力，开复原官，仍以内阁学士候补遇缺题奏。五月，回京。七月，补原官。十二月，授理藩院左侍郎。六年四月，调工部右侍郎，兼管钱法堂事务，署镶红旗蒙古副都统。十一月，以敬事房下司房不戒于火，扑救出力，赏加三级。七年正月，捻匪张总愚由晋渡河，意图北窜，上谕着总理神机营马步官兵驰往雄、霸一带扼防，与陕甘总督左宗棠、直隶总督官文、钦差大臣李鸿章联络声威,设法圈制,六月,调工部左侍郎,留营剿贼。七月,捻逆荡平,上以恩承总统诸军,调度合宜,赏还黄马褂。

十一月,充拣选主事等官大臣。八年六月,查勘泰陵方城后券门工程。八月,授正蓝旗汉军副都统。九月,管理新旧营房事务。十一月,盛京永陵草仓河新修工程被水冲淘,命与吏部尚书单懋谦前往承修。旋奉旨校阅壬戌、甲子两科陕西驻防翻译乡试试卷。十二月,管理神机营事务。九年二月,赴盛京承修永陵工程。七月,回京。十一月,兼署刑部左侍郎。十二月,以原修陵街西堡土堤泊岸工程未能坚实,上谕着于明春携带钱粮,驰赴工所先行挑挖河道,就近会同都兴阿、奕庆详加履勘,应如何酌用料件以期稳固,泊岸如何镶埽,暂为保护,并工料运脚应需钱粮若干,通盘筹画,再行奏明办理。十年二月,调礼部右侍郎,偕礼部左侍郎温葆深赴盛京工所修理河道。八月,工竣,奏称草仓、苏子两河水势迁流不定,请饬随时保护,如所请行。十一年五月,授正黄旗满洲副都统。七月,调补刑部左侍郎,充右翼查城大臣。十二年二月,署左翼总兵佩带正黄旗蒙古都统印钥。七月,署正蓝旗蒙古副都统,充崇文门副监督。十月,磨勘武乡试试卷。十一月,校阅各省驻防乡试试卷,充拣选赞礼郎大臣。十三年正月,兼署户部左侍郎,兼管三库事务,并署镶黄旗满洲副都统。二月,充监放马驼大臣。五月,管理新旧营房事务。七月,署正红旗满洲副都统。九月,上阅神机营兵丁操演,队伍整齐,诏加二级。十月,慈禧端佑康颐皇太后四旬万寿,以恩承母许氏年逾八十,赐御书匾额、紫檀三镶玉如意、大卷江绸袍褂料、小卷八丝袍褂料。十一月,调吏部左侍郎。十二月,充八旗值年大臣。

光绪元年正月,署左翼总兵,旋署正蓝旗蒙古副都统。二月,恭修穆宗毅皇帝实录,充副总裁。七月,充翻译录科阅卷大臣。署户部左侍郎,兼管三库事务。八月,授总管内务府大臣,以吏部左侍郎管理户部三库事务。九月,上奉两宫皇太后懿旨,躬送穆宗毅皇帝、孝哲毅皇后梓宫启銮,命署右翼总兵,暂行佩带武英殿印钥、武备院印钥,旋命盘查陈设,署正黄旗汉军都统。十二月,命恭办惠陵工程。二年正月,署户部左侍郎,兼管三库事务。七月,充翻译录科阅卷大臣。九月,管理火器营事务,充翻译乡试正考官。十一月,署左翼总兵。三年正月,管理宁寿宫印钥。四月,署正黄旗护军统领,旋署右翼总兵。赐紫禁城骑马。四年正月,兼署户部右侍郎,管钱法堂事务。三月,擢都察院左都御史、正蓝旗汉军都统,署镶红旗汉军都统。五月,授礼部尚书,管理药房、造办处印钥。以御史邓庆麟纠参光禄寺署丞敬惠揽权营私各款,上命乘公查办。寻查明奏请撤去敬惠一切差使,下部议处,如所请行。充左翼查城大臣,稽查七仓、稽察左翼宗学。

九月,以御史吴镇前奏劾四川东乡县知县孙定扬苛派激众,诬叛冤民,提督李有恒纵兵滥杀,殃及无辜,总督丁宝桢拆毁离畢,妄更水利,不谙机器,私亏库款,纵容私人,徇庇劣员,覆奏不实,意存回护各节,命与侍郎童华驰往四川查办。寻查明奏请将李有恒严讯,并将玩误公事知县路朝霖议处,从之。又奏言:"都江堰堤工旧用竹笼作堤,此次全行揭去,改用石工,致河身逼窄,水势激冲,将新堤一百二十丈冲刷过半。与丁宝桢前奏仅冲刷金刚堤三丈馀情形迥不相侔;又所设机器局费用较巨,制造未能精良,道员劳文翻管理筹饷局务,据称无提银送归督署之事,道员丁士彬、劳文翻,前署华阳县知县泸州知州田秀栗,[一]与门丁黄瑞庭交结,虽无确据,然人言藉藉,不尽无因。”奏入,上谕丁宝桢着交部议处,前署成绵龙茂道丁士彬、前署灌县知县陆葆德承修堤工,领款甚巨,现经查明,做法与原禀悬殊,难保无浮冒侵蚀情事,均着先行交部议处;又谕即将机器局停止,责成藩、臬两司将劳文翻历年所发款目,逐一清查,田秀栗撤任察看,黄瑞庭驱逐回籍。五年闰三月,[二]覆陈川盐改办官运,借拨成本,数目不符,征收款项,亦多牵混,摊收杂款,名目繁多,开支薪水勇粮等项,为数甚巨。又言:“从古言利之臣,咸以不加赋而财用自足之语,为动人听闻之具。及行之日久,弊端丛集,隐患孔多。溯自军兴以来,川省厘、捐两项,协拨饷需以千百万计。苟非国家深仁厚泽,培养多年,何以人乐输将,一至于此?岂非藏富于民之明效大验哉?方今军务肃清,民气未复,朝廷屡下勤恤之诏,疆吏宜宣惠养之仁。乃川省设立官运局以来,动云兴利除弊,然必有利无弊,或利大弊小,权其轻重,因势利导,而后有利于国,不病于民。如弊大利小,尚不得以利国者病民,况无甚利于国而又甚病于民乎?如官运局所征正款,已暗寓加厘,所收杂款,更巧为摊派,下与小民争利,竞及毫厘,利弊相权,得失可证。现在司、道两库提解之款,既已久假不归,而应收之款,又不照章汇解,一出一入,悬欠百万有奇,致正款反形支绌,似于国计民生两无裨益。”敕户部详核妥议。途次奉旨俟四川查办事竣,驰赴云南查办事件。五月，奏言："云南提督胡中和勇营尚无溃散情事，因四川协饷未解，无从垫发，其咨请裁撤楚勇两营，发给两月饷银，并非含混支领。开缺盐法道沈寿榕查无与魏鼎勋等私事干求，胡中和请赏还黄马褂、勇号，沈寿榕请开复原职，已革知府魏鼎勋等，请敕该督随时察看，如果始终奋勉，再行奏请开复。"得旨报可。旋以工部右侍郎阎敬铭奏劾恩承入川时，在华州途次失察家人需索，下部严加议处。寻议降三级留任，上命改为革职留任。

八月，回京，管理咸安宫事务。九月，充翻译举人覆试阅卷大臣。十月，充磨勘武乡试弓刀石大臣，署步军统领。十一月，穆宗毅皇帝实录全书告成，偕大学士宝鋆等吁请停免议叙，允之。旋授步军统领。六年八月，充紫禁城内值年大臣。十二月，管理牺牲所事务。七年三月，大行皇太后仙驭升遐，命恭理丧仪。九月，孝贞显皇后梓宫永远奉安地宫大礼告成，赏加二级，并以总理丧仪，赏加三级。十二月，丁母忧。八年三月，因病请开缺，赏假一月，安心调理。五月，奏请开去紧要差使，得旨着开去总管内务府大臣、步军统领，并毋庸管理神机营事务，以示体恤。八月，署左都御史。九年三月，署兵部尚书。四月，充翻译庶吉士散馆阅卷大臣。九月，署正黄旗满洲都统。十年三月，调镶蓝旗满洲都统。五月，调刑部尚书。八月，署镶蓝旗蒙古都统，充内大臣，调吏部尚书。九月，充考试翻译童生阅卷大臣。诏以吏部尚书协办大学士。十二月，充满洲经筵讲官。十一年二月，承修东陵工程。九月，稽察钦奉上谕事件处。

十一月，补授大学士管理理藩院事务。十二月，授体仁阁大学士,充文渊阁领阁事、管宴大臣。旋以注册错误,又斋戒期内呈递刑名处分折件,罚俸四个月。十二年二月,上谒东陵,命留京办事,暂行佩带镶白旗满洲都统印钥,内翻书房印钥、上虞备用处印钥。三月,管理雍和宫事务。四月,充翻译会试正考官。九月,充武殿试读卷大臣。十月,充会典馆正总裁。十三年二月,充国史馆副总裁。四月,与刑部侍郎薛允升赴广西查办事件,途次奉上谕:“前据御史蒋镇嵩、屠仁守,翰林院侍讲学士龙湛霖等先后奏参湖南巡抚卞宝第昏庸贪污,任用劣员,傲惰乖戾,委任私人,暨地方官讳匿劫盗重案,署提督李胜贪污营私各折,命往湖南分晰确查。寻查明卞宝第、李胜被参各款,均无其事,桃源县知县朱益濬因村民与书差滋闹,〔三〕辄以风闻匪党滋事等词,张皇具禀,前署道州知州钱绍文屡被参劾,不孚众望,奏请将朱益濬、钱绍文等交部分别议处,如所请行。又以御史张廷燎奏新郑县民女蒲爱妮叩阍代兄伸冤一案,并洛阳县知县王道隆滥加粮额,酷刑毙命各款,命往河南查办。寻查明奏请将蒲爱妮照例监禁,俟缉获蒲套妮质讯,新郑县知县邹金生即行革职,洛阳县知县王道隆即行革职,发往军台效力赎罪。巡抚边宝泉于王道隆滥刑毙命各节,不行即时参奏,请交部察议。孟津县知县陈理裕、河南府知府承恩、候补知府冯光元、署洛阳县知县康乃猷承审不实,请分别议处。十四年,署步军统领。十五年正月,授东阁大学士。三月,慈禧端佑康颐昭豫庄诚寿恭钦献皇太后归政,崇上徽号,命充恭进册宝大臣。四月,充殿试读卷大臣。八月,署镶白旗汉军都统。十六年闰二月,上谒东陵,命留京办事,并暂行佩带正黄旗汉军都统、内翻书房暨健锐营、武备院各印钥。三月,皇上二旬万寿,充捧诏大臣。六月,上以恩承年逾七旬,御书"纶扉笃祜"匾额赐之。十七年,充武闱会试监射大臣。十八年四月,充殿试读卷大臣。

闰六月,卒。遗疏入,谕曰:"大学士恩承,恪慎持躬,老成练达。历受先朝知遇,由主事随剿军营,转战直隶、山东、河南各省,卓著战功。赏穿黄马褂,荐升卿贰。朕御极后,简擢正卿。历任都统,晋陟纶扉,管理理藩院事务。宣力有年,克勤厥职。前以微疴给假,方冀调理就痊,长资倚畀。兹闻溘逝,悼惜殊深!着赏给陀罗经被,派辅国公载泽带领侍卫十员,即日前往奠醊。加恩晋赠太子太保衔,照大学士例赐恤。入祀贤良祠。任内一切处分,悉予开复。应得恤典,该衙门察例具奏。伊子文森,着俟及岁时,以六部主事分部行走,用示笃念耆臣至意"。寻赐祭葬,予谥文恪。

子文森,赏主事。

【校勘记】

〔一〕前署华阳县知县泸州知州田秀栗　原脱"泸州知州"四字。今据景录卷九九叶一六上下补。按恩承传稿(之五)亦脱。

〔二〕五年闰三月　原脱"五年"二字。今据景录卷九一叶一上补。按恩承传稿(之五)亦脱。

〔三〕因村民与书差滋闹　"差"原误作"屋"。今据景录卷二四五叶一一上改。按恩承传稿(之五)亦误。

宗室福锟

宗室福锟,镶蓝旗人。父载耀,吉林副都统。

　　福锟,咸丰九年进士,签分吏部学习主事。同治元年九月,期满奏留。三年十月,补官。七年正月,调赴步军统领衙门,兼办司员上额外行走。十月,借补满洲员外郎。八年十二月,充内馆监督。十一月,补步军统领衙门兼办司员。十年九月,调补户部银库员外郎。十一年十月,因恭办穆宗毅皇帝大婚,保奏俟补员外郎后遇有本衙门郎中缺出,无论咨留即行借补,并加四品衔。寻赏戴花翎。十三年九月,以步军统领衙门裁撤兼办司员,仍回户部当差。光绪元年六月,以三库年满,无缺转补,回原衙门行走。旋以回避姻亲吏部右侍郎崇绮,改分兵部,充普祥峪工程处监督。二年五月,补工部员外郎。四年十二月,授右春坊右庶子。五年三月,转补左庶子,充日讲起居注官。四月,升翰林院侍讲学士。十月,转补侍读学士。十二月,授太仆寺卿。六年六月,赏副都统衔,充西宁办事大臣。八年正月,授兵部右侍郎。五月,调刑部右侍郎。九年二月,调户部右侍郎,兼管钱法堂事务。六月,转左侍郎,兼管三库事务。十年二月,充军政大臣。三月,兼署步军统领。四月,充专操大臣。五月,升工部尚书,补授步军统领。闰五月,命在总理各国事务衙门行走。七月,充崇文门正监督。八月,授总管内务府大臣,管理圆明园印钥。十月,赐紫禁城骑马。十一月,调户部尚书,并命协办大学士。十二月,充经筵讲官。十二年正月,充武英殿总裁。二月,皇上恭奉慈禧端佑康颐昭豫庄诚皇太后祗谒东陵,命福锟留京办事,佩带健锐营印钥。十月,充玉牒馆副总裁。

　　时京师制钱日少,臣工有请以机器鼓铸者,事下户部,福锟等奏言:“机器造钱,工本过巨。京局开炉,恐滋市井疑虑。”奏入，奉慈禧端佑康颐昭豫庄诚皇太后懿旨："户部堂官不能仰体朝廷裕国便民之意，饰词延宕，实属大负委任，交部严加议处。"十三年正月，部议福锟比溺职例革职，懿旨加恩改为革职留任。闰四月，署对引大臣。十月，署正红旗汉军都统。十一月，派管理新旧营房。十二月，奉懿旨，加恩开复革职留任处分。十四年七月，复命充崇文门正监督。八月，充顺天乡试正考官。十月，充大婚纳采副使。十五年正月，奉懿旨，赏加太子太保衔。四月，充教习庶吉士。詹事府右庶子崇文奏参军机大臣张之万接纳外官各款，命福锟及工部尚书潘祖荫查明具奏。十月，与祖荫奏言："张之万住居湫隘，无设执客堂谈机密之事。枢臣接见外官，借以考核人才，原系向来体制。不得以因公谒见，谓为接纳营私。惟僧静洲以方外浮屠，往来仕宦之家，易招物议，请驱逐静洲回籍。"

十六年闰二月，补授内大臣。三月，皇上恭奉慈禧端佑康颐昭豫庄诚寿恭钦献皇太后祗谒东陵，复命福锟留京办事。七月，兼署吏部尚书，管理户部三库事务。寻以前充殿试读卷大臣时，于一甲二名进士文廷式试卷策内笔误"间面"二字，未经签出，奉旨交部照例议处。十七年七月，兼管圆明园三山事务。十一月，补授阅兵大臣。十八年五月，再充专操大臣。闰六月，命稽察钦奉上谕事件处。寻充对引大臣。八月，管理宗人府银库。补授大学士，管理户部事务。九月，授体仁阁大学士。十一月，派考应封宗室，管理咸安宫事务。十二月，以二十年恭逢慈禧端佑康颐昭豫庄诚寿恭钦献皇太后六旬万寿，奉旨着福锟总办庆典。十九年十月，福锟六十生日，慈禧端佑康颐昭豫庄诚寿恭钦献皇太后以御笔书画及联额,寿佛如意、文绮等件赐之。皇上亦颁赏"福"、"寿"字匾额,寿佛如意、文绮等件。十一月,上谕:"御前大臣晋祺等奏,禁门约束不严,请将值班各员交部议处。朕昨日前诣大高殿拈香,还宫时,神武门外人声喧杂。该前锋护军统领等约束不严,咎实难辞。步军统领福锟,着交部议处。"又以内务府奏请拨款,经户部拨银三十万两,并奏称明年新增之款,不得再向部库借拨。上谕:"库款出入,岁有常经。近年以来,内务府屡请借拨,有加无已。福锟等平日不能严饬司员力求撙节,实属办理不善。总管内务府大臣福锟着交部议处。"

二十年正月朔,以皇太后本年六旬万寿,奉懿旨,赏戴双眼花翎,穿带嗉貂褂。先是,陕西正考官翰林院编修丁惟禔于放差后,有太监张秀林持票向索谢银,编修饶士腾亦与闻其事,经御史林绍年奏劾,下福锟查办。至是,讯鞫得实,饶士腾服毒自尽,请褫丁惟禔职,论太监张秀林如律。二月,以内务府有舒明朦保一案,坐降一级留任,罚俸一个月,均不准抵销。时京师地面盗案层见叠出,奉旨着步军统领等严饬捕盗员役认真躧缉,不得稍涉疏懈。三月,福锟奏参正蓝旗汉军署协尉荣光等疏防盗案,未能全获,请交部议处,诏从之。六月,奏请变通缉捕章程,略云:"兵以弭盗,势必处于至强;盗不畏兵,习在缘于积弱。近来伙盗,类皆携带洋枪,缉捕兵丁仅持钩竿木械。盗怀利器,兵失所长,以致轰毙官兵之案,层见叠出。应请嗣后巡夜官兵,准其执持鸟枪相抵,如有杀伤之处,俱予勿论。"九月,上谕:"步军统领管理地方事务,责任綦重,福锟差使较多,深恐未能兼顾,着开去步军统领之缺。"是冬,因病叠次请假。二十一年春,再疏请开缺,均赏假调理。闰五月,复请开缺,上谕:"福锟在内廷行走,平日办事,谨慎老成。兹以久病未痊,陈请开缺,着以大学士致仕,加恩赏食全俸。"

福锟凡充殿试读卷大臣二次,阅贡士覆试朝考、拔贡朝考、考试试差、各直省举人覆试卷各一次,考试汉荫生阅卷二次。一充八旗值年大臣,充朝审大臣者三,管理沟渠河道者四,勘估工程者八。是年九月,卒。遗疏入,谕曰:"致仕大学士福锟,持躬恪慎,练达老成。由部曹转列词垣,旋陟卿贰,晋擢正卿。叠司文柄,简授步军统领、总管内务府大臣、总理各国事务大臣。荐登揆席,翊赞纶扉,综理部旗事务,补授内大臣,赏加太子太保衔。宣力有年,勤劳懋著。嗣因患病,奏请开缺,以大学士致仕,赏食全俸。方冀克享遐龄,长承恩眷。兹闻溘逝,轸惜殊深! 着赏给陀罗经被,派贝子溥伦带领侍卫十员,即日前往奠醊。照大学士例赐恤,入祀贤良祠,加恩予谥。任内一切处分,悉予开复。应得恤典,该衙门察例具奏。伊子一品荫生毓方,着赏给郎中,俟及岁时分部行走,用示笃念荩臣至意。"寻赐祭葬,予谥文慎。

子毓方,郎中。

宗室麟书

宗室麟书,正蓝旗人。咸丰三年进士,签分宗人府主事。八年二月,补官。八月,充顺天乡试同考官。同治二年,充会试同考官。四年,补授鸿胪寺卿。八月,充张家口税务监督。先是,诏起定陵,麟书派差陵次。至是藏工,上嘉其敬谨,命遇有应升之缺开列在前。十二月,迁太常寺卿。五年,查验东陵赞读等官。六年正月,稽查西四旗觉罗学。二月,补内阁学士,兼礼部侍郎衔。八年三月,迁盛京礼部侍郎。十二月,署盛京户部侍郎,兼管奉天府府尹。

光绪元年,补理藩院右侍郎。二年八月,充顺天乡试副考官。十月,转补理藩院左侍郎。十一月,调补刑部右侍郎。三年二月,充正白旗总族长。十一月,转补刑部左侍郎。四年,调补户部右侍郎,兼管钱法堂事务。五年三月,署正白旗满洲副都统,并佩带镶蓝、正黄旗蒙古统领、都统印钥。五月,转补户部左侍郎,兼管三库事务。九月,命在总理各国事务衙门行走。十一月,调补吏部左侍郎。六年三月,充会试副考官。十月,补授都察院左都御史。七年十月,授理藩院尚书,赐紫禁城骑马。十二月,命偕侍郎薛允升查办江苏命案,详究情实,分别处治,其失入各员,俱论如律。疏上,诏下所司议行。八年四月,兼署吏部尚书。七月,充崇文门正监督。九月,云南官吏因报销一案,牵涉大小京员,事为言官所纠,有旨令麟书、潘祖荫严行审办。因奏言:"查明私信,请旨饬缴,并将疏纵案犯司员,先行交部议处,仍令严催要证,归案审讯。"皆得旨允行。十月,谳成,舞弊各员降革有差。

九年二月,调补工部尚书。十年,恭逢慈禧端佑康颐昭豫庄诚皇太后五旬万寿庆典,诏京外大臣老亲有年届八十者,优加赏赉。上以麟书之母耄年禄养,特赏御书匾额、玉如意、大小卷江绸缎等件。十一月,署理户部尚书。十一年九月,充翰林院掌院学士。十二年,调补刑部尚书。三月,兼署吏部尚书。四月,充教习庶吉士。十月,充会典馆副总裁。十三年,充承修孝陵、荣

亲王园寝工程大臣。十五年九月，调补吏部尚书。十二月，充经
筵讲官。十六年闰二月，充管理户部三库大臣。十七年，复充教
习庶吉士。十八年闰六月，充国史馆副总裁。九月，命以吏部尚
书协办大学士。十二月，充补文渊阁领阁事。二十一年五月，补
授内大臣。六月，补授大学士，管理工部事务。是月，授文渊阁
大学士。七月，充崇文门正监督。二十二年三月，充国史馆正总
裁，稽察钦奉上谕事件处，并充会典馆正总裁。四月，管理户部
事务。五月，授武英殿大学士。二十三年，署步军统领。

　　历充庶吉士散馆、考试汉荫生、考试满汉教习、考试御史、考
试翻译举人、覆试优贡、朝考贡士举人覆试阅卷大臣、〔一〕殿试读
卷大臣、贡士朝考阅卷大臣，覆核朝审大臣。二十四年，卒。谕
曰："大学士麟书，持躬恪慎，学问优长。由宗人府主事，荐历正
卿。屡司文柄，简授内大臣、翰林院掌院学士。旋登揆席，翊赞
纶扉，总理部旗事务。宣力有年，克勤厥职。前因患病给假，方
冀调理就痊，长资倚畀。遽闻溘逝，悼惜殊深！着赏给陀罗经
被，派贝子溥伦带领侍卫十员，即日前往奠醊。加恩晋赠太子太
保衔，入祀贤良祠。照大学士例赐恤。任内一切处分，悉予开
复。应得恤典，该衙门察例具奏。伊子工部员外郎英绵，着以五
品京堂即补，伊孙定恒，着赏给举人，准其一体会试，用示笃念耆
臣至意。"寻赐祭葬，予谥文慎。

　　子英绵，鸿胪寺卿。

【校勘记】

〔一〕考试翻译举人覆试优贡朝考贡士举人覆试阅卷大臣　原脱"翻

译"以下至"覆试"凡十六字。今据麟书传稿(之五)补。

额勒和布

额勒和布,觉尔察氏,满洲镶蓝旗人。咸丰二年,翻译进士,改翰林院庶吉士。三年,散馆,以主事用,签分户部。四年,补主事,记名军机章京。五年,户部奏奖捐铜局承办司员,额勒和布得旨以应翻之缺翻用。六年,补员外郎。十年,迁翰林院侍讲。十一年,转补侍读。同治元年,充日讲起居注官。五月,升翰林院侍讲学士。十二月,升内阁学士,兼礼部侍郎衔。二年六月,擢理藩院右侍郎。八月,署工部右侍郎,管钱法堂事务。十二月,充国史馆副总裁。三年六月,署镶黄旗汉军副都统。七月,兼正白旗蒙古副都统。[一]会热河土默特贝勒旗老头会聚众肆掠,势甚炽。额勒和布奉命往查,廉得实,请将贝勒议处,其佐领章京德瓦拉布窣等降革有差,事遂定。十月,调补正黄旗满洲副都统。四年五月,调补镶白旗满洲副都统。

九月,补授盛京户部侍郎,兼管奉天府府尹。奉天马贼煽动,命直隶总督刘长佑领军驰抵三屯营防剿热河之平、建、朝、赤及奉天各地方。额勒和布筹备军饷,无误戎机,功最多。十二月,管理奉天牛马税务监督,协理盛京内务府事务。是月,贼酋周荣纠股回窜法库边门,扰及昌图,所在告警。额勒和布檄统领扎明阿先率所部马队驰赴开原,相机迎击;而令步队炮手继进,以扼回窜,贼遂溃散。旋因开原监犯越狱戕官,未能预筹防范,诏降二级留任。五年,科尔沁亲王伯彦讷谟祜以奉天应编查保甲,严禁赌博,裁撤团会,收缴军械,修筑堡寨,定期会哨,添设员弁,创立学校,条列入奏。诏额勒和布以次兴办,边圉大治。六年正月,请酌抽盐厘为练兵经费。八月,请将添设海防同知驻扎营口,沿海一带统归管辖,以专责成。均下所司议行。时关内饥,三口通商大臣崇厚请拨库款筹办救荒。额勒和布奏言:"奉天库储不裕,若待请款始行采买,诚恐缓不济急。先自倡捐粟米三百五十石,以应急需。"得旨下部优叙。七年,疏请重开凤凰城磺矿以济军火,从之。旋管理宗室觉罗学务。四月,署盛京将军印钥。八年,朝鲜国王以鸭绿江北、凤凰城外游民盖屋垦田,咨请严行禁止。先是,侍郎延煦等往勘,曾酌核章程,有推展边界及严定边禁各条。至是益为酌中定制,示以界限,游民乃无复有任意侵越者。以昌图所属幅员辽阔,设遇命案,恒苦耽延。请嗣后无论三百里内外,印官公出,即由分防官往验,以免留滞;其整饬吏治,则以锦州府、辽阳州两地当山海要冲,为边关之锁钥,必须得人,乃资统驭。请嗣后员缺,留为本省量才升补,著为令。其推广文教,则请昌图、岫岩添设拔贡定额。上皆韪之。十年,迁察哈尔都统。十一年,新疆用兵,乌鲁木齐都统景廉设粮台于察哈尔,额勒和布为之派员经纪,转运督催,应时接济,军用赖以不匮。并调蒙古马队、八旗官兵赴乌鲁木齐及杜嘎尔营、乌里雅苏台随地防剿,杜贼北窜。

十三年,擢乌里雅苏台将军。光绪二年四月,回匪大股攻扑布伦托海,民厂被围,额勒和布派兵协力捕剿,贼势稍却;而山径纷歧,兼多戈壁,防不胜防。五月,另股突由布伦托海窜踞沙札盖等处,意图伺隙复逞,使官军不及兼顾。额勒和布亟督各营侦探截剿,杀贼三百馀名,馀匪骇逃。三年二月,因病乞休,奉旨予假调理。六月,再请开缺,许之。六年,病痊。九月,复补镶白旗汉军都统。十二月,补进内大臣班。七年三月,署镶黄旗蒙古都统。四月,充派赴朝鲜国正使。闰七月,调补热河都统。九年二月,补理藩院尚书。六月,调户部尚书,授正白旗汉军都统。时直隶水患,已有旨赏米六万馀石赈恤。额勒和布以灾区甚广,复请酌提藩库银数万两以拯饥民,从之。十月,赐紫禁城骑马,管理正白旗汉军新旧营房、城内官房事务,补总管内务府大臣。十二月,充经筵讲官。十年三月,命在军机大臣上行走。四月,充正白旗汉军专操大臣。五月,以户部尚书协办大学士。奏开滇越边界矿务。又请将同治十一年以后、光绪八年以前直省积欠钱漕,悉行蠲免;并奏定直省考核州县蠲缓章程五条。六月,国子监司业潘衍桐奏请特开艺学一科,额勒和布极言艺学开科,诸多流弊,事不果行。

时法人侵我越南,攻谅山,陷台北鸡笼口岸,诏议和战大计。额勒和布奏言:“傥法人慑于兵威,迫于公议,悔过输诚,似不妨示以大度,仍予转圜。如竟怙恶不悛,肆行要挟,惟有一意主战。第兵端一开,筹饷维难,宜减腹地勇营,裁冗费闲员,省例外支销,杜侵蚀中饱,方足以裕饷源而作士气。”八月,调补正红旗满洲都统,命稽察钦奉上谕事件处,充国史馆正总裁。九月,管理正红旗满洲新旧营房事务,命补大学士,管理户部事务。十月,奉懿旨,赏戴花翎。旋授体仁阁大学士。十二月,充文渊阁领阁事。十一年十一月,调管兵部事务。十二月,懿旨赏穿带嗉貂褂,转武英殿大学士。十二年三月,赏穿黄马褂。十月,充玉牒馆督催及会典馆正总裁。十三年二月,补授内大臣。七月,充崇文门正监督。十月，充阅兵大臣。十四年，充方略馆总裁。皇上大婚礼成，赏加太子太保衔。累下部优叙。十六年四月，充翻译会试正考官。七月，署正红旗蒙古都统。十七年正月，奉旨："大学士额勒和布翊赞枢廷，公忠共矢，襄理庶务，深合机宜。着交该衙门从优议叙。"十一月，命在西苑门内骑马。十八年十二月，以二十年恭逢慈禧端佑康颐昭豫庄诚寿恭钦献皇太后六旬万寿，奉旨着额勒和布总办庆典。二十年，奉懿旨，赏戴双眼花翎，并赏用紫缰。

二十一年，充翻译会试正考官。历充各省驻防翻译乡试阅卷大臣、翻译会试阅卷大臣各一次，翻译会试覆试阅卷大臣三次，各省驻防翻译举人覆试阅卷大臣六次，阅看翻译、庶吉士散馆试卷大臣二次，考试蒙古司业阅卷大臣一次，考试宗室应封阅卷大臣二次，考试满洲中书阅卷大臣一次，考试贴写笔帖式、翻译官、满洲助教阅卷大臣一次，朝考阅卷大臣一次。叠蒙懿旨，赏劝善要言书及御书匾额、"福""寿"字、文绮等件。

二十二年，疾作，累请开缺，优诏允其致仕。二十六年六月，卒。遗疏入，谕曰："致仕大学士额勒和布，练达老成，持躬端谨。由翰林荐擢卿贰，参预机务，晋赞纶扉。服官垂四十年，谨慎小心，克称厥职。嗣因久病，屡次奏请开缺，准其致仕。方冀克享遐龄，长承恩眷。兹闻溘逝，悼惜殊深！加恩赏给陀罗经被，派贝勒载滢带领侍卫十员，即日前往奠醊。照大学士例赐恤，入祀贤良祠。任内一切处分，悉予开复。应得恤典，该衙门察例具奏。伊子理藩院郎中伯麒，着俟服阕后以四品京堂候补，用示笃念耆臣至意。"寻赐祭葬，予谥文恭。

子伯麒,候补四品京堂。

孙世斌,一品荫生。

【校勘记】

〔一〕兼正白旗蒙古副都统 "兼"原误作"授"。今据毅录卷一〇九叶三〇下改。按额勒和布传稿(之五)亦误。

荣禄

荣禄,瓜尔佳氏,满洲正白旗人。祖塔斯哈,喀什噶尔帮办大臣。父长寿,甘肃凉州镇总兵。

荣禄,于咸丰二年十一月,由荫生以主事用。十二月,承袭骑都尉兼一云骑尉。三年,分工部。七年,孝静康慈皇太后梓宫永远奉安礼成,得旨俟补主事后以本部员外郎尽先升用。八年三月,补主事。八月,升员外郎。九年,调户部银库员外郎。十一年八月,捐输军饷,奖候选道。十月,充神机营文案处翼长。同治三年四月,充全营翼长。六月,西安将军都兴阿奏调赴陕甘襄治军事,命仍留神机营当差。九月,特诏以五品京堂用。四年七月,统带神机营兵赴蓟东剿捕马贼,并往喜峰口、铁门关察看边口情形。九月,赏副都统衔,管理健锐营事务。是月,回京。十月,以督练营兵功,赏戴花翎,并充神机营、健锐营马队专操大臣。十一月,充神机营威远队专操大臣。五年四月,署正蓝旗蒙古副都统。五月,充本旗专操大臣。六月,授正蓝旗蒙古副都统。十二月,调镶白旗满洲副都统。

七年正月,捻逆窜直隶,随恭亲王襄办巡防事。六月,授左翼总兵。八月，捻逆平，上嘉其随同筹画防剿，悉臻妥协，赏头品顶戴。是时，大学士文祥疏荐荣禄，称其"忠节之后，爱惜声名，若畀以文职，亦可胜任"。八年三月，补镶黄旗满洲副都统。十二月，命管理神机营事务。十年，署工部左侍郎。旋补工部右侍郎，兼管钱法堂事务。十一年，充管理值年旗事务大臣。十二年，调补户部左侍郎，兼管三库事务。十三年三月，兼署吏部左侍郎。五月，授正蓝旗护军统领。七月，充左翼监督。八月，授总管内务府大臣。十月，自请开内务府差使，上不许。十一月，慈安端裕康庆皇太后、慈禧端佑康颐皇太后懿旨："皇帝天花之喜，荣禄着赏加太子少保衔，并赏戴双眼花翎。"十二月，穆宗毅皇帝龙驭上宾，荣禄自请撤销翎衔，允之。

光绪元年三月，兼署步军统领。三年正月，补步军统领。十月，赐紫禁城内骑马。四年四月，充紫禁城值年大臣。五月，迁都察院左都御史。旋擢工部尚书。八月，因病乞假，上以其差务较繁，解工部尚书任，开总管内务府大臣差使。五年六月，参修普祥峪万年吉地、普陀峪万年吉地全工告成，懿旨赏大卷八丝缎二疋，并下部优叙。十一月，以病固请开缺，允之。六年，因已革知县马河图夤缘开复，未能拒绝，部议降二级调用，不准抵销。十一年，以报效枪支，奉懿旨开复降二级调用处分。十三年，病痊，授镶蓝旗蒙古都统。十四年三月，充领侍卫内大臣。九月，署镶蓝旗汉军都统。十五年，皇上大婚，充扈从凤舆大臣。二月，充专操大臣。十七年十一月，授西安将军。十二月，赏加尚书衔，抵将军任，即请添练洋枪步队五百，为西安威远队，从之。二十年十月，慈禧端佑康颐昭豫庄诚寿恭钦献崇熙皇太后六旬万寿，入京祝嘏，授步军统领。时日本构衅，榆关内外防军失利，京师震动。荣禄疏陈急固根本之策，略言："驭夷不外和、战二策，然必先以战为根本，而后能以和蒇事。光绪十年法越之役，谅山一胜，始能讲解，未有不受惩创而能成和者也。用兵不外战、守二事，然必先以守为根本，而后能以战施功。咸丰、同治年间粤、捻之役，畿辅先固，贼势渐衰，未有不固畿辅而能言战者也。因请依咸丰三年、同治七年故事，特设巡防局，领以亲王，专决军务，简大臣督理五城团防，以安辇毂；用宿将前任湖北提督程文炳、甘肃新疆提督董福祥、凉州镇总兵闪殿魁，募重兵驻京畿，以备缓急。"上皆报可。旋命会同商办军务。十一月，命在总理各国事务大臣上行走。

二十一年六月，迁兵部尚书。请变通武科举，疏云："武科之设，原期得折冲御侮之才。自火器盛行，弓矢已失其利，习非所用，与八比试帖之弊略同。积弱之端，未始不由于此。查应试武童，各州县少则百人，多或数百至千人。约计县以二百人为率，合之各省，数可三四十万，皆年富力强，里籍可稽。若每省延聘精通洋操之教习数十人，就地教练，一岁之后，可成精兵。定以学习三年，作为武生，选材武聪颖者，挑入武备学堂，习格致、舆地诸学，分炮队、枪队、马队、工程队诸科，三年由督抚考试，列优等者，作为武举人，其名数不得逾本省旧额十分之五，此为武备特科。其三年一试之武科，暂准照旧举行，但须酌减旧额一半，以期相济为用。俟新章试行有效，再将旧制停罢，并将此次特科武举人咨送京师大学堂，限以三年，由兵部奏请钦派王大臣考试，列优等者，作为武进士，其名数与常年会试中额，各得其半。

仍恭候廷试，各就本科验其技艺，询以方略，以侍卫、守备分用。各路军营，自哨长以上，均用此项武举人、武进士充补，以备干城之选。似此参酌中外兵制，造就将才，于国事实有裨益。"诏下所司议，未及行；然其后罢武科举，及各省设立武备学堂，卒如荣禄议。

二十二年四月，以兵部尚书协办大学士。十月，充玉牒馆副总裁。二十三年，充经筵讲官。请广练兵团以维大局，疏言："当今世局，合五洲之地已成一大战国，武备之事日新月异。英、法、德、俄养兵之费，每岁恒逾万万。外交之进退，视其兵之多寡强弱以为衡。强则公法所不能拘，弱则盟约皆不可恃。国家自旧岁失驭东洋，示弱天下，环瀛列国，窥我虚实，不循约章，不守公法。乘间抵隙，肆意要求，拒之不能，争之不听。本年德人藉口山东教案，径据胶湾，所索各条，多已委曲迁就，仍不肯退出胶澳，为天下万国之所未有。现在各处教堂林立，设有匪徒剽掠，彼将悉援德人之例，索地以偿。即幸而无事相安，或执利益均沾，以一岛一埠为请，何以处之？时事艰难，于斯已极！曩者日本议款于辽东九城，要我割让，俄人约德、法二国仗义执言，有迫日还辽之举。议者遂谓俄人昵我，多欲引为奥援，国家降心相从，许其筑路于东三省，行船于松花江，报俄者不可谓不厚。原欲假其势力，借弭各邦之侵侮。乃德事方兴，始称调拨兵船相助镇慑，继则援助之义，寂然无闻。西报多谓德、法二主，今岁咸赴俄都联盟合从以图我，而兼拒英、日。九月，彼得堡俄报亦谓三国当坚持己见，以相索请。未几即有青岛之役，是三国协以谋我之情形，已可概见。窃以为目前之策，莫如求自强。自强之策，莫如多练兵。自甲、乙两年日人构衅,率湘、淮之宿将,征各路之精兵,远战辽西,未能取胜。固由统兵将帅调度失宜,亦缘仓猝成军,教练未能应手。故有兵不练与无兵同,练不如法与不练同。前经督办军务王大臣奏请,饬臬司袁世凯创练新建陆军。闻其兵皆躯干彪悍,步伐整齐,为各军冠。虽未经与泰西军队较量轩轾,而比之湘、淮旧伍,已觉焕然改观。但人数不多,难当大敌。拟请添募若干营,成一大军,与提督聂士成之军扼守北洋门户。又提督董福祥老成宿将,智勇兼全,前于光绪二十年保举将才,奏请饬募万人,驻防近畿。厥后剿抚甘回,卒著成效。今董福祥又添募四营,增足二十营,驻扎山陕一带,认真督练,借资镇抚,仍应再募十营,以厚兵力,兼为策应之师。其神机营、练兵处马步炮队,不下两万馀人,应由该管王大臣挑选年力强壮、技艺娴熟者,别为先锋营队,专备行军折冲之用。庶可与现练营勇各军互为联络,以期有济。至简练民团,虽不无流弊,然咸、同之际大学士曾国藩实赖其力,戡定东南。拟请敕令沿海、沿江各督抚,先行举办,责成绅士悉心经理,仍杜苛扰以靖闾阎。以上各事,虽非旦夕之效,然认真办理,一二年内,通国上下,众志成城,不战而屈人之兵,此之谓也。当嘉庆十二年德主弗勒得力威廉第三为拿破仑所败,割其国土之半、献银九万亿,以与法和。于是发愤自雄,更改兵制,使全国丁男悉就兵役。越七年,而合英、俄、奥诸国,大败拿破仑,恢复疆宇,国势以强。至今各国陆兵,德为称最。俄罗斯兵制与德略同,教练稍异,但其民数既多,故兵数亦广,虽商务与制造,不逮英、法,而各国惮之。然则治国之道,惟在兵强,无不可复之仇,无不可雪之耻,断断然已。虽明知财赋日绌,筹饷维艰,但积弱之馀,不加振作,侵陵日甚,婪索无厌,议和议偿,将无虚岁。与其拮据于日后,何如布置于事前也。"疏入,命下所司议行。

二十四年四月,授大学士,管理户部事务。旋署直隶总督。五月,授文渊阁大学士,补授直隶总督,兼充办理通商事务北洋大臣。疏请整顿保甲,联络渔团,其立法有四:一曰损益旧章,二曰厘剔积弊,三曰明定赏罚,四曰严司稽查。八月,命入为军机大臣,仍节制北洋各军,管理兵部事务。九月,赐西苑门内骑马。十一月,赏穿带嗉貂褂。是时,北洋自淮、练各军外,有聂士成、董福祥、宋庆、袁世凯所部毅、甘、武、毅新建四军。荣禄因之立武卫军,奏:"请以聂士成驻芦台,防大沽北塘,扼北洋门户为前军;董福祥驻蓟州,兼顾通州一路为后军;宋庆驻山海关内外,专防东路为左军;袁世凯驻小站,扼津郡西南要道为右军;而自募亲兵万人为中军,于南苑内择地安营,督率训练。又以筹饷为军事要义,新募中军,岁需饷银百二十馀万,请以部拨添练新建陆军饷银四十万,改拨备放,其不敷银两,于部库存储各省拨解福建船厂经费项下动拨。毅、甘、武、毅新建四军,原有豫饷、淮饷及部拨各省关之饷,近每解不及额。请敕下户部严催各省迅即拨解,傥不如额协济,即查照陕甘总督左宗棠西征成案,指名严参;如能扫数解清,每届三年,奏请奖叙。"从之。二十五年正月,充文渊阁领阁事。二月,授正蓝旗满洲都统。七月,充崇文门监督。二十六年,皇上三旬万寿,赐御书匾额。二月,授内大臣。七月,赐紫禁城内及西苑门内乘坐二人肩舆。

是月,各国以拳匪为乱,联军入京师。皇上奉慈舆西幸,荣禄充留京办事大臣，旋赴西安行在。二十七年六月，管理户部事务。八月，奉上谕以回銮在即，赏穿黄马褂。十月，奉懿旨："现在时局渐定，回京有期。荣禄保护使馆，力主剿匪。复能随时赞襄，匡扶大局。着赏戴双眼花翎，并加太子太保衔。"十二月，授文华殿大学士，疏陈老病，请开去各项重要差使，以散员供职。奉懿旨："荣禄公忠体国，谨慎小心，久为朝廷所信任。上年拳匪之变，众口纷呶，该大学士独能坚持定见，匡扶大局，厥功甚伟！今虽时事粗定，而元气大伤，除弊更新，百端待理。正当同心戮力，共济艰难。宫廷振厉不遑，孜孜求治。该大学士受恩深重，更何忍置身事外，独使宵旰忧劳，揆诸鞠躬尽瘁之义，于心安乎？所请着不准行。"二十八年二月，河南泌阳县教案起，荣禄疏陈民、教相安之策，略言："闹教之案，层见叠出，总由中国人心日漓，多借入教为名，横行乡里，细故微嫌，倚势构讼。地方官又于案情曲折，不能详切辨明，致使教士执先入之言，听断成偏重之势，平民被抑，众怒难犯。加以教堂赔款，无非摊派地方，疆吏责诸有司，有司敛诸百姓。闹教之罚愈重，仇教之怨愈深。故一案未结，一案又起。星星之火，可以燎原，所关匪浅。亟当惩前毖后，正本清源。拟请敕下外务部，与驻京总教士樊国梁婉切筹商，妥订规条，通行各教士，一体照办。并行知各省督抚，通饬各属遇有民教交涉之案，持平审断，不得偏倚，庶几民、教相安，邦本自固矣。"诏许之。

二十九年三月，以病久未瘥，请暂解枢务。上谕："览奏，实深廑系。该大学士翊赞枢机，公忠懋著。现在振兴庶政，倚畀方殷。着安心调理，毋庸开去军机大臣差使，并不必拘定假期，一俟病痊，即行入直。"旋卒。遗疏入，谕曰："朕钦奉慈禧端佑康颐昭豫庄诚寿恭钦献崇熙皇太后懿旨，文华殿大学士军机大臣荣禄，公忠亮达，才识闳深。由荫生起家，荐陟正卿。历任总管内务府大臣、将军、总督，恪恭匪懈，擢登揆席。翊赞纶扉，竭力尽心，调和中外，老成持重，匡济时艰。近因患病请假，并请开去要差。朝廷倚界正殷，谕令安心调理，方冀病痊入直，克享遐龄，长资辅弼。忽闻溘逝，震悼良深！荣禄着先行加恩照大学士例赐恤，赏给陀罗经被，派恭亲王溥伟带领侍卫十员，前往奠醊，赐祭一坛。予谥文忠，追赠太傅，晋封一等男爵。入祀贤良祠。赏银三千两治丧，由广储司给发。其馀饰终典礼，再行降旨。"又奉上谕："朕钦奉懿旨，已故大学士荣禄，翊赞纶扉，适在时事艰难之日，尽心经画，献纳周详，有为中外所不及知者。朝廷倚界之殷，相须綦切。本年正月间因病给假，叠经降旨慰问。方冀调理就痊，长资辅弼。乃以医药罔效，遽致不起。披览遗章，拳拳于国计民生、用人行政，追念前劳，曷胜怆恸！昨已加恩赐恤赐祭，派员奠醊，予谥文忠，追赠太傅，晋封一等男爵，入祀贤良祠，赏银治丧。着再加恩于灵柩发引前一日，赐祭一坛。生平事迹，宣付国史馆立传。任内一切处分，悉予开复。伊嗣子员外郎良揆，着加恩以四五品京堂候补，用示笃念荩臣有加无已之至意。"寻赐祭葬。

子良揆，太常寺少卿。

裕德

裕德，喜塔腊氏，满洲正白旗人。父崇纶，官至湖北巡抚，自有传。

　　裕德，由举人一品荫生，于同治十年，奉旨以文职用，签分户部，在员外郎上行走。光绪二年，中式进士，改翰林院庶吉士。三年，散馆，授职编修。五年七月，升詹事府右春坊右赞善。八月，援例报捐五品衔花翎。九月，擢右中允。十一月，转左春坊左中允。十二月，充文渊阁校理。六年三月，充会试同考官。四月，迁翰林院侍讲。七年五月，转侍读。六月，充日讲起居注官。八年四月，充翰林院办事官，兼功臣馆提调。六月，充咸安宫总裁。寻偕詹事府少詹事宝昌等会奏整顿咸安宫官学章程六事：一慎挑选，一分课程，一复公费，一严考成，一端学术，一请恩试。有旨下部议行。十二月，升右春坊右庶子。九年五月，转左春坊左庶子。六月，授翰林院侍讲学士。十年正月，充武英殿纂修。二月，转侍读学士。十三年，迁詹事府少詹事。十四年三月，晋詹事。四月，擢内阁学士，兼礼部侍郎衔。八月，提督山东学政。十六年，擢工部右侍郎。十七年十月，学政任满回京。十一月，补镶白旗汉军副都统。十八年，兼刑部右侍郎。十九年正月，命管理三库事务。寻调刑部右侍郎。六月，调镶蓝旗满洲副都统。八月，充顺天乡试副考官。九月，调镶黄旗满洲副都统。十月，充会典馆副总裁。

　　二十年正月，[一]授都察院左都御史。时川盐改办官运，外销所盈馀，谓之副本。历年积存，未尝报部。户部奏请敕四川总督详细登覆，并请开支护本银两，应令妥立定章。言路复叠劾官运济楚，官吏侵蚀，商民朘伤，及吏治多贪纵不法。四月，命裕德偕侍郎廖寿恒前往查办。寻查明官运开办以来，征收杂款，名目繁多。数纲之后，始经减定，收支均详报有案。惟未照章随时报拨，以致辛巳四纲杂款，全行开支。请嗣后一律造册报部，以重帑项。官运局开销护本之弊，不在补配发银之日，而在呈报失事之时。应以整顿管事人役及船户为要义，至济楚积弊，由于官运开办之初，多报带销积引，复以销数阻滞，遂违例影占楚岸行销，致令渝厘短绌，楚商重困。请将官运局济楚引盐，即行停止，以符定案而肃盐纲。均得旨允行。其贪劣官吏，亦请旨降黜有差。二十一年四月，充教习庶吉士。闰五月，署镶黄旗汉军都统，旋补授。二十三年，充顺天乡试副考官。二十四年八月，迁理藩院尚书，寻管理咸安宫官学事务。二十六年，调兵部尚书。二十七年，管理圆明园事务。

二十八年正月，命驰往哲里木盟查办事件，寻奏言："扎萨克图郡王乌泰先以放荒启衅，与协理台吉巴图济尔噶勒不协。会游民乘间倡乱，乌泰等遂怀疑互控。巴图济尔噶勒谓乌泰容留匪类，罔恤旗艰。乌泰谓巴图济尔噶勒藉匪聚兵，勒索旗众。经臣亲为剖析开导，乌泰等均悔悟感泣。扎萨克图王旗匪乱粗平，整饬地方，清查户口，均关紧要。若仅予以寻常处分，不筹长治久安之策，恐数年之后，隐患潜滋，贻害非浅。拟将乌泰之扎萨克职，巴图济尔噶勒之协理职，一并暂革，仍准留任，勒限三年，饬令将阖旗事务和衷共济，认真经理。"因条上领荒招垦事宜，得旨如所议行。八月，顺天借闱河南，补行庚子、辛丑两年乡试，奉旨充正考官。十月，赐紫禁城内骑马。十二月，署翰林院掌院学士。二十九年七月，补授掌院学士。八月，命以兵部尚书协办大学士。十二月，充文渊阁领阁事。三十年三月，充会试正考官。

四月,调署礼部尚书。九月,管理理藩院事务。十月,简授大学士,旋授体仁阁大学士。三十一年六月,充国史馆总裁,旋授东阁大学士,并管理礼部事务,稽察钦奉上谕事件处。历充朝考阅卷大臣、殿试读卷大臣、庶吉士散馆阅卷大臣、贡士覆试阅卷大臣、考试中书阅卷大臣、考试荫生阅卷大臣、经济特科阅卷大臣,颁赐钦定剿平粤匪方略、剿平捻匪方略、平定回匪方略等书。

十月,卒。遗疏入,谕曰:"大学士裕德,持躬恪慎,学问优长。由翰林荐陟正卿,兼翰林院掌院学士,叠司文柄,晋赞纶扉,并总理部旗事务,宣力有年,克尽厥职。前因患病,屡经请假,方冀调养就痊,长资倚任。遽闻溘逝,轸惜殊深!着赏给陀罗经被,派贝勒载涛带领侍卫十员,即日前往奠醊。加恩予谥,入祠贤良祠。照大学士例赐恤。任内一切处分,悉予开复。应得恤典,该衙察例具奏。伊子熙鑫,着赏给员外郎,俟及岁时,分部行走,以示笃念儒臣至意。"寻赐祭葬,予谥文慎。

子熙明,度支部员外郎;熙魁,民政部员外郎,候选知府;熙矗,一品荫生;熙鑫,恩赏员外郎。

【校勘记】

〔一〕二十年正月　"十"下原衍一"五"字。今据景录卷三三三叶一一下删。按裕德传稿(之五)亦衍。

宗室崑冈

宗室崑冈,正蓝旗人。同治元年进士,改翰林院庶吉士。二年,散馆,授职编修。三年三月,升左春坊左赞善。七月,充河南乡试正考官。旋晋国子监司业。七年,充会试同考官。十年十一月,升右春坊右庶子。十二月,充文渊阁校理。十一年,充日讲起居注官。十二年五月,充云南乡试正考官。十三年三月,充会试同考官。光绪元年五月,转左春坊左庶子。六月,授翰林院侍讲学士。二年闰五月,擢詹事府詹事。十一月,升内阁学士,兼礼部侍郎衔。十二月,充文渊阁直阁事。三年三月,充会试副考官。四年二月,迁礼部右侍郎。三月,调兵部左侍郎。七月,授正白旗汉军副都统。十月,兼署刑部左侍郎。五年五月,调补户部右侍郎,兼管钱法堂事务。八月,提督福建学政。十一月,转左侍郎,兼管三库事务。八年五月,调正白旗满洲副都统。

九年二月,任满回京供职。六月,调吏部右侍郎。十月,兼署户部右侍郎,兼管钱法堂事务。十一月,转左侍郎。十二月,充经筵讲官。十年三月,迁都察院左都御史,兼正蓝旗汉军都统。五月,擢理藩院尚书。十二年二月,调补工部尚书,兼署理藩院尚书。十三年二月,兼署吏部尚书。八月,兼署户部尚书。十五年正月,署正黄旗汉军都统。三月,充会试副考官。六月,署镶白旗满洲都统。十六年二月,调礼部尚书,管理太常寺、鸿胪寺事务。闰二月,德宗景皇帝恭奉孝钦显皇后祗谒东陵,命留京办事,署正黄旗满洲都统及上虞备用处、镶白旗满洲都统印钥。十月,赐紫禁城内骑马。十七年九月,给事中张廷燎奏劾河南巡抚裕宽人地不宜,公事未能整顿,命崑冈偕侍郎钱应溥往案得实,裕宽交部议处,馀降革有差。十八年,以二十年恭逢孝钦显皇后六旬万寿,命与礼亲王世铎等总办庆典。十九年,充教习庶吉士。二十年正月,奉懿旨:“本年予六旬庆辰,在廷诸臣克勤职守,宣力有年,自应一体加恩,以光盛典。崑冈着赏戴花翎,并交部从优议叙。"二月,充会典馆副总裁。二十一年三月,兼署理藩院尚书。六月,命以礼部尚书协办大学士。二十二年三月,充国史馆副总裁。四月,授大学士,管理工部事务。五月,授为体仁阁大学士,管理理藩院事务。十一月,授东阁大学士。二十四年闰三月,授翰林院掌院学士,兼充国史馆正总裁、会典馆正总裁。四月,充教习庶吉士,署正白旗汉军都统。八月,署镶蓝旗蒙古都统。十一月,赏在西苑门内骑马,〔一〕并乘坐船只拖床。

十二月,泰宁镇总兵祥霖奏参西陵守护大臣毓橚等废弛祀典,并职官钻营大臣受贿,德宗命崑冈往廉其事。二十五年正月,覆奏,上以所奏有不实不尽之处,谕曰:"毓橚参款,既据委员密禀家人徐岳泉向有徐贝子之号,自必有实在劣迹可指。翼长敬胜不时赴府、致招物议。其于派差挑缺等事,〔二〕必有干预,岂得以'不知远嫌'四字了之? 至所称防御岳岚常在全荣府中,恒无虚日。物议所丛,当由于此。竟以想像之词,置诸不论不议,尤不足以尽事理。宋村木案,既称徐岳泉等讹诈索银,毫无疑义,即应切实研讯,以期水落石出。何得因徐岳泉一人在逃,辄予先行完案? 且宋洛福向毓橚所赔何罪,全荣家人赵子春与徐岳泉狼狈为奸,亦非驱逐回籍所能蔽辜。览奏,多涉含糊,实属不肯任怨。所有该大学士查奏各节,仍着督饬随带司员按照原参,并此次谕旨指驳各条,逐一彻底根究,详晰具奏。一面咨行顺天府衙门严拿徐岳泉归案审办,毋得稍涉徇纵。近来各省查办事件大员,往往瞻徇情面,于饬查紧要大端,敷衍了事,仅摘取一二细故,薄予处分。此等故套,几成锢习。即如溥良查办山东赈务,亦难免不实不尽,岂谓朝廷洞鉴所不及耶？嗣后务当各矢天良,任劳任怨,一经奉旨查办,即不得稍存避嫌之见,致负朝廷谆谆训诫之至意。崑冈应再严切覆查,并咨行祥霖,逐款指实声覆。"

二月,疏陈："徐岳泉随侍毓橚多年,毓橚上年三月到任后,不常接见僚属,公事皆由徐岳泉回禀。其词色傲慢,大有睥睨一切之概,外间均有徐贝子之号。至实在劣迹,查无别款,当以讹诈宋村木料一案为凭,俟拿获到案,即治以讹诈之罪。翼长敬胜幼年曾习占验等术,向人称道,虽非有意惑人,实由心疾所致。毓橚折奏文牍,多出其手。至调查挑缺派差稿簿,均系三堂会衔施行,自无别项情弊。但其自供,亦以笔墨矜诩,此即不时赴府猜疑群起之明征。岳岚住居离府二里,往往就进回画公事,同僚赴府回事者,常见岳岚在府中回事处坐谈,遂不免被人指摘。紫荆关外私坡树木,向准民间购买。宋洛福买木运回,徐岳泉指为禁木,查拿到店。迨询知为私坡之产,复向宋洛福索银,后因成讼。旋经调处和息,虽未得钱,实属意存讹诈。宋洛福于和息后,恐徐岳泉挟嫌更肆欺陵,故自往赔罪,实非宋洛福有应得之罪。全荣家人赵子春与徐岳泉稔熟,且居处相近,皆非良善,人遂以狼狈目之。然欲确指其为奸何事,细检案卷,详询人言,亦终无从证实。但其人为外间所訾议,决非安静之徒。拟仍咨明全荣,将赵子春销除包衣旗档,驱逐回籍,以息烦言。此驳查各条逐款覆查明确之实在情形也。至原参职官钻营大臣受贿,为案内紧要关键,更应切实追求。连日严审密查,终无证据。咨令祥霖逐款确指,据称暧昧之事,焉能令人见及？既经道路宣传,不敢徇隐,即据传闻入告。是钻营受贿各节,该总兵未经指实,亦无凭核办。奴才查办此事,固不敢回护前言,谬执己见,亦何敢文致人罪,逆亿其词,既未有歧异之案情,处分自无甚出入。"疏入,诏开去固山贝子毓橚、奉恩镇国公全荣守护差使,〔三〕并交宗人府分别议处,馀以次议处降革。

八月,署镶蓝旗蒙古都统。十一月,命往库伦查办事件。二十六年七月,拳匪作乱,銮舆西狩,命留京办事。二十七年正月,授内大臣。三月,充督办政务大臣。六月,管理兵部事务。九月,署步军统领。二十八年,以病加恩开去对引差使,并加恩在西苑门内乘坐肩舆。二十九年五月,授文渊阁大学士。两次因病奏请开缺,均得旨慰留。嗣以足疾不良于行,再申前请,允之,仍赏食全俸。历蒙恩赏绸缎、春纸、纱葛、神糕、福寿字、貂皮等件,先后充稽察会同四译馆大臣、稽察京通十七仓大臣、管理马馆大臣、东陵随扈大臣,查看红桩大臣、管理值年旗务大臣、专操大臣、管理左翼世职幼官学大臣、管理雍和宫事务、正白旗总族长、崇文门副监督、管理咸安宫三学大臣、稽察右翼宗学、管理新营房官房大臣、对引大臣、管理三库事务、管宴大臣、查城大臣、管理宗人府银库、拣选官缺大臣、大挑举人大臣,历充考试汉荫生各直省乡试覆试会试覆试阅卷、殿试读卷、朝考阅卷、考试汉中书阅卷、考试孝廉方正阅卷、庶吉士散馆阅卷、考试试差阅卷、考试汉誊录阅卷大臣。

三十三年三月,卒。遗疏入,谕曰:"致仕大学士崑冈,学问优长,老成恪慎。由翰林荐擢正卿,叠掌文衡。旋登揆席,充翰林院掌院学士,并总理部旗事务。宣力有年,克尽厥职。前因患病奏请开缺,以大学士致仕,赏食全俸。方冀克享遐龄,长承恩眷。兹闻溘逝,悼惜殊深！着赏给陀罗经被,派贝勒载洵带领侍卫十员,即日前往奠醊。加恩追赠太子少保衔,入祀贤良祠。照大学士例赐恤。任内一切处分,悉予开复。应得恤典,该衙门查例具奏。伊子郎中<u>占鳌</u>,着以四品京堂候补,用示笃念荩臣至意。"寻赐祭葬,予谥<u>文达</u>。

子<u>占鳌</u>,花翎三品顶戴,候补四品京堂;<u>占凤</u>,花翎二品衔,前内阁侍读学士。

【校勘记】

〔一〕赏在西苑门内骑马 "苑"原作"院",音近而讹。今据<u>景录</u>卷四三八叶一下改。按<u>崑冈传稿</u>(之五)亦讹。

〔二〕其于派差挑缺等事 "于"原误作"馀"。今据<u>景录</u>卷四三八叶一下改。按<u>崑冈传稿</u>(之五)亦误。

〔三〕诏开去固山贝子毓橚奉恩镇国公全荣守护差使 原脱"固山"、"奉恩"四字。今据<u>景录</u>卷四三九叶六上补。按<u>崑冈传稿</u>(之五)均脱。

李鸿藻

<u>李鸿藻</u>,<u>直隶高阳</u>人。<u>咸丰</u>二年进士,改翰林院庶吉士。三年,散馆授编修。四年九月,充功臣馆纂修,以分录<u>贞观政要</u>,赏文绮、荷囊。五年四月,命在上书房行走。七月,充<u>山西</u>乡试副考官。十二月,丁本生父忧,七年二月,服阕,命仍在上书房行走。七月,提督<u>河南</u>学政。

十年,上命大臣择保儒臣堪膺授读之任者,大学士彭蕴章以鸿藻应,得旨来京供职,仍在上书房行走。十一年三月,特诏充大阿哥师傅。穆宗登极,同治元年,奉慈安皇太后、慈禧皇太后懿旨:"李鸿藻及礼部尚书前大学士祁寯藻、大学士翁心存、工部尚书倭仁,均着在弘德殿授读。"京察引见,诏遇有应升缺出,开列在前。充日讲起居注官。三月,治平宝鉴书成,赏文绮。五月,擢侍讲。十一月,转侍读。十二月,授国子监祭酒。二年十月,鸿藻以上释服逾期,与祁寯藻、倭仁上疏,略曰:"皇上冲龄御极,智慧渐开。当此释服之初,吉礼举行,圣心之敬肆于此分,风会之转移于此始。玩好之渐可虑也,游观之渐可虑也,兴作之渐可虑也。[一]嗜好之端一开,不惟有以分诵读之心,而海内之仰窥意旨者,且将从风而靡,安危治乱之机,其端甚微,而所关至巨,可无慎乎? 伏愿皇上恪遵慈训,时时以忧勤惕厉为心,事事以逸乐便安为戒。屏玩好以节嗜欲,慎游观以定心志,省兴作以惜物力。凡内廷服御一切用项,稍涉浮靡,概从裁减,虽向例所有,亦不妨量为撙节。如是则外物之纷华,不接于耳目;诗书之启迪,益敛夫心思。将见圣德日新,圣学日固,而去奢崇俭之风,亦不令而行矣。"疏入,上优诏褒答,命将原折交弘德殿,以资省览。

三年九月,擢内阁学士,兼礼部侍郎衔。十月,署户部左侍郎。四年十一月,命在军机大臣上学习行走,仍兼弘德殿行走,鸿藻疏辞,上不许。寻署户部右侍郎。五年二月,擢礼部右侍郎,仍兼署户部右侍郎。三月,调补户部右侍郎,兼管钱法堂事务。旋命在军机大臣上行走。六月,丁母忧,奉慈安皇太后、慈禧皇太后懿旨:"户部右侍郎李鸿藻之母姚氏,秉性淑慎,教子成名。今以疾终，深可轸恻！朝廷优礼大臣，推恩贤母。着赐祭一坛、赏银二千两经理丧事，由广储司给发，以示眷怀。李鸿藻事母至孝，哀痛必切。朝廷以孝治天下，原应听其照例终制，以遂孝思。第该侍郎膺文宗显皇帝特简，授皇帝读，尽心启沃，迄今六年，夙夜罔懈。皇帝春秋鼎盛，缉熙典学，功修正笃。李鸿藻谆谆纳诲，皇帝乐从，诚不可或离左右。且军务未平，兼资翊赞。溯查雍正、乾隆年间大臣如孙嘉淦、朱轼、嵇曾筠、蒋炳、于敏中等，皆奉特旨在任守制，或开缺办事入直内廷。近今如曾国藩、胡林翼、阎敬铭，亦皆夺情起用。李鸿藻着开户部右侍郎缺，守孝百日后，即赴弘德殿授读，仍在军机处行走。凡遇朝会不必与列，此系遵照列朝成宪，权宜办理。日前召见醇郡王、倭仁、徐桐、翁同龢，再三垂询，均已深喻此意。朝廷不得已之苦衷，中外臣工，应能共谅。李鸿藻当思辅导皇帝，弼成圣德，移孝作忠，莫大于是！其勉抑私情，以副先皇帝简任之恩、朝廷倚畀之重，毋以守礼固辞。"鸿藻仍沥陈，呈由吏部具疏以闻，复奉懿旨："前因户部右侍郎李鸿藻之母病终，推恩赐祭赏银，以示荣宠；并令李鸿藻于守孝百日后，仍赴弘德殿授读，在军机处行走。原系酌遵成宪，从权办理。兹据吏部奏称转据李鸿藻呈称该侍郎母氏，苦节多年，抚育教诲之恩，纤毫未报。一旦惨遭大故，偷生视息，负疚已深。枢要之地，纲纪攸关，辅导圣学，尤宜志行完粹之人。若自蹈愆尤，则进讲献纳之际，何以置辞？恳请终制等语，情词恳切，具见悃忱。惟念李鸿藻膺文宗显皇帝特简，授皇帝读，于今六年。当此缉熙典学，正就将日进之时，该侍郎尽心辅导，弼成圣德，则所以慰天下臣民之望者，莫大于是。前因军务未平，各督抚等夺情起用者,指不胜屈,况机务殷繁,尤资赞画,前降谕旨甚明。李鸿藻惟当恪遵前旨,仍于百日守孝后照常趋直,用副先皇帝简擢之恩。第思该侍郎哀痛未忘,不得不稍示区别。前有旨令遇朝会不必与列,尚不足以示体恤,李鸿藻着遵照雍正年间世宗宪皇帝谕旨,二十七月内不穿朝服,不与朝会筵宴,遇有祭祀典礼咸集之处,均无庸与列。该侍郎当深感朝廷曲体之情,勉抑哀思,移孝作忠,毋得再行陈请。"

鸿藻复具疏呈由吏部代奏,略曰:"先王制礼,原准人情。丧纪之设,非徒以名义具文,范围后世。盖以人子之心,必如是而后即安。鸿藻虽不才,亲丧自致之念,岂独无之?伏念鸿藻前以翰林院编修在河南学政任内,被先帝特达之知,召还京师,畀以傅储重任者,盖以鸿藻恪慎自将,尚能谨守礼法也。若亲丧未终,而出入禁闱,则先已违礼忍情,负罪名教,鸿藻一人何足惜,然不亦有伤先帝知人之明乎?今皇上富于春秋,典学正关紧要,使以不祥之身而日侍经帷,冒不韪之名而虚言启沃。在臣心则无以自安,于圣学则何所裨益?现在弘德殿行走诸臣,如倭仁、徐桐、翁同龢等,皆能守道竭诚,尽心辅导,此时虽鸿藻一人暂离左右,似于缉熙进德尚不相妨。至若趋直枢廷,则是三年之丧,俨然从政,尤令鸿藻进退失据,踟蹰无以自容。鸿藻夙夜忧思,欲坚持己见,则似朝廷委曲矜恤,而臣子冥不知恩,欲勉承诏命,则疚心实甚,而终身无以自处。煎灼昏迷,惟有号泣,伏惟天地高厚,哀而怜之。"会倭仁等亦代为陈请,复奉懿旨:"前因皇帝典学,功修正笃,李鸿藻不可或离左右。曾经召见醇郡王、徐桐、翁同龢询问再三,彼时醇郡王即请降旨慰留,倭仁等亦无异议。

次日,复令军机大臣与倭仁等商议,亦以圣学为重,不持异同。兹览倭仁等折内所称'李鸿藻事亲尽礼,现在奉旨夺情,欲固辞则迹近幸恩,欲抑情则内多负疚。请仍准其终制'等语。倭仁等既以夺情为非礼,何妨于前次召见时据实陈奏。乃尔时并无异议,迨两次降旨慰留后,始有此奏,殊不可解! 本日复召见倭仁、徐桐、翁同龢,面加询问。据称'圣学关系甚重,臣等亦愿李鸿藻照常入直,惟亲见该侍郎哀痛迫切,势处万难,是以代为陈请,并无他意。圣功紧要,请仍令李鸿藻遵奉前旨'等语。是倭仁等亦知此次夺情之举,系属不得已从权办理,想中外大小臣工亦必能共谅此意。李鸿藻当思圣学日新,四方多故,尽忠即所以尽孝。前降谕旨业已详尽,其恪遵前旨,毋得拘泥常情,再三吁恳。"九月,复命恭亲王至鸿藻寓次,传旨令于百日后照常入直,毋得再行固辞。鸿藻疏言:"百日将满,自揣病躯,实难入直。"复奉懿旨:"李鸿藻奏请曲予矜全等语,情词恳切,深用恻然! 昨据御史张观钧奏称,贤臣不能久离,请旨敦促,并历陈该侍郎宜出任事各条,颇为详尽。李鸿藻受恩至重,与国家有休戚相关之谊。当此圣学日新、军务方亟,该侍郎岂能恝然于怀? 着即于百日后仍遵前旨,照常入直弘德殿、军机处,以副委任。俟将来扶柩回籍时,仍当宽予假期,俾得从容料理,则忠孝两全,可无遗憾。该侍郎务当仰体朝廷曲成之意,毋得再行吁请!"十月,鸿藻复疏陈病势,复奉懿旨:"李鸿藻着加恩赏假调理。方今皇帝春秋正富,典学方殷,军务未竣,四方多事,该侍郎受国厚恩,具有天良,自当于病痊时照常入直,竭力图报,谅不始终固执也。"至是,鸿藻勉起遵旨入直。

　　七年二月,捻匪窜扰畿疆,祁州、饶阳相继被陷,鸿藻以各路诸军统计不下十万,未闻痛加剿洗,由于带兵之员事权不一,未免互相观望。疏请:"特派亲王为大将军,坐镇京师,以固北路。左宗棠、李鸿章为参赞大臣,分扎保定、河间东西两路,各率所部兵勇相机剿办,陈国瑞为帮办军务,专统一军,为游击之师,策应各路。直隶总督官文专顾省城,筹备诸军饷需,以资接济。丁宝桢驻扎直、东交界,防贼东窜。李鹤年驻扎直、豫交界,防贼南窜。直、晋交界,由左宗棠等分拨劲旅,扼要驻扎。并请敕下各该大臣和衷商办,迅奏肤功。"奏入,上遂命各路统兵大臣均归恭亲王节制。十月,服阕,命仍在弘德殿、军机大臣上行走,并署礼部左侍郎。八年六月,补户部右侍郎,兼管钱法堂事务,仍兼署礼部左侍郎。十年七月,擢都察院左都御史。八月,授工部尚书。九月,上大婚礼成,赏加太子少保衔。懿旨以上亲政伊始,仍当不忘古训,命鸿藻照常入直,尽心讲贯。十二月,以明年恭逢慈禧端佑康颐皇太后四旬万寿,并上亲政后首届元辰,鸿藻本生母姚氏年逾八旬,特赏御书"兰陔春永"匾额。十三年三月,充会试副考官。十月,复赏鸿藻母姚氏御书匾额,"福"、"寿"字及如意、锦绮诸珍物。十二月,穆宗毅皇帝升遐,命鸿藻恭理丧仪。

　　光绪元年二月,充实录馆总裁。二年,命在总理各国事务衙门行走。三年九月,丁本生母忧,六年正月,服阕,命仍在军机大臣及总理各国事务衙门行走。寻署吏部尚书。七年正月,授兵部尚书。六月,命以兵部尚书协办大学士。八年,调吏部尚书。时四裔多故,俄约议改,几致失和。法人复于越南生衅,辅佐诸臣屡为言者论列。十年三月，懿旨以鸿藻办事竭蹶，开去一切差使，降二级调用。十一年二月，补内阁学士，兼礼部侍郎衔。八月，署吏部左侍郎。十一月，授吏部右侍郎。十三年九月，授礼部尚书。时河决郑州，上命鸿藻驰驿前往，会同侍郎薛允升详查现办大工情形。十二月，命督办河南郑州大工事宜，会同河道总督李鹤年、河南巡抚倪文蔚迅筹堵筑。先是，李鹤年、倪文蔚议于西坝兴工，鸿藻至，仍之。十四年正月，续兴东坝工，鸿藻以料少时促，变通原估办法，为并工省料之计。大河水势变迁，奇险叠生，皆力为守固。会伏秋汛至，西坝捆箱船失事，阻碍进占。七月，疏请停缓大工，俟秋汛稍平接办。上以鸿藻督率无方，革职留任，降为三品顶戴；褫河道总督李鹤年职，命鸿藻暂行署理。

八月，回京。十月，礼部具奏典礼于签改宣示日期，并未照缮，部议鸿藻应降四级调用，懿旨改为革职留任。鸿藻原有革职留任处分，例应革职，加恩宽免。十一月，皇上大婚，鸿藻充大征副使。十五年正月，礼成，奉懿旨开复革职留任处分。三月，充会试正考官。五月，兼署都察院左都御史。十八年五月，兼署刑部尚书。以二十年恭逢慈禧端佑康颐昭豫庄诚寿恭钦献皇太后六旬万寿，命鸿藻总办庆典。十九年正月，鸿藻年七十，赐寿，颁赏御笔"福"、"寿"字及诸珍物。八月，兼署刑部尚书。二十年正月，以庆典成，懿旨赏戴双眼花翎，并下部优叙。三月，充会试正考官。八月，署刑部尚书。日本与朝鲜构衅，边事告警，命鸿藻商办军务。十月，授军机大臣。二十一年六月，命在总理各国事务衙门行走。二十二年七月，因病乞假。九月，假满，入对，上以鸿藻体气尚未复元，特派内监扶掖，并赏假一月。十月，命以礼部尚书协办大学士。寻调吏部尚书,命免带领引见。历蒙赏穿带嗉貂褂,赐西苑门内,紫禁城骑马,颁赏十朝圣训、高宗纯皇帝御制诗文集、文宗显皇帝遗念冠服、穆宗毅皇帝遗念冠服、玘佩荷包、〔二〕白玉烟壶、白玉镇纸、珊瑚水匙、白玉笔架、白玉水壶等件,御笔"春华秋实"、"勤思启沃"、"岳秀泉澄"、"金石砥砺"、"贞筠端玉"、"声名远溢"各匾额,慈禧端佑康颐昭豫庄诚寿恭钦献崇熙皇太后御笔字、画、团扇、折扇,及诸上方珍物。历充经筵讲官、武英殿总裁、玉牒馆副总裁、会典馆副总裁、管理三库事务大臣、教习庶吉士、会试知贡举、顺天乡试各直省乡试覆试会试覆试阅卷、殿试读卷、朝考阅卷、考试试差阅卷、庶吉士散馆阅卷、考试汉中书阅卷、〔三〕考试汉荫生阅卷大臣,五次京察,均特旨交部议叙。

二十三年三月,因病乞假,疾笃,赏给药饵,命御医往视。七月,卒。遗疏入,谕曰:"协办大学士、吏部尚书李鸿藻,守正不阿,忠清亮直。由翰林荷先朝特达之知,入直上书房。同治元年,钦奉懿旨在弘德殿授读,穆宗毅皇帝恩礼优加,荐擢卿贰,简授军机大臣。朕御极后,晋协纶扉。先后三十馀年,办理一切事宜,擘画精详,殚心竭力。前因患病,叠次赏假,谕令安心调理。方冀医治就痊,长资倚畀。遽闻溘逝,悼惜良深!着赏给陀罗经被,派贝勒载濂带领侍卫十员,即日前往奠醊。加恩予谥文正。晋赠太子太傅,照大学士例赐恤,入祀贤良祠。任内一切处分,悉予开复。应得恤典,该衙门察例具奏。灵柩回籍时,着沿途地方官妥为照料。伊子刑部员外郎李焜瀛,一品荫生李煜瀛,均着赏给郎中。伊孙李宗侗,赏给举人,准其一体会试,用示笃念荩臣至意。"复谕曰:"朕钦奉慈禧端佑康颐昭豫庄诚寿恭钦献崇熙皇太后懿旨,协办大学士、吏部尚书李鸿藻,秉性忠诚,自赞襄枢务以来,深资倚畀。去年患病后,尚复力疾从公。本年春间因腿疾增剧,叠次请假调理。深宫时殷厪系,特派御医诊视,赏给药饵,并派员前往看视。方冀就痊,长承恩眷。遽闻溘逝,轸惜殊深! 着派郡王衔贝勒载滢带领侍卫十员,即日前往赐奠,用示笃念耆臣至意。"寻赐祭葬。

【校勘记】

〔一〕游观之渐可虑也兴作之渐可虑也　原脱此十四字。今据李鸿藻传稿(之一)补。按碑补卷一叶七上不脱。

〔二〕玼佩荷包　"玼"原误作"玌"。今据李鸿藻传稿(之一)改。

〔三〕庶吉士散馆阅卷考试汉中书阅卷　原脱此十四字。今据李鸿藻传稿(之一)补。

毕道远

毕道远,山东淄川人。道光二十一年进士,改翰林院庶吉士。二十四年,散馆授检讨。二十六年,充山西乡试正考官。二十七年,大考二等。咸丰元年,充国史馆纂修。二年,大考三等。四年四月,充日讲起居注官。九月,记名以御史用。旋升司经局洗马。五年三月,擢翰林院侍讲学士。八月,充顺天乡试同考官。六年五月,充广西补行乡试正考官。十二月,转侍读学士。七年六月,命协同批本。八年三月,署国子监祭酒。七月,充署文渊阁直阁事。八月,擢内阁学士,兼礼部侍郎衔,命稽察中书科事务。十月,充顺天武乡试副考官。寻署礼部左侍郎。十一月,兼署兵部左侍郎。九年六月,署户部右侍郎。九月,充知武举。十年五月,偕大学士贾桢等奏陈山东团练事宜,并酌保督办、帮办各员,得旨允行。十月,补兵部右侍郎。十一年八月,充顺天乡试副考官。十月,署户部左侍郎,兼管三库事务。同治元年正月,调补仓场侍郎。七月,丁父忧,三年,服阕。四年二月,补兵部左侍郎。三月,兼署礼部右侍郎,又兼署户部左侍郎,兼管三库事务。五年四月,命盘查户部三库。七月,调户部右侍郎,兼管钱法堂事务。六年二月,命往通州查收海运米石。十月,充顺天武乡试副考官。七年,授仓场侍郎。九年,丁母忧,十一年,服阕。八月,补原官。

　　十二年,偕仓场侍郎延煦、大学士总督李鸿章奏请江浙漕粮海运抵津,拟改令粮道自行运通,以除积弊。谕曰:"向来江浙漕粮海运到津,用官剥船到通交纳。乃行之既久,弊端滋生。本年海运白粮及轮船所载漕粮,改由粮道自雇民船运通,较用官剥船运送,米色尚为干洁。李鸿章等请将嗣后南粮变通办理,系为剔除弊端起见,着照所议。所有来岁江浙漕粮,即着改由粮道运通交纳,毋庸在津运收。"十三年八月,偕延煦奏请饬折漕之江西等省酌征本色,或筹款采买起运,疏下户部议行。光绪八年正月,升补都察院左都御史,兼管顺天府府尹。寻偕府尹周家楣奏建顺天府衙门候质公所,以杜私押诸弊,请按岁提给经费,日支口粮,得旨允行。八月,充顺天乡试副考官。十月,赐紫禁城骑马。九年三月,兼署礼部尚书。十二月,充署经筵讲官。十年三月,授礼部尚书,充武英殿总裁。四月,充管理三库大臣。八月,兼署都察院左都御史,又兼署兵部尚书。十三年,因病笃,恳请开缺,允之。

道远前后任仓场侍郎二十年,屡以督率有方,得优叙。江浙漕粮自行运通之议,实自道远发之。当道远在任时,宿弊为少清焉。凡充顺天及各直省举人覆试阅卷大臣八,会试覆试阅卷大臣二,殿试读卷官三,进士朝考阅卷大臣、考试汉教习阅卷大臣各二,考试汉誊录及孝廉方正阅卷大臣各一。十五年,卒。遗疏入,谕曰:"前任礼部尚书毕道远老成恪慎,学问优长。由翰林荐擢正卿,兼管顺天府府尹,克尽厥职。前因患病,准其开缺调理。兹闻溘逝,轸惜殊深! 加恩着照尚书例赐恤。任内一切处分,悉予开复。应得恤典,该衙门察例具奏。伊子工部候补郎中毕念承,着俟服阕后,以本部郎中即补,用示笃念耆臣至意。"寻赐祭葬。

清史列传卷五十八

新办大臣传二

潘祖荫

潘祖荫,江苏吴县人。祖世恩,官太傅、武英殿大学士,自有传。

道光二十八年,祖荫以世恩八十赐寿,赏举人。咸丰二年一甲三名进士,授职翰林院编修。四年二月,充国史馆协修。四月,世恩遗疏上,奉旨以侍读候补。六月,充实录馆纂修。六年正月,充功臣馆纂修。三月,充会试同考官。五月,补侍读。九月,充咸安宫总裁。十一月,诏在南书房行走。宣宗成皇帝实录庆成,奉旨遇缺题奏,即行升用。十二月,充文渊阁校理,以捐备军饷,赏戴花翎。七年四月,[一]署日讲起居注官。闰五月,授侍讲学士。八年四月,英夷窥天津,上疏请战。六月,充陕甘乡试正考官。寻疏请酌加旗兵放款,以固巡防,下户部议行。十月,回京,署国子监祭酒。十二月,转侍读学士。九年三月,旱,上诣黑龙潭祷雨,有广开言路之奏。九月,补日讲起居注官。大考二等,赏文绮。十二月,授大理寺少卿。

十年三月,因湖南举人左宗棠襄理巡抚骆秉章戎幕,有龃龉之者,祖荫三疏密保,有云:“楚南一军,立功本省,援救江西、湖北、广西、贵州,所向克捷,固由骆秉章调度有方,实由左宗棠于地形厄塞险要,了如指掌,故贼纵横数千里,皆在宗棠规画之中。是国家不可一日无湖南,即湖南不可一日无宗棠也。现在贼势披猖,东南蹂躏,两湖亦贼所必争之地。仰恳天恩,饬下曾国藩、骆秉章、胡林翼酌量任用,庶于湖南及左右邻省,均有裨益。”旋奉旨左宗棠以四品京堂随同曾国藩襄理军务。又有四川军务宜筹防剿之奏。四月,疏陈救时八策,并团练章程十二条。八月,驾幸木兰,上疏切谏。

十一年八月,署宗人府府丞。十月,与议文宗显皇帝郊配大礼,偕太常寺卿许彭寿疏言:“臣伏读大行皇帝圣制甲寅孟夏诣斋宫即事成什,末句‘以后无须再变更’,注云:‘天坛配享,以三祖五宗为定,永不再增配位,已见庚戌之旨,恐后代无知,故违朕旨,则仪文太烦,又有变更。’故末句云‘圣制诗恭悬斋宫,永垂法守’。臣等诵维之下,仰见大行皇帝言法行则,至当至精,初非博谦让之虚名也。臣等久值内廷,仰瞻圣藻,足为千古定评,何期弓剑未寒,顿生异议,为臣子者于心何安?伏乞皇上本继志述事之诚,尽尊亲养志之道,将王大臣会议及载垣、陈孚恩、黄宗汉各折,一并交大臣敬谨会议。”从之。又应诏陈言,疏云:“伏见皇上回銮之后,首斥奸佞,纲纪一新,朝野臣民,额手相庆。臣世受厚恩，何敢安于缄默？谨就梼昧之见，为我皇上陈之：一曰勤圣学。夫典学之教，三代所同。周成以史佚为师，汉昭有韦贤之教。降而东汉，桓焉、桓郁入授帝经。史册流传，佥为盛美。故宜首择耆德重臣，如翁心存、倭仁、王茂荫者，时加延访，以资矜式。国朝向有日讲之制，大行皇帝初政，曾国藩曾疏请行之。今请敕下部臣酌议，变通康熙旧制，并于翰林中选择数员，日备顾问，岁月渐摩，养成圣德。正本清源，莫先乎此。一曰求人才。保国之道，得才为先。多事之秋，用人尤亟。方今理兵理饷，动有乏人之忧。惟楚南一隅，得人为盛，要由曾国藩、骆秉章、胡林翼提倡。以此而论，天下大矣，何才蔑有！臣愚谓宜令在廷大小诸臣，各抒所见，各举所知，广开言路，毋拘常例。果有学识超群、名实兼副者，破格录用。夫使拘成格以求英俊，是反镜而索照也。戒侥幸而绝言事，是惩羹而吹齑也。且自载垣等数年用事以来，内外臣工未有一疏劾其罪者，遂日长其跋扈不臣之气。其馀台谏章疏，大率毛举细故者居多。今请嗣后所有封奏，即赐批发；其不足采择者，立予掷还。庶委琐之谈不敢上渎，而伉直之气得以稍申。臣下所受者虚名，国家所收者实效，不亦可乎？一曰整军务。今天下之乱日亟，而军事之弛日甚，则事权不一，军法未彰之故也。朝廷命将不下数十人，或已斗于穴中，或犹观于壁上，各分畛域，坐失事机。臣愚以为宜设经略节制各省，如嘉庆年间办川楚故事。至若失事者，自江、浙两省统兵大员张玉良、李定泰等未膺显戮，人有玩心；甚或如张玉藻者，逃脱经年，未闻就获，朝廷之法将何所施？嗣后凡临阵逗留、城池失陷者，立正典刑，庶人知警畏矣。一曰裕仓储。国本以足食为先，今盗贼外讧，仓储内罄。一旦乏食，可为寒心！畿辅不足自食，宜急筹采买之法。现在湖广渐就肃清，已可耕种。广东、上海、宁波、福建各海口，道途通顺，宜广设方略，招集商人，当于天津设立收米局，派员董其事。俟飞刍挽粟，水陆麇集，然后徐平其价。如经费无出，权开米捐，照户部捐输例再减一成，庶几偏僻咸来，可以集事。一曰通钱法。自咸丰四年改用大钱后，钱法益坏。户部铸当十钱，仅行都城之内，鼓铸累年，徒耗经费。至使银价消长，什一相悬，官号奸商，浮开虚票。近复改行私票，而银价虽落，钱价不增。夫既无当十之用，而存当十之名，无以利民，适以病国。臣愚以为宜复制钱与大钱并用，大钱又不可即废，每缗用制钱十之七，用大钱十之三，俟一年以后，大钱渐尽，乃专用制钱。一面令户部采铜精铸，一面令顺天府尹督京县官严谕各铺，力平物价。庶几上下交济，而钱法可修矣。"复陈时务四事：一免各省之钱粮，以苏民困；一汰厘捐之名目，以纾民力；一严行军之纪律，以拯民生；一广乡会之中额，以收士心。疏劾候补盐运使金安清在江北办理厘捐，大为民害，寻褫金安清职。又以各省设立团练大臣办理无效，请分别裁撤，以一事权而节糜费。如所请行。

同治元年正月，迁光禄寺卿。二月，兼署都察院左副都御史。先是上谕南书房、上书房、翰林院等将历代帝王政治及前史垂帘事迹，择其可为法戒者，据史直书，简明注释，汇为一册。至是年三月，书成，祖荫等表进，赐名治平宝鉴，有文绮之赐。六月，因陕西营务废弛，疏列副将张维义、总兵阎丕敏、提督孔广顺等罪状以闻，又以陕西回匪械斗起事，拘留督办陕西团练大臣张茚,杀毙武弁,巡抚瑛棨不能声罪致讨,徒以粉饰了事,一误再误,将为云南之续。请命将如多隆阿者,以剿甘肃撒匪为名,亟由潼关商、雒两路进剿。劾署淮扬镇总兵龚耀伦纵寇肆掠,请旨查办。时捻匪披猖,安徽、山东、江苏、河南四省尤甚,祖荫奏请于徐州四界司,添设重镇以制之。略曰:"伏查安徽之贼,蒙城迤西而南数百馀里,多为贼巢;而大股屯聚,则在宿、亳、太和、灵壁一带,其地西界河南,北界江苏,是安徽之边境也。山东之贼,匪类纷杂,啸聚劫掠,出没无常。不独曹、濮之间邻于直隶、河南者丛生奸宄,其沿海则曰青曰莱,其在山则曰蒙曰泗,而贼势尤炽之处,厥惟沂郡之西、兖郡之东。其南界江苏者,山东之边境也。河南之地,其界于山东、江南者,曰陈州,曰归德,而贼踪之往来,贼垒之屯集,则虞城、夏邑、永城之东,履错而踵接焉,是河南之边境也。江苏之地,徐州一属,实界三省,贼之窜匿海、沭者,其馀焰耳。若邳州,若萧、砀,则狼跳其穴而虎负其嵎也,是江苏之边境也。夫统计四省,而贼之所据,边境最多,是由封疆大吏未忘畛域之心,致使草泽奸民日长蔓延之势。贼之出掠,名曰装旗,任其所之,而被掠遂为习见之事。贼之归巢,名曰回哨,听其自反,而贼巢俨如化外之乡。势必举数省交错之地,委而弃之,使贼得而蹂躏焉,盘踞焉,且纷歧而错出焉,而邻省州县止为诿卸之谋,边境防兵,徒作送迎之计。揆兹积弊,有由来焉。且夫团练之法兴,而械斗抗粮之案,逾时叠出矣。坚壁之议建,而分疆画界之图,立寨争雄矣。招抚之策施,而阳奉阴违之患,乘机窃发矣。近来东省、皖、豫圩寨皆成,其显踞为贼巢者固无论矣,至如江苏徐属境内圩寨头目,类多恣睢自专,通贼藐官,截遏行旅,骄蹇跋扈,无所不为。不于此时画策以制之,臣恐阴怀叵测、据有事权者,驰一介之使,要结而迫胁之,奉其号令,恃其声援。一旦有变,固东路咽喉之虑,亦中原心腹之忧也。臣闻方今剿匪,僧格林沁一军督战最为得力,捻逆畏威,往往望风纳款。受降之后,给与免死大旗。及至兵退而焚掠如前,地方官莫敢过问。现如邹县凤凰山一带之匪,既降复叛,将山口堵塞,拥众数万,劫掠公行,名为就抚,其实缓兵。此其明证也。是即转抚为剿,而岁月迁延,饷需糜费,事机更变,精锐摧残。臣不知一战之胜,贼被芟夷者几何;而一日之间,民被裹胁者几何。旷日持久,庸有济乎?臣旧闻徐州府属,地当孔道,设有四界司一官,彼固末秩微员,据四县之冲而名之耳。窃见徐州一郡,实为四省交冲,拟请添设四界镇总兵一员,四界分巡兵备道一员,凡四省沿边州县,悉归管摄。其驻扎之所,必酌乎四界之中,其饷由四省筹办,其兵由四省酌拨,抑或自行召募,务使粮足兵强,克为重镇,然后责以办贼。来者拒之,过者遏之。四界之内,有警则救之;四界之外,乘便则攻之。与以专制之权,即重以守边之罚,并合界内外寨圩听其节制,或更选各寨头目之子弟置之军中,量能委用,羁縻驾驭,必惟其宜。庶诸路有进捣之军,而冲要有控扼之镇已。方今四省拨兵甚难,查有田在田一军,素在徐属屯扎,田在田统兵无律,畏葸居心。曩时捻匪出巢,田在田名为巡剿,其实避道而趋。今春捻匪窜扰清、淮,田在田行至宿迁,并未见贼,欲进城圩,居民防守甚严,不能纵掠,竟敢开枪攻圩,踏毁宿迁县官坐轿,抢夺守城将弁器械,田在田并不查究,所统兵勇又多系徐、宿之人,与贼潜通,是不独虚糜军饷也。即有制寇之兵,而田在田一军在彼牵掣扰乱，势必无功。相应请旨将田在田从严查办，按其现统兵数，加以挑选淘汰，作为四界镇主兵，其有不足，再由四省酌拨。方今将才难得，时会难稽，拟请敕下两江总督曾国藩保送文武干员，并会同署漕运总督吴棠暨四省巡抚妥速具议章程。又因楚军近逼金陵，请严通州、靖江、泰兴等处江防，劾浙江金衢严道江允康、西安县知县丁寿辰劣迹，为苏常殉难绅民援案请恤，天津、通州一带，疫气流行，请照乾隆、道光年间谕旨，敕下直隶总督、顺天府尹、五城御史遵照旧章，妥为办理。"

七月，充山东乡试正考官。十一月，奏劾陕西布政使毛震寿拥兵骚扰、索贿贪婪状，以直隶总督文煜持禄养交，事多坐废，请旨早予罢斥，另简重臣以慎畿防。疏荐前任提督郑魁士、傅振邦，已革副将吴再升，请旨起用；又以钦差大臣胜保骄蹇不法，列状请旨查办。二年正月，署宗人府府丞。四月，以江南郡邑渐就荡平，奏请酌减赋额。会江苏巡抚李鸿章亦以入奏，部议苏、松、太三属三分减一，常、镇二属十分减一。七月，恭编文宗显皇帝诗文全集进呈，颁赏一部，并赐顾绣蟒袍、文绮。十月，劾甘肃布政使恩麟玩误粉饰滥保各款，以呈递该省绅士无姓名信函，命传旨申饬，所奏仍交多隆阿查办。三年三月，补都察院左副都御史。七月，署工部右侍郎兼管钱法堂事务。十月，会议两江总督何桂清罪名，以未经会衔，下部议处。

四年三月，恭亲王被劾获谴，奉旨会议，祖荫覆奏云："毁誉之言，听者必察；家庭之事，人所难争。恭亲王自议政以来，咎固难辞，功原足纪。重臣进退，关系安危。尚祈持平用中，熟思深计,察其悔过,酌予转圜。庶不紊黜陟大纲、滋天下后世之惑。"
五月,山东曹州一带,捻逆披猖,奏请由上海运解火器,以资攻
剿。十一月,署礼部右侍郎,稽察西四旗觉罗学。五年三月,署
刑部右侍郎、左侍郎。十二月,补工部右侍郎,兼管钱法堂事务。
六年四月,派查勘福陵工程。七年三月,署吏部左侍郎。闰四
月,调户部右侍郎,兼管钱法堂事务。恭进篆写说文、艺文备览
各四函,赐文绮。十二月,充经筵讲官。八年,转左侍郎,兼管三
库事务。九年十月,充武乡试副考官。十一月,署吏部右侍郎。
以捐备军饷,赏正一品封典。十年正月,充会试知贡举。九月,
充武会试副考官。十一年,穆宗毅皇帝大婚礼成,赏头品顶戴。
十二年三月,上祗谒东陵,充随扈大臣。寻以户部行印遗失,部
议革职留任。六月,署吏部左侍郎。八月,充顺天乡试副考官。
十二月,以中式举人徐景春试卷,文理荒谬,部议降二级调用,奉
旨改为革任。十三年正月,赏翰林院编修,仍在南书房行走。六
月,因报效银两,诏开复革职留任处分,以三品京堂候补。十月,
慈禧端佑康颐皇太后四旬万寿,恭进赋册,命以侍郎候补。

　　光绪元年三月,授大理寺卿。八月,署礼部右侍郎。二年正
月,署刑部右侍郎。四月,补礼部右侍郎。六月,恭编穆宗毅皇
帝全集进呈,颁赏一部,并赐袍褂、帽纬。八月,署工部右侍郎,
兼管钱法堂事务。九月,充玉牒馆总裁。十月,充武乡试正考
官。三年,充武会试正考官。四年五月,调户部右侍郎,兼管钱
法堂事务,管理三库事务。七月,派稽查十七仓。九月,充实录
馆副总裁。十二月,复充经筵讲官,署工部右侍郎兼管钱法堂事
务。五年正月,转左侍郎,擢都察院左都御史。三月,迁工部尚

书。穆宗毅皇帝、孝哲毅皇后奉安惠陵礼成，赏加太子少保衔，管理沟渠河道。四月，遵议吏部主事吴可读遗疏，请豫定大统之归，偕尚书徐桐、翁同龢疏云："闰三月十七日，发下主事吴可读一折，臣等谨赴内阁公同集议。窃思吴可读所陈豫定大统，此窒碍不可行者也。我朝家法不建储，此万世当谨守者也。臣等恭绎同治十三年十二月懿旨，于皇子承嗣一节，所以为统绪计者至深且远，圣谕煌煌，原无待再三推阐。今吴可读既有此奏，而懿旨中复有即是此意之谕，特命廷臣集议具奏。若不将圣意明白宣示，恐天下臣庶转未能深喻慈衷。臣等以为宜申明列圣不建储之彝训，将来皇嗣蕃昌，默定大计，以祖宗之法为法，即以祖宗之心为心。总之绍膺大宝之元良，即为承继穆宗毅皇帝之圣子。揆诸前谕则合，准诸家法则符，使薄海内外咸晓然于圣意之所在，则诒谋久远，亿万世无疆之业，实基于此。"疏存毓庆宫。

是月，调刑部尚书。十月，赐紫禁城骑马。十一月，穆宗毅皇帝实录圣训全书告成，赏加一级。六年三月，署工部尚书。九月，命偕惇亲王、醇亲王、翁同龢办中俄交涉事件。七年正月，充国史馆正总裁。以俄国定约，偕惇亲王、醇亲王、翁同龢条陈善后五事：一曰练兵，一曰简器，一曰开矿，一曰造船，一曰筹饷。八年八月，署礼部尚书。十一月，命在军机大臣上行走。九年，丁父忧。十一年四月，服阕，命署兵部尚书，仍在南书房行走。八月，充顺天乡试正考官。寻遵议江西学政陈宝琛奏请以故儒黄宗羲、顾炎武从祀文庙，祖荫覆疏云："臣等谨按从祀之典，古无所见。礼记文王世子，凡学，春官释奠于其先师，秋冬亦如之。又凡始立学，必先释奠于先圣先师。郑玄注先圣，周公若孔子；

先师,汉礼有高堂生;乐有制氏;诗有毛公;书有伏生。意可以为之,[二]此为言从祀之始。汉魏以还,阙焉未举。唐贞观二十二年,诏左丘明二十二座,春秋二仲,行释奠之礼,继遂以周公配成王,而以孔子为先圣。此为定从祀之始。推原事始,盖本乐祖瞽宗之义。凡从祀先圣者,皆博士弟子所从承学,转相授受之本师,没则各以其师附祀。所谓将习其道,必各祭其师。证诸古谊,斯为最合。濂洛诸贤,挺生宋代,卓然为世大师。元明以来,叠为增祀,亦因士习其教。故以崇德为报功,追契始初,并非相悖。厥后请祀纷纷,无关兹义。我朝礼教昌明,动循古法。道光九年,特旨不准李容从祀。盖惧空谈心性者,冒越其间,实与唐人创始之心若合符节。臣等远遵其义,近禀圣谟,谨核黄宗羲、顾炎武之生平,及素所服习该故儒之遗书。窃谓宗羲、炎武皆有传经之功,卫道之力,崇正遏邪之实效,敢举其合于从祀之谊者,条列上闻。我朝文治昌明,经师辈出,诸经各有专家,专家各有疏义,精研小学,淹贯群经者,尤难指数。盖自三代以来,经学至国朝而极盛,而上溯渊源,并推至黄宗羲、顾炎武而止。即至辨书古文之伪,发古韵之微,深通天算,博稽地理,凡朴学之专门,皆该二儒之遗绪。迄今著述,炳在人寰,传授既繁,渊源有在。是凡读其书、习其言者,皆以该二儒为转相授受之本师。故道光年间京朝各官,特建顾炎武祠于京师,春秋祀事,直省学人,咸为执事,迄今不绝。盖亦未有之创举矣。臣等以为人心所在,即定论所凭,各省名臣达官,实不乏人,何以独祀该故儒,此即所谓将习其道,必各祭其师,皆发于人心之不自觉。臣等准之古谊,以为黄宗羲、顾炎武当从祀者此其一。然仅合古谊,而或乖今制,臣等亦不敢妄请。伏读道光九年宣宗成皇帝圣训，先儒升祔学宫，祀典至巨，必其人学术精纯，经纶卓越，方可以俎豆馨香，用昭崇报。咸丰年间，议准从祀先儒，应以阐明圣学，传授道统为断。臣等查黄宗羲编定明儒学案，综二百年学术升降之原，会通融贯，虽出自蕺山，而于姚江末派，痛予斥绝。故河东、姚江两得其正，创修宋元学案条分派别，祇斥邪而崇正，不伐异而党同。其称朱子谓致广大尽精微，综罗百代，推挹可云极至。顾炎武不立讲学之名，而有蹈道之实。其论学之旨，谓圣人之道，曰'博学于文'，曰'行己有耻'。又谓'今之理学，禅学也，不取之论语、五经，而但资之语录，不知本矣。故所学一以肫笃精实为主，而无嚣张之气、门户之私。至推崇朱子，其所著日知录，皆可覆按。夫亦足以当学术精纯之目矣，然犹未证诸实效也。明季心学盛行，颜山农、何心隐、李贽之徒，标目狂禅，荡无礼法，细行不矜，束书不观。学术既坏，国运随之。黄宗羲排斥其根株，顾炎武痛绝其支蔓，自二儒兴而禅学息矣。禅学息而朴学起矣。绝续之交，固由国运之隆，亦该故儒教泽之力。所谓阐明圣学、传授道统者，非与？至于经纶卓越之称，该二儒皆以经济交推，特以身丁末造，心在胜国，自不能奋迹圣朝，各抒伟略。如顾炎武日知录所载正定之辖五州二十七县，苏州之辖一州七县，而苏州之粮三百三万八千石，正定之粮止一十万石。王者则壤成赋，岂有大小轻重之不同若此者？后之王者，审形势以制郡县，则土田以起征科，乃平天下之先务。此即列圣减定浮粮，及增设直隶州改并州县之议。其他鉴明人之失，开我朝之法者，不可枚举。而肇域志、宅京记诸书具有深意，尤非仅舆地之学，盖与宗羲明夷待访录同为经济家必资之书矣。夫空言经济,能欺一时而不能垂之后世,至传之二百馀年,而读者尤思取法,则其非空言经济可知矣。臣等准之今制,以为黄宗羲、顾炎武当从祀者又其一。凡若此而无列圣之定评,犹未敢遽定也。黄宗羲、顾炎武经四库著录之书,原案已经详列,提要褒许之语,学者无不周知,臣等毋庸复为引叙。惟钦定国史儒林传于黄宗羲传内,称其上下古今,穿穴群言,自天文、地志、九流百家之教,无不精研;于顾炎武传内,谓其敛华就实,扶弊救衰。又谓国朝学有根柢,以炎武为最,如谓四库提要中有一二纠正之语,遂即寝议。此正不然,提要为叙录之体,意在解题,系专为一书而发,非是统论全学。譬如诗有正变,书有真伪,而至今并尊为经,未尝有所偏废,远者无论矣。臣等即就国朝之得从祀者言之,如陆世仪思辨录,提要则谓其不免迂阔;陆陇其向学录,提要则谓其过于主持;孙奇逢四书近指,提要则谓其不免高明之病;至张伯行所著理学各书,斥入儒家存目,一字不登。向使当时礼臣必据提要之辞以为论定,则陆世仪即不应俎豆于两庑矣。汤斌国朝从祀之儒之至纯至正者也,而推黄宗羲之辞曰:‘黄先生论学如大禹导水导山,脉络分明,吾党之斗杓也。’其与顾炎武书,谓‘吾道之衰久矣,得大力阐明,岂非斯人之幸?’兹数语者,苟非宗羲、炎武孰敢当此?苟非汤斌深知宗羲、炎武,亦何能发此?况汤斌在史馆,得黄宗羲一书,谓宋史道学传乃元人之陋习,遂示于众而去之,其志同道合可略见矣。圣主之评如此,贤臣之评如此,殆几乎无所致疑矣。此臣等准之成宪,以为黄宗羲、顾炎武当从祀者又其一。以上三端,容有未尽之语,而初无溢美之词。俎豆馨香,洵无愧色。乃者礼臣具稿,力从驳议。臣等实不敢苟立异同,亦不敢随事附和,即如陈宝琛疏中,有'宗羲兴于前,炎武继于后'二语。查二人生既同时,初无先后之分;学又异派,更无倡继之说。该学政措词偶误,臣等亦不曲为之讳。然因此谓其不明学术,因并斥其所请之人,固不可也。臣等稽之古训,求之舆论,以为该故儒之从祀,实顺人心而不违成例,况我皇上缉熙典学,正当审辨学术,以风示天下,将因以求所谓师以贤得民,儒以道得民者,以为平治天下之本。〔三〕是该故儒从祀之典,似亦系乎时政,而非徒滋论议者矣。臣等公同商酌,拟请旨准将黄宗羲、顾炎武从祀文庙。惟因祀典重大,未能骤定,应请旨敕下大学士、六部、九卿、翰詹、科道再行详议具奏。"部议格不行。

十一月,补工部尚书。十二年二月,上恭奉慈禧端佑康颐昭豫庄诚皇太后祇谒东陵,充随扈大臣。十月,充会典馆副总裁。十二月,管理沟渠河道。十三年四月,充管理八旗官学大臣。九月,兼理顺天府府尹事务。议增建贡院号舍。十四年,署户部尚书,复管理沟渠河道。十五年正月,慈禧端佑康颐昭豫庄诚皇太后归政届期,奉懿旨交部议叙。是月,皇上大婚礼成,赏加太子太保衔,并加二级。三月,充会试副总裁。七月,充顺天乡试监临。时浙江水灾,奏请由顺天府拨赈银各一万两,捐廉为本籍助赈。十六年六月,顺天二十四州县水灾,偕府尹陈彝筹放义赈,疏请择地添设粥厂,以便附近灾民就食,并恳钦派三四品京堂分驻稽察,弹压监放。八月,以顺属饥民众多,转瞬严寒,生路更窘,奏请更赏给米石。九月,奏大兴县境添设粥厂两处,冬春赈务,为日方长,请拨银米以资要需。十月,患病,犹疏请拨银米,以备冬抚之用。均如所请行。旋以疾甚请假，越三日，卒。

祖荫自任侍郎后，乡试覆试阅卷十三次，会试覆试、朝考、散馆阅卷各七次，殿试读卷四次，考试试差、优贡朝考阅卷各四次，拔贡朝考阅卷二次，考试御史阅卷六次，考试学正、学录、汉荫生阅卷各一次，考试汉教习阅卷二次，考试孝廉方正阅卷五次，考试汉誊录阅卷三次。遗疏上，谕曰："工部尚书潘祖荫学问渊通，才猷练达。于咸丰年间，由翰林入直南书房，垂四十年，勤劳最著。历受先朝知遇，叠掌文衡，荐升卿贰。朕御极后，优加倚畀，擢任正卿，加太子少保衔，在军机大臣上行走。丁忧服阕，补授工部尚书，并兼管顺天府府尹，加太子太保衔。本年近畿水灾，尽心筹画，劳瘁不辞。前以偶染微疴，赏假调理。遽闻溘逝，轸惜殊深！着赏给陀罗经被，派贝勒载滢带领侍卫十员，即日前往奠醊，赏银二千两治丧，由广储司给发。加恩晋赠太子太傅，照尚书例赐恤。任内一切处分，悉予开复。应得恤典，该衙门查例具奏。伊弟潘祖年，着赏给郎中，分部学习行走。伊子潘树擎，着赏给举人，准其一体会试。其灵柩回籍时，着沿途地方官妥为照料，用示朕笃念荩臣至意。"寻赐祭葬，予谥文勤。

十七年，直隶总督李鸿章奏："宝坻县绅士前湖南衡永郴桂道方学苏等呈称去岁大水为灾，数十年所罕见。宝坻地居洼下，受患尤深。原任工部尚书兼管顺天府府尹潘祖荫一闻灾信，先行拨款，飞饬印委办理急抚。内则沥情入告，外则函电四驰，为民救灾，无微不至。本届待赈人数，倍于往时，饥者给食，寒者授衣，全活甚众。秋冬以来，屡传该绅等详询赈事，形神憔悴，若疾痛之在身，竟以积劳，一病不起。闻信之日，士民相吊，若丧其私。感人之深,实难泯没。今拟集赀为故兼尹潘祖荫建立专祠,由地方官春秋致祭,以申报飨。臣维去岁被水以后,屡接兼尹臣潘祖荫来函,言及灾况,忧勤之意,流溢行间,心窃敬之。身后检其遗牍,手写告灾乞赈之书,多至千数百件。病中喃喃,皆言赈务。揆之御灾勤事之义,洵为无愧。"诏如所请。

子树𡑭,恩赏举人。

【校勘记】

〔一〕七年四月　原脱"七年"二字。今据潘祖荫传稿(之一)补。

〔二〕意可以为之　原脱此五字。今据潘祖荫传稿(之一)补。

〔三〕以为平治天下之本　原脱"平"字。今据潘祖荫传稿(之一)补。

彭玉麟

彭玉麟,湖南衡阳人。道光三十年,由附生随官军平新宁土匪,保训导,辞归。咸丰三年,侍郎曾国藩驻军衡州,闻其名,檄募水勇,与千总杨载福各领一营。四年二月,曾国藩进规岳州,檄往西湖搜剿,玉麟带勇三十馀人,毙发逆三十馀,获其船。叙县丞。四月,偕杨载福破贼湘潭,焚六百艘。以知县遇缺即选。六月,进攻岳州,伏兵君山,以小艇诱贼出,与杨载福等合击,大破之。岳州贼宵遁。七月,贼自下游再至,玉麟绕湖西遥蹑其尾,贼以大舰数号来犯,玉麟发大炮,中贼十馀人。贼退,与杨载福急追之,斩伪丞相一名。曾国藩奏玉麟忠勇性生,气吞凶逆,奋不顾身,诏加知州衔,并赏戴花翎。旋击贼播鼓台,以师船七十馀当贼五六百艘,冒险鏖战,受三伤,裹创复进,夺五色龙船一。得旨以同知选用。复破贼城陵矶。

八月,大军克湖北武昌、汉阳。九月,玉麟击贼蕲州,败之,又败诸钓鱼台。十月,进逼田家镇。时上游逸贼,尽萃于此,守备甚严。玉麟与杨载福决策分舟师为四队,头队操小舟,具炉鞴椎斧,飞桨疾进,镕其横江铁锁;自将二队遏贼援,杨载福将三队候锁断下驶,大烧贼船;四队守本营,防贼上犯。又议先烧上游逆船,则下者远窜,不如直下数十里逆攻而上,可以尽歼。及战,悉如所议。杨载福突下武穴,乘东风返棹上攻,玉麟顺流夹击,毁贼船四千馀,夺获五百馀。玉麟虑军士互争,且饱则思飏,悉焚之。捷入,记名以知府用。寻追剿至九江,沉其船百馀。十一月,破之小池口,进新港,跃入贼籍,获大炮十馀,明日又破之。十二月,击湖口贼,擒伪将军梁国安等。

五年二月,贼上犯,再陷武昌、汉阳。三月,玉麟自金口进剿,败贼于武昌城南鲇鱼套。时北岸陆军与贼战失利,水师向不离船,玉麟见贼猖獗,恐大挫,误全局,督众登岸截击,破之。署湖北巡抚胡林翼奏称:"玉麟变计从权,保全之功甚大,协和之谊可嘉。"四月,攻塘角,焚贼船二百馀,又屡捷于武汉两岸。六月,授浙江金华府知府,留营剿贼。七月,自沌口进拔蔡店及北岸宗关、南岸慈庵渡二石城。五显庙者,贼踞为总巢穴,四面阻湖,贼战船环卫其下,险不可逾。玉麟督攻之,死亡相继,因号于众曰:"已入虎穴,非血战不能出险成功!"指麾毕,前敌张两翼,急桨以进,冲贼船尾,自督大队摧贼卡一,夺船八,获炮六十有六;复督队径出贼船之下,循两岸包剿,乘胜出襄河口,断其浮桥铁索,获贼船七;登北岸,毁铸炮局、火药局十馀,破伪石城二。仍入襄河,乘夜搜捕汉阳馀匪,擒伪官萧朝富、伪军师吴会元等,并长发贼二百馀。时南岸贼仍踞五显庙,玉麟麾军攻拔之,连毁晴川阁木城二;又破之叶家洲,烧贼船二百馀。胡林翼奏称:"玉麟忠勇冠军,胆识沉毅。坐舢板督战,被炮中断其桅,神色不变。"得旨记名以道员用。旋乞假归。

嗣以曾国藩调赴江西,徒步行七百里,抵南康。国藩派领内湖水师,扼剿临江。六年正月,败贼樟树镇,攻临江诸垒,又败之。二月,授广东惠潮嘉道,留营如故。三月,破贼于吴城之上游,又破之涂家埠。五月,贼犯吴城,击却之。六月,克南康府。七月,败贼谢司塘,追至屏风,南风忽作,贼回棹猛攻,其地距老营百三十里,不能归。玉麟令大舟下椗坐战,发炮如连珠,贼反奔二十里,始全队而还。七年二月,曾国藩丁忧回籍,诏以杨载福统带水师,玉麟协同调度。九月,湖北陆军既再克武昌、汉阳,水陆同下,围九江,攻湖口,贼扼石钟山、梅家洲,遏内湖水师,不令合外江。玉麟率全军分三队出战,贼于岩腹置巨炮,正当船冲,前锋中炮,哨官死之。玉麟令前船还,后船次进,伤十馀舟,不一顾。或谏阻之,玉麟曰:"水陆用兵五年,精锐忠勇之士,亡者千数。不破此险,势无生理!"鼓棹赴之,贼炮焦裂,我船衔尾直下,得与外江水师合,陆军从城背山下应之,贼大奔,遂进夺小姑山贼垒。赏加按察使衔。八年,会克九江府城,晋布政使衔。九年,偕杨载福攻安徽池州,韦志俊以城降,其党古隆贤复攻陷之。十年四月,与杨载福败贼于枞阳。五月,署两江总督曾国藩疏荐玉麟任事勇敢,励志清苦,有古烈士风,堪胜总办水师之任,请将芜湖以上江面战守机宜,由杨载福会同玉麟妥办,得旨报可。十一月,安庆援贼犯彭泽,并围湖口,玉麟分兵赴援,均击走之;复遣将克都昌,得旨交军机处记名,遇有按察使缺出请旨简放。十一年三月,赴援湖北,攻孝感克之。旋授广东按察使,督师如故。五月,偕道员蒋凝学克武昌县,破兴国州龙港贼巢。八月,安庆克复,下部优叙。寻克天门、应城、蕲州,并克黄州。九月,授安徽巡抚。玉麟疏辞,诏嘉其真实不欺,仍着带兵勇赴任。十月,上以苗沛霖攻破寿州,现复求抚,心怀反侧,命玉麟统筹大局,商酌覆奏。寻疏称:“苗沛霖叛迹昭著,巢穴已成,始终皆误于抚,宜一意剿除之。”十一月,命帮办袁甲三军务,颍、寿各军悉归调遣。玉麟以不习陆战,自杨载福假旋,水师亦未可遽离,仍乞开安徽巡抚缺,疏再上,诏以水师提督记名遇缺题奏。寻又谕曰:“该员本系文职出身,现在带领水师,有节制镇将之任。骤令改膺武职,不足以资统率。彭玉麟着以兵部侍郎候补。”

同治元年正月,授兵部右侍郎。三月,偕江苏布政使曾国荃督师东下,复巢县、含山、和州,夺铜城闸、雍家镇、裕溪口、西梁山,进拔鲁港、南陵。四月,克太平、芜湖,并克金柱关、东梁山各要隘。五月,曾国荃攻秣陵关。时玉麟驻师金柱关,闻曾国荃悬军深入,恐为贼所乘,急约提督王明山率水师渡江策应。会曾国荃攻拔头关,玉麟率王明山等逼贼江心洲,各勇挟火具登岸,跃入贼墙,烧薙无算;复登舟飞行,攻克蒲包洲,扼江宁护城河口,以为曾国荃陆军声援。先是伪护王陈坤书拥众四五万,突入太平府之张公桥,图犯金柱关。闰八月,玉麟遣将往御,五战却之。二年三月,分军渡江,援石涧埠,解其围。四月,连克东关、铜城闸。五月,会杨岳斌军克江浦、浦口,又克下关、草鞋峡、燕子矶,夺九洑洲伪城。八月，破陈家村，解青阳围。九月，克窑湾、金宝圩、水阳、新河庄、塘沟等贼垒。十月，克沧溪、长乐，贼酋杨友清降，遂复高淳，又同提督鲍超军，克东坝，建平、溧水之贼皆以城降。赏穿黄马褂。三年正月，与曾国荃攻克钟山石垒，江宁之围始合。六月，省城克复，红旗奏捷，诏给一等轻车都尉世职，加太子少保衔。

四年，命署理漕运总督。玉麟再疏辞，并乞开兵部侍郎缺，简员料理长江水师善后应办事宜。谕曰："览奏，情辞恳挚，出于至诚，着准其开漕运总督署缺。所有长江水师善后应办事宜，着该侍郎妥为料理。"六年，以历任养廉银报捐充饷，下部优叙。七年三月，与曾国藩奏定长江水师营制，自荆、岳二州至崇明县五千馀里，凡设提督一员、总兵五员，以六标分汛，营哨官七百九十八员、兵丁一万二千人，月饷杂费岁需银六十馀万两。以长江厘税供支，不烦户部。六月，疏言："臣墨绖从戎，创立水师，非敢曰'移孝作忠'，良以先臣曾受朝廷一命之荣，臣母亦时以忠义相勖，当多难之日，义不得顾私情也。臣素无室家之乐、安逸之志，治军十馀年，未尝营一瓦之覆、一亩之殖；受伤积劳，未尝请一日之假；终年风涛矢石之中，未尝移居岸上求一日之安。诚以亲服未终，出从戎旅，既难免不孝之罪，岂复为身家之图？臣尝闻士大夫出处进退，关系风俗之盛衰。臣之从戎，志灭贼也。贼已灭而不归，近于贪位；长江既设提镇，责有攸司，臣犹在军，近于恋权。改易初心，贪恋权位，则前此辞官，疑于作伪。三年之制，贤愚所同。军事已终，仍不补行终制，涉于忘亲。四者有一焉，皆足以伤风败俗。夫天下之乱，不徒在盗贼之未平，而在士大夫之进无礼、退无义。伏维皇上中兴大业,正宜扶树名教,整肃纲纪,以振起人心。臣岂敢稍犯不韪,以伤朝廷之雅化。仰恳天恩,开臣兵部侍郎本缺,回籍补行终制。静养病躯,得以医治。则报国之日正长,断不敢永图安逸。"优诏许之。七月,曾国藩调直隶总督,上以长江水师营制初创,恐提督黄翼升一人,不足以资控制,命玉麟百日后迅赴江皖地方,扼要驻扎,俾各旧部有所禀承。寻玉麟密保文武人材堪重任者,记名提督欧阳利见、云南迤东道蔡锦青等五员。八年,回籍。十一年,诏趣玉麟简阅沿江水师,玉麟疏陈水师事宜四条:曰将材宜慎选,曰积习宜力除,曰军政宜实讲,曰体制宜复旧;并疏荐福建水师提督李成谋、大名镇总兵彭楚汉堪胜专阃之任,劾罢营哨官百八十馀人。九月,陛见。寻署兵部右侍郎,赐紫禁城骑马。嗣以伤疾未痊,恳请开缺,诏许之,仍命赴长江一带,会同李成谋布置周妥,再行回籍。又谕:"嗣后每年着巡阅一次,遇有应行参劾及变通之处,准其专折具奏。应需办公经费,着两江湖广总督筹款,交该侍郎支领。"十二年,奏定巡阅章程,并请巡江经费,毋须两江、湖广总督另筹,以节糜费。如所请行。

光绪元年,玉麟上疏筹自强之计:曰清吏治,曰严军政,曰端士习,曰苏民困,优诏答之。二年,赐剿平粤匪捻匪方略各一部。六年五月,应诏保举人才,荐文员候选道李概等十六人,武员正定镇总兵娄云庆等十七人。九月,疏请添造十八丈小兵轮十艘,以为江阴以下海防之用。七年二月,疏陈开办铁路有害无利;又请于江阴以上、焦山以下南岸圌山关、北岸东生洲择要修筑炮堤营垒,又焦山、都天庙两处旧修暗炮台,改造明炮台八座。七月,命署理两江总督,兼署通商大臣。玉麟再疏辞,诏以左宗棠代,留督江、海防如故。八年,京察,下部优叙。时言者议改长江水师提督驻吴淞口外,移江南提督治淮徐,辖陆路。上命疆臣会议,玉麟疏言:"长江水师管辖江面汛地,计水程近六千馀,合两岸而计,路逾万里,仅以六百二十一哨分布其间,深恐照料难周。乃为此按年轮驻之计,而本署有应办之公事,巡次有递及之地段,盖兼顾若斯其难也。今若以长江提督驻吴淞口外,而以江南提督移驻淮徐,徒于淮徐两镇之外,益一专辖陆路之提督,是偏重也。臣等窃以海防、江防,宜因绪推广,就势变通,斯为两得之道。江南提督责在海防,宜多畀以得力之兵轮,使海上一军卓然有以自立,防海乃能防江也。长江提督责在江防,仍由臣玉麟每年督同巡阅,而以驻岳州府之半年,改驻吴淞口外,俾与李朝斌就近会操兵轮,以通江海之气脉。有事仍专力江防,使防海者无后顾之虑,防海亦须防江也。"

九年正月,擢兵部尚书。玉麟以衰病疏辞,得旨俟病体稍愈,即行来京陛见,毋庸开缺。翰林院侍讲盛昱劾玉麟抗诏鸣高,开功臣骄蹇之渐,命遵前旨即行来京。是年,法越构兵,法人声言以大队兵船至广东寻衅。八月,上以广东兵力单薄,守御尚虚,命玉麟酌带旧部得力将弁,酌量招募勇营,迅速前往广东,会同张树声、裕宽妥筹布置。玉麟具疏,略言:"江海原相表里,海上有事,江防亦形吃紧。长江水师得力将弁,不便调归陆路,招募勇营,则强所不能以为能,且由湘至粤二千馀里,新军初立,难保沿途不滋事端。与其在湘募勇,糜费而不能救急,莫若于粤东就地取材,粤中义愤果敢之士尚多,当经函商两广总督张树声等遴择公廉绅士,速集团练。俟臣到粤后,按照陆营规制,慎选营官统领,勤加操练,严定赏罚。臣于十月,轻装由衡单骑入粤。如法兵先已薄城,则顺化河一路守备,自必空虚,拟一面协守,一面密咨云贵、广西督抚各派骁将,率领精兵数千,督同提督刘永福所部,出法人不意,疾捣顺化河及西贡敌营。并请密谕滇、蜀各督抚豫先布置,乘机赴会。"又疏陈:"三现在通商二十馀国,应将不得已而用兵之故,宣示各国,使知其曲在彼,因以携其党而败其谋。"疏入,均报闻。

十二月,上以琼州备御空虚,谕玉麟择地驻扎,饬所部各营,与郑绍忠一军会合吴全美师船,扼守琼州,彭玉麟务当相机调度,不必亲赴琼州,以期慎重,毋稍疏虞。玉麟寻委候补道王之春率毅字二营,又抽调郑绍忠安勇二营赴琼州防堵。既又派记名提督黄得胜驻营越南交界之钦州、灵山一带,防内匪勾结。十年正月,以琼州孤悬海外,四面受敌,饬王之春添募水陆勇营,并檄提督吴全美将分驻龙门一营,饬调赴琼,分别布置,又以北海、龙门一带与琼州隔海相望,锁钥西路,未便空虚,饬高州镇总兵张得禄选募壮勇两营,驰赴钦、廉择要屯扎,与办理西路团练之冯子材、李起高等遥作声援。二月,督同总兵娄云庆等叠勘营地于虎门外沙角、大角二处,安设炮台,以娄云庆五营进扎沙角,以提督王永章、刘树元二营分扎大角,与提督方耀防守上下横档及威远炮台之军,势成犄角。又饬副将刘迪文管带红单船二十只,配齐炮位,为靖海水师营,分泊沙角、大角,水陆相依,以固省城门户。又以粤省各海口港汊纷歧,小轮船随处可以登岸,乃会商督抚札饬地方文武官办理渔团、乡团,实力讲求,平时则缉捕土匪，有警则据守险要，用收坚壁清野之效。

四月，上疏阻和议，略曰："法夷无端生衅，残我属国。及我出师保护，又复肆其豕突，挠败我师。迄今并未大加惩创，遽与议和，何以张国威？不可许者一。法夷并未受创，幡然请款。是必中藏诡谲，或急我师而徐乘其后，或缓我谋而误以多方，其害无穷。不可许者二。既与议款，不索兵费，更为叵测。该夷惟利是视，忽弃目前所索巨万之费不言，但言越境通商，其中不免有诈。恐将来必有十倍取偿于后者，瘠中华以奉岛夷，饰目前以酿边患。不可许者三。以一外强中乾之法夷，凭陵我藩服，吞噬我疆土，不问其罪，转降心相从，以就其和。法夷此次得志，效法夷者势必环向而起。是款一法夷而转来无数法夷也。群谋日滋，隐忧方大。不可许者四。云南物产富饶，五金之矿，翠玉之璞，久为西人所垂涎。若与议款，必至蒙自以内，许其通商。迨为日既久，形势险隘，彼皆周知，广传邪教，以张羽翼。一旦窃发，不仅通商，〔一〕将何以支？不可许者五。法自通商以来，前于天津教堂一案，即思启端以偿其所大欲。适为普人所窘中止，旋即狡谋越南为自强之计，我中华果以全力决战，审用兵筹饷之分量，彼族万难久持，故先为恫喝以速其和，又貌为恭顺以工其术，其实鬼蜮伎俩穷矣。此揣敌情而可战者一。我朝以神武开基，将帅得人，远轶前古。嗣平发、捻之乱，亦忠勇辈出，贾其馀勇，尚足定边。忆前议防俄之时，奉旨着保举人材，即以将才不易、存者什一为虑。再阅数年，老成凋谢尽矣！曷若及时精选宿将，俾讲求以柔克刚，以散敌整之法，以尽其长。此论将才而可战者二。道光间夷衅初开，广东三元里团练，义声至今犹在。此外各省因事愤激之案,层见叠出,亦见民间不平之气,不可遏抑。越南刘义亦中华民也,窜伏荒裔,自全不暇,犹能尚义,屡歼狂寇。各省山陬僻壤,不乏英豪,闻与夷战,莫不共发雄心,愿效死力。此察民情而可战者三。查万国公法,在战分义与不义一节,如兴战不义,伤害天理,不独可以理喻,并可以力止。深与齐人伐燕之义暗合。朝廷若通饬各督抚,大张晓谕于通商和好各国,极力保护,专与法夷绝好,准各义民诛其天主教士,毁其天主鬼楼,罢其驻京法使,撤其贸易马头,既除萌蘖,不虞滋蔓。此采公法而可战者四。语云:'师直为壮,曲为老。'今兵端自法夷开,穷兵黩武,掠地争城,欺侮太甚,实为万国公法所不容,宜历数法夷罪状,布告中外,使咸知彼曲我直,不得已而用兵伐罪,明有日月,幽有鬼神,共鉴此衷,应蒙默佑。此卜天理而可战者五。"五月,疏上广东积弊,条陈十事:曰水师宜练,曰陆营宜整,曰教民宜别,曰仓储宜备,曰琼州宜图,曰盐务宜变,曰会匪宜清,曰沙田宜查,曰坟禁宜严,曰水利宜筹;续陈六事:曰捐摊宜核,曰厘金宜核,曰出入款项宜清,曰补署宜公,曰差委宜均,曰劣幕宜驱。六月,谕曰:"彭玉麟在粤办防,忠诚奋发,布置周密。现在法国虽仍来讲解,和议尚未大定,防守更关紧要。该尚书仍督饬各军实力备御,勿稍松劲。"

　　玉麟寻与总督张之洞等巡阅各海口,察其险要兵单之处,复添募勇营填扎,以为各炮台游击策应之用。又以虎门以西有崖门、横门、虎跳、磨刀等门,其水虽浅,而小轮船可直达佛山镇,以拊省城之背。与张之洞商之方耀,雇募艇船二十,分守陈头、五斗口一带河面,以顾省垣后路。又调集小轮船十、红单船十,驻泊横档左右,以为沙角、虎门各炮台应援。又派小轮船十、红单船四驻泊黄埔一带,以为常洲、沙路、鱼珠各炮台应援。十月,慈禧端佑康颐昭豫庄诚皇太后五旬万寿,御书"建节绥疆"额赐之。是时,法人决意并力逐我桂军出越,再图上拒滇军,盖以桂近滇远,为彼北宁、河内等处眉睫之患,而滇军及提督刘永福方攻宣光,未能即时东下。桂军扼守观音桥、谷松、那阳三路,又为敌所阻,玉麟与张之洞定议由东路进兵,为捣虚而入之计,派广西提督冯子材、右江镇总兵王孝祺等率广军四十营,分四枝大举规越。十二月,冯子材等抵龙州,法人焚关自退。十一年正月,京察,下部优叙。谕曰:"彭玉麟自赴广东办防以来,实心任事,不遗馀力。该尚书向有咯血等证,现闻尚未痊愈,亦未服药调理,身在行间,与士卒同甘苦,不遑少息,朝廷实深廑系,必宜善自调摄,方能为国宣勤。该尚书务当仰体此意,慎求医药,勉节劳勚,以副倚畀之殷,保身即所以报国也。"

二月,冯子材等出关拔贼垒二,旋克文渊州,进攻谅山,克之。三月,攻郎甲,未下。和议成,有旨停战撤兵。玉麟请严备战事,以毖后患。曰:"我圣朝待岛族过于优容,决无自我横启衅端之事。彼族知其然也,而以为畏之,遂日肆其欺侮,而悍然罔顾。然如琉球之不复,伊犁之让界,兵端未开,犹可说也;此次朝廷赫然震怒,命将出师,迄今三载,本年二月十三日,谅山大捷,天讨方张,乃遽约忽以款局终事,堕其术中,益见轻于彼矣。彼夷如市井无赖小人,惟利是趋,安知信义? 挟其趋利之心,存一见轻之意,见我之兵卫既撤,全越悉为彼有。险要已失,藩篱洞开,安有不乘机侵轶之理? 至此而始悔失计,不亦晚乎? 且上年津方定约,彼即犯越之观音桥,我兵方撤入关,彼即肆扰台湾。前事固昭昭可鉴,今复狃其故智以款欺我,我复信之。堂堂中华,任其玩弄于股掌,而毫不省觉,臣愚恐诸夷闻之,谓吾华之易与也,亦必从而生心,群思因我以为利。边鄙之患,其有已时哉?抑臣更有虑者,西夷觊觎中土,多历年所,彼其用兵于我,忽而请款者,夫岂有爱于我,而讲信修睦哉? 其必有所图也明矣。自海上告警以来,召将征兵,购船制械,天下骚然。糜饷已数千万,及布置粗定,兵机渐利,彼乃以一和字误之,而我所用经费,尽成虚掷,如此行之数四,海内罢敝,势必不支,不得已一惟和之是从。由是当事者以和为得计,无复自强之谋,领兵者以和为固然,潜消致果之气;边疆要隘又以屡和之故,武备懈弛而不修。一旦黠虏挟其坚船利炮,号召丑类,环起而与我为难,其时财用既匮,兵气不扬,天下大局将有不堪设想者! 此其用心至深,设谋至毒,而其势殆将必然。故臣每一念及,辄中夜以兴,绕帐傍徨不能一刻稍安也。昔赵宋南渡,韩、刘诸将百战抗金,岳飞力图恢复,长驱北向,几复中原。乃黄龙正捣,金牌遽召,终宋之世讫不复振。何则? 战则气以厉而弥奋,故可进于强;和则气以馁而益偷,故日趋于弱。宋之已事,固其明效大验矣。方今款议已定,自难中改,然夷虏无信,〔二〕事未可知。伏乞严敕沿边各疆臣及各将领,严备陆师战守外,濒海如天津、吴淞、福州、广东、台湾等处,应赶紧添造大小铁甲战船,每口至少须十只,各令成一军,募各海岛精壮渔户,熟习风涛沙水之性者,编为各船之勇,免使为敌人募用,以成奸细。精选久于水师、身经百战健将,为之管带,勤加操练,静以待之。庶几立自强之基,万一敌复败盟,狡焉思逞,即永绝其好，一意从事于战。倘内外臣工复有敢以议款之说进，而损威纳侮者，应请照十年七月十五日上谕，交刑部治罪，断不可一误再误，仍蹈前辙，图一时之苟安，贻无穷之隐患。惟务声罪致讨，大张挞伐，必令俯首帖耳，就我衔勒不敢复肆鸱张而后已。"

五月，檄署南海县知县危德连等创造舢板炮船百号，分为三营，统名为广安水军，以固粤省门户。七月，筹议海防善后事宜，疏陈六事：曰分重镇，以领水师；曰练陆军，以辅水师；曰东三省之筹防宜豫；曰台湾以练勇办团为先；曰学习技艺，增造船炮，务求实效；曰饷糈艰绌，务须广筹。又密保深悉洋务之大臣出使英国使臣曾纪泽及浙江提督欧阳利见、福建水师提督彭楚汉、陆路提督孙开华等六员，以备海疆之用。八月，病势增剧，疏请开缺，销巡江各项差使，得旨赏假三月，回籍安心调理，毋庸开缺，并毋庸开巡阅长江水师差使。九月，有议长江水师宜改制参用浅水轮船者，命玉麟与曾国荃等筹议，玉麟以江防情形与海防异，水师舢板仍未可裁，浅水轮船可以不设，条陈不便者五事，又云："洋务有不可不讲者，如出洋之兵轮，扼险之炮台，此宜推究西法，精益求精，以期可以制敌而保疆也。有不必讲者，如洋枪陆队，临阵呆笨，知正而不知奇。我军趫捷轻快，实远胜于西人。今乃必从而效之，延聘夷师教习，是欲去己之长，效彼之短，此臣之所不解者也。薄小轮船，以之攻击，脆薄而不可用，巡缉长江尤所不宜。长江未立水师舢板以前，盗贼横行，商贾裹足。既立水师舢板之后，往来上下商旅，视为坦途，厘金畅旺，得济数十年饷糈，已著明效。乃欲以此易之，此又臣之所不解者也。"诏嘉纳之。十三年，上念玉麟病未就痊，赐人参四两。十四年，疏恳开缺,谕曰:"彭玉麟巡阅长江勋勤卓著。连年以来,因病屡请开缺,未经允准。兹复据奏病势增重,情词恳切,不得不勉如所请,以示体恤。着准其开缺回籍,安心调理,其长江水师巡阅差使,毋庸开去,即责成李成谋认真经理,彭玉麟不必拘定假期,一俟病体稍愈,仍着照旧任事,以副朝廷倚畀至意。"

十六年,卒。遗疏上,谕曰:"前兵部尚书彭玉麟,忠清亮直,卓著勋勤。以诸生从戎,转战东南各省,所向有功。会同原任大学士曾国藩创立长江水师,筹画精详,规模悉备。历受先朝知遇,由知府荐擢封圻,内陟卿贰。迨粤匪荡平,蒙穆宗毅皇帝眷念勋劳,赏给一等轻车都尉世职,并加太子少保衔。朕御极后,擢任兵部尚书。嗣因患病,叠次陈请开缺,降旨允准,仍派巡阅长江水师。十馀年来,力疾从公,不辞劳怨。复因病势增剧,请开差使,当经宽予假期,并准其回籍养病,颁赐人参。方冀调理就痊,长资倚畀。兹闻溘逝,悼惜殊深!彭玉麟着追赠太子太保衔,照尚书例赐恤。任内一切处分,悉予开复。应得恤典,该衙门察例具奏。加恩予谥,并于立功省分建立专祠。其生平战功事迹,宣付国史馆立传。伊孙候选员外郎彭见绅,着以郎中选用;彭见绶、彭见绖,均着由吏部带领引见,用示笃念荩臣至意。"寻赐祭葬,予谥刚直。

孙见绅,现官刑部郎中。

【校勘记】

〔一〕不仅通商　原脱此四字。今据彭玉麟传稿(之一)补。

〔二〕然夷虏无信　"夷虏"原作"外人"。今据彭玉麟传稿(之一)改。

按"外人"系后人所改,他仿此回改。

许庚身

许庚身,浙江仁和人。咸丰二年举人,考取内阁中书。五年,补中书。七年,恭修宣宗成皇帝本纪告成,赏侍读衔。寻以玉牒告成,甄叙,命遇有本衙门升途,酌量补用。八年,记名军机章京。九年三月,覆纂画一臣工列传,奖以侍读升用。十年,补军机章京。同治元年,成进士,旋以总理各国事务衙门保奖,加四品衔。九月,补内阁侍读。二年五月,记名以御史用。八月,充方略馆纂修。三年五月,署方略馆提调。充福建乡试副考官。七月,江宁克复,红旗报捷。上命议政王、军机大臣奖叙满汉章京,庚身得奖,以六部郎中不论班次遇缺即选,并赏戴花翎。十月,补刑部湖广司郎中。四年,充会试同考官。五年七月,补鸿胪寺少卿。复以总理各国事务衙门保奖,加三品衔。旋丁母忧,八年,服阕,仍在军机章京额外行走。五月,充方略馆帮提调,兼总纂。六月,仍补军机章京。九年三月,补方略馆提调,兼总纂。九月,仍补鸿胪寺少卿。十月,缮进春秋属辞。十年,补内阁侍读学士。十一年,纂辑剿平粤匪方略告成,得旨以三品京堂候补。十二年,补光禄寺卿。六月,充贵州乡试正考官。八月,充江西学政。

光绪元年,以校勘剿平粤匪方略,赏加二品顶戴。三年,回京,仍在军机章京上行走。四年,补太常寺卿。五年二月,署礼部左侍郎。四月,升大理寺卿。七年四月,署都察院左副都御史。十二月,擢礼部右侍郎。八年二月,转户部右侍郎,兼管钱法堂事务。六月,充江南乡试正考官。九月,调刑部右侍郎。九年十一月,礼部奏许庚身克承先志,捐置义田二千馀顷、义庄一所,养赡宗族,古谊可风,恩赏匾额一方。十年三月,命在军机大臣上学习行走。寻命在总理各国事务衙门行走。八月,命补军机大臣。十月,恭逢慈禧端佑康颐昭豫庄诚皇太后五旬万寿庆典,奉懿旨赏给头品顶戴,寻赐紫禁城骑马。十一年七月,管理户部三库事务。十二月,署兵部尚书。十三年九月,调补吏部左侍郎,仍兼署兵部尚书。十四年七月,补兵部尚书。八月,充顺天乡试副考官。十二月,充方略馆总裁。十五年八月,署吏部尚书。十六年正月,皇上二旬万寿,上以许庚身夙夜在公,忠勤懋著,诏交部优叙。二月,充会典馆总裁。十七年八月,充顺天乡试正考官,赏劝善要言书。十一月,赏西苑门骑马。十八年十二月,以二十年恭逢慈禧端佑康颐昭豫庄诚寿恭钦献皇太后六旬万寿,奉旨着庚身总办庆典。历充殿试读卷官、贡士覆试朝考、拔贡优贡朝考、考试试差、汉荫生阅卷大臣,凡二十次。

十九年十二月,卒。遗疏入,谕曰:“兵部尚书许庚身忠勤恪慎,练达老成。由内阁中书充补军机章京,蒙穆宗毅皇帝特达之知,擢升卿寺。朕御极后,简任侍郎,命在军机大臣上行走,兼总理各国事务,补授兵部尚书,加太子少保衔。叠掌文衡,夙夜靖共,深资倚畀。近因偶染微疴,赏假调理。方冀医治就痊,长承恩眷。遽闻溘逝,轸惜良深!着赏给陀罗经被,派贝勒载滢带领侍卫十员,即日前往奠醊。赏银二千两治丧,由广储司给发。加恩晋赠太子太保衔,照尚书例赐恤。任内一切处分,悉予开复。应得恤典,该衙门察例具奏。伊子内阁中书许之荣,着赏给郎中,俟服阕后分部学习行走;一品荫生许之鹏,着赏给举人,准其一体会试。伊孙许宝瑜,着俟及岁时带领引见。其灵柩回籍时,着沿途地方官妥为照料,用示笃念荩臣至意。"寻赐祭葬,予谥恭慎。

景廉

景廉,颜札氏,满洲正黄旗人。父彦德,绥远城将军。

景廉,咸丰二年进士,改翰林院庶吉士。三年四月,散馆授编修。九月,升侍讲。十二月,充国史馆协修、文渊阁校理。四年五月,充日讲起居注官。十二月,升侍讲学士。五年四月,擢内阁学士,兼礼部侍郎衔。五月,充福建乡试正考官。六年六月,授镶白旗蒙古副都统。十月,充玉牒馆副总裁。七年正月,授工部右侍郎,兼管钱法堂事务。三月,管理火药局事务。十一月,命赐奠朝鲜。八年六月,调补镶红旗满洲副都统。七月,充顺天乡试监临。九月,兼署正蓝旗满洲副都统。九年二月,调补刑部右侍郎。三月,兼署吏部右侍郎。

十月,授伊犁参赞大臣。十年四月,抵伊犁。故事,哈萨克贸易事讫即出境,后以商货滞鬻,许留两三人守以度岁,支穹庐于西门外,树木栅防暴客而已。比渐筑室,易栅而垣。景廉以为患伏肘腋,渐不可长,乃疏请以便宜毁之。吏贪猾蠹民者,以时劾罢,边圉大治。时塔尔巴哈台参赞大臣以滥保异姓台吉冒袭哈萨克汗爵,为人所论,命景廉往鞫,具得其驼马章京纳贿情事,论如律。十一年,阿克苏办事大臣绵性及叶尔羌参赞大臣英蕴先后以私设盐课,派回民银钱被劾,复命景廉驰查。咸据实以闻,降革有差。同治元年四月,调叶尔羌参赞大臣,其地为南路八城之表,汉回杂处。景廉至,则疏请将历年征收税务,酌量裁减,详立章程。二年,复奏请停止巴尔楚克过路税课,八城以安。三年,因病陈请开缺调理,不待命遽行入关,诏革职,发往都兴阿军营听候差委。四年四月,抵宁夏,将军都兴阿委充总理前敌粮台营务。十月,已革安徽巡抚翁同书卒于花马池军中,诏代领其众,以防后路。屡著战功,饷道无梗。得旨以四品京堂补用,并赏戴花翎。

五年,赏头等侍卫,充哈密帮办大臣。六年正月,宁夏将军穆图善奏请留营襄赞军事,上不许,谕令克期出关。十二月,募勇得千馀人,骑不满百,军装器械略备,粮仅支二十日,以记名总兵张玉春为统领,副将蒋富山、范如松,都司金永清副之。道金塔堡而西,日行冰雪中,七年正月,至玉门。侦知肃州回匪三百馀骑,沿南山西窜,遣张玉春败之黄花营,又败其大股于安西州之三四道沟。景廉以哈密辖境辽阔,兵燹之馀,户口雕耗,商旅裹足。军食所仰,惟安西、玉门、敦煌三州县,敦煌尤完富,地迫近关门,甘肃,新疆之咽喉也。而肃逆窥伺久,时来侵扰,脱有失,则哈密运断,而新疆门户益危。乃与办事大臣文麟会奏,请分地防守,文麟先赴哈密,景廉暂驻后路,督防剿,且顾运道。于是以大营屯敦煌,躬相要害,完城浚濠,选狭路筑空心墩台,以卫露粮畜牧。守具既备,复督绅民办商团民练,与官军相倚辅。士民商贾皆以为便。安西、玉门亦仿行之。景廉时率小队履行校验,肃逆数来犯,一败之车辙毂坝,再败之南乾沟、三水梁,三败之十工废堡,而西宁、河州回逆之扰赤金堡者,亦望旗惊溃。于是牵制房掠之计，皆无所施，遂复西窜。景廉乃大料三州县土著，得上、中、下三千馀户，以等差令捐粟麦。民亦喜官军能为捍寇，乐于输挽，凡得杂粮数万石。量道里，设粮台，置转运局，以馈哈密，部署大定。八年七月，抵哈密任，以汉城残破，筑垒蔡巴什湖，与文麟营相倚。八月，乌鲁木齐回酋妥得璘结吐鲁番玛纳斯各种落万八千骑，东寇哈密，潜约哈密回王为内应。回王素骙，其母福晋以贼书呈官军，景廉遣使奖慰，并助以兵使坚守；而遣将先据要隘，设伏以待。贼至，大败之，追奔至瞭墩，斩千七百馀人，获骒马、器械无算。

十年八月，俄罗斯侵伊犁，言将赴乌鲁木齐，并图收复。上命景廉进规乌鲁木齐。十月，授乌鲁木齐都统。十一年正月，抵巴里坤，据形势立坚垒，设屯田为久驻计。又以兵力单，仍整阅民团，如其在敦煌时。抚慰豪帅赵兴体等，奖以银物，皆愿为之死。回酋马明尤狡桀，屡以乞降误官军。妥得璘亦猾谲，数阴使人通西宁及古牧地回，约期同举。景廉侦知之，阴为之备。先后擒斩回目马三、马四、杨伏先等，大败援贼于滋泥泉。俄人挟蒙古、哈萨克入境求互市，景廉以军事未平，却之。十二年正月，穆宗毅皇帝亲政，景廉上疏陈六事：曰崇圣学，曰开言路，曰重牧令，曰简军实，曰劝农事，曰弭异端，皆剀切中时要。二月，请于蒙古买战马、耕牛各千，及筹台站事宜，上悉从之。四月，抵古城。景廉躬赴济木萨，行视营地，以其地扼南山之冲，北与乌鲁木齐、南与吐鲁番犬牙相错，乌属回与安集延时合时离，候俟官军，深虑绕后路阻运道，先分屯两营木垒河侧；又以地肥饶宜稼，而大军久驻，馈运劳远，时时忧乏食，乃大兴屯田，表奇台、古城、济木萨、木垒河良田,方数百里,招流民,料军士,计口授亩,择将弁朴勤晓农事者领之,且耕且防,以其暇阅操行军,略依古军屯法损益之,务在便民。又开官钱铺,招商贾以通懋迁,立车局驼厂以资转运,建水磨碓以省农力。是秋岁大熟,官屯积谷万馀石,民间自倍,复增价籴之。乃设台站,自古城以东,北至科布多,西自巴里坤至于木垒河,皆平行无梗滞,即奏停归绥口北粮道,所省费不可胜计,而军食饶给,兵势沛然矣。经营不一年,屹然成重镇。贼气慑,皆诡辞乞降。景廉以兵力未厚,姑羁縻之。益遣间谍深入西南贼中,觇其部落离合曲折情伪。

当是时,陕甘回寇以次荡平,馀得脱者逬窜出关,而白彦虎为之魁,合西宁回万馀骑,皆百战之馀,又穷寇愍不知畏死,直西将奔乌鲁木齐,所过蹂躏,官军莫能当。进围哈密,悉据塔尔纳沁积蓄,破回城据之,游骑越天山至巴里坤,势张甚。文麟不能御,告急于景廉,而安集延酋帕夏复与马明纠西南各种落,围徐学功于沙山,与白彦虎遥相响应。景廉以孤军驻古城,四面皆寇,将士震惧,亟请敕前乌里雅苏台将军金顺、署伊犁将军荣全、副都统孝顺率所部与哈密帮办大臣锡纶会剿,允之;并谕景廉嗣后于就近各军如有应行调拨之处,即由该都统调遣,以期便捷。景廉乃令营总依勒和布率精骑会徐学功军,并击帕夏于沙枣园,帕夏败遁去。又遣黑龙江副都统吉尔洪额等援哈密、[一]巴里坤,先以粮三千馀石饷两城,令坚守待救。吉尔洪额既度天山,则大喜曰:"白彦虎不以重兵扼天山,令我得过,吾知其无能为也。"遂结方阵鼓行而东。比至,与城中相闻,围中知救至,皆振奋,选壮士开门出,内外夹击,大破之。白彦虎败入回城,掳回王及辎重走南湖老巢;官军乘胜追北,又大破之,拔南湖。白彦虎率馀众西窜。十月,白彦虎至唐朝渠,将入玛纳斯。景廉遣徐学功追之,徐学功率劲骑四百,伪为玛纳斯迎白彦虎者,白彦虎不之觉,握手相劳。至三道厂,前临大河,伏兵从后发,白彦虎惊,以数十骑走免,馀悉歼焉。捷入,优诏劳勉,并奖徐学功。学功者本乌鲁木齐农家子,沉勇有智略,军兴集乡团自卫。初从帕夏妥得璘,景廉招降之,奇其材,推心委用,竟得其死力焉。

十三年正月,白彦虎复率党东犯,景廉遣统领兴禄等败之于西泉,斩其目五人,皆西宁、河州巨酋也。白彦虎仍走免,然其焰益衰矣。三月,因病疏请开缺,得旨赏假两月,在营调理,遇有紧要事件,仍当悉心经理,勿误戎机;并命陕甘总督左宗棠催令出关各军,迅速西进,会同景廉筹商进剿,迅将各城踞贼次第荡平。六月,白彦虎纠回酋马燕飞等,以数千骑犯济木萨,谋挠我屯田,使不得收获。景廉遣兴禄等大破之,斩酋目拜林金尚保于阵,焚其粮。七月,授钦差大臣,督办新疆军务。景廉既授任,则统筹全局,为一劳永逸之计。奏请自与帮办大臣金顺,由古城直取古牧地为一路,令提督张曜出天山南略吐鲁番为一路,别派大员赴沙山,会巴里坤领队大臣沙克都林扎布、哈密帮办大臣锡纶等取玛纳斯为一路。三道齐举,使贼不相顾,而以重兵屯奇台、古城为根本,且屏蔽哈、巴。复遣奇兵潜袭喀喇巴尔噶逊城以扼其吭,并请谕左宗棠委司道大员驻肃州督粮运,移甘肃民千户实奇、古屯田,益市蒙古驼马以速转输,诏如其请行。

光绪元年,授正白旗汉军都统,命将兵勇粮饷移交金顺接管,回京供职。九月,补都察院左都御史。十月,赐紫禁城内骑马。二年正月,署步军统领,兼署正白旗蒙古都统。三月,命在军机大臣上学习行走。五月,充教习庶吉士。七月,充崇文门副监督,署工部尚书。十月,署正红旗满洲都统,充总理各国事务大臣。三年正月,命在军机大臣上行走。补授工部尚书,管理火药局事务。二月,署正蓝旗蒙古都统。四月,充翻译会试副考官。十二月,署镶红旗汉军都统。四年二月,回疆肃清,上以军机大臣赞襄军务,夙夜宣勤,下部优叙。是岁,畿辅旱,上降旨悔过省愆,切责军机大臣等目击时艰,毫无补救,交该衙门严加议处。寻议革职,得旨加恩改为革职留任。五月,调户部尚书。七月,管理户部三库事务。八月,兼署工部尚书。十二月,充国史馆总裁。五年正月,京察,上以景廉等同心翊赞,共矢公忠,开复革职留任处分。二月,兼署吏部尚书。六年三月,充会试正考官。十二月,充经筵讲官。七年四月,充前引大臣。七月,穆宗毅皇帝本纪告成,下部优叙。十二月,赏穿带嗦貂褂。九年,以云南报销一案,司员书吏收受津贴银两,景廉曾将纳贿之属员京察保列一等,奉旨交部议处。寻照部议降二级调用,命仍在军机大臣上、总理各国事务大臣上行走。七月,补内阁学士,兼礼部侍郎衔。九月,迁吏部左侍郎。十一月,授兵部尚书。十二月,充经筵讲官。

十年三月,谕曰:"钦奉慈禧端佑康颐昭豫庄诚皇太后懿旨,现值国家元气未充,时艰犹巨,政虞丛脞,民未粖安。内外事务必须得人而理,而军机处实为内外用人行政之枢纽,恭亲王奕訢等始尚小心匡弼,继则委蛇保荣。近年爵禄日崇,因循日甚,每于朝廷振作求治之意,谬执成见,不肯实力奉行。屡经言者论列,或目为壅蔽,或劾其委靡,或谓簠簋不饬,或谓昧于知人。本朝家法綦严,若谓其如前代之窃权乱政,不惟居心所不敢,亦实法律所不容。祇以上数端,贻误已非浅鲜。兵部尚书景廉,祇能循分供职,经济非其所长,着开去一切差使,降二级调用。"十一年四月,复补内阁学士,兼礼部侍郎衔。八月,署镶蓝旗蒙古副都统。历充朝考阅卷、殿试读卷、庶吉士散馆、各省乡试覆试阅卷大臣。是月,卒。十五年正月,慈禧端佑康颐昭豫庄诚皇太后归政,以景廉前充军机大臣,夙夜在公,襄成郅治,赐祭一坛。二十八年,伊犁将军长庚、新疆巡抚饶应祺奏:"已故乌鲁木齐都统、督办新疆军务大臣景廉,功绩卓著,遗爱在民。恳追复原官,并将生平事迹,宣付史馆立传。准在新疆捐建专祠。"得旨允行。

子治麟,光绪三年进士,国子监司业。

【校勘记】

〔一〕又遣黑龙江副都统吉尔洪额等援哈密　"龙"原误作"虎"。今据景廉传稿(之五)改。

崇绮

崇绮,阿鲁特氏,满洲镶黄旗人,原隶蒙古正蓝旗。父大学士赛尚阿,自有传。

崇绮,由廪生挑取誊录捐输军饷,奖八品笔帖式。旋充玉牒馆誊录。道光二十八年,玉牒告成,议叙工部主事。二十九年,举人。三十年,充实录馆校对,旋充详校。咸丰二年,宣宗成皇帝实录庆成,议叙补缺后与现任主事计资升擢。三年,赛尚阿因办理广西军务获谴,崇绮亦革职。四年,粤匪陷江宁,分股北窜,京师告警,巡防王大臣调崇绮充督练旗兵处文案。五年,事平,奖六部笔帖式,并开复举人,准其一体会试。七年,签分兵部学习。九年,补七品笔帖式。十年,英人北犯天津,崇绮以随办巡防功奖主事,复因办理内城团防,赏加五品衔。

同治元年,丁母忧,二年,办理议功所事务,保以本部主事遇缺即补。三年七月,江宁报捷,保俟补缺后以本部员外郎遇缺即补。十月,宁夏将军都兴阿以崇绮知军事,奏调赴营差遣,兵部复疏请留部。四年,调充步军统领衙门兼办司员。四月,一甲一名进士,授翰林院修撰。六年,充庶常馆提调。九年三月,擢侍讲。七月,充河南乡试正考官。十二月,充文渊阁校理。十年五月,充教习庶吉士。九月,充功臣馆总纂。十月,充日讲起居注官。十一年六月,册立孝哲毅皇后推恩所生,封三等承恩公,在委散秩大臣上行走。九月,以内阁学士候补。十一月,命抬入镶黄旗满洲。十二年五月,补内阁学士兼礼部侍郎衔。七月,充顺天乡试监临。十一月,补户部右侍郎,兼管钱法堂事务。十三年八月,调吏部右侍郎。

光绪元年三月,丁父忧。八月,充顺天乡试副考官。二年正月,兼署户部左侍郎。三月,充会试副考官。四月,署正黄旗汉军副都统。五月,补镶黄旗汉军副都统。九月,署镶红旗护军统领。三年八月,管理镶蓝旗满洲新旧营房,充专操大臣。时河南连年苦旱,大吏相率讳饰,吏治废弛,先后为御史所劾,命崇绮偕侍郎邵亨豫按其事,覆陈藩司刘齐衔贻害地方,巡抚李庆翱玩视民瘼,均下部议处。四年五月,兼署刑部左侍郎。八月,吉林驻防侍卫倭兴额家为盗劫，其母误指盗为居民傅洵魁，导官兵往捕，而其族人齐广贞与傅洵魁有夙怨，乘间栽赃，地方官吏知之，抑置不问。倭兴额遂以释犯被诬，控于都察院，命崇绮偕侍郎冯誉骥往谳之。十月，即命崇绮暂署吉林将军，专治傅洵魁之狱。崇绮以犯供狡展，请将案犯监禁待质。而是时倭兴额复控于都察院，与崇绮所称情节各异。上责其草率，未成信谳，命户部左侍郎志和、奉天府府尹恩福覆核。志和等以齐广贞栽赃确有明证，倭兴阿捏供刁狡入告，崇绮乃以前次审理未详，自请议处，诏加恩宽免。十二月，转吏部左侍郎。五年，授热河都统。御史孔宪珏疏陈："崇绮忠鲠亮直，亟宜留以自辅，仅使效用边隅，未免可惜，请收回外补成命。置之左右，以资启沃。"

七年，调盛京将军。奉天东界朝鲜，西南濒海。通商以后，交涉尤繁。崇绮饬吏治，实营伍，并严定边民交易之限。八年，法人谋踞越南，边警日闻，崇绮复添练步队，分防海口，以资镇巡。九年，以病请开缺，允之。十年，因在将军任内捐廉添购洋枪，下部优叙。九月，病痊，授户部尚书。十月，内阁学士周德润疏劾安徽厘税弊深，凤颖六泗道任兰生盘踞利津，营私肥己，诏崇绮偕内阁学士廖寿恒前往查核，廉其实，请将任兰生议处，并以安徽关局动支之费及外销各款，数甚巨，请敕安徽巡抚核实筹计，诏均如所请行。十一年九月，充武英殿总裁。十一月，调吏部尚书。历充各省驻防翻译乡试会试覆试、庶吉士散馆、贡士朝考、拔贡朝考、考试汉荫生、考试汉御史阅卷大臣。十二年二月，复因病乞休，允之。十六年，以病难就痊，恳开去公爵，另行承袭。本旗都统以闻，得旨准其另行承袭。二十五年，特命崇绮充弘德殿师傅,授溥俊读。旋命管理礼部事务,赐西苑门内乘坐二人肩舆。

二十六年正月,署翰林院掌院学士。是年皇上三旬万寿,赏戴花翎。三月,命照尚书例给俸,授正红旗汉军都统。六月,授户部尚书。七月,拳匪变起,联军入京师,上奉慈禧端佑康颐昭豫庄诚寿恭钦献崇熙皇太后西幸,命充留京办事大臣。崇绮偕大学士荣禄退守保定。八月,殉节于保定莲池书院。事闻,谕曰:"户部尚书崇绮,持躬端正,学问优长。同治年间,由翰林院修撰,荐涉卿贰,屡掌文衡。朕御极以来,深加倚畀,特擢正卿。旋任盛京将军,转吏部尚书,于管理地方及办理部务,均能不避劳怨,悉心供职。嗣以引疾家居,上年冬召见该尚书,精神甚为矍铄,特命在弘德殿行走,用资辅导。旋命管理礼部,改户部尚书。近复派充留京办事大臣。方期共济时艰,长承恩眷。讵本日据荣禄奏,七月二十一日以后,荣禄偕该尚书退守保定。该尚书因恢复无力,竟于本月初二日殉节于保定莲池书院,洵能舍生取义,大节无亏。览奏曷胜震悼!崇绮着照尚书例赐恤。任内一切处分,悉予开复。应得恤典,该衙门察例具奏。并着加恩予谥,入祀昭忠祠,派廷雍就近前往奠醊。灵柩回旗时,沿途地方官妥为照料,准其入城治丧。伊孙几人,现在有无官职,该旗查明具奏,候旨施恩,用示笃念忠贞至意。"寻赐祭葬,予谥文节。

子葆初,承袭公爵,委散秩大臣。先于七月偕孙候选员外郎廉定,候选笔帖式廉容、廉密,监生廉宏,阖门死难。得旨葆初照三等公阵亡例赐恤,廉定照郎中例赐恤。廉容、廉密、廉宏俱照主事例赐恤。二十七年八月,奉旨以曾孙法亮为廉定嗣,袭爵。

怀塔布

怀塔布,叶赫那拉氏,满洲正蓝旗人。父大学士瑞麟,自有传。怀塔布,以荫生用主事,分刑部。咸丰三年六月,补官。四年十一月,晋员外郎。九年,捐输军饷,奖知府。同治五年,复以捐输,赏戴花翎。十三年,丁父忧,恩旨俟服阕后以四品京堂候补。光绪三年,补太常寺少卿。五年,补通政使司副使。六年,补太仆寺卿。八年,调太常寺卿。九年正月,授都察院左副都御史。十二月,补泰宁镇总兵,兼总管内务府大臣。十四年,迁盛京礼部侍郎。十七年,授左都御史。十九年四月,兼署刑部尚书。五月,管理户部三库事务。七月,充崇文门正监督。八月,署刑部尚书。九月,补工部尚书,管理沟渠河道事务。十二月,充经筵讲官。

二十年,兼署左都御史。时户部收存湖南京饷,间杂黑铅,怀塔布疏陈其弊,请嗣后各省委解京饷,务当厘定章程,以重库储。诏如所请行。十一月,补总管内务府大臣。二十一年正月,以御史钟德祥奏劾上驷院卿增润等领发五圈马匹银两,贿托克扣,命怀塔布查核得实,分别降黜有差。十月,赐紫禁城内骑马。二十二年三月,署管上驷院印钥。四月,调礼部尚书。八月,署正蓝旗蒙古都统。十月,充玉牒馆副总裁。二十四年,命大小臣工皆得上书言事。七月,礼部主事王照条陈时事,怀塔布久之乃代奏,上责其故违抑格,即行革职。八月,复补左都御史,并补授总管内务府大臣。十月,赐紫禁城内骑马。十一月,奉懿旨,加恩在西苑门内骑马,并乘坐船只、拖床。旋管理咸安宫事务。十二月,赏还花翎。二十六年八月,授理藩院尚书、镶红旗满洲都统,管理圆明园八旗、包衣三旗官兵,并鸟枪营事务。九月,兼署礼部尚书。

十一月,卒。谕曰:"理藩院尚书怀塔布,持躬恪慎,练达老成。由荫生供职京曹,荐陟卿贰,擢任正卿,补授总管内务府大臣,宣力有年,克勤厥职。前因患病,叠次赏假,方冀调理就痊,长承恩眷。兹闻溘逝,轸惜殊深! 加恩着追赠太子少保衔,照尚书例赐恤。任内一切处分,悉予开复。应得恤典,该衙门察例具奏。伊子荫生耆年,着赏给郎中,俟及岁时分部行走,用示笃念荩臣至意。"寻赐祭葬,予谥恪勤。

续昌

续昌,那拉氏,蒙古正白旗人。由监生议叙笔帖式。咸丰七年,签分礼部。八年,补笔帖式。十年,办理巡防出力,赏加主事衔。同治元年,充军机章京。三年,大军克复江宁。红旗报捷,经军机大臣奏保,以理藩院主事遇缺即补,并加员外郎衔。五年十一月,补主事。十二月,升员外郎。七年,捻逆荡平,叙功,赏戴蓝翎。八年四月,充方略馆收掌官。十二月,充乌兰哈达理事司员。十年,差满回任。十一年,纂辑剿平粤匪捻匪方略告成,以道员在任即选,先换顶戴。十二年,京察一等,记名以道府用。十二月,以缮修军机处清字档出力,得旨专以道员用。十三年,兼充总理各国事务衙门章京。

光绪二年,京察一等。四月,充方略馆提调。五月,迁郎中。十月,授直隶霸昌道。四年,捐输晋赈,赏换花翎。寻调奉锦山海道,兼按察使衔。五年,以霸昌道任资遣晋豫灾民,速集巨款协赈,赏加二品顶戴,并二品封典。先是,常税征不及额,岁拨洋税补苴之,续昌力加整顿,税额以复。又以营口为奉省门户,建议请据要隘建炮台,为制敌具。如议行,即令续昌督其役。七年,以督办营口厘捐,著有成效,加随带三级。十年五月,召来京。旋升两淮盐运使。九月,命赴奉天随将军庆裕办理海防事务。

十月,命偕会办北洋大臣吴大澄前往朝鲜查办事件,朝鲜自壬午乱后,命留提督吴兆有等三营戍之。至是,乱党金玉均等勾结日本兵为援,谋作乱,戕其大臣闵泳翊等七人,其领议政沈舜泽乞师于吴兆有,率兵入宫保护,诛其党。比续昌至,乱已平。十一年正月,回京。命即赴天津会议日本事件,日本使臣伊藤博文以朝鲜之乱,中国营兵骚扰日本商民,欲援台湾前事索偿。续昌抗辞折之,议遂寝。三月,升湖南按察使。六月,诏开缺,以三品京堂候补,在总理各国事务衙门行走。十一月,补太常寺卿。十二月,迁内阁学士,兼礼部侍郎衔。十二年五月,署刑部右侍郎。八月,充武乡试覆试监射大臣。十二月,授镶红旗汉军副都统。十三年二月,升礼部右侍郎。十二月,调镶白旗满洲副都统。十四年二月,充管理新旧营房大臣。十月,礼部具奏典礼折件,误缮日期,下部议处,镌四级留任。寻辅左侍郎。十五年正月,奉懿旨,续昌前在军机章京行走有年,赏加随带一级。寻开复降级处分。调户部右侍郎,兼管钱法堂事务。六月,充左翼监督,辅左侍郎,兼管三库事务。八月,充覆核朝审大臣。十二月,充八旗值年大臣。十六年五月,调正白旗满洲副都统。七月,兼署吏部右侍郎。九月,充赐奠<u>朝鲜</u>王太妃正使,侍郎<u>崇礼</u>副之。上悯<u>朝鲜</u>连年丧乱,命改由海道前往,俾省供亿。其国王惑于群小,欲免亲行郊迎礼,而盛备金币以悦使臣,冀宽礼数。<u>续昌</u>谕以威德,卒郊迎如礼。凡所馈赆,丝毫无所受。比还,疏言:"嗣后奉使大臣,除例定土仪,准其致送,以尽事大之礼。其馀馈送银两,概行禁革。并请敕下<u>朝鲜国王</u>严饬臣寮,不得借端苛派,仍由总理衙门出使经费项下酌拨银两,为治装赏犒之需。均奉俞旨。寻因病,叠次赏假调理。

十八年正月,奏请开缺,仍赏假两月。三月,再申前请,允之。前后充前引大臣二次,专操大臣三次。四月,卒。遗疏入,谕曰:"前任户部左侍郎<u>续昌</u>,由司员擢任监司,荐升卿贰,在总理各国事务衙门行走。办事慎勤,克尽厥职。前因患病,准其开缺。兹闻溘逝,轸惜殊深! 着加恩照侍郎例赐恤。任内一切处分,悉予开复。应得恤典,该衙门察例具奏。"寻赐祭葬。

子<u>熙钰</u>,同知衔,二品荫生。

宗室绵宜

<u>宗室绵宜</u>,镶白旗人。<u>咸丰</u>二年进士,改翰林院庶吉士。三年,散馆,改礼部主事。五年十月,补官。六年三月,升左春坊左中允。五月,补翰林院侍讲。九年,充顺天乡试同考官。十月,转侍读。十年正月,升詹事府右庶子。闰三月,迁翰林院侍读学士,充日讲起居注官。九月,升詹事府詹事。十月,以京师盗案叠出,官役缉捕不力,奏请敕下地方官严缉,从之。十二月,授内阁学士,兼礼部侍郎衔。

同治元年正月，署正蓝旗满洲副都统。五月，充湖南乡试正考官。十一月，署兵部左侍郎。二年正月，升礼部右侍郎。二月，补正红旗蒙古副都统。十月，调正蓝旗满洲副都统。十一月，充册封寿禧公主正使。三年正月，署正黄旗护军统领。五月，署正黄旗蒙古副都统。七月，署左翼前锋统领。八月，充顺天乡试监临。十二月，署正白旗满洲副都统。四年五月，调补镶蓝旗满洲副都统。十月，充右翼监督。五年二月，充西陵岁修工程大臣。八月，派覆核朝审。七年八月，署刑部右侍郎。十二月，兼署户部左侍郎，管理三库事务。八年八月，调盛京兵部侍郎，管理威远堡等六关口事务。十一年二月，疏陈治盗事宜：一曰清盗源，一曰除贼首，一曰整兵力，一曰严门禁。诏下将军都兴阿议行。六月，以父永良老病，乞假回京，允之。七月，调补礼部右侍郎。九月，充管理三库大臣。十二年闰六月，盛京马贼复炽，再疏陈整兵、募勇、禁赌、聚粮四策，得旨允行。十三年四月，补正黄旗蒙古副都统。八月，署正白旗护军统领。十月，管理新旧营房事务。

光绪元年正月，再署户部左侍郎兼管三库事务。二月，充专操大臣。十二月，充管理沟渠河道大臣、值年大臣。二年六月，再充左翼监督。十月，转补礼部左侍郎。十一月，授镶白旗总族长。三年，兼署兵部右侍郎。四年，复调补盛京兵部侍郎。五年，管理移居宗室事务。六年十一月，以盛京恭收玉牒，暨尊藏穆宗毅皇帝实录、圣训典礼未终，辄赴府尹署公宴，绵宜任意戏谑，副都统富陞奏劾之，诏革职。十二年五月，起用，授内阁学士，兼礼部侍郎衔。十月，充玉牒馆副总裁。十二月，迁理藩院右侍郎。十三年三月,充宗人府族长。十二月,调兵部右侍郎,兼授镶红旗汉军副都统。十四年三月,调补盛京户部侍郎。二十年九月,因病乞假回旗。二十一年二月,奏请开缺,许之。九月病痊。二十二年,授理藩院左侍郎。二十三年十月,赐紫禁城骑马。十一月,复充左翼监督。

二十四年正月,卒。遗疏入,谕曰:"理藩院左侍郎绵宜,由翰林改官部属,荐擢卿贰,宣力有年,克勤厥职。前因患病,赏假调理。兹闻溘逝,轸惜殊深! 加恩着照侍郎例赐恤。任内一切处分,悉予开复。应得恤典,该衙门察例具奏。"寻赐祭葬。

子奕寿,荫生。

曾纪泽

曾纪泽,湖南湘乡人。父国藩,武英殿大学士,以平粤匪功封一等毅勇侯,自有传。

纪泽由二品荫生,于同治九年引见,奉旨以员外郎用,签分户部。十三年,丁父忧,光绪三年,服满,袭侯爵。寻奉旨以四五品京堂候补。四年七月,赏戴花翎,充出使英法大臣。十月,补太常寺少卿。五年,迁大理寺少卿。

六年正月,以使俄大臣崇厚议收伊犁,遽许其成以归,言者交章论劾。上治崇厚以违训越权之罪,命纪泽兼充使俄大臣,重与订约。时俄人借词要挟,且沿海备兵增械,肆其恫喝。纪泽致书总理衙门曰:"纪泽承崇厚之后,欲障川流而挽既逝之波,探虎口而索已投之食,事之难成,已可逆睹。凡民间交易,立一合同,写一券据,其受益者,须待受损者先行画押允许,乃可成事。况两大国立一条约，明系中国吃亏，崇厚乃不先行请旨，而遽请俄君画押，未免过于冒昧。然俄君亦大国之君主也，临朝签字，批准条约，本国臣民，远近邻友，莫不周知。一旦将已押未行之约，废而不用，从新商议，辱孰甚焉？此难处之一端也。英俄两大相竞，猜疑日滋。中俄交涉，事稍不顺，俄人则曰此英国所唆耸也。纪泽适以驻英使者前赴俄都，凡有商议，举国皆疑为有先入之言。此较他人尤难处之一端也。纪泽拟于英绅闲谈之际，实探英俄消息，采听既多，或可触机策画。此中求利避损之处，自当格外谨慎。又论俄之占踞伊犁，当时盖有轻藐吾华之心。不料西北平回之师，遂能如此得手，是以慨然有交还之语。及至我师大功告成，索践前诺，则藉此以为要挟地步。卒之还我者不过一隅，而岩险襟带之区，仍据为己有。于通商章程，占我无穷利益，又多留罅隙，以作后图，其计亦巧矣。俄罗斯为西洋著名杂霸之国，与战国嬴秦无异，狡狯多端，上下一致。当时即使他人处此，亦未必遽能胜任。但无崇厚已定之约，则使者于商务、界务、偿款三事，原可徐徐争论，可者许之，其不可者磨牙掉舌，安排拖宕之局，务求辩胜方休。取舍之权，未尝不操之在我。今乃欲悉举前约而更张之，俄人必仍借兵费以立言曰：‘五百万卢布未足以尽偿兵费，故于伊犁境内割留某处，以土地准折赏财也。’又于通商政务，推广某事，以商贩之利准折赏财也。大约界务稍有更改，则兵费不能不加。商务系俄人所最重，事必不能全行驳改，纪泽虽尚未赴彼都，然不能毫无主见，以自伸其气而畅其说。或仍索伊犁全境，而可以酌加兵费；或暂不索兵费，而以伊犁更换东境旧挖某地以难之。皆是立言之法。要之使者已至，既言旧约之不公不妥,则约章必须如何乃为公妥之处,势必连类谈及,断无含糊中立之理。至于俄人接待情形,诚难逆料,倘竟失和,虽百端将就,终归无益。战守之备,在廷者自有嘉谟,纪泽何敢妄议。然窃揣西陲一带,左宗棠手握重兵,取伊犁犹可得手;海疆各口,南北洋大臣亦当能先事绸缪,彼或有所顾忌而不敢遽逞。惟迤北万馀里,处处毗连,尤以东三省为重。俄国铁路未出欧洲,转运东方,殊非易易,未必能两道入寇;而纪泽则甚恐其尽赦犯法亡命之徒,使扰我边境,掳掠即以充赏,则人自为战,而无转饷之劳,其锋固未易当也。窃以为宜即满洲之士卒,参以近年各军之营制,得其人而练之,俾成劲旅以备不虞。似不仅一时边徼之利,或且为万世根本之计。又左宗棠、金顺于西陲各处,务宜专用恩德,绥怀反侧,使其心悦诚服。无论和战,总以收拾西塞汉、回民心为主也。至兼驻英法,刻下未敢遽卸仔肩者,诚以公使离境,所关极重。若俄人待客疏慢,可藉英法公事,时去时来,则虽驻彼都而不受欺侮,虽离境而不着痕迹。在纪泽不过多几番跋涉之费,苟利于国,遑恤其他。”又论伊犁地图云:“按西域地名,译言各别,即不难指鹿为马。惟凭精本舆图,画以界线,尚觉稍有把握。查左宗棠函称伊犁大城,与阿克苏南北相望。俄图则伊犁稍偏于西,纪泽遍查俄、英、德、奥各本舆图,伊犁皆较阿克苏偏东一度左右;中国舆图则阳湖李氏及鄂刻两本,均偏东三度有奇,并无伊犁偏西,及或与阿克苏南北相望之说。喀什噶尔则各图皆在乌什西南,并无混列于西之说。未审左宗棠据何图而云然也。又谓俄图不若中国之确,缘其不能仿照中法,以南北极出地为准,而又不明地学准望之法,所以方位时有误会云云。纪泽意西人绘中国舆图，略其所详而详其所略，诚所不免。至于方位远近，山之枝干，水之曲折，则西人之精详，实非华图所及。盖测北极出地之高下，所以定纬度之南北，而经度不与焉。经度所以分东西，则非昼测日午、夜测中星，而细推其差度，不可得而定也。至其循人行路径，测其曲折，概以三角法推之，千里万里，无或差忒。盖大小总成三角形，同一比例，即所准望之法也。中国测望之法，所凭者仅一指南针，不知电极之南北，并非天元之真南北；又不讲求里差之理。窃以为舆地之学，西精于中，不啻倍蓰，奈何执成见以论之？至刘锦棠所绘之图，其远近以马行几日程估而计之，其方位之不准可想而知。然借以译音，亦可与西图互相参考。"又论："俄人以崇厚被谴，引为大辱。或因此次未遽释放，疑为暂缓论决，更不满意，则使者于此事尤须委曲措词。盖崇厚之被谴，本因违训越权，中国治违训越权之臣，并非有意辱俄，俄人不应过问。今因俄君抱歉而减免其罪，彼此喻于不言之表，冀暗中可获微益。若谆谆然取赦崇厚之事，明以示德于俄，是自认前此之重治崇厚为有意辱俄也，似不可也。英、法使言赦崇厚之益，亦有不可尽信者。中国援议贵之典赦崇厚以自保威重则可，因事之棘手乃赦崇厚以悦俄则似不可。俄人因我之谴崇厚而出怨怼之词，散讥谤之语则有之，因赦崇厚而遽肯就我范围，则未必也。"七月，至俄，日与外部尚书吉尔斯、前驻华公使布策等笔舌辩论，凡十数万言，十阅月而议始定。

寻疏陈："改订约章七端：第一端，交还伊犁。查原约中，伊犁西南两境，分归俄属，南境之帖克斯川，地当南北通衢，尤为险要，若任其割据，则俄有归地之名，我无得地之实。臣必以界务为重者,一则以伊犁、喀什噶尔两境相为联络,伊犁失利,喀什噶尔之势孤。此时不索,更待何时再索?一则以伊犁东、南、北三界,均与我兵相接,缓索后不与议界,恐致滋事。若竟议界,既嫌迹近弃地,又虑其得步进步。伊犁虽已缓索,而他事之争执如故也。嗣与布策专争南境,彼犹欲于西南隅割分三处村落,其地长约百里、宽约四十馀里,距莫萨山口最近,势难相让。叠次厉色争辩,方将南境一带地方全数来归。其西南隅允照前将军明谊所定之界。第二端,喀什噶尔界务。从前该处与俄接壤者,仅正北一面,故明谊定界,祇言行至葱岭,靠浩罕界为界,亦未将葱岭在俄国语系何山名,照音译出,写入界约。今则迤西安集延故地,尽为俄踞,分界诚未可缓。崇厚原约所载地名,按图悬揣,未足为凭。臣愚以为非简派大员亲往履勘不可,吉尔斯必欲照崇厚原议者,盖所争在苏约克山口也。臣答以已定之界宜仍旧,未定之界可另勘。布策称原议所分之地即两国现管之地,臣应之曰:‘如此,何妨于约中改为照两国现管之地勘定乎?’最后吉尔斯乃允写各派大臣勘定,不言根据崇厚所定之界矣。第三端,塔尔巴哈台界务。查该界经明谊、奎昌等分定有年,迨崇厚来俄,外部以分清哈萨克为言,于是议改。考之舆图,已占去三百馀里矣。臣每提及此事,必抱旧界之论。吉尔斯知臣必不肯照崇厚之议,始允于崇厚、明谊所定两界之间,酌中勘定,专以分清哈萨克为主。所称直线自奎峒山至萨乌尔岭者,即指崇厚所定之界而言也。日后勘界大臣办理得法,或不至多所侵占。以上界务三端,臣与俄外部先后商改之实在情形也。第四端,嘉峪关通商。允许俄商由西安、汉中行走,直达汉口。总理衙门驳议,以此条为最重。迭议商务者,亦持此条为最坚。盖以我内地向无指定何处准西商减税行走明文。此端一开,效尤踵至,后患不可胜言。外部窥臣著重在此,许为商改。又云:'须各大端商定,再行议及。'臣以事关全局,傥不见允,则馀事尽属空谈。词意激切,彼于是允将嘉峪关通商仿照天津办理,西安、汉中两路及汉口字样,均允删去。第五端,松花江行船至伯都讷。查松花江面直抵吉林、爱珲城,定约时误指混同江为松花江,又无画押之汉文可据,致俄人历年藉为口实。崇厚许以行船至伯都讷,在俄人犹以为未能满志也。现将专条径废,非特于崇厚新约夺其利,直欲为爱珲辨其诬。臣初虑布策据情理以相争,无词可对,故择语气之和平者立为三策:一径废专条;二稍展行船之路,于三姓以下,酌定一处为之限制;三仍允至伯都讷。但入境百里,即须纳税,且不许轮船前往。布策均以为不然。适奉电旨责臣松劲,于是抱定第一策立言。吉尔斯恐以细故伤大局,遂允将专条废去,声明爱珲城旧约如何办法,再行商定。第六端,添设领事。查领事之在西洋各国者,专管商业,其权远在驻扎中国领事官之下,故他国愿设者,主国概不禁阻。此次欲将各城领事删去,外部均以为怪;随将中国不便之处与之说明,吉尔斯犹欲于乌鲁木齐添设一员。嗣总理衙门电钞编修许景澄折内,称科布多、乌里雅苏台、乌鲁木齐三处毋设领事,其次争乌里雅苏台、乌鲁木齐两处等语。臣复恳其商改,始将乌鲁木齐改为吐鲁番,馀俟商务兴旺时再议添设。第七端,天山南北路贸易纳税。查新疆地方辽阔,兵燹之后,凋敝益甚。道远则转运维艰,费重则行销益滞。招商伊始,限以行走之路、纳税之事,商贩实多未便。阅总理衙门来电,曾言收税为轻。臣因将原约内均不纳税字样改为暂不纳税,俟商务兴旺再订税章。查西例纳税之事,本国可以自主。日后商情果有起色,即伊犁等处亦不妨逐渐开征,以充国课。以上商务四端,臣与外部先后商改之实在情形也。此外又有偿款一事,凡商改之事,益于我则损于彼。臣既却以地易地之请,彼遂以备边耗费卢布一千二百万圆索偿,且言如谓未尝交绥,则俄正欲一战,以补糜费等语。臣以胜负难知,中国获胜则俄国亦须偿我兵费折之。嗣总理衙门覆电,嘱臣斟酌如无别项纠缠,统计约五百万偿款,即可商定云云。臣见吉尔斯、热梅尼等,始则争易兵费之名,继则争减代守伊犁偿款之数,热梅尼谓迟一年收回伊犁,又加还帖克斯川代守费,至少亦须加卢布四百万圆。臣察其意甚决,乃以添偿卢布四百万圆定数。查上年崇厚所议兵费偿款,卢布五百万圆,合银二百八十馀万两。此次俄国认出自华至英汇费,则金磅之价较贱,合前后卢布九百万圆而统算之,约计银五百万两以内。臣综观界务、商务、偿款三大端,悉心计较,与总理衙门嘱办之意,大略相同。即摘录节略,电请代奏。俟奉旨后,再行画押。至崇厚原订约章,字句亦略有增减,如条约第三条,删去‘伊犁已入俄籍之民,入华贸易游历,许照俄民利益’一段;第四条,俄民在伊犁置有田地、照旧管业,声明伊犁迁出之民,不得援以为例;且声明俄民管业既在贸易圈外,应照中国人民一体完纳税饷。并于第七条伊境安置迁民之处,声明系安置因入俄籍而弃田地之民,以防迁民虽入俄籍而仍有占踞伊犁田地之弊;第六条写明所有前此各案,以防别项需索;第十条,吐鲁番非通商口岸而设领事;第十三条,张家口无领事而设行栈:均声明他处不得援以为例。第十五条,修约期限,改五年为十年。章程第二条货色包件下,添注‘牲畜’字样,其无执照商民照例惩办,改为从严罚办。第八条,车脚运夫绕越捷径以避关卡查验,货主不知情,分别罚办之下,声明海口通商及内地不得援以为例。凡此增减之文,皆系微臣与布策商草法文约稿之时,反复力争而得之者。较之廷臣奏定准驳之议,挽回之端,似已十得七八。此臣于节略七端之外,又争得防弊数端之实在情形也。”得旨该大臣握要力争,顾全大体,深为不负委任,即着照此定约。崇厚之索地也,仅得伊犁之半,而岩险襟带,属俄如故。纪泽力争,乃收回乌宗岛山、帖克斯川要隘,然后伊犁拱宸诸城足以自守,且得与喀什噶尔之阿克苏诸城,通行无阻矣。

　　七年五月,升宗人府府丞。七月,迁都察院左副都御史。先是,逆酋白彦虎窜匿俄境,督办新疆军务大臣刘锦棠请索还惩办,纪泽以西洋公例于寻常命盗各犯,立有条约者,莫不互相交还,独于称兵之逆首,则以公罪目之,谓称乱者众,为之首者非一人之私,故各国从无交还之事。既而与俄约定,永远禁锢奏结。八年八月,疏覆:“索伦营右翼四旗官兵,分设霍尔果斯河西之策集、齐齐罕、萨玛尔、图尔根等处,其地画归俄境,该官兵等既虑无处栖止,又恐所葬坟墓被汉回、缠回平毁,诚为可悯,惟中俄约章,经臣随同总理衙门王大臣仰禀宸谟,竭力屡争,久而后定。纵使其中有未尽惬心贵当之处,亦事势所无可如何。刻下既已互换颁行,即宜彼此坚守,不生异议。至商议画还该四旗之地,无论由总理衙门商之驻京公使,或由臣商之俄外部,均属迹近改约,俄人势必不允,徒使大体有碍。若由边界大臣于分界之时,就近婉商俄官，能以他处幅员无多之隙地，或以他项之补偿换回四旗之地，则自以收地为佳；如地界必不可收，犹可商及将该四旗官兵，迁归伊犁境内，另行安插，而与俄官约定章程，设法保全兵民坟墓。如此由分界官立言，即使俄人不受商量，尚不致牵涉已换之约章，致俄人之讥议也。”十二月，差满，得旨再留三年。

时法越构衅，纪泽与法人辩争，始终不挠。又疏筹备御六策。十年闰五月，闽浙总督左宗棠以纪泽才堪肆应保荐，命交军机处存记。十月，擢兵部右侍郎。旋与英人议定洋药税厘并征条约，岁增入款二百馀万两。十一年六月，命回京供职。九月，奉慈禧端佑康颐昭豫庄诚皇太后懿旨，创设海军衙门，命纪泽帮同办理。十二月，转兵部左侍郎。十二年十一月，命在总理各国事务衙门行走。十三年正月，调户部右侍郎，兼管钱法堂事务。十四年六月，管理户部三库事务。九月，兼署刑部右侍郎。十五年二月，管理同文馆事务。八月，兼署吏部左侍郎。

十六年，卒。遗疏入，谕曰：“户部右侍郎曾纪泽，才猷练达，任事勤能。由荫生部属，承袭一等侯。同治年间，奉特旨以四五品京堂用。朕御极后，叠加迁擢，荐陟卿贰。简任出使大臣，联络邦交，熟悉一切情形，办理悉臻妥协。嗣在总理各国事务衙门行走，并帮办海军事务，均能尽心职守。日前偶感微疴，赏假调理，方谓即可就痊，长资倚畀。忽闻溘逝，轸惜殊深！加恩赏给太子少保衔，照侍郎例赐恤。任内一切处分，悉予开复。应得恤典，该衙门察例具奏。伊子荫生曾广銮，着侯服阕后，由该部带领引见；兵部主事曾广铨，着以员外郎补用：以示笃念荩臣至意。”寻大学士直隶总督李鸿章疏言：“纪泽自光绪六年兼使俄国改换约章，正承崇厚失词获咎之后，俄人借为要挟之端，约自我废，势难转圜。其时沿海震动，以为兵事将起。该侍郎受任于危疑之际，力为其难，竟能废已定之成约，折无厌之要求，易危为平，卒归于好。不惟界务、商务，保全实多，而弭兵息民，大局所关，尤非浅鲜。约成之始，优旨褒奖。中外论者，咸谓此举殆中国办洋务以来所无，即泰西交涉亦未尝有也。九年法越事棘，差满将代，奉旨留任，以与法人辩争。该侍郎力持正论，法人畏避其锋，至不敢复与议事。一时海内传诵，翕然以为正论之归。十年冬间，在英议定洋药税厘并征条约，此中国历年议办而未行，英人久宕而不愿者，该侍郎悉心商办，克底于成。至今岁增入款二百馀万两，且使洋药厘重价昂，吸食渐少，暗消隐患。其事迹皆卓卓可传。而俄、法两役，当时和战之局，臣始终与闻，其中曲折为难情形，局外多未深知，惟臣知之最悉。其奏疏函牍，一一具存，艰苦之情，历历在目。每一念及，未尝不失声叹息，以为有古名臣之风。该侍郎系二品大员，国史例得有传，惟事关洋务记述，应请敕下总理各国事务衙门，将当时案牍，择要咨送史馆，编入传中，庶足垂诸不朽。该侍郎为故大学士曾国藩长子，少承家训，劬志励学，群经俱有论述，于小学、乐律，尤为颛家。其馀力兼通泰西文字语言，更属当代士大夫所罕有。方创设海军衙门时，该侍郎犹未回京，特奉懿旨帮办事务，草创之初，一切规制，多所赞画。闰二月，臣在都会议朝鲜事宜，该侍郎力疾趋公，犹复长虑却顾，情溢于言。其忠爱之诚，临危不改，实为国之荩臣。可否特旨予谥，出自恩施。"疏入，谕曰："李鸿章奏已故大员勤劳卓著，请将事迹宣付史馆立传一折，原任户部右侍郎曾纪泽，奉使各国,克勤厥职。嗣在总理衙门行走,办理中外交涉事宜,诸臻妥协。办理海军事务,一切规制,赞画颇多。着将生平事迹,宣付史馆立传。并加恩予谥,用示笃念荩臣至意。"寻赐祭葬,予谥惠敏。

子广鎏,都察院左副都御史;广铨,兵部员外郎。

孙诒经

孙诒经,浙江钱塘人。咸丰十年进士,改翰林院庶吉士。是年,粤逆陷杭州,乞假归,奉父至甬上。同治元年正月,参宁绍台道张景渠军,联络绅耆,部署卒伍、攻镇海,拔之。进攻宁波府城,民团不期而至者十馀万,四月,克之,遂分兵下奉化、慈溪、馀姚三县。二年正月,下绍兴府城。浙东肃清。四月,散馆,授检讨。九月,充国史馆协修,旋补纂修。十一月,论前克宁、绍功,闽浙总督左宗棠汇案请奖,奉旨以应升之缺开列在前。三年八月,充本衙门撰文,命在南书房行走。四年三月,充会试同考官。闰五月,擢国子监司业。

五年三月,文宗显皇帝永远奉安,随扈,加一级。六月,奏请将盗案改归成例,其略云:"弭灾首在恤刑,治狱务求平法。查律载强盗已行但得财者,不分首从皆斩。康熙五十四年,奉圣祖仁皇帝谕,大学士会同三法司,将造意为首及杀伤人者正法,馀俱减等发遣。雍正五年,世宗宪皇帝复命九卿,分别法无可贷、情有可原,纂入例册,历久遵行。咸丰五年,刑部以盗风日炽,议奏凡遇盗劫之案,仍依本律,不分首从皆斩。并声明俟盗风稍息,奏明仍复旧制,等因各在案。夫改依本律,严惩抢劫,为近年盗案多也。顾自咸丰五年以迄于今，行之已十馀年，而盗案不见少。可见弭盗之法，不在用法之严矣。臣伏思明火抢劫，显干法纪，概予骈诛，原不为过。乃列圣宽大之诏，必分别首从者，非稍存姑息也。盖以盗劫之事，非首不行，民诚知畏法，则严首盗之罪，使无敢造意为盗者，又安得有从？且为从而入室搜赃，则与首盗同科，为从而仅把风接赃，则有发遣之罪，又何尝不仁至义尽也？夫为民立法，惟其平而已。法尽于此，而民犹不知畏，则当思民所以不畏法之故，而徒欲峻法以惩之，其究也不足戢奸宄之萌，而徒伤忠厚之意。臣窃闻刑部盗案，往往有无知小民，迫于饥寒，被诱入伙，实无凶恶情状者，案情败露，首恶在逃。此辈均罹法网，该堂司官研讯确情，未尝不存哀矜恻怛之意，徒以格于定例，不敢重轻。惟有吁恳敕下刑部，遇有寻常盗劫之案，仍分别法无可贷、情有可原，改归成例，以复圣祖仁皇帝、世宗宪皇帝法外施仁旧制。至情有可原中，应如何酌量变通，以杜避就，并请敕下刑部妥议具奏。”下部议行。六年二月，奏云：“臣恭阅邸钞，奉上谕：‘翰林院侍讲学士夏同善奏礼贵因时、请缓行幸一折，据称道路传闻，将幸惇亲王府，并传集梨园各部，请即行停止等语。览奏实深诧异！前曾传旨于本月初五日，朕奉两宫皇太后虔诣惇亲王府第神殿前行礼，所以循奉旧章而展懿亲，断无传集梨园之理。且此时惇亲王并未陈奏，谅亦未敢预备。朕念典方殷，日存寅畏，何至以耳目嗜好为天下先？如惇亲王果有传集梨园之事，着即撤去。所有初五日诣府行礼之处，仍照例预备。’仰见皇上慎修思永，圣敬日跻，天语煌煌，不胜钦佩。抑臣尚有进焉者，近又闻皇上将诣恭亲王府行礼。伏思恭亲王之外，王府尚多,皇上推亲亲之意,或将以次亲临,曲尽典礼。夫念夹辅之功,笃宗盟之谊,旧章具在,谁曰不宜? 惟是圣学方新,宸修宜懋。经帷屡旷,则神志难专;法驾时勤,则见闻易惑。一日诣府,一日已荒念典之功;今日行礼,异日或启游观之渐。古圣王谨小慎微,朝乾夕惕,实深鉴乎此,非臣之过虑也。且小民无识,疑议易生,前者皇上将侍两宫皇太后诣惇亲王第,舆论纷然,遂疑有传集梨园之事。虽浮言之无据,抑众口之难防。书曰:'顾畏于民碞。'诚可畏也已。臣愚以为皇上冲龄践阼,凡临雍、经筵诸大典,或俟亲政后再议举行。今此诣府行礼之典,应请概行从缓,以重圣学而息群疑。”疏上,报闻。四月,丁父忧,八年七月,服阕,命仍在南书房行走。十一月,以业师前翰林院编修上书房行走张洵,杭城被陷,全家殉难,疏请加恩予谥,并准于该地方建立专祠,其家属一体从祀,以彰忠节,允之。

又奏请严杜各直省乡试弊端,其略云:“乡试为抡才大典,科场条例至严且密。乃近日积久弊生,有亟宜整顿者:一、同考官例用正途,督抚先期考试。近闻该员自经与考,即有不肖士子夤缘干谒,交通关节之事,请敕下各省督抚,考试帘官必遴派公正廉洁之员,檄调到省,即令同寓,不准与人交接往来,另派道府二员同寓,随时监察,以杜请托。试日必严密关防,毋使代倩传递,闻同考官应酬费用甚繁,廉吏苦于赔累,宜令该督抚酌议优给薪水,俾得专心校阅。一、不肖士子交通关节之弊,大抵由于红号。同考官所阅朱卷,面有朱印某字第几号,士子于试期前贿嘱藩司书吏,预将红号说定,因以交之考帘人员,用戳之时,书吏即检某卷用某字号,故同考官得卷了然。请敕下各省督抚,于印用红号时,遴派廉明道府,随抽试卷用戳,书吏止令登册,则若辈无所施其技矣。一、糊名易书,誊录尤易滋弊。定例由各州县书吏内之善书朴实者,均匀选派,造具年貌清册,并亲书笔迹,签差妥役解送布政使,考验相符,即封入公所,加谨关防,届期委员亲送入场。乃近来悉系顶替,士子贿嘱则笔墨精工,不贿嘱则潦草舛误,甚有举贡生监,以此射利,包揽入场,点窜诗文,毫无顾忌。及中式后,贿通藩司书吏换卷。请敕下各省督抚,责成各州县仍照定例,选派正身书吏充当誊录。考试时如有笔迹不符者,从严惩办,誊录官宜多派,大约一誊录官止可管五十人。入场后,各官认明所管誊录,令坐归一处,试卷到时,勿遽经誊录之手。该誊录官必亲自按名给卷派写,如有互相调换者,严惩不贷。一、士子代倩传递诸弊,代倩大抵必乱号,或倩嘱书吏,预谋联号。现在各省场规较宽,次日黎明开号门后,不复扃闭,彼号士子可走入此号,代倩尤为至便,并可勿庸传递。其传递率串通办考人役,由场外递进,弊不胜述。请敕下各省督抚于编列坐号,宜遵照定例,监临、监试、提调亲身详慎办理,不得假手吏胥,致滋买嘱联号之弊。至查号之法,仿照会试加戳之例,监试、提调等官,于考试日,分入号中,视每卷某号旁再加印一某字,其乱号者字样不对,即暗记以授受卷官,照例贴出。查功令交卷后,均领签由甬道径出,不得偷归号舍,亦不准另入别号。宜饬巡绰官严密稽察,如士子交卷后,擅入栅阑,禀明监临究处。其挺身肆闹者,照例治罪。至传递诸弊,防不胜防,该督抚务当密访本地绅士,穷其弊窦,设法杜绝。场中惟责成巡绰官认真严查,凡水夫杂项人役,不准与士子私相授受,号军领供给等事,必亲自监察,如有怠玩者,从严参办。一、冒籍考试,例禁綦严。近闻各省寄居俊秀,临场纷纷捐监投考,或并未捐监,借别姓之照冒考。中式后呈请归宗,改回原籍。甚有父兄游宦之省,其子弟即在该省冒考中式者。至顶替之弊,监生尤甚。比及进场,皆难稽察。查定例,监生赴学政录科、录遗,由地方官具结申送。今拟再令本学廪生二人,具并非冒籍顶替字样甘结,录科、录遗唱名时,出结廪生眼同识认,如有含混送考者一经察出,将该监生治罪,具结廪生斥革。惟以上诸弊,士子积习相沿,几于罔知功令。请敕下各督抚先行剀切晓谕,严加整顿,肃场规亦以端士习也。"九年二月,仍补国子监司业。六月,充陕西乡试副考官。十月,颁赏文宗显皇帝圣训一部,御书"孝悌清廉"匾额,并"宽惠懿恭能养福,刚健笃实以和神"楹联以赐之。十年三月,擢翰林院侍讲。五月,充日讲起居注官。七月,充教习庶吉士。十一年二月,复充国史馆纂修。

四月,奏天象可畏,请遇灾修省。其疏云:"钦天监推算,本年五月初一日由巳至午,京师日食九分四十馀秒。臣维日者太阳之精,人君之象。凡日食之变,皆天垂象以警人君者也。今食至九分四十馀秒,天之垂戒者大矣。昔汉文帝因日食下诏,谓天之示灾以戒不治,深以不能治育群生,上累三光之明是惧。其所以谨天戒者,何深且切也!我皇上冲龄践阼,奉两宫皇太后垂帘听政,兢兢业业,宵旰不遑,用能一平粤匪,再平捻逆。十一年来,始终无间,天下方延颈企踵,以望太平。乃今者非常之警,日食至九分四十馀秒之多,几及两时之久,抑独何欤?意者政治尚有未尽欤?臣伏读文宗显皇帝御制文曰:'为开创之君难,为守成之君尤难；为蒙业承休之君难，为持盈保泰之君尤难。'诚以人主日理万几，惟恃忧勤惕励，其难其慎，一念不敢少宽，一时不敢少懈，然后沴气消而协气应也。臣愚伏愿我皇上念祖宗创业之难，思亿兆托命之众，隆孝治以溥雍熙之化，勤政理以防丛脞之虞，亲君子以成泰交之美，远小人以杜荧惑之萌，而且军务尚多，饷需告匮，民气未复，帑藏不充，尤当力崇节俭，屏黜浮华，惜天下之脂膏，培万年之国脉。夙夜祗惧，惟日孜孜，以上副<u>文宗显皇帝</u>付托之重。并请敕下中外大小臣工，各宜振刷精神，勤求治理，毋蹈因循，共儆天戒，庶几祥和可迓，天变可回，天下幸甚！"奉上谕："朕临御以来，兢兢业业，宵旰不遑，期与中外臣工共求上理。矧值本年五月初一日日食，上苍示警，寅畏益深。该侍讲所陈隆孝治、勤政理、亲君子、远小人，并崇俭黜浮各节，披览之馀，实深嘉纳。尔中外大小臣工亦当振刷精神，各勤职业，庶几交相儆勉，政事修明，以迓祥和而消沴厉。"八月，以校阅<u>方略</u>详慎，赏加一级。又以<u>穆宗毅皇帝</u>大婚礼成，奉旨以应升之缺开列在前。十二年二月，京察一等，加一级。七月，颁赏御书"镜横晓影澄潭碧，花压春阴隔苑红"楹联。九月，颁赏钦定<u>剿平粤捻方略</u>各一部，并御书"独步文章"匾额一方。

十三年，以天变叠著，奏云："臣闻天所以有灾变者，所以谴告人君，俾增修其德而消患于未萌也。今夏慧星忽出，光芒所指，凡城厢内外，妇孺皆惊。臣日来仰观乾象，复为太白经天之变，其所占验，钦天监衙门必已具奏，毋庸臣之赘述。臣窃思皇上受列祖列宗之付托，为亿兆生民之君主，当此上苍叠警，宸衷敬畏，必有大不安者。然自古天道之感应，皆本于人事之得失，若因是益深寅畏,自可转危为安,挽回祸患。惟应天以实不以文,应请皇上亟下明诏,晓谕臣工交相惕励。凡政事之阙失,民间之疾苦,在廷言责诸臣,剀切指陈,无所隐讳。至于圆明园工程,虽本奉养两宫皇太后之意,然值如此天变昭著,尚劳民力,耗费经营,外省采办木植,扰累闾阎,复滋民怨,我皇太后圣明,亦必以为不可。应请暂停兴作,俟帑藏充盈,再行修葺。如此战兢恐惧,精神感格,庶足以荷天麻而消沴戾。"八月,转补侍读,扈跸南苑。九月,升侍读学士。十一月,穆宗毅皇帝不豫,奏请敕下军机王大臣保举名医数人,会同太医院臣李德立等斟酌处方,并廷诘德立等词气激切,同列难之。十二月,穆宗毅皇帝升遐,奉两宫皇太后懿旨,迎皇帝登极。越日,奉命校刊穆宗毅皇帝御制诗文。

　　光绪元年二月,颁发穆宗毅皇帝遗念江绸羊皮四开衩袍、江绸绵马褂各一件。五月,大考一等第四名,奉旨以詹事升用,先换顶戴。六月,奏云:"讲求吏治,先在大吏深知属吏之贤否。今保举之多,捐纳之广,品流稍杂,人数实繁,旅见衙参,何从精核?拟请敕下各直省督、抚、藩、臬,每日于知府以下至州县各员,按班接见十人或八人,分为两班,或随举一事,或随引一案,反覆讨论,并将日行公事,命拟批四五件,则其人之德性才具,已可略知梗概,互相印证,则进退自有权衡,而庸材不敢存幸进之心矣。至于民心之向背,视乎州县之贤良,莫大乎为民兴利除弊,拟请敕下各督抚通饬州县,将地方实在利弊情形,详细禀报,何者有便于民,应如何办理;何者不便于民,应如何裁革。缕晰条分,禀商核办。该督抚谨将皇太后、皇上休养元气、爱惜百姓之意,明白宣示;并许该处老成硕彦,凡有本地应兴之利、应除之弊,随时具呈州县官,以备采纳。至如何兴教化,清狱讼,防盗贼,惩吏胥,饬各州县认真讲求,毋得视为具文。该管道府本有考核之责,谕令随时访察各州县果能实心实力与否,如有意存袒护,不肖州县被劾,道府一并议处。至州县之贤者,尤必以久于其任为贵。各省州县缺肥瘠不同,其瘠者赔累太重,每太息于廉吏之不可为。查从前抚臣董教增曾奏准酌提优缺州县之羡馀,以补苦缺之不足。拟请敕下各督抚妥为筹画,则调剂之说毋庸,而缺之瘠者亦得尽心民事。该督抚于州县之贤者,随时入告,以慰朝廷望治之殷;其不贤者,必深味乎‘一家哭何如一路哭’之义,参劾从严,毋得姑息不肖,以养痈贻患。如此则吏治清而民心无不悦服矣。”九月,穆宗毅皇帝奉移隆福寺暂安,随扈,加一级。二年三月,补詹事府詹事、并充咸安宫总裁。闰五月,充福建乡试正考官。八月,提督福建学政。九月,颁赏穆宗毅皇帝御制诗文集一部。四年二月,升内阁学士,兼礼部侍郎衔。十二月,迁工部左侍郎,均留学政任。五年七月,代办己卯科福建乡试监临,接办翻译场。旧例,翻译于十人取中一名,是科投卷止九名,为礼部所纠,下部议罚俸三月。十月,请假一月,回籍修墓。

六年二月,销假回京,命仍在南书房行走。七月,奏云:“圣朝如天之量,与外国和好数十年,无不曲予优容,以示中外一家之意。乃近以俄罗斯国要约过甚,深恐包藏祸心,构衅中国。日来外间传闻不一,人人有意外之虞。不识朝廷如何布置,有恃无恐?臣料俄国既动兵船,不能无端而罢;如欲议和,则不特去年所议十八条难于改易,势必重索兵费而后已。即隐忍迁就,敷衍目前,而我既不能自强,彼更藐视益甚,将来贪惏无厌,何所求而不得?如欲议战,则洋人兵艘之利,火器之精,列阵而出,有进无退,非谋出万全,断不可轻于尝试。现在海防之策,天津、山海关等处,皇上必已密授方略。臣愚以为近京地方,尤宜添调劲旅,扼要驻扎,方为严密。惟仓卒招募,不习之兵,未必可用。查长江水师从前本是陆军,久历行阵,胆气较壮。目前先其所急,拟请敕下统带长江水师臣彭玉麟、长江提督臣李成谋迅将水师挑选精锐万人,带赴京畿,改作陆军,以为居中策应之用。其口粮仍由沿江各省,按月起解,毋庸另拨饷项。彭玉麟等纪律素严,身经百战,必能将士效命,缓急可恃。夫咸丰庚申北塘之变,亦以兵力全在海口,近畿毫无准备,以至敢于内犯。前车之鉴,可为寒心。抑臣更有请者,直隶督臣李鸿章所部兵勇尚多,自足以资抵御,山海关现调何人扼守,所调兵勇不知若干人。臣深虑俄罗斯避实就虚,即从东路海口窜入,山海关非得重兵两万不易防守。请敕调著名宿将,厚集兵力,俾资守御而壮声威。”八月,调刑部左侍郎。七年四月,调户部右侍郎,兼管钱法堂事务。寻提督顺天学政。

　　时大学士左宗棠请修畿辅水利,下王大臣会议举办。五月,疏荐侍讲学士张之洞、侍讲张佩纶助之。其略云:“昔人言水,聚之则为害,散之则为利;弃之则为害,因之则为利。自宋臣何承矩,元臣托克托、郭守敬、虞集,明臣徐贞明、丘濬、袁黄、汪应蛟、左光斗辈极言北直水利,根本要图,办理皆有成效。国朝如怡贤亲王、李光地、陆陇其、朱轼、胡宝瑔、柴潮生、蓝鼎元诸臣,亦各指陈剀切,凿凿可行。今以数百年未竟之功,大学士左宗棠毅然创议兴修，千载一时，在此一举。惟河道远近异势，今昔异形，办理稍有未宜，不但徒劳，且滋浮议。臣伏念王大臣等政务殷繁，势不能周历履勘，必得博通之士，又直隶本籍之人，亲往督办，咨诹相度，方能将直隶全局之水，源委清浊，分合强弱，条分缕晰，瞭如指掌，而下手之先后缓急，乃可次第以收其效。窃见翰林院侍讲学士张之洞、翰林院侍讲张佩纶，器识闳远，才具明通，又皆直隶本籍之人，于桑梓之邦兴无穷之利，必能慎重周详，不遗馀力。可否敕下亲诣履勘，联络各处公正绅耆，悉心筹画，随时函商王大臣等，督饬兴修，当可收指臂之助。查雍正三年世宗宪皇帝命怡贤亲王偕大学士朱轼查修直隶水利，王欲得善治河者，朱轼以翰林院编修陈仪对。王延见，访以治河所宜先。仪指画精详，厥后一切施行，颇著明效。盖陈仪乃顺天文安人，以土著通才，筹万年至计，故较之借材异地，尤为裨益。现在时事多艰，经费日绌，诚使水无遗利，一劳永逸，西北之粟米日增，东南之岁漕可减。数年以后，北米充溢，不必专藉转输，则岁漕一百十馀万石，半可折征，而漕务一切经费，亦可节省其半。裕国便民，莫大于是。抑臣更有进者，明徐贞明领垦田使，先诣永平，募南人为倡，垦田至三万九千馀亩；又遍历诸河，将大为修治，而阉人勋戚之占闲田者，争为蜚语，流入禁中，得御史王之栋一疏，竟为所挠，千古惜之！我皇太后、皇上圣明洞鉴，无微不照，王大臣等公忠体国，虑远谋深，定无宵小浮言，巧于簧鼓。第恐非常之原，黎民所惧，试办之初，不免物议沸腾，怨其不便，惟冀圣聪独断，坚定不移，万世幸甚！"

七月，奏请变通八旗童试章程，其略云："素闻八旗童试，顶替入场,已成积习。曾先期咨明八旗都统,严饬派出之识认官认真查察,并晓谕各童生,俾知臣此次考试力求整顿之意。奈各旗参、佐领,领催等,与文人素不相习,无从识认,徒为具文。旗学廪保,止有派保,不似汉人有认保挨保之分,未尝专予识认之责。教官虽具保结,而八旗童生向不进谒,安能辨其真伪?至各处屯居旗童,及奉天而原籍京旗者,尤为漫无稽考,以至各童生肆无忌惮,实属不成事体。请旨敕下礼部,于八旗童试,再行变通旧例,严定章程,详议具奏,务使顶替恶习无所施其技俩,庶可遴拔真才。"八年七月,又奏请变通屯居旗童章程,其略云:"屯居旗童来京报考,向无文据,参、佐领无从辨认,恐尚不免有朦混之弊。查八旗屯居、内务府三旗屯居、五旗包衣屯居,向均由在京佐领指派守堡一缺,名曰屯领催。该堡应试旗童自应熟悉,至童生等家长,〔一〕理宜约束子孙,俾各循规蹈矩。傥有枪冒考试等情,该家长岂得置身事外?拟请嗣后屯居童生报考,先取具该守堡领催及家长等甘结,亲持入京,呈明佐领。该佐领等验明所持保结,实系本童,然后出具图片,以杜朦混。请旨敕下八旗都统、内务府三旗、暨五旗包衣专管大臣,明定章程,妥议具奏,著为定例。庶屯居旗童顶替之弊,可以永除。"两疏并下礼部议行。九年六月,转左侍郎,兼管三库事务,仍留学政任。十年闰五月,疏荐内阁侍读学士邓承修、左庶子盛昱,鲠直敢言,讲求经世之学;福建台湾兵备道刘璈、安徽庐州府知府黄云,勤政爱民,实事求是;武强县学教谕潘恩增,品诣笃诚,介然不苟。上韪之,承修等四员并奉旨交军机处存记,而予恩增内阁中书衔。十一年八月,任满回京,命仍在南书房行走,兼署礼部左侍郎。十月,充顺天武乡试副考官。十二月,命在毓庆宫行走。十二年二月,署吏部右侍郎。十月,赐紫禁城内骑马。

十二月,山东巡抚张曜以黄河工程领部库银一百万两,银库书吏史恩涛有索费银一万两之事,因斥革交坊,先令缴还费银,再行请旨惩办。御史王赓荣、张炳琳、刘纶襄、吴兆泰交章弹劾,谓办理轻纵,得旨着明白回奏。越日,奏云:"户部银库应放山东河工款项银一百万两,前月据山东抚臣张曜派员请领。臣当即饬司赶紧开放,眼同委员等在库门前给发,并无短少。忽风闻银库书吏史恩涛有需索费银一万两之事,又闻该吏虽索巨款,委员等并未允给,以臣严催赶放,该吏无从阻搁,因即放出等情。臣遍处密查,毫无实据。然臣素性嫉恶,既有所闻,断不容蠹吏幸逃法网。因特传该吏至户部堂上面加严讯,立即斥革,而该吏坚不承认,无凭核办。遂一面交坊严押候审,一面先诱令缴银一万两,俟缴足后,据款请旨惩办。臣之用意,以为索赃无据,而缴款有据,必俟巨款缴出,则该吏之贪婪不问可知。此臣办理该吏之原委也。原奏张曜函嘱追问一节,查该省头批银两,于前月十二日甫经放出,计该委员饷鞘行程,至早亦十五站始到山东。臣于二十九日当堂诘问,函书不能如此之速。其同官筹商一节,臣惟恐泄漏,致该吏远飏,是以不与一人提及,户部同官实未会同商度。臣办理此案,系在大廷广众之中,堂上堂下,共见共闻,实为整顿积弊起见。现在尚未办结,何得遽谓委曲迁就,希图了事?除将该吏等押送刑部严讯外,谨缮奏具陈。"十三年正月,奉谕曰:"前因御史王赓荣等奏参户部银库书吏史恩涛侵扣巨帑等情,当交刑部严讯,并敕令孙诒经明白回奏。嗣经刑部传讯该书吏等,恃无赃证,坚不吐实。复饬山东巡抚张曜讯取该委员等确供,交部核办。兹据刑部奏称该书吏等索诈一事,讯无实据。按照被参各节,酌量定拟等语,[二]已革书吏史恩涛,此案虽无需索使费确据,惟以一书吏屡被言官参奏,平日车马衣服奢侈逾度,其为遇事招摇,声名狼藉,已可概见。必应严加惩办,以儆将来。史恩涛着照部议杖一百,徒三年,馀依议。户部左侍郎孙诒经将史恩涛斥革交坊,意在严惩蠹吏,惟未经查出实据,辄诱令缴银,办理殊为失当。孙诒经着交部议处。"二月,谕曰:"吏部奏遵议处分一折,户部左侍郎孙诒经应得罚俸一年处分,着不准抵销。"又谕曰:"户部左侍郎孙诒经,着毋庸在毓庆宫行走。"

十五年八月,充顺天乡试副考官。十月,以浙江水灾,奏请赈抚。其略云:"浙江本财赋之区,自军兴以来,民间元气未复,户鲜盖藏。本年七月间,大雨滂沱,连宵达旦,各属同遭水患,杭、嘉、湖三府灾情最重,宁波、绍兴及玉环厅等处,情形轻重不等。其时将届秋收,农民工本,业经用罄,专待新稼登场,为仰事俯育之计。[三]一旦尽付洪流,困苦颠连,万无生理。抚臣崧骏奏称三十年来未有之奇灾,系属实在情形,现经钦奉恩纶,谕令妥速办赈,阖省士民同深钦感。惟灾区太广,虽经抚臣饬司酌拨银谷,动放仓米,而数十万灾民待哺嗷嗷,实有杯水车薪之虑。且杭、嘉、湖等府均有客民滋生事端,臣籍隶杭州,叠接乡人函电,缕述灾黎困苦情形,惨不忍言,自非得有巨款,不足以资补救。伏惟皇上轸念斯民,有加无已,本年夏间山东灾歉,钦奉恩旨,准由藩库拨银五万两,并由部拨银十万两,复截留南漕十万石。今浙江灾区甚广,可否仰恳天恩,赏拨重帑,交抚臣崧骏体察各属灾情轻重,酌量分给,并遴派公正官绅,核实散放,俾饥民糊口有资,不致流离失所。"诏如所请行。

诒经自入直南书房,岁蒙颁赏"福"、"寿"字,"龙"、"虎"字,珍玩、文绮等件。自任侍郎,充新贡士覆试阅卷大臣四次,各直省乡试覆试顺天乡试覆试阅卷大臣、贡士试卷覆勘大臣、殿试读卷官各二次,武殿试读卷官一次,朝考阅卷大臣、庶吉士散馆阅卷大臣各三次,考试汉荫生、汉誊录、翰林院孔目、宗室举人宗室进士覆试、考试试差阅卷大臣各二次,覆核朝审大臣三次。屡持文柄,所甄录一以清真雅正为宗,深病末学骫骳之习,务摈斥之。论学以践履为先,博览为后,亦不持汉宋门户之见,在户部十年,于设银行,开铁路,断断持异议,或合辞,或独疏,尤举朝所难言。他所条列,亦以朴诚答知遇,多所裨助。十六年十一月,卒。遗疏入,谕曰:"户部左侍郎孙诒经,由翰林荐升卿贰,曾在南书房行走,迭掌文衡,克勤厥职。前因患病,赏假调理。兹闻溘逝,轸惜殊深!加恩着照侍郎例赐恤。任内一切处分,悉予开复。应得恤典。该衙门察例具奏。"寻赐祭葬。

子宝琦,二品荫生,候补四五品京堂;宝瑄,四品荫生,工部主事。

【校勘记】

〔一〕至童生等家长　原脱"生"字。今据景录卷一四九叶六上补。按孙诒经传稿(之一)亦脱。

〔二〕酌量定拟等语　"定拟"原误作"完结"。今据景录卷二三八叶二〇上改。按孙诒经传稿(之一)亦误。

〔三〕为仰事俯育之计　"育"原误作"畜"。今据孙诒经传稿（之一）改。

周德润

周德润，广西临桂人。同治元年进士，改翰林院庶吉士。二年，散馆，授编修。历充国史馆协修、纂修、总纂。光绪元年，大考三等，充实录馆纂修。三年九月，穆宗毅皇帝实录全书过半，保奏出力人员，奉旨遇有应升之缺开列在前，并加五品衔。五年八月，补授国子监司业。十一月，出使俄国大臣崇厚违旨定约，德润上疏请另遣使臣，并申明法纪。疏入，上韪其言，即日召见，遣使更约，如所议行。十二月，因编纂画一臣工列传出力，赏换四品衔。是月，穆宗毅皇帝圣训、实录庆成，奉旨遇有应升之缺开列在前，并加随带三级。六年三月，补授詹事府右春坊右中允。五月，升司经局洗马。七月，署日讲起居注官。八月，补授翰林院侍讲，九月，转侍读。七年正月，疏论各直省保举孝廉方正之弊，拟请敕下各督抚秉公保荐，任缺毋滥。三月，补授右春坊右庶子。七月，补授翰林院侍讲学士。八年二月，转侍读学士。八月，升詹事府少詹事。时江西巡抚李文敏贪庸不职，德润上章劾之，诏议李文敏罪。十二月，充文渊阁直阁事、经筵讲官。

九年正月，补授内阁学士，兼礼部侍郎衔。八月，疏陈刑罚之失，以失入之过起自承审，而平反之功专赖审转。近如浙江葛毕氏、江南三牌楼、河南王树汶等案，颠倒是非，几令覆盆无见天之日，拟请通谕各督抚申明旧例，如有审转之员，能平反大案者，即登上考，循例保题，庶几天下以酷吏为戒。疏上，下部议行。

十年正月，大学士左宗棠以疾乞退，已奉俞旨，德润上言："左宗棠不宜去位，请旨责其引退之非，示以致身之义，以资倚任而济时艰。"上嘉纳之。复以疆臣徇私滥保上疏。先是，调任广东巡抚、前广西抚臣倪文蔚因官军在越南擒斩陆之平功，保列广东试用知府邹觐皋。德润疏言："邹觐皋久在粤东需次，八年二月间，两广总督张树声委查临桂西乡粮案，与关外擒渠，若风马牛不相及。请敕下吏部将邹觐皋保案撤销。"又以倪文蔚才略素短，吏治废弛，收受梧州、怀集、贺县、桂平等处季规，肆无忌惮。三次保案，赡徇欺罔，请旨严加惩处。上命张树声查办，及覆奏上，德润核时日，计道路，上章争之，谓其覆奏欺诬，尤出情理之外。得旨张树声、倪文蔚均交部议处，并撤销邹觐皋保案。

是时，法夷侵我越南，德润凡三上章，请力保藩封，速定战计。奏称："法与中国，势不两立，有不可和者五，宜用兵者七。大凡御寇者，御之室中不如御之门外。今越以全境归法，则马白关外，[一]我不能暂驻一营，镇南关外我不能进扎一步。卧榻之侧，虎狼同寝。我之防彼，日引月长；彼之袭我，朝发夕至。其不可和者一。自来讳言兵者，每以跼地争城为大患，而以通商传教为无伤。若法之于越，始以和饵之，终以兵慑之，有堕其术中而不觉者。傥以待越南者待中国，窃恐通商于滇，今日之蛮耗、蒙自，即异日之西贡也。传教于粤，今日之太平、南宁，即他日之河内也。其不可和者二。凡沿海诸省，未尝不立马头，设领事，然他夷远隔重洋，即悬军深入，亦我逸而彼劳，法夷全吞越土，苟瞰我邻邦，且反客而为主。其不可和者三。中国招刘永福，虽谓救越，实以捍边；刘永福之出保胜，虽谓扶越，实卫中国。今一旦穷蠙而去,法必向中国索之。不与则借纳叛为词,与之则令豪杰解体。其不可和者四。且我兵既退之后,法以条约制越人,两圻土兵,必有为其号召者;以重金购壮士,黑旗旧部,必有为其招募者。以越人扰吾边,中国反受属国之害;以华人攻内地,匪党反为向导之师。其不可和者五。窃谓目前大计,莫先于正属国之名也。责越人之疑贰,册封之事可暂停;毁新约之规条,要挟之词不足据。将兴灭继绝之义,宣布于天下,使海岛诸夷直我而曲彼,则声罪致讨,不患无词。其宜用兵者一。莫要于收忠义之心也,乘新丧而用武,越君之降非本心;用苛政以虐民,越臣之服非得已。积怨深仇,惟延颈以望中国之救耳。傥整我六师,檄其反正,南北圻之义士,必将倒戈以杀强敌。其宜用兵者二。闻开化以南,其山多瘴,秋暮而瘴始轻;红江以北,其水多毒,冬来而毒始解。如法人趁此天时,长驱深入,全滇势必震惊,故不如先发以制之。其宜用兵者三。且法人之胜,亦未足恃也,外有英、德之窥伺,国似实而实虚;内有议院之参商,兵虽进而易退。古未有强邻觊觎,将相不和,而能成功于外者。诚合全力以逐之,其虚憍之师,必胆寒而遁归巢穴。其宜用兵者四。河内据北圻之形势,三面临江,刘团由怀德陆路一面攻之,所以日久无功,如令彭玉麟督师钦、廉海口,遴派得力将弁,以轮船扼驻海防,以绝西贡之接济,并分兵船薄富良江,以截江面之应援,则河城克期必下。其宜用兵者五。北宁为广西门户,当以劲旅镇之;山西为云南门户,当以精锐控之。北宁距河内一百十里,山西距河内八十里,我兵相机夹击,法将四面受敌,势必弃城而窜。其宜用兵者六。重赏之下,必有勇夫。闻外间助刘团,有每月五百金、千金之说,何足以集大功?屡奉旨指拨重帑,原以济一时权宜之用,疆臣何愦愦乎?苟厚其资,使募水师而购利器,则越将为我前驱,勇气自当百倍。其宜用兵者七。当断不断,其祸立至。安危之机,决于俄顷矣。"又言:"中国所以御外夷,断未有介乎战不战之间,而可以中立者也。法越构兵,朝廷虑远忧深,不明言御法,特纡其说为防边;不明言救越,特秘其事为暗助。虽豫留一议和之地,而其可和可战之机,已微露于言外。惟宸谟微妙,疆吏难窥,终以无所禀承,而罔知设措。势必有误于启衅者,将以战获罪;有误于不启衅者,将以不战获罪。迨大局败坏,即置疆吏于重辟,亦何补于国家?现值越南降法,刘军穷蹙,中国若仍依违两可,徘徊于战不战之间,此必危之道也。可危者一。刘军不敌,必将资以重兵,犒以厚饷,密迩数百里之间,历时七八月之久,法人尽知之矣。助之而败,祸不待言;助之而胜,亦必归曲于我,而逞愤于我。可危者二。法人尽有越境矣,滇军在山西,粤军在北宁,法不谓保我境而谓侵彼疆,咨以照会,令我退师,何以答之?轰以大炮,毁我营垒,何以应之?斯时欲战则未奉明文,不战则贻羞中国。可危者三。从来驭军之道,有进尺无退寸,严勒诸军,杀敌致果,不用命者诛。然而溃且败矣,今不曰必杀敌,而曰毋开衅。夫兵亦何乐乎开衅?执冰以遨,寇至则窜耳,虽有万人,实无一人可以固围。可危者四。不特兵然也,闻疆臣有将防军撤回者,有逗留境内逍遥境外者,其或巧于借口,以请战为名,私意亦欲走耳。可危者五。且法必要我通商于滇,必要我传教于粤,必挟制我夹攻刘永福,许之则自贻伊戚,拒之则祸不旋踵。窃虑挑衅之端方启,侵边之旅已来。可危者六。况法以条约制越人,两圻土兵,必有听其号召者,以重金购壮士,黑旗旧部必有为其招募者。从此滇越无安枕之时,尚欲讳言战耶? 可危者七。即曰事尚可为,而依倚他人,终无了局,虚糜兵饷,何所底止! 且堂堂疆吏,奉令而出则易,奉令而入则难。若无成功,不特有损国威,亦且无颜遄返,将来此事作何收束? 可危者八。凡此八端,莫从补救,皆欲战不战之大害也。"

又言:"今日急务有十大端:一、名义宜早定也。查越法和约云,法国明知越国系操自主之权,傥有匪梗,并外国侵扰,法国即当帮助。是明谓越南非中国之属,而欲假托保护,以自便其蚕食之谋。然则中国欲争越南,必先存属国之名;欲存属国,必先尽保护之实。非彼属国而彼冒之,则衅端自彼而开矣。一、书使宜常通也。向例越南国书,由广西咨部代奏,此承平无事则然,非所论于危急权宜之际也。近者越臣阮述航海赍书,乞广东奏递,该督以格于成例,一再拒之。藩封被难,视同隔膜,何足以示怀柔? 拟请敕粤东督抚如遇越南国书,即行变通代递,并就近派员慰问,以示体恤。简书络绎,使者在道,则越南归吾保护,不待辨而自明矣。一、广东宜酌调水陆兵勇备用也。自翟国彦任提督以来,营务废弛已极,所购船只,祗堪巡洋,不能御敌。现值事机紧迫,训练实恐不及,拟请密谕北洋大臣分拨轮船数号,派赴钦、廉海口,相度机宜,如有缓急,即行驶往海阳一带,以保广安而窥南定。如曾国荃驻节钦、廉,即檄郑绍忠、莫云成由陆路取道永安、玉山等处,以牵制法人河内之师。则水陆并进,奇正相生,虽锋刃未交,而我之声威已壮矣。一、云南之兵宜逐次渐进也。由滇至越,陆路甚远,虽不必如前督臣富纲设立台站,亦当酌置驿寨，以仿步步为营之法。可否敕下云贵总督岑毓英拣带大队，亲驻开化，通盘筹画，相机策应，转饬唐炯督率周万顺各部，由蒙自循洮江右岸，往据三歧江要口；饬总兵蔡标等统领各军，由马白关抵安边，驰驻宣光镇。两军自为犄角，以扼北圻之咽喉，则河内不战而自危矣。一、广西宜速筹进取也。广西至越较近，擘画更宜周密。道员赵沃、总兵黄桂兰人仅中材，必得发踪指示，方可动协机宜。拟请严敕藩司徐延旭迅速驰赴谅山，密侦敌情，熟筹胜算，檄赵沃等稳慎前进，或据市桥江，或扎北宁省，其缓急进止，均听徐延旭指挥。至于大兵深入，后路亦虑空虚，且恐间谍隐伏，凡凭祥、归顺、上思、龙州、思州一带，急宜慎选绅耆，筹办团练，特悬重赏，激励土兵，以杜窥伺而资捍御。可战可守，而进退不忧失据矣。一、宜拊循越将也。刘永福勇略过人，曾歼法将安业，久屯保胜，榷货养兵；叶成林盘踞十州苗地，广开金矿，饷足兵强；黄佐炎坚守兴化，拥兵数千。三人皆越南枭将，诚能就近派员前往，宣布天威，密颁厚赏，使其感而思奋，然后遣刘永福出保胜，据屯鹤关，以扼其险隘；叶成林出十州，攻河仙以覆其巢穴；黄佐炎出兴化，取河内以撼其本根；则我之党众，法之势孤，有不闻风而遁者哉？一、宜羁縻暹罗也。暹罗与西贡为邻，法人欲假道暹罗，开铁路以通西贡，暹罗不允，遂为仇敌。暹罗专尊中国，交英夷，益制船炮以自强。前明陈用宾约暹罗夹攻缅甸，我朝乾隆年间曾亲暹罗以制缅酋，此皆已然之效。诚能遣一介之使，示以利害，令其兴兵直捣西贡，则法人有南顾之忧，必弃北宁而自救矣。一、利权宜收也。临安个旧锡厂，矿苗甚旺。近有商人开采，由蒙自潜运越南贩卖，刘永福驻保胜收税，法人因而垂涎。意欲通商之后，或以商办为词，或以助工进步，以遂其射利之谋。拟请敕催云南督抚迅速开办，其举事也，用西器而不用西人；其流通也，运内地而不运关外。显收中国之利权，即隐杜彼族之觊觎。庶不致视眈眈而欲逐逐也。一、饷源宜裕也。劳师远戍，馈饷维艰，当豫筹理财之道。查越南地势平坦，黍稷豆麻，无土不宜，兼以地广人稀，随地皆可开垦，宜创办屯田以资兵食。至于海陆之利，燕窝、象牙、鱼、盐、犀角、金、珠、楠、桂诸货，所产尤繁，祗以该国严禁出口，遂致税务减色。窃谓宜除其苛政、轻其厘税，一切货物，皆开禁出口，于屯鹤关榷之。除津贴华兵饷项内，悉归越南自用。以越之财守越之土，计无有善于此者。一、和约宜慎也。以红江通商而言，无论刘永福不肯遽退，即听越南遣撤，恐永福去而北圻亡，北圻亡而滇粤亦危，[二]此红江之断不可通商者也。以南北圻分界而言，广平关以北归中国保护，广平关以南归法国保护，则边事尚可为。然红江在关北，吾独据之，法必不愿；富春在关南，吾独委之，越亦不愿。此南北圻之断不可分界者也。窃谓通商当以屯鹤关为限，屯鹤以南仍许法人由洱河以行；屯鹤以北不准法人逾红江一步。分界当以广南省为限，广南以北，北圻十六省，法人不得驻扎一兵；广南以南，嘉定六省之外，法人不得私占寸土。如此立约，庶可保十年无事也。以上十条，未必尽利于行，似亦虑远忧深之计。夫有琉球之覆辙，始有今日越南之事；有越南之覆辙，将为异日高丽之忧。履霜坚冰，臣实滋惧。”疏入，蒙召见，以熟悉边情，特加倚任。三月，命在总理各国事务衙门行走。

　　寻以法人要挟，疏言：“法人既勒退兵，又索偿费；既夺鸡笼，又窥闽厂。无理要求，普天同愤。议者欲以与费为讲和，似亦权宜之说。臣窃以为过矣，国体有伤，即一介亦不可与，何论累万盈千？纵舍理而论势，此举一失，安保异日法不翻案，他国不效尤乎？况与价与恤，不过台北解严耳，其福州及各口之船，依然在华也。于是重议详约，与言通商，必欲减于值百抽五；与言分界，必致侵我粤境滇疆。将五条之外，横生枝节，听之则与金又复割地；拒之则失财并致失和，此自困之道也。臣维自古驭外之策，始以战而终于和。战而后和，可保十年无事。能战由于气壮，气壮由于志定。伏愿皇上决然定志于上，百折不回，不以小败小胜为忧喜。枢臣定志于内，运筹决胜，毋稍游移；各疆吏及统兵大员定志于外，敌忾冲锋，毋稍退缩，上下同心，何战不克？以伸义愤以震严威，天下幸甚！”复以法使议款，事机紧迫，德润单衔具疏，略曰：“法人要挟，朝廷隐忍许和，亦欲计出万全，暂屈一时，求伸异日耳。故藩封可弃，犹谓非域中也；边界可分，犹谓非腹地也；商可通而兵可撤，犹谓守约而非背约也。若于五款之外，作无厌之要求，仍欲迁就以保和局，何以为国乎？谨择紧要八条，为皇上敬陈之：一赔费断不可偿。法索二百五十兆佛郎，合中银三千五百馀万两。唐、宋岁币，贻羞史策，有如是之累累乎？此等狂吠，何足与争？然有权宜之说，谓不议赔而议恤。夫赔百而恤十，数且不赀。财者国家养命之源，[三]财匮而国亦危，况我为法辱，诸夷将叠起而辱我，何以堪乎？似不如直告之曰：‘索费即不议约。’庶不为法愚也。一小挫断不可馁，法人孤军深入，兵家所忌。我逸彼劳，我主彼客，纵有小挫，无关大局。道光舟山之役，咸丰大沽之役，皆师溃而即讲和，坐失机宜，前车可鉴。一、下诏书以激忠愤。自文宗显皇帝巡幸木兰，百姓与夷为仇，二十馀载矣。虽屡以严法相绳，而杀夷酋、〔四〕焚夷产者，络绎不绝。其不共戴天之恨，藏之愈久，则发之愈毒，惜未奉君父一言以泄其忿耳。今将法人之罪明谕寰中，则忠臣义士不烦号召，必群起与法为难矣。一、悬重赏以励人心。计法人入寇，多不过三千人，重赏之下，必有勇夫。今下一令曰：焚一兵轮者赏万金，擒一夷首者千金，斩一法兵者十金。出赏赀三十万金，法人无遗种矣。一、封海口以杜阴谋。中法现未失和，兵轮处处可入，忽然开炮何以御之？势不如封禁海口，沉舟絙筏，下桩垒石，豫断入口之途，似觉稍有防范。矧封海口必停商务，各国恐以兵受累，必出为调停。此一举两得者也。一、诱登岸以便邀击。外洋相接，破敌为难，日久相持，负嵎尤固。惟由船登岸之初，糗粮未运，军火未齐，炮台未筑，及其不定而攻之，事半功倍。至于林木丛杂，碉堡纵横，我兵出没无常，尤能因利乘便，法人窜扰平原，处处荆棘耳。一、伏内港以烧敌船。船在海面，其势分，难以计破；船入内港，其势合，易于火攻。盖路狭既艰于退避，水浅尤阻于前行。火箭喷筒，乘风下手，虽有智勇，亦无所施。所谓以奇为正者也。一、攻北圻以牵敌势。我撤兵守约，法索款背约。法之无礼，诸夷共知。然兵可撤亦可进，粤兵向北宁，则琼州之谋必解；滇兵攻山西，则台湾之患自消。此围魏救赵之计，攻其所必救耳。"疏入，上以德润单衔具奏，不能和衷，命毋庸在总理各国事务衙门行走。寻以和议将成，隐忧方大，胪列八事，略谓："习勤苦以建雄图，责疆吏以警效尤，清内宄以安腹地，募精锐以实京师，会办北洋大臣宜分驻奉天海口，南北洋宜联络一气，滇粤宜筹善后,宜杜中饱以裕饷源。"疏入,上嘉纳焉。十二月,署礼部左侍郎。十一年七月,命往云南会同岑毓英、张凯嵩办理中越勘界事宜,至边,与法使论界线,执志乘与争,更正久没入越之地三十馀里,险要之地四十里,争复大赌咒河外苗塘子一带之地数百里。十三年三月,差竣回京。四月,署工部右侍郎。九月,补刑部右侍郎。十四年八月,提督顺天学政。十七年十月,充武闱乡试正考官。十八年二月,命恭修太庙工程。五月,命偕刑部尚书贵恒前往东陵查办事件。九月,管理户部三库事务。

德润凡充各省举人覆试阅卷大臣者四,贡士覆试阅卷大臣、考试试差阅卷大臣、磨勘各直省乡试试卷大臣、进士朝考阅卷大臣、庶吉士散馆阅卷大臣、考试汉荫生阅卷大臣者各一。十月,卒。遗疏入,谕曰:"刑部右侍郎周德润,由翰林荐陟卿贰,宣力有年,克勤厥职。兹闻溘逝,轸惜殊深! 加恩着照侍郎例赐恤。任内一切处分,悉予开复。应得恤典,该衙门察例具奏。"寻赐祭葬。

子承炯,户部主事;孙清任,二品荫生。

【校勘记】

〔一〕则马白关外　"马白"原颠倒作"白马"。今据周德润传稿(之一)改正。按下文有"由马白关抵安边",可证。

〔二〕北圻亡而滇粤亦危　原脱"北圻亡"三字。今据周德润传稿(之一)补。

〔三〕财者国家养命之源　"命"原误作"兵"。今据周德润传稿(之一)改。

〔四〕而杀夷酋　“夷酋”原作“首领”。今据周德润传稿(之一)改。下文“擒一夷首”同。

洪钧

洪钧,江苏吴县人。同治七年一甲一名进士,授翰林院修撰。九年,提督湖北学政。十三年,任满回京。光绪元年,补行散馆,充顺天乡试同考官。二年,充陕西乡试正考官。三年,恭纂穆宗毅皇帝实录全书过半,洪钧前充纂修官,得旨着遇缺题奏,并赏加四品衔。五年,充功臣馆纂修。七月,充山东乡试正考官。十月,升侍讲。六年二月,转侍读,提督江西学政。三月,升右春坊右庶子,六月,转左庶子。升翰林院侍讲学士,七年,转侍读学士。八年,奏定经训书院章程。九月,任满,乞假省墓,得旨赏假三月。九年,回京。三月,升詹事府詹事。七月,升内阁学士,兼礼部侍郎衔。旋因母老请开缺终养。十年,丁母忧,十二年,起复。十三年,简派出使俄德奥和四国大臣。八月,补内阁学士,兼礼部侍郎衔。十六年,升兵部左侍郎。十月,差旋,奉旨在总理各国事务衙门行走。

十八年,因帕米尔与俄分界事,右庶子准良疏称帕米尔图说纷纭,宜求精确,诏下总理衙门议。洪钧疏称:“自上年帕事起时,臣衙门当即遍查内府舆图、一统志等图,于帕地山川道里形势险要,皆略焉弗详,不得不借英、俄两国之图,旁参互证。新疆本无精通测绘之员,又以畏惧俄兵,不能前往履勘。该督抚先后寄到两图,皆未精确。迨至去冬,北洋大臣李鸿章译寄英图数种,出使大臣许景澄搜集英、俄、法、德图说十馀种,详稽博考,订成一图,益为赅备,亦于十二月寄到,以核臣衙门先后历办情形,似于疆界方舆尚无乖谬,而证诸该庶子所奏,[一]则歧异甚多。请为我皇上一一陈之:谨案钦定西域图志,于霍尔干等地,则总结之曰:以上属喀什噶尔;于阿喇楚勒、叶什勒库勒等地,则总结之曰:以上属喀什噶尔西境外地。文义显明,无烦曲解。原奏乃谓其曰境外者,大小和卓木旧境之外也。曰属者,属今之喀什噶尔,为我国家自辟之壤也。穿凿添砌,求伸己说,似于文义未定。喀什噶尔正北、东北,与俄之七河省接壤,正西与费尔干省接壤,帕米尔固在喀城西南也。后藏极西为阿里,人亦称为底藏。自阿里西北越数小部落,循雪山行,可达挪格尔、坎巨提,以至印度之克什米尔,固不待北陟帕地也。设如俄欲躏我喀什噶尔,已不患无路进兵;英欲通我阿里,亦不至寻途乏术。原奏乃谓近时英、俄二国侵夺拔达克山、安集延,而不能躏我喀什噶尔,通我阿里,由于帕米尔为全疆隘塞所关,形格势禁。按其所论,实于边情地利不符。光绪年间中俄分界,自科布多、塔尔巴哈台、伊犁至喀什噶尔西南之乌仔别里山口而止,虽勘界未循次第,要自东北以迄西南,乌仔别里为自来图籍所无,惟西图有之。原奏谓当日勘界大臣由俄属萨马干而东,实以乌仔别里西口为界,叶什勒库勒确为界内。今以东口为断,情势大乖等语。查各城界约,悉无萨马干地名,惟浩罕、安集延极西阿母河北有萨马尔干,明史作撒马儿罕,久隶于俄,与我华疆渺不相涉。当日勘界并非自西而东,不知原奏何以传讹若此? 乌仔别里东西二口之说,尤为中外所未闻。以沙克都林札布勘分喀界之图,与俄图比较,乌仔别里山口所在,形势相符,实是东口,并无所谓西口也。谨以许景澄寄到地图,摹绘黏签,恭呈御览。"又疏言:"帕米尔地名,载籍无征。惟一见于乾隆年间钦定西域图志,证以西国舆图,帕米尔地南北斜亘,盖皆葱岭中间之地,其西为阿尔楚尔河、伊西洱库尔淖尔。乾隆二十四年,平定新疆南路,穷追回酋至伊西洱库尔淖尔,三战三捷,遂蒇大功。谨案高宗纯皇帝御制碑文曰:伊西洱库尔淖尔者,我副将军富德等穷追二酋至拔达克山之界,以是西域图志指为喀什噶尔西境外地。当日喀城边卡西境之玉斯屯、阿喇图什卡,仅八十里。道光年间,钦定新疆识略喀城西至乌帕喇特卡一百二十里,与布鲁特部落连界,西北至喀浪圭卡一百五十里,未言及帕米尔。迨光绪年间,收复新疆,刘锦棠始增设七卡于旧界之外。十五年,又设苏满卡于伊西洱库尔淖尔北十里。是卡距喀城千六百里,最为窎远,仅以布鲁特回部人守之,未驻兵也。前年英使来议中英共分帕米尔地,当以英、俄皆属强邻,帕米尔接近俄疆,恐启争端,未允其请。上年俄兵阑入帕地,经臣衙门责其称兵越界,俄即引咎退归。去年英兵入坎巨提,逐其头目,意在窥伺帕地。疆抚因派马队数旗,巡历帕境,驻于苏满。本年春间,俄人遂谓七八年来,中国逐渐拓土,帕地亦有属俄之处,未经勘界,中国亦不应驻兵。臣等公同商酌。窃谓先朝用兵西域之时,陆馕水粟,犹以险远,不列版图。今俄既有责报之词,在我当思息争之计,出使大臣许景澄来书亦虑悬军深入,后路难继,因电疆抚退兵,而仍留苏满卡伦。俄复请我尽撤新设各卡,然后勘界,否则俄国亦将进兵据地。驳辨再三,晓渎不已。臣等虑其得步进步,坚未允撤。正相持间,爱乌罕之兵突至苏满,胁掳布回,甚且扬言东犯。查爱乌罕今世通称阿富汗,为印度西北大部，素听英人指麾，必系受其嗾使。据薛福成覆电，已告英廷，严饬阿酋释放布回，赔礼偿恤，英亦应允。乃阿事未平，俄兵又进。据电报传闻，西队已与阿人战于苏满，东队则游弋于朗库里湖、阿克塔什，距我边界渐近，意殊叵测。臣等先已屡电疆抚，饬令防军豫为戒备，一面责问俄使，并电许景澄诘俄外部，迫令退兵。窃念先驻苏满之师，若不及早撤回，则俄阿战事将自我启之，转难收束，阿虽占地，而适致俄兵，蛮触相争，原可不必过问。但其东队骎骎逼近边境，亦颇可虑。虽据许景澄电称，外部以阿占地为词，兵难即退。至喀城等地，必不越入等语，然亦未可深信。就目前情势而论，固未可以穷荒绝徼，轻启兵端；亦不可以彼族虚词，稍弛边备。臣等仍当电知许景澄，与俄外部切实辨论，以杜狡谋；并由臣衙门知照新疆抚臣，严饬现驻色勒库尔、布隆库尔各营，慎固边防，毋挑边衅。”上皆嘉纳之。

十九年八月，卒。谕曰：“兵部左侍郎洪钧，才猷练达，学问优长。由进士授职修撰，叠掌文衡，荐升内阁学士，派充出使大臣。办理一切，悉臻妥协。简授兵部侍郎，差满回京，命在总理各国事务衙门行走，均能尽心职守。前因感患暑湿之症，赏假调理，方期即日就痊，长承恩眷。兹闻溘逝，轸惜殊深！加恩着照侍郎例赐恤。任内一切处分，悉予开复。应得恤典，该衙门察例具奏。伊子工部学习郎中洪洛，服阕后以本部郎中遇缺即补，以示笃念荩臣至意。”寻赐祭葬。

子洛，工部学习郎中。

【校勘记】

〔一〕而证诸该庶子所奏　原脱"诸"字。今据洪钧传稿(之一)补。

李文田

李文田,广东顺德人。咸丰九年一甲三名进士,授翰林院编修。十年,充武英殿纂修。同治三年八月,命在南书房行走。十一月,充实录馆纂修。十二月,命署日讲起居注官。五年,大考翰詹,命以中允升用。文宗显皇帝圣训、实录告成,诏俟升补后遇缺题奏,并赏加五品衔。六年二月,京察一等,记名以道府用。五月,充四川乡试副考官。七年正月,擢詹事府右春坊右赞善。八年六月,转左赞善。十月,迁翰林院侍讲。九年六月,充浙江乡试副考官。八月,提督江西学政。十一月,转侍读。十年七月,升詹事府左春坊左庶子。十二月,擢翰林院侍讲学士。十二年四月,转侍读学士。十三年,奏请开缺养亲,许之。

光绪八年,丁生母忧,十年,服阕,命仍在南书房行走。十二年,补翰林院侍读学士。奉诏会议筹堵黄运两河情形,以捐修工程,赏二品封典。十四年,充江南乡试正考官。十五年正月,升詹事府少詹事。恭逢皇上大婚礼成,奉懿旨遇有应升之缺开列在前。六月,充浙江乡试正考官。十六年四月,升内阁学士,兼礼部侍郎衔。十一月,擢礼部右侍郎。十七年,提督顺天学政。二十年正月朔,以本年慈禧端佑康颐昭豫庄诚寿恭钦献皇太后六旬万寿,奉懿旨赏戴花翎。八月,署工部右侍郎,兼管钱法堂事务。十二月,署经筵讲官,领阁事。疏请起用恭亲王奕訢、前广西布政使游智开。诏均如所请。

二十一年三月，充会试副考官。历充庶吉士散馆阅卷大臣、朝考阅卷大臣、殿试读卷大臣、覆勘乡试试卷大臣、考试汉荫生阅卷大臣、考试满汉教习阅卷大臣、考试试差阅卷大臣、考试御史阅卷大臣、拔贡优贡朝考阅卷大臣、勘估工程大臣、承修工程大臣。恩赏世祖章皇帝御制劝善要言书一部。是年十月，卒。遗疏入，谕曰："礼部右侍郎李文田，由翰林入直南书房，荐升卿贰，叠掌文衡，学问渊通，克勤厥职。兹闻溘逝，轸惜殊深！加恩着照侍郎例赐恤。任内一切处分，悉予开复。应得恤典，该衙门察例具奏。伊子李渊硕，着俟服阕后以员外郎分部学习行走。"寻赐祭葬。

薛福成

薛福成，江苏无锡人。同治六年，副贡生，佐两江总督曾国藩幕府，以劳绩历保选用同知。嗣因剿平西捻，叙功，以直隶州知州留直隶补用，并赏加知府衔。光绪元年赴部引见，道出山东，恭读慈安端裕康庆皇太后、慈禧端佑康颐皇太后懿旨，谕令内外大小臣工竭诚抒悃，共济时艰。福成应诏陈言，呈请巡抚丁宝桢代奏治平六策万馀言：一肃吏治，二恤民隐，三筹漕运，四练军实，五裕财用，六养贤才；又陈海防密议十条：一择交宜审，二储才宜预，三制器宜精，四造船宜讲，五商情宜恤，六茶政宜理，七开矿宜筹，八水师宜练，九铁甲船宜购，十条约诸书宜颁发。疏入，得旨留中，旋下所司议行。二年，以随办洋务出力，总督李鸿章奏请以知府仍留原省补用。三年，丁母忧，四年，出使德国大臣刘锡鸿奏调福成充三等参赞官，以忧辞。

五年,总理衙门议以总税务司赫德总办南北洋海防。福成上书李鸿章谓:"赫德总司江、海各关税务,利柄在其掌握。若复授为总海防司,则中国兵权、饷权,皆入赫德一人之手。且以南北洋大臣之尊,尚且画分疆界,而赫德独综其全;南北洋所派监司大员,仅获列衔会办,而赫德独管其政。彼将朝建一议,暮陈一策,既借总理衙门之权,牵制南北洋,复藉南北洋海防之权,牵制总理衙门。数年之后,恐赫德不复如今日之可驭矣。若谓总理衙门已与定议不能中止,宜告赫德以兵事非可遥制,须令亲赴海滨专司练兵,其总税务司一职,别举人代之。赫德贪恋利权,必不肯舍此就彼,其议不罢而罢矣。"鸿章以其书达总理衙门,事遂寝。五年,起复。八年六月,朝鲜内变,毁日本使馆,署直隶总督张树声闻日兵将出,欲请旨发兵往援。福成建议,以为往反筹商,已五六日,若倭兵先到朝鲜,掳其王而踞其都,又如琉球故事。请发超勇、扬威、威远三兵轮即日东驶,仍续发陆军前往。树声从其议,兵船先倭船半日抵朝鲜之仁川口,陆军继进,直入朝鲜都城,宵攻乱党,尽歼其渠。日兵夺气,寻盟而退。寻由李鸿章、张树声上其功,奉旨免补知府,以道员留于直隶归候补班前先补用。九年,以胞兄薛福辰官通永道,循例回避,改擘河南。

十年,奉上谕,补授浙江宁绍台道。时法人侵越南,与滇、桂防军接仗。福成既受事,海氛益甚,宁波为浙海要区,防军大集。巡抚刘秉璋檄福成综理营务,尽护诸军。十一年正月,法兵轮数艘遄至,官军开炮纵击,伤其兵轮,相持四十五日,卒不得逞。十四年,擢湖南按察使。十五年,入觐,简派出使英法义比四国大臣。旋奉旨开缺,以三品京堂候补,并赏给二品顶戴。十六年,补光禄寺卿。十七年六月,调太常寺卿。八月,转大理寺卿。十八年正月,英人侵坎巨提回部,总理衙门电致福成诘英外部,福成疏言:"西洋诸国,日肆东封。俄辟珲春,英守香港。彼族知我中国疆土广远,向不计较尺寸,尤不力争藩属,于是日本灭琉球,法人取越南,英人蓺缅甸,相率效尤,竟无底止。英人经营坎巨提,殆非一日。此次乘衅而动,彼谓蕞尔部落,中国必度外置之。臣断断与争,稍出英人意料之外。彼既以立酋为转圜,我即可藉保小为退步,俾各国知两属小部,中国尚不肯舍弃,已稍变琉球、越、缅之前规,于大局不无裨益。"上从之。八月,授都察院左副都御史。

先是,英人既据缅甸,与云南接壤,分界久未画清。福成抵英后,密疏请商办滇缅界线商务。十九年七月,勘界既定,福成疏言:"臣查光绪十一年英兵进据缅甸之初,前使臣曾纪泽先与英外部会商立君存祀,既不可得;英人自以骤辟缅甸全境,喜出望外,是以有允曾纪泽三端之说:界务一端,则稍让中国展拓边界,盖指普洱边外南掌、掸人诸土司,听中国收为属地也。商务二端,则以大金沙江为公用之江,在八募近处勘明一地,允中国立埠设关,八募即中国所谓新街也。当时曾纪泽未深悉滇地情形,持论稍觉游移,又因中外往返商查之际,未能毅然断而行之,仅与外部互书节略存卷,旋即交卸回华。次年,英署使欧格讷与总理衙门议立缅约五条,又以三端尚非定局,遂未列入约中。臣自去年奉命与英外部议界,盖在欧使立约之后已六七年。查阅使署接管卷内,有曾纪泽议存节略,参赞马格里又系原议之人。臣屡遣马格里赴外部重申前说,外部坚不承认。以西洋公法,议在立约之后,不可不遵;议在立约以前,不能共守为解。臣思英人并缅之始,深虑缅民不服,及缅属诸土司起与相抗,万一中国隐为掣肘,彼则劳费无穷,故不敢不稍分馀利以示联络。彼之所以骤允三端者,时为之也。既而英人积年经理,萃其兵力、饷力,戡定土寇,复于缅境外之野人山地,稍用兵威胁服,收其全土,磐石之形已成,藩篱之卫亦固。彼之所以忽靳三端者,亦时为之也。前议三端,既不可恃,则展拓边界之举,毫无把握。且查滇边诸土司,虽或久隶中国,然乾隆以后,往往有私贡缅甸,以图免扰而固圉者。英人执此为辞,或指为两属,或分我边地,殆事势之所必至。若中国既弃藩属于前,又蹙边境于后,非特为邻邦所窃笑,亦恐启远人之觊觎。臣再四思维,深惧措置不善,有辜皇上倚畀之恩,适值前岁秋冬以后,英兵游弋滇边,常有数百人以查界为名,阑入界内,去来焱忽,野番土目惊眘异常。英兵常驻之地,则有神护关之昔董,暨铁壁关之汉董,英人用印度武员之谋,窥逼近界,以致沿边骚动,风警频仍。云贵督臣王文韶虑生衅端,叠经电达总理衙门,臣承总理衙门急电,照会外部,斥其违理,责令退兵;又屡赴外部苦口争论,英兵稍自撤退,滇边至今静谧。臣又查野人山地绵亘数千里,不在缅甸辖境之内。若照万国公法,应由中、英二国均分其地。曾纪泽尝有此意,而未申其说。臣复照会外部,请以大金沙江为界,江东之境均归滇属,明知英人占此形胜,不肯轻弃,然必借此一着,方可力争上游,振起全局。外部果坚拒不应,两次停商,而臣不顾;数次翻议,而臣不顾。外部所稍依允者,印度部复出而挠之;印度部所稍松劲者,印度总督复出而梗之。印督至进兵盏达边外之昔马,攻击野人,以示不愿分地之意。臣相机理论,刚柔互用,外部谓此议非出自总理衙门与云贵总督,尽系使臣之私意。臣电请总理衙门向英使欧格讷辨论,力申画江为界之议,以昭画一。外部知我中外同心合谋,坚持不让,甫稍就我范围。然犹屡易其说,彼既重视野人山地,不愿分割,于是有就滇境东南让我稍展边界之说。据称已与印度商定,于孟定橄榄坡西南边外,让我一地曰科干,在南丁河与潞江中间,盖即孟艮土司旧壤,计七百五十英方里。又自孟卯土司边外,包括汉龙关在内,作一直线,东抵潞江麻栗坝之对岸止,悉割归中国,约计英方八百里。又有车里、孟连土司辖境甚广,向隶云南版图,近有新设镇边一厅,系从孟连属境分出,英人以两土司昔尝入贡于缅,并此一厅,争为两属,今亦愿以全权让我,订定约章,永不过问。至滇西老界,与野人山地毗连之处,亦允我酌量展出,其驻兵之昔董大寨,虽未肯让归中国,愿以穆雷江北现驻英兵之昔马归我,南起坪陇峰,北抵萨伯坪峰,西逾南嶂而至新陌,计三百英方里。又自穆雷江以南、既阳江以东,有一地约计七八十英方里,是彼于野人山地亦稍让矣。其馀均依滇省原图界线割分。刻下界务已竣,商务本不似界务之繁重,商订条款,计可克期蒇事矣。"福成又以强敌环伺,世变方殷,疏陈励人材,整武备,浚利源,重使职四事,奉旨留中。又因各省火药局屡次失慎,奏请于城外空旷之区建筑,以昭慎重,从之。

二十年四月,差竣,六月,抵上海,卒。谕曰:"都察院左副都御史薛福成,由湖南臬司荐擢京卿,派充出使大臣,办理交涉事件,悉臻妥恰。兹届差旋,忽闻溘逝,轸惜殊深!加恩着照副都御史例赐恤。任内一切处分,悉予开复。应得恤典,该衙门查例具奏。伊子直隶候补知县薛翼运，着俟服阕后，以知州补用，以示笃念荩臣至意。"寻赐祭葬。

子翼运，知州。

清史列传卷五十九

新办大臣传三

崧蕃

崧蕃,瓜尔佳氏,满洲镶蓝旗人。咸丰五年举人。同治四年,报捐员外郎,签分吏部。以玉牒告成,议叙以本部员外郎即补。十年,补员外郎。十一年,以襄办大婚典礼,赏戴花翎。

光绪四年,升补郎中。五年,京察一等,记名以道府用。监修惠陵工程告竣,得旨专以道员用。是年六月,授四川盐茶道。六年,署四川按察使。因盐茶道任内筹饷出力,赏加二品顶戴。九年,再署四川按察使。是年大计保荐卓异。十年,兼署按察使。四川总督丁宝桢疏荐人才,称:"崧蕃才识闳通,条理精密。自到盐茶道任以来,整饬引纲,综核税课,事事严整,破除积习。迄今该道署一应课税,举凡应缴积欠,大半廓清,皆有奏报销案可查。至其于地方所属州县,虽非专责,然遇事必留心考察,不稍含糊,故属吏无不服其精明,罔敢作弊。此向之作盐道者所未有也。"奉旨交军机处存记。十一年,兼署四川按察使。六月,授湖南按察使。十二年,擢四川布政使。时甘省防军未撤,各省协饷,多解不如额。崧蕃力筹协济,移缓就急,饷项赖以不匮。十四年四月,赏头品顶戴。十七年,迁贵州巡抚。十八年,广西西林县属有匪徒陆亚隆、韦卜正等聚众煽乱,西林与贵州册亨接壤,崧蕃分饬将弁扼守要隘以犄角之,边患遂平。二十年十一月,调署云南巡抚,兼署云贵总督。十二月,补授云南巡抚。二十一年,擢云贵总督,仍兼署云南巡抚。以前在贵州巡抚任内,督劝顺直赈捐出力,得旨优叙。二十三年,因防营缺额,积弊丛生,劾副将雷家春等,并自请议处。奉谕崧蕃据实纠参,颇属认真,着加恩宽免处分。二十四年,因案部议降二级调用,加恩改为革职留任。九月,命开复处分。二十六年,京察,奉谕云贵总督崧蕃久膺疆寄,任事实心,着交部议叙。是年,奏请陛见,允之。四月,到京。时拳匪肇乱,京师戒严。命留京会办城防事宜。赐紫禁城内骑马。扈驾至山西太原行在,奉面谕饬赴云贵总督本任。行次湖南,调陕甘总督。

　　二十八年三月,遵旨筹建大学堂,先疏陈大概情形,略言:"甘省边徼苦区,岁受邻协。然值整顿庶务之时,学校人才,为国势强弱所系,不能不设法举行。现在筹商办法,约有三端:一曰筹的款,二曰聘西学教习,三曰购时务书籍。省城旧有兰山、求古两书院,第院中每年进款无多,稍事扩充,立即告罄。至建立大学堂一节,已于去年咨商湖广督臣张之洞请代延西学教习二三人,并于湖北、湖南采购切要时务等书,酌给两书院,责成教习,就现有各籍,令肄业诸生互相研究,渐开风气。惟两书院逼近城市,斋舍无多,仅可留备蒙养学堂,若改设大学堂,不敷布置。现勘得省城南门外机器局旁,地基宽敞,拟建立大学堂一所,分设东西两斋,东考文学,西讲武备,俾经理之人易于照料;且文武肄业生童彼此观摩砥砺,功效尤易兼收。惟月需经费,必须筹有专款,始能酌定。现在设法筹备,并派提调一人,绘图监造,饬令迅葳厥功,俟聘请教习到省,即商订详细章程,择期开办,再行分别奏咨立案。"四月,遵旨举办农工商务,筹修宁夏渠工,疏通水利。奏言:"甘肃僻处西北,地高风劲,无论夏秋,每年只能耕种一次。惟宁夏府各属,地滨黄河,可以创兴水利。查宁郡渠工,创自乾隆年间,利擅鱼盐,富甲通省。嗣因毁于兵燹,需款过巨,无力重修,人民迁徙,地遂荒废。前督臣陶模任内,曾饬估勘工程,未及举办,移交前来,当即遴委讲求水利之中卫县知县王树楠,勘得县属旧有七星渠一道,长一百一十里,又接连至白马通滩,长七十余里,即饬设局派员督工挑挖,并派防营帮工已开通一百一十余里,垦复水田四千余亩。现正接修下游白马通滩一带渠工,秋间即可竣事。自宁安、恩和两堡及鸣沙州过白马通滩,渠身共长一百八十余里,灌田六万余亩。昔时硗确,一旦变为沃壤,逃亡复业者甚多,所需经费,皆就地筹措,撙节支用,即于民间承领地价项下归还。惟渠口系分黄河水源,黄流水势汹涌,最易淤塞,且渠路经过之红柳沟各处,皆傍山麓,春夏山水暴发,平地水深数尺,泥沙俱下,渠塞水溢,民田皆成泽国。挑挖则工程浩大,亦且旋挑旋塞,当经加意考较,得古人暗硐激水之法,凡傍山之渠,皆用油松大木,修成暗硐,上盖石板,加以三合灰土,垫筑坚实。渠水由地中行,山水由渠面淌行。又相度地势,高筑围堤,导引山水,泄入黄河,并于渠口建修进水、退水两闸,使黄流曲折入渠,巨浪急湍,不得冲漫渠口。工竣之后,已经暴水数次,颇无妨碍,似可一劳永逸。拟俟中卫渠工修竣,凡宁郡近河州县,查勘可兴水利之处,皆令仿照接修,其旱地无水各属,亦令酌设农务局,选派公正绅耆设法招垦,如平罗、渭源、海城、固原、庆阳、安化、董志原各属,均先后报垦荒地数百亩,及千馀亩不等。至于工艺一项,甘肃省城向设有机器局一所,制造洋土各种火药,及大小铜火帽,并毛瑟后膛各种枪子。凡有旧式铜壳者,均能制造。边省风气甫开,拟先就此局渐次扩张,俟大学堂工竣,书报各局及各项杂艺学堂皆可附入大学堂之内,分别举行,以免多设名目,虚糜经费。况边地瘠苦,库款奇绌,不得不就地方实在情形,及现有财力,核实办理,以期仰副朝廷振兴庶务、实事求是之至意。"疏入,上皆韪其言。

三十一年三月,调闽浙总督。六月,陛见到京,以病请开缺,优诏赏假。十二月,卒。遗疏入,谕曰:"闽浙总督崧蕃,才识通敏,练达老成。由部曹外放道员,荐陟封圻。历任云贵、陕甘总督,于边防吏治,办理诸臻妥善。本年调任闽浙总督,谕令来京陛见。叠因患病,赏假调理。方冀医治就痊,长资倚畀。遽闻溘逝,轸惜殊深!崧蕃着加恩追赠太子少保衔,照总督例赐恤。任内一切处分,悉予开复。应得恤典,该衙门察例具奏。伊嗣子外务部主事豫敬,着以本部员外郎即补,用示笃念荩臣至意。"寻赐祭葬。

刘岳昭

刘岳昭,湖南湘乡人。由文童投效军营。咸丰六年,随直隶州知州萧启江由浏阳转战江西,叠破贼于珠树潭、荆树铺、高城、竹埠等处,踏平万载城外贼营,攻拔江南八角亭贼垒。积功历保以知县尽先选用。七年,破贼于高安之莺哥岭,连拔彭家村贼巢,进攻临江,击援贼于太平墟,大破之,寻克临江府城。升同知,并赏戴蓝翎。随剿抚州贼,大捷于何家村、香溪等处。崇仁贼踞白陂墟,又破之,遂由上顿渡进逼抚州,贼开东门出,复其城。得旨以知府选用,并赏换花翎。九年正月,赴援南康,攻新城墟伪城,克之;进捣池江,前敌溃奔,官军遂乱,岳昭断后,毙贼多名。二月,军薄南安,攻其东北门,克之。贼围信丰急,岳昭驰至,由右路沿河而进,破贼四垒,城围立解。以功加道衔。寻贼大股犯湖南,围宝庆。六月,岳昭回援,贼六万馀径扑营垒,岳昭偕副将余星元、杨恒升等鏖战竟日,毙贼二千馀。七月,解城围,得旨以道员即选。

十年,驻防江华。时逆酋陈金刚踞广西贺县,阻山为固,其党分踞要隘,路险而多歧。官军久未进攻。五月,岳昭遣参将李金旸等先降其党与,资散之;进拔莲塘,贼分路来扑,复败之,遂会道员蒋益澧军直捣贺县。岳昭督所部攻破河东街贼垒,悉焚附垒贼卡,遂复贺城。得旨以道员记名简放,并赏加按察使衔。十月,逆首彭大顺窜犯楚境,陷绥宁、城步,围武冈,扑新宁,继陷东安。岳昭蹑踪追剿,一捷于道州之四眼桥,再捷于宜章,湖南肃清。巡抚毛鸿宾奏称岳昭调度有方,出奇制胜,赏给鼓勇巴图鲁名号。十一年,会副都统舒保军,攻湖北随州,克之。得旨以按察使记名简放。当是时,黔逆大股窜扑来凤,而贼酋石达开复由龙山窜入宣恩境内,窥伺施南。岳昭督所部由施南驰剿,石逆折回龙山,来凤已被贼陷。同治元年正月,岳昭进克县城,扫平忠堡一带贼棚、贼馆,并遣军分路横截,屡捷于散毛河、白兰坝、两河口等处,追剿至黑洞,斩馘尤多。石逆旋由利川窜犯蜀境,围涪州。三月,岳昭军会同知府唐炯、副将唐有耕破之于仰天窝,复督所部渡江由北岸驰赴重庆,拦头截击,遂解涪围。贼败踞长宁,六月,岳昭攻克之;追至合江之先市寨,又败之,叠捷于叙永之得用坝、合江之丁子场,斩毙无算。贼寻踞叙州之双龙场,十二月,岳昭约降贼郭集益为内应,破贼营二十馀,殪贼近二万。二年三月,贵州巡抚张亮基疏称:"岳昭在叙州剿办发逆,布置极有条理。湖南著名之将似岳昭者甚少,请旨擢用。"十一月,授云南按察使。三年八月,擢布政使。九月,克贵州仁怀县,并击败马蹄滩踞匪。四年五月,克正安州,追贼至清溪河,斩其渠。

五年正月,擢巡抚。复绥阳县。先是,岳昭克正安后,遂督军由娄山关进规绥阳,破贼于观牛硐、杉村坝等处。贼攻狮山、七宝两寨,击却之;进拔牛角凿、元音寺贼巢,解火石坎民寨围,踏平绥阳城外天台山贼垒。至是,提督李家福等阵斩逆党蓝山虎,叠破贼垒,击败七星坡援贼,各乡震慑,投诚者三百馀寨。城贼吴元彪等势穷乞降,遂克之。五月,上谕饬将黔西、大定、毕节各处土匪迅速扫荡,即行赴滇任事。张亮基亦奏留岳昭专办黔中军事,而岳昭业已回川,奉旨申饬,岳昭寻由温水进剿大定、平菉、竹山老巢,收降铁匠坪、九仓坝及被胁岩洞二十馀处。六年正月,破沙窝踞贼,解大定城围。三月,拔大屯、朵坝各垒,并焚毁猪拱箐贼垒百馀,擒斩黄号苗、教股匪殆尽。十一月,拔平远牛场峇苗巢。黔西一律肃清。

七年正月,因滇省回匪变乱情形,疏陈用兵、筹饷、内患、征西四事,上谕着即振刷精神,实心筹办,速将黔省边防事宜交代,星驰赴滇。三月,升授云贵总督,进驻曲靖,督同藩司岑毓英于宜良、七甸一带进攻,叠克小石坝贼营二十馀,小板营贼垒三,收复官渡、水寺等处民堡;别军攻拔金马市一带贼营十馀。四月,督师进攻寻甸,破七星桥木城,至文笔山、法鼓山察看情形,严扼要隘,铲平附近村庄及小坡贼垒,收复果马,叠捷于塘子、张徐湾等处。旋以悍民逆匪率党来援,围攻果马,各营被陷,下部严加议处,寻部议革职留任。八年二月,解马龙州围,进逼寻甸,逆首马天顺与嵩明踞匪李芳园畏惧求抚,遂复其城。十月,以劾四川总督吴棠不实,奉旨严行申饬。是年,收复楚雄、昆阳、禄丰及土堆村堡等处,逆首杨振鹏、刘和、马德良伏诛。九年三月,克丽江县。六月,复威远厅、姚州,诛逆首马金保。八月,复永北、鹤庆、镇南、邓川、浪穹诸城,并拔凤羽、白米庄等处贼巢。闰十月,平弥勒县竹园踞匪。十年,平永善蛮匪,拔宾川逆巢,并搜捕猪拱箐馀孽,荡平香炉山杠匪,连克河西之大东沟、小东沟及临安之五山夷寨。十一年四月,复贵州之兴义。先后攻永平、云南及赵州、蒙化厅各城,大理之上下两关,均克之。十月,克贵州新城,暂行兼署云南学政。十一月,复大理府城,诛逆首杜文秀。捷入,诏开复革职留任处分,并下部优叙。十二年,拔大小围埂贼巢,收复顺宁府城及锡腊等处,并克云州、腾越厅城,斩逆首马大廉等。滇省肃清。赏穿黄马褂。寻奏请陛见，允之。

光绪元年，御史李廷箫奏言："岳昭以奉旨入觐之员，率意耽延，规避取巧。"下部议革职。九年，卒。十年，署湖南巡抚庞际云奏称："据湖南绅士前兵部左侍郎郭嵩焘等，呈称岳昭统兵十馀年，转战数千里，歼除巨憝，叠克坚城。建功之地，黔属为多；任事之艰，云南为最。公恳援案奏请开复革职处分。"诏如所请。

岑毓英

岑毓英，广西西林人。咸丰初年，由附生本籍办团出力，保县丞。六年，带勇入云南，投效迤西军营助剿。七年，覆赵州红岩贼巢，赏戴蓝翎。九年，克宜良县，斩逆首马鸿先，奉委署宜良县事。保以知县留滇补用，加知州衔。十年正月，丁祖母忧，总督张亮基奏留毓英带练攻剿，请俟军务稍靖，回籍守制。得旨准其留滇差委，不准仍留署任。七月，偕参将何自清克路南州，兼署州事。巡抚徐之铭疏言："毓英上年委署宜良，本年兼署路南，实系甫经克复，人心未定，是以委令兼署，仍恳恩准暂留署任。"允之。十月，叙功，以同知、直隶州用，加运同衔。十二月，兼署澄江府知府。

十一年正月，剿毁澄江诸贼垒。五月，破昆阳海口贼。嗣迤西回逆杜文秀之党，连陷楚雄、广通、禄丰等城，省垣戒严。毓英带勇赴援，同治元年正月，破贼大树营。时张亮基引疾去，徐之铭决意主抚。回酋马如龙自陈迫于仇杀，实无反意，愿率众就抚。毓英奉檄往谕之，畅陈顺逆，马如龙俯首听命，献所踞新兴等八城。三月，上从徐之铭请，敕毓英暂行代理云南布政使。其秋,以办理安抚,著有成效,赏加按察使衔,并换花翎。二年正月,回弁马荣叛,戕署总督潘铎及府县各官,毓英所部仅粤勇千馀人,与弟毓祥、毓宝、毓琦力保藩署,及城东南隅,沥血誓众,全家与城为存亡。众亦感愤,誓死相从。毓英只身入昭灵观,阳与贼渠约和,令勿扰闾阎,密驰书责马如龙以大义,趣赴援;于是内外夹击,歼贼馨尽,诛逆酋李俊,马荣仅以身免,走南宁,合马联陞,踞曲靖八属。二月,升道员。省垣既定,统师西征,叠复富民、安宁、罗次、高明、禄丰、武定、禄劝、广通、陆凉、南安各城,及黑、元、永三盐井,进捣楚雄。

四月,东路有警,徐之铭檄令抽带亲军,旋省东征。寻克沾益、平彝,仍西上督攻楚雄。十月,复其城,并克大姚。十二月,叠克云南县、赵州、宾川、邓川、浪穹、鹤庆,分道进规大理上下关。三年正月,克定远,围攻镇南州,大破援贼于普棚。二月,马联陞复陷沾益,犯马龙州。东路请援急,乃留副将李维述守楚雄,率师东下。七月,大破马联陞于天生关,进攻曲靖。八月,复马龙、沾益,进围寻甸。上谕云贵总督劳崇光曰:"岑毓英以忠义自许,数月之中,克坚城十数。尚书赵光奏滇省情形,并将该省绅耆士庶公启呈览,内称岑毓英勉图上进,亟应优加奖叙,曾谕令先将攻克楚雄等府、厅、县出力情形,奏候施恩。着赶紧查明据实保奏,并着传谕岑毓英,令其鼓励兵勇,妥速进剿,克日攻拔大理,殄除杜文秀,用膺懋赏。"九月,克寻甸,擒斩逆回马荣、马兴才。十月,曲靖回目马文升等降,擒马联陞,尽法诛之。迤东肃清。四年二月,奏入,优诏嘉尚,赏加布政使衔,并勉勇巴图鲁名号。自毓英移军东指,西路兵单,已克各城多不守,独楚雄孤扼贼冲而已。毓英以西贼猝难殄灭,宜于东南先立不拔之基,曲靖为迤东门户,省垣粮运所出,督兵驻之。

五年正月,命署理云南布政使。时总督劳崇光入滇,毓英谒诸平彝,具陈军情贼势,请崇光坐镇省垣,渐收旁落之权,以维根本。用兵则先东后西,庶免牵掣而收全功。劳崇光深然之,疏请以署提督马如龙专办西路,以毓英督剿黔境猪拱箐、海马姑贼,得旨报可。猪拱箐隶贵州威宁州境,与海马姑相犄角,山溪阻深,逆苗陶新春、陶三春分踞之,纠聚苗、教各匪,及发逆石达开馀党,凡十数万,叠扰滇之镇雄、彝良、大关、昭通,黔之大定、黔西、威宁、毕节及四川边界。川、楚、黔军会剿日久无功,毓英条上机宜,谓权不一则军不用命,愿率滇军独任此役,限百二十日捣其巢。劳崇光与四川总督骆秉章皆壮之。会巡抚林鸿年招降镇雄州匪首李开甲、漆维新等复叛,踞州城,扰彝良,连营数百里。劳崇光令毓英先往剿之。三月,毓英率五千人转战而前,连破坚垒数百,克镇雄,二贼伏诛。是月,诏授迤西道,署布政使如故。时有旨令新授云南巡抚刘岳昭会剿猪拱箐贼,岳昭疏称毓英智勇兼优,实心任事,请专责以一事权,必可迅奏肤功,允之。六年正月,升授布政使。二月,师次猪拱箐,筑垒休士卒,日遣间谍侦贼形势。陶三春、陶新春之倡乱也,先踞海马姑、红岩尖山壁立斗绝,大河带其前,鸟道攀援,仅容一夫。贼呼为"铁桶",啸聚日众,山隘不能容。陶新春复分踞猪拱箐,界三省之交,八山环合,三面崭然,惟青松梁一面可往来,三泉下注,汇山麓为河。贼巢分踞山险,山下沃壤,曰吴家屯,广七十馀里,贼粮资焉。有间道可达海马姑,外有二龙关、大丫口、小丫口三隘为门户,备甚严,惟一隘曰大溜口,径尤险僻,贼防稍懈。毓英密遣游击张保和等夜率二千人,由大溜口出二龙关后,掩袭吴家屯;自督三千人攻关。黎明,贼倾巢出犯,战方酣,关后炮发,贼回救,毓英麾军夹击,连破三隘及吴家屯,擒斩数千。援贼自海马姑来者,毓英亲截击之,斩其渠。馀党反奔,派部将蔡标、刘重庆分一军围剿海马姑,克红岩尖山,贼援乃绝。大军直逼老巢,阵斩贼目杨大仁等五十馀级。贼伐巨石斫为轮,凿其中,贯以硝磺、松脂,引火于蒂。乘夜自山顶下发,驱牛马随之,冲毁我营二十馀座,将士多死伤。毓英督亲军迎剿,手斩悍酋,贼始却。次日,填扎旧营,遍掘深坑,贼发石如前,乃尽陷坑中。

毓英侦贼党多猓人,猓目有来降者,毓英具酒食厚待之,猓感而言曰:"贼每一弓地守一人,家东南者守西北,家西北者守东南,互为牵制,莫敢二心。日惟卯、酉二时,燃炮为号,留一人守十弓地,馀各归食。斯时奋击,必破。"毓英用其策,选敢死士二千人,亲率之,昧爽,填壕猛进,连破木城二重。贼殊死斗,毓英身先士卒,直捣中坚,纵火掩杀,贼披靡,斩首二万馀级,擒逆首陶新春及伪将、伪军师等,[一]凌迟处死,散胁从,拔出男女四万馀人,猪拱箐剿洗一清。遂督胜军合剿海马姑,以一军攻后山中路,令守备杨玉科等军伏前山小路,贼倾巢自后山来拒,玉科等钞出,夺红岩尖山新结贼营三十馀座,馘二千馀级,进攻老巢,以喷筒环烧贼栅,贼惊溃,尽毁其垒,擒斩焚溺不可胜计。馀匪窜山顶,夜乘大雷雨,鼓噪搜剿,贼投岩坠涧死相枕藉。擒陶三春及悍酋二百馀人,皆斩之。自进兵以至荡平,于百二十日限,仅逾四日也。捷闻,赏头品顶戴。先是,署提督马如龙西征逆回杜文秀,屡失利,总督劳崇光病故,杜文秀倾巢下窜,众数十万,连陷二十馀城。省城戒严。毓英先拨一军添助省防。十二月,自猪拱箐凯旋曲靖,整顿士马。七年二月,兼程援省,扬言师出陆凉,而取道宜良、七甸,沿路破贼营数十座,进军大树营,联络省城,通粮道。贼乘新营未定,尽力攻扑,官军血战数日,颇损精锐,卒以计击却之。昆阳逆首杨振鹏夜渡昆明池,袭省城,毓英饬同知岑毓宝败之九甲,蹙诸海边,夺其船,斩溺无算。杨逆被创遁。时伪大司寇李芳园等围攻杨林,杨林当省东驿道,拊官军之背,毓英疾击之,纵火毁其木垒,密授诸将策,破贼连营六、碉楼三。毓英鼻受枪子伤,督攻益急,卒解其围。温旨嘉勉。回军省城,破石虎关,生擒伪大将军李洪勋等,歼之,贼势稍戢。

三月,授巡抚。时附省贼垒犹繁,深沟重壕,间以碉楼炮台,抵死拒官军,相持久,互有利钝。新授总督刘岳昭由马龙进剿寻甸,屡失利,贼势复炽。十二月,毓英遣将援剿马龙,回顾曲靖,以杜逆窃居迤西十三载,根深蒂固,未易殄灭,不能不征兵筹饷,通盘筹画。议上章程八条,疏言:“一、选定兵勇数目,以备战守也。查杜逆窃踞西南,纵横各数千里,若止由一路进剿,逆等并力抗拒,恐难成功。必一路由迤南进,牵其威缅、云蒙之贼;一路由三姚、永北进,断其鹤丽、邓浪之援。大军由楚雄镇南直捣中坚,使该逆面面受敌,庶易得手。但该逆增垒设险,防守甚严。克复一城,动须数月。既克之后,不乘胜进攻,则坐失机会;不稍资休息,又恐师老变生。臣拟三路进兵,须选兵勇六万,分为两班,更番战守,既无停兵之时,亦免老师之患。而迤东开广土匪,东路蛮患,如遇窃发,亦可以守兵随时扑灭,不致有内顾之虞。

一、兵勇无须外募也。查用兵必因地利，当日川楚之役，仁宗睿皇帝以为他省兵勇，人地不习，目前则多报销，事后则易聚难散，不如团集本地乡勇，事半功倍，圣训炳存。又本年七月二十五日钦奉谕旨，马恩溥所奏，请简派良将一二员，统带劲旅一二万人，入滇助剿等语。云南距直东较远，移师往剿，情形未必相宜。如该省亟须筹添兵勇，着刘岳昭等即就近添募，以资得力等因。仰见庙算周详，无微不至。现在滇省兵勇乡团，已调集八万有零，而其中未尽得力，拟俟附省逆垒肃清，即认真裁汰，选定精锐六万，以本省兵勇剿本省之贼，庶地利贼情熟悉，攻剿易于得手。

一、拟易勇为兵，以复旧制而肃军政也。滇省勇丁，除臣旧部粤勇千馀人，及新到投效把总周平楚所带粤勇千名外，馀皆本省兵勇，〔二〕与各厂砂丁，或因地方失陷，不能归营回籍；或因厂务废弛，停工失业。悉赖当勇糊口，既习战斗，即不复耐耕作，实有易聚难散之势。思所以善其后，莫如易勇为兵。查滇省绿营额设马步兵三万七千数百名，承平日久，训练多疏，将不知兵，兵不知战。仓卒有事，则募勇以代兵，饷需支绌，即不能不后兵而先勇。于是兵丁愈困，营务益弛，有改业贸易者，有入营当勇者，通省营兵所存，不及十分之一。夫祖宗之成法，岂可久废？与其事后另募新兵，有名无实，何如即此娴熟之勇，加习营规，事半功倍。臣拟即此六万人中，先选其尤为奋勇者，补足各营兵额，查其本籍而位置之，核其技艺而等第之。目前仍令随征，事竣再饬归伍，庶该勇等既有常业，自有恒心，责以成功，收效必速矣。一、拟定团练乡勇章程，以均民力也。滇省近年用兵，多藉乡勇之力。臣现拟用兵勇六万，内除拟补营兵约三万五六千名外，其馀二万四五千名,若并由官招募,诚恐饷难接济,不能不仍用乡勇,借资民力。但乡勇饷银,向由本籍地方筹捐,官不为稽核,往往劣衿团首任意科敛,弊窦丛生。且征调之数无定章,多少有无,殊未画一。查臣所部勇营章程,向以六百一十四人为一营,每月仅支饷银四百二十两、米一百八十四石二斗,犹不能按月发足,较外省募勇章程似觉俭约。今拟按州县之大小,定征调之多寡,共编乡勇四十营,得勇二万四千数百名,亦分两班随征,其饷银仍由各该地方筹捐。饬照臣营旧章发给,不许格外多派。所用粮米、赏需、军火、枪炮、旗帜、锅帐等项,向来由官筹发者,照旧办理,不过两年内外,迤西肃清,即可裁撤归农,一劳永逸。至地方所捐饷银,军务告竣,核实数目,拟请增学额以昭激劝。一、军实宜筹备也。滇省兵勇,向于饷银之外,每名月支米三斗,现拟用兵六万,每年共需米二十馀万石,为数甚巨。查本省额征地丁秋粮,除地方被贼占踞外,其馀州县亦叠遭兵燹疾疫,荒芜甚多。通省收获,不过十分之二,即全数解收粮米,亦不足供兵食。历年以来,皆按成熟田亩,酌抽厘谷,约十分取其一二,资助军食,与川之津贴、黔之义谷,名异实同。今拟仍照旧章抽收,并将可征地丁抽粮,全数改征粮米,如不敷用,再筹价采买接济,一俟军务肃清,分别裁止。一、兵饷宜画定也。滇省绿营官兵俸饷,历来定章,有闰之年,需银七十万两零,无闰需银六十四万数千两。除由本省盐课、地丁项下动拨外,各省每年协济四十馀万。现在办理军务,功伤恤赏之费,军火、枪炮、旗帜、锅帐之用,数实倍之,每年约共需银一百三四十万两,每月约需十万两零。但各勇兵等,荷朝廷深仁厚泽,豢养二百馀年,无不奋勇图报,故臣营勇丁每名月饷不过给银数钱,均知体谅。现既易勇为兵,则饷银较勇粮稍厚,若能照额发足,自能愈加奋勉;即或筹饷维艰,每月先给半饷,俟帑项充裕,再行补足,该兵勇等亦所乐从。今试以半饷核计,每月约需银六万两,加以赏需、军火各费,约共需银八万两。惟各属地丁既改征粮米,即不能拨作兵饷,而各厂废弛已久,工本无着,一时难以整顿。目前迤东厘金,因军务吃紧,商贾裹足,抽收减色,若附省军务肃清,楚雄盐井克复之后,实力整顿,厘金税课,点滴归公,则迤东及附省厘金,每月除酌留各官养廉薪水经费外,可筹银一万数千两,楚雄三井盐课,可筹银二万两,若能再将临安、普洱地方整顿,道路稍通,不准官绅把持,则迤南厘金,普洱茶税,磨黑、石膏等井盐课,可筹银一二万两,再有工本,整顿厂务,亦不无小补。每月所短兵饷,不过三四万两,应由外省协拨,较之向例协饷,有减无增。此以半饷核计,若发全饷,每月须由外省拨银六万两,较常例所增亦属不多。应如何酌发之处,恭候圣裁。一、请改拨邻省协饷,以济急需也。饷既划定,须按月如数解到,方免贻误。现在部臣指拨各省协滇军饷内,如浙江、广东、江西等省距滇较远,虽滇省委员到彼,立即筹拨起解,而往返亦须经年,实属缓难济急,悬军待饷,殊深焦灼。臣愚以为浙江等省饷银,皆系有着之款,与其拨解滇省,诸多迟误,何如改拨京饷,水运较为迅速。另由川楚等省应解京饷项下,改拨济滇,在京饷并无窒碍,而于滇饷近便良多。且该省谊切唇齿,亦必能力筹顾持也。一、拟选任镇将,以资得力也。勇丁团练,虽无职人员可以管带,易勇为兵,则必以本营镇将统领,以符体制而资约束。查总兵、副将均系专阃大员,任用不得不慎。惟武将中熟悉营务者,或不知用兵,用兵者或不熟悉营务,求其两全固难,求其能当一面者尤难。然营务可学而知,知将兵之才则难学。[三]当此有事之秋,总以有勇知方为上。臣愚以为选用镇将,宜不拘资格,不惜情面,凡有能将三千兵以上,当一面之才者,虽其名位尚卑,亦宜委署要职,借资得力。傥谋勇平常,仅止熟习营务,即系实缺人员,亦宜另予差遣,勿使幸位。滇省共有总兵六员、副将六员、现定三路进兵,拟即以一镇一协专办一路军务,仍令两班更换,其参、游以下等官,亦按班分派随征。庶得实在人材,亦可借资激励。”疏入,下部如所议行。

八年二月,逆酋杨荣复由嵩明、寻甸率悍贼数万,陷杨林、长坡,长驱大进,复分股踞小偏桥、十里铺、羊芳凹、牛街、兴福寺,省城大震。毓英亲督诸军,分路攻战,兼旬夺回小偏桥等处,复夺萧家山,又败之鹦鹉山,杀贼逾万,尽克省东贼垒百馀座。毓英弟毓宝,亦攻克团山、杨林等处,而西北两面及江右馆等处踞贼犹死守。毓英遣副将杨玉科、总兵李维述等率劲旅直捣迤西,为釜底抽薪计,又檄腾越义兵刻期并进,侧击旁攻,首尾相应,贼始兼顾不遑,次第奔溃。于是副将张保和等克富民、昆阳,知府岑毓宝、总兵马忠等克呈贡、晋宁、澄江、易门、禄丰及丰明、安宁、邵甸、桃园海口各城镇,杨玉科等克武定、禄劝、元谋、罗次、定远、大姚及白盐井,李维述等克广通、楚雄、南安,并黑、琅、元、水各盐井。凡窜省之悍酋剧匪二十馀万,斩擒殆尽。八月,省围解。疏闻,谕曰:“岑毓英于各路援军未到之时,竟能激励将士,力解省围,洵为不负委任。”先是,澄江回匪复叛,袭踞府城。毓英自请议处,降二级留任。九年二月,移军往剿,围其郛。七月,奏留道员岑毓宝督剿，毓英回省，监临文闱乡试，典武闱乡试。云南自咸丰五年停科，至是始奏请举行，并补前数届举额。事竣，仍赴澄江督师，穿地道。十年二月，地雷发，克其城，杀贼万馀；并克竹围、江那各贼巢，迤西诸军亦克丽江、剑川、永北、鹤庆、宾川、姚州、镇南等城。寻疏言："云南前事之误，在于东南未定，遽议西征，致屡次丧师失地。现通筹全局，必须扫荡东南两迤，然后全军西上，无后顾之虞。"谕曰："滇省东南一带，未拔贼巢，均距省城甚近。自应先行剿除，以去肘腋之患。岑毓英亲赴迤南督剿，可谓勇于任事。即着激励各营，分投扫荡，迅拔各巢，肃清东南一路。"未几，馆驿、婆兮、田心、日者乡各踞匪，皆次第殄灭。十一年，东南两迤悉平。西路各军亦先后攻克永昌、邓川、浪穹、赵州、云南、永平、蒙化各城，及上下两关，惟大理未下。毓英先遣总兵杨玉科等进兵迤西，叠克坚城，而贼恃腾越、顺宁，互为援应，得久持。十一月，遵旨西征，抵大理，督将士先断贼援，直薄城下，掘隧道，以地雷轰陷城垣数十丈，进夺东南两门，贼犹死守西北门及伪内城，官军昼夜以开花炮环攻之，守陴贼多死。逆首杜文秀率死党万馀出战，阵斩过半，退入内城，穷蹙，服毒自尽。逆党及其未死，舁杜文秀及伪帅印，出城诈降。毓英烛其奸，立就军前正法，限逆党三日呈缴军械，尽徙出城。逆党期以半年，毓英阳许之，密饬杨玉科选死士二百人，入城收军械，严布重兵于城外，夹击之，斩伪将军、参军等三百馀名，生擒伪大司衡杨荣、伪大军略蔡廷栋、[四]伪大冢宰马仲山，凌迟处死。大理肃清。十二年正月，捷疏入，谕曰："杜逆倡乱以来，流毒十有八载，攻陷五十三城。岑毓英于兵单饷绌之时，激励众心，坚忍耐苦,先将东南各郡次第荡平,然后专事迤西,卒使全境肃清,渠魁授首。实属谋勇兼裕,功绩懋昭。岑毓英着赏穿黄马褂,并赏给骑都尉世职。"毓英暂驻大理办理善后。二月,督军克顺宁及云州、腾越。四月,疏报全省肃清。上嘉其亲临前敌,调度有方,赏加太子少保衔,改骑都尉世职为一等轻车都尉。七月,还驻省城。

先因侍郎徐桐敬陈安危大计,请将吏治、营伍、国用,力图整顿,命直省督抚筹议具奏。毓英上言:"整顿吏治,必先停捐,欲停捐必先足用,欲足用必先易勇为兵。按楚勇章程,各省如裁勇十万,每岁所省饷银,即足抵补京外捐项。各省多以勇营留防,则绿营未能整顿可知。应将现在勇丁挑选精壮,充补绿营兵额,痛除积习。易弓箭为枪炮,勤加操练,请自滇始。"得旨:"所奏甚合机宜,深明大计。足见勇于任事,着即举行。"毓英又以兵燹之后,教养宜先,清查田亩,暂缓征收,筹书院膏火,添会试卷资,以滇民捐输千馀万金,奏请加广文武乡试永远中额,暨各府县学额;又以所部粤勇未领欠饷百馀万,奏请加广本籍中额学额,皆敕部议行。

十三年正月,诏兼署云贵总督,拜疏恳辞,上不允。吏部以全滇肃清,题请开复降二级留任处分。五月,饬总兵马忠缉获要逆马德新。德新为滇回掌教,屡降屡叛,皆其主谋。马荣之变,据督署,谋僭号,乱定窜匿新兴,至是伏诛。光绪元年,毓英以乱久,诸务废弛,力加整顿,举劾官吏贤否,兴办铜厂,清厘盐务,筹善后,庶政一新。二年,丁继母忧,解任归里,即创建宗祠,设立义塾,捐修学宫。三年,赐剿平粤匪捻匪方略各一部。四年六月,服阕,毓英以前居祖母忧墨絰从军,不克尽礼,补穿孝服百日。五年二月,到京,召见三次。闰三月,诏加兵部尚书衔,补授贵州巡抚。六年,会剿湖南董倒寨苗匪,搜剿梵净山积年踞匪,扑灭桐梓县等处会匪,安辑流亡,还民碉田,设立各处苗学,并修建乌江铁锁桥,以通行旅。七年,调福建巡抚,督办台湾防务。两次渡台,开山抚番,浚大甲溪,筑台北城,赡孤寡,恤寒畯,清查闲款为宾兴费。八年五月,署云贵总督,办理云南边防事务。八月,到滇。裁减徭厘,开办矿厂,续修通志。九年,实授总督。时法兰西构衅越南。毓英奏请带勇出关,亲赴前敌。诏以毓英威望素著,饬即出关。行甫五日,越南山西失守,毓英进驻兴化省。

十年二月,诏节制关外粤、楚各军,统归调度。毓英疏辞,俾专责成。适广西一路,北宁、太原防营相继溃,滇军与法人相持一月,粮尽势孤。毓英奏明情形,即全师退扎保胜,[五]力扼红江上游,缮垒练兵,以待朝命。寻奉谕曰:"越事万难补救,我军粮尽势孤,全师而退,固与退缩者有间。惟虽经奏明,并未奉旨,究有应得之咎,着交部议处。"寻坐降二级留任。七月,明奉谕旨,与法决战。遂亲督大军鼓行而前,复越之馆司、镇安、清波、夏和各县,驻军馆司关;规取河内诸省,遣丁槐、何秀林以偏师攻宣光省,用地雷轰破城垣,斩擒法、教各匪无数,传首滇中。法人抵死相拒于霪雨泥淖中,苦战三十六昼夜,肉薄相当,不少休息。朝廷念边戍劳苦,赏尚方珍物药饵。十一年正月,京察,诏嘉毓英果勇性成,不避艰险,开复降二级留任处分。

毓英以缅旺地方,前接兴化、山西,后通十州、三猛,早经法踞,为患肘腋,遣总兵覃修纲率劲旅克之。连复清水、清山两县,

斩法、教各匪千数百人。泰西枪炮精利,毓英饬诸军创为地营,
开挖明礌,架以松梨各木,洞开枪眼,延袤十馀里,曲折而入,声
息灵通。法兵大股由谅山来援宣光,毓英饬覃修纲迎剿,以道员
岑毓宝居中策应。敌至,枪发如雨,加以巨炮,迄不能入地营。
历二十馀日,大败法人于临洮府,阵斩法酋七画以下数十人,白
帽红衣、花衣洋匪二千馀人,教匪七八千人。乘胜攻破梅枝关、
不拔县,广威、永祥二府,进捣山西、河内等省。越南之兴安、宁
平、南定、兴化、太原各省义民闻风响应,共举义旗,来迎滇军。
三月,正饬将领渡河以规北圻,而法人遣越民投书,称和议已定。
旋奉电寄谕旨停战撤兵,毓英虑其于未定条约之前,挟诈背盟,
密饬各路将士加意戒备,严密扼守。五月,诏嘉毓英调度有方,
懋著劳勚,加一云骑尉世职;并交部从优议叙。复奉慈禧端佑康
颐昭豫庄诚皇太后懿旨,颁发内帑银五千两,分赏将士。命内阁
学士周德润赴滇会办勘界事宜。七月,赐穆宗毅皇帝圣训全部。
十二年九月,法使狄隆至边。时毓英感受瘴疾,扶病偕周德润出
关勘界,严兵以备不虞。法使不敢要挟,按图画界。

　　十一月,诏回省调养,兼署巡抚事。先后饬地方文武剿东川
府属土匪张学义、腾越厅所属蛮匪小胖、广南土富州匪徒王朝义
等,灭之。十三年八月,派兵剿顺宁府属倮黑夷匪张登发,至十
一月,擒之。初,张逆之祖张辅国于嘉庆初年,纠煽倮夷,侵扰南
甸、耿马、猛猛三土司之地,官军三次勘定,擒张辅国,而遗孽犹
存,其子秉权、孙登发,相继构乱,又数十年,抗不就抚。至是始
平。其地千有馀里,内接孟艮,外通缅甸,奏请改土设流,以为镇
边厅,从之。其时武定州属古黑夷匪鲁占高,劫犯殴官,派兵擒

至省,诛之。又他郎厅木戛寨土匪陈定邦乘越南之乱,占踞越之猛莱属地,继复归扰元江,遣兵灭之。先是巡抚唐炯失守越南山西,严旨逮问,毓英疏请宽宥,上责其冒昧,交部严议。寻议革职留任,加恩改降二级留任。至是,剿平倮黑夷匪,得旨开复。十四年,京察,诏嘉毓英尽心民事,绥辑岩疆,殚竭荩忱,不辞劳瘁,交部议叙。二月,因病疏恳给假一年,开缺养疴,得旨赏假四个月,毋庸开缺。五月,毓英六十生辰,御书"绥圻锡祜"匾额,"福""寿"字、珍绮等件赐之。八月,力疾出省,查阅迤西营伍,行至楚雄,陈奏病状。谕曰:"该督于校阅事宜,力疾办理,务当随时加意调摄,以慰廑系。"十月,巡阅事毕,复奏请赏假两月。

十五年正月,恭逢慈禧端佑康颐昭豫庄诚皇太后归政大典,奉懿旨晋太子太保衔。四月,法兰西领事弥乐石由保胜至蒙自,请照约开关通商,并遗方物。毓英申明约章,却其馈。弥乐石向关道索给游历各厂护照,毓英以矿务为滇人性命,不可听他族窥利源,夺生计,致开边衅;密电达总理各国事务衙门,累数百言以阻之。五月,卒。遗疏入,谕曰:"云贵总督岑毓英,秉性公忠,才识沉毅。由诸生从事戎行。咸丰、同治年间,云南回匪倡乱,兵事孔殷。仰荷先朝特达之知,叠加拔擢,代理云南藩司。旋即简授巡抚,当兵单饷绌之时,激励众心,出奇制胜,克复省城,肃清大理等府。扫穴擒渠,全滇底定,厥功甚伟。叠经赏给骑都尉,并改为一等轻车都尉世职。朕御极后,擢任云贵总督。整顿地方,操练营伍,均能实心任事。光绪九年,统兵出关,卓著劳勚,复加赏一云骑尉世职。该督久驻边陲,染瘴成疾,上年查阅营伍,途次触发旧疾,叠次赏假调理。本年四月,力疾销假。方冀医治就痊，长资倚畀。遽闻溘逝，轸惜殊深。岑毓英着加恩晋赠太子太傅，入祀贤良祠，并于云南省建立专祠。生平政绩事实，宣付国史馆立传。赏银一千两治丧，由云南藩库给发。照总督例赐恤。任内一切处分，悉予开复。应得恤典，该衙门察例具奏。灵柩回籍时，沿途地方官妥为照料。伊子山西即用道岑春荣，遇有道员缺出，请旨简放；候选同知岑春煦，着以知府选用；应升之缺升用前工部郎中岑春煊，着以五品京堂候补；监生岑春蓂，着俟服阕后由吏部带领引见；岑春荫，并伊孙岑德纯，均着俟及岁时带领引见，用示笃念荩臣至意。”

云南巡抚谭钧培疏言：“臣自抚滇以来，与岑毓英共事两年，见其诚恪忠勤，老而弥笃。又闻此间官绅述其功德之伟，与闾阎爱戴之深，实有不能已于言者，敬为圣主陈之：咸丰六年，滇回之乱，起自与汉民仇杀。初误于当事不能分别良莠，一意主剿，以至三迤回众，蜂起肆扰，而西回杜文秀则盘踞大理，旁陷各郡，东南诸回则围省者二，陷省者一；又误于当事一意主抚，回得阳藉受抚为名，阴益肆其猖獗；卒之剿抚两乖，全滇糜烂。其间亦有知从事于剿者，则又误于未定东南，遽事西征。岑毓英自投笔入滇，即统筹全局，坚持定见，谓非专意于剿，断不能归宿于抚，而欲扫荡迤西，必先戡定东南。时以陈于督抚，而慨然引为己任。自权宜良令起家，皆任军事，入则决谋定策，出则披坚执锐，大小数百战，历时十八年，保省垣而反侧靖，克曲靖而粮运通，扫镇雄、猪拱箐，而川黔之道无梗。锄澄江临南踞匪，而东南之贼援以绝。根本既固，内患不生。督师西征，剿抚并用，元恶授首，全滇肃清。功业之伟，实由于识力之定也。其生平得力，则在矢忠义以作将士之气,假便宜以尽将士之长。方用兵时,滇中绿营官兵,以承平日久,大半疷怯,且多伤亡,中原方苦粤匪,协饷不至,库藏奇绌。滇民人自为战,家自输资。岑毓英能以同仇大义,身先激劝,每战短衣帕首,辄为前锋,屡受巨创,百折不回。能与士卒同甘苦,故人乐为用,贼尤惮之。凡攻下城池,分别胁从,不妄诛戮,资贼械以济军用,散贼财以犒将领,一无所私,赏罚必信,惨淡经营,卒以集事。比之饶裕省分,洵属独为其难。迨再任滇督,适值法越兵争,患在藩篱。三次出关,历四寒暑。瘴疠炎毒,侵烁肌肤,而滇省奇穷,饷需军械,皆赖他省接济,筹拨转运,缓不济急。岑毓英与将士枕戈待旦,并日而食,将不偷安,士皆用命。即越南义民亦依如父母,荷戈裹粮,乐为致死。故马尾、基隆、台、澎、琼山皆有利钝,而滇军未尝挫挠。宣光之围,强敌夺气;临洮之战,以少击众,斩馘无算。国威丕振,夷人俯首请成。岑毓英犹以未能大张挞伐,引为私憾。力疾画界,沿边布防。又因缅为英有,腾永边隘,亦加意戒备。盏达土司所属蛮匪,顺宁边境倮匪,俱分连越、缅,虑资敌人而贻后患,皆以时遣将戡定,复筹设电线以速边报,仿制洋械以资御侮,勤勤恳恳,莫不计虑周详。盖其秉彝忠爱,宏济艰难,殚竭荩忱,不辞劳瘁,数十年如一日。伤发病缠,不轻乞假。此心力所由毕耗,而沉疴卒至不起也。"寻赐祭葬,予谥襄勤。十月,贵州巡抚潘霨以毓英遗爱在黔,绅民吁恳,疏请在贵州省城建立专祠,从之。

子春荣,河南彰怀卫道;春煦,河南怀庆府知府;春煊,太仆寺少卿;春蓂,湖北粮储道。

【校勘记】

〔一〕伪军师等　“伪”上原衍一“军”字。今据岑毓英传稿(之二)删。

〔二〕馀皆本省兵勇　原脱“勇”字。今据岑毓英传稿(之二)补。

〔三〕知将兵之才则难学　原脱“知”字。今据岑毓英传稿(之二)补。

〔四〕伪大军略蔡廷栋　“军”原误作“经”。今据岑毓英传稿(之二)改。

〔五〕即全师退扎保胜　原脱“师”字。今据岑毓英传稿(之二)补。

卞宝第

卞宝第,江苏仪征人。咸丰元年举人,先自附生捐输,奖主事,分刑部。五年,补河南司主事,充实录馆校对。书成,叙功,荐补郎中。九年,考试御史,奉旨记名以御史用。十一年,擢浙江道监察御史,以军兴以来各省军报多避罪冒功,奏请检视各省地理、贼情与兵粮数目、攻守要害、诸路失守收复之时日、各员先后功罪之缘由,据实奏闻,以资稽核。又疏陈防剿及筹兵筹饷之略。时寇势日盛,地方吏多弃城不守,免罪后辄借他事开复保升,请严定限制以儆巧避,从之。十月,应诏上言端圣学、审人才、明赏罚、肃吏治、慎荐举、保完善。旋兼摄湖广道监察御史,因近畿多盗,奏请从重典;又劾候补京堂联捷防河大名纵贼滋扰状,及苗沛霖、王来凤等乍服乍叛,宜专意主剿:上皆韪之。

同治元年,迁礼科给事中。七月,星变,陈言请严禁卫、治京兵、遏邪说、备人才、振国纪。又劾江北水师总统黄彬安坐瓜洲收取沿江厘金,侵吞肥己,引致贼渠同舟宴会,所部劫掠商民,接济贼米,请饬查办,而于彭玉麟、杨岳斌、黄翼升三军中分一军代之。时陕回猖獗，督办陕西军务兵部左侍郎胜保贪淫骄蹇，豢寇殃民，提督成明亦拥兵同州畏葸不战，宝第疏劾之，而请以太原镇总兵和昌防河蒲州。是月，擢顺天府府丞。十一月，上京师食米四策：曰筹海运，曰议捐输，曰劝囤积，曰招商贩，下所司议行。二年，迁府尹，甄劾所属南路同知费涛等降黜有差。三年，以马贼入边，请敕古北口提督、密云副都统等修防边墙，捕斩巨盗王景隆、李景周、张雪子等，畿辅肃然。五年，乞开缺养亲，温旨慰留。八月，授河南布政使，复以才具不胜外任辞，上不许。

　　六年，擢福建巡抚。七年，以命盗积案太多，奏立新限，以时清理。时南安人谢崄据永春何山寨与洪寇馀党相结，官军往剿，辄逸去。宝第至，擒诛之。当是时，巨寇初平，游勇、土匪四出剽掠，请于捕得鞫实后，就地正法，得旨允行，盗风为之渐戢。九年，再乞终养，谕曰："览奏，情词恳挚，本应俯如所请，惟念卞宝第自简任福建以来，办理一切俱臻妥协，未便遽易生手。卞宝第着毋庸开缺，赏假三个月，回籍迎接伊母赴署。该抚于视事之馀，晨昏侍奉，既无负朝廷委任之意，兼可慰该抚孝养之私，毋再固请。"既回籍，复申前请，上许之。光绪五年，丁母忧，服阕，命入觐，病不能赴，谕令病体稍痊，即行迅速来京。八年，授湖南巡抚。湖南自军兴后，哥老会尤盛，平江方雪敖，龙阳曹小湖，安乡周万益、张星来，皆其魁也。宝第悉置之法，焰始息。

　　九年，署湖广总督。湖北诸郡县连年患水，宝第偕湖北巡抚彭祖贤奏开赈捐，活饥民无算，又劾承修堤工县丞张福镶论罪如律。时法人侵越南，奉命偕彭祖贤治江防。十年三月，官军溃于北宁，宝第特疏请饬大学士左宗棠驻军天津后路，以卫京畿；还兵部尚书彭玉麟于江南,统水师旧部;起前陕甘总督杨岳斌以备任使。方法事起,议筑炮台于田家镇,在南岸半璧山者三,在北岸冯家山及吴王庙六墩堤者各一。至是台成,分军驻守,购置外洋火器,且制木簰,储石块,以备临警塞江之用。闻刘永福驻军越南兴化城时,掘地营御炮,敌不敢犯。乃访求筑法,绘具图说呈览,以备参考。时御史赵尔巽请建樊口石闸,宝第及彭祖贤酌议,以为"樊口自三国来即有此名,向为疏江泄水要道,内有梁子诸湖,袤延八百里,水皆无源,因江入其中,潴为巨浸。此山川自然之形势,以分杀江涨者也。若于此处建闸,以民情论,重在堵江水之入,不在泄江水之出;以地势论,则江水盛涨时,失此八百里停潴之地,下游两岸堤防,冲决堪虞。请暂除樊口以内最下田地额征粮赋,而监利子贝渊堤,前所建闸以泄上游积水者,因闸门狭隘不得下注,为北岸田亩害"。至是请建朝天石闸,用资宣泄,均允行。十月,以筹解新疆协饷功,赏头品顶戴。

十一年二月,回湖南巡抚任。时法人镇南关之役,款议成。宝第以为时事艰难,通商各国皆有因利乘便之心,暂时修好,未足深恃,须以卧薪尝胆之计,为阴雨苞桑之谋。因条上求才、裕饷、船政、器械四事。刑部侍郎薛允升请裁汰勇营,于中外各旗兵加饷训练,下各省督抚议。宝第所奏撤者凡节银十二万有奇;又言:"绿营积弱由于饷少,今宜以两饷挑一兵,而仿勇营规制,其营官于现职副、参、游中,选曾经战阵有谋勇者任之;都司以下充哨弁,营兵有故革及老弱裁汰,暂停招募,即挑现兵精壮者补之,不足,以营勇拨补。庶几兵归实用,勇可渐裁,亦节饷之一道也。"附奏:"目前兵尚未练,勇已议裁,似不足为缓急之备。若为节饷计,与其专于裁勇,易生他变,不如兼议裁兵,为有备而无患。"海军初立,议撤旧设沿海水师红单艇船,宝第请就其中择取精锐,改隶新军,馀兵俟新军成后,以渐撤之。是年十二月,引疾,诏赏假一个月,毋庸开缺。

十三年,澧州蓝家垸居民争堤而哄,[一]饬所属解散之。因奏言:"溇河两岸,堤垸林立,毫无隙地,河道万难开宽。宜于曾家河以上兴筑堤塍,上联五通庙,下接陈家滩,以御溇水,而于合溪河建二涵,俾上游积水仍可消泄入河,而河水不致倒灌入垸。沿河长堤,已修者增培,坍塌者补筑,益浚郝家溪各沟道。其一切工程,均由上垸民自备,而令下垸居民毁横堤,永禁复筑,其最洼之地,归官开置塘堰,俾资容纳。苏家濠口旧有二涵,令益疏浚,以利宣泄。如此则上垸堤防完固,下垸亦水有归宿矣。"疏入,报可。两阅月而工竣,澧州无水患焉。

是年八月,河决郑州,南徙注淮。宝第陈分道疏浚之策,以为"黄河入海,略分三途:直隶则碣石,山东则利津,淮北则云梯关。直隶,畿辅重地,势难施功;云梯关地上,旧有河道,督臣现议兴挑;利津一途,自宋迄金,实皆由此注海。今若由石桥决口北达铜瓦厢,以东循漫河故道开浚一河,引归大清,分溜由利津入海,可收一劳久逸之效。其开浚宜参用机器,拨派江北防营,汴省则就募灾民,以工代赈"云云。寻两江总督曾国荃议浚下河,宝第复奏驳之,谓:"昔曾国藩、左宗棠尝议导河,皆主云梯关,自古迄今,未闻专以下河为归海去路者;且淮扬财赋重地,灶丁百万,变乱堪虞。请饬督臣核议,务出万全。"

十四年,擢闽浙总督。十六年,兼管福建船政。奏设水雷营于海口,建炮台,设防备甚固,捕诛积寇吴富明、何青莲、陈拱等。创立织布官局,购织器,募民学织,限三月卒业,予之机,令转相仿效。二年后推行渐广,乃为奏请恩免进口税厘,其运布出口者,则减其税。闽人至今利赖之。十八年,假归就医,寻解职。十九年,卒。遗疏入,谕曰:"前任闽浙总督卞宝第由部曹荐擢府尹,历任封圻,宣力有年,克勤厥职。前因患病,准予开缺调理。兹闻溘逝,轸惜殊深!卞宝第着照总督例赐恤。任内一切处分,悉予开复。应得恤典,该衙门察例具奏。"寻赐祭葬。

子绪昌,户部七品小京官。

【校勘记】

〔一〕澧州蓝家垸居民争堤而哄　"哄"原误作"斗"。今据卞宝第传稿(之二)改。

　　曾国荃

曾国荃,湖南湘乡人。咸丰二年,优贡。六年,逆匪窜江西,陷吉安。国荃与前吉安府知府黄冕请于湖南巡抚骆秉章,劝捐募勇,得三千人,亲率赴援。以始攻吉安,号曰吉字营。十一月,师次江口,距安福三十里。贼分路来拒,国荃挥军击败之,乘胜克县城,连破贼于大汾河、千金坡,赏加同知衔。七年二月,丁忧回籍。十月,江西巡抚耆龄奏请起复国荃治军吉安;又以吉安官军失利,奏派国荃总统全军,皆允之。十一月,败援贼伪翼王石达开于吉水三曲滩,吉安围合。八年四月,旁克吉水、万安,得旨以同知即选,并赏戴花翎。八月,率水师攻毁白鹭洲贼船,并城外贼垒,遂克吉安,升知府,赏加道衔。

九年五月,进剿江西景德镇,三战皆捷,水师直薄西瓜洲,六月,乘夜火其镇市,贼窜浮梁;向明,追及浮桥,歼其半;城贼出援,亦溺死千人,立克浮梁。以道员即用。十年闰三月,进规安庆,驻集贤关。十一月,伪英王陈玉成大举赴援,国荃击走之。十一年三月,陈玉成复来犯,筑垒菱湖北岸,城贼亦筑垒南岸,以通往来。国荃遣弟候选训导贞幹等筑垒湖东,泊水师以制之,连战皆大捷。陈玉成由马踏石凫水遁去,仍留赤冈岭贼垒四,与菱湖之垒互相死守。国荃困以长濠,悉破其北岸十三垒、南岸五垒,擒贼五千馀,斩级八千馀。七月,平城外贼营,并拔东门外月城、北门外三石垒。陈玉成复率党来援,攻扑六昼夜,国荃凭濠轰击,毙贼甚多。城贼修月墙于濠外,国荃遣壮士数十人踏毁之,更筑新垒,伏精兵左右以防冲突;贼倾巢出扑,则夹击之,自夜达旦,歼锐贼三千馀。八月,地雷轰坍西北城垣,挥军入,悍贼尽歼焉。安庆克复,赏加布政使衔,以按察使记名遇缺题奏,并赏穿黄马褂。旋以追剿陈玉成各股窜匪获胜,赏给伟勇巴图鲁名号。九月,进军庐江,夺泥汊口、神塘河贼垒,遂克无为州,侦知运漕镇为江宁贼粮积聚,乘势攻拔,进围东关,克之,赏头品顶戴。十月,回湘募勇。

同治元年正月,授浙江按察使。二月,迁江苏布政使。谕曰:“该员系两江总督曾国藩之弟,例应回避,惟该省军务紧要,需员办理,着毋庸回避,以资得力。”三月,率师东下,贼败巢县望城冈,进拔桐城闸、雍家镇诸隘,遂复巢县、含山,旋下和州,克裕溪口,率轻兵袭取西梁山,扫平北岸贼垒,下部优叙。四月,会兵部侍郎彭玉麟水师进逼金柱关，贼被水军牵制，国荃乘间潜师径薄太平，夺门入，立复其城；又引军攻克金柱关伪城，平毁三汊河、上驷渡数十垒。既闻弟贞幹复芜湖，料贼必东窜，令记名道员彭毓橘豫伏薛镇渡口，而以轻骑追及于贾家湾，乘贼半济，击败之。贼转走护驾墩，掠舟偷渡，水师截击不利，遂趋薛镇渡口，伏军起，大破之。五月，复秣陵关，收降卒四百馀人，进夺大胜关、三汊河两垒。明日，拔头关，水师进扼江宁护城河口，国荃倚之，遂逼江宁，驻营雨花台。贼连日猛扑，皆击却之。六月，援贼至，又败之，歼逆酋伪对王。八月，大江南岸疾疫盛行，营中病者逾万。

　　闰八月，伪忠王李秀成自苏州率众六十万来援，纠合城贼日夜攻扑大营，不少休，并分党踞洲上，截我粮路。国荃乘夜于洲上急修十数垒，分兵驻之，并令补用道刘连捷遣死士缒墙出击，殪贼数十，贼复争湖桥营卡。国荃移水师于藕塘，筑营堤上，守之，运道乃固。贼攻大营六昼夜，道员彭毓橘等乘其乏，破贼四垒，贼乃悉向东路，负片板蛇行，束草填濠，前者拽尸，后者更进。国荃督军策应，炮伤颊，犹力战，贼始败退。九月，伪侍王李世贤自浙江率众十万继至，环攻炮台益急，国荃力破之。时弁勇相继伤亡，乃令各营增筑墙濠以自固，贼用箱箧实土于中，排砌濠边，上防炮子，下凿地道。国荃挑锐卒诱贼近濠，奋击却之；继见西南贼阵散漫，出队破其垒十二，斩毙以三千计，而东路之贼畚锸负土者，已及濠墙之下，又以地雷轰陷营墙，拥入塌口，各营血战，毙贼近万，诛伪德王及伪主将等。贼仍开地道不已，国荃令诸将审贼所向，掘地数仞，隧而迎焉。或内外洞穿，适与贼遇，抽刃叠刺,尽瘗于地道之中;或熏以毒烟,灌以秽水;或伐木作薪,堵塞洞口;或伺贼无备,冒雨出濠,袭破潜挖地道之垒,贼始不得逞。会芜湖守将王可陞率两营继至,国荃因整劲队分道并出,焚贼前敌四垒,馀贼弃垒争窜,立扫平数十垒,毙贼近七千人。大营围解。两江总督曾国藩奏称国荃以病馀之羸兵,当非常之凶焰,力战四十六昼夜,[一]以寡敌众,卒能保全大局。赏江绸黄马褂料、袍料、"喜"字翎管、白玉柄小刀等物。十二月,拔谷里村、朱门、六郎桥十一垒。

二年三月,贼自江浦上犯,围刘连捷等于石涧埠,粮运汲道俱绝,遣彭毓橘会剿,大破之。擢浙江巡抚。谕曰:"曾国荃着仍统前敌之军驻扎雨花台,一意相机进取,毋以浙事为念。"国荃具疏恳辞,温旨褒勉。四月,遣记名按察使刘连捷等会水师攻克东关,又会提督鲍超军,再克巢县、含山。时江苏巡抚李鸿章方进规苏州,国荃度忠逆不回援苏、巢,即窜犯扬州里下河,计莫如急争金陵老巢。攻其所必救,使城下之贼不暇远趋苏郡,而北岸之贼亦不敢专注扬州。乃激励各军督攻雨花台伪城及聚宝门外三面石垒,克之。九洑洲者在急流之中,城坚炮密,对面有拦江矶、中关诸石垒,又有草鞋峡、下关、七里洲、燕子矶十数垒,贼以炮舰倚护之。五月,国荃遣水师攻克下关、草鞋峡、燕子矶等隘,明日,攻九洑洲,贼殊死守,各营负创角战,至日晡扑入,尽歼之;寻破长干桥、印子山诸垒。以上方桥为贼粮道,令提督萧庆衍、萧孚泗等攻下之。八月,克江东桥、上方门、高桥门等处石垒,又克城东七瓮桥[二]及紫金山西南之博望镇、中和桥、秣陵关各贼巢。十月,拔淳化、解溪、隆都、湖墅、三岔镇等隘,毁二十馀垒。

　　三年正月,围攻钟山,破天保伪城。城围始合,谕曰:"曾国荃亲督诸将攻破钟山石垒,夺回天保伪城,金陵城北之围始合。所办甚合机宜。惟是官兵不满五万,分布地段太长,深虑困兽犹斗,亟思一逞,曾国荃隐慎进攻,昼夜严防,必须就地殄除,毋任窜突他处,以竟全功而膺懋赏。"五月,进攻龙膊子山地保伪城,克之。时朝阳、神策等门地道久无成,国荃以将士疲敝,恐生他变。六月,益誓师督战,令提督李臣典从贼炮极密处重开地道,而别军力攻太平门、龙膊子一带。及火发,轰塌城垣,李臣典先登,彭毓橘、萧孚泗等继之,贼以火药倾盆烧官军,无一退者,毙贼十馀万。凡伪王、伪主将、天将及大小酋目约三千馀名,伪忠王李秀成、伪王兄洪仁达被擒,伏诛。江宁克复,红旗奏捷。谕曰:"浙江巡抚曾国荃以诸生从戎,随同曾国藩剿贼数省,功绩颇著。咸丰十年,由湘募勇,克复安庆省城。同治元、二年,连克巢县、含山、和州等处,率水陆各营进逼金陵,驻扎雨花台,攻拔伪城。贼众围营,苦守数月,奋力击退。本年正月,克复钟山石垒,遂合江宁之围。督率将士鏖战,开挖地道,躬冒矢石,半月之久,未经撤队。克复全城,殄除首恶。实属坚忍耐劳,公忠体国。曾国荃着加恩赏太子少保衔,锡封一等伯爵,并赏戴双眼花翎。"寻封威毅伯。

　　七月,曾国藩奏言:"臣弟国荃困惫殊甚,彻夜不寐,有似怔忡。据称心血过亏,欲请回籍调理,一面亲率遣撤之勇,部勒南归,求所为善聚不如善散、善始不如善终之道。"谕曰:"曾国荃所见虽合于出处之道,而于荩臣谋国之谊,尚未斟酌尽善。况遣散勇丁,祗须分派妥靠之员沿途照料,现在江宁、安庆等城均须督兵镇守。该抚正宜驻扎江宁，安心调理，一俟就痊，即可帮同曾国藩分任其劳。即着曾国藩传旨存问，无庸遽请开缺回籍。"国荃仍申前请，谕曰："曾国荃自随同曾国藩剿贼以来，叠克名城，勋绩卓著。本年亲督将士，苦战数月，攻拔江宁省城，歼除巨逆，厥功尤伟。乃以连年办理军务，心力交瘁，遂致忧劳成疾，请假开缺回籍。情词极为恳挚，若不俯如所请，恐为职守所羁，未能从容静摄，转非体恤功臣之道。曾国荃着准其开缺回籍调理，并着赏给人参六两，交该抚祗领，用资保卫。该抚系有功国家之臣，朝廷正资倚畀，尚其加意调治，一俟病痊，即行来京陛见。"九月，以收复江宁，命诣明陵致祭。

四年六月，调山西巡抚。八月，复请开缺，赏假六月，在籍安心调理。十二月，调湖北巡抚。谕曰："曾国荃素娴军务，朝廷为地择人，正资倚任，该抚速赴新任，力图报称。旧部中得力将弁兵勇，酌量带往湖北，以资调遣。"五年七月，命帮办湖北军务。时捻逆任柱、赖文光等股盘踞河南叶县、舞阳，国荃檄提督鲍超由枣阳趋淅川、内乡，以防西路；提督郭松林从桐柏、唐县横截而出，以防东路；并遣总兵刘维桢等向新野，为鲍超声援。贼遂折而北窜。十月，谕曰："贼踪分合靡定，南阳一带空虚，该抚务当确探贼情，相机进扎，并檄饬郭松林一军越境会剿，仍随时与曾国藩咨商调度，毋得顾此失彼，致滋延蔓。"十一月，贼窜信阳，遣军击却之。又遣提督谭仁芳败贼于孝感。贼陷云梦、应城，进攻德安，遣郭松林击走之，遂克应城、云梦。国荃疏劾总督官文贪庸骄蹇各节，寻解官文任。十二月，遣记名布政使彭毓橘等败贼于沙港，贼犯安陆，遣刘维桢击败之。国荃以贼骑太多，平地难与追逐,拟困贼于枣阳、钟祥之下,天门、京山之上,屡令彭毓橘、刘维桢等迎击获胜。贼复窜旧口,至丰乐河,将渡河而北,遣水师击走之。六年五月,贼由豫窜运河,复窜山东泰安、宁阳,上以国荃防剿无功,摘去顶戴,先行交部议处。七月,遣谭仁芳、刘维桢助守运河,兼管蕲口至亨济闸防务。十月,因病请开缺,允之。十二月,东捻荡平,开复顶戴。

光绪元年二月,授陕西巡抚,迁河东河道总督。二年八月,调山西巡抚。十月,因病请开缺,赏假两月调理。三年,山西旱荒,国荃疏陈所有乏食贫民,先行正赈一月口粮,被灾十分者,极贫加赈四月,次贫加赈三月;被灾九分者,极贫加赈三月,次贫加赈两月;被灾八分、七分者,极贫加赈两月,次贫加赈一月;被灾六分者,极贫加赈一月。四年二月,大青山后马贼、游勇肆扰,又朔州匪徒熊六纠集饥民到处焚掠,遣总兵马陞、葛清泰等剿平之。三月,奏言:“禁种罂粟,非严惩重罚,不能挽回锢习。查两江有将罂粟地亩充公章程,立法不甚苛扰,而小民最为畏惮。乘此大祲粮贵之时,劝民改业,可期事半功倍。”六月,奏言:“大祲之后,荒地甚多。现拟酌给贫民籽种,俾得耕获。至无人地亩,准其族邻或客民承种,如本户归来,俟次年播种之时,方许认回。傥五年后本户不归,即由佃种之人承为永业。”均如所请行。六年三月,以旧疮复发,请开缺。谕曰:“曾国荃向来办事认真,山西叠被旱灾,该抚筹办赈抚善后诸务,尤能不遗馀力,俾地方得以乂安。现在时事多艰,朝廷方深倚任,着赏假两个月,安心调理,毋庸开缺。”五月,续假一月。六月,召来京。

七年二月,擢陕甘总督,赏兼兵部尚书衔,因病赏假三月。

六月,命驰赴山海关办理海防事宜。七月,续假三月。八月,请开缺,谕曰:"览奏,殊深矜念,自应俯如所请,以示体恤。陕甘总督曾国荃着准其开缺,安心调理,一俟病体痊愈,即行来京陛见。"八年四月,命署两广总督,即赴新任。九年六月,召来京。十一月,赐紫禁城骑马。十年正月,署礼部尚书,调署两江总督,兼办理通商事务大臣,七月,实授。九月,以南洋援闽兵轮三艘,与国荃前议派五艘先后不符,下部严加议处,应革职,上加恩改为革职留任。十一年,京察届期,慈禧端佑康颐昭豫庄诚皇太后懿旨:"曾国荃夙著勋勤,办事谙练,着开复革职留任处分。"十四年,合肥西乡匪首刘文弼勾结教会各匪,约期起事,遣总兵郭宝昌等讨平之。十五年,赏加太子太保衔。十六年九月,顺直水灾,国荃捐制绵衣万件,又提用南浙赈捐馀银赶制绵衣裤三十万件,分解灾区,存活无算。

十月,卒。遗疏入,谕曰:"两江总督曾国荃秉性沉毅,莅事公忠,韬略闳深,经猷远大。咸丰年间,由优贡生从戎,在江西、湖北等省叠歼巨寇。克复安庆之役,出奇制胜,懋建殊勋,蒙文宗显皇帝特达之知,不次超擢。同治初年,简任浙江巡抚,仍带兵剿贼,激励将士,扫荡无前,直达江宁雨花台,苦战两年之久,卒能攻拔坚城,擒渠扫穴。粤匪之平,厥功最伟。穆宗毅皇帝特沛殊施,赏加太子少保衔,锡封一等伯爵,赏戴双眼花翎。朕御极后,优加倚任,叠畀封圻,均能尽职。其在山西巡抚任内,救灾恤民,政绩尤著。光绪九年,来京召对,命署礼部尚书。旋即简任两江总督,到任后整顿地方营伍,抚绥镇摄,卓著声威。上年归政庆典,我皇太后追念前劳,赏加太子太保衔。该督感激图奋,虽伤病时发,犹复力疾办公,并未请假。忠诚笃棐,实为国家柱石之臣。方冀克享遐龄,长承恩眷。遽闻溘逝,震悼良深！曾国荃着追赠太傅,照总督例赐恤,赏银三千两治丧,由江宁藩库给发。赐祭一坛,派护理江宁将军副都统承绶前往致祭。加恩予谥忠襄,入祀京师昭忠祠、贤良祠,并于湖南原籍、江宁省城建立专祠,此外立功省分,准其一并建祠。其生平政绩事实,宣付史馆。任内一切处分,悉予开复。应得恤典,该衙门察例具奏。灵柩回籍时,着沿途地方官妥为照料。伊孙特用主事曾广汉,即着承袭一等伯爵,毋庸带领引见;附生曾广江,着赏给举人,准其一体会试;监生曾广河,着赏给员外郎,分部学习行走。伊曾孙曾兆龙、曾兆祥、曾荫椿,均着俟及岁时由吏部带领引见,候旨施恩,用示朕眷念勋臣至意。"寻赐祭葬。

　　孙广汉,袭伯爵,现官光禄寺卿。

【校勘记】

〔一〕力战四十六昼夜　原脱"力"字。今据曾国荃传稿(之二)补。

〔二〕又克城东七瓮桥　"瓮桥"原颠倒作"桥瓮"。今据曾国荃传稿(之二)改正。按续碑卷三○叶二下不误。

　　李瀚章

　　李瀚章,安徽合肥人。父文安,刑部郎中。瀚章,道光二十九年拔贡,朝考一等,以知县签分湖南。咸丰元年,署永定县知县。二年,署益阳县知县,未行,粤逆犯长沙。巡抚骆秉章嘱守南门天心阁,地道再裂,瀚章率兵力御,城得完。围解,始赴任,奖六品衔。三年,调署善化县知县。

时侍郎曾国藩在籍练湘军,檄瀚章总理粮台。四年,湘军克湖北崇阳,筹进兵牌洲对岸之新滩口。新滩口要地也,湖汊纷歧,绵亘千里,其间如蔡店、系马口、侏儒山各地,逆垒林立,瀚章率水师驻新滩口扼其冲,使贼不敢自内河驶小舟以袭我后。叙功,奉旨免补本班以直隶州知州留湖南补用。五年四月,湘军转战江、皖,瀚章移驻江西省城,总理后路粮台。五月,丁父忧,曾国藩奏请仍留办粮台。十一月,克义宁州,保知府,并赏戴花翎。六年,曾国藩以礼去官,湘军粮台归并江西省局。瀚章亦回籍终制,安徽巡抚福济奏留办理团防捐务,七年,服阕,八年,曾国藩檄调瀚章回江西总核粮台报销。九年,克景德镇及浮梁县城,奉旨免补本班,以道员仍留湖南尽先补用。湘军入江以后,兵数日增,饷需尤迫。江西入款,钱漕之外,惟厘税。曾国藩商之巡抚毓科,仿湖南章程设局经收,专充湘军之饷。十年五月,奏以瀚章廉正朴诚,吏事精核,会办江西厘税事,并改归江西以道员遇缺请简,从之。七月,授江西吉南赣宁道,旋命襄办江西团练。同治元年五月,曾国藩派充襄办广东厘务。十二月,调补广东督粮道。二年,擢广东按察使。三年,擢布政使。

四年二月,擢湖南巡抚。是时粤逆馀党聚福建之漳州,逆首李世贤、汪海洋分股由上杭图犯赣南,窥伺两湖;贵州教、苗各匪阴结粤逆,侵轶楚界,而霆军奉调赴川,道出鄂省,降卒溃叛,亦窜及湖、湘。于是湖南之与他省接壤者,所在告警。瀚章急饬前江苏按察使陈士杰营郴州防闽贼,在籍云南按察使赵焕联营岳州防叛卒。闽贼闻引去,叛卒上犯江西不得逞,折入湖南攸县,窜陷安仁、兴宁,副将张义贵击走之。陈士杰等率军会剿,叠战于小良田、百丈岭,斩获无算。先是,瀚章饬总兵周洪印剿办苗、教各匪,败之晃州、沅州。九月,贼围贵州铜仁及所属凉伞雪洞,周洪印越境追剿,解其围。五年正月,奏言:“黔省下游,群盗如毛,苗、教各匪时伺楚边。已严饬周洪印径取寨头苗巢,为节节进捣之计。第悬军深入,非得黔省知兵大员驻扎会办,难以成功。请饬新任贵州布政使兆琛暂缓赴任,专办贵东军务,与楚军共图进取。”许之。二月,寨头苗匪败归,而铜仁教匪由黄瓜岩出扰,谋踞坝开溪,瀚章檄周洪印督队截击,已革按察使李元度继之。四月,师进铜仁,教匪大股窜沙坝场,别贼谋由松桃伺隙入楚。周洪印先于亢金盘陀寺设伏以待,贼侦知,不敢前。未几,清江、台拱苗匪又相继蠢动,瀚章以苗、教两匪恒互为犄角,以牵制官军,使不能兼顾;乃饬李元度由铜仁剿思南、石阡教匪,兆琛、周洪印由思州天柱剿清江、台拱苗匪,复增募水陆新勇,设舢板战船,扼守江路,使江内外贼巢声援隔绝,然后会合诸军,一败之荆竹园,再破之于颇洞,其阑入晃州及凤凰厅者,亦望旗反奔,自是贼不敢复窥楚境。

六年正月,调江苏巡抚,并署湖广总督。五月,捻匪任柱、赖文光自鄂之枣阳入豫,瀚章饬总兵宋国永等追击破之,分军驻防黄安、麻城、随州,扼贼回窜;因令各州县修立寨堡,[一]力行坚壁清野之法。六月,捻窜山东登、莱。弟鸿章为钦差大臣,创黄、运圈围之议,瀚章先后遣提督谭仁芳、刘维桢、唐仁廉赴济宁助剿。七月,捻匪张总愚盘旋渭北,蓄意东趋。荆紫关为河南腹地门户,豫军力单,命鄂省筹兵代守,瀚章即日令提督姜玉顺往,贼遂改道他窜。十二月,调浙江巡抚,赏头品顶戴。七年,筹议浙省新漕海运,拟定规则十四条,奏请施行。江苏诸府半食浙盐,兵后商贩凋敝,无本包运,权由官销。八年,瀚章议复其旧,招徕引商,先试销六万六千引,并暂免州县督销考成。十二月,调署湖广总督。九年,偕长江水师提督黄翼升覆奏整顿长江水师,汰老弱,勤操巡,以肃军律。会天津民教滋事,法挟兵力为要索计,势张甚。诏严江海之防,瀚章檄调水陆各军分布要隘,日夜为备。

八月,授湖广总督。湖北宣恩之哥弟会杨竹客为乱,延及湖南湘潭,各纠悍党,揭竿凤凰山。十年四月,遂陷益阳、龙阳。瀚章亟令所部四出收捕,获为首者置之法,随严檄各县举行保甲,乱始定。十一年五月,楚军平定苗疆,以瀚章和衷共济,克竟全功,予优叙。十二年,奏免湖北行销川盐之陆课,及湖南澧州行销川盐之邻税,商民便之。八月,湖南临湘巨匪傅春琳叛,啸聚数千人,所经村邑,恣行暴害。瀚章饬提督刘维桢平之。十三年五月,复剿平郧西会匪。九月,兼署湖北巡抚。十一月,诏江西、湖北、湖南自明年始,悉运本色漕粮。瀚章沥陈湖北漕粮骤难改征本色,拟就漕折拨款,购米三万石,由轮运津;并请开办海运。时总理衙门会筹海防六策,命各督抚详议切实办法,瀚章乃参酌原议,切实敷陈:一练兵,二简器,三造船,四筹饷,五用人,六持久。奏入,命会议施行。

先是,英国翻译马加里由缅甸归云南,中途被戕,案久悬。光绪元年五月,命瀚章往按,旋调四川总督。二年三月,偕前侍郎薛焕胪呈全案,请旨饬下总理衙门会同刑部拟定罪名,然后退与英使互相妥议,则不惟英使少一藉口之端,即总理衙门亦多一转身之地。上如所请,命总理衙门议奏。九月,调湖广总督。川、淮盐引历年分销楚、鄂,两江总督沈葆桢欲全数规复淮引,瀚章谓:"沈葆桢所奏包认饷银章程,困运商,病场商,误国计,蹙民生,未臻妥善。必欲规复全引,亦应俟数年后量度事势,再行筹办。"三年九月,疏上,允之。四年,侍郎袁保恒又请加川盐厘税,抵还豫赈借款。瀚章以川税甲于他引,若更非分抑勒,既病商,亦病民,况以豫省借款,取偿川、鄂,亦非情理之平。至湘省加征,尤多窒碍,不可行。"〔二〕上命均无庸议。

　　鄂滨大江,与湘、豫、陕、皖相毗连,会匪出没其间,时或为患。故始肆乱于湖北之天门,继又勾结刀痞周火星滋扰于河南邓州,瀚章遣将协剿,皆定之。御史李廷箫疏言:"近来各省州县往往诛求百姓,不遂所欲,辄诬指为抗拒,率请派营弹压,以致民怨日甚一日,匪徒裹胁亦日甚一日。请饬各大吏严行申禁。"十月,瀚章因奏言:"法贵求于无弊,而患当虑其未然,倘各省懔遵严谕,稍有误会,转致因噎废食,互相讳匿。事发而州县不敢请兵,禀到而督抚不敢派队,徘徊观望,贻患养痈,徒隳将士之心,而长奸徒之志。从前粤逆之乱,即因初起时办理因循,驯至不可收拾,足为殷鉴。可否责成各督抚查照原奏严申诰诫,然遇土匪窃发,地方官仍当星速禀报,督抚亦立即调营往剿,不得稍涉拘泥,庶保良善,借杜乱萌。"上韪之。

　　武昌县属之樊口,外江内湖,延袤八百馀里。同治中,绅民有建筑闸坝之请,前任督抚暨瀚章先后查勘,以不合地利,节次斥驳。嗣御史李廷箫奏樊口堤闸关系农田民命,特命尚书彭玉麟履视,亦以建筑为然,乃命瀚章速筹修筑。瀚章奏:"查樊口地界,数千年来,从无议建闸坝之事。盖设堤防御,只有顺水直堤,不闻阻水横坝。通筹全局,其害实大。是以历任督抚严禁于先,臣复力持于后。兹蒙谕旨饬臣速办,已转饬司道秉公妥议,严立规条,重惩需索。至黄柏山堤,向系民捐民办,自当饬令兴修。”诏如议行。厥后黄柏大堤于五年八月工竣,自樊口至黄柏山长约四十五里,基址坚厚,盛涨时距堤顶尚一丈馀,利赖至今。六年,俄人窥珲春,湖南提督鲍超及提督刘维桢统军北上,以卫畿辅,瀚章为筹粮饷军械。事定,霆军裁撤十三营还至鄂,瀚章善遣之,无一哗者。八年,丁母忧,十年,服阕。十四年五月,入觐,赐西苑乘船。九月,授漕运总督。十一月,赏加兵部尚书衔。

　　十五年七月,调两广总督。粤故患盗,南海、番禺、顺德尤大肆剽掠,往往白日公行。瀚章知水师提督方耀夙有干济才,委以三路缉捕事宜。甫视事,即诛破奸猾,珍其支党。未及数月,盗风大戢。粤东各局多冗滥,瀚章细心厘定,仅留海防善后十一局,馀皆裁革,岁节縻费以数万计。四月,兼署广东巡抚。二十年正月,慈禧端佑康颐昭豫庄诚寿恭钦献崇熙皇太后六旬万寿,赏加太子少保衔。八月,日本谋预朝鲜乱事,边衅猝开,谕令密备海防。瀚章因巡阅各炮台,整饬营伍,以固省会。旋缉获私与敌通代为招兵之奸匪,悉论如律。九月,议息借商款助饷,瀚章以借款之举,所取信于民者惟在归还有准、收放无弊二端,广东将来还款,以海关洋税为首,税务司经纪洋税又多识略,商民素所推重,若令始终其事,签字盖印,则出入一手,尤易取信,而吏胥弊窦公式繁文,皆可删除。奏入,命派员与粤海关税务司商定章程,订立合同票式,咨由总理衙门转遵。二十一年三月,因病奏恳开缺回籍调理,允之。

二十五年,卒。安徽巡抚邓华熙以闻,谕曰:"前任两广总督李瀚章老成练达,办事勤能,由拔贡知县随同曾国藩军营综理粮饷营务,卓著勤劳,荐擢监司,旋膺疆寄。历任湖广、漕运、两广总督,于地方事宜悉心筹办,克称厥职。前因患病,准其开缺回籍调理。兹闻溘逝,轸惜殊深!李瀚章着加恩予谥,照总督例赐恤。任内一切处分,悉予开复。应得恤典,该衙门察例具奏。伊子翰林院编修李经畲,着俟服阕后以应升之缺开列在前;江苏候补道李经楚,着俟服阕到省以道员遇缺即补:用示笃念荩臣至意。"寻赐祭葬,予谥勤恪。

【校勘记】

〔一〕因令各州县修立寨堡　"寨"原作"塞",音近而讹。今据李瀚章传稿(之二)改。

〔二〕不可行　"不可"原误作"难"。今据李瀚章传稿(之二)改。

刘坤一

刘坤一,湖南新宁人。咸丰五年,粤逆窜扰湖南,坤一以廪生领团练,从官军克复茶陵、郴、桂、宜章等城。叙功,以教谕遇缺即选。六年,从道员刘长佑军援江西。时临、袁、抚、建各郡皆为寇据,楚军既克萍乡,贼连营芦溪宣风镇来拒。四月,刘长佑令坤一进战,皆破之。五月,逼袁州而军,城贼出战,为坤一所败。湖南巡抚骆秉章奏保以知县归部即选,并赏加同知衔。时袁州贼势尚盛,相持久不下,坤一密招降伪侍卫李能通,能通在贼中负重名,于是降者相继。守将何益发夜开西门,以纳我师。坤一督楚勇先入,据之,〔一〕遂复袁州。奉旨以直隶州知州即选,并赏戴花翎。七年,从克临江府城,奉旨以知府选用,赏加道衔。八年,刘长佑以病归,骆秉章饬坤一暂领其众,偕道员萧启江渡赣而东,规抚州,克崇仁,败援贼于龙骨渡。启江在上顿渡为城贼所困,坤一率众往援,大破之。贼弃城遁,复抚州,建昌府亦同时克复。江西肃清。奉旨以道员归部即选。

九年,逆首石达开党众数十万,由福建边犯湖南,坤一奉檄回援,连解永州、新宁之围,赏加盐运使衔。贼窜广西,坤一从刘长佑蹑之,二月,复柳州,赏加按察使衔。刘长佑擢抚广西,乃饬坤一统率全师,剿办柳州馀匪,兼扼石逆入湘之路。十一年三月,柳州悉平,赏加布政使衔,进规浔州。七月,拔其城,命交军机处记名,遇有按察使缺出题奏,并赏给父母一品封典。逆首石达开将由粤、黔之交回窜川、楚,坤一扼之于融县,贼死争,不得过。坤一乘其惰,渡港掩之,贼大溃,石逆遁入黔。九月,授广东按察使。同治元年八月,擢广西布政使。敕赴浔州接办军事,逆首黄鼎凤自道光末据贵县,咸丰间累出攻破郡县,戕守令,官军屡议剿抚不能下,在广西群盗中最为狡悍。坤一节节扫荡,驻师登龙桥。当是时,黄鼎凤老巢在平天寨,四面皆山,壁立万仞,立重栅,以巨炮守之。其妇女财物皆在覃塘墟,距平天十馀里为犄角,高墙深濠,以抗官军。坤一阳为欲抚黄鼎凤也者,撤军回贵县,建醮祀阵亡将士,各路将佐咸会祭,铙鼓声闻远近;乃部署诸将,潜师夜起,袭覃塘据之,遂围平天。官军以其间拔龙岩,复横州,黄鼎凤势益蹙。三年四月,坤一遂擒黄鼎凤,与其党皆伏诛。

浔州平,赏给硕勇巴图鲁名号,并下部优叙。四年正月,搜剿思恩、南宁各属土匪,三月,复永淳县城。

五月,擢江西巡抚。旋因泄漏寄谕,部议革职留任。是时,发逆汪海洋败遁粤之连平州,复谋趋闽边,上犯江西。坤一饬按察使席宝田越境会剿,并令提督黄少春赴长宁,扼其窜路。五年,席宝田率军入粤,累战皆捷。会闽浙总督左宗棠军殪汪海洋于嘉应州,馀党歼焉。奏入,〔二〕以坤一调度有方,赏给头品顶戴。旋击散崇安斋匪,清江西各属伏莽。六年,湖北捻匪由蕲水窜广济、黄梅间,蔓延数百里,恣意焚掠,距九江、瑞昌仅隔一江,难民纷纷东渡。坤一亟调水师出江堵击,贼退。因奏拨库帑赈难民,且资遣回籍。未几,湖南浏阳教匪旁扰万载,坤一饬兵团剿平之。九年八月,天津教案起,坤一遵旨密筹沿江防务。十一年正月,奉新县匪徒谋逆,阑入靖安县城,讨平之。十三年正月,江西绅士都察院左都御史胡家玉积欠漕粮,又屡贻坤一书,干预地方事。坤一不以闻,为给事中边宝泉所劾,部议降三级调用,加恩改为革职留任,并降三品顶戴。寻奉恩旨开复。十二月,命署两江总督,兼署通商大臣。

光绪元年八月,擢两广总督。广东号富穰,库储实空,出入恒不相抵。议者请加盐厘及洋药税。坤一以粤盐困于私枭,骤议加厘则官引愈滞,于是添雇轮船,严缉私贩;又恐盐枭铤险,乃援康、雍间成案,官筹成本,收买馀盐,发商领运,官民交便。广东洋药厘,省城与外埠轻重不同,坤一始令各口悉一律抽收,无加税之名,而岁增巨万。广东吏治久疲,坤一以整饬之道在于久任,饬藩司查令实缺人员各还本任,不得轻调;有应调看更动者,悉遵部章，不逾十分之一。粤素多盗，赌风尤甚。坤一以赌为盗源，一切严禁，各州县水陆缉捕各营分定地段，以专责成，以故盗发辄获。二年八月，兼管粤海关监督。五年正月，兼署广东巡抚。二月，请将已故藩司杨庆麟事迹宣付史馆立传，并请予谥，以所请不合，下部议降二级留任。十一月，请开缺养亲，予假两月。

调补两江总督，兼通商大臣。六年正月，大学士直隶总督李鸿章奏饬筹议海防，坤一请由粤省自造蚊子轮船，用守各口，可以操纵自如，从之。三月，俄人交还伊犁，借端要挟，命将防务悉心经理，以备不虞。坤一奏曰："我朝定鼎以后，与俄从未交兵。俄为封豕长蛇久矣，志图荐食，力强为我劲敌，地广与我毗连，必须策出万全，不可轻于一试。陕甘有左宗棠及刘锦棠，直隶、山西有李鸿章、曾国荃，自足支拄。惟东三省系我朝龙兴之地，向为俄人垂涎，如有侵轶之虞，未审左宗棠、李鸿章等能否兼顾，及三省境内有无久经战阵之宿将劲旅，缓急可恃以自固？此则大局之亟宜绸缪者。夫兵之强弱，视将之勇怯，亦视将将者能否识拔真才。臣愚以为现在西北沿边将军、督抚，宜用亲历戎行、胆识并茂之员，以期折冲御侮，儒臣不谙武备，资望无济时艰，诚恐贻误于万一也。至西北既须戒严，则东南不可复生波折。日本于琉球之事，似须设法弥缝，毋使乘间蹈瑕，与俄合而谋我。前福建巡抚丁日昌谓宜责日本不能字小之义，以示大公而激众怒；而于灭我藩服，不必苦争，俾易转圜。所言亦未始无见。日本终为我患，令人每饭不忘。第目前不可遽启衅端，以免受其牵制。英、法、德、美诸国虽于东南各口棋布星罗，祇求传教、通商，别无觊觎之意；即遇事不免刁狡，亦在地方官抚驭有方。臣与诸国交涉多年，颇能知其委曲，目前决不至有决裂，上贻宵旰之忧。况英、德等国与俄猜忌日深，必不愿俄逞志于我，其应如何接为声援以伺俄人之后，使之不敢并力东向，庙谟广运，自已神而明之。"四月，入觐，赐紫禁城内骑马。

九年，法越构衅，边事戒严。坤一奏言："越南为中国外藩，本应保护，如法之于西班牙，英之于比利时，以其邻近，极力维持。况中国之于越南乎？越南前有李扬才之乱，法人尚无一矢相加。今忽以捕盗为词，狡焉思启，其如万国公法何？云南非通商口岸，难任觊觎，尤应据约与争。酌派兵船，游弋越南洋面，以壮声威；并由广东、广西遴派明干文武大员，统带劲旅，出关驻扎谅山省等处，以助剿土匪为名，密与越南君臣共筹防法之策。前此粤兵常驻关外，似不致遽启衅端，并嘱越南以收降将刘永福之法，招太原、宣光等处黑旗贼众，以免为法人诱为前驱。云南亦即据险设奇，以资犄角，法人知我有备，则其谋自阻矣。云南所拟加重越货税饷，窃谓决不可行。法人如得入滇通商，自必循照沿海各口税则及子口单照办法，加重之税饷，只可行之于越人，未必能行之于法人。并恐越人因税饷加重，转思暗嗾法人入滇通商，得以依托假冒，如沿海各口奸商故智，不可不虑。越南前与法国立约受亏，诸事被其钤制，现在中国派兵暗为声援，越人倚以为重，当不至如前之畏法，一味听从；如果与法别立新约，中国纵不能禁，亦应嘱其慎重图维，或即指示机宜，免致一误再误。既有辅车之谊，自无越俎之嫌。将来越南即有邀求，操纵仍然在我。夫以越南积弱，法人视之蔑如，若不早为扶持，覆亡可以立待。滇、粤藩篱尽失,将有逼处之虞。此等情形已荷圣明洞鉴,与其补救于后,曷若慎防于先,此又不可不明目张胆而为之左提右挈者也。"疏入,先后报闻。十二年,丁继母忧。

十六年,仍授两江总督,兼通商大臣。十七年,命帮办海军事务。十八年,修筑镇江都天庙、金山寺焦象两山炮台竣工,坤一亲往勘视。二十年正月,孝钦显皇后六旬万寿,懿旨赏戴双眼花翎。七月,署江宁将军。日本谋预朝鲜乱事,败盟内犯,提督叶志超等军溃于平壤,于是九连城、凤凰城、金州、旅顺悉陷。命坤一为钦差大臣,所有关内外防剿各军,均归节制。坤一疏辞,上谕:"刘坤一奏吁恳收回成命一折,现值军务紧要,统帅需人,刘坤一从前带兵多年,威望素著,是以特授为钦差大臣。该督惟当仰体朝廷眷注之意,尽心办理,用副委任,毋事固辞。各营将弁,如有不遵调遣、不受约束者,即按照军法从事,以一事权。"二十一年,和议成,命回两江总督任。二十三年正月,京察,下部议叙。二十四年十一月,奏请开缺,上谕:"刘坤一奏沥陈下情吁恳开缺一折,前因两江重地,刘坤一在任有年,平日办事认真,惟时局艰难,用人一端,尤关紧要。谕令留心考查,不可偏信,并当振刷精神,力任艰巨,以副期望。此正国家礼遇旧臣、殷殷垂诚之意。该督自应感激知遇,益加奋勉,方不负大臣共济时艰、以身许国之谊。兹据覆奏,以两江政务殷繁,本非衰庸所能胜任,恳请开缺。是以退闲为卸责之地,殊属非是。朝廷待下以诚,臣下不可有一字之欺。刘坤一所请开缺之处,着毋庸议,仍着懔遵前旨,将用人行政各事加意讲求,悉心经理,以副疆寄而济时艰。"二十五年二月,安徽涡阳土匪滋事,坤一饬三省会剿,平之。五月,奏于江宁省城设立练将学堂,遵旨改练洋操。六月,复以病疏请开缺,奉孝钦显皇后懿旨:"刘坤一奏病体未痊,恳请开缺一折,刘坤一老成稳练,久任疆圻,办事具有条理,着赏假一个月,毋庸开缺,并赏人参四两,俾资调理。"二十六年,德宗景皇帝三旬万寿,赏加太子少保衔。

拳匪倡乱,东南震惊。坤一会同各督抚与各国领事订约,允为保护,并严禁谣传煽惑,人心赖以敉定。时德宗景皇帝奉孝钦显皇后驻跸西安,论者有迁都之议,坤一力陈其弊,吁请回銮,上纳之。〔三〕二十七年,上以欲求振作,当议更张,诏中外大臣各摅所见。坤一偕湖广总督张之洞三疏奏请变法:"一、育才兴学之大端,宜参考古今会通文武者四:曰设文武学堂,曰酌改文科,曰停罢武试,曰奖励游学;一、中法之必应整顿变通者十二:曰崇节俭,曰破常格,曰停捐纳,曰课官重禄,曰去书吏,曰考差役,曰恤刑狱,曰改选法,曰筹八旗生计,曰裁屯卫,曰裁绿营,曰简文法;一、西法之必应兼采并用者十一:曰广派游历,曰练外国操,曰广军实,曰修农政,曰劝工艺,曰定矿律、路律、商律、交涉、刑律,曰用银圆,曰行印花税,曰推行邮政,曰官收洋药,曰多译东西各国书。以上诸条,所需经费不少,此次赔款极巨,筹措艰难。论者必以度支困绌为词,谓诸事方求节省,岂宜更增用费?遂不免顾惜迟疑。臣等之愚,窃以为不可。今若竭海内之力,百计搜括,但供每年赔款以冀无事,则外国必将视我中国皆苟安无志之人。士无奋心,民无固志,各国之轻我侮我,更将得步进步,不待赔款还清,而中国已不能立国矣。窃谓节用之与自强,两义自当并行,不宜偏废。"疏上,命政务处核议施行。十月,回銮,奉孝钦显皇后懿旨:"现在时局渐定,回京有期。刘坤一等共保东南疆土,尽心筹画,卓著勋劳,自应同膺懋赏。两江总督刘坤一着赏加太子太保衔。"

二十八年九月,卒。遗疏入,谕曰:"朕钦奉慈禧端佑康颐昭豫庄诚寿恭钦献崇熙皇太后懿旨,两江总督刘坤一秉性公忠,才猷宏远。由诸生起家军旅,屡建功勋,荐历封圻,克勤厥职。嗣简授两江总督,兼充南洋大臣。十馀年来,镇抚地方,军民爱戴。办理交涉,悉协机宜。前年近畿之乱,该督保障东南,匡扶大局,厥功尤著。老成硕望,实为国家柱石之臣。前因患病,叠次赏假,并颁给人参,借资调理。方冀早得就痊,长膺倚任。遽闻溘逝,震悼良深! 刘坤一着加恩追封一等男爵,晋赠太傅,照总督例赐恤。赏银三千两治丧,由江宁藩库给发。赐祭一坛,派署江宁将军额勒春前往致祭。予谥忠诚,入祀京师贤良祠,并于江宁省城、湖南原籍及立功省分,建立专祠。生平事迹,宣付史馆立传。任内一切处分,悉予开复。应得恤典,该衙门察例具奏。灵枢回籍时,着沿途地方官妥为照料。该故督子孙几人,着张之洞迅速查明具奏,候旨施恩,用示笃念荩臣之至意。"十一月,张之洞奏:"坤一起家军旅,擢任封圻,垂四十年。居官廉静宽厚,不求赫赫之名,而身际艰危,维持大局,毅然担当,从不稍事推诿。忠爱之忱,老而弥笃。每论及时事,敬念圣恩,未尝不抚膺流涕。近年以来,臣与之共事,深知其忠定明决,能断大事,有古名臣风。并将坤一子嗣奏闻。"得旨:"刘坤一之子候选道刘能纪,加恩着以四品京堂候补;伊孙一品荫生刘思铨着以郎中用,候选同知刘思锜着以知府用,刘思镠、刘思铃均着以主事用,以示笃念荩臣有加无已之至意。"寻赐祭葬。

【校勘记】

〔一〕据之　原脱"之"字。今据刘坤一传稿(之二)补。

〔二〕奏入　"奏"上原衍一"捷"字。今据刘坤一传稿(之二)删。

〔三〕上纳之　"纳"原误作"诺"字。今据刘坤一传稿(之二)改。

杨重雅

杨重雅,原名元白,江西德兴人。道光二十一年进士,改翰林院庶吉士。二十四年,散馆,授检讨。二十七年,充武英殿纂修。咸丰二年,大考二等,赏大卷绸袍料。旋充武英殿总纂,恭修宣宗成皇帝实录,书成议叙,奖以应升之缺开列在前。三年,更名重雅。九月,充武英殿提调。十二月,充文渊阁校理。四年六月,记名以御史用。七月,补河南道监察御史,兼署山东道监察御史。

时朝廷变通钞法,商人因缘为奸,重雅洞抉利弊,条列四事:一曰收钞,宜筹妥速;二曰还钞,不宜过迟;三曰大钱,宜并流通;四曰商人,宜示裁制。适有奸商黄三、刘七等私铸事觉,刑部治罪两歧,重雅复勘核案情,疏言其失,以昭平允,均如所请行。五年七月,截取以繁缺知府用。八月,补授四川顺庆府知府,甫受事,值土匪何国梁与弟兴顺纠贼三万馀,由牛腹渡分窜资阳、遂宁、蓬溪,以图顺庆;其党彭绍福率匪二三千,自清平镇窜往燕子窝、二郎场,遥为声援,势张甚。重雅浚重隍,练乡勇,储备薪粮,以守为攻,贼至有备,得不逞。府治东、南、北三面临嘉陵江,旧堤横障江心，每盛涨漫溢，辄毁民廛。重雅倡建复堤，利赖至今。

九年，调署成都府知府，十年，补授。当是时，蓝大顺、李短辫子二逆肆扰川疆，警报逼省垣。重雅布置防守，一如在顺庆时。城周二十里，每日夜巡行二次，目不交睫者七十馀日。侦贼至井研，亟令其子霈霖率千三百人力扼青神，而自督前军进至井研之分水岭，与战大捷，贼溃散。寻以给事中赵树吉保奏，命帮办四川团练。八月，驻藏大臣崇实署理四川总督，人或讦控重雅，崇实遽请解重雅任。居民闻之，不期而集者数万人，谓："省城得全，实重雅之力，今去官、民无所依。"环跪行馆，吁请复重雅职，道为之塞。崇实复为具疏昭雪，有旨交督办军务骆秉章再行秉公确查。初，骆秉章曾保奏重雅明干练达，卓著循声，奉旨以道员尽先补用。至是复奏白其枉，仍请以道员尽先补用，允之。

同治元年，檄办顺庆、潼川团练。九月，剿贼于三台，克之。二年正月，又败贼于遂宁，四月，乘胜追击，立解顺庆府城之围。五月，骆秉章至军，嘉其功，檄署川北道。秉章时驻师顺庆，营山县知县濮文升开办亩捐，以操切致怨，奸民王礼谟嗾乡民五万馀人围城。报至，秉章拟遣军剿捕，重雅谓："愚民无知，晓以利害，将自散；若大军一临，祸且不测。请单骑往谕。"甫入境，见曳枪归者，召至谕之曰："尔等皆良民，不为匪。以王礼谟迫胁故耳。既归，毋再往。今但罪王礼谟一人，馀悉不问。可转相告语，各安其业，无事矣！"比至县，果无一人，即入城安抚，民心大定。五日回报，秉章奇之。

九月，秉章署四川总督，调重雅署成都府，赞画军事。重雅力荐降将唐友耕可大任，卒破川、陕各贼，擒逆酋石达开于大渡河滨紫达地。发匪荡平,川境肃清。云南提督林自清不为回逆所容,率党万馀抵蜀,号称八万,川中震恐。自清欲至省,骆秉章虑与民哄,思以计止之。重雅请先筹饷糈,安辑其军,使静候朝命,而令自清率百人来省商进止,并与约严束士卒,无生民衅。自清竟不敢赴,数月,自清举主署贵州巡抚张亮基至,遣散其众,竟无一滋事者。四年三月,安岳匪徒何绍先倡乱,聚数百人,诈称团民缚贼,乘虚入县劫狱踞城。重雅带勇驰剿,贼骇走,复令知县赵基率团追剿,屠其寨,擒斩匪首何绍先于阵。馀匪悉平。云南巡抚林鸿年深器之,奏请调滇差遣,骆秉章疏请留川,用资臂助,并追叙前劳以闻。得旨,赏戴花翎。八月,授四川按察使。贵州威宁镇总兵李有恒统虎威军奉调来川,至永宁,部卒强市民物,民执与争。有恒遂飞章告变,请悉置诸法,重雅力持不可。次日,得叙永厅报,始知罪在兵不在民,事遂寝。所全活不可胜计。巨匪王小老幺、杨鹏霄等积为民患,常以刀盾自随,官吏几不敢过问。重雅悉捕治之,奸宄慑息,全蜀大治。六年,丁母忧,九年,授甘肃按察使。甘省吏治窳坏,州县往往以贪纵虐民,习为故常。重雅至,约再有蹈此者,悉论如律。于是残暴之吏望风解组,仕路以清。

　　光绪元年,调广西布政使。司库以出入轻重为利薮,州县苦之。重雅令就解作领,以节劳费,僚属称便。尤以振兴文教为亟,创设书局,捐购经、史、子、集诸书,以资诵习,边省人士咸知向学。三年升授广西巡抚。四年二月,全州匪徒蒋鹏飞等因饥倡乱,亟饬桂林府知府黄师阃等擒斩之。嗣是如郁林匪首谢单爪虎、苍梧匪首梁试隆以及平乐、柳州、浔梧等府之游、斋各匪,均经先后剿捕，以次戡平。记名总名李扬才以招抚越南股匪为名，募勇出关，谋踞藩地，重雅遣军追击，败之谅山。时英国商人得请自领税单，入内地贩运，重雅疏言："广西逆氛未靖，碍难遽行通商。请俟全省绥安，再行酌办。"允之。五年闰三月，奉旨着开缺来京另候简用。十一月，卒。二十三年，四川总督鹿传霖胪陈重雅在蜀政绩，请宣付史馆立传，并附祀前四川总督骆秉章专祠，得旨允行。

子仪成，四川龙安府知府；霈霖，安徽怀远县知县；毂成，直隶鸡泽县知县；德成，山东平原县知县。

徐延旭

徐延旭，山东临清州人。咸丰十年进士，以知县用，签分广西。请假修墓，在籍办理团练，以河北肃清功，赏加知州衔。同治二年，到省，署容县知县。寻以克复容县，戡定梧州，在事出力，得旨补缺后以同知用。四年，调署桂平县知县，补容县知县。五年，广西巡抚张凯嵩以贤能保荐，奉旨补缺后以知府用，旋经吏部援案议驳。会浔州官军生擒巨寇姚新昌，全股歼灭。延旭偕郁林州知州叶葆元、游击黄才贵督军攻破贼垒，进克拳恋田贼巢，转战半年，不避艰险。张凯嵩上其功，复疏称延旭民情爱戴，无愧循良，请仍照前旨给奖。诏开缺俟补同知后以知府用，并赏戴花翎。寻署太平府知府，兼理龙州厅同知。值贼势鸱张，扑犯府城，延旭督勇百馀击破之。捷闻，命免补同知以知府尽先补用，并加道衔。九年，广西巡抚苏凤文疏称延旭才长守洁，办事认真，请补梧州府知府，从之。

　　光绪二年,克复越南省崖贼巢,延旭与有功,赏加盐运使衔。六年,擢湖北安襄郧荆道。八年正月,升广西布政使。三月,署湖北按察使。六月,抵广西布政使任,命出镇南关,会同提督黄桂兰、道员赵沃筹办边防。九年正月,民房失火,延烧藩署科房,下部议处。九月,授广西巡抚,仍驻军越南谅山。十年二月,以边防调度乖方,革职留任。三月,北宁失守,谕曰:"前因法国、越南构衅交兵,广西边防紧要,谕令徐延旭出关,督率防军,严密扼守,以固边疆门户。乃该抚迁延不进,株守谅山,仅令提督黄桂兰、道员赵沃等带兵驻守越南之北宁。乃于法人扑犯,该提督等防御不力,竟行溃退,以致北宁失守,实堪痛恨!兹据徐延旭、张树声先后奏到失守情形,并据徐延旭自请从重治罪,张树声自请严加议处,[一]前已有密旨,令潘鼎新驰赴广西镇南关外,传旨将徐延旭革职拿问;并令王德榜将黄桂兰、赵沃革职拿问。现计潘鼎新应已抵广西,着该抚派员迅将徐延旭解交刑部治罪。"十一月,到部,钦派王大臣会审,议罪如律。旋奉恩旨免决,发往新疆效力赎罪。途次病故。

【校勘记】

〔一〕张树声自请严加议处　"严加"原颠倒作"加严",又脱"议"字。今据徐延旭传稿(之二)改补。

　　倪文蔚

　　倪文蔚,安徽望江人。咸丰二年进士,改翰林院庶吉士。三年,散馆,以主事用,签分刑部。十一年,河南巡抚严树森驻师陈州,辟文蔚襄办营务。时叛练苗沛霖觊觎汴梁,欲与汝捻合为一气。分党王金奎、苗金开由颍西窜入沈丘突踞荆寨。官军乘贼筑垒未定,夹击破之。贼趋项城,严树森令文蔚率刚锐、骁果等营驰援,与参将刘凤岐、都司李永禄力解城围,阵斩伪军师李鹤鸣等,馘千馀级,贼溃走。沈、项一带肃清。叙功,加郎中衔,并赏戴花翎。同治元年,严树森为湖北巡抚,疏调文蔚随营带兵,命发往湖北差遣委用。六年,丁祖母忧。七年,捻匪平。湖广总督李鸿章以文蔚在营出力,请量予超擢,得旨:"刑部候补主事倪文蔚,始终兵事,未进一阶,颇为廉让可风。着加恩以该部郎中即补。"十年二月,补官。九月,捐免历俸,截取以知府用。

　　十一年,授湖北荆州府知府。兴修万城大堤。光绪四年,以河南旱灾,捐银二千两助赈,河南巡抚涂宗瀛奏奖以道员用。六年四月,擢河南开归陈许道。八月,擢广东按察使。七年闰七月,擢广西布政使,八年正月,升巡抚。先是,关外匪首陆之平勾结股匪,屡扰边界,稔恶二十馀年。文蔚履任,即派兵追剿,擒斩之;又诛郁林州匪首吴晚大,破其大竹根老巢,招抚覃思娣、李亚生等。九年九月,调广东巡抚。濒行,疏劾广西按察使国英恍惚舛谬,不胜监司之任,诏开国英缺。十二月,以山东黄水为灾,倡捐赈银。十年闰五月,筹助湖北赈捐出力,均交部议叙。寻以内阁学士周德润疏劾文蔚在广西滥保广东知府邹觐皋,谕曰:"邹觐皋赴广西查办案件,综计其往返程途日期,何能远至关外,著有劳绩? 其为徇私滥保,毫无疑义。着交部议处。"寻议降二级调用,上加恩改革职留任。八月,法兰西构衅越南,沿海戒严。上闻文蔚等会衔示谕沿海居民,措辞失当,传旨申饬。十二年四月,召来京。时文蔚已得疾,请开缺回籍就医,允之,命俟病痊后仍遵前旨来京陛见。

十三年正月,起病入觐。五月,授河南巡抚。八月,河决郑州。文蔚以兼管河务,疏于防范,自请交部议处,得旨宽免,命妥筹赈抚,会同河道总督成孚将抢护堵筑事宜赶紧筹办。是月,慈禧端佑康颐昭豫庄诚皇太后轸念灾民,颁发内帑,交文蔚查明黄水经过被灾地方,核实散放。九月,抢筑东西坝裹头工竣,疏请筹款购料,以便盘筑坝基,得旨:“先由部库拨银一百万两,仍着户部拨款接济,该抚身任地方,亦属责无旁贷。前因甫经到任,从宽免其议处,务当激发天良,同心协力,速蒇要工。”时黄沁两河先后被淹,灾区甚广,文蔚饬属劝募助赈。先捐廉银为倡,以郑州仓卒兴工,土夫索价居奇,因招集灾民,设立工赈营,令总兵董明礼等分统之,奏调前山西布政使绍諴、前山东按察使潘骏文令赴工分司两坝堵筑;又调湖北道员陈建侯、直隶州知州何嗣焜综核款项,办理工赈,诏皆允之。先后命刑部左侍郎薛允升、礼部尚书李鸿藻前往河南将现办大工情形查奏,又起前河南巡抚李鹤年署理河东河道总督。十二月,命李鸿藻督办大工,会同文蔚迅筹堵合。

十四年正月,大坝开工。三月,疏言:“郑州自去冬兴工。时日迫促,工程浩大,明知其棘手,而不能不力任其难。如近坝沙澥,取土窎远,一难也;日计不足,必兼夜工,灯烛之光,不能及远,二难也;水集下游,州县稭料由周家口水路运工,以辅路运之不及,逆流上驶,牵挽无路,三难也。前与李鸿藻、李鹤年会商,用西洋铁路土车,以速运土,用电气灯以速夜工;用小轮船溯江入淮,挖带料船以速运料。现在购备铁路电灯,运至工次安设,运土迅速,较之土夫推送,难易不啻倍蓰;电灯照耀,有如白日,可以昼夜趱工。惟淮、泗等河,经黄流奔注,溜势趋向无定,深浅靡常,试行小轮船,时虞阻隔。现令多集民船,辘轳运送,尚能源源接济。”六月,东坝共成二百四十七丈,西坝共成三百五十八丈。七月,连挑水坝,共成占六百馀丈,挑引河二千九百馀丈,功在垂成,卒以伏秋大汛骤至,金门束溜太急,突陷数占,而民间旧储秸料已罄,新秋未收,暂议停工固守。上责李鹤年日久无功,褫职遣戍;文蔚革职留任,摘去顶戴。李鸿藻回京。八月,御史刘纶襄、燕起烈劾文蔚糜饷误工等款,上令署河道总督吴大澄查奏,寻言:“文蔚以办料委之州县,系援照祥工成案办理。该抚目击河工待用情形,催趱未免过急,书差扰累并无确据,在工人员薪水亦系照案支销。”得旨,免议。文蔚乃与吴大澄力持保守旧占之策,俟秋汛稍平,竭力接筑,次第开放引河,以分水势。十二月,合龙。上嘉文蔚督饬在工员弁认真襄办,使大工克期告成,不负委任,开复革职留任处分,赏还顶戴,仍交部优叙。

十六年正月,兼署河道总督。三月,交卸署任,即赴南阳校阅营伍。五月,疾作回省。六月,卒。布政使廖寿丰代递遗疏,奏言:“文蔚自任河南巡抚,未及匝月,即值郑州决口。其时司库款项奇绌,筹工议赈,事烦费巨,文蔚殚心擘画,年馀之久,奔驰工次,酷暑严寒,不辞劳瘁。遂得秸料应手,功近垂成,忽遇伏汛中变,愈滋浮议。文蔚以一占之费,动需万金,已成之工,守而勿失。与河臣吴大澄和衷商榷,霜清后次第接筑,大工即庆合龙,各属灾黎幸免昏垫,而受病之由,实基于此。迨赈务即藏,凡地方善后,如兴修水利,抽收厘税,编查保甲,整顿营伍诸大端,皆已厘定章程,次第修举。近年江、浙、东、皖等省水旱告灾,尤能不分畛域,首先捐廉,续筹巨款协济。以故豫灾乞贷,各疆臣感其厚谊,皆有以报之。上年夏间染疫,因科场在迩,不俟假满,即力疾销假视事,嗣兼署学政,接办文武两闱,未敢一息暇逸。本年正月,兼署河督。二月即出省,周历南北两岸,查验新旧工程。甫卸河篆,又复出省校阅营伍。初抵南阳,即已撄疾,犹按营训练,一切公事,照常判核。迨至旋省,病即不起,身后萧然,殊堪悯恻!"疏入,谕曰:"河南巡抚倪文蔚,由部属历任道府,荐擢封圻,宣力有年,克勤厥职。前因患病,赏假调理。兹闻溘逝,轸惜殊深!加恩着照巡抚例赐恤。任内一切处分,悉予开复。应得恤典,该衙门查例具奏。"寻赐祭葬。

八月,河道总督许振祎疏言:[一]"文蔚忠清亮直,始终不渝。所在无表异矜奇之迹,而去后每系人思。任事无畏难苟安之心,而功成常居退让。郑州一役,当时定谋发议,实抱孤忠,而忧愤积劳,其受病亦即在此。查文蔚前襄抚臣严树森营务,视师陈州,还过通许,捻匪猝至。文蔚虑通许城守单弱,回马疾驰,与贼争先,至城下仅而得入,百计助守,竟以击退,城赖以全。迨严树森抚湖北,与督臣官文奏调来营,相随督师,所向皆捷,该抚臣赞襄之力居多。大学士曾国藩督两江时,数称其贤,招致幕府,以祖母年老辞,愈益重之。在江宁主讲书院,多所成就。终养后,复随李鸿章剿贼德州。计在军营立功最久,而始终谦退未进一阶。捻匪既平,特旨赏郎中,补官截取,擢守荆州,在郡八年,百废具举。万城大堤为下游十数州县屏障,长二百馀里,江流剽急，每遇盛涨，一塌辄数十丈。文蔚于滨江陡岸砌为坦坡，下列巨桩，上累大石，层层收筑。上游自是无倾塌之患，沙市繁庶，就堤列肆。迁之则民悉重扰，仍之则堤不可加，乃因肆之广狭，分植石柱，横施闸板，以备不虞。前次荆江大水，恃此无恐。文蔚既周知堤之险要而除其积弊，乃著万城堤志，使后之莅事者有所法守。寻擢广西巡抚。时积匪十余股久扰关外，抗拒官军。文蔚剿抚并用，其经画皆见诸奏牍。调抚广东，目击滨海居民贪沙田之利，筑坑基与水争地，故致汜滥，遂严申基围之禁，至今赖之。及抚河南，到任匝月，河决郑州。先是，文蔚任开归陈许道时，即以石家桥、来童寨等处险工为虑，议于广武山脚建坝挑溜，旋即去任，议不果行。人皆服其先见。方河决时，文蔚即以抢筑裹头为第一要策，亲历灾区，察看情形，议设郑工总局、赈抚总局，委员分设赈厂，拯救饥溺，安集流亡。当是时也，群情惶惑，众口沸腾，谓口门过宽，断难合龙者，十人而四五；谓黄流当徙，万不可塞者，十人而二三。老于河务者，欲引中牟成例，拟请分年办理；通筹大局者，又欲先疏南河故道，然后堵此决口。文蔚力持定见，不为众说所淆，请款集料，一意塞决；又奏募工赈营，以工代赈，以杜土夫之居奇。于天津设转运总局，于省会设官钱局，接济不穷，以杜奸商之压价。凡有益于工赈者，无不纤悉图之。伏念郑州一役，前之不就，在兴办之太迟；后之速成，在旧占之克保。比吴大澂接续进筑，和衷商办，而计日程功矣。际此大灾昏垫，而豫民不至流亡饿莩，荒政之善，确有明征，较之一意督工，尤有难者。"疏入，谕曰："已故河南巡抚倪文蔚前以主事从戎，旋由知府荐擢封疆，历任广西、广东等省除患安民，政声卓著。其在河南巡抚任内,郑州一役,督办工赈事宜,尤能实力实心,不辞劳瘁。着将生平事实,宣付国史馆立传,以彰茂绩。"

子世熙,花翎三品衔,户部候补郎中;世焘,盐提举衔,候选通判。

【校勘记】

〔一〕河道总督许振祎疏言　"祎"原误作"祎"。今据倪文蔚传稿(之二)及景录卷五五二叶六下改。按本卷许振祎传之"祎"字均误作"祎",今亦改正。

刘锦棠

刘锦棠,湖南湘乡人。父厚荣,剿贼战殁岳州。锦棠由监生入赀为县丞,痛父殉难,投老湘营,随叔父提督刘松山自江西转战安徽。同治四年,以坚守宁国府城功,擢知县,赏戴蓝翎。寻皖南肃清,加同知衔,并赏换花翎。

五年,松山剿捻山东,解曹州围,追至江苏铜山,败之;又屡捷于河南之西华、□□、郾城、〔一〕南阳、新野,锦棠战功最,保以同知直隶州用。捻首张总愚窜扰陕西,六年正月,锦棠随松山蹑剿,拔郿县银渠金渠二镇,追败之泾阳竹范村,抵富平,〔二〕破其垒。贼窜同州、朝邑及郃阳,松山一捷于晋成堡,再捷于姜彦村,夺许家庄贼垒。同、朝围解。捷闻,锦棠擢知府,加道衔。五月,贼犯省城,松山会众军大战于山门口、木塔塞、齐王村,阵斩数千级。十月,捻、回勾结,陷绥德州城,松山蹑其后,立攻复之。捻匪遂潜渡冰桥,窜山西,松山偕诸将且追且战,克吉州、乡宁,解河津、稷山围。十二月，及之平阳，贼踞柏家庄拒战，不能抗，遂奔垣曲，入河南济源，扰卫辉，由内黄犯直隶。七年正月，松山追及巨鹿，夜越贼屯，疾驰至祁州。时贼骑已至保定城下，松山迅赴之，省城获全。二月，追抵献县商家堡，历深州、博野、深泽、饶阳，大小十馀战，所向克捷，锦棠无役不从。钦差大臣陕甘总督左宗棠录其功，请以道员即选，并加按察使衔，诏从之。三月，贼还窜河南，踞封丘之谢店、陈道、康店，松山击走之，又追败之滑县小寨及阳武延州寨。四月，越运河，趋山东武定府，松山觇贼所向，迎头痛剿。时官军筑长墙为内外围，蹙贼于直、东间。六月，逆首张总愚溺毙，西捻平。锦棠功冠诸军。

　　既而左宗棠西征，檄松山助剿。十二月，进规陕西北路，平怀远、小理川、大理川匪巢，追至靖边、镇靖堡，收抚董世有，分军败洛珠川贼，进击定边高家湾回逆，败之。八年二月，还定绥德叛卒，陕境肃清。汇前后功，议奖，加锦棠布政使衔，赏给法福凌阿巴图鲁名号。时甘肃回酋马化隆踞灵州金积堡，负嵎自固。七月，松山道花马池进剿，饬锦棠偕总兵章合才分兵击之，追至天池子，又败贼于甜水河，驻军下桥。陕回马正和等股散处吴忠堡以西，官军进师会剿，松山从南路迎击，而令锦棠攻北路贼，皆败之。金积堡逆回竞出刈稻，遇伏惊溃，锦棠急起截之，歼贼五六百人。寻回酋马正和复出挑战，崔三、李经举等继之，锦棠麾提督谭拔萃、喻执益驰赴左右路助战，大败之，毙马正和于阵，乘胜击下顾家马家二寨。马化隆惧，九月，诣军门求抚，松山知其诈，亲至余家湖觇之。回众果悉锐来犯，锦棠先登陷阵，克敬家两堡，贼决秦渠自固。锦棠击下坝西贼垒，乘势掘水漫沟，立破

沟东贼寨。松山薄灵州,锦棠及提督萧章开凫水进,拔团圆寺贼
卡,收复州城,连下海子墩、买家庄、马清儿、罗家桥四寨。十月,
还壁下桥,破里仁渠、八寨两庄,贼震慑,复乞抚,而逆目陈林梗
其事。十一月,松山会提督金运昌进剿,逼金积堡四里而垒,贼
筑两垒,官军一鼓下之,潜师抵胡家堡,锦棠攻左,蹑踪入马家
寨,殄贼无算;复夜袭赵马两寨,拔之。九年正月,下石家庄三
垒,进击马五寨,克其外卡。松山策马督攻,中炮阵亡。诸将愤,
力破之。是月,锦棠连败金积堡、胡家堡贼。

　　二月,奉上谕刘锦棠着赏三品卿衔,接统刘松山旧部,于是
锦棠分屯永宁洞口,会金运昌皖军屡破贼。四月,贼决二渠,水
建瓴下,官军随机堵御,引注永宁洞口入于黄。贼计不得逞,分
党劫广武粮运,锦棠令提督黄万友设三伏歼之,檄总兵沈先梅遮
贼欢喜梁,斩获甚夥。五月,伏军擒回酋王洪,斩之,会克马八
条、马七两寨。六月,拔杜家、王红连、郭家、马宏等寨,戮其渠。
七月,越贼濠而垒,两战皆捷,击下小何家、蔡家寨,克马连渠贼
垒三,毁李花桥贼卡十一。八月,击秦渠水口贼隘,下之,进薄秦
坝关,歼其精锐,乘夜袭东关;复饬军功董福祥攻双桅杆寨,提督
谭上连攻油坊寨,先后破之。九月,径薄金积堡西门,锦棠与道
员黄鼎,提督雷正绾、徐文秀、金运昌各军,建长围以困之。分兵
破枣园堡三寨,汉伯堡介洋麻湖、波浪湖之间,[三]三面阻水,锦
棠令囊沙缚草以进,克之;复击下杨明堡。闰十月,筑炮垒压贼
巢,贼益汹惧。十一月,回目陈林挈八千人就抚,马化隆因诣营
降,锦棠开壁纳之,令逆子马耀邦平堡墙,缴马械,籍户口待命。
左宗棠以捷闻,奉上谕:"道员刘锦棠接统湘军,克平巨憨。着加

恩赏给云骑尉世职,并赏穿黄马褂。"十年正月,磔马酉父子及逆党九十馀人。初,马化隆既降,而金积废堡犹匿洋枪千馀杆,左宗棠以王家疃未下,虑他酉疑惧,密请缓诛。至是,宁、灵悉定,乃正其罪。贼目马八条亲害刘松山,锦棠脔而祭之。于是籍回众万口,徙之华亭、化平川。六月,乞假扶松山榇归。

　　十一年六月,募兵度陇。时陕回踞西宁府、大小南川,与土回阳乞抚,[四]左宗棠檄锦棠往,八月,进驻平戎驿,分扎马营湾、三十里铺。逆回遽两路来犯,一出检柴沟,一由府城趋峡口,皆败之;乘胜破峡中石卡,击贼巴藏沟,走之。苦战一昼夜,攻下卓子山坚垒,火高家堡贼巢,又创贼于上红庄、小峡口,夺骆驼堡贼卡十馀。九月,直隶州龙锡庆追贼沙沟,贼大队骤至环攻,锦棠驰援,燔观音沟贼巢,击败大堡及两山贼,锡庆围解。复击散南北两岸贼。平戎桥工将竣,贼大至,薄我半济,官军四出猛击,贼大溃;复追败之平川。十月,踏平高寨贼垒,进夺小峡北岸三垒。贼争左山巅,血战历五时,始败退。同时克南北两山贼卡。时西宁被围急,锦棠自率各军尽扫羊角湾、罗家湾、十里铺一带贼垒;提督余虎恩追窜贼,亦破南山贼隘十馀所。遥见附城火起,锦棠迅进抵东关,逆首马桂源、马本源已先夕遁,西宁围解。捷入,赏白玉翎管一枝、白玉搬指一个、大荷包一对、小荷包两个、火镰一把。

　　十二月,进规大通,败贼姑姑家庄。十二年正月,破向阳堡,擒逆目马进禄、韩起寿,磔之。缚逆目马寿以行,抵县城,令抚回冶复兴、周麾呼曰:"献城者免死!"回众数百开西门迎降,而马寿逆党犹踞东门,官军猱腾上,立克之,诛马寿等百八十人。逆回白彦虎窜走,冶复兴扼之水峡,再战皆捷,寻穷追遇伏死。锦棠乃迁回民二万,安置平凉、秦安、清水。时按察使陈湜既克巴燕戎格,而循化界之青科庄逆回犹抗大军,锦棠会攻下之。九月,会提督徐占彪克肃州城,事闻,下所司优叙。十三年十月,署甘肃西宁道。十一月,河州降回闪殿臣叛,扑州城及宁和镇。十二月,锦棠间道驰击,斩逆党黑里布兄弟及逆子闪福一,合提督沈玉遂军围买家集。贼凭高压阵,我军腾践山巅击之,贼溃走,锦棠麾骑队遮其前,贼退入各庄堡,纵火歼焉。擒闪逆,槛送省城,伏诛。河境复平。光绪元年二月,奉旨嘉奖,交军机处存记。

左宗棠督军出关,檄锦棠总理营务,以所部从。十一月,补甘凉道,旋调西宁道,以关陇肃清优叙。维时逆回白彦虎窜附安集延,帕夏阿古柏遣贼助之,闻大军将至,由红庙子趋古牧地抗拒。二年六月,锦棠抵阜康、九营街,会都统金顺进攻古牧地,克之;合围辑怀城,锦棠督军猛进,麾参将董福祥等鏖战两时,拔之,守贼五六千燔焉。乘胜克乌鲁木齐、迪化州两城。当辑怀城既复,锦棠得贼书一通,知乌城空虚无备,故军不停趾,获此奇捷。左宗棠奏称刘锦棠忠勇罕俦,机神敏速,有谋能断,履险如夷,实一时杰出之才。寻得旨赏给骑都尉世职。于是分军:一出七道湾指东山,一出盐池墩抵柴窝堡,自率步骑历小东沟至金口峡,累有斩获;而白彦虎、余小虎诸逆已遁托克逊,获其馀粮而还。八月,遣军助攻玛纳斯南城,九月,连战,克之。三年三月,锦棠自乌鲁木齐逾岭而南,径趋达板,环城周览,坐马中弹毙,易骑复进,击败山后援贼,傍城东起炮垒,连环测轰,后一子击中储药,硑訇震荡,人马碎裂。贼开东门,突围不得出,歼焉。生擒夷官数十,遂克其城。军次白杨河,分马步三千进攻吐鲁番,自以兵七千捣托克逊,提督黄万鹏急进,贼围之数重,正鏖战间,大军三路皆集,贼惊溃,白彦虎等烧粮械遽遁。立复托克逊城,纳降二万有奇。是日,道员罗长祜等亦会克吐鲁番城。五月,赏戴双眼花翎。八月,进兵曲惠,檄余虎恩等径指库尔勒,锦棠自循大路进。贼决川没径,迁碱地百数十里,梁开都河渡军。九月,入喀喇沙尔城,徙和硕特数百户实之。逾哈尔哈阿满沟,与间道兵会,抵库尔勒,贼已先遁,选锐卒疾追,及之布告尔,斩馘百馀。诘朝行四十里,贼裹胁数万众反扑,击败之,留提督陶生林安辑难民。锦棠自追贼库车,捣其中坚;罗长祜横跃贯阵,贼大溃,毙贼目马由布,复库车城。拔队经和色尔,踏冰抵铜厂,贼列阵回拒,副将夏辛酉跃马突阵,生擒貂衣贼目,贼奔溃;遂度戈壁,薄阿克苏,下其城,抚缠回十数万。分队追至胡玛纳克河,毙骑贼数百,拔出哈密回王之母及回众二千馀人,进驻乌什城东,逐贼至阿他伯什而返。是役也,一月中驰三千馀里,收复南疆东四城,诏以三品京堂候补。

十月,沙雅尔回目麻木尔叛踞哈番,旋窜屈乌克拱拜,阻河自固。锦棠督队凫渡击之,枪创麻木尔,俘斩八百有奇。锦棠念西四城形势,当先规叶尔羌,而喀什噶尔被陷员弁据汉城反正,机不可失;乃饬余虎恩、黄万鹏分道指喀什噶尔,自出叶尔羌为席卷四城计。十一月,黄万鹏抵喀城北麻古木,余虎恩抵喀城东牌素特,闻贼攻汉城急,驰援之,歼骑贼千,斩贼目王元林。汉城复鼓噪助势,城贼开西门狂窜,立克喀什噶尔城。是月,锦棠抵叶尔羌,踞贼先一夕遁;入其新城,令提督董福祥略和阗,自率马步趋英吉沙尔,至则城贼亦遁,抚缠回二千户。进抵喀城,与余虎恩、黄万鹏诸军会。方喀城之克也,余虎恩追伯克胡里,及之明要路,阵斩叛回蓝得全,俘贼目余小虎,伯克胡里与白彦虎同窜俄罗斯境。擒贼目马元、白彦龙以下,悉歼焉。维时董福祥亦勘定和阗,诸军锐进,俘戮帕夏子女九人,逆回金相印父子、夷回悍党千馀,获开花炮百馀尊、战马万数千匹,军械无算。于是西四城肃清,红旗捷入。四年二月,谕曰:"刘锦棠智勇深沉,出奇制胜,用能功宣绝域。着由骑都尉世职晋为二等男爵,遇有三品京堂缺出开列在前。"四月,〔五〕授太常寺卿。七月,转通政使司通政使。

九月,窜回自俄境来犯,遣罗长祜截之冲壳罕,阵斩贼目碎屹塔、黑振江,惟逆回金山逸去,布鲁特人缚以献,磔之。十月,安集延贼寇边,贼目阿里达什,夷酋,帕夏旧党也,至奈曼,结布鲁特酋阿布都勒哈玛,谋袭喀城,锦棠遣提督方友升、谭慎典等分兵击败之。回目库弥什斩阿里达什以献,阿布都勒哈玛窜俄属阿来地方,复嗾安集延酋爱克木汗条勒等再图内犯。五年正月,南趋博斯塘特勒克,踞焉。锦棠诇贼将袭乌帕尔营,驻军以待,令罗长祜等潜师覆其巢;且设伏,比晓,贼果至,击败之,追三十里,斩买卖提斯拉木于阵,并殪哎买提和卓及阿布木汗条勒,馀贼悉歼。捷入,奉旨嘉奖,并赏白玉柄小刀、火镰、大荷包。七月,阿布都勒哈玛、爱克木汗条勒复犯边,侵色勒库尔城。锦棠督马步二千驰援,八月,抵哈引恰提。闻伯克素唐夏诱斩阿布都勒哈玛,贼党忿攻愈急,疾进,次勤的克,侦贼北窜,饬提督张俊、张宗本,总兵夏辛酉、田九福等轻骑蹑贼,及之木吉,再战,大败之,穷追至黑子拉提达板。

六年正月,命帮办新疆军务。八月,诏左宗棠入京,以锦棠署理钦差大臣,督办新疆军务。九月,移驻哈密,布置南路暨哈密等处防务。十一月,奉旨,哈密及镇迪道所属文武地方官,均着暂归刘锦棠统辖。七年,授钦差大臣,督办新疆军务。锦棠疏辞,温诏不允。八年,[六]覆陈裁撤营勇,挑选标兵,复步兵旧额之半,改行粮为坐粮。新疆既平,锦棠策善后,请设新疆行省,仍隶陕甘总督兼辖,设巡抚、布政使,加镇迪道、按察使衔,驻迪化,改迪化州为府,是为省治。于南路设迪化、昌吉、绥来、阜康、奇台五县,回疆东路四城设巡道:阿克苏直隶州,库车、乌什直隶同知及拜城县;西路四城设巡道:疏勒、莎车、和阗直隶州,英吉沙尔直隶同知、玛喇巴什水利通判、疏附、叶城、于阗县,移乌鲁木齐提督驻喀什噶尔,裁吐鲁番暨南路旧有参赞、办事领队大臣,省哈密北至伊犁都统暨办事领队大臣,伊犁将军旧辖南北两路,请改从各省驻防将军例,专治满营,并乌鲁木齐库尔喀拉乌苏等处所馀旗丁,归伊犁满营训练,裁回官阿奇木、伯克等名目,酌设头目额数,设回疆各城义塾,教育回童,上并嘉纳焉。九年,擢兵部右侍郎,锦棠疏辞,温旨不允。十年,上统筹新疆议:一、拟留兵勇,以定饷数;一、酌改营制,以归实用;一、酌定官制,以一事权;一、屯田归兵,徐议抵饷。又更定营制,改营为旗。十月,恭逢慈禧端佑康颐昭豫庄诚皇太后五旬万寿,懿旨赏加尚书衔,并赉锦棠祖母陈氏匾额、珍绮。

旋授新疆巡抚,仍以钦差大臣督办新疆事宜。十一月,请设南路佐杂各缺。十一年,议置省会布政司以下僚属,升迪化州学正为府教授,划哈密通判归镇迪道管辖。十二年,奏设抚标城守营员缺。十三年,定屯垦章程,复奏设伊塔道,改伊犁厅为府,隶以绥定、宁远两县,设拱宸分防通判、精河直隶厅同知,改塔尔巴哈台通判为塔城直隶厅同知,移拱宸巡检于博罗塔拉、伊犁理事同知于惠远城,筹哈巴河防务,请以原借科布多地段划归塔尔巴哈台管辖,设喀什喀尔、阿克苏、巴里坤提镇各营员缺,定俄罗斯通商税则。十四年,定迪化府学额。先后规划,诏皆如所请行。[七]十五年,慈禧端佑康颐昭豫庄诚皇太后归政,懿旨赏加太子少保衔。十六年,皇上二旬庆辰,晋太子太保衔。自新疆敉平,建置略定,锦棠即引疾,且以祖母老病陈请终养,章累上,均温旨慰留,叠赏人参调治;至十三年二月,复申前请,上以情词恳切,予假回籍。旋以祖母病剧,先后呈请湖南巡抚代奏,恳暂开缺,仍优诏不许,并颁赏锦棠祖母人参八两,谕令锦棠弟河南候补道刘壵回籍侍养。二十年,恭值慈禧端佑康颐昭豫庄诚寿恭钦献皇太后六旬万寿,懿旨晋封一等男爵。

六月,寄谕来京陛见,会病发,七月,卒。遗疏入,谕曰:"前甘肃新疆巡抚刘锦棠秉性忠勇,卓著勋勤。同治年间,随同刘松山剿办回匪,接统湘军,克复金积堡,身经数十战,屡破回巢,廓清关陇,由道员荐擢京卿,授为钦差大臣,督办新疆军务,运筹决策,悉合机宜。于抚辑民回,创办屯垦事务,尤臻妥协。补授甘肃新疆巡抚,赏加尚书衔,办理新疆善后及地方事宜,均能悉心规划,劳瘁不辞。前经叠次恳请终养,赏假回籍省视,旋以丁忧开缺。本年正月,钦奉懿旨,晋封一等男爵。六月间有旨召令来京,方冀为国宣猷,长资倚畀。遽闻溘逝,悼惜殊深! 刘锦棠着照巡抚例赐恤,加恩予谥,准其于立功省分建立专祠,生平战绩事实,宣付国史馆立传。赏银一千两治丧,由湖南藩库给发。任内一切处分,悉予开复。应得恤典,该衙门查例具奏。伊子监生刘道谦,着以员外郎用;优增生刘笃烈,着赏给举人,准其一体会试;伊孙刘家璠,着以主事用:以示笃念荩臣至意。"寻赐祭葬,予谥襄勤。二十一年,以锦棠功在桑梓,命于湖南省城及原籍湘乡县各建专祠,地方官春秋致祭。

子道谦,员外郎;笃烈,举人;国祉,州同。孙家璠,主事。

【校勘记】

〔一〕西华□□郾城　原脱"□□"二缺文。今据刘锦棠传稿(之二)补。

〔二〕抵富平　原脱此三字。今据刘锦棠传稿(之二)补。

〔三〕介洋麻湖波浪湖之间　原脱下"湖"字。今据刘锦棠传稿(之二)补。

〔四〕与土回阳乞抚　"阳"原误作"杨"。今据刘锦棠传稿(之二)改。

〔五〕四月　"月"原误作"年"。今据刘锦棠传稿(之二)改。

〔六〕八年　"年"原误作"月"。今据刘锦棠传稿(之二)改。

〔七〕诏皆如所请行　"皆"原误作"旨"。今据刘锦棠传稿(之二)改。

张煦

张煦,甘肃灵州人。咸丰三年进士,以主事用,签分刑部。同治元年,补贵州司主事。二年,补云南司员外郎。三年,京察一等,迁奉天司郎中。五年,覆带引见,记名以道府用。六年,授贵州镇远府知府。时捻逆窜扰直隶，署总督大学士官文疏请留煦襄治军事，旋保道员，在任候补。畿甸肃清，复请开缺以道员留直隶补用，部议仍赴新任。八年，抵黔，镇远沦于贼，奉檄权思南。思南故无城郭，距郡四十里之荆竹园，箐深林密，为贼窟穴，数出焚掠，图犯郡治。煦部署壮丁，分守要隘，乘便出击，辄获胜；复以计钩致其党，使为我用，贼遂平。十一年，调补贵阳府知府。当是时，兵事甫定，悍苗骄卒，良莠杂集。煦既受任，谨保甲，严缉捕，奸宄慑息，由是课最。

光绪元年，丁母忧，三年，服阕。八年，擢贵东道。九年，补陕西按察使。十一年，迁广东布政使。陕西巡抚鹿传霖以煦治狱平允，留蒇秋谳，上可其请。十二年，调补山西布政使。十三年，协济甘肃新饷，叙功，赏给头品顶戴。十四年，擢陕西巡抚。秦中兵燹后，继以大祲，民病官困。煦抵任，裁一切冗费，奏除科场积弊，士民翕然。十五年，调补湖南巡抚。十八年，以疾疏请开缺，上不许。调山西巡抚，值边外大旱，赤地千里。煦腾章告籴，转顺直粟往赈之，全活甚众。

二十一年三月，入觐，四月，还任。七月，卒。遗疏入，谕曰："山西巡抚张煦，由部员简放知府，擢任封圻，宣力有年，克勤厥职。兹闻溘逝，轸惜殊深！加恩着照巡抚例赐恤。任内一切处分，悉予开复。应得恤典，该衙门察例具奏。"寻赐祭葬。

马丕瑶

马丕瑶，河南安阳人。同治元年进士，以知县即用，分发山西。巡抚郑敦谨一见器之，辟置幕府。又檄摄平陆县事，至则以孝弟力田,慰勉乡民,有构讼者,必委曲开导,俾各知悔悟,辖境大治。六年,捻逆张总愚陷吉州,警报达平陆,丕瑶激励绅团,严备城守,而躬赴河防,多方抗御,匪不敢犯,城赖以完。巡抚赵长龄上其绩,得旨俟补缺后以直隶州用,并加运同衔。客军过境,强市民物,几激变。丕瑶白其帅,戮五人,事遂定。旋补永济县知县,除差钱数万缗,有蠹役为民害者,廉得其状,杖杀之,民困大苏。所治闻有盗警,即单骑往捕,虽夜中及大风雨雪不避。属地名过村者,素为剧盗薮,获其渠魁置诸法,馀党为改行,易名新村。上源、夏阳各村争滩地械斗,岁以为常,百馀年莫能决。丕瑶亲履其地,周视原址,得旧界石于重泉下,讼立解。十年,丁忧,十三年,服阕,仍赴原省,署河东监掣同知。

光绪三年,山西岁大饥,人相食。解州盐枭乘机谋为乱,工部侍郎阎敬铭查赈至晋,知丕瑶多干济才,言于巡抚曾国荃,以署解州。不旬日捕斩廿馀人,众皆骇散。随贷绅民粟十馀万石,躬督散放,全活无算。故晋饥虽甚,惟解州民无流亡,田鲜荒者。事毕,擢知府,并赏加盐运使衔。旋补辽州,仍署解州。又以土田无鱼鳞册,吏民得因缘为奸,飞洒寄脱,诈伪百出。手定清丈章程数十条,详为图说,匿契未割,投印者许免其税。于是投契及执照以万数千计,悉请于巡抚曾国荃,奏免之,分里清丈,积弊一空。复广劝蚕桑,开设机局,建常平新廒,积谷足支十年,均减蒲、绛差徭,筹买晋南耕牛,实以一州而代任数郡之事。七年,赴辽州本任。八年,署太原府。寻奉旨补授,例凡首府员缺,以实任知府调补,丕瑶独以候补知府特简,异数也。适汾河决,平地水深七八尺,会城当其冲,势岌岌不可保。丕瑶建议修城西金刚堤以捍横流,辟文峪河以泄支流,水有分泻,得不汛溢为患。总司谳局,平反张白氏冤狱。巡抚张之洞以循良入奏,得旨嘉奖。十年,升冀宁道。巡抚奎斌保荐循良,奉旨交军机处存记。

十一年,署山西按察使,寻署布政使。十三年二月,授贵州按察使,寻署布政使。八月,迁广西布政使。广西州县交代,或数任不结。丕瑶至,力除积弊,库款积数十万,向未有也。十五年八月,授广西巡抚。奏开书局,刊刻经籍,并行取各省局本百馀种,分颁各县,俾寒畯得向实学。又举办蚕桑,教民缫织,奏免其税,设机坊二十馀处。由是岁增出产五六十万金,以唐臣柳宗元、刘蕡,宋臣赵抃、黄庭坚,国朝于成龙等皆广西名宦,已故大学士陈宏谋为粤儒冠冕,请立专祠。元臣额尔吉纳有功广西,忠节凛然,并请列入祀典,均得旨允行。十六年,以助赈江、浙,赏给头品顶戴。时法越勘界甫定,丕瑶以与他族接壤,非随地置防不可;然张大其事,又恐外人藉端阻挠,乃以校阅行伍之时奏请行边。广西沿边千七百馀里,毗连越壤,三关百隘,防不胜防。惟据险凭高,多置炮台,一台足顾数隘,恃有联络,相为应援。龙州为通商总口,镇南关为陆路孔道,平而、水口两关为水陆兼冲,上思厅之吉普岭,彬桥河之石山,思陵州之宝盖山,宁明州之饭包岭、伏波岭,凭祥州之白云岭,归顺州之陇邦隘,镇边县之平猛隘等处,尤为西南门户,置炮台二十所,称重戍焉。土司考试,向由土官送,多抑遏不得上达。丕瑶奏请准赴承审之州县及管辖之知府报名,照苗童例,以广登进。

二十年,授广东巡抚。二十一年,奉旨查办两广总督李瀚章及将军继格等参款,据实以闻,分别解任夺职。当是时,倭氛甚炽，兵轮十馀艘直犯澎湖，广州一日数惊。丕瑶按行海口六门，因险增垒，量测海线，层列大炮，复于虎门内河道密布铁桩木楗，购数十大船，载满巨石，备临时堵口之用。以粤民强悍可任，且习与岛夷往来，知其长技，乃督同绅民，凡沿海十馀州县，遍设团练，〔一〕与防军互为声援。粤人恃以无恐。惟赌风最盛，闱姓外名目尤多，自前任巡抚蒋益澧后，无复有能禁者。丕瑶以纵民为赌，实纵民为盗，奏请一律革除之。其遵旨疏陈时务，多系安危，洞明利弊，老成谋国之言。九月，卒于任。遗疏入，谕曰："广东巡抚马丕瑶，由进士即用知县，荐擢道府，简任封圻，宣力有年，克勤厥职。兹闻溘逝，轸惜殊深！加恩着照巡抚例赐恤。任内一切处分，悉予开复。应得恤典，该衙门察例具奏。"寻赐祭葬。

子吉樟，四品衔翰林院撰文。

【校勘记】

〔一〕遍设团练　"遍"原误作"编"。今据马丕瑶传稿（之二）改。

许振祎

许振祎，江西奉新人。咸丰三年，由拔贡生捐内阁中书。时侍郎曾国藩治军湘中，辟置幕府襄军事。四年，水师为粤寇所乘，困于江西南康，国藩宾从四散，独振祎留左右不去，常一夕治官书八十通，国藩益重之。六年，抚州、吉安相继陷，振祎与内阁中书邓辅纶募乡兵剿贼于进贤、东乡等县，大捷。八年，从曾国荃复吉安，奖以同知遇缺即选。九年，中式江西乡试举人，仍随大军。十一年，克安庆，赏戴花翎。同治二年成进士，改翰林院庶吉士。四年,散馆,授编修,充国史馆协修。六年,以捐输奖五品顶戴,仍赏戴花翎。八年,充贵州副考官。九年,复因捐输换五品衔。

十年,充陕甘学政。时河州降回复叛,肃州、西宁、甘、凉诸郡县,所在蹂躏,试久废。振祎奏言:"甘肃为西陲要地,华戎杂处,民气嚣动。近日汉回仇杀,酿成大乱。究因读书识理者少,故始为风俗之忧,终遗疆场之患。必有文教以销其强悍,有儒生以为之倡率,而后皇仁可洽,反侧自安。"遂按试各郡,所至宣布朝廷德意,餐宿俱入回堡,示以无猜,多录降人子弟入学,回众大服。抵武威,道遇贼酋白彦虎,严阵以伺,从者股栗,振祎呵禁之,按辔徐行,贼相顾不敢犯。陕甘总督左宗棠疏称:"军兴以来,学臣不入甘肃者十馀稔。许振祎不避艰险,以次按试,多方激励,汉回欢迎,争拜马首。计补行八次岁科试,入学者近万人,转移风化,边氓长治久安之效基此矣。"诏嘉许之。关陇被兵久,士鲜知经术。振祎建味经书院于泾阳,购置书籍,敦劝生徒,縣是人知向学。又苦甘肃之乡试于陕者,地远数千里,乃会同陕甘总督奏请两省分闱及各设学政,得旨允行。陕甘分闱自此始。

十三年,任满乞终养归,旋丁父忧。光绪二年,服阕回京,充教习庶吉士、国史馆纂修、武英殿纂修、起居注协修、功臣馆纂修、本衙门撰文、文渊阁校理。八年,京察一等,记名以道府用。八月,授河南彰卫怀道。沁河发源山西沁州,流入河南境,经河内武陟县地以达黄河,每遇盛涨,水势湍悍,几与黄埒。岁修费向敛自两邑民户,恒六七万缗,不足,请库帑益之。振祎至,倡捐五百金设局,复借款发交绅士,试办一年,即以一年实用之数,定为岁修常款。吏不便，谋尼所为。适小虹桥等处叠出大险，人咸惴恐，谓此举若败，不惟赔偿巨款，且不能自全。振祎仍请奏罢两县苛敛，年由司库发银二万四千两，官督绅办，著为例。河南巡抚鹿传霖据以奏闻，允之。黄沁厅民堰，故民修者，频年黄、沁交啮，湍深土薄，久将不支。振祎以大祲后，民不堪再扰，乃输己财建两坝旧堰，民困大苏。初，河北各郡皆有差徭，历为民病，而以安阳为最重，按亩摊收，每亩上则地向派钱千，胥吏经收，守令但以不误差，则不究诘。振祎廉得其情，首发轻徭议，群起梗阻，势将止；而振祎毅然不为所挠，创设车马局，以绅经理之。民纳粮时，银一两只别输钱六百，岁减可二十馀万贯。其他州县之有差徭者，递减有差。九年十月，以河工安澜，赏二品顶戴。

十年，署河南按察使，十一年六月，补授。七月，署河南布政使。先是，河南军需交代，积压或数十年，甚至卷册有散佚无稽者。事闻于朝，爰有清厘之命，顾日久无所成。护理河南巡抚孙凤翔檄振祎清查，既受代，与吏胥约，除䠀骸故习，不两月而事竣。十月，以河工抢险，下部优叙。十二年正月，入觐。六月，擢江宁布政使。十三年，河决郑州，倡义集款十二万往赈之，全活无算。时黄流南趋，势夺江淮而下。振祎以里河地处低洼，淮海为产盐之区，场灶林立，东南财赋所关，设有疏虞，不独膏腴尽失，如数百万生灵何。乃与两江总督曾国荃亟筹保障之策，先择要所，浚道筑防，以时蓄泄，故次年春水盛涨，淮海得保无虞。十二月，以前署河南布政使筹协饷功，赏头品顶戴。十四年，徐州诸属灾，振祎力筹赈济，又假公帑贷民耕种，俾无误农事，而自捐款巨万，代为之偿。

十六年二月，擢河东河道总督。是时竭天下财力，经营郑州，而河事窳敝，一如昔日。会言者指陈河工积弊，上令振祎查议，振祎奏请改章，以为："言官条陈河工，重在保险，先保险而后筹减费，人所共知也；先减费而后任保险，人所不敢言也。此事固非改章不能行，实非河臣身任其事亦不能行。请先胪弊端，后明办法：其一曰把持之弊。各署皆有幕友，河工独曰库储，其于例案茫然不解，独钞撮部中报销之册以为秘本。在河督署中者，则以险工恐吓，使之不敢轻议更张，而于奏报无工处所，亦必故作张皇铺排，以为见好受谢地步；在河道署中者，则以力请添款、暗阻发款为务；其在各厅署中者，则以节省工料，劝留银钱为务。此弊不除，各官皆为蒙蔽，而河臣受累尤深。拟请改章以后，河臣一概不延用库储。其二曰蟊蠹之弊。各厅岁办稭料、砖石，本系领款所购，而于交卸时，复将馀存列入交代，且于道库陆续扣领，故有已故厅员，其子孙仍支领一二十年者。因之有料亦不办工，留积异日家私，其实稭料早化灰尘，砖石亦归乌有，纸上凿空，坐收厚利。此弊不除，政体何存？拟请改章，于霜清后，查取各厅所存稭料、砖石，概行充公，不准再立交代名目，以断葛藤。其三曰失算之弊。大凡稭料早买则价廉，后买则价贵；砖石先办则有济，后办则无及。同一支放，早可供急变之需，迟则有贻误之患。查河工款项名目纠纷，有所谓额款者，有所谓奏添节省防险者，有所谓另案砖工、埽工、土工、石工者，其实皆取之司库，分别各名，以便报销，而弊端即由此出。约计每年报销六十馀万两，而司库必陆续拨给，或迟之又久而后拨给，有事不能为先时之备，无事究可便中饱之私。此弊不除，无从核实。拟请改章，每年请款,即以六十万两为率。寻常抢险,不必加添,而将各种名目概加删除。特名之岁修额款六十万两而已。其四曰忙乱之弊。河臣以公事责之两道,两道以公事责之七厅,七厅以公事责之外工。问其底蕴,半未深悉。遇有险工,加倍张皇,即求添款,计较已定,先请河道,次请河督。至则人工纷纭,无从稽核,用料无料,用石无石,临时采办,辄称借垫。河臣但主添款了事,不思岁领之款,所办何事,何至有工即尔竭蹶?谓为无弊,其谁信之!此弊不除,则奏报几无实语。拟请改章,河臣宜以身率群属,先事预防,庶不淆混。四弊既明,然非另设河防一局,究竟不能更易旧辙。拟请岁支司库银六十万两,其四十八万两概归七厅赴司支领,另提十二万两设一河防局专管,先时筹备,临时策应,随时稽察。每估有工程,其款由司库径领到工,银钱不许入局。"疏上,从之。先是,振祎任河北道时,钦差大臣孙毓汶、乌拉布查办河工,振祎即进以改章之说,几为通工所不容;及是,乃得行其志。十七年,加筑荥泽大坝九堡、十堡,建筑杨桥顺河长埝。十八年,加筑广武山石坝,建筑胡家屯、来童寨各石坝,河以大治。十九年,因连年督办河防,诸臻妥协,予优叙。十一月,命振祎会同李鸿章查勘永定河工,振祎既周视固安,东察天津尾闾,复折西出居庸关及怀来,审河上流,知河首受马邑、定周诸川束于军都高峰,怒行数百里,挟势出峡,郁极难制;其下游宣之直沽者,又五河盛涨所会,泄不以时,堤庳沙垆,势必中决,决且难治。乃以保近险、浚中洪、筑减坝、治下游请,如其议。

二十一年,诏举人才,振祎疏言:"国家图治,莫若上法祖宗,下培民命。孔子之策治卫,不外富教;孟子之论王道,特重农桑。

非如今之测量机器,格致制造,火轮铁路,掘矿求财,操术之奇,古来未有;而富强之效,茫如捕风。就使偶效一二,亦非祖宗所取,而民生日蹙,民力日穷,其不乘机思乱者,乃深感列圣累朝宽徭薄赋之恩,与皇上积年仁民爱物之诚耳。宋臣司马光云:'天地生财,只有此数,利不在民则在官。'披览此语,为之惕然!利在民,此国家之所以长治而久安也;利在官,此国家之所以深忧而隐患也。与其谋利,不如节用;与其好奇,不如务实。从古四夷之乱,皆乘中国元气之虚而起。试观前史,各朝开创,初年兵不求多,赋不加取,自然平一海内,蛮方致贡。契丹、西夏欺一积弱之赵宋而不能,安石、蔡京坏一全盛之两京而甚易,皇上可思其故也。曩年曾国藩、胡林翼诸臣皆非别有过高之论,任用出奇之人,惟以实心为本,爱民为务。问之洋学,则不能举其词;问之军器,亦未尝购诸外。卒能削平群盗,光辅中朝。至不得已而取用厘金,借资民力,终以一时权宜,大夺民利,中心歉然。思欲军务稍平,即奏停止。此前事之可取鉴者也。今天下攘臂鸣异,实繁有徒。非西学不得谓人才,非变法不得谓作用;又有假饰理学,侈谈经济,实则结党干时,希弋显位。今吏治日坏,将才日少,人才之颓靡如此,则保者之冒滥可知。且于国脉民命,安危所系,未曾加意。此臣之私心所大惧也。"寻乞病归,谕赏假一月,毋庸开缺。

　　十二月,调广东巡抚。振祎以粤地多沙田,田不载于册,官使吏稽,吏得金辄为匿其数,否则虚造溢报,以相倾陷;又或强豪兼并,莫能谁何。因奏定章程,分亩清丈,俾无无田之税,亦无无税之田,利归于国而民不病。粤东闱姓为历年积弊,振祎亦奏请革除之。二十四年五月，粤西会匪事起，匪首李立亭党号万人，未一月连陷郁林、陆川、北流、兴业、容县诸城，侵轶廉防，广州戒严。振祎亟筹备御，增募五营，檄提督刘永福统之。粤民赖以无恐。七月，谕裁广东、云南、湖北三省巡抚缺，召振祎内用。旋乞假修墓，谕赏假两月。二十五年二月，卒。江西巡抚松寿代递遗疏，并奏言："振祎学有本源，持躬廉谨。所至创建书院，以振兴文教为己任；力除积弊，与吏民相更始。巡抚广东，务持大体，皆实事求是，见诸施行。虽归田未久，而江省人士述其遗言轶事，莫不歙歈感喟。其平日推重于乡邦，已可概见。综核振祎生平立身行政，始终无间。家居卧病，犹以时局艰难、国恩未报为深疚。其忠爱之忱，发于天性者然也。"二十六年四月，署两江总督、江苏巡抚鹿传霖胪陈振祎服官各省政绩，请附祀故大学士曾国藩专祠。二十九年七月，河南巡抚张人骏亦请以振祎附祀豫省故大学士曾国藩专祠，并将政绩宣付史馆立传。诏均如所请行。

子恩缉，候选道。

刘铭传

刘铭传，安徽合肥人。咸丰四年，粤匪踞皖陷庐州，铭传倡团乡里，屡遏贼氛。九年，率乡勇从官军收复六安。十年，援寿州，由千总奖都司衔。同治元年，江苏巡抚李鸿章募淮勇东下，铭传以管带从，至上海，连战皆捷，乃立铭军。招抚南汇降贼吴建瀛、刘玉林，以其众属铭军。贼将吉庆元自川沙来寇，击却之。擢都司，加游击衔。旋攻复奉贤县、金山卫，以参将补用，并赏给骠勇巴图鲁名号。又败贼野鸡墩暨四江口，擢副将。二年，会攻福山，克之。常、昭围解，擢总兵。

时杨舍汛为沿江要隘，悍贼坚守。四月，铭传随水师提督黄翼升推锋直前，猛攻六日，而江阴至无锡数十里贼营之来扑杨舍者，屡受创遁。逆酋李秀成乃率水陆数十万分路回援，铭传会各军迎击，七月，乘势进攻江阴，擒斩二万馀，遂克其城。诏以提督记名简放，旋复无锡，赏头品顶戴。十一月，进剿常州，铭传由羊头桥间入奔牛镇，降其贼目邵小双，即令扼丹阳援贼，而身自督军攻城，破贼垒十馀，降贼万馀人。十二月，贼复犯奔牛，冀解城围，挟小轮舟以渡。铭传回援，擒斩数千，划贼垒三十馀座，并毁其舟，贼不得逞。三年，官军再攻府城，四面围合，铭传破门入，生擒护逆陈坤书等于阵。常州平，赏穿黄马褂。是时，金陵老巢新破，洪逆福瑱窜据广德，铭传击走之，复其城。

四年，忠亲王僧格林沁殒于曹州，捻匪大炽。钦差大臣曾国藩奉命督师山东，调铭传赴济宁，奏设四镇重兵，以周家口属铭传。旋破贼于瓦店、于南顿、于扶沟。嗣又改铭军为游击之师，诏授铭传为直隶提督，仍率以援鄂，克黄陂，蹑贼至颍州，大败之。铭传以捻逆各股回窜豫、皖中原平旷之地，飘忽靡常，官军疲于奔走，未有以制贼死命。乃建议扼守沙河，督军士筑长堤，蜿蜒七百里，以达于运防，屹然若长城，驱贼沙河以南以蹙之。筑甫竣，而汴梁堤防为贼所破。铭传分军追剿，创之于巨野。会曾国藩请疾，铭传军仍属李鸿章，逐捻东至郓城，西至京山，大小数十战，皆捷。六年正月，捻走尹隆河，铭传与鲍超约期会战，铭传虽先期失利，卒能转败为功。四月，破贼于黄安东，又追至南阳,由枣阳与贼驰逐,东自应山黄陂,西出安陆、襄、枣,又由南阳至郑州,日踔百里,莫敢与争锋,遂蹙贼至山东。又创防守运河,进扼胶、莱之议,与诸军共筑长墙,北起夏店,南至柳林口,以遏贼西趋。八月,解沭阳城围,追逐至诸城、日照,复歼逆酋任柱于赣榆,又由间道驰潍东北,夜衔枚急击,大破之。贼西走新城,复截击,东走寿光,蹙之海滨洋河、弥河之交,任、赖匪党歼焉。东捻平。李鸿章奏称扼守运河,并军兜剿,大获奇捷,创自铭传。曾国藩亦疏称巨憝肃清,馀氛尽扫,论功以铭传为最。诏赏三等轻车都尉世职。旋以积劳致疾,乞假归。七年,西捻张总愚窜河朔,铭传奉诏驰抵东昌,会各军进剿于盐山、沧州、德平,贼趋博平、清平一带,图扑运河。适马颊河黄水漫入,河西北岸长墙筑甫就,铭传会诸军纵横合击,贼众尽殪。张逆挟数十骑走,追之茌平南镇,赴水死,降贼四千。西捻平,晋一等男爵。诏扎张秋,以资弹压。

九月,奉命督办陕西军务,分调提督唐定奎、副将滕学义、游击黄桂兰诸军驻防边境。旋搜剿北山回匪,因病假归。光绪六年,奉诏力疾至京,条陈开造铁路,言:"铁路之利于漕赈、商矿,以及厘捐、行旅者,不可殚述;而于用兵一道,尤为急不可缓之图。铁路造成,呼吸灵通,声势联络,裁兵节饷,并成劲旅。转运枪炮军火,朝发夕至,十八省合为一气,一兵可抵数兵之用。将来兵权饷权,尽在朝廷,不为疆臣所牵制。"言尤挚切。十年,法人扰海疆,铭传奉旨赏给巡抚衔,督办台湾军务,因条陈整顿海防、讲求武备十条:一、各海口设防,宜分轻重缓急,以期握要;一、各海口炮台,亟宜改建,以重防守;一、洋面水师兵船,宜次第筹办,以固海疆;一、长江、太湖水师,亟宜改制,以收实用;一、福建船政局、上海机器局,宜加意整顿;一、请筹购大批枪炮,以节经费而免欺朦;一、稽查军械,整顿矿务,宜特设军器局,切实讲理以专责成;一、新募勇队,宜加裁并,参用练军,以节饷需;一、严定赏罚,以求将才;一、请设局译刻泰西各书,引掖后进,以造人材。凡数千言,切中时事,多见施行。五月,行抵台北。六月,法人来犯,毁炮台。铭传以无兵舰,不能争锋海上,诱之登陆,与战于基隆,斩法酋三人、兵百馀,夺纛二、军械数十件。奉旨嘉奖,并奉慈禧端佑康颐昭豫庄诚皇太后懿旨,发内帑银三千两赏给战士。铭传以沪尾距台北仅三十里,形势尤要于基隆,后路有失,则基隆亦不能守;乃令提督孙开华守之,而退军后山。其后法人三犯沪尾,皆不能得志。铭传既回淡水,策应沪尾愈灵,然炮台已毁,全恃我军肉薄相当。时马江已挫,上海用三轮舟以济师,皆不克达,铭传独力搘持,八阅月。寻奉特旨补授福建巡抚。十二月,法人犯月眉山,我军力薄,将士忍饥冒雪,誓死拒守,营官至跣足督战,仅乃克济。十一年,和议成。

上以台湾为南洋门户,议改设行省,授铭传为福建台湾巡抚。乃奏增设一府、一厅、三县,又综筹全台形势,生番横亘南北七百馀里,与民地交错,年戕民命至千馀。匪盗则藉番地以出没,聚众抢劫;土豪则借防番以敛费,养勇抗官,号令不行,赋税不清。值时多故,内患不除,无以御外侮,乃奏办抚番事宜,檄将领分路剿抚,或亲督大队入山,威德兼施,于是南、中、北三路及前后山生番多剃发归化,皆安置而教养之。办理清赋,较旧额溢出三十六万三千三百两有奇;又兴造铁路以通南北,台防益固。

是年正月，奉懿旨，赏加太子少保衔。十六年正月，恭逢皇上二旬万寿庆典，得旨赏加兵部尚书衔。三月，奉慈禧端佑康颐昭豫庄诚寿恭钦献皇太后懿旨，帮办海军事务。旋乞病归。

二十六年，卒。遗疏入，谕曰："刘铭传秉性忠勇，卓著战功。咸丰年间，粤、捻各匪窜踞安徽，倡办团练，为曾国藩所识拔。同治初年，随同李鸿章募兵东下，连拔郡县，会合诸军苦战，克复常州。积功补授直隶提督，剿捻山东、河南等省，与悍贼纵横追逐，大小数百战。旋授三等轻车都尉世职。复与各军穷追首逆张总愚，斩首无算。捻匪一律荡平，晋封一等男爵。朕御极后，特授巡抚，叠加太子少保、兵部尚书衔，于一切应办事宜，克称厥职。嗣因患病，准其开缺回籍调理。方冀宠眷克承，长资倚畀。兹闻溘逝，轸惜殊深！刘铭传着晋赠太子少保衔，照巡抚例赐恤。加恩予谥，准其立功处所建立专祠。生平战绩事实，宣付国史馆立传。任内一切处分，悉予开复。应得恤典，该衙门察例具奏。伊长孙刘朝仰，着赏给员外郎；伊子拔贡生刘盛芸，着赏给举人，准其一体会试；附贡生刘盛莆，着以员外郎用：用副笃念荩臣至意。"寻赐祭葬，予谥壮肃。

子盛芸，举人，候选道；盛莆，员外郎；盛芥，举人。孙朝仰，员外郎，承袭男爵；朝望，举人，刑部郎中。

色楞额

色楞额，郭贝尔氏，满洲正白旗人。咸丰六年，由六品荫生，赏蓝翎侍卫。九年，擢三等侍卫。十年，随其叔父督办江北军务荆州将军都兴阿剿贼江苏扬州。十一年，仪征贼纠合苏州、句容等处股匪犯扬州,都兴阿败之胡家场。既,由槐子桥北进攻,复大捷,斩馘无算。色楞额在事出力,升二等侍卫。

同治三年,都兴阿调任西安将军,督办甘肃军务,色楞额随攻宝丰,克之,负重创,赏头等侍卫。四年正月,〔一〕败贼宁夏城东。三月,固原窜匪趋平罗、宝丰,色楞额带所部驰赴横城扼后路,兼护运道。既,官军败贼金积等堡,贼北窜,邀击,又败之,诛贼酋马生颜。色楞额以功擢副都统。五年,随剿贼奉天。七年,以捕获孤山贼首王庆等出力,赏戴花翎。光绪元年,偕总兵左宝贵剿捕香炉沟、大西山等处匪匪,擒斩甚多。贼首宋占魁伏诛,地方一律肃清,赏讷恩登额巴图鲁名号。九月,署兴京副都统,二年,实授。三年,调成都副都统。五年二月,赏副都统衔,作为驻藏帮办大臣。十一月,擢办事大臣。九年,调库伦办事大臣。

十二年,迁伊犁将军。十六年,卒。谕曰:“伊犁将军色楞额老诚勤慎,前在军营带兵剿贼,著有战功。历任副都统、驻藏大臣,荐升将军,宣力有年,克称厥职。兹闻溘逝,轸惜殊深! 着加恩照将军例赐恤。任内一切处分,悉予开复。应得恤典,该衙门察例具奏。灵枢回旗时,沿途地方官妥为照料。该将军子孙几人,着魏光焘查明具奏,候旨施恩。”寻赐祭葬。

【校勘记】

〔一〕四年正月　“正”原误作“五”。今据色楞额传稿(之四)改。

依克唐阿

依克唐阿,扎拉里氏,满洲镶黄旗人,吉林驻防。由马甲从征江南,咸丰七年十月,破王家溜子集贼圩。叙功,赏戴蓝翎。
十二月,破安徽亳州赵家七屯,奉旨,以骁骑校尽先即补。九年
二月,剿贼于河南商水县老湖坡,力战克之,赏换花翎。十一年
八月,随钦差大臣科尔沁博多勒噶台亲王僧格林沁剿贼山东沂
州,积功以防御尽先即补。十月,补防御。

同治元年,补三姓满洲镶白旗佐领。四年,转吉林满洲镶黄
旗佐领。五年正月,马贼王洛七、王傻子等陷伊通,奉天戒严。
署吉林将军德英檄依克唐阿往剿,以少袭众,斩其酋刘果发、姜
洛道,又破贼于昌图。德英以依克唐阿屡战皆克,命帮统步勇,
破贼于刘家店、长春厅等处。三月,奉旨,赏加副都统衔,并以协
领即补。旋在吉林关家大桥、缸窑等处节次进剿,每战皆为军
锋,歼贼甚众。督办吉林军务将军富明阿称其胆识过人,奋不顾
身,奏入,赏加法什尚阿巴图鲁勇号。六年八月,吉林肃清,以叠
次剿捕劳绩,交部议叙。九月,吉林将军富明阿考验军政,荐举
卓异。七年,依克唐阿剿捕馀匪,并获逆首白陵阿、悍党焦西平。
富明阿上其功,诏交军机处存记,以副都统简用。八年,授墨尔
根城副都统。十一年,署黑龙江将军。十二年,调补黑龙江副都
统。光绪二年,以黑龙江协领以下各官员多缺少,奏请变通成例
叙补,以扩仕途,许之。

自吉林与俄接壤通商,控制之地以呼兰为重镇,议设副都统
员缺,专理中俄通商事务。五年七月,奉旨新设呼兰副都统员
缺,着依克唐阿调补。六年六月,丁母忧,请假回旗。时俄人以
改议伊犁条约有违言,遣兵屯吉林近界,边防孔亟。乌里雅苏台
参赞大臣喜昌会办吉林珲春防务,疏言:"珲春边防紧急,非得谋

勇兼优、熟习战事如依克唐阿其人,不克保障疆域。该副都统现在制中,诸敕就近于伊通招募满、汉猎户,暨苏拉、西丹进扎珲春,以资守御。”奉旨允行。十一月,吉林戒严,增练马步队五千,分防各隘。省防既固,乃驰驻珲春。珲春地当要冲,中俄商民杂沓,自定界以来,俄人设官于此,交涉益繁。距珲春东南二十里之海参崴,俄人悉力经营,已成重镇,数有窥伺之志。铭安、喜昌疏言:“体制不尊,不足以资镇守;事权不重,不足以专责成。拟请添设副都统一员,驻珲春城内,俾边防要务有所专寄。”七年五月,奉旨调补新设珲春副都统。十年,以依克唐阿筹办防御悉合机宜,命帮办吉林军务。十二年,会同都察院左副都御史吴大澄与俄罗斯勘分边界。

十五年,擢黑龙江将军。二十年九月,日本陷朝鲜之平壤、义州,遂窥鸭绿江。时四川提督宋庆率军扼守九连城,而长甸、蒲石河口一带防务空虚,命依克唐阿前往堵御,叠复蒲石河口、古楼子等处。十月,军抵宽甸县,奉旨不得株守一隅,致误大局。依克唐阿亲督大队在凤凰城一带防剿,鏖战于赛马集、双山子、张家岭、草河口等处。时毅军、盛军、镇边军相继失利,日本连陷九连城、牛庄、旅顺、大连湾、凤凰城、营口厅,奉旨依克唐阿即行革职,仍统所部带罪图功,以观后效。十一月,奉旨长顺防守辽阳,兵力尚单,即着依克唐阿督军前往,会同严防,以杜北窜。是月,率师进规海城,在腾鳌堡、鞍山站、甘泉堡、海城、双庙子、驼龙寨,叠次力战,擒斩甚众。二十一年二月,赏给头品顶戴。旋授镶黄旗汉军都统。

八月,授盛京将军。十月,奏请开缺,奉旨申饬。二十二年正月，疏言：“奉天营务吏治，败坏已极。其故皆由于官邪不除，请褫候补道员余濬、营口同知陈忠伟职，以儆贪婪。”又以统领耿凤鸣派索营私，奏劾落职审讯。二月，复奏言：“东边木货各税，屡经密查，岁约收银五六十万两，历年册报仅十七八万两。昌图府河税斗租，岁约收银十万两，册报仅三四万两。收报悬殊，寖成积习。请变通办法，极力整顿，以裕饷源。”先后均得旨允行。三月，奏请派盛京户部侍郎良弼办理大围场垦荒事务。五月，统筹奉天满、汉营制，从实整顿，分立旗队练兵曰盛军，绿营练兵曰奉军，督辖练军曰亲军，凡二十八营。诏从之。

二十五年，卒。遗疏入，谕曰：“依克唐阿持躬清正，忠勇性成。咸丰年间，随征江南，转战安徽、江苏、湖北、河南、山东等省，屡歼巨寇，叠克名城。粤、捻平靖，前赴吉林剿办马贼。积功荐保协领，以副都统记名简放。历任墨尔根、黑龙江、呼兰、珲春副都统，升任黑龙江将军。光绪二十年，调赴奉天办理军务，筹画战守，卓著勤劳，旋授盛京将军。到任以来，经理善后，悉臻妥协，清查厘税，剔除中饱，岁增饷银数十万。所部敌忾各军，训练有方，一切事宜，均能认真整顿，劳怨不辞。方冀克享遐龄，长资倚畀。遽闻溘逝，轸念殊深！依克唐阿着照将军军营病故例赐恤，加恩予谥。任内一切处分，悉予开复。应得恤典，该衙门察例具奏。赏银一千两治丧，由盛京户部给发。灵柩回旗时，着沿途地方官妥为照料。[一]其生平战功事迹，着宣付国史馆立传。并于立功省分建立专祠。伊嗣子副都统衔协领富隆额，着以副都统交军机处记名，请旨简放，用示笃念荩臣至意。”寻赐祭葬，予谥诚勇。

子<u>富隆额</u>,头品顶戴,记名简放花翎协领,兼云骑尉。孙<u>恩贵</u>,一品荫生。

【校勘记】

〔一〕灵枢回旗时着沿途地方官妥为照料 原脱"时"、"着"二字。今据依<u>克唐阿传稿</u>(之四)补。

清史列传卷六十

新办大臣传四

延茂

延茂,杜氏,内务府汉军正白旗人。同治二年进士,以主事用,签分礼部。光绪四年,随同礼部尚书恩承、吏部左侍郎童华前往四川查办事件。五年八月,补主事。旋擢员外郎。六年七月,补郎中。七年九月,以孝贞显皇后永远奉安礼,奉旨着在任以五品京堂候补。八年,京察覆带,奉旨仍以五品京堂候补。二月,补鸿胪寺少卿。以八旗官学废弛,奏请变通章程,修校舍,购器具,并指拨各省闲款,以裕经费。得旨下所司议行。九年,调光禄寺少卿。奏请慎民命,勤稽核,严申儆,上嘉纳之。十年,调通政使司参议。旋授内阁侍读学士。

时中法构衅,外交日棘。延茂奏以“时值今日,开古今未有之奇局,合地球万国为战场。外人于中国之土地、人民、政事,罔不留心默识,或绘为舆图,或编为纪载,兴衰利弊,类能言之;而我国士夫于外洋情形,鲜能实力讲求。拟请自今慎选使才,饬令于各国之贫富强弱,利弊兴衰,以及山川夷险,随时随地,密为考证,附电奏闻。若一旦有事,外情虚实,无一不在宸算之中,似亦控驭外人之一助"。会越事日急,朝廷分遣重臣,督办防战。延茂又奏称:"名将必知地利,而后可以行师;庙堂必知地利,而后可以驭将。今越南用兵,台湾吃紧,边防海防均关紧要;而朝廷之上,既无总图以提纲挈领,又无分图以缕析条分,止凭累牍盈尺之奏章,以察其形势,纵使擘画无遗,而势异形殊,终非悬拟所能得。亟宜北起盛京,南逾岭广,暨闽之台、粤之琼,联为一气,绘一总图;由滇、粤之边外,迄越南全境,绘一总图。再令诸臣于所辖驻境地,各绘分图,均应上准纬度,下准方斜,俾知相距里数。至于屯驻大军以及分防、分守境地,如何联络,如何堵击,统令详细帖说,进呈宸览。并令诸臣各备一分,昕夕考察,随事讲求,似于筹备海防不无小补。"疏入,上皆韪其言。旋充正黄旗官学管学官。十一年,调太仆寺少卿。十三年,调奉天府府丞,兼学政。十七年,调詹事府少詹事,旋调大理寺少卿。十八年,赏给副都统衔,作为驻藏帮办大臣,并赏给荷包等件。二十年,奉旨开缺来京,另候简用。二十一年,奉旨前往吉林查办事件,旋署吉林将军。二十四年,补吉林将军。奏称交涉事繁,请于省城置交涉总局,并请扩充俄文学堂,以造译才。先后皆得旨俞允。是年,因仓廪灾,自请议处,奉旨宽免。二十五年,奉旨开缺来京,另候简用。二十六年,补黑龙江将军,未赴任,值联军入京,阖门殉节。留京办事大臣大学士宗室崑冈等以事闻,谕曰:"将军延茂,持躬恪谨,秉性笃诚。由部曹补授京卿,历任驻藏帮办大臣、吉林将军,均称厥职。本年简放黑龙江将军,尚未赴任,七月间临难捐躯,从容就义,洵属大节凛然。延茂着追赠太子少保衔,加恩予谥,入祀昭忠祠,照将军例赐恤。任内一切处分,悉予开复。应得恤典,该衙门察例具奏。伊妻李氏,同伊兄弟之妻唐氏、董氏、李氏、李氏、陈氏,并侄女四人,同时自焚尽节,情尤惨烈!允宜特予旌扬,以彰贞节。李氏等俱着准其旌表,该部知道。伊子主事肇鸿,着俟服阕后,以员外郎分部行走,用示笃念忠荩至意。"寻赐祭葬,予谥忠恪。

英廉

英廉,伊克明安氏,蒙古正蓝旗人。咸丰三年,粤匪谋北窜,英廉由笔帖式随科尔沁郡王僧格林沁督师防天津,逾年事平撤防。六年,补护军校。八年,英、法连兵由海道径窥天津,于是大沽港口、山海关及通州所在设防,英廉亦无役不从。

同治元年,调派神机营练兵。积功,奖委护军参领。是年九月,随江宁将军富明阿出师江、皖,二年,败贼于安徽宿州之唐家庄。保以副护军参领尽先即补。旋攻解蒙城围,逆练苗沛霖伏诛。赏戴花翎。三年二月,补副护军参领。六月,江宁平,有旨以参领尽先即补。四年七月,复从镶红旗汉军都统福兴赴直隶之遵化、蓟州剿捕马贼。十月,补护军参领。时奉天、吉林马贼尤猖獗,英廉常往来驰逐于奉、吉之间,所至必捷。其逸匪之逃入朝阳坡者,五年二月,亦经英廉斩捕略尽。有旨以副将遇缺尽先即补。六年,管带八旗汉军排枪队官兵,防霸州。七年,兼带八旗满洲抬枪队，防天津、青县，贼皆敛迹。九月，回京。诏记名以副都统用。九年，派管精字威远队官兵，驻张家口。十年九月，奉命往伊犁帮办事务。十一月，历叙管理旗营功，诏以副都统记名遇缺题奏。

十一年七月，赴库尔喀喇乌苏驻扎，办理防务。上以玛纳斯为伊犁东来要地，谕令署伊犁将军、乌里雅苏台参赞大臣荣全预修战具，随饬英廉领兵赴库尔喀喇乌苏，先图攻克玛纳斯，再与景廉联络规复乌鲁木齐，以压敌势。十二年三月，赏给副都统衔，作为塔尔巴哈台参赞大臣。六月，抵塔城。甫视事，即躬赴达敏郭勒台各地，履验台站。十三年，疏言："塔城荒废，未易修复。请俟新疆事局大定，再度适中之地别建城垣，以资控制。"上韪其议。光绪二年，回匪窜扰塔境，剽掠军台，英廉饬蓝翎公中佐领于珊率大同马队为军锋，而亲督所部随方抗御，多所斩获。台路赖以无阻。三年，以塔境粗定，商务渐兴，请复贸易税课，俾资军饷，并调甘肃营兵循旧出防，以代大同马队，均得旨允行。署伊犁将军荣全先后陈其功，赏头品顶戴。九月，克复玛纳斯城，下部优叙。

十月，诏令英廉来京当差。八年，充神机营全营翼长，精字威远队管带官。九年，补正蓝旗汉军副都统，旋署马兰镇总兵。十年，补马兰镇总兵，兼总管内务府大臣。十九年，以亲老奏恳留京当差，允之。二十年正月，授镶红旗汉军副都统。四月，派充八旗汉军炮队专操大臣。中东事起，十一月，统带八旗满洲内火器营马队、八旗汉军排枪步队官兵驻防蓟州。旋以病乞假，二十一年正月，奉旨即行开缺。二十六年三月，卒。遗疏入，谕曰：

"前任镶红旗汉军副都统英廉，由笔帖式于咸丰年间随同出师，在直隶、新疆等处防剿，著有劳绩，荐擢副都统。兹闻溘逝，轸惜殊深！加恩着照副都统例赐恤。任内一切处分，悉予开复。应得恤典，该衙门察例具奏。"寻赐祭葬。

子恩存，西安左翼副都统。

沙克都林扎布

沙克都林扎布，岱籦罗氏，满洲正白旗人。咸丰六年，承袭骑都尉兼云骑尉世职，赏二等侍卫。同治三年，入西安军营，随同钦差督办甘肃军务陕甘总督都兴阿征剿各处回匪。八月，克复平罗及中卫等城，擢头等侍卫。四年，进剿黄河西岸窜匪，大获胜杖，赏副都统衔。五年，河东横城堡、花马池、定边各要隘，复有匪徒出没，沙克都林扎布率所部黑龙江马队驰赴定边，督饬在防马步各军，妥为布置，边境以安。

都兴阿旋授盛京将军，奏调沙克都林扎布领队同行。时沿边马贼猖獗，四月，贼由红庙子窜进边内，过庙尔岭至一面山滋扰，都兴阿闻报，兼程前进，侦知柴河沟、猴儿石有马贼往来游弋，窜扰李家台。五月，副都统色尔固善督队迎剿，将至西朝阳沟，该匪由猴儿石直扑，势甚凶猛。沙克都林扎布首先冲入贼阵，绕出贼前，奋勇进击，斩捕首房。捷上，赏库楚特依巴图鲁勇号。会岫岩州属匪徒王作福纠结匪党三四百人，由大东沟乘船驶至庄河肆扰，势张甚。沙克都林扎布时在李家台，奉檄由岫岩进捣，平之。七年四月，随都兴阿剿办直隶发、捻。

旋调赴新疆，帮同署伊犁将军荣全收复伊犁，十一年，授巴里坤领队大臣。钦差大臣乌鲁木齐都统景廉奏留，派充马队全营翼长。八月，贼围哈密，带兵驰援，连获大胜，城围立解，赏穿黄马褂。十三年正月，陕回白彦虎率党攻扑上马桥，防营参将徐学功兵力不支，景廉命沙克都林扎布进驻沙山子，与徐学功扼要防剿，贼不敢东向；而西路一带大肆焚掠，意欲占踞西湖，阻我前敌饷道。乃会同孝顺一军，联络声势，前后夹击，贼稍稍遁去。光绪二年，帮办军务乌鲁木齐都统金顺以古牧地事急，复奏留沙克都林扎布缓赴巴里坤领队大臣任，派充吉江六起马队翼长，偕副都统萨凌阿进攻古牧，分两路并进。谍知距古牧地十馀里之黄田地，贼骑纵横，其村堡踞贼谋乘间突出。沙克都林扎布与萨凌阿马队先至，据黄田地东北山冈，由东北、西北两路迎击。沙克都林扎布奋勇先进，贼大溃，堡贼亦弃巢走；复与各军分路穷追，贼踞大小堡寨，悉皆平毁，追至辑怀城之西。陕逆白彦虎由乌鲁木齐纠合安集延各匪来援，击却之，并平其破城子、沙河沿、三个泉等十馀垒，遂复辑怀城，乘胜克复巩、宁、昌吉各城。命以副都统记名简放，并赏加头品顶戴。寻攻克玛纳斯南城，赏给三代正一品封典。上以巴里坤为北路要地，叠令沙克都林扎布赴领队大臣任，以资镇抚，均经金顺以前敌军务需人奏留，许之。六年，督队疏通精河厅一带地方，剿办馀匪，擒斩净尽。赏搬指、荷包、小刀、火镰。八年，以收复伊犁功，下部优叙。俄约既定，勘分南路界务，七月，驰抵纳林哈勒噶，同俄官分道勘画，遂逾冰岭而南，周历边疆，安设卡伦。十月，界务完竣，复下部优叙。

　　十年，金顺以沙克都林扎布器宇沉雄，勇敢善战。在营多年，每于攻坚夺垒，无不身先士卒。特疏保荐。诏交军机处存记。旋命为科布多参赞大臣。十一年八月，抵科布多参赞任。十二年，奏言："汉三塘驿站，与科城所属土尔扈特、扎哈沁等旗地界毗连，万里沙漠，四通八达。更兼白塔山往返商贾，由此经过，屡被匪徒抢掠。北八台边卡一带蒙、哈，抢劫台站，层见叠出。若不早为防守，严密搜捕，为害匪浅。"同治九年，经前任大臣奏由扎哈沁旗内拣派官二员、兵八十名，均月支减半柴薪羊价，驻扎扎哈沁界内察罕淖尔等处，巡逻防守，奉旨允准。拟将此项官兵移扎各该处：鄂隆布拉克台驻兵四十名、官二员，北八台驻兵四十名，再添官二员，仍由蒙古旗内拣派管带。惟官兵等每月所领减半柴薪羊价，不敷糊口，拟再加添以资用度。诏下所司议行。十三年，办理科布多屯田，边疆晏然。

十五年，诏授吉林副都统，俟办理哈巴河安插蒙、哈事宜完竣后，再行赴任。十八年十二月，抵吉林副都统任。十九年三月，署吉林将军。二十年，恭遇慈禧端佑康颐昭豫庄诚寿恭钦献崇熙皇太后六旬万寿，懿旨派来京祝嘏，会倭氛不靖，命赴山海关桂祥军营，统带察哈尔马队，剿办锦州马贼。十二月，赏"寿"字、帽缨、袍褂料。命前往辽阳，帮同吉林将军长顺保固辽、沈，加募神虎四营。二十一年十一月，调补宁古塔副都统。

二十二年，又调补珲春副都统，并帮办吉林边务事宜。二十三年二月，卒。事闻，谕曰："珲春副都统沙克都林扎布，于咸丰年间，随同都兴阿等转战陕甘、新疆、直隶、奉天各省，屡立战功，荐升领队大臣、参赞大臣、副都统，于旗务边务，均能认真整顿。兹闻溘逝，轸惜殊深！加恩着照副都统例赐恤。任内一切处分，悉予开复。应得恤典，该衙门察例具奏。"寻赐祭葬。

升泰

升泰,卓特氏,蒙古正黄旗人。由闲散入赀为员外郎,签分户部,同治元年,补官。旋充内仓监督,加四品衔。三年,以军兴以来十有馀载,户部司员专司拨款,著有微劳,赏加三品衔。六年,授山西汾州府知府。八年四月,陕西回、土各匪窜扰晋省,升泰以守土功,经山西巡抚郑敦谨奏请量予恩施,奉旨升泰着以道员在任候补。十年,调太原府知府。十月,升河东道。十三年三月,伊犁将军金顺以壬申纲盐课,升泰筹饷出力,请赏加布政使衔,允之。光绪三年,迁浙江按察使。四年,升云南布政使。六年,谕令来京另候简用。七年,赏副都统衔,充伊犁参赞大臣。寻授内阁学士,兼礼部侍郎衔。八年,署乌鲁木齐都统。十一年,丁母忧,解任。十三年,复以副都统衔,充驻藏帮办大臣。

十五年,充驻藏办事大臣。十八年八月,卒。谕曰:"驻藏办事大臣升泰,老成练达,懋著勤劳。由部曹外任知府,荐擢藩司,简放伊犁参赞大臣,署理乌鲁木齐都统,补授内阁学士兼礼部侍郎衔,派为驻藏帮办大臣,旋授办事大臣。抵藏以来,于地方利弊,加意讲求,力图整顿,筹办边界事务,尤能精心区画,劳瘁不辞。遽闻染瘴,在仁进冈行营病故,殊深悼惜!加恩着照都统例赐恤。任内一切处分,悉予开复。应得恤典,该衙门察例具奏。赏银一千两,由藏库给发。准其入城治丧。灵柩回旗时,着沿途地方官妥为照料。伊子寿蓉,着赏给主事,俟及岁时,分部行走,用示笃念荩臣至意。"

子寿蓉,主事。

文海

文海，费莫氏，满洲镶红旗人。同治元年，翻译举人，考取内阁中书、军机章京。三年，江宁平。上念军机大臣及章京等与有劳勋，文海得遇有中书缺出，不计旗分即行奏补，并加侍读衔，赏戴蓝翎。旋由中书荐补侍读。七年，军机处恭修清字档册，奉旨以道员在任即选。嗣捻逆张总愚全股肃清，赏换花翎。光绪九年，保送御史，寻补山东道监察御史。奏言："人心不正，风俗日漓。中上之资，无由观感奋兴。故操用人之权者，每有乏才之叹。今欲人才继起，宜令中外大臣，杜徇情，抑奔竞，励廉耻，以为培养之本。"上嘉纳焉。十年，巡视北城。十二年，以兄文治补詹事。御史例回避，调户部郎中。

十四年，京察一等，记名以道府用。是年，授贵州安顺府知府。十八年，调贵阳府知府。二十年，迁云南迤东道。二十二年，擢贵州按察使，署布政使。诏加副都统衔，作为驻藏办事大臣。二十五年，靖远禅师第穆呼图克图与其弟洛布策忍延致康巴喇嘛，用邪术咒诅达赖喇嘛。文海以事近巫蛊，请将呼图克图大禅师名号暂行撤销，以正风化。诏如所请行。时野番肆扰博窝，博窝者川、藏之要道也，地险而僻，横亘千馀里，番众负嵎自雄，每相聚剽掠，为行旅患。官军由昂多往捕，则预踞缩隆岗隘塞，以扼来路，崛强不能制。文海乃督率员弁先声进剿，而别遣通晓番语之人设计绕道，驰抵各巢，宣朝廷德意，谕以祸福，于是上博窝之业鲁第巴、宿木宗，中博窝之雨茹寺，下博窝之蒲隆寺、琼多寺，皆相率投诚，先后就抚，数阅月而事平。

二十六年二月,捷入,赏头品顶戴。嗣因病请就医四川,道卒。事闻,谕曰:"驻藏办事大臣文海,由京职简放知府,荐擢臬司,升授驻藏办事大臣。到任以来,办理藏务及交涉事宜,均能悉心擘画,卓著勤劳。上年因博窝番情不靖,力疾前往收抚。本年二月间,回川就医,殁于王卡塘途次,殊深轸惜!文海着加恩照尚书例赐恤。任内一切处分,悉予开复。应得恤典,该衙门察例具奏。赏银一千两,由四川藩库给发。准其入城治丧,灵柩回旗时,着沿途地方官妥为照料。该大臣有无子嗣,着该旗查明具奏,候旨施恩,用示笃念荩臣至意。"寻赐祭葬。

子成楷,恩赏主事。

郭松林

郭松林,湖南湘潭人。咸丰六年,随同知曾国荃援剿江西贼匪,克安福县城,奖七品军功。又分兵西向,剿永新、太和、万安、莲花厅、龙泉各属之贼,每战皆捷。保以把总拔补,并赏戴蓝翎。进围吉安府城,七年二月,逆酋石达开率悍党来援,松林随队邀击于吉水之三曲滩,冲锋陷阵,杀贼无算。又引兵东向,收复新喻、峡江、吉水等城,复分兵至袁州、临江助剿。八年,攻克吉安府城,保以守备尽先拔补。九年,克景德镇浮梁县城,击败李世贤、杨辅清、杨雄清大股贼众。江西肃清。保以守备留于江西补用,并赏换花翎。

十年,随曾国荃移军围安庆,二月,会剿陈玉成大股于小池驿,四月,进扎集贤关,无日不战,无战不捷。十一年,击败伪英王、伪侍王援贼三十馀万,其精锐歼灭殆尽。八月,克安庆府城,奉旨免补都司,以游击仍归江西补用,并赏给奋勇巴图鲁名号。于是湘军长驱东向,进击庐江无为州贼,克之,并连克运漕镇及沿江各要隘,保以参将遇缺即选。同治元年四月,叠克巢州、〔一〕含山、和州及铜城闸、雍家镇、裕溪口各要隘。维时江苏巡抚李鸿章新立淮军,图于湘军中挑拨骁勇健将,于是松林改隶淮军,随同克复柘林、奉贤、南汇、川沙、金山等城。奉旨以副将尽先推补。会大军攻克嘉定,贼虑我乘胜进剿昆、苏,因纠合各路踞贼,由昆山水陆并进,迎拒我师。松林率千总李长乐纵马入贼队,往来冲突,贼势披靡。既而贼由青浦犯四江口,蔓延数十里,官军分路迎剿,松林居中路击败之。会贼出队渡河,松林先已伏兵,乘贼半渡,突出奋击,毙贼千馀名。贼屡被创,犹踞赵屯桥,抵死不下。李鸿章以四江口围困已久,议添兵督战,松林遂统松字、介字、云字及督标亲兵,直逼贼营,逾濠以洋枪小队膝行向前,击毙黄衣贼酋数名,贼稍却,而枪炮仍叠施不止,军士冒烟直入,松林乘势踏毁头营两座。贼溃,官军三路追杀,四江口之围遂解。奉旨以总兵记名简放。二年四月,攻雨花台,破之。寻攻昆山、新阳、松林与诸军水陆夹击,贼败走,城遂复。奉旨遇有总兵缺出尽先题奏,并赏加二品封典。

五月,会剿江阴、无锡援贼。先是贼自江阴至无锡,凭河结营,连亘数十里,布置严密,及今负固日久。李鸿章议分路滚营而进,饬松林进攻南濒,率兵为先锋,贼筑两石卡,阻我进兵之路。松林督队猛击,贼稍稍溃,遂合诸军循前后大河分扎三营,贼退长泾,水师与之战,松林乘间越南濒趋长泾。贼不虞其至也,惊甚,于是攻其东石营,贼悉众趋街西,松林绕扑街西,贼以洋枪死拒。松林急切持门版护首，拥入石营，大军乘之，斩贼百馀级，衣为血染。贼不支，相率狂奔。松林复与诸将乘月渡浮桥，以火器还袭南濿，贼大败，尽毁其垒。赏加提督衔。南濿既捷，回剿长泾，贼出冲突，战辄败之。江阴为官军围急，贼更以大股来援，松林率八营横冲之，破祝塘、横塘逆巢，抄出周庄，驰至江阴；率马步队由山背绕越十馀里，伏于贼后，乘贼与官军战，猝自山后翻上，贼众疑从天降，松林大呼杀入，[二]纵横决荡，贼阵乱，遂大溃。八月，克江阴县城，诏以提督记名简放。寻督队规取无锡。时由南门至梅村坊三十馀里，贼踪遍满，松林先饬马队搜剿各村散贼，并遣将绕过河南，设伏以待；而自率马步洋枪队在张弓桥往来诱击。伏发，贼队悉向梅村坊前败走；乘胜攻梅村，贼分股来拒，松林大呼陷阵，继之以洋枪队，贼奔溃，毁其营。既而援贼麇集，松林以猛战受枪伤，乃回营。十月，贼由梅村绕出，阻浮桥以拒。会松林创愈，率马队至，与诸军合力围攻，连获大捷，遂将忠逆、侍逆两大股一律歼尽。进扎无锡南门，逆首伪潮王黄子隆父子负嵎死守。十一月，官军四面环击，松林攻其南，破南山石卡土营，遂率众登城，擒黄子隆父子，复无锡县城，赏加头品顶戴。

大军进规常州，松林扎大南门之左，贼众排列西南，分三路迎拒，官军亦分三路敌之。自辰至未，鏖战数时之久，大破之。既而金坛、溧阳援贼数万，营于西门之奔牛镇，以轮船围攻，松林驰救，先自出队，诸军继之以排枪，冲过浮桥，焚毁其轮船。是时也，李鸿章以贼踞宜兴、荆溪久，饬松林会同洋将戈登合击。三年，松林率队与戈登同至宜兴北门，松林被枪穿右肘，裹创力战。

猝有援贼数万自张渚来，松林严阵以待，贼扑近，以洋枪击之，死伤相继。援贼既败，城贼势孤，开门遁。松林与戈登并力追杀，有窜死者，馀悉降。正月，克宜兴、荆溪县城，乘胜图溧阳，行至张渚，贼惧出降，立克溧阳县城。移军金坛，遇贼船千馀艘，挥军截之，贼弃舟登岸，松林督军缘河两岸抄击，大败之。贼复纠合宜兴、溧阳败众，循江岸直窜腹地，图解常熟之围。李鸿章调松林回援，松林回至王村，贼退守桥口，松林督队过桥，追杀二十馀里，将顾山陈市踞贼一气歼除；由大河口径趋常熟，会诸军循江追贼，至杨舍而返。常熟之围亦解。三月，补授江苏福山镇总兵。杨舍败贼寻复纠集于云庭、花山一带，欲渡三河口浮桥，回窜丹、常，松林列阵南闸，跃马横出，直扑三河口营，贼不支，弃垒争渡，而浮桥五道，遽断其四，人马堆积，河为不流。于时大军方剿常州，松林率军至戚墅堰，填濠而进，贼闻风溃走，松林督军纵横驰杀，以炸炮轰塌城墙，将由缺口分路冲锋而上，贼以火药掷下。官军稍却，松林横刀直前兜砍，诸军继之，四月，克常州府城。赏穿黄马褂。于是乘胜进剿丹阳，贼闻常州已克，惊且溃，不战克之。

　　会李鸿章助剿浙逆，调松林进规长兴，松林至，营于东门，城贼固守不出。湖州贼二万自东南来援，广德贼四五万自西北来援，汹汹然与城贼相应。松林击援贼，贼以枪炮奋拒，军不为动，及其气懈，一呼齐进，贼败走。方拟架浮桥攻城，而援贼复添大股折回思逞，松林驰击之，复败去。松林意其必争长兴，遂率军自攻东门，而饬炮船攻东南、东北两隅，轰塌城垣十馀丈。松林先登城，大军随之，城内悍贼次第擒斩，复长兴县城，奉旨优叙。六月，丁父忧。李鸿章奏改署理福山镇总兵，仍留营协剿。七月,破贼于湖州之尹隆桥、大德桥等处。堵逆黄文金于尹隆桥南岸筑垒防守极严,松林以开花炮队击之。黄文金拨悍党绕吕山八字桥阻官军粮道,而别拨大队自尹隆桥至八字桥延袤二十馀里,倾巢来争,松林遣将分路迎敌。迨山上群贼冲下,松林卷旗突入,枪伤左膀,力战不退,并饬炮船由河内助击,贼力竭,仓皇纷窜,阵斩数千名,遂克湖州府城。松林以奋勇剿贼,叠受枪伤,得旨存问,并赏给云骑尉世职。松林之克尹隆桥、大德桥也,会有旨署理福建陆路提督,至是命赴署任。

　　时闽省漳州一带踞逆未下,四年三月,松林率所部抵厦门,与诸军会剿,大破贼于赤岭,乘胜逾岭,群贼辟易。漳州踞逆亦渐穷蹙,松林以汉南地势,古县最扼要,必先分军进扎,〔三〕始可断漳州、漳浦踞贼往来。四月,率所部八营进扎距漳城十里之古县东山,城贼突出扑营,松林饬军迎剿;贼势盛,复饬各营镇静以待,自午至酉,贼扑十馀次,气渐馁。松林麾军急进,贼不能支,相率溃窜。乃与诸军逼攻漳州,别饬一营由石亭仔、小浦南前进,使贼首尾莫顾,松林亲督洋枪队于夜半沿山疾行,直抵鸟头门,与东路官军夹击,贼面面受敌,仍死拒不退。官军愈攻愈猛,贼渐溃,松林挥军截杀,会石亭仔、小浦南前进之军亦乘胜直抵城下,诸军合攻,遂克漳州府城。赏给白玉四喜搬指、白玉翎管、大小荷包、火镰等件。

　　云霄厅所辖之岳坑,居万山中,形险可恃,其内如溪坪、大洞、梁山等村尤险恶,发逆陈仔率其党匿迹于此,而朱姓匪首则纠集各悍党坚踞岳坑,意图死拒。松林行近岳坑,将助逆朱姓各小村悉数扫荡,直逼岳坑,贼固匿不出。松林麾军急攻,并以西洋火箭射入,霎时烟焰蔽天,官军乘势冲入,遂将岳坑匪巢攻毁,乃饬分攻大洞,猝不易拔。松林驰至,绕视一周,令各营围定,直逼寨脚,凿一穴,填入火药,纳以引线,囊土封固。疾驰回阵,逾时火药轰发,各军一拥而进,生擒陈仔,馀逆悉诛。乘胜遂薄溪坪,松林见偏北墙垣微缺,因以炸炮轰击,历一时之久,墙垣摧塌,各将士于缺口先登,官军蚁附而上,立将溪坪攻破。复饬各营入山搜剿,将发逆陈仔匪首朱起运、朱庭燎、朱庭献等正法。闽匪肃清。

松林率军回江苏候调,并由李鸿章代奏恳恩开缺终制,上不允,赏假四个月,并谕之曰:"郭松林援闽之师,崎岖转战,疲惫异常,业经凯撤回苏,自应暂行休养。郭松林谋勇兼优,受恩深重,自必以国事为急。现已降旨赏假四月,回籍葬亲,届期即着销假,以副委任。"五年,湖北巡抚曾国荃奏豫捻窜入鄂境,上命松林赴湖北防剿。十一月,督军征捻,克应城、云梦二县,又败贼于皂河、杨泽、杨墩等处。十二月,大军追贼至安陆之臼口,正猛进间,伏兵陡起,松林与其胞弟补用副将郭芳珍驰援,芳珍殁于阵,松林左足及胸前连受七伤,胫骨为枪子击断,卧地不得起。诸将士不知松林所在,因回斗见之,乃负之出。曾国荃奏请准其回籍养伤。六年十月,李鸿章奏称:"山东胶莱溃防,亟须选用战将。郭松林前在金陵、苏、常、浙、闽,所向克捷,骁勇绝伦。上年在鄂防剿,以新募数千人骤击捻众,先胜后挫,非战之罪,而历练更较深矣。臣复勖以大义,强起治军,应请将郭松林向所统带之松字各营,改为武毅军,咨令接统。并抽拨运防马步,凑集二十营,交该提督总统,驰赴前敌,与刘铭传等掎角并进。"上从之。

　　是时,东捻任柱、赖文光等走寿光,松林要击于杞城,大破之。松林与刘铭传尽弃辎重,裹粮与捻相逐。捻将沿海南走,阻弥河不能遁。逆酋牛喜子率白旗犯刘铭传军,赖文光率蓝旗犯松林军,松林与刘铭传纵击,军士无不一当十,捻大溃。寿光民圩皆从壁上观,见官军胜,开圩助杀,捻多死于弥河,浮尸二万馀,俘亦称是。任柱伏诛,赖文光凫水南奔,松林追至清江,为扬州官军所获。东捻平,赏给骑都尉世职。于时西捻张总愚由秦、晋乘冰渡黄河。七年正月,犯畿辅,李鸿章调松林援剿。二月,败贼于安平。三月,复要击于山东茌平,大破之。五月,捻自阳信还奔海丰,松林击败之。捻出宁津、吴桥间,复西南驰至德州,松林督军穷追,捻不得喘息。诸军会合进剿,历十六昼夜,捻益不支,六月,大破之于沙河。捻疾逃,又为官军困于黄、运、徒骇河之间。松林率马队纵横要击,贼党四散,张总愚赴水死。西捻平。诏由骑都尉晋为一等轻车都尉。

　　八年,调补湖北提督。九年正月,李鸿章奏调援黔。二月,又奏调移师援陕。七月,随李鸿章帅师至直隶。八月,回湖北提督任。十年二月,松林以母病请假归省,上责其不俟谕旨,辄即回籍,交部议处,仍予假一个月。十一年,丁母忧。光绪五年七月,仍授湖北提督。

　　六年正月,调补直隶提督。四月,以积劳伤发,卒。直隶总督李鸿章奏闻,略曰:"郭松林初以亲兵随现任山西巡抚曾国荃攻克江西安福县城,遂以骁勇著名。同治元年,以游击投臣上海大营。臣察其英果迈伦,饶有胆略,始令募带松字两营,交臣弟鹤年在前敌调遣,逐渐添至八营,叠克名城,歼除群丑。郭松林常领一队为先锋,旋复航海援闽,克漳州府城。迨至率师北剿捻逆,郭松林复统武毅军,连蹙贼于山东胶、潍一带,战无不捷。东捻赖以肃清。未几,而西捻犯河朔,蔓延山东。郭松林纵横驰击,大小数十战,扼守运防,俾捻众不得喘息,全股荡平。同治九年,臣督师入陕,郭松林仍以统将随行。旋任湖北提督多年,颇能整顿营伍。综计郭松林在臣部下,前后将近十载,剿办粤、捻诸寇,无役不从。忠勇廉明,善驭士卒,战功卓著,实为不可多得之将才。本年调补直隶提督,臣方倚以集事,乃莅任未久,赍志长暝,实堪悯恻!合应仰恳特恩赐谥,并敕下国史馆立传。其湖南原籍及江苏、福建、山东立功省分,建立专祠,以奖忠绩而昭激劝。再郭松林有子郭人济、郭人鸿、郭人彦年尚幼稚,皆在原籍,合并声明。”疏入,谕曰:“直隶提督郭松林随曾国荃、李鸿章出师江西、江苏、浙江、福建等省,克复城池,殄除群丑。旋因李鸿章督剿捻逆,该提督战无不捷,东西捻股赖以肃清。实属忠勇性成,功绩懋著。迨授任湖北提督,亦能整顿营伍。此次调任直隶,方资镇摄,遽闻溘逝,悯惜殊深!郭松林着照提督例赐恤,加恩予谥,并将事迹宣付史馆立传。其湖南原籍、江苏、福建、山东立功省分,准其建立专祠。灵柩回籍时,着地方官妥为照料。伊子郭人济、郭人鸿、郭人彦俟及岁时,带领引见,以彰忠绩。”旋李鸿章奏称郭松林之子他人开报错误,实名郭人凯、郭承举、郭人漳。寻赐祭葬,予谥武壮。

【校勘记】

〔一〕叠克巢州　“州”原误作“县”。今据郭松林传稿(之二)改。

〔二〕松林大呼杀人　“人”原误作“人”。今据郭松林传稿（之二）改。
〔三〕必先分军进扎　“进”原误作“近”。今据郭松林传稿（之二）改。

萧孚泗

萧孚泗，湖南湘乡人。咸丰三年，侍郎曾国藩募入湘营，随诸生罗泽南转战江西、湖北，辄有功，荐保守备，加都司衔。六年，随同知衔曾国荃带吉字营攻克江西安福、吉水、万安等县，进规吉安。七年，克峡江，晋游击，赏戴花翎。八年，曾国荃围攻吉安，贼出三大股扑孚泗营，孚泗开壁奋击，毙悍匪多名，馀众披靡，旋克吉安。湖南巡抚骆秉章疏称孚泗胆略素优，躬亲矢石，叙功以参将归部选用。九年五月，随知府曾国荃等攻景德镇，进复浮梁。江西全省肃清，擢副将。

十二月，楚军围攻太湖，曾国藩分饬孚泗等驻小池驿及潜山之落溪河。十年正月，官军击援贼，悉败走，太湖贼宵遁，遂复其城。孚泗功多，赏勃勇巴图鲁名号。十一年四月，随攻安庆。时伪英王陈玉成筑垒菱湖南北岸，置划船通往来，道员曾国荃豫拨水师炮船数十号，越东岸入湖轰击，派孚泗等于东路横濠，倚水筑新营。陈逆无隙可抵，凫水遁。五月，孚泗等破贼北岸十三垒，擒斩五千馀人；南岸五垒，同日拔之。又会各军分道攻城，平城外各垒。七月，贼援复麇集，筑垒四十馀，与城贼相接应；寻扑官军后濠，筑濠外月墙以避炮。孚泗纵壮士数十人往毁之，增新垒置炮，伏精兵于濠左右，以防冲突。贼欲夺我新垒，更番猛扑，孚泗等且战且筑，贼不得逞。垒成，贼又筑垒菱湖北岸十馀座，异小艇泛湖汉，赍粮入城，水师副将蔡国祥截获之，贼计穷蹙。

八月，地雷发，城圮，孚泗随曾国荃整队进，遂复安庆。两江总督曾国藩上其功，擢总兵，加提督衔。九月，随克无为州，旋授河南归德镇总兵，仍留营剿贼。

同治元年，布政使曾国荃循江东下，孚泗充前锋，叠复安徽桐城闸、雍家镇及巢县、含山、和州等城。贼之踞江宁也，以全力扼东西梁山，为金陵锁钥。三月，孚泗等随曾国荃攻拔西梁山。四月，会水师克太平、芜湖，破金柱关、东梁山，进攻秫陵关、江心洲，克之，乘胜逼江宁。捷入，命以提督记名简放。五月，驻军雨花台。伪忠王李秀成分党来援，以六万人径趋江心洲，截我运道，孚泗等截击之。九月，援贼攻孚泗后营炮台，曾国荃驰救，贼来愈众，相持十馀日。贼地雷起，纠党千馀冲入塌口，孚泗力御，以火药数十桶掷轰之，贼不得入。久之，贼疲，诸军分路出剿，孚泗暨道员彭毓橘两路夹击，踏平贼垒数十座，追至牛首山，贼遁。论功，赏穿黄马褂。二年四月，官军攻雨花台，孚泗与总兵李臣典夜蛇行薄石城，束草填濠，克之；并与道员陈湜追至上方桥，贼投水死者无算，斩馘数千。孚泗由是声威大著。

曾国荃令偕陈湜总理金陵营务，城东诸军尽归孚泗节制。又进攻上方桥，断贼运道，城贼纠众悉出，孚泗率马步包抄，迫之秫陵关，破十馀卡，悉夺其战具，令军士夜负薪填濠，遂拔上方桥，结筏渡河，扼双桥门以东，连破贼隘。于是七瓮桥群贼惶惧。[一]孚泗与彭毓橘扼其东走之路，夜纵火拔之。十月，升福建陆路提督。三年三月，巡抚曾国荃以江宁附城诸要隘悉为我有，惟东北钟山贼垒未克，令孚泗出钟山北，列队太平门，筑三垒守之。大军围始合，贼粮路绝。六月，进占龙膊子山石城，孚泗与李臣典即山筑炮台，距城仅十馀丈，贼炮如雨，军士版筑如故；复积芦苇湿草，高与城齐，立登垛口，以薄城贼。[二]先于其下凿地道，埋药六万斤，设引线于外，越日火发，城圮二十馀丈，将士争登，贼抛火药抵拒，死者数十。众方错愕，孚泗手刃数卒，士气乃奋，尽从缺口入，夺朝阳、洪武等门，于是江宁九门皆破。时李秀成走匿民舍，孚泗率兵索获，并擒伪王兄洪仁达等，悉置于法。红旗报捷，谕曰："福建陆路提督萧孚泗督办炮台，首先夺门而入，并搜获洪仁达、李秀成巨逆，实属勋劳卓著。着加恩锡封一等男爵，并赏戴双眼花翎。"是年，丁父忧。

光绪十年，卒。两江总督曾国荃疏请优恤，略云："孚泗起自田间，深明大义。从军十馀年，大小数百战，身受重伤，屡濒于危，会有天幸，卒成伟烈。其出奇制胜，暗与古合，彬彬有名将风。平生驭军极严，而宽仁有惠，禄糈所入，悉以犒赏战士，身无馀财，人乐为之用。及大功告成，以忧去职。薄田数亩，躬耕自给，不复言昔年战绩。见者不识为立功之勋贵也。"疏入，谕曰："前福建陆路提督一等男爵萧孚泗，于咸丰三年随同曾国藩转战江西、湖北等省，所向克捷。六年以后，隶曾国荃部下，叠克名城，勋绩卓著。荐擢至福建陆路提督。同治三年，克复江宁省城，首先夺门而入，搜获李秀成等巨逆，厥功尤伟。萧孚泗着照提督军营立功后病故例议恤。于江南立功地方建立专祠。生平战绩，宣付史馆立传。加恩予谥，以彰忠荩。"寻赐恤如例，予谥壮肃。

子候选主事有名，袭。

【校勘记】

〔一〕于是七瓮桥群贼惶惧　"瓮桥"原颠倒作"桥瓮"。今据萧孚泗传稿(之二)改。按本卷吴全美传亦误,依此改正。参卷五九曾国荃传校勘记〔二〕。

〔二〕以薄城贼　原脱"贼"字。今据萧孚泗传稿(之二)补。

　　吴全美

　　吴全美,广东顺德人。道光二十九年,广东洋面盗起,全美应募为团练勇目,习水战冠其曹。屡获巨盗,遂由议叙把总升补海安营千总。咸丰元年,署龙门营都司,赏戴花翎。二年,署水师游击。时儋州土匪刘文楷等结黎人数千,肆扰州境,全美讨平之,斩贼首曾超于阵。论功,迁参将,并赏加副将衔。

　　三年,粤匪陷福建之厦门、同安,蔓及仙游、莆田各县。全美应调往攻,复其城。升副将,并赏加总兵衔。四年,江宁踞贼复于瓜洲倚江为垒,大修水战之具,以抗官军。全美管带红单船五十只,由闽赴江,合力攻剿,都司陈国泰为前锋,战不利。全美遂带船二十五只,直逼贼垒,奋勇轰击,连毁金山炮台,土木皆飞;贼始骇溃,继伺官军尽驻下游,密遣贼船由南岸大溜下驶,潜图东坝。全美又由北岸迎击,败之,立复高淳。闰七月,又败之七瓮桥,贼势蹙,乃立水营于九洑洲、八卦洲,环以木城,外树重栅,阻我师船往来之路。九月,全美领队直前,先攻八卦洲,令敢死士持炬,潜自上流夜袭其栅,纵火焚之,因鼓噪进击,贼众惊乱,死者数百计。九洑洲之贼亦望风奔溃。于是两洲皆克。积功,超擢浙江温州镇总兵。五年,贼复于下关两岸筑炮台,镕铁为巨练,以锁江面,坚不可拔。全美率师船由南岸扬帆上溯,自七里洲河嘴斩关而入,手刃守关贼数十人,立断铁锁,冲浪直上,毁逆船三百馀只,生擒伪前锋陈长顺、孙元、章大中等;直捣芜湖,大破贼于采石,乘胜下攻金柱关,贼众愕然,无敢当者,遂克芜湖。赏给迅勇巴图鲁名号。

六年,江宁大营陷,上命留全美等红单船分泊大江南北,牵制贼势。十月,全美移泊鲁港,贼知有备,不敢近。赏加提督衔。十年,署两江总督曾国藩奏调全美率师船二百馀全数下驶,分泊狼山、福山、焦山各地,以通镇、扬,且扼贼北窜之路。九月,全美由芜湖赴扬,且战且行,至九洑洲,贼悉众来拒。全美奋击,沉贼船三四十只,焚毁十馀只,馀逆遁入内河。十一年六月,江阴、常熟窜匪踞江心寿星沙,多作木簰,外驾桨船,图扰北岸。上命全美总统水军击走之。于是官军日胜,江宁贼势不支,恒思窜扰江北。全美扼要堵截,严密防御,遂使下河完善之区得以安堵。同治三年,江宁平,下部优叙。五月,补授福建水师提督。四年二月,闽浙总督左宗棠奏请饬全美速带红单、拖罾等船赴闽助剿,八月,驰抵厦门,凡塞港、守港、御炮及召募义勇、稽察奸民一切机宜,皆先事预筹,海疆大治。嗣以捐输历年欠饷,及廉俸银两,得旨嘉奖,并加广本省文武乡试中额各五名。五年,因病陈请开缺回籍调理,允之。

光绪六年,病痊,两广总督张树声、广东巡抚裕宽奏留广东办理海防,旋署广东水师提督,统带轮、拖各船。九年,署琼州镇总兵。时法人屡以兵船往来琼州,窥探量水,警报纷纭。全美督水陆兵勇,躬赴海口各炮台,殚心布置,昕夕严防。琼州水土毒

恶,瘴疠交乘。十年十月,卒于防所。十一年,两广总督张之洞
胪陈全美战功事迹以闻,谕曰:"已故署广东提督、琼州镇总兵、
前福建水师提督吴全美,于咸丰年间,在福建、江南等省叠著战
功。嗣署广东琼州镇总兵,于筹防事宜亦能实力经营。遽因染
瘴身故,殊堪悯恻!着照军营立功后积劳病故例,从优议恤,并
将事迹宣付史馆立传,以彰劳勋。"寻赐祭葬。十五年,慈禧端佑
康颐昭豫庄诚皇太后归政,追念从前功绩最著诸臣,各赐祭一
坛,全美与焉。

谭上连

谭上连,湖南衡阳人。咸丰八年,由武童投效即选道李续宜
军营,隶副将萧庆衍部。九年,因解宝庆围出力,奖六品顶戴。
十一年三月,李续宜督军克湖北孝感,五月,复德安,上连均先
登,负炮石伤。擢把总,并赏戴蓝翎。同治元年,随解安徽颍州
围,并乘胜复霍丘。升千总,赏加守备衔。二年三月,萧庆衍会
道员毛有铭军攻无为州草鞋岭,援贼至,被围,两军声息不相闻。
上连潜入贼中,得口号,径达毛有铭营,约期夹击,贼溃走。四
月,随拔巢县铜城闸,超擢都司。三年,官军轰塌江宁城垣,上连
先登,负矛伤,城克。超迁参将,并赏换花翎。

五年,随皖南镇总兵刘松山进剿河南捻逆,六月,败贼西华,
又败之上蔡双庙。七月,连捷于南阳、新野。擢副将。六年,捻
逆犯陕西同州、朝邑,刘松山疾趋入关,击贼乾州境,败之,追至
同州城东北,攻许家庄小濠,上连先登,负重创,卒夺其堡。同、
朝围解,升总兵。七年正月,刘松山赴援畿南,败贼献县商家林,

又败之深州贾家村。贼走祁州,追及,又败之。贼围总兵郭宝昌
于博野南邓村,力战,解其围。上连皆有功,赏扬勇巴图鲁名号。
三月,追贼至河南封丘,力战,被重创。六月,捻匪平,得旨,交军
机处记名,无论提督、总兵缺出,尽先题奏,并赏给正一品封典。

　　八年八月,随刘松山进剿甘肃灵州回匪,拔郭家桥贼巢二十
馀,屡败吴忠堡、金积堡援贼。九月,克刘家寨西北贼垒七,进薄
灵州,拔其外卡,克之。赏头品顶戴,并赏换伯奇巴图鲁名号。
九年八月,以三品卿衔即选道刘锦棠檄,攻吴忠堡附近油坊寨,
拔之,殪贼二百馀,擒回目马重生等,伏诛。十一月,金积堡平。
赏穿黄马褂。十一年九月,赴援西宁,败贼三十里铺,又败之小
峡。十月,贼大股复出小峡,围扑官军新卡,势垂破,上连偕提督
何作霖挺矛直出,立斩悍贼三十馀,始败去。府城围解。陕甘总
督左宗棠奏称:"上连队伍整严,朴实勇敢。请遇有陕甘提镇缺
出,尽先题奏。"允之。十二月,刘锦棠由西宁进规大通,败贼姑
姑加庄。十二年正月,克向阳堡,进复县城。九月,移军肃州,复
其城。上连以功历保,下部优叙,并赏三代正一品封典。驻防
肃州。

　　光绪元年,左宗棠以关陇肃清,再上其功,下部优叙。二年
二月,授陕西汉中镇总兵。四月,总理新疆行营营务刘锦棠督军
出关,以上连为前敌。六月,攻古牧地,用大炮轰塌东北城垣,填
濠入,巷战之贼尽歼焉。乌鲁木齐踞贼闻风遁。捷奏,赏云骑尉
世职。三年,自乌鲁木齐逾岭而南,乘夜衔枚疾趋达坂城,环轰
之,贼不支,开门遁。官军刀矛攒刺,卒不得出,擒斩无漏网者。
乘胜捣托克逊城,提督黄万鹏率所部急进,遇贼大队从空庄冲

出,被围。上连由左路横冲贼阵,始惊审,逐北三十馀里,斩馘三百馀,立复托克逊城,赏骑都尉世职。六年,驻防新疆玛纳斯城。九年,调甘肃西宁镇总兵,寻署乌鲁木齐提督。十年,以新疆底定,六年,巡防出力,下部照头等军功优叙。十五年,授新疆喀什噶尔提督。

十六年,卒。护理新疆巡抚魏光焘疏言:"上连忠诚干练,晓畅戎机。每战身先士卒,猝遇巨寇,复好整以暇。故在军数十年,未曾挫衄。在喀什噶尔提督任内,选材练兵,弹压诸部,尤能恩威并用,中外翕然。上年旧创复发,犹强起巡阅各旗营,以固边防。死之日,案无积牍,筐鲜藏金,尤有足多者。"谕曰:"已故甘肃新疆喀什噶尔提督谭上连,于咸丰年间投效湘军,转战湖北、安徽、江南等省,骁勇善战,叠克名城。嗣后随同刘松山及刘锦棠各军剿办陕捻、甘回,并荡平新疆各城回逆,扫穴擒渠,厥功尤伟。谭上连着照军营立功后积劳病故例,从优议恤。生平战绩宣付国史馆立传。并准附祀陕西、甘肃、新疆左宗棠专祠,以彰劳勋。"寻赐恤如例。

子尹钢,袭世职。

陶茂林

陶茂林,湖南长沙人。由武童投效湘军。咸丰五年,随克江西弋阳、广信等县,保把总。寻克义宁州,晋千总,赏戴蓝翎。六年,随克湖北咸宁,拔金口贼巢,擢守备。七年,随攻江西吉安贼,与哨官叶必信、萧孚泗等分路兜击,斩馘二百馀,又败之丛树岭及白鹭洲,击退东门援贼二千馀,毁贼垒一。擢都司,赏换花翎。八年,复吉安府城,升游击,加参将衔。

湖北巡抚胡林翼调茂林赴鄂,管带楚军,扼防黄州。进剿安徽霍山、乐儿岭等处股匪,堵舒城援贼,克建德。十年四月,晋参将。时逆首陈玉成纠捻首龚瞎子、孙葵心各悍党窜桐城,茂林会剿大捷。十一月,湖广总督官文等请以副将尽先补用,允之。十一年,攻桐城及安庆援贼,五战皆胜。五月,诏加总兵衔。八月,荆州将军多隆阿克安庆、桐城,茂林偕驻防潜山营官赵克彰进攻石镇诸贼垒,军至施家山,贼拥众五六千拒之。茂林等分两路诱敌,以一军兜袭其后,贼失措,遂溃,擒伪丞相周汝康等。官文、胡林翼汇叙战绩以闻,赏锋勇巴图鲁名号。同治元年三月,多隆阿进规庐州,檄茂林率本营及杨德峻、张养吾等营,列队德胜门、南门、小东门,总兵雷正绾等攻大东门外贼垒。逆首陈玉成率悍党出东门来援,雷正绾等败之,陈逆旁遁,不敢入城。方是时,茂林等各树云梯缘城而上,城贼初犹死拒,继见陈逆败走,遂散乱,各军蜂拥登城,克之。捷入,命军机处记名,遇有总兵缺出题奏。

五月,多隆阿奉诏督办陕西军务,以茂林从。七月,亳、颍捻匪数万,由豫西永宁、陕州并力西趋,茂林固守武关。闰八月,多隆阿军至,茂林偕总兵谭仁芳等出关夹击,大败之。先是,逆首赖文光等窜踞襄河迤北,屡为官军所败。至是,逆首陈德才遣贼目罗正举等接应。多隆阿饬茂林选精锐分路进逼,贼悉众来拒,茂林等会击,贼大溃,追至李家楼,歼贼三千馀名。十月,叙功,俟补总兵后以提督用,先换顶戴。二年,进剿回逆,解同州围,拔羌白镇、王阁村。二月,赏应得封典。四月,借补陕西兴安营游击。七月,授汉中镇总兵。八月,署甘肃提督。时凤翔被围久,甘回四起，固原未复，平凉失陷，秦州西宁所属暨兰州附近之安定等县，复相继煽乱。多隆阿派提督雷正绾赴援，饬茂林先击凤翔，以清后路。十月，茂林以三千人解凤翔围，诏授甘肃提督；并饬将凤翔附近贼垒及所属回巢赶紧扫荡，迅赴甘省，会合雷正绾之师，剿办回逆。茂林遂将凤、邠各路馀匪，并麻子崖、陶园堡等贼垒，次第平毁。

三年，甘肃徽县、两当发逆出宝鸡山口，由郿县欲扰鳌屋，茂林扼之雨门镇、二岭关等处，败之；另股由凤县之黄牛铺窜郿，又败之。进克汧阳，复陇州，馀匪西窜。遂移师入甘，会雷正绾等军，谋取平凉。四月，分道进兵，阵斩著名逆首木仲沅讷三等。五月，克平凉，赏穿黄马褂。寻率所部攻张家川贼巢后路，贼负嵎死拒，士卒多伤。六月，雷正绾赴援，合击获胜，毁田家山贼卡及张家川土城外木城。七月，大雨兼旬，贼乘间复立木城，并营田家山旧巢。八月，又与雷正绾以全力破之，又拔龙山镇、莲花城，馀匪北窜静宁一带。十月，河州陷。十一月，贼扰会宁、安定，茂林派兵进剿，解安定围；攻破会宁之孙家集、白草原；金县先为贼陷，至是亦复之。时靖远被围，茂林饬总兵高馀庆往援，破惠城一带贼卡，生擒逆目黑牙古等。四年正月，移营乔家雪滩，高馀庆战死。茂林闻警，督兵疾趋靖远，拔楷栗园、杜家山，通粮道。寻取黑城贼巢，擒悍贼马如虎等，分军剿吴家沟、十五里铺，约城内绅勇夹击之，城围遂解，追杀馀匪于郭城驿，歼焉。三月，移剿新城堡及会宁，进击王家集踞匪，忽部下五营以索饷溃走，贼乘虚围扑，又陷其六营。茂林令总兵陶世贵等突围，调后路四营来援，自率残兵奋击而出，遂退驻安定。

五月,丁父忧。谕曰:"陶茂林着改为署任,赏银三百两治丧,即由甘肃藩库拨给。其营内溃勇,窜逃何处,着设法招集,并飞檄各路军营,及沿途州县,一体遏截,勿任滋扰。其现存各营,务当妥筹镇压,以固军心,毋再稍涉疏懈。"是月,陕西巡抚刘蓉疏陈甘省军营积弊,劾茂林贪劣状,茂林亦以兵溃自请治罪。上命甘肃总督杨岳斌确查具奏。八月,茂林营勇又溃。九月,谕杨岳斌迅将该营溃变之由及陶茂林统率不善之处,据实参办。寻覆疏言:"茂林所欠该营口粮,实由饷绌所致,尚无不合。其移扎安定时,茂字五营及围队右营,因索饷所获无多,借词侵蚀,相率哗散。该提督经过地方收受陋规,州县官往往执贽门下,其心迹贪污已可概见。至收纳回女一节,该营女眷甚多,是回是汉,实难明悉。惟该提督于上年赴援靖远,一闻眷属行抵兰州,辄自回省垣,至本年正月始行出省。该营勇丁扎营地方,抢掠淫虐,不堪言状。"奏入,谕曰:"陶茂林以专阃大员,辄敢废法营私,以致所部兵勇到处滋扰,始而溃逃,继而叛乱,实属咎无可辞。着即行革职,以示惩儆。"遂回籍。

十年,贵州军务方亟,巡抚曾璧光、提督周达武合词奏调茂林赴黔协剿,从之。十二年,以收复新城,殄除首要各逆,得旨开复原官,免缴捐复银两,并赏还翎支、黄马褂、勇号。寻兵部议以所犯情节较重,奏寝之。嗣以剿办安顺府属扁担山等处伏莽,擒渠扫穴,一律肃清;又以十三年攻剿古州、丹江叛苗,斩擒首要,经曾璧光一再奏保,下部议,准其开复原官,仍完缴捐复银两。光绪元年,收复下江、永从厅县各城。二年,攻剿六峒贼巢,搜擒著名首逆。得旨赏加头品顶戴,并换爱星阿巴图鲁名号。九年,巡抚林肇元奏派统带练军,并会同地方官劝化苗民改装事宜。十六年,署古州镇总兵。九月,卒于任。

方耀

方耀,广东普宁人。咸丰元年,由军功带勇剿高、廉各匪,奖给六品顶戴。三年五月,剿化州官桥、石角土匪,及挪雾、太平各墟股匪,擒首逆朱十四。以外委尽先拔补,赏戴蓝翎。九月,调赴信宜合江墟剿贼,阵获逆酋邓应驹,解散胁从多人。十二月,补兴宁营外委。旋因攻破思回、思旺各贼巢,转战八阅月,所向有功,以把总尽先拔补,并以千总记名,赏五品顶戴。六年,逆匪梁培友踞广西浔州,复分屯大黄江墟,耀随营进剿,先后三十馀战,擒斩甚多。四月,赴四会塔塱、江谷剿捕。七月,助剿浔州窜匪,毙贼百馀。七年,贼扰清远,耀疾驱解其围,复回防省垣。四月,迁连平营中村汛把总。六月,调剿朱子仪股匪,毁禾云贼巢。八年二月,攻拔朱坑、禾洞、石马、江谷各村墟,并解广宁城围。五月,解德庆州围,拔古楼莫村。七月,截击连州窜匪,平跌马桥、流沙墟贼巢,擢潮州镇左营千总,留军阳山。八月,署南雄协中军都司。

九年九月,两广总督黄宗汉疏保广东文武贤员,称耀谋勇为诸军冠,并叙连阳肃清功,得旨免补守备,以都司补用,赏换花翎,给展勇巴图鲁名号。十月,逆匪陈四虎侵及广宁,凶锋四应。耀取道洽洸,由英德之大湾麻埠与水师并进,抵三峡青莲,击沉贼船,水路始通,进解阳山之围,而婆径、黄陂各踞逆遂皆胆落,耀悉击走之。十年六月,总督劳崇光汇叙耀功,请以游击尽先补用,先换顶戴,允之。嗣贼窜韶州白土墟,耀进军截杀,叠破径头贼巢。七月,克复仁化,简精锐兼程解南雄州之围。劳崇光倚耀破贼,饬将潮普、飞虎、德义、彰信四军皆归统带,檄赴江西信丰等县,蹑踪追捕。十月,解安远围,晋参将。十二月,复平远。十一年三月,督师越境,克福建武平、永定两城。

时伪兴王陈金缸窜陷信宜,旁扰茂名、阳春、化州、电白各州县,屡扑高州府城。六月,耀驰剿,先破西山大岭各贼巢,复于将军村、车头等处与贼鏖战,毁芝麻岭贼垒十馀座,进攻塘角、深塘等隘,均获胜。十一月,潜师夜破崩山头贼垒,身受炮子三,裹创血战,俘馘千计。同治元年六月,补琼州镇右营都司,仍留带勇。十一月,署三江协副将,驻军高州。二年秋,肇罗逆势蔓延,加以客匪勾结,奔突披猖,众十馀万,耀与副将卓兴以所部八千人,两路进击,擒匪首高柱国、麦主政等,斩首三千馀级,连破南山、白花塘各贼巢,收复二十馀乡,进拔嵩坡、石骨、龙头峒坚垒,并焚贼所屯粮,军威大振。匪党郑金遂密约刘超袭杀陈金缸,率众来归,立复信宜县城。其大林东岸及化州之石红堡、西宁之挑埠等处馀党,皆剃发投诚。陈逆踞信宜三年,蹂躏数百里,一旦授首,广西岑溪县同时并复,退迹壮之。嗣郑金更名绍忠,随耀建功,卒得其力。总督劳崇光、毛鸿宾等先后上其功,诏俟补缺后以副将升用,先换顶戴。复奉旨遇有广东副将缺出尽先补用,并加总兵衔。

三年二月,赴平远之八尺墟防剿。寻以县城失守,耀进兵迟误,暂行革职。时逆酋丁太阳等分党踞武平县及武平所新城,耀由平远节节进逼,驻军武平之牧中岭,贼大股来扑,奋力击退之。

十月,分派方勋、方敖等率兵四路设伏,以数百人薄城河诱敌,贼果麇至,佯败,将至岭脚,伏兵三路包抄,耀分兵绕贼后,夹攻之,斩贼目五,枪毙千馀,生擒数十名,馀匪走郑家坪。是晚,耀下令齐队,自领轻锐径斫贼营,焚其更楼营垒。贼惊,弃巢遁。城贼溃,遂克武平所新城。翌日,克武平县。丁逆等踞永定负固不下,耀进兵上杭之蚵蛇渡,〔一〕再进恩全,觅敢死士入城诇贼情,离间之。侦贼将赴金砂乡,预伏以待,贼至,遇伏反奔,追袭之,尽平城外炮楼土垒,附城镬子岭、鸣岐山皆据形胜,可俯瞰城中,因移营山脊,日夜遥击,贼尸山积。逆党亦自相惊疑,夜开东门遁龙岩,耀等追至雷塘而还。事平,毛鸿宾檄耀由上杭进,亟清濯龙田、下官庄之匪,以固嘉应藩篱。四年正月,诏开复暂行革职处分。二月,截窜匪于白沙、碣石,胜之。伪康王汪海洋窜逼大埔,耀移军扼守,屡击却之,追至永定之陈东坑,降贼目郭雄才、高得顺等。总督瑞麟疏叙耀功,请交军机处记名,遇有总兵缺出,请旨简放,从之。闰五月,与郑绍忠会合闽军克福建平和、诏安,赏加提督衔。八月,再会闽军克长乐,拔镇平,令都司方鳌等袭烧黄河坑贼粮,耀率队夜抵鱼墩,毁其二营,殪贼目刘天保、张人桂,再战于慈溪,贼奔柯圩,耀蹑剿,屡捷。卒以馀匪阑入和平,未克兼顾,撤销提督衔,暂行褫职。既而耀攻毁上下坪贼垒,招抚伪将黄标等,复嘉应州城。闽浙总督左宗棠疏陈战状,诏开复。

七年三月,署南韶连镇总兵,旋调署潮州镇总兵。八月,授南韶连镇总兵。十月,查办陆丰县斗案。嗣以甄叙前劳,赏三代一品封典。潮属风气强悍,抢掳械斗,习以为常,甚至负嵎筑寨,拒兵抗粮，良民胁于凶焰，莫可如何。耀以为不除积匪，其患不息，而发兵剿办，则元气伤而患更大。乃创为选举清乡法，择豪族正人为乡约正副，任以稽查，分别良莠，准予自新，以为纲领。先办陆丰县斗案，明正其罪，潮人始稍知官法。其拜会戕官之陈独目，恃险拒兵之谢奉章等，俱次第就擒，治如律。访获悍匪无算。清查强占民田，悉归本户。仍会同文武勾稽积欠钱粮，使民自完。从前占久未经升科之沙田，至是皆丈量输赋。潮关税额亦岁增巨万。创设书院义举，风气一新，潮人颂之。总督瑞麟疏请奖励，得旨交军机处记名，遇有提督缺出题奏。嗣复赏穿黄马褂。光绪三年，调署广东陆路提督。五年，筹办潮州，南澳、碣石等处防务，复回潮州镇总兵任。九年，法越构兵，两广总督曾国荃令耀募勇赴钦州督防。九月，诏以耀素颇勇往，着调回省。时海防甚亟，总督张之洞称耀勇略兼优，威望夙著，奏充海防全军翼长，署广东水师提督。十年，归善会匪起，耀往平之，回驻虎门，与督抚诸臣筹画布置，并饬潮普五营往援福建。十一年，诏实授。十三年，入觐。十六年，恭遇上二旬庆典，赐耀母林氏御书匾额、玉如意、袍褂料。十七年，总督李瀚章、巡抚刘瑞芬等疏报耀母林氏年逾八旬，亲见七代，五世同堂，奉旨旌表。

六月，卒于行营。李瀚章疏陈耀战绩，略曰："耀当咸丰初元，粤逆倡乱，粤东盗贼乘机并起。耀随其父方原集勇投效，忍饥誓师，裹创力战，解各州县城围，所向无敌。前督臣黄宗汉疏保文武贤员，极称潮普营，自此得名。嗣由广东转战江西、福建等省，大小数百战，克复十馀城。同治初，土客滋事，巨逆陈金缸占踞高州各处，耀率兵剿擒首逆。旋赴福建上杭截剿白沙、碣石逆匪，胜之，逆由间道败窜。耀回军扼守大埔，遇伪侍王李世贤大股于五道庙，以少击众，血战三昼夜，降其悍党，贼遂遁。沿途州县，得以不遭蹂躏。每战必救出难民多人，随时资遣。与客军共事，推功让能，不自矜伐，故能敌忾同仇，肃清全境。自署潮州镇总兵，创为选举清乡之法。潮州患水，则设法疏御，以保农田。惠州被灾，则出资平粜，以活饥民。至今犹称颂弗衰。平生战绩皆有奏报可凭，独其查办匪乡，精心规画，使多年藐法之区，不敢终同于化外；各属豪强之族，不敢相率而效尤。实为全粤治乱之关，有功于大局者甚巨。粤中士庶，倚若长城。故提臣束发从戎，与军务相终始，感激图报，出于血诚。"疏入，谕曰："已故广东水师提督方耀，于咸丰初年，募勇剿匪，叠解城围。嗣由广东转战广西、江西、福建等省，克复名城，歼除巨逆。同治年间，于署潮州镇总兵任内，创为选举清乡之法，除莠安良，并筹办一切善举。两任水师提督，捕获要匪，保全地方。遽以猝疾殁于营次，深堪轸惜！加恩着照提督军营立功后积劳病故例从优议恤。平生事迹宣付国史馆立传。伊子方廷珍，〔二〕着俟及岁时交兵部带领引见，以彰劳勋。"寻赐祭葬。

【校勘记】

〔一〕耀进兵上杭之蚹蛇渡　"蚹"原误作"蚺"。今据方耀传稿（之三）改。

〔二〕伊子方廷珍　原脱"伊"字。今据方耀传稿（之三）补。

孙开华

孙开华，湖南慈利人。咸丰六年，由武童投入霆军，随同参将鲍超征剿发逆,击贼于九江北岸之小池口,生擒贼目,直捣其巢,攻之未克,伤右臂。七年三月,随鲍超击贼于严家坝,毙贼甚多,复伤左足。皖贼分窜湖北之黄梅,踞大河铺为巢穴。开华击之于大河铺、渡河桥,皆捷。复随鲍超进攻黄蜡山等处贼巢,大败之。给六品军功,复进军安徽宿松,扼守二郎河。十一月,破贼于枫香驿。八年二月,随鲍超赴援湖北,驰至麻城,贼遁,日夜穷追,矛伤左膝。七月,回军宿松,追剿太湖逆匪。八月,败贼于花凉亭。叙功,以千总尽先补用,并赏戴蓝翎。

时逆首陈玉成纠捻首龚瞎子等聚于潜山之地灵港,开华管带霆新中营中哨,随同鲍超会诸军进剿,至小池驿,霆军被围,以孤军力抗十倍之贼,士卒伤痍。开华志气弥奋,自誓不退一步,不弃一垒。适道员唐训方等来援,遂定内外夹攻之计。十年正月,大败之,擒斩伪职崇天富、蓝承宣等。署湖北巡抚胡林翼以开华剿贼有功,奏保以守备尽先补用,并赏换花翎,从之。是年四月,管带霆新中营。九月,进攻休宁,官军击败徽州援贼,开华会同各营乘胜攻之,城贼出战,斩馘殆尽。随鲍超赴援江西景德镇,比至,贼已退踞鄱、建交界之石门、洋塘等处,与官军相持。谢家滩、黄麦埔之捷,开华血战,擒斩尤多。钦差大臣曾国藩上其功,奉旨以都司尽先补用。十一年,随剿陈玉成于安庆集贤关,玉成先遁,留四垒于关外赤冈岭,以梗我师。官军昼夜环攻,降其三垒,追杀至马踏石河,馀党悉数就获。六月,随鲍超剿伪忠王李秀成于江西,败丰城白马寨等处之贼,解抚州围,攻破双港、湖坊、河口贼垒,克复铅山县城,解广信城围。曾国藩以开华督兵助剿,叠克坚巢,请免补都司以游击尽先补用,并加参将衔,允之。旋随鲍超进援安徽青阳,克之。开华带伤追贼,以数百人歼贼万馀,又攻取石埭甘棠镇、太平、泾县。四月,进攻宁国,平毁寒亭、管家桥、梅家店、狮子山贼垒,又破之于望城冈、抱龙冈、安宜口、碑林冈、敬亭山、夏家渡、石桥诸处,随复府城。以功免补游击参将,以副将尽先补用。自宁国克复后,馀贼勾结花旗广匪,进逼泾县,开华随鲍超驰援,击破之,乘胜战于黄村大坑,歼贼甚众。同治二年三月,逆首李秀成纠众数万,两次围庐州,开华奉调往剿。比至,围立解,追击至和州,与水师环垒急攻,城遂下。奉旨以副将先行拔补。九月,进剿建平之贼,旋又奉调援江苏句容,战于塔冈,破贼方海宗等,进逼城下,四鼓克之。逆党项大英、方成宗伏诛。方海宗遁至宝堰,与贼袁得厚合谋阻我进兵之路。官军摩垒而攻,悉平之。又败贼于茅山,克复金坛。是役也,开华督军鏖战,擒斩最多。奉旨加总兵衔,并赏给擢勇巴图鲁名号。

　　嗣因江浙逆匪先后窜入江西,大股盘踞许湾,意在图抚州,另股盘踞金溪,意在图建昌,其泸溪、东乡、新城、南丰、宜黄、崇仁等县均为贼踞。三年四月,鲍超援剿,开华率所部为前敌,驰抵抚州。七月,开华以计攻破双凤岭、许湾一带贼垒,进攻金溪,毁北门外贼垒。城贼出援,即乘虚由东门斩关而入,以次收复南丰、新城。贼败窜瑞金,合丁太阳、李世贤诸匪,众号十馀万,分扰宁都。开华率所部先败之,后军继至,遂解宁都之围。九月,鲍超檄开华统带霆副五营,追贼至瑞金,克其城;又追至闽界,剿抚兼施,江西肃清。得旨交军机处记名,遇有总兵缺出,请旨简放,并加提督衔,赏一品封典。

　　四年十一月,开华率师进剿广东嘉应州踞逆,驰抵相公亭,贼逆战,击之,追至城下而返,毙贼四千,生擒老贼二百;遂与大军合围,追贼于黄沙嶂,擒斩二万馀,诛其酋何天亮、丁德泰等。开华功尤著。奉旨遇有提督、总兵缺出,请旨简放。五年五月,补授福建漳州镇总兵,仍督军随同鲍超赴河南剿办捻匪赖文光等。开华追贼至湖北安陆之永乐河、杨家泽、拖船埠,叠有斩获;又追击于多宝湾、丰乐河。豫、鄂边界渐次肃清。九月,赴漳州任。镇兵多新募,开华训练逾月,始有纪律。九年,闽浙总督文煜、巡抚王凯泰以开华久历戎行,熟习战阵,奏统省标八营,藉资训练。十一年,复奏保开华年力正壮,遇事勇往,堪胜专阃之任。十二年五月,统带擢胜全军,办理厦门海防。解严后,赴台北苏澳地方,办理开山事务,并署理福建陆路提督。

　　光绪二年十二月,巡抚丁日昌以台湾防剿生番,地广兵单,宜遴选威望素著之员,统领镇摄。因奏委开华督率所部,带印东渡,驻扎鸡笼、淡水等处,以顾北路。时后山阿绵、纳纳等社生番,[一]叛服无常。三年十月,与台湾镇总兵吴光亮会筹剿办,进抵成广澳,详求地势,密查番情,进扎水母丁。突有悍番千馀名分路迎拒,开华挥军鏖战,阵斩红衣番目数名,馀番败向高崁深箐而逃。官军由海畔捷径缘磴攀崖,直攻其巢,该番拚力死斗,官军夺其险要,追击至纳纳社外,皆破之。溃番窜并阿绵,其地港深流急,峭壁悬崖,且又遍筑炮台,较纳纳社拒守尤力。开华令炮队连环轰击,益以火箭,又绕出其后,番众惊乱,遂克阿绵。开华以巢穴虽倾,渠魁未获,因驻师纳纳,旋擒获首恶马腰兵、猛益里、戛加早、卓律等。自此大小番社皆向化矣。开华以剿番有功,赏穿黄马褂。四年六月,加礼宛番蠢动于新城、花连港,官军失利。七月,开华督军亲赴新城,进扎花连港。巾老耶社与加礼宛社势相犄角,欲攻加礼宛,必先攻拔巾老耶。开华出队进攻,加礼宛番目大肥宛咴率众来援,官军击败之,先破巾老耶社,即进军攻加礼宛。该番弃社而遁,结垒社后,官军追杀,立将该社平毁,并破其垒,斩馘甚多。奏闻,谕曰:"孙开华等带兵进剿巾老耶、加礼宛番社,均经次第攻破,阵斩番目,歼除悍番多名,办理尚为迅速。所有在逃馀众,着该提督察看情形,分别搜除招抚。该番众果能悔罪自投,即着妥为安插抚绥,使之复业。"开华旋将番目姑乳斗玩等搜获正法,馀俱就抚。闽浙总督何璟以开华叠克坚巢,连战皆捷,恳恩破格奖叙,以励戎行,报闻。

　　五年二月,署福建陆路提督。八月,以海防紧要,复督军渡台。七年十一月,撤防,入觐。九年八月,回任。旋统率擢胜三营带印渡台,办理台北防务。十年六月,法船攻犯鸡笼炮台。八月,法船八艘聚泊沪尾港外,开华督令开炮先攻,敌亦开炮相击,明日,法兵千馀上岸猛扑,开华督军迎击,血战半日,短兵相接,毙其悍酋,手燃巨炮沉其铁舰,敌势不支,遂溃退。奏闻,赏骑都尉世职,及白玉翎管、白玉搬指、白玉柄小刀、火镰、大小荷包各件。十二年,和局成,复回提督署任。旋补授福建陆路提督。十五年,慈禧端佑康颐昭豫庄诚皇太后归政,恩诏加级。十六年,入觐,恭逢皇上二旬万寿,颁赏珍物,予加级。十月,回任。十七年,德化匪首陈拱、陈众,聚众焚毁盐厘各局,竖旗谋叛,开华督兵剿平之,解散胁从。惟逆首陈拱等未获,自请议处,部议降一级调用。十八年正月,以逆首陈众就擒,奉旨改为降二级留任。

七月,以副将余宏亮所部弁勇滋扰,开华失于觉察,部议降三级调用,不准抵销。开华先于六月已擒斩陈拱,奉旨改为革职留任。

十九年八月,卒于任。闽浙总督谭钟麟奏闻,谕曰:"谭钟麟奏提督因病出缺,请旨优恤一折。福建陆路提督孙开华由武童投效鲍超军营,转战湖北、江西、安徽、河南等省,冲锋陷阵,身受多伤。进剿广东嘉应州,剿平粤逆,战功卓著。同治五年,补授福建漳州镇总兵。两次渡台剿抚番社,办理海防,帮办台湾军务,尤著勋劳。旋简补福建陆路提督,整顿营伍,绥靖地方,诸臻妥协。兹闻溘逝,轸惜殊深!孙开华着照提督军营病故例,从优议恤。任内一切处分,悉予开复。加恩予谥。原籍及立功省分,准其建立专祠。并将战功事迹宣付国史馆立传,以彰劳勋。"寻赐祭葬,予谥壮武。

子道仁,三品衔福建补用道。

【校勘记】

〔一〕纳纳等社生番 "纳纳"原作"讷讷",音近而讹。今据孙开华传稿(之三)改。下同。

黄翼升

黄翼升,湖南长沙人。少孤,育于邓氏,因以为姓。长由行伍隶协标。咸丰元年,从征广西。

粤匪之陷江宁也,诏湖南在籍礼部侍郎曾国藩治乡兵。曾国藩创设水师,调翼升来营。四年,逆党由长江上踞岳州,袭湘潭。翼升随守备杨载福驰救,连战皆捷,复其城。拔补把总,充水师右营哨官。六月,随杨载福进攻岳州,伏舟君山雷公湖,遣疑兵诱贼出战,伏兵起,并击之,贼宵遁,遂入岳州。七月,贼由城陵矶来犯,官军分五队迎击,翼升由湖东击贼走之,再败之道林矶、罗山等处。以功叙千总,并赏戴蓝翎。是月杪,贼再犯岳州,提督塔齐布等率陆军战城下,曾国藩以贼势全注陆军,饬杨载福率翼升等以水军助剿,至城陵矶,遇贼船十馀艘,往来驰突,冀以虚声阻遏官军。翼升烛其奸,如墙而进,追至擂鼓台、荆河脑等处。伏贼从道林、白螺等矶拥出,翼升用小船当先,大呼奋击,馀船继驶,贼大溃,纷纷投江死。闰七月,随杨载福搜剿支河馀匪,毁贼船殆尽。八月,侦贼金口下游至盐关,贼船围击,力战却之。积功,以守备归湖南补用,并赏换花翎。

　　时湖北武昌、汉阳并陷于贼,金口入汉之路,东岸花园,西岸虾蟆矶,贼于其间环筑营垒,护以炮船。曾国藩定水陆三路进攻之策。是月,翼升随杨载福合诸军转战而前,纵火焚烧盐关贼船二百馀艘,复进攻西岸,会我两岸陆军已大败贼,水陆夹击,尽轰毁沿江木栅,并破汉关、白沙洲、金沙洲各贼营。翼日复战,随杨载福等直下塘角,贼炮子雨下,翼升挺立迎击,贼不支,扬帆下窜;追至青山,尽焚贼辎重,回军入汉,又尽焚口内之船,两岸火光上薄,贼胆落,夜遁。遂同日克复武、汉两城,并搜剿襄河内贼舟,悉燔之。九月,曾国藩进攻蕲州,翼升与诸军驾舢板自蒜花潦出战,大败贼酋白人虎等,焚其艘百馀。曾国藩上其功,得旨晋都司。十月,贼于田家镇之半壁山置横江铁锁四,卫以木簰,遍列枪炮,簰内分泊贼船无数。水师分四队击之,断其铁锁。翼升与诸军驶舟骤下,纵火反烧,遂拔田家镇,进复蕲州。拔充本营营官。曾国藩移师规江西九江,议先破湖口,进搜内湖,以断九江之援。十一月,翼升与诸军驾舢板进攻,贼以油苇小船纵火,翼升等冲突于烈焰中,毁贼船十馀艘。旋潜师断其簰上铁锁篾缆,冲而入,贼所掠江西之船燔烧略尽。贼瞰翼升舟入内湖,复堵隘口,以断官军出路;又冒官军,谋夜袭营。翼升击走之,追至湖口,复回泊姑塘,侦闻都昌贼掳有大小船艘,停泊县河;乃会诸军进攻,侵晨烟雾迷漫,乘贼未觉,骤掩之,贼弃船奔县城。翼升还过鸡公湖,见小划三百馀,虑为贼有,悉毁之。曾国藩以内湖水师与外江阻绝,无大船以资栖止,备食具;又虑春夏水涨,舢板不能压浪,乃拨江省长龙快蟹,并设局添造巨舰,归萧捷三暨翼升等分统之,各成一军。

五年四月,曾国藩进驻南康,饬翼升为前队,进泊青山,为会攻湖口计。五月,追贼至鞋山,毁贼舟,夺回前失坐船,并贼目长龙花船及小划数艘、大炮十八尊。七月,贼由鞋山分路来犯,翼升与诸军并击,再败之。乃会陆军轮攻湖口,萧捷三首先陷阵,翼升继之。捷三中炮亡,翼升大愤,冲入贼卡,贼溃,尽毁下钟岩贼船。夜出奇兵数惊贼,贼乃惧,不敢出。寻录水师屡捷功,诏以游击尽先选用。九月,贼上窜至姑塘,翼升追剿至鞋山,十月,乃约诸军进泊其岛,以扼贼吭。十二月,贼复窜姑塘,翼升与陈炳元等诱却之。六年,贼大股犯抚州,南昌告急。曾国藩檄翼升退泊吴城镇,以卫省城。翼升至吴城,湖口贼尾追而上,分泊老爷庙、渚矶等处,与德安、建昌土匪相联络,伺隙思逞。三月,突至吴城后河,翼升饬所部由前河包抄贼船,而以其半赴后河攻陆贼。贼船见官军至，即遁渚矶，而陆贼仰攻不下。翼升乃督水勇登岸冲击，毙老贼十馀名，贼乃溃。越日，陆贼复由涂家埠来犯。时道员彭玉麟甫至军，饬翼升率舢板败贼于前河上游，彭玉麟以吴城水师之患，不在湖口之水贼，而在德安、建昌之陆贼。与其日夜防堵，不如先行往剿，乃商令翼升专攻陆贼。翼升至涂家埠，毁浮桥二、船百馀，贼大挫；援贼至，又败之。五月，贼冒民船来犯，翼升合军围击，胜之，追至德安河口乃还。自水师退泊吴城，贼窜踞南康，不时上犯。彭玉麟以为此贼不除，终为隐患。饬翼升与诸军进剿，焚贼船六，直抵城下，贼婴城拒守。翼升仰攻，焚贼船材之在沿岸者。贼见城外火起，开东门遁。

　　七年二月，曾国藩以亲丧回籍，外江内湖水师，以杨载福领之，彭玉麟协理。翼升所部右营，仍泊内湖。寻授直隶提标左营游击。八月，杨载福下小池口，进围九江，与内湖水师并规湖口。九月，李续宾、杨载福、彭玉麟定议夹击，饬翼升攻其西，罗胜发等攻其东。罗胜发战没，翼升转斗而前，杨载福更遣万化林助之，尽毁梅家洲贼船；东岸诸军亦断湖口铁炼，遂复湖口，破梅家洲伪城。外江内湖水师至此乃得复合。越日，翼升又纠合诸军，进夺彭泽县贼船，破小姑山贼卡，江面肃清。湖广总督官文等奏奖，得旨，着免补参将，以副将尽先选用。时安徽安庆援贼陈玉成纠伪丞相曾逆，驶船数百，分泊马当峡、华阳镇等处。翼升随杨载福轰毁之，乘胜复东流，疾趋安庆，破西门外盐河口及对岸贼垒，连破枞阳、大通各垒，克铜陵，至旧县峡，与江南军红单船会，驻军守湖口。林逆启荣窃踞九江十年矣，湖口既复，南岸肃清。翼升乃与诸军进驻江之北岸，以遏贼援，长围遂合。

　　八年春,水陆诸军昼夜环攻,贼死拒不即下。四月,李续宜穴地道轰城,翼升于北门外助战,陆军从城缺冲入,乃克之。官文等以捷闻,得旨加总兵衔。九月,补河间协副将。九年七月,曾国藩为翼升奏请归宗,乃复姓黄。九月,池州贼韦志俊反正,彭玉麟饬翼升赴池州受其降,贼酋古隆贤等纠杨辅清大股来扑,翼升击却之。旋以奸人内应,复陷于贼。十年,曾国藩奏言淮扬宜设水师,以保盐场而遏贼氛。诏曾国藩于所部将领中简其才略素著、谋勇兼全者,酌保数员。时翼升方合围安庆,曾国藩以翼升有为之材,必能练河标为劲旅,即以翼升与福建延建邵道李鸿章应命,并恳恩简授翼升总兵以保要区。得旨,许翼升先赴淮扬,管带战船。寻授江南淮扬镇总兵。十一年四月,安庆援贼陈玉成既遁,城贼恃有所筑菱湖坚垒十三座,筑南岸坚垒五座,故死守。[一]翼升与诸军力攻,悉破之。复梭巡江面,断贼接济,贼益困,八月,遂克之。以功,赏给刚勇巴图鲁名号。

　　于是翼升欲统所部淮、扬军,往援苏、常,以望江、铜陵既克复陷,道阻不能进;乃与王明山等进图沿江各府县,督所部邓万林、王东华、蔡东祥等并载陆师东下,与王明山连克安徽池州、铜陵。九月,与记名按察使曾国荃复无为,乃进攻运漕镇,镇外滨大江,内通巢湖,贼踞之,以接济江宁、安庆者也。翼升奋击,贼稍却,诸军乘之,焚贼艘,贼遁入铜陵闸。越日,又与陈湜进攻东关,亦即克之。曾国藩奏请奖叙,赏加提督衔。旋奉檄协陆军守无为。同治元年三月,翼升遣所部王东华、蔡东祥等叠克巢、含、和三城及西梁山各隘,而金柱关一隘以东梁山贼援,迄不能下。四月,曾国藩檄翼升进驻裕溪口。彭玉麟饬李朝斌等攻上游,翼升等遏下游，贼为水师所牵制，不暇内顾，曾国荃遂袭克太平。[二]翼升进攻金柱关，辇炮登岸，环伪城而轰，贼死拒，矢石交下。至夜，翼升束草为炬，指麾督战，饬所部欧阳利见等蛇行越沟，以火箭射西门楼，贼冲突而出。翼升麾水师跃登岸，短兵接刺，遂克金柱关；袭东梁山，一鼓下之，乃移师攻芜湖。时贼目陈星斗等与曾贞幹有约，兵至当内应。适翼升飞桨而至，万炮齐轰，群贼内乱，弃垒狂奔，立克其城。又击贼清水河，俘馘以千计。曾国藩奏言："太平府属，莫要于芜城，尤莫重于金柱关一隘。自攻夺此关，未逾三日，上下名城悉为我有。从此全局一振，金陵有可乘之机。恳予优叙。"得旨，黄翼升着交军机处记名，遇有提督缺出，请旨简放。五月，水陆军叠克秣陵关、江心洲等隘。翼升下驶近九洑洲，与贼血战，遂逾金陵与诸军援苏、常。

旋以江南水师提督曾秉忠挫败褫职，诏曾国藩派员接署。曾国藩以江南营务废弛，须久历戎行、威望素著者，方足以资整顿，即请以翼升代，上许之。于是松江、上海各军悉归节制。六月，与李鸿章行抵松江，由泖湖、淀山湖进驻苏州之周庄镇，贼踞桥为卡。翼升督王东华等破之，并夹击贼之登岸者。时翼升部十营二百艘，二营留驻浦口，四营留驻扬州，所带止四营八十艘。李鸿章因遣翼升复回上海制造舢板、飞划诸船。七月，李鸿章克青浦，翼升移军守之。逆酋谭绍光踞浙之湖州，欲回援江宁，闻青浦已为官军所克，乃合嘉、湖、苏、昆之众图窥上海，先后扑青浦西门及北簳山，翼升与陆军合击，屡败之。贼不得逞，遂绕犯北新泾大营。八月，李鸿章督诸军解围，贼走吴淞北岸。翼升闻警驶往，相持至夜半，毁贼营七，又饬王东华败贼于湖、淀之石人庙。闰八月，贼复筑垒于湖西之芦墟镇，复遣张元隆毁之。九月，李鸿章克嘉定，谭绍光纠苏、杭、嘉兴之贼分道来犯，而青浦西北之贼益蔓延，扰及张堰。翼升督王东华等分队往援，且战且进，至白鹤江，贼死守，乃毁贼桥而还。翼升以贼众我寡，更调扬州各营会剿，李鸿章攻贼黄渡，约翼升并进。翼升由赵屯桥截击，追至三江口，轰毙无数，毁其沿岸桥垒殆尽。沪防肃清。

十月，督诸军剿贼芦墟镇、尤家庄、汾湖、三官塘，尽毁其卡，进距苏州三十里。越日，复回军下田庙、洪家滩，进至窑街，距嘉善数里。十一月，常熟踞贼骆国忠等以城降。贼酋谭绍光纠众来争，陷福山，侵常熟。翼升与常胜等军往援，至福山，毁贼岸卡二，进攻河西、白茅、徐六泾各口，日有斩擒。二年正月，翼升于福山上游之西洋港，会陆营连破贼垒，并叠却悍贼之犯我军者。当是时，贼攻常熟益急，李鸿章议先破福山，以解常熟围。二月，翼升遣王东华等四面列队，并设伏于西山之内。常胜军以大炮轰城，谢家桥等处贼众来援，翼升分路搏战，贼披靡，遂复福山石城。骆国忠等见福山火起，由常熟西门杀出，围乃解。李鸿章奏言："翼升自去夏督师来沪，无战不与，实属忠勤耐劳。恳请给予优奖。"得旨，遇有提督缺出尽先题奏。

四月，与刘铭传进攻扬舍汛，汛为江边著名险要，贼众死守以蔽江阴。翼升沿江兜剿，贼众分党来援，辄击走之。阅七日，遂克其城，擒斩首逆赵尚林等多名。翼升乃与诸军进图江阴，贼党援江阴者，自顾山至无锡，连营数十里。寻定议以刘铭传攻北㵲为左路，总兵滕嗣武等攻麦市桥为中路，郭松林等攻南㵲为右路，翼升督水师各营分助之。时蠡口有贼甚众，翼升虑其由水路内犯,先遣邓长里等破之,移堵羊尖湖各隘;复令张桂芳等往谢家桥排列船艘,遥为声援。而自移营右路,南抵陈市。贼以炮船相拒,翼升立毁其四,军威大振。刘铭传等军遂大败贼。时仲夏酷暑,翼升与李鸿章谋约刘铭传等,于月出时劫贼营,鼓噪而进,破贼垒八十馀。天明,江阴、无锡贼合队来援,复击却之。顾山以西肃清。六月,贼再犯扬舍汛,扰至长泾,翼升迎击,贼卒不得逞。七月,贼酋陈坤书纠众援江阴,翼升进扼江干,诱贼出战,与郭松林、刘铭传夹击,歼贼无数;乘胜尽破极西山边贼营。八月,克江阴。李鸿章奏称翼升踊跃冲锋,坚忍效命,厥功甚伟。得旨,赏穿黄马褂。

李鸿章寻移胜兵规无锡,翼升檄炮船护之。贼目李秀成纠众扑大桥角营,翼升率洋枪队横截贼船,俘贼二百馀。九月,合诸军攻苏州,擒逆酋万国镇,毁其垒。先是,苗沛霖既降复叛,唐训方以淮、扬无水师,奏调翼升会剿。上谕李鸿章于黄翼升所部,半留防沪,半令翼升统赴临淮;曾国藩亦以淮、扬为翼升职守,叠催进剿。及是,李鸿章以苏、松之战多仗水师,奏言苏州、无锡克在旦夕,应请暂留翼升,俟克复二城后,再行驰赴临淮,允之。时贼势渐促,于苏州娄、齐、葑、盘四门凭河筑垒,悉精锐为负嵎计。十月,记名提督程学启偕常胜军破娄门石垒,翼升乘势蹙齐门贼营,贼溃入城,城外贼垒悉平。诸军乃进薄城下,分攻四门,翼升督水军牵制阊门,截贼窜路,贼愈促。贼目郜云官等遂杀谭绍光以降,其馀党奔出者,截杀无算,遂复苏州。李鸿章以翼升谋勇兼全,苏州之克,厥功为最。上闻,赏云骑尉世职,并下部从优议叙。十一月,再克无锡。十二月,分带所部五营赴临淮。旋因苗沛霖走死,馀党瓦解,谕令仍回江苏。

三年二月,陈坤书复纠众分犯江阴、无锡、常熟等城,苏州以西大震。既而江阴、无锡贼为官军所败,乃并犯常熟。翼升回自江北,即由白茅口驰入,会副将郑国魁、李昭庆等军出东北门,与郭松林援军合击败之,并克王庄、顾山、陈市各贼垒。贼复由大河回扑,又遣水师截击之,城围乃解。更遣王东华等协攻常州,屡战皆捷,四月,常州亦复。捷入,诏再下部从优议叙。旋授江南水师提督。曾国藩以江南无水师提督之缺,奏言:“江南全省额设提督一员,兼辖水陆,别无水师提督员额。臣曾有添设长江水师提督之请,此次所授翼升江南水师提督,当系长江新设之缺。应请敕部铸新印以昭信守。”得旨允行。时江苏全境皆平,杨岳斌有督师江西、皖南之命,所部外江各军,曾国藩即调翼升统之。五月,抵安庆,与曾国藩妥商防务。旋会围江宁,六月,翼升督许云发等攻夺中关、拦江矶石垒,乘胜急攻滨江之贼,江宁克复。捷书驰上,诏普行赏赉,加恩给翼升一等轻车都尉世职。

四年二月,捻匪渡运河,趋山东郯城,侵及江苏赣榆,炎炎有南下之势。时徐州水陆军已撤,上命翼升带炮船百馀艘赴清江浦驻防。会贼势日迫,诏速其行。四月,翼升至清江浦,贼为官军所败,回窜郯城。翼升即移驻邳、宿之间,与诸军策应。既而科尔沁亲王僧格林沁遇害,五月,捻逆张总愚纠合逆党任柱、牛老洪、赖文光等攻扑雉河、安徽巡抚英翰请援。闰五月,曾国藩檄翼升由高良涧进洪泽湖,以达临淮。翼升驰往,将近雉河,会援军四集,围亦解。五年四月,捻逆复窜徐州,南伺清江,李鸿章商令翼升布置水路。翼升至浦,会贼窜泗州,署两江总督吴棠复商令翼升拨炮船协防,以固门户。翼升寻由运溯淮,周历济宁、临淮等处,分布扼堵。八月,捻贼破汴南卫河堤,悉众东窜。上命李鸿章驻防徐州,曾国藩因檄翼升回驻江宁,以资镇抚。六年,西捻由河南南阳窜汴,将入山东境,李鸿章复调翼升守清江。时东捻赖文光为刘铭传大败于寿光,穷蹙南奔,扑渡沭阳城南之六塘河。李鸿章急调翼升与诸军兜剿之,贼复由清江窜淮安。翼升督诸军追击而南,贼奔宝应。翼升又驰抵淮城下之平桥,值贼渡运,纵兵迎击,贼败,南循河堤下走。翼升督驶炮船与诸军水陆弩追,贼不能军,分股散逸。赖逆旋为道员吴毓兰所擒,翼升追搜馀匪,俘馘甚众。东捻遂平。论功,颁赏翼升白玉翎管、荷囊、佩燧、白玉柄、小刀等件。

七年四月,西捻张总愚窜直隶东光,扑渡运河。李鸿章筹圈制之法,调翼升赴运河,分设守御。闰四月,翼升至济宁,旋往张秋镇察看形势,张秋镇为黄、运交汇之处,淤成平陆,黄水低不能入运。翼升恐不足以制贼,心忧之,为文祷于河神。越日,大雨,黄水暴涨,自运河至马颊,盈堤拍岸,运防益固。六月,翼升乘伏汛陡长,驶入张秋口,进至德州。郭松林、潘鼎新败贼沙河,张总愚遁至德州之高家渡,遣贼骑冒官兵唤渡。翼升部将徐道奎察其伪,轰击之,贼大队踵至,凫水竞进,会运河水陡高丈五六尺,炮船旋转自如,贼迄不得越,犹上下数十里侦伺,期偷渡。会大军环集,张总愚溺水死。西捻平。诏再加云骑尉世职,合前两次恩命,并为三等男爵。

自江宁克复后,曾国藩、彭玉麟遵旨详定水师章程,于是以前所募水勇改为经制水兵,设提督署于安徽太平府、行辕于湖南岳州，自荆、岳下至崇明，支河内湖，悉归统辖，计五千馀里。所有六标二十四营，船七百七十四艘，总兵五，营官副、参、游二十四，哨官都、守、千、把、外委七百七十四，兵万二千。兵饷杂费月五万有奇。至于船厂、药局、书吏、衙署、俸廉兵米、疏防禁约之制，与夫大衔小补之变通，设汛分防之经界，略陈事宜三十、营制二十四，商榷筹画，翼升与有力焉。曾国藩奏言："水师事务繁重，惟翼升可以综揽全局。"彭玉麟亦奏言："翼升精明强干，练达营务。"故此额新设，翼升首膺其选云。七月，曾国藩复与翼升奏陈长江水师未尽事宜，得旨允行。是年，彭玉麟奏请开缺回籍终制，上以长江水师系属初创，恐翼升一人不足以资控制，令彭玉麟于百日后迅赴江、皖养疴。彭玉麟奏言："水师章程，业已大定。但能恪守规模，即可远资控制。黄翼升资格最深，廉洁勤慎，所有补缺各员，大半曾隶麾下，情谊相联，不虞隔阂。且臣总须调理精密，交代清楚，俟明春再行起程，即与黄翼升将分汛未尽事宜妥商布置。"八年正月，翼升饬营哨员弁次第赴防，以专责成。

既而彭玉麟就医江、浙，解军符归翼升。翼升随定营规，提、镇月住船十五日，副、参、游月二十日，都、守以下无虚日。员弁不许衣蟒袍，兵丁不许着靴帽。仿曾国藩水师得胜歌，著棹歌二十七章，使营勇习之，以相激励。复遵定章，岁巡上下江，简阅营伍。时大乱初平，江西盗不时窃发。九年，谕翼升认真讲求，无稍懈弛。翼升奏言："上年章程初定，仅能布置汛防，察看营哨各官，而于兵弁之技艺，未暇详加考校。今水师归汛逾年，操练渐熟，拟即于三月杪前往岳州，次第操阅。至护商防盗各事宜，关系长江之饷源，实为水师之专责，尤不敢稍涉懈弛。"疏入，报闻。

五月，直隶天津民焚毁教堂，法人有意挑衅。上从侍郎宋晋之请，饬翼升实力整顿海防。翼升以轮船可入腹地者，惟天津与长江，即赴下游江阴口察看要隘，与江苏布政使张兆栋筹商修理炮堤，为全力扼险之策。宋晋又以长江水师渐形疏懈，行旅戒严等情入告，请饬彭玉麟前往经理，有诏饬翼升时加整顿，并令彭玉麟迅赴江南，以资控制。十一年，彭玉麟出巡长江，先后奏参水师庸劣将弁、记名总兵蒋振元等百一十六员。会翼升亦巡阅至九江，以病增剧，嘱彭玉麟代请开缺回籍养疴。上以"翼升于庸劣不职各员不能随时参劾，殊属颟顸；所收外来候补人员至二百七十馀员之多，亦属不合。姑念从前带兵江上，屡著战功，从宽免其置议，准其开缺回籍调理"。光绪十五年，恭逢归政典礼，懿旨以黄翼升久列戎旃，贤劳尤著，下部议叙。旋命绘像紫光阁。

十七年，署两江总督沈秉成以翼升伤病就痊，才力堪用，专疏奏闻，略曰："翼升自咸丰初年随曾国藩、彭玉麟创立水师，剿贼江上，苦战十有馀年，复地二千馀里。同治元年，随李鸿章管带淮、扬水师，攻克江苏各城，战功卓著。旋简授长江水师提督，巡操无懈。十一年八月，以前在军营受伤，病常举发，经彭玉麟奏准开缺回籍调理。今阅数载，病躯就愈，侨寓江宁。臣来此摄篆，察访人言，灼知前事，其于各营劣员先经查明，以彭玉麟巡阅将至，待与晤商，会衔参奏，系为慎重起见。所收候补人员，大抵曾随征剿，凯撤后趋投图效，尚非皆自外来。翼升爱惜人材，留备缓急，给廉银以资养赡，于公项尚无虚糜。似一眚之微，不足掩其前烈。可否垂念旧劳，酌加录用。"十八年六月，遂再拜长江水师提督之命。八月，到京，赐紫禁城骑马。二十年，恭逢慈禧端佑康颐昭豫庄诚寿恭钦献崇熙皇太后六旬万寿，懿旨赏加尚书衔。

七月，日人寇朝鲜，翼升时巡阅岳州，闻警，星夜驰赴江宁，与两江总督刘坤一会商防堵事宜，与总兵谢浚彝调集师船为战守具。旋卒于军。遗疏入，谕曰："长江水师提督黄翼升，忠勇性成，勋劳卓著。由水师将校，随同曾国藩剿办粤匪，转战江南、湖北等省，克复城隘，所向有功。叠蒙先朝恩遇，赏给勇号、黄马褂，补授淮扬镇总兵，荐擢江南水师提督，赏给三等男爵。嗣因患病开缺调理。前年补授长江水师提督，赏给紫禁城内骑马。本年正月，钦奉懿旨，赏加尚书衔。治军三十馀年，整顿营伍，实力操防，克勤厥职。方冀得享遐龄，长资倚任。遽闻溘逝，轸惜殊深！黄翼升着照提督例赐恤。加恩予谥，并将战功事迹宣付国史馆立传。其原籍立功省分，准其建立专祠。伊子候选道黄宗炎，着俟服阕后，以道员即选；伊孙黄恩绶，着俟及岁时，带领引见：用示笃念勋勤至意。"寻赐祭葬，予谥武靖。

子宗炎，广西桂平梧盐法道，袭爵。

【校勘记】

〔一〕故死守　原脱"故"字。今据黄翼升传稿(之三)补。

〔二〕曾国荃遂袭克太平　"荃"原误作"藩"。今据黄翼升传稿(之三)改。按续碑卷五三叶二上不误。

李朝斌

李朝斌，湖南善化人。本姓王，自幼育于李氏。长由行伍隶长沙协标。道光二十六年，随防新宁。咸丰二年，粤匪窜湖南，朝斌以防守省城，给六品军功。四年，钦差大臣曾国藩调充水师中营哨官，从克湖北武汉。叙功，以把总尽先拔补，并赏戴蓝翎。十月，克广济田家镇贼巢出力，以千总补用，并加守备衔。五年，移防东岸，屡遏贼锋，擢守备，加都司衔。六年，攻鲇鱼套踞贼，胜之。湖广总督官文上其功，升都司，并赏换花翎。再复武汉，经巡抚胡林翼汇案奏保，得旨着以参将留湖北尽先补用。复会攻武昌县、黄州府、蕲州城，克之。

寻随湘军援江西，合内湖水师攻克湖口，并梅家洲伪城，乘胜沿江而下七百馀里，复彭泽、望江、东流县城，破枞阳、大通、泥汊河贼垒，扬军而还。以功晋副将。八年，官军围九江，朝斌督水师登岸策应，合攻克之。捷入，赏加总兵衔。旋随水师提督杨岳斌再复东流，攻安庆，拔枞阳、铜陵贼垒。奉旨以副将遇缺即补，并给固勇巴图鲁名号。十年，克螺矶贼垒。十月，间道援南陵，拔总兵陈大富全军及难民十馀万人。贼复陷东流，朝斌回军黄石矶，再克之。十一年，下茯苓洲白茅嘴贼垒。先后叙功，得旨以总兵记名简放。复乘胜会同陆军克无为州，诏以总兵尽先题奏。九月，再复铜陵及攻克泥汊、神塘河、运漕镇、东关各要隘。曾国藩、官文先后奏请优奖，得旨赏加提督衔。是年，补授湖北竹山协副将。同治元年，上命海疆督臣于水师副将内遴选堪胜水师总兵者，各保二三员，以备简用。曾国藩以朝斌上闻，奏言："自设水师以来，朝斌即隶部下，身经百战，胆识俱优，实堪胜总兵之任。"旋升浙江处州镇总兵，仍留营剿贼。四月，以克复巢县、含山、和州，并攻夺铜城闸、雍家镇、裕溪口、西梁山各城隘功,下部优叙。

时发逆久踞江宁,以芜湖为屏障,东西梁山为锁钥,而尤以金柱关为关键。兵部侍郎彭玉麟定计水陆合攻,饬朝斌统所部从上下游环击,会合水陆各军四面兜剿。于是连克芜湖,进攻金柱关,朝斌束草为炬,与诸将指麾督战,遂克之。东梁山亦于是役一战而下,朝斌尤为出力。得旨,记名以提督遇缺简放。时东南郡县皆沦于贼,曾国藩谓江浙滨江带湖,非水师不能制贼,议设太湖水师,奏派朝斌赴湖南造船募勇,克日成军,统领东下。当过鄂时,官文即饬朝斌率所部暂防黄州之三台河、鸡子河、罗家沟等处。二年四月,率师下驶,五月,会鲍超等水陆各军,攻江浦、浦口,克之,连破草鞋峡、燕子矶贼垒,而九洑洲湍流箭急,伪城高峙,猝不可拔。时朝斌初至,锐气方新,人殊死战,攻击竟日,贼守益坚,乃夜率舟师潜薄其垒,登岸纵火跃濠斩隘而入,聚歼群贼,无有脱者。至是,江面一律肃清。论功,赏穿黄马褂。

八月,江苏巡抚李鸿章会合水陆官军进逼苏州,朝斌统太湖水师会剿,南赣镇总兵程学启一军近逼于东南,刘铭传、李鸿年各军远包于西北。逆酋李秀成纠合逆党七八万,欲夺宝带桥,朝斌迎击,血战八时之久,贼始退。九月,湖州、嘉兴之贼分窜吴江东南,朝斌亲赴叶泽湖察看形势。贼方造桥欲窜,朝斌督令总兵李助发等四面攻击,立将簖中鱼栅土卡数十处扫平。时葑门及觅渡桥扑出之贼,亦为太湖水师击退。朝斌复与程学启攻克五龙桥贼垒,分军驻守,悍党屡扑,屡败之。十月,朝斌与总兵张遇春、副将杨鼎勋督军奋进,追贼至城下,擒斩甚多,又毁贼垒四。既而程学启攻娄、齐两门,朝斌攻葑、盘两门,昼夜轰击,贼党震惧,逆酋李秀成逸出。踞贼郜云官斩其党谭绍光以降,遂复省城。李鸿章奏言:"朝斌叠次苦战,谋勇兼裕,苏州面面皆水,惟水师之功居多,请旨酌予优奖。"奏入,赏给云骑尉世职,并下部从优议叙。

十一月,李鸿章檄朝斌偕编修刘秉璋、常镇道潘鼎新等水陆各军赴浙会剿。平望为江、浙交界之区,贼结垒抗拒,官军分路进剿。嘉兴贼万馀来援,朝斌督将士由湖南岸附堞而发,副将龚生阳由湖北岸蛇行而前,各破石垒一;其乘舟窜逸者,悉为枪船截杀,遂克平望镇。是役也,毙贼无算。再破贼营于九里桥,黎里之贼望风狂奔,平望附近一律肃清。旋署江南提督。三年正月,官军进规嘉兴,朝斌督太湖水师由官塘进,五鼓达贼营。城逆分路出,与垒贼横冲官军,前队已为撼动。程学启急督亲兵由小西门绕达北门,抄入贼后;朝斌与提督欧阳利见等左右环攻,自卯至未,击退城贼,并连破七垒。湖州援贼图窜盛泽、平望两镇,以解嘉兴之围,亦为朝斌所扼,不得逞。嘉兴既复,进规湖州。旋奉补授江南提督之命。五月,督师由夹浦口进逼长兴,湖州、广德各逆率数万人,分路依山筑垒,绵亘山谷。杨鼎勋、刘士奇等军与贼相持正急,朝斌饬所部登陆绕出贼背,自山梁疾趋而下,投掷火器,各军乘之,尽毁西北沿山逆垒,乘势急攻长兴,克之,进复湖州。捷入,赏白玉四喜搬指、玉柄小刀、燧囊、大小荷囊等件,并下部从优议叙。

五年正月,李鸿章奏请朝斌由吴江之同里移驻苏州省城。江南古称泽国,所辖江湖河荡,多与浙境毗连,匪徒易于出没,散则为良,聚则为匪。江苏有华亭之金福为首,浙江有秀水之卜小二为首,联樯拒捕,为间阎害。自江苏巡抚郭柏荫擒斩金福后,馀皆归浙,而卜小二声势遂张。朝斌派水师营官熊殿元等潜入浙界,擒获卜小二及其子卜长生,槛致苏州正法,盗风以戢。八年,天津教案启衅,诏江海筹防,上命朝斌调外海、内洋、太湖各师船,勤加操演,严密巡防。朝斌悉心区画,酌设经制水师,著为成例。寻赴松江府城驻箚。光绪四年,两江总督沈葆桢奏称:"轮船操防紧要,非熟谙海洋之大员,不足以资统率。朝斌忠勇出于天性,威望足以服人,为近时所罕有。请就近兼辖。"允之。五年,诏以朝斌为外海兵轮统领,各省兵轮均听督操。十一年,以巡视洋面,屡受风潮,触动左膊旧伤,吁恳开缺回籍就医。上以朝斌统领水师,深资得力,赏假三次。明年五月,两江总督曾国荃为申前请,诏始许之。十五年,慈禧端佑康颐昭豫庄诚皇太后归政,覃恩褒录勋旧,奉懿旨下部议叙。二十四年四月,卒于籍。

朝斌本生父王正儒,有子四人,朝斌最幼,襁褓育于李氏,不通闻问。朝斌既贵,同治六年,王正儒呈请朝斌复姓,而李氏族人谓王氏恩谊已断,寄书详论,极陈不应归宗之义。两江总督曾国藩奏言[一]:"援据本朝尚书秦蕙田五礼通考所引金史张诗一事,与朝斌所处相同,并以定例出嗣之子,亦视所继父母有无子嗣为断。今若令朝斌归宗,在本生王氏之父母,不过于三子之外又增一子;而在李氏抚养之父母,竟至斩焉不祀。考诸古礼,参以今律,朝斌应于李氏别为一子,但后其抚育之父母,而不承其以上之祖宗,于王氏则不通昏姻:一以报顾复之深恩,一以别族属之大义。其于王氏之父母,未尽残年,当由朝斌致养,庶为两全之道。"疏入,诏如所议行。

其卒也,湖南巡抚吴大澄奏言:"朝斌忠勇出于天性,身经百战,削平大难。事定之后,复为江南议设经制水师,统领外海兵轮,讲求西法,不辞劳瘁,有古名将风。"疏上,谕曰:"前任江南提督李朝斌,于道光年间从征广西,转战湖北、安徽、江南等省,叠克名城,战功卓著。擢授江南提督,整顿水师,训练操防,均能称职。前因触发旧伤,赏假回籍。兹闻溘逝,悼惜殊深! 李朝斌着照提督例赐恤。生平战绩,宣付国史馆立传。准其于立功省分建立专祠。伊子广东候补通判李达璋,着以同知补用。"寻赐祭葬。二十二年,湖南巡抚陈宝箴复胪陈朝斌战绩,请于原籍建祠,允之。

子十一人:国琛,江苏候补道,先朝斌卒;达璋,广东赤溪厅同知;国琮,江苏候补知县;璜,甘肃候补道;佛肩,分部主事;徯应,分部员外郎;国璠,江西候补道;国琳,候选知州;国瑜,分省补用知府;甄,四川补用知县;公辅,候选同知。孙同寿,云南思茅厅同知;同福,湖北补用知县。

【校勘记】

〔一〕两江总督曾国藩奏言　原脱"奏言"二字。今据李朝斌传稿(之三)补。

周达武

周达武,湖南宁乡人。咸丰四年,由武童投效候选知府罗泽南军营,随剿贼岳州高岭,破城陵矶贼营,出力,奖六品顶戴。五年,罗泽南克复江西义宁,赴援湖北,转战蒲圻、咸宁,进攻武昌省城,叠破附城贼垒,达武皆有功。历保至千总,并赏戴蓝翎。六年五月,击贼小龟山,力战,负枪伤。十一月,省城克复,擢守备。七年,按察使李续宾围攻江西九江,出贼不意,潜军绕道伏湖口后山,会水师大破贼众,遂复湖口。达武以先登负重创,升都司。

八年五月,皖贼陷湖北黄安,达武随李续宾自九江驰援,贼败,宵遁,截杀无算。迁游击,并赏换花翎。九月,攻安徽舒城,力战,负枪伤。九年,随知府刘岳昭,解湖南宝庆围,擢参将。十年,充营官。五月,随刘岳昭进规广西贺县,招降逆目包立安等,遂进拔莲塘,乘胜渡河,破河东街贼垒,同克县城。叙功,加总兵衔。八月,击贼湖南永明县境,屡捷。旋以楚境肃清,升总兵。十一年,逆酋石达开复纠合广西浔州股匪窜犯湖南靖州,分股陷会同。达武会知府席宝田军迎剿,旋复其城。贼走湖北,陷来凤。同治元年正月,随刘岳昭越境攻克之,赏二品封典。

七月,四川总督骆秉章檄赴川东剿贼。时逆首周绍勇久踞涪州鹤游坪。闰八月,达武率所部由涪州进剿,贼闻风遁,追及之开县盘垭口,大破之,斩馘三千馀;复追至陈家场,降殿后贼三千馀,擒贼目江之桂。周逆旋由达县窜至大竹之吉安场,达武接踵追至,挥兵急进,各军四面兜剿,贼不支,悉弃械降,生擒周逆及大小贼目一百六十八名,骈诛之。捷入,赏质勇巴图鲁名号。十一月,逆首郭刀刀复自陕西宁羌州窜回川境,踞仪陇土门铺。达武以骆秉章檄由保宁兼程迎剿,遇贼大仪寨,阵斩伪统领马玉音,并郭逆之弟郭占彪,贼大溃,奔入大山福林场。明日,追及,又败之,郭逆率馀党向封相门疾遁。达武乘夜疾驰一百二十里,追及之巴州鼎山铺,擒郭逆之兄郭福明,知贼精锐已竭,遂挥队疾攻,阵斩三百馀名,馀贼弃械乞命,立擒郭逆及其弟郭福友暨伪统领何得贵等二十馀名,诛之。赏加提督衔。十二月,授建昌镇总兵,署提督。

三年,发逆由陕西窜陷甘肃阶州,达武率所部出境会剿,叠破城外东江水、严家湾等处逆垒。四年五月,用地雷轰塌城垣,督参将周家盛等冒险冲入,擒伪启王梁成福等置于法。得旨,赏白玉翎管、玉柄小刀、火镰、大小荷囊各珍物,并交军机处记名,遇有提督缺出,请旨简放。八月,由甘肃文县进规松潘南坪,夺柴门关,进复南坪,逆首欧利哇势穷乞降。南坪三十六寨及羊峒前山八寨、后山五寨、和药九寨各番目一律就抚。得旨,以提督遇缺尽先题奏,仍下部优叙。十二月,授贵州提督。

骆秉章因川省防剿吃紧,奏请暂留达武,以资统率,允之。五年,马边逆首宋仕杰、熊文才等围攻厅城,达武自泸州驰至清水溪,节节进剿,立解城围。悉平乔卢子、箐箕坪、胡家城、官帽场、黑虎寺、烟登山、风溪峡等处贼垒,熊文才、宋仕杰均就擒。七年,越巂贼盘踞普雄,依山列堡。闰四月,达武督军讨平之,赏换博奇巴图鲁名号。十一月,由越巂进克西昌交脚夷巢,既攻吽牛坝,群贼慑服,大小部落一律就抚。建南肃清,赏穿黄马褂。九年十月,总督吴棠因川省援黔一军未能得力,奏请饬达武赴贵州本任接办军务。上谕:“该提督赴黔后,迅率所部克期进兵,与楚、黔各军联络夹击。周达武本系贵州提督,着曾璧光饬令黔省带兵各大员遇有应剿应防事宜,悉听周达武调遣。”十一月,抵任。遣军复麻哈,并克桐梓、仁怀等处贼巢。十年,收复八寨、三脚各城,并克镇宁、归化等处贼巢。十一年,连克丹溪、贞丰各城及安南县境乐唐、白寨各贼垒。既,以伪元帅张秀眉就擒,下部优叙。十二年,因克复新城老巢,赏骑都尉世职。十三年,上以贵州军务肃清,达武始终出力,敕部优叙。

光绪元年,因病奏请开缺回籍调理,允之。三年,授甘肃提督。十年,肃州南山九家窑游匪窜踞高台吴家堡,遣兵剿平之。十七年,以捐助顺直赈需,下部议叙。二十年正月,赏加尚书衔。是月,卒。陕甘总督杨昌濬奏闻,谕曰:"甘肃提督周达武,于咸丰年间,由武童投效湘军,转战湖南、江西、湖北、安徽等省,所向有功。嗣在四川剿办股匪,及平定贵州苗匪,厥功尤伟。补授四川建昌镇总兵,荐升贵州提督。朕御极后,简放甘肃提督,在任十有七年,讲求军政,纪律严明,兵民悦服。兹闻溘逝,轸惜良深! 周达武着照提督例从优议恤,加恩予谥。准其于立功省分建立专祠。战功事绩宣付史馆立传,以彰忠荩。"

寻御史安维峻奏劾达武在任多年,并无异常劳绩,高台县嘣嘣会一案,误听知县捏报,派兵剿办,殃及无辜,请降旨不准建祠。旋经陕西巡抚鹿传霖查明,奏称:"匪徒李九明等创立嘣嘣会,煽惑居民聚众滋事,窜踞高台县属吴家堡等处,经肃州清水营都司龚得胜、高台县知县罗佐清先后具禀,尚非捏报。故提督周达武闻信即派甘标参将刘德腾等率领兵勇前往,相机剿抚。旋将匪徒全数扑灭。该匪不致日久勾结,地方未被蹂躏,其功诚不可没。惟于剿办之际,派去员弁,未能分别良莠,以致玉石俱焚,虽该提督未在行间,而事后未能查实参办,其过亦不可掩。"

得旨,仍准于立功省分建立专祠,毋庸予谥。

罗孝连

罗孝连,湖南郴州人。咸丰二年,粤匪陷郴州,父明秀骂贼死。孝连誓复仇,会匪扰郴州,孝连募勇三百充队长,初扼两路司,继保州南,连战皆捷;而土匪潜为内应,州复陷。官绅倡办团练,孝连率精锐八百居颜行,自九月至十一月,三十馀战,竟复郴州。奖六品军功。

六年十月,投效统领虎威军游击田兴恕营,从援江西。十一月,克袁州。十二月,克上高。七年二月,破贼鹦哥岭。四月,进攻临江,克之,拔外委,并赏戴蓝翎。八年,克崇仁、乐安、宜黄、南丰各城。四月,克抚州、建昌。保以千总尽先拔补,加守备衔。贵州九股苗匪合广西怀远盗围黎平,骎及楚边,湖南援军失利。巡抚骆秉章令田兴恕赴黔援剿,孝连从。九月,师次黎平之潭溪,贼大股分踞汉寨、楼梯哨,筑垒九,而逼黎平南门。孝连议先破其垒,设伏诱之,贼果中伏,遂火汉寨及楼梯哨,立解黎平围。十月,破贼于古州之地里。九年正月,进军月寨,距古州八里,贼万馀来犯,不为动。俟其饥疲,开壁纵击,大破之,连复古州、锦屏、永从。擢都司,并赏换花翎。方拟进兵肃清贵东,粤匪石达开骤纠大股由江西窜扰湖南之宝庆,田兴恕督孝连回援。四月,败贼于九拱桥、黄泥塘、七架坡。五月,石逆续纠悍酋赖豫新、傅忠信各股犯宝庆,田兴恕选敢死士八百,属孝连统之,驻望城坡。贼数万猛扑孝连垒,孝连迎御,虎威军亦驰至,贼乃退;然城东北贼垒林立,饷道文报阻绝。会道员刘长佑、李续宜以援军至,内外夹击,叠破赖逆等于半边街、清水塘、田家渡,馀众退保东南。七月,复会各军破贼于贺家坳、龙安桥,追抵九拱桥,先后擒斩无算。石达开遁入广西,自是不敢窥湖南境。捷入,谕以游击留于湖南补用,统领长胜军驻靖州,以防黔边,长胜军即虎威军所选之八百敢死士也。

　　于时黔乱益甚,上游则有回、仲,下游则有苗、教,石逆复潜纠粤匪自广西窜入黔境,与回、苗各匪合股肆扰,省城四面皆贼。田兴恕以提督奉命督办贵州军务,议令诸军分道入黔,饬孝连取道铜仁先规印江,由思南、石阡达贵阳,以牵贼势。十年三月,教匪安太然大股分踞印江之杨家坪、何家湾、轿子顶,联垒三十六,逼攻县城。孝连至,一战却之,斩安太然,尽平其垒。闰三月,进击思南之牌坊,孝连手大旗趋垒门,遣所部绕出贼后,破垒直入,铲平思南、石阡附近大小各寨坫。自思南、石阡至瓮安四百里,其间贼巢以木影顶、松坪猴场、红峒堡为最;自瓮安至贵阳二百里,其间贼巢以黄隆坫、黄金坫、玉华山、尚大坪为最。九月,军次木影顶,顶壁立千仞,贼伺官军登,运矛攒刺,孝连挟贼矛飞登其垒,平之。于是松坪三十馀垒、猴场及红峒堡贼皆相继遁。乃偕总兵杨岩宝,合军逐北,甫及瓮安,贼反拒,杨岩宝忽退,孝连左右仅数人,殊死斗,毙贼五。甫得脱,猝遇瓮安援贼复还战,会田兴恕遣八骑来觇,孝连遂大呼冲出,贼不审官军之多少也,大奔,且惧追及,不敢入城,瓮安遂复。孝连先以思南、石阡之战,晋参将;至是赏给骠勇巴图鲁名号,并赏加副将衔。十月,督军攻黄隆坫,夜跻其颠,火坫楼,贼分五路来扑,官军严阵以待,不得逞;又乘雾逼营噪呼,孝连诫诸军勿动,密遣轻骑拊贼之背,阵遂乱,官军乘之,斩刈过半,毁黄金坉,玉华山、尚大坪诸贼皆遁归。省垣之道始通,贵阳解严。

十二月,剿粤匪于定番州,克之,旋定番再陷。十一年正月,复克之。贼首张应恩纠粤匪大股自广顺州破官军于安平之大水桥,孝连驰援,语诸将曰:"贼不还广顺,劳师远来,犯兵家忌。我以逸待劳,破之必矣!"分军进剿,自辰至午,战大捷,斩张应恩,并克长寨厅城。命以总兵交军机处记名遇缺请旨简放。安顺府属仲匪凭恃山险,绵亘二百馀里,滋扰累年,孝连奉饬督剿。十月,平毛口庄、乌束陇、养马寨。十一月,平水西庄、阿达洞、蜜蜂重阳坉。十二月,平猛董大山。同治元年正月,平大石头寨、盔鳞甲上、中、下三坉。二月,平者斗、小石头、烈山黄桶寨,安顺仲匪一律歼除。赏加提督衔。初,发、苗各匪窜陷平越,田兴恕饬古州镇总兵杨岩宝将万人克平越,进剿尚大坪,贼首何得胜阳乞抚,杨岩宝信之,顿军王卡。既而何逆勾结苗匪,猛扑各营,五月,孝连破之于花押溪,援王卡,解其围;而所部总兵王万祥等十七营驻清水江,总兵赵德光等三营驻光沙,相距稍远。贼诇孝连悬军深入,嗾大股潜渡花押,扼我归路。孝连坚壁待援,久不至,贼集益众,乃突围趋光沙,与赵德光等转战至大麻窝。孝连曰:"何逆悉众在此,尚大坪老巢必虚,出不意击之,贼可不战而败也!"夜选敢死士千人驰入尚大坪,立破贼垒,焚其辎重积聚。大麻窝之贼闻警,相顾色骇。孝连檄清水江各营夹击,大破之,总兵沈洪富亦克玉华山,平越乃定。当是时,官军溃于下游,何逆上窜省垣,孝连回援,遇贼于清镇,亲搏战,将士咸奋,贼大败。省垣得无恙。三年正月,何逆潜由斑竹园围清镇,二月,败之于三桥,复败之于茶盘寨大关。五月,赏一品封典,并署镇远镇总兵,仍留营。四年,贼复扰清镇、安平,贵阳大震。先是,有大股苗匪扑龙里,孝连饬别将赴援,轻进败绩,何逆乘机复炽。省中仅铜仁兵数百,孝连率以行,令每日夜出朝还以示众,并多发鼓角火器疑之。贼惊窜安顺,官军蹑踪追剿,何逆遁,后卒就擒。安顺各属苗匪蜂起,磨雄、哪叭、大坡顶恃其雄险,尤猖獗。三月,孝连以奇兵克磨雄,哪叭屯有二,上屯储糗粮,下屯碉卡林立,前阻深溪,不易攻。乃饬军取道僻径,径达哪叭,破下屯,贼退保上屯,久之粮罄,谋他窜,降卒以告。孝连选精锐伏屯外,诫之曰:“伺贼出,即入张吾旗帜!”而督大军伏屯后要之。贼出遇伏,顾见屯上旗,大乱,就击之,斩获无算。大坡顶贼酋黄姓最凶悍,孝连力战始下,斩黄逆于阵,馀匪皆降。七月,大定匪为官军所败,图扰安顺,不得逞。八月,窜广顺,孝连移师剿之,贼走定番,蹑及上马司,歼其众。十月,贼袭陷清镇,另股陷安平。孝连以兵法衢地必争,贼所以屡犯清安也,清安若失,则贼踞上游,不啻扼黔之吭。急督军进,昼夜环攻,卒克清镇、安平二城。十一月,回匪犯安顺之郎岱厅,陷永宁州,孝连驰剿,复其城。命遇有贵州总兵缺出尽先题奏。五年五月,苗匪陷镇宁,孝连合诸军围攻兼旬,州石城,故坚厚,贼以全力守之,不易克。会大雨,乘懈饬勇士逾城入,开门纳大军。贼惊起巷战,不胜,弃城去。八月,再陷安平,寻克之。贵州上游肃清,下游苗氛尚炽。孝连奉敕赴署任,时镇远未复,暂驻铜仁,兼摄铜仁协事。六年四月,授镇远镇总兵。七年正月,会合统领湘军按察使席宝田、李元度攻克荆竹园、龙家坳。十二月,复镇远。九年,复台拱厅。奉谕交军机处记名,遇有提督缺出请旨简放。十年三月,定丹江。四月,克凯里、麻哈、黄平、清平,下游肃清。赏换业普肯巴图鲁名号。九月,署安义镇总兵。光绪元年正月,赏加头品顶戴。二年,调署古州镇总兵。时古州匪起,麇聚蕨菜坪。三年,孝连督军破之。七年,擢贵州提督。二十年正月,慈禧端佑康颐昭豫庄诚寿恭钦献崇熙皇太后六旬万寿,懿旨赏加尚书衔。十月,恩赏用宝寿字、大缎帽纬,赏给三代正一品文封典。

二十五年,卒。云贵总督崧蕃以闻,谕曰:"贵州提督罗孝连,由咸丰年间,投效田兴恕军营,转战江西、贵州等省,剿平苗匪,战功卓著。同治六年,补授贵州镇远镇总兵,旋简授贵州提督。在黔年久,治军抚民,并著威惠。兹闻溘逝,轸惜殊深! 罗孝连着照提督军营病故例从优议恤。任内一切处分,悉予开复。加恩予谥。原籍及立功省分准其建立专祠,并将战功事迹宣付史馆立传。伊长子贵州补用通判罗仰怀,并着赏给同知,仍留原省补用,以示优异。"寻赐祭葬,予谥武勤。

子仰怀,贵州古州同知;仰经,江苏补用道;仰昀,广西宜山知县;仰焕,湖北公安知县。孙纲,荫生。

雷正绾

雷正绾,四川中江人。咸丰四年,由四川督标右营把总,从军湖北,积功至都司。六年,克武昌、汉阳,以游击升用,并赏加直勇巴图鲁名号。八年,协领多隆阿率楚北马步各军援皖,以正绾从。十月,援宿、太,遇贼石簰,大破之;并破沿江贼垒,以通官军入皖之路。晋参将,加副将衔。十年,克潜山、太湖,擢副将,加总兵衔。十月,逆酋陈玉成大举援皖,众十馀万,自舒城窜桐城,屯挂车河,冀解皖围。正绾率左路七营至廖冈,抄出贼背,众军夹击,贼败走庐江。诏免补副将以总兵记名简放。十一年,逆党黄文金等复渡江由天林庄窜安庆,合陈玉成再图上犯,正绾败之蒋家山、项家河、江家桥、麻子岭,一月五捷,赏加提督衔,即以得胜之军,进剿桐城、宿松,拔之。时黄梅犹为贼踞,桐、宿逸匪皆依以自保,闻正绾至,相率狂奔,遂克黄梅;而广济、蕲州两城亦下。诏以总兵交军机处遇缺题奏。旋补授陕安镇总兵。同治元年四月,克复庐州,诏遇有提督缺出请旨简放。

是时豫匪勾结皖、粤之贼窜入陕境,陷渭南,出华州、华阴,肆扰潼关,省城戒严。上命荆州将军多隆阿率正绾援陕,并命正绾速赴陕安镇本任。七月,抵襄阳,移兵援南阳,破贼郧西。八月,军抵蓝田,补授陕西提督,命帮办钦差大臣胜保军务,驻防西安。闰八月,由咸阳进攻马家堡,解泾阳围。九月,败之永乐店,贼窜塔底;又蹑击于苏家沟。会胜保有罪逮问,多隆阿以钦差大臣接统全军,正绾仍帮办军务。降将刘占考、宋景诗所部骄悍难制,官军多畏之,朝廷以属正绾,正绾驭以恩威,[一]莫不用命。二年三月,丁母忧,恳请终制,不许,特旨改为署任。凤翔时被围久,正绾由鳌、鄠径捣凤翔,贼溃围走,复分兵驰往三原防剿。八月,回逆渡河扑营,击却之。谕曰:“雷正绾自入陕以来,先后攻破贼巢多处,随机应变,以少击众,洵属谋勇兼备。着交部从优议叙。”由是威名稜然,复有督师援甘之命。

十一月,至灵台,即攻破王村花所镇,蹙贼双庙集,斩贼酋木三,随进军镇原,镇原有当原、北原,地皆冲要,久为贼踞。正绾督军薄其原,诱之,而先遣总兵成禄、魏添应等伏兵于旁,贼出,前后合击,尽夺两原贼垒,馀贼窜平凉。三年,连破贼于灵台、崇信。四月,又败贼新城,斩悍贼木仲沅讷三于阵,逼平凉而屯。是月,多隆阿卒于军,命西安将军都兴阿督办甘肃军务,仍以正绾帮办。五月,克平凉,斩贼酋铁酉羽轻材,生擒八百馀人,馀众解散。赏穿黄马褂,颁赏搬指、翎管、荷包等件。于是贼之踞固原瓦亭驿及张家川木城者,皆向龙山镇败窜。八月,进拔龙山镇,贼回窜固原,城复陷。正绾闻警,疾趋莲花城,欲先袭其巢穴,以通隆静大道,再图固原;遂孤军深入,山险遇伏,中矛伤额,部下多伤死,优诏慰劳。十月,力疾攻莲花城,克之。上奖其调度有方,勇略出众。十一月,进规固原,由石家沟进逼东山,贼骇走;追奔至打河店,据鹦哥嘴而军。四年正月,固原贼度势不敌,皆东窜,正绾躬率亲兵穷追一昼夜,驰三百馀里,河州镇总兵曹克忠马队亦至,遂复固原,馀贼奔泾州南关,为正绾兵所追斩略尽。萧河城、青家驿之贼望风远遁。自是威戎镇以西至洛门、会宁以南至宁远,空无贼踪。

乃留陕西按察使张集馨镇抚固原,而躬督兵进攻黑城子,斩贼首黑虎;复进克官桥、李旺二堡,获贼首木混等,斩于军。乘势薄预望城,攻破下马关、半角城贼垒,进规灵州,以安定围急,分兵往援,解其围。七月,同曹克忠攻金积堡。自回变起,甘肃地荒人稀,耕种失时,征饷不继,冀破贼巢,因粮于回;而回逆侦官军疲,豫伏马贼万馀,自十里外围抄,兵士饥溃,战失利,伤亡至二千馀人,自请议处。上责正绾不能约束兵勇,致有此败,撤去黄马褂、勇号及帮办军务,归陕甘总督杨岳斌节制。九月,固原兵变,总兵<u>雷恒</u>、提督<u>胡大贵</u>、副将<u>李高启</u>等,以主将失职,倡乱<u>泾州</u>。<u>正绾</u>闻变,驰入<u>固原</u>,谕抚军士,粮台提督<u>周显承</u>斩叛将<u>何成蛟</u>等,事乃定。<u>陕西巡抚刘蓉</u>劾<u>正绾</u>由<u>红河沟</u>率兵溃变,声言直犯<u>陕西</u>,州县告急,<u>陕甘</u>道为之梗。上命<u>山西巡抚赵长龄</u>、<u>陕甘总督杨岳斌</u>查核,<u>正绾</u>轻骑往见,涕泗引咎,缚送<u>雷恒</u>等置之法。<u>赵长龄</u>、<u>杨岳斌</u>以闻,得旨<u>雷正绾</u>免其治罪,仍责令整饬营伍,实力剿贼,以赎前愆。<u>四川总督崇实</u>复疏言<u>正绾</u>功,语侵<u>刘蓉</u>,上责<u>刘蓉</u>张皇妄奏,传知<u>雷正绾</u>奋勉立功,并准其专折奏事,以一事权。

五年三月,<u>兰州</u>兵变,围<u>庄浪</u>,陷<u>隆德</u>,<u>正绾</u>往来截击,得不逞。五月,克<u>隆德</u>,转战<u>平</u>、<u>固</u>,乘胜进剿<u>横河川墂</u>,俘斩以万数,尽平其垒。<u>横河川</u>,贼老巢也,地处<u>庆</u>、<u>泾</u>、<u>平</u>、<u>固</u>之中,延袤且百里。贼踞之以东窥<u>陕</u>境,西寇<u>巩</u>、<u>兰</u>,官军疲于奔命。<u>正绾</u>既平<u>横河川</u>,<u>陕</u>军乃无西顾忧。<u>杨岳斌</u>上其功,下部优叙。十一月,贼突至<u>平凉</u>,急攻城,<u>正绾</u>夤夜驰百馀里,奋击大破之,又克<u>平凉</u>,赏还黄马褂,并赏还勇号。六年十月,钦差大臣<u>左宗棠</u>莅<u>陕</u>视师,有旨令<u>正绾</u>与记名提督<u>张在山</u>分督各军,相机进剿。十一月,进援<u>庆阳</u>,攻<u>邓家堡</u>,以通运道。七年五月,回酋<u>马正和</u>合<u>泾河川</u>贼南窜攻<u>长武</u>,道员<u>黄鼎</u>军击败之。<u>正绾</u>亦率军来援,贼遂破散。七月,<u>正绾</u>复大败贼于<u>长武</u>,所杀及溺<u>泾</u>死者无算。十一月,又败贼于<u>长武</u>北之<u>封头堡</u>,擒回酋<u>马顺儿</u>、<u>虎秀哩</u>,斩之,获骡马二百馀匹。十二月,克<u>董家堡</u>。八年二月,回酋<u>禹得彦</u>以数千骑南渡<u>泾</u>,窜<u>灵台</u>,攻掠寨堡。<u>正绾</u>方击贼<u>宫河</u>,得谍,乘雪夜驰抵<u>独店</u>,贼卧未觉,掩击大败之,贼遁去。捷入,得旨优奖。时官军势盛,悍贼悉伏董志原,踞险自守。正绾会诸军分路进逼,先平其旁萧金镇、焦村、什社各坚卡,三月,遂克董志原,斩擒悍贼以千数。叙功,赏换达春巴图鲁名号。八月,陕回白彦虎合甘回李正荣复回预望城、黑城子,以窥固原。正绾时屯古城川,扼南北要冲,急分兵击却之,斩逆酋杨文治;进攻李旺堡,令骁健数百人出间道迎击,贼惊溃,遂毁李旺堡,破穆家潭,擒逆党杨辉云,直逼盐茶,西抵打拉池,平东北梁山,甘回大震,款营求抚者日至,北路渐平,馀匪得脱者悉并入金积堡。于是提督刘松山、道员黄鼎各军始得与正绾会,专攻金积堡。

金积堡者甘肃极东北地,当灵州西南,其西北距大河,秦汉二渠环之,山陇湖泊,犬牙穿错,东去陕境不二百里,两省逆回之渊薮也。其旁堡寨无虑百数十,而金积最坚大扼其要;酋之悍者亦无虑百数十,而马化隆尤桀猾为之魁。自陕甘军兴,官军未尝至堡下。正绾尝一至,辄败去,诸军莫敢言攻金积,故马化隆尤横。其西有堡为张恩,东西凡四堡,化隆悍党袁希孟所屯也。正绾乃先攻破其三堡,袁希孟率馀众降。正绾遂进军逼秦渠而屯,距金积仅十馀里。马化隆惧,请降于刘松山,松山察其诈,会正绾军急攻之,堡坚甚,又跨渠为濠,凡数道,猝不可进。九年正月,马化隆出死众,乘不意,袭夺正绾峡口屯,士卒死者二百人。诏革职留任。正绾以金积天险,难以力拔,徒多伤士卒,非尽克其附堡以断粮援,然后合围困之,殆未可平。乃与刘松山分路进攻,连克汉伯、王洪各堡,皆金积东南要地,复夺峡口屯,阵斩逆酋邹麻子。马化隆大惧,请献洪乐堡以降。正绾知洪乐逼近金积,地势散漫,而马家等堡邻其左右,马化隆不并献马家堡者,欲给官军聚屯洪乐而抄围之,绝我饷道也。姑乘其降,据洪乐,速分兵袭取其近堡。马化隆计穷。八月,正绾平金积西南各堡凡百馀所,长围乃合。奉谕正绾连克坚堡,当乘此机势,以收捣穴擒渠之效。十一月,堡贼饥困日甚,谋突围走。正绾潜伏诸军于要隘以待之,贼出辄擒斩。马化隆窘蹙,面缚出降,金积堡平。河西一路闻金积平,亦皆诣军前缴马械请抚。十年正月,诏开复正绾革职处分,并照一等军功例优叙。十一年,正绾复尽平西路馀寇李文虎、狗牙齿等。全省肃清,又下部优叙。光绪六年,陕甘总督左宗棠以新疆南路平定,正绾功最多,诏交部优叙。八年,兵部侍郎许应骙疏荐人才,称正绾戎行久历,卓著战功,勇略过人,长于抚驭,洵将领中杰出之才。十年,法兰西侵我越南,海疆戒严,命正绾率甘军出关屯凤凰城,为京师东防。会和议成,仍回本任。十六年,以上二旬万寿,赏加太子少保衔。二十年,恭遇慈禧端佑康颐昭豫庄诚寿恭钦献崇熙皇太后六旬万寿,赏加尚书衔。

二十一年,甘肃循化厅撒回争教倡乱,正绾督兵进驻河州,力保危城。旋以逆势日炽,师久无功,诏革职留任。二十三年,开缺回籍。是年,卒。四川总督鹿传霖胪陈正绾战绩,请量予加恩,奉旨开复革职处分,交部从优议恤。寻赐祭葬。

【校勘记】
〔一〕正绾驭以恩威　原脱"正绾"二字。今据雷正绾传稿(之三)补。

唐友耕

唐友耕,云南大关厅人。咸丰九年,滇匪李永和窜入川境,围攻叙州。友耕自贼中投诚,率所部连拔华严庵、真武、翠屏等山贼巢,立解城围。贼走青水溪,进围犍为,友耕驰至,毁其垒,贼遁。积功,以千总拔补,赏戴蓝翎。十年正月,署通江营守备。时贼踞叙州贡井、天池寺,友耕由马鞍山进攻。〔一〕贼分股扑犯新桥,友耕扼桥堵御,斩贼目五名。越日,再战,复败之。贼旋入蒲江,踞五通厂。闰三月,友耕迎剿,连毁百丈场、夹门关贼营,又败之百丈场外大坡顶、古鲁山等处。逸贼分窜邛州,友耕拦头截击,大战于水口,受重伤。邛州围解,升守备,赏换花翎。四月,会援峨眉,抵索桥,贼大至,友耕冲锋,矛伤左颈,犹力战,毙悍贼二十馀。贼遁而北,遂由夹江渡河攻洪雅双福场踞匪,破之。贼寻踞天全州境之象鼻桥,复同各军进击,悉平茅山、猫子坟一带贼营。擢都司,赏给额勒莫克依巴图鲁名号。

六月,署川北左营游击。十月,进攻丹棱,炮毙守陴贼数十,乘势夺门入,立复县城。以游击遇缺即补,并赏加参将衔。寻败贼温江,手刃逆酋蓝二顺。十二月,授会盐营游击。十一年,贼由射洪窜扑潼川府城。四月,友耕与游击陈祥兴等进剿,叠毁黄连垭、三台山、凤凰山贼营三十馀。府城围解,升副将。八月,四川总督骆秉章督师援绵州,檄友耕由石桥铺进攻。友耕观望不前,致左右各军败退。骆秉章奏请革职,从之。既,以攻毁罗江、略坪贼营,仍留营效力。十月,官军援眉州,友耕由邛州引军先至,连破张鞍子、快活山贼垒,复攻张家坎水寨,克之。州城围解,开复原官。十一月,进捣青神,途遇伏贼,炮伤左腕,仍督战,卒败之。既,逆酋卯得兴率悍党数千攻参将陈祥兴营垒,势甚危。友耕怒马冲入,斩伪统领张兴。卯得兴挺矛冲出,友耕瞋目大呼,格斗良久,卯得兴带伤遁。友耕纵骑急追,悍贼麇至,刀矛环刺,友耕血战突出重围,身受矛伤者再。诸勇赶至,裹创复战,斩馘甚夥。赏加总兵衔。同治元年二月,由邛州派队迎剿发逆赖裕新馀党,遇贼高家场,与都司唐大有夹击,毙贼千馀。三月,粤逆石达开进围涪州,友耕由青神水路赴援,攻其中坚,败之。围解,以总兵升用。

　　七月,授四川重庆镇总兵。石逆自涪州大挫后,由綦江、永宁窜踞长宁,友耕进围之。贼率众来扑,友耕以枪炮轮击,伺其疲,开垒出战,由右路从山梁压下,贼众披靡,弃城去。闰八月,贼渡仁怀河窜至江津白沙镇,友耕督队蹑追,袭贼大母山,破之扶欢坝。十二月,贼踞叙州双龙场,分党屯横江为犄角,友耕分队严扼安边、屏山,自督所部直趋横江南岸,执矛突阵,毙悍贼数十名,乘势掩击,平贼卡数十。二年二月,横江西岸败贼数千窜至会仪溪、新滩溪一带,与屏山一江之隔。友耕恐逸贼乘间偷渡,遂过江设伏诱贼,复大捷。六月,石逆抢渡金沙江,为官军所扼,不得进,遂扑松林小河,冀趋天全。土司岭承恩等绝其粮道,贼知被困,悉锐争渡,友耕督兵击沉贼筏。石逆奔至老鸦漩,为土兵所遏,遂就擒。捷入,诏记名遇有提督缺出请旨简放。寻驻防江津、綦江。

　　十二月,授云南提督。是时贵州正安、桐梓号匪,纷扰川境。骆秉章奏留友耕驻军川南,居中策应。三年二月,号匪窜南川,友耕督队会乡练夹击,败之。贼旋由梓潼窜至綦江县境,复拨军分路追剿,抵盖石洞,斩馘数百。八月,粤匪踞甘肃阶州,骆秉章檄赴川北,驻防昭化、广元、阳平关一带。四年,丁母忧,诏改署云南提督。友耕呈请终制。五年,开缺回籍守制。七年三月,服阕。闰四月,署四川总督崇实奏留暂缓陛见,募勇防堵川北,允之。八年,奉调援滇,军至昭通。值汉回构衅,回匪李本忠等率党剽掠村寨,遂留驻昭通,筹办回务。友耕剿抚兼施,回众献首乞降。鲁甸肃清,赏穿黄马褂。十二年,因讨平四川叙州土匪郭心斋等,下部优叙。光绪四年,山西灾,友耕捐赈银四千两,得旨照各省赈捐章程请奖。六年,署四川提督。

八年,卒。谕曰:"署四川提督唐友耕,于咸丰、同治年间,在四川带勇剿贼,屡著战功,荐升云南提督。丁忧开缺后,募勇援滇,复经著有劳绩。光绪六年,署理四川提督,勤慎操防,驭兵严整。兹以旧伤举发,遽尔病故,殊堪轸惜!唐友耕着照军营立功后病故例从优议恤,并附祀四川提督占泰专祠,以彰忠荩。"寻赐祭葬。

子绍闻,四川候补通判。

【校勘记】

〔一〕友耕由马鞍山进攻　原脱"友耕"二字。今据唐友耕传稿(之三)补。

谭拔萃

谭拔萃,湖南湘潭人。咸丰九年,由武童投效湘军,从参将刘松山攻发逆于江西浮梁、景德镇及星子、禾洞、上下门村,所向有功。历保至千总加守备衔,赏戴蓝翎。十一年,克复徽、宁,皖南肃清。晋守备加都司衔,并赏换花翎。

同治五年,捻匪窜陕西,省城戒严。拔萃从松山驰剿,战于西安城南,屡挫其锋。贼走同州、朝邑,分悍党踞流曲、王寮等镇,冀图复逞。拔萃乘势急趋朝邑,出贼前拦击,贼惊溃。六年,克复绥德州,并解河津,稷山围。积功,擢免补参将以副将尽先补用,赏给策勇巴图鲁名号。当是时,捻匪蔓延陕西、河南、山东、直隶,所在告警,拔萃领军蹑剿。七年二月,大破贼于直隶深州之贾城村、瓦口庄、梨园村,又败之于祁州。贼围总兵郭宝昌营,不得出,拔萃以数十骑直入重栅拔之。得旨免补副将以总兵交军机处记名,遇有总兵缺出尽先题奏,并赏加提督衔,赏给正一品封典。

十二月,陕回白彦虎倡乱,结党肆扰,关陇震动。刘松山率拔萃旋陕剿捕,连破小理川、店子寺、周家崄贼巢,擒定边回酋马万得、马棘子于阵,馀众奔窜。陕北肃清。诏以提督记名,请旨简放。八年,驻军定边,越花马池,进规灵州。八月,与甘回战于甜水河、郭家桥,回酋马正和、马长顺等倾巢出拒,势悍甚。刘松山饬诸将分道接战,自率拔萃直捣中坚,奋力冲突,贼阵大乱,各营乘其后,毁贼垒二十馀。贼由吴忠堡北遁,阻扼不得前,官军合队薄之,擒斩千馀。顾家寨踞贼慑于军威,结陕回崔三同踞顾家、马五等寨,以抗官军。拔萃侦知,乘夜掩击,破其外卡,亲督所部越濠入,肉薄先登,举火焚其堡,乘胜进攻灵州,勒诸军为叠阵,选轻骑左右夹击,贼势不支,开东北两门狂奔,遂复灵州。十一月,分队攻金积堡,拔堡北村寨二十馀。九年正月,贼由东南胡家堡窜至秦渠南,踞石家庄一带空堡,及马五、马八条、马七等寨,复由西南废堡增置三垒。拔萃等三路并进,各指一垒,奋力齐攻,荡决无前,击毙回酋马福喜俘馘甚众,并下其垒。贼窜踞马五寨,寨大而坚,悍贼麇集。提督刘松山跃马督攻,殁于阵,即选道刘锦棠接统其军,拔萃隶焉。是时贼谋犯吴忠堡营,扼永宁洞水口,以阻叶升堡运道,诸军就河西采运,贼骑间出抄掠,锦棠议夹河筑垒以护之。未就而贼众蜂至,拔萃抄贼后击却之,复连下吴家堡、王银栅、马八条、杜家寨贼垒。陕甘总督左宗棠上其功,赏换嘎什普祥巴图鲁名号。十年六月,进攻王红连寨,拔萃率壮士缘梯而登,坠而复上者六七次,斩首逆王红连,尽歼其众。郭家、马宏等寨亦平。七月,破贼于李花桥西及秦坝关西南,八月,又破之于金积东关。赏穿黄马褂。十一年,分防肃州北路。贼骑窜炭井,拔萃潜师袭之,斩捕过当。旋驻防灵州。十三年,署宁夏镇总兵。

光绪元年六月,督办新疆军务左宗棠檄办西征采运局。七月,补宁夏镇总兵。二年正月,以护防运道功,赏头品顶戴。四月,随总理行营营务三品卿衔刘锦棠驰剿新疆回逆。六月,拔黄田贼卡,追至古牧地,斩关夺其隘,复克乌鲁木齐迪化州城,赏云骑尉世职。九月,进攻玛纳斯南城,贼势穷蹙,尽弃眷属辎重,誓以死抗。拔萃会同伊犁将军金顺督军猛击,贼不敢近,遂各就抚。捷入,奉旨照一等军功例从优议叙。三年三月,攻达坂,又驰会张曜、徐占彪军,克复吐鲁番城,诏改骑都尉世职。九月,克复喀喇沙尔及阿克苏、乌什等城。十一月,搜捕叶尔羌、和阗逸贼,生擒逆酋麻木尔哈的、胡里吐尔的、奴尔巴易等。回疆肃清,诏改一等轻车都尉世职。

十一年,卒。事闻,谕曰:"记名提督甘肃宁夏镇总兵谭拔萃,于咸丰、同治年间,随同已故提督刘松山带兵剿贼,转战湖南、江西、安徽、河南、山东、山西、直隶、陕西、甘肃等省。嗣经随同刘锦棠出关,叠克名城,战功卓著。兹以积劳身故,殊堪轸惜!加恩着照提督军营立功后在营病故例从优议恤,并将生平战绩宣付国史馆立传,以彰劳勋。"寻赐祭葬。妾金氏殉,旌表如例。十五年,慈禧端佑康颐昭豫庄诚皇太后归政,追念从前功绩最著诸臣,各赐祭一坛,拔萃与焉。

张得胜

张得胜,湖南泸溪人。咸丰元年,粤匪倡乱,得胜投提督向荣营,掌大纛,临阵屹立不少动,向荣壮之。以保守桂林追贼至湖南,奖给七品顶戴。二年,随道员李金銮守长沙。贼穴地轰南城二十馀丈,悍贼执大旗率众先登,得胜手刃二贼,股亦中矛,卒夺其旗。贼退,城得无恙。论功,加六品顶戴。

三年三月,从至湖北,擒逆酋秦明九,补经制外委。四月,乘夜泗水焚贼辎重,夺其一船。寻随队毁鸡窠贼营七。湖北巡抚青麐保以把总拔补。四年,大军克汉阳,得胜与有功。擢千总,赏戴蓝翎。五年九月,破贼仙桃镇,追北二百馀里,升守备。十一月,攻拔周家堡,进克汉川,晋都司。六年,武昌、汉阳再陷。七月,按察使李孟群檄领三百人攻汉阳西门,屡刃贼首,夺获旗械,身亦受重创。叙功,赏换花翎。十一月,率队袭贼营纵火,大军乘之,贼溃走,斩溺无数,生擒五百馀名。再克汉阳,擢游击,赏崶勇巴图鲁名号。

七年五月,李孟群迁安徽布政使,檄得胜率英山、罗田团勇,沿途剿贼，连捷于金家堡一带，保参将。十二月，率八百人驰援河南固始，突围入城，与知县张曜固守之。八年正月，地雷发，城圮，得胜衔利刃，手执火器，直抵塌口，殊死战，且斗且塞，贼不得入。二月，钦差督办军务胜保暨李孟群两路来援，得胜自南门夜缒城斫逆垒，贼惊窜，李孟群因得破西门贼营，遂解重围。捷闻，以副将升用，先换顶戴。四月，克安徽六安。六月，攻怀远，屡捷。胜保疏称："得胜朴直性成，勇敢出众，请交军机处记名，遇有陆路总兵缺出，请旨简放。"从之。旋增募二千五百人，号凯字营，兼统湖南提标官兵。

时李昭寿拥众二十馀万，窃踞滁州、全椒一带，盱眙、天长、五河、江浦、浦口皆为所有。胜保欲降之，计无所出。得胜侦昭寿父母家属皆匿颍州，密启胜保檄颍州守，获而善遇之。[一]得胜因取其父手函，请往说降，率亲兵四人，抵昭寿寨外，大呼曰："尔主帅相约会议，可速报！"盖知洪逆方遣使增昭寿伪封，故大言相约以离间之。至则昭寿盛陈兵卫，露刃相向，叱亲兵四人分置别所。得胜不为动，直入倨坐，责其弃亲不孝，谋叛不忠，害及生民，累及宗党，不仁不义。言未竟，昭寿气夺，愧形于色。得胜为陈利害，始出其父手书，昭寿读之，俯首涕泣，不能仰视。得胜述主帅意，劝之降；且恐其疑贰，密令昭寿族叔斩逆使以绝其念。盖稔知其叔屡劝昭寿反正而未果者。李昭寿遂以所踞各城降。洪逆闻之，遣其党大股来攻，得胜迎击于全、滁，连败诸马家坝、三河集，复在界牌、池河、藕塘等处，累战皆捷。十二月，授湖北宜昌镇总兵，留营带兵如故。

九年二月，总统楚勇马步诸军，攻三汊河，破伪忠王李秀成贼垒七，以江浦、浦口再陷，驰往复之；而伪英王陈玉成又率大股趋梁园，图北犯。胜保檄得胜截剿，至则贼已先抵梁园，得胜简精锐千人，易贼装，携火器，夜分三队由石塘桥出梁园之背；自率一队复分为三，先赴各村纵火，约二将见火起，猛扑贼营焚其帐，贼疑内变，惊乱。得胜合兵大战，贼悉溃走。方简轻骑议追贼，谍报李逆犯清江浦，前锋几及汊河，得胜星夜驰扼之，持数十日，贼不得逞。六月，捻匪龚瞎子纠庐州踞匪吴汝孝等陷定远，得胜分驻明光镇一带堵剿。八月，贼大至，力守十馀日，粮绝，退守盱眙。胜保奏夺得胜职。九月，贼屡扑盱眙，得胜先后击败之，且斩吴汝孝于阵。捷入，诏开复，仍授原官。十一月，剿平临淮踞逆，加提督衔。十二月，调福建建宁镇总兵，留营如故。十年正月，进规凤阳，亲致捻首张隆出城，擒之，及贼目三十二人正法，复其城。三月，下部优叙。八月，捻逆复围凤阳，击却之。十一年四月，定远踞逆分兵渡淮，约蒙、亳各捻并力北犯，得胜遣将截击，屡挫其锋。得旨遇有提督缺出，由军机处题奏。十一月，克定远。十二月，击走固镇桥逆匪，命照提督例赏加封典。同治元年二月，进攻庐州，扼扎北门，破其附城坚垒，四月，偕各军克之。时陈玉成北窜，又率兵追击，大败之瓦埠河。陈逆穷蹙，走死寿州。下部优叙。五月，剿抚定远西乡匪圩，未两月而定。二年，剿叛练苗沛霖，累捷。十月，克蚌埠，复怀远。既，苗逆就歼，巡抚唐训方疏请遇有提督缺出尽先题奏，从之。三年八月，六安土匪文占魁筑圩抗官，得胜捕斩之。

　　十月，粤匪由湖北窜英山、霍山，得胜扼之于流波磁，贼穷迫，降者二万馀人。亲王僧格林沁令简轻骑追贼，由皖之豫、之楚、之秦,转战五千馀里,回驻六安。嗣以皖境肃清,下部优叙。
四年五月,捻首张总愚、赖文光等大股入皖,围布政使英翰于雉
河集,得胜赴援。闰五月,拔高炉集暨张圩贼垒,复平涡河南岸
贼圩数十。六月,围解,遂由龙山、永城蹑剿,又豫遣三营绕出河
南长葛,以截其前。是役也,贼精悍伤亡殆尽。命交军机处记
名,遇有提督缺出尽先题奏,并交部从优议叙。十月,贼扰河南
光州、固始,逼近三河尖,得胜绕出贼前,设伏大败之。五年四
月,驰斩山东教匪许广山等。十一月,捻首任柱等窜固始,围商
城,得胜进解其围。六年二月,贼窜山东,两江总督曾国藩恐扰
清、淮,檄赴窑湾,防守运河南岸,贼至郯城、宿迁,迎击大破之。
赏换达春巴图鲁名号。旋偕湘、淮各军扑灭任、赖大股发、捻,
东、豫肃清。安徽巡抚英翰入告,七年正月,得旨加恩赏给云骑
尉世职。闰四月,赴山东临清,会合湘、淮、东、豫各军协剿西捻。
六月,张总愚全股歼除,赏穿黄马褂。凯旋,留统水陆七营,分驻
皖、豫间。十年,广德州土匪啸聚,十一年,叶家集李六滋扰,〔二〕
均拨队往平之。

　　十三年,日本肇衅台湾,调防江浦。光绪元年,驻东西梁山。
频年江水泛涨,派队抢护和州属沿江民圩数十处。六年,撤遣所
部全军。五月,陛见,敕赴本任。七年,建阳客民聚众械斗,得胜
逮其魁治之,解散其众。旋兼带镇武左营练兵。九年,法兰西兵
扰越南,海防戒严。得胜复统凯字水陆各营,筹办福州海防。十
年正月,营于长门海口。闰五月,法兵轮船进泊马江,得胜条陈
战守十事。嗣闻基隆开仗,禀请先发,不果行。七月,馆头法轮
以炮击凯军中营,得胜率队越岭赴援,法兵不敢登岸。寻攻长门

炮台,得胜偕将军穆图善发巨炮洞穿其船,乃退。既而法船由闽安攻长门、金牌各营,得胜豫为布置,攻四昼夜,我军皆伏沟眠蛰,伺其至,急击之,法兵三登三败,多斩获及溺死者,击沉划船数号,又获其二,夺得地雷、洋枪、火箭等具。法船尽退出口,久之,见无隙可乘,乃他去。事平,叙战功,晋骑都尉世职。

十一年正月,以上年恭遇慈禧端佑康颐昭豫庄诚皇太后五旬万寿,赏得胜母曹氏御书匾额、玉如意、江绸、八丝缎袍褂料。六月,卒于防次。遗疏入,谕曰:"记名提督福建建宁镇总兵张得胜,由行伍出师著绩,补授总兵。上年在闽省扼守长门,极力鏖战,尤为奋勇。现在因病出缺,加恩着照提督立功后病故例从优议恤。"嗣福州将军穆图善等疏请将生平战绩宣付史馆,谕曰:"张得胜朴直性成,勇敢出众。前在湖南、河南、江南、直隶、山东等省剿办发、捻,卓著勋劳,屡膺懋赏。上年扼守福建长门,尤为奋勇。前经降旨优恤,着将生平战绩宣付史馆立传,并加恩予谥。于福建省城建立专祠,以彰忠荩。"寻赐祭葬,予谥刚勇。十五年,慈禧端佑康颐昭豫庄诚皇太后归政届期,追念前劳,赐祭一坛。

子桂芬,袭世职;大智,安徽候补通判。

【校勘记】

〔一〕获而善遇之　"获"原误作"护"。今据张得胜传稿(之三)改。

〔二〕叶家集李六滋扰　"叶"原误作"业"。今据张得胜传稿(之三)改。

赵鸿举

赵鸿举,河南涉县人。道光二十五年,一甲三名武进士,授二等侍卫。三十年,以游击拣发湖广。咸丰元年,署荆门营游击,调署督标右营游击。赴黄沙河堵剿发逆,败之于柳公庙;又赴湖南永州防剿。湖广总督徐广缙调赴行营。三年正月,调回湖北。二月,署武昌营参将。四月,因在永州剿贼出力,保以参将尽先补用,旋题补湖南绥宁营游击,仍留营防剿。

四年六月,奉檄赴沔阳会合营勇,克复州城,与贼战于仙桃镇、杨林沟,败之;又破贼于长江埠。先是,武昌城陷,部议镌秩。至是,以沔阳、长江埠之捷,准其免罪。五年三月,剿汉阳贼获胜,七月,连破贼于八步街、鲇鱼套。九月,署湖北按察使李续宾奏调鸿举随赴汉阳中路。十一月,攻克蔡店。十二月,以鸿举前在刘家桥截剿德安府贼,并克复汉川有功,赏戴花翎。鸿举自抵汉阳,历败贼于西门桥、五显庙。六年,克复汉阳,巡抚胡林翼上其功,得旨俟补原缺后,以参将尽先升用。七年三月,仍补湖南绥宁营游击。湖广总督官文以鸿举年力强壮,勇于攻战,仍奏留湖北差委,许之。

旋随湖北按察使李孟群援安徽庐州,克复英山、霍山。叙功,免补参将,以副将尽先补用,先换顶戴。又随李孟群追败贼于苏家埠、麻埠。八年正月,发、捻诸匪合攻河南固始县,鸿举救之,城围立解。李孟群以鸿举随剿获胜,叠有斩获,奏保。得旨遇有总兵缺出,请旨简放。四月,由豫追贼至皖,克复六安州。九年四月,回楚,总督官文奏请开鸿举本缺,遇有两湖副将缺出,奏请升补。十年二月,署理湖北提标右营游击。九月,湖北提督颜朝斌檄鸿举统提标各营,驻樊城操防。

十一年,捻匪窜扰老河口,鸿举往剿,克之。四月,署河南南阳镇总兵。赴归德办贼,随钦差大臣僧格林沁解界沟集围,攻克王庙、吴庙、阎集贼寨。九月,复随克卢庙、邢大庄、孟楼、王新庄贼寨。旋仍驰赴归德防堵。十月,钦差大臣顺天府府尹毛昶熙檄鸿举前赴陈州一带截剿亳匪,屡胜之,逆首陈大喜等在汝宁一带盘踞,势甚鸱张。鸿举随毛昶熙驰赴汝宁,十一月,抵正阳关,攻克阎家集、杨家围、叶家围各寨,并收抚徐家围二十馀寨;乘胜进克杨庄、孙楼等处。得旨赵鸿举马队已进扎铜钟,所有陡沟贼巢,即责令该总兵迅速攻拔,并派兵驻防明港,以便围攻邢集,迅歼丑类。十二月,鸿举等攻克小王寨,又收抚三十馀寨。官军进规张凤林老巢,四面兜围,难民乘机内应,缚送逆首李小成等,开门降;旋进攻邢集,大败之。同治二年正月,攻克李家寨,并收抚谭家寨四十馀处。嗣会同各军,追剿陈大喜至新蔡之陶园。突有皖捻大股来援,官军迎击,歼毙甚多。捻匪西窜沈项,馀党犹负嵎张冈等处。二月,鸿举攻拔杨楼,进逼张冈,挑挖长濠,昼夜围攻,叠却援贼。六月,补湖南乾州协副将,仍督队移扎濠边,夜令各勇负蒿填濠,登寨墙施放喷筒火弹,奋勇直入,拔之,贼党斩擒殆尽。奉旨交军机处记名,仍以总兵遇缺请旨简放。

时亳州东南一带贼寨甚多,命毛昶熙督饬鸿举统带各营扼要进剿,并将该处捻巢次第扫荡,以期进捣雉河集等处老巢。三年三月,仍调赴汝宁,攻克息县、赵寨、王姓水圩及简寨、张寨,诛贼首赵国良;又以计毙巨捻简世然。五月,驰赴新蔡、阜阳,攻克时玉洗寨、张家大圩、梁家湾寨,擒斩捻首徐心田等。八月,随僧格林沁堵剿罗山、光山逆匪,叠获胜仗。嗣以麻城败贼,被剿狂奔,鸿举驰赴信、罗防剿。贼东窜上巴河,鸿举随僧格林沁探踪迎剿,进扼商城之松子关。四年四月,叙剿办汝、光捻匪功,得旨着开副将本缺,遇有总兵缺出,尽先题奏,并赏加提督衔。八月,张总愚大股围攻南阳,众惧将溃,鸿举督兵团固守,手燃大炮,击退之。次日,追剿七十馀里,贼遁去。六年,襄匪程岱滋事,鸿举选兵三百驰剿,平之。七年,剿平唐、泌一带土匪。八年,交卸署南阳镇篆。河南巡抚李鹤年奏请留豫差委,诏如所请。又因历年防守宛城出力,命以提督记名简放。十年,补授南阳镇总兵。十一月,入觐,十一年二月,回任。五月,皖、豫交界捻匪李六等滋事,鸿举带兵赴固始县黎家集等处督剿,擒斩匪首,搜捕馀逆,地方一律安靖。十二年五月,裕州小顶山捻匪复起,鸿举往剿,平之。

　　光绪元年,上御极,恩诏加一级,赏二品荫生。内、浙连界之四峰山,刀匪啸聚,四出抢劫。鸿举会合陕、楚各军兜剿,歼之。三年,以父忧去官,六年,服阕,抵豫,巡抚涂宗瀛奏留差委。八年,补山东曹州镇总兵。贾庄河口频年叠出险工,鸿举镶修埽坝,添筑双合岭、鱼鳞、旧磨盘各埽大堤,又增筑圈堤。十年五月,孙楼河堤大溜直冲平各埽,鸿举亲冒风雨,督率勇弁抢救,全堤得以完善。六月,剿土匪于菏泽之沙土集。十一年,剿平巨野、郓城土匪,捕要犯吴极田于濮州之葛针寨,东省伏莽未尽,马贼刀匪啸聚出没,鸿举所至剿平之。十五年二月,率队赴郓城、范县缉盗,中途大雪,感寒触发旧疾,卒。十八年,南阳绅民以鸿举功绩卓著,遗爱在民,禀请巡抚裕宽代奏,在南阳府捐建专祠,并将事迹宣付史馆立传。疏入,诏如所请。

左宝贵

左宝贵,山东费县人。咸丰六年,由行伍投效江南军营。八年三月,攻克乌江贼垒,奖六品军功。四月,攻试姬桥、七星塔,连战皆捷。九年,由扬州冲围出赴六合大营,秘达军书。有功,叙外委。十年七月,僧道、菱塘等桥克复,赏戴蓝翎。八月,署两江总督薛焕檄宝贵以把总回江北招募,并管带六起劲勇,驻防宝山。十月,毁平罗店贼卡,奖五品顶戴。十一月,击毙援宝山贼首,剥取绣龙黄马褂,以千总归江南督标尽先拔补,并赏换花翎。十一年九月,嘉定逆酋纠合苏城大股,围攻诸翟、华漕诸营,逼近上海,宝贵分队出间道迎击,贼不得逞。同治元年,复以固守宝山,叠著劳勋,荐擢都司。二年,援解安徽蒙城县围,随同擒斩匪首苗沛霖,迁游击。三年,堵剿阳坊,并克复金陵,得旨以游击留山东尽先补用,并颁赏奖武金牌一面。四年正月,借补直隶固关营守备。旋奉钦差大臣科尔沁亲王僧格林沁檄赴前敌,管带忠勇营。五月,解山东嘉祥县围。五年,莅守备任。六年二月,管带河间练军,赴山东齐河等处防河。寻回直隶,追剿捻匪。七年,补天津镇标游击。捻匪荡平,晋参将,并赏加副将衔。

十年正月,管带古北口练军马队后营。六月,调补广平营游击。十一年,热河朝阳县东荒马贼蜂起,都统崇实檄宝贵统练军马队驰往剿办,侦知贼由宾图王旗沙坨子窜扰朝阳,即督队截击,获贼匪出一敖什布等十四名。匪首周振升、吴振英等又纠集馀匪,意图劫犯,宝贵急追击之于奉省林家窝铺,斩匪徒二十馀名,手刺周振升于苏家店,并生擒吴振英等十五名。波波屯及法库门等处之匪首庄恒贵及悍贼刘洛疙瘩、冯海等,以次成擒;而巨匪王江、王海等复自哈力套改老巢窜集招苏台河东一带,嗾悍党出犯,下马格斗,势尤凶悍。宝贵身先士卒,摧锋直前,立破贼围,擒王江等三十馀名而归。匪众溃散,东荒肃清。以副将尽先补用,并赏加总兵衔。由是声誉日起。

光绪元年,刑部尚书崇实奉命赴奉、吉两省查办事件请于朝,以宝贵所部与俱。当是时,奉天汤沟逸匪方所在勾结,谋相聚为乱,闻宝贵至,遂慑于军威,悉党窜依大东沟木匪宋三好。宋三好者,始因伐木徽利,继则私卡征厘,历十馀年,官吏不过问也,骎骎入边内,肆剽掠,为居民患。盖大东沟夹山倚海,僻在边陲,前阻潮沟陷甸,马步难施,遂内树木城,多置枪炮;复于沿海各岸预泊快船,为败飐计。自巨匪高希珍等由海洋岛遁入,其焰愈炽。署将军崇实令宝贵急领练军,益以捷胜营八旗马队,会同天津镇总兵陈济清分道进攻,复命宝贵先驰瑷阳边门,择要策应。匪徒知官军四出,亦三道分扰,以相牵制,使不得兼顾。陈济清由上游绕出贼前,节节兜剿,毙贼多名,追及土门岭,突困贼伏,力不支;宝贵飞军冲入,东荡西决,立解重围。匪众奔溃,斩酋目高希珍、宋允导,并悍贼二百馀名于阵,生擒匪党宋云和、王受山等三十馀名。乘胜追杀于红石砬子,得宋三好诛之,随捣巢穴,焚木城,积匪歼焉。捷入,诏以总兵记名简放,并赏给铿色巴图鲁名号。嗣边外东北之庙儿沟,有金匪宫四,负嵎自固,纠党渡江而西,先发以图再逞。崇实以地近兴京,复饬宝贵驰剿。甫出边,贼即遁,追之过江,先焚毁老巢,且追且战,自五道江至八道江,多所斩捕。穷追至二道江,林木丛蔚,军士惧伏发。宝贵督队冒险直入,搜获宫四斩之。其馀匪首张振东、李豁子等,无一幸脱者。诏以提督记名简放,并赏白玉翎管、白玉搬指、大小荷包等件。宝贵自是以客军驻防奉天。二年,剿灭哈力套改一带马贼。三年,剿抚建昌、朝阳一带边匪。四年,擒获积年巨寇赵西来,奉境无贼踪矣。

六年,古北口练军回防,将军岐元奏留宝贵统领奉军,并总理营务翼长。署将军崇厚、将军庆裕以营务严肃,谋勇兼全;直隶总督、大学士李鸿章以勤明忠实,骁果耐劳,晓畅兵事,谋勇兼优,先后入奏,得旨以提督总兵记名简放。十五年,授广东高州镇总兵,仍留奉天。十七年秋,热河朝阳教匪事起,宝贵由彰武台门出边,会合各军,躬先陷阵,连下贼围五处,并其西岸老巢,复于白塔、二十家子击毙匪千馀名。事遂平,赏穿黄马褂,并赏给头品顶戴。二十年正月,恭逢慈禧端佑康颐昭豫庄诚寿恭钦献皇太后六旬万寿庆典,赏戴双眼花翎。

五月,倭人肇衅,侵我东藩,诏趣各军进兵朝鲜。宝贵督师东下,十日,至平壤,布置未定,倭人猝以众数万环攻,宝贵急与丰陞阿合军设伏,奋力齐进,倭败退,追剿数里,擒斩二百馀,枪毙无算。倭人复由龙岗分道回攻,宝贵即令得胜之军内外夹击,又毙千馀名。倭人愤甚,遂率大队越山猛扑,锋锐不可当。我军分段坚守,别选精锐从旁游击,倭阵仍不稍却,枪炮对施,连夜达旦,越日来攻益急,知宝贵所统奉军三营炮台峙立城北,为诸军冠,遂并力叠犯,冀夺此隘。宝贵益严督兵弁,奋勇血战,躬踞炮台,手燃大炮,左右轰击,虽屡受枪伤,犹裹创指挥,誓死抵御。忽飞弹洞胸,殁于阵。

事闻,谕曰:"记名提督广东高州镇总兵左宝贵,久历戎行,卓著劳勩。此次进援朝鲜,在平壤接仗,力疾血战,奋不顾身,已受重伤,仍在炮台督队。旋因胸前中枪阵亡,实属忠勇性成,深堪悯恻!左宝贵着照提督阵亡例从优议恤。任内一切处分,悉予开复。加恩予谥,入祀昭忠祠。所有战绩及死事情形,宣付国史馆立传。并准于立功省分建立专祠。该总兵子嗣几人,着李鸿章查明具奏,候旨施恩,用示褒扬忠烈至意。"寻赐祭葬,赠太子少保衔,予谥忠壮。赏骑都尉兼一云骑尉世职,袭次完时,以恩骑尉世袭罔替。

子国楫、国栋、国璋。

刘明镫

刘明镫,湖南永定人。咸丰十年,由武举赴襄办两江军务四品京堂左宗棠军营,随同剿贼。攻克江西德兴及安徽婺源等县有功,保千总,并加守备衔。时逆酋李世贤率众窜江西乐平,明镫拔营进剿,擒斩悍贼甚众,建德、德兴股匪不能支,大破之。诏以都司尽先补用,并赏戴花翎。

同治元年,攻克浙江开化、遂安、江山及衢州府城,诏以参将留浙江补用。二年,统带新左三营,又克复汤溪、龙游、兰溪、金华,斩逆目倄天豫、谨天豫,拔难民数千。十二月,乘胜进攻馀杭,克之,迁副将。武康、德清、石门窜贼以次荡平,闽浙总督左宗棠上其功,得旨交军机处存记,遇有闽浙总兵缺出,请旨简放。

三年,湖州之贼分窜衢、严,意图复逞。明镫率所部会同黄少春各军出蜀口,扼要兜剿,复追击逆首洪福瑱于昌化,毙悍贼万馀,斩贼目莫桂先、李土贵等于阵,赏加提督衔。四年三月,补授福建福宁镇总兵。四月,统领五营,由福建兴泉赴安溪边界,相机进剿。七月,驰抵武坪,进攻下灞,击汪逆海洋于广东镇平县,克之。会简桂林、赖长立等营驻军西洋市,逼攻嘉应州城,贼负嶂自固,不能制。明镫疾督队直前,并力合剿,遂复其城。赏加斐凌阿巴图鲁勇号。五年,调补台湾镇总兵,并带楚军新左营。

九年正月,回籍募勇,赴甘肃援剿回寇。八月,行抵平凉大营,与寇战于静宁、秦安、清水,连败之,即以得胜之师进攻狄道、渭源,贼望风遁去。河州金积堡逸匪及岷州溃卒,皆就抚。诏以提督遇缺题奏。十一年,派委统领安西各军。十二年正月,克复巴燕戎城,交部优叙。三月,进规循化,攻破上四工、下四工、卜勤等处,穷回乞抚,尽缴军器、马匹。四月,又收复迪化。十三年,关内肃清,仍带安西中营驻防碾伯。光绪元年,移驻西宁。

二十一年二月,卒。遗疏入,谕曰:"已故遇缺题奏提督前任总兵刘明镫,于咸丰、同治年间,随同左宗棠转战江、浙、陕、甘等省,叠克名城,卓著功绩。着准其照军营立功后病故例赐恤。生平战功事迹,并着宣付史馆立传,以彰劳勚。"寻赐祭葬。

刘步蟾

刘步蟾,福建侯官人。同治六年,由文童选入福建船政学堂,学习英国语言文字,并测量驾驶等艺,屡列优等,奖八品顶戴。十年,学成,隶建威兵船,历往南北洋及新嘉坡、麻六甲、槟榔屿各岛,练习风涛沙线。十二年,船政大臣沈葆桢奏奖五品顶戴。光绪元年二月,派往欧洲,学习枪炮、水雷等艺,益臻精密。保以守备,留闽尽先补用,并加都司衔,诏如所请。寻以步蟾曾在台湾踏勘番社,测量海口,详绘地图。沈葆桢追叙前劳,请以都司补用。五年,北洋大臣李鸿章以步蟾颖迈英俊,学有心得保奏,擢游击,并赏戴花翎。七年,〔一〕以定购快船驾驶回华,赏加副将衔。十一年十月,帮带定远铁舰回华,晋参将,并赏加总兵衔。十二年,充定远铁舰管带。十四年,以出洋接带四快船回华,叙功,以副将尽先补用,并赏强勇巴图鲁名号。北洋新设海军右翼总兵,诏以刘步蟾补授。

二十年八月,从海军提督丁汝昌御倭人于奉天大东沟,步蟾督同将士血战三时之久,击沉倭船三艘。经北洋大臣直隶总督李鸿章奏闻,诏以提督记名简放,并赏换格洪额巴图鲁名号。二十一年正月,倭人犯山东威海卫,步蟾督率炮船迎击,毙敌甚夥,卒以奋不顾身,中炮死之。事闻,谕曰:"海军右翼总兵刘步蟾,见危授命,忠烈可嘉! 着照提督例从优议恤。"寻赐恤如例,赏骑都尉世职,袭次完时,以恩骑尉世袭罔替。

【校勘记】

〔一〕七年　原脱此二字。今据刘步蟾传稿(之六)补。

郭宝昌

郭宝昌,安徽凤阳人。咸丰十年,由武童隶钦差大臣袁甲三军,解凤阳围,奖外委,并赏戴蓝翎。旋改隶处州镇总兵陈国瑞楚胜军,兼充全军营务处。十一年,陈国瑞驻师江苏之高邮、宝应。捻酋龚瞎子以众万馀来犯,宝昌率骑健十八人,从间道迎击,无不一以当百。贼小却,大军乘其后,遂败。四月,随剿发逆于同城镇,克之。六月,进攻安徽之天长,与贼大股相拒于龙冈,宝昌兵才三百,贼易之。宝昌出不意,直捣中坚,贼惊扰,擒斩无算。迁守备,并赏换花翎。

同治元年正月,捻酋李成、任柱等窜清江浦,漕运总督王梦龄檄楚胜军往援,鏖战于淮城之东车桥镇,贼势不支,分众劫淮关税银数万两而去。宝昌亦分队截追,复夺还所劫税银。贼益蹙,狂奔众兴集,地险而僻,贼夙倚以自固,且饥疲,弛卧不设备。宝昌侦知之,潜师夜袭,一夕破二十馀垒,立拔众兴集。捷入,免升都司,以游击尽先选用,并赏给卓勇巴图鲁名号。三月,捻党刘天福、韩四、李永等愤众兴集之败,各纠合馀匪,同窜泗州,意图再逞。山东棍匪高圭、宋三冈、王广才亦聚众响应,警报达邳州。漕运总督吴棠檄楚胜军剿之,宝昌领所部精锐,一战克之于汊河,再战克之于沙浦庄,所至莫敢与争锋。二年三月,土匪孙化祥据中村,与任柱等阴相结纳。及中村人闻任逆叠为宝昌所败,知外援已绝,自缚化祥出降,匪遂平。积功,荐擢副将。由是军声大震。

五月,科尔沁亲王僧格林沁督师山东,调楚胜军赴白莲池助剿,甫至,即生擒贼目刘双印,斩其党刘金春等于阵。六月,任柱勾连棍匪,谋犯官军。淄州匪徒短辫子复煽诱宝泉山教匪,分道肆扰。僧格林沁令宝昌引兵讨之,任逆闻风宵遁,短辫子当之辄披靡,杀伤万计。僧格林沁上其功,奉旨以总兵交军机处记名简放。时贼仍踞白莲池，宝昌随陈国瑞分兵由姬山、康山两路并进，贼营绵亘二十馀里，坚不能破。会大风雨，宝昌潜师逾濠攀垣而入，陈国瑞继之。贼觉，并力抗御，官军不敢逼。宝昌手刃怯卒一人，众惧，奋勇直前，贼大溃，率其馀寇退保凤凰山，官军四面兜围，相持匝月，势穷，即举众降。白莲池平。时苗逆沛霖复叛，江北州县半为所据，独蒙城未下。苗逆攻之急，僧格林沁令陈国瑞率宝昌驰救。军次洪城，立破贼三垒。九月，又攻破王家圩，乃移军河北，与苗逆对垒，夤夜引军渡河，筑三垒为犄角势，以断贼馈运。贼见大惊，悉锐来犯。宝昌坚守不出，援军续至。贼敛队自保，宝昌小深沟高垒以困之。僧格林沁至，命发开花炮攻击，贼营自乱，宵遁，苗逆死焉。遂收复板桥集、龙冈、张家湾、双桥集、骆驼铺等二十馀圩。削平苗家老寨，击散十八冈教匪，下蔡贼惧，亦以城降。颍上、寿州、怀远、正阳关等处以次荡平。淮北肃清，赏加提督衔。

三年五月，命陈国瑞率宝昌赴安徽六合，堵发逆东窜。适值发逆扰及湖北麻城，宝昌移师攻之，围立解。僧格林沁谂宝昌才堪济变，令与国瑞分军，名曰卓胜。至是宝昌独当一面，声威骎骎与楚胜相颉颃矣。八月，贼酋陈得才及贼将马融和等拥众十馀万，阑入英山东北，宝昌连败之黑石渡。马融和议投诚，未决，宝昌单骑入其营，呼酒与饮，反覆数千言，晓譬祸福。融和感涕，即日降。赏穿黄马褂。四年四月，僧格林沁战没曹州，宝昌以不能救护主将，诏革职发往新疆。五年三月，安徽巡抚乔松年奏调回皖，核算报销。八月，钦差大臣两江总督曾国藩暨乔松年奏请暂免发遣，留营效力，允之。

六年正月,命乔松年为陕西巡抚,松年率宝昌入陕,征剿捻回。乾州临平镇者,捻匪勾结回逆麇聚之地也,东出则醴泉危,西掠则凤翔陷,南北分扰则武功、兴平、盩厔、邠州皆旦夕岌岌。三月,宝昌偕广东陆路提督刘松山会师临平,一鼓下之。未三旬而各城皆下。即以得胜之师移攻惠店,捻首张总愚踞老巢不出,官军日夜挑战。四月,张逆率悍党万馀阵于富平城下。宝昌知逆计狡而悍,非纵诡间、伺虏隙,时时出奇兵袭之,不足制胜;乃饬部将宋朝儒等设伏村庄,而自率亲军与战,佯败,走伏兵处。贼至伏起,宝昌回军蹙之,斩首万馀级。五月,奉旨免其发遣,留营剿贼。六月,贼入蒲城,扰大荔。宝昌由北山兼程疾走,至永丰镇,探贼踞大荔之大濠,又败之。九月,奉旨开复原官,赏还勇号。钦差大臣陕甘总督左宗棠檄宝昌协同各军于富平一带,筑长墙以资堵御。十月,克复绥德州,贼由延长入山西吉州,又由邰阳窜绛州。官军节节防剿,贼乃由高平南走,窜入河南怀庆、彰德等府,[一]宝昌日与众军蹑击,所向克捷。十二月,补安徽寿春镇总兵。

七年正月,贼由彰德犯直隶磁州,扰及邯郸、赵州,破深州,围保定,畿辅戒严。有旨传谕郭宝昌速顾西陵,先行交部从优议叙。宝昌闻警,即由东道驰援,日夜逴百八十里,抄出贼前,于保定城西严阵以待。贼见官军盛,急引去。赏换法凌阿巴图鲁名号。时各军集直境,贼乃复入豫。宝昌追至封丘东南之黄河套,知张逆匿村民家,诸军谋生劫之。宝昌怒马独出,突遇贼,受伤堕马,部将宋朝儒冒险直入,东西荡决,翼之以出。事闻,特赏假两月,安心调理,并赏给荷包、翎管、搬指、小刀、火镰等件,以奖劳勚。六月，直东肃清，赏还黄马褂，交军机处记名，遇有提督缺出，请旨简放，并赏给骑都尉世职。寻奉命从左宗棠赴陕，征回、土各匪。以伤未痊愈，命安心调理，俟痊日西行。

八年正月，赴陕，败贼于宜川。二月，又平叛卒于绥德州。其延安交界各县之游匪溃勇，皆慑于声势，莫敢抗犯。回逆意图东窜，河防不靖，复命左宗棠饬宝昌前赴山西，听候巡抚李宗羲调遣。九年二月，河西土匪剽掠呼家寨等处，宝昌派兵渡河搜剿，败其众。湖广总督李鸿章来陕赴援，奏调宝昌搜缉北山土匪，[二]歼焉。十年，赴寿春镇任。十一年，霍丘县蔡家集土匪李六叛，破附近村庄，势将蔓延。宝昌遣轻骑百人诛渠魁而还。事定，赏头品顶戴。光绪二年，以平河南永城叛匪李玉龙及涡阳李家破楼等处土匪功，上嘉其不分畛域，下部优叙。赏建宗祠一所，内立义塾，俾族人子弟贫不能读者肄业其中。置田二千馀亩，供祭祀义塾之用；有馀，则为赡族中婚嫁、死丧及恤养孤寡诸费。安徽巡抚裕禄以闻，赏给匾额一方。

六年，以议交收伊犁条约，与俄罗斯有违言，上命宝昌领军守榆关。十年，法兰西侵我越南，以兵舰分扰南洋，长江震动。宝昌率所部卓胜四营驻东西梁山及芜湖一带，以固江防。十月，恭遇慈禧端佑康颐昭豫庄诚皇太后五旬万寿，赏御书匾额，及如意、绸缎等件。十二年，以母老乞终养，允其开缺，仍留统带。二十年，日本犯辽阳，诏宝昌率师北上。二十一年三月，至京，授广东南韶连镇总兵。旋和议成，宝昌以终养人员不当远宦，[三]两江总督刘坤一为奏请开缺回籍，不许。七月，调补寿春镇总兵。二十二年，丁母忧，特旨改为署任。二十四年，涡阳匪变，宝昌驰剿,擒斩匪首刘疙瘩、邵大发等,馀众解散。赏给翎管、搬指、小刀、荷包等件。是年服阕,补授寿春镇总兵。

二十六年,卒。总督刘坤一奏闻,谕曰:"记名提督安徽寿春镇总兵郭宝昌,于咸丰年间,投效军营,转战直隶、江苏、安徽、河南、山东、山西、湖北、陕西等省,所向克捷,卓著战功。历膺专阃,均称厥职。统带卓胜全军,办理皖防,尤资得力。兹据奏称因病故出缺,[四]深堪轸惜! 郭宝昌加恩着照提督军营立功后积劳病故例赐恤。任内一切处分,悉予开复。应得恤典,该衙门查例具奏。"寻赐祭葬。二十七年,刘坤一复胪陈战功卓著,遗爱在民,吁恳宣付史馆立传,并准捐建专祠。诏如所请行。

【校勘记】

〔一〕彰德等府　"等府"原颠倒作"府等",又"等"下衍一"处"字。今据郭宝昌传稿(之六)改删。

〔二〕奏调宝昌搜缉北山土匪　"山"原误作"小"。今据郭宝昌传稿(之六)改。

〔三〕宝昌以终养人员不当远宦　"宦"原作"官",形似而误。今据郭宝昌传稿(之六)改。

〔四〕兹据奏称因病故出缺　原脱"故"字。今据郭宝昌传稿(之六)补。按下文有"积劳病故"语,可证。

邓安邦

邓安邦,广东东莞人。年少,侨居省城东门,有孝友之称。

咸丰三年,红匪倡乱,安邦应募为东关团练勇目。四年六月，贼酋李文茂犯省城，安邦率三百人败贼小磨盘山，追至佛岭市，焚贼巢二。总督叶名琛于五层楼观战，见其纵横荡决，所向无前，称为邓勇士，奖六品军功。闰七月，随护新会营参将卫佐邦，防剿省垣东路三宝墟、燕塘踞匪，连捷于东明寺、发疯院，斩馘数百。进攻燕塘，贼以大炮扼桥头抗拒，安邦奋进，殪悍贼数十名。贼溃，获炮四。官军攻入燕塘，毁其巢，三宝墟贼闻风遁。八月，同破北路棠夏村、三家店踞匪，并毁东路贼巢六。九月，攻北路牛栏冈，填濠先入，拔之。再败贼松柏岭，同拔萧冈、义勇祠，乘胜助攻佛岭市，平贼营二十馀。馀匪聚陈田、江夏、马务各乡，乘势攻破之。越日，官军复大捷，贼遁。叙功，以外委拨入广州协营拔补。五年二月随同知林福盛等进攻顺德，拔陈村贼营。三月，林福盛会水陆各军由大门窑，直捣县城，克之。安邦手擒逆首冯大亲吉，迁把总，赏戴蓝翎。六年，提督昆寿攻和平，安邦乘大雾拔小南门，各军继之，复其城，擢千总。七年，补阳春营头司把总。八年，英人犯广州，安邦败之城东榕树头，追至西牛角，斩馘二百馀，越日再战，复败之。九年，补肇庆协右营左哨千总。十年，调广州城守左营右哨千总。同治二年，以查获会匪出力，升守备。三年五月，擒盗首叶乌榄头，除省城积年巨患，擢都司，赏换花翎。

　　既，发逆汪海洋窜踞福建汀、漳，分党陷武平、永定，将窥广东，安邦随按察使李福泰带勇堵剿。十一月，安邦以五千人疾趋武平，会副将方耀、知府吴赞诚等军，破贼伏，拔其垒，直薄东门，克之。十二月，偕方耀复永定。四年，逆酋丁太阳陷诏安，众二十馀万。三月，安邦进驻下饶之分水关，贼出大队如墙而进。安邦跃马以抬枪队击之,贼不少却,乃分兵抄其右,贼惊走,遂薄诏安城,二十馀战皆败之。五月,凿隧道,引火轰其郛,贼弃城遁,蹙之河,溺毙无算。降其众五千馀,解散难民八千有奇。闰五月,汪海洋陷镇平,分兵围平远,安邦赴援,驰两昼夜抵城下,饥疲无粮,杂取芋薯食之,力战解围。再败贼大柘、超竹,平其垒,降嘉应龙虎圩踞逆伪利王朱兴隆、伪稽王吴玉堂。六月,汪逆犯嘉应,安邦自龙虎圩折回,与副将林保等合兵击却之。时福建延建邵道康国器督所部自州境松源移驻嵩山,安邦为之乡导,战屡胜。贼寻陷嘉应,十二月,官军环攻,遂宵遁。安邦追至黄砂嶂,殪尾贼百馀,各军分路追及,悉歼之。东南馀孽平。擢游击,留广东补用,并加参将衔,赏给锐勇巴图鲁名号。

五年,补广州协左营中军都司。六年,巡抚蒋益澧督攻新宁曹冲客匪,安邦与总兵周廷瑞、副将谢德元等连营节节进剿,逾冲金山直逼田头寨,筑炮台环之,屡战皆捷。贼穷蹙,赴营乞降。曹冲一律就抚。擢参将,赏加副将衔。七年,调崖州协陆路中军都司。寻署抚标中军参将。十二年,总督瑞麟奏称:"安邦才具稳练,勇敢有为,督率各员弁办理缉捕事宜,实力实心,不辞劳怨。数年以来,拿获要犯甚多。迄今外洋、内河盗匪敛迹,海道乂安,商旅得免戒心。核其劳绩,实属异常出力。请俟补参将后以副将尽先即补。"从之。光绪三年,补清远营游击。寻署广州协副将。四年,盗首欧就起等结党二百馀人,乘间袭踞佛冈厅。安邦约署南韶连镇总兵郑绍忠督带民团,结内应,乘势攻入,擒斩逆党百馀名,复其城。欧就起旋就获。总督刘坤一奏入,谕曰:"邓安邦于本年进剿佛冈厅匪徒,迅速葳功。其平日剿办各股土匪,亦能得力。着交军机处记名,遇有总兵缺出,请旨简放。"十年,剿捕惠州捻山匪党,擒逆首黄金鞍、李亚都等。寻丁忧,十二年,服阕,授广东潮州镇总兵。十三年,办理东莞、增城积匪。

十四年,卒。两广总督张之洞奏:"安邦以勇目奋迹行间,大小三百馀战,未尝败衄,捕斩巨盗,尤不胜数。平日躬行节俭,而厚于养士,遇事推诚,故士卒乐于用命,所向有功。所部兵勇,颇多骁悍难驯之徒。该故镇善于驾驭,能令各尽其长。与提督方耀、郑绍忠齐名,有粤东三将之称。光绪十年,臣来督粤,时防务方殷,该故镇尚未服阕,臣奏署广州副将,驻守鱼珠,筑成洋式炮台七座。自创地雷地营,军民辑睦,深资捍卫。连年讲求海防,所有筹款咨商闽厂协造兵轮,以及添购台炮船炮,查勘沙田,办理土乡等事,该故镇赞成之力为多。临殁之际,语不及私。所具遗禀,惟以绥静地方为念。实属一时良将,未易多得。请敕部照军营立功后病故例从优议恤。并将该员战功事迹宣付国史馆立传。"诏如所请。

子礼贤,举人;仕康,前刑部郎中;吉晖,守备;仕奇,把总。

徐占彪

徐占彪,四川西充人。咸丰十一年,以勇目投效本省军营。同治元年,剿贼于天洋坪,有功,奖六品翎顶,以把总补用。嗣隶道员黄鼎军,历战陕、甘,所至常为军锋。五年,克复阶州,擢守备,加游击衔。

六年,陕西叛回崔三纠甘回米贾、张非等,分道寇汧阳、凤翔,黄鼎率占彪邀击张菲于汧川黄里铺,大败之。张菲收馀党与崔、米合,窜扰凤翔、岐山、扶风间。占彪随黄鼎追击,复大败之,贼遂遁散。诏以副将尽先补用,并赏给坚勇巴图鲁名号。七年,与贼战于灵台,生擒回酋禹得彦,复以总兵留于陕西补用。八年二月,董志原回逆陈林等纠集悍党,倾巢东犯,分踞正宁南北两原,及永乐堡、白吉原、官河原各地。黄鼎时官陕安道,偕占彪统所部由邠州渡泾,严阵以待,并约提督雷正绾会剿,陈林、冯君福率骑贼千馀来犯,马正和、于彦禄等分十馀路蜂拥续至,路约一二千人,横亘十馀里。占彪率先锋迎击,中军继进,贼氛四合,官军结方阵环攻,冲其中坚,截贼阵为两,前后不得相应,马队乘之,贼遂大败。陕甘总督左宗棠上其功,奉旨以总兵遇缺尽先题奏,并加提督衔。九月,进剿甘肃中路土寇,败贼首张贵于底店镇,贼党悉众来援,分队击败之,阵斩悍贼数百,平门扇岔等处贼垒,遂进攻岳家堡,贼望风弃堡去,乘胜攻克威戎堡、马建堡,擒斩约四五千名,平贼巢十馀处。中路土寇以次肃清,赏换哈西巴巴图鲁名号。

　　十年,平金积堡贼巢,赏穿黄马褂。金积堡者,灵州所属,最称险固。贼首马化隆父子踞为老巢,党徒四出,寇扰两省,以此堡未下,终不能平。左宗棠派军四面兜剿,占彪率敢死士冒险深入,夺其隘,贼遂大乱,马化隆父子兄弟及逆党谭生成等俱伏诛。当是时,蜀军锋锐甚,占彪每战必身先陷阵,左宗棠尤倚任之。十一年,进规肃州,大小数十战,辄出奇制胜,贼悉敛入城,闭门自守。占彪苦兵单难合围,分队扎要害处,蹈瑕即攻,使不得逞。洎诸军云集,左宗棠督师亲临,逆首马四穷蹙乞抚,遂收复州城。

捷入，得旨徐占彪身先士卒，卓著战功，着加恩赏给云骑尉世职。事平，移军关外，从左宗棠攻取新疆，克腾木、辟展、连沁等处，旋克吐鲁番满汉两城，驻军木垒河，以时操防。光绪八年，署巴里坤镇总兵，旋奉旨补授。十五年，因伤病奏请开缺。

十六年，卒。遗疏入，谕曰："已故前任甘肃新疆巴里坤镇总兵徐占彪，于咸丰、同治年间，在陕甘军营，剿办发、捻、回逆，复随同左宗棠出师关外，勇略过人，战功卓著。徐占彪着照提督军营立功后积劳病故例从优议恤。生平战绩，准其宣付国史馆立传。并附祀陕西、甘肃、新疆等处左宗棠专祠，以彰劳勋。"寻赐祭葬。

徐邦道

徐邦道，四川涪州人。咸丰五年，由武童投效湖北军营，随攻汉阳府城，克之，奖千总。七年，按察使李孟群援安徽，连下英山、霍山两城。邦道以功升守备，赏戴花翎。是年，攻贼六、霍之间，毁苏家埠贼巢，加都司衔。八年，克三仙庄，进都司，加游击衔。九年四月，再复霍山县，擢参将。十二月，粤逆窜至六安州二十里铺，副将卢又熊令邦道等分路迎击，掩杀数十，获旗枪刀矛称是。巡抚翁同书以捷入，报闻。寻回本籍筹防。

同治元年，逆首石达开从南沱一带偷渡朱家嘴，扑涪州城。四川总督骆秉章檄军进剿，邦道带练首先陷阵，夺据山梁，官军乘势纵击，尽毁仰天窝贼垒，俘斩数千。城围立解，邦道擢副将。二年，越境援陕西汉中，俘伪瑞王蓝城春之弟。巡抚瑛棨奏闻，奉旨候补副将徐邦道，着赏给冠勇巴图鲁名号。旋因汉中府不守，褫职。时副将杨鼎勋从援江苏，邦道往隶其营。三年正月，攻宜兴、荆溪，燔附郭贼卡，再败之上湖桥，遂克两县城，乘胜复溧阳，进击金坛城外贼垒，平之。二月，援常熟，叠克王庄、顾山、陈市，围解。三月，进薄常州陈渡桥，杨鼎勋中贼枪，挥将士格斗，破贼营十馀，复会各军，隳小南门、西门贼垒。四月，巡抚李鸿章督攻益急，各军奋进，遂克常州府城。五月，助剿浙江长兴，击退贼援，划平上莘桥、鸿桥、跨塘桥贼垒，噪而登，克其城。七月，进拔湖州府。四年四月，随提督郭松林、杨鼎勋航海援福建，连克漳州府、漳浦县。五月，克复诏安，闽境肃清。闽浙总督左宗棠汇保，开复邦道原官。

六年四月，随提督刘铭传剿捻湖北，大胜于黄安紫屏铺，贼窜山东境。十月，踞潍县松树山，刘铭传令邦道轻骑致师，大呼杀入，锐不可当，官军乘之，三路并进，烬贼馆十馀，殪贼众二千。逆首任、赖、牛三股纠集悍党分道来犯，邦道等纵横荡决，连击破之，疾驰而下，追至江苏赣榆。邦道等以偏师由城西进，兜剿牛、赖两股，使首尾不能兼顾，大军萃于任逆，大破之，任逆伏诛，馀众擒斩略尽。湖广总督李鸿章保以总兵记名简放。十一月，邦道以骑队追贼，连败之诸城注沟，寿光安埙镇及洋河巨弥河之间，阵斩伪首王范汝增、伪列王徐昌先，贼目郑马糊，生擒万馀，杀毙不可胜计。十二月，贼越沭阳六塘河，趋淮安，为漕运总督张之万军所败，馀贼窜扬州湾头，道员吴毓兰邀击，俘伪遵王赖文光斩之，贼众悉歼。东捻平，论功，邦道保以提督记名简放。七年正月，捻首张总愚由陕东窜，驰突直、东、豫三省。三月，大军邀贼于濬县大伾山，杨鼎勋督邦道等扼山左，搏战两时，贼溃走,擒悍酋常虎儿等十馀,老贼数百,阵斩甚夥。贼从东昌李海务渡运东趋,官军纵骑疾击,邦道等掩其旁,贼复溃。于是官军西防运河,东守沧州减河。四月,贼扑减河墙,邦道严扼桥口,击却之。六月,诸军蹙贼茌平,灭之。西捻亦平,捷奏入,奉旨徐邦道着赏换铿僧额巴图鲁名号,并赏给正一品封典。旋奉部议,层递驳正,开复副将之案,改为宽免处分;总兵保案,改为开复原衔;提督保案,改为开复副将。八年,中原肃清,命以总兵记名。

既,领楚军马队入陕援剿。十一年二月,提督曹克忠檄防凤县、宝鸡。十二月,收抚奇营溃勇,在事出力。赏加提督衔,借补甘肃中卫协副将。十三年,署江苏徐州镇总兵。光绪四年,特旨擢提督。六年,调驻直隶天津军粮城。十五年,补授正定镇总兵。二十年正月,上谕:"朕钦奉慈禧端佑康颐昭豫庄诚寿恭钦献皇太后懿旨,直隶正定镇总兵徐邦道着赏给如意一柄,用宝寿字一方。"十月,调防辽阳田庄台、白庙子。因盖平失守,赴援迟缓,革职留任。

二十一年,在防病故。谕曰:"依克唐阿奏总兵在营病故,胪陈战绩,请旨优恤一折。革职留任直隶正定镇总兵徐邦道前在军营,转战湖北、四川、江苏、直隶、山东、河南等省,屡著战功。擢任直隶正定镇总兵,训练操防,均能称职。兹在防所病故,轸惜殊深!徐邦道着开复处分,照军营积劳病故例从优议恤。"寻赐祭葬。